Hacienda Pública II

Teoría de los ingresos públicos

Hacienda Pública II

Teoría de los ingresos públicos

Francisco J. Paniagua Soto
Reyes Navarro Pascual
UNED

En homenaje al profesor Victorio Valle,
Catedrático de Hacienda Pública

Prentice Hall
es un sello editorial de

PEARSON

> Datos de catalogación bibliográfica
>
> **Hacienda Pública II. Teoría de los ingresos públicos**
> Francisco J. Paniagua Soto y Reyes Navarro Pascual
>
> PEARSON EDUCACIÓN, S. A., Madrid, 2011
>   ISBN: 978-84-832-2741-1
>   ISBN UNED: 978-84-362-5947-6
>   Materia: 336 Finanzas. Hacienda pública
>
> Formato: 170 × 240 mm   Páginas: 504

Cualquier forma de reproducción, distribución, comunicación pública o transformación de esta obra sólo puede ser realizada con la autorización de sus titulares, salvo excepción prevista por la ley. La infracción de los derechos mencionados puede ser constitutiva de delito contra la propiedad intelectual (arts. 270 y sgts. Código penal).

Diríjase a CEDRO (Centro Español de Derechos Reprográficos –www.cedro.org), si necesita fotocopiar o escanear algún fragmento de esta obra.

Publicado por la editorial Pearson Educación y la Universidad Nacional de Educación a Distancia. Los autores son responsables de la elección y presentación de los hechos contenidos en esta obra, así como de las opiniones expresadas en ella, que no son necesariamente las de la editorial ni de la UNED, ni comprometen a estas entidades.

DERECHOS RESERVADOS

© 2011, PEARSON EDUCACIÓN S.A.
Ribera del Loira, 28
28042 Madrid (España)
ISBN: 978-84-832-2741-1
ISBN UNED: 978-84-362-5947-6
Depósito Legal: M-6170-2011

Equipo editorial:
  Editor: Alberto Cañizal
  Técnico Editorial: María Varela

Equipo de producción:
  Director: José A. Clares
  Técnico: Isabel Muñoz

Diseño de cubierta: Copibook, S.L.

Impreso por: Top Printer Plus, S.L.L.

IMPRESO EN ESPAÑA - *PRINTED IN SPAIN*
Este libro ha sido impreso con papel y tintas ecológicos

Nota sobre enlaces a páginas web ajenas: Este libro puede incluir enlaces a sitios web gestionados por terceros y ajenos a PEARSON EDUCACIÓN S.A. que se incluyen sólo con finalidad informativa.

PEARSON EDUCACIÓN S.A. no asume ningún tipo de responsabilidad por los daños y perjuicios derivados del uso de los datos personales que pueda hacer un tercero encargado del mantenimiento de las páginas web ajenas a PEARSON EDUCACIÓN S.A. y del funcionamiento, accesibilidad o mantenimiento de los sitios web no gestionados por PEARSON EDUCACIÓN S.A. Las referencias se proporcionan en el estado en que se encuentran en el momento de publicación sin garantías, expresas o implícitas, sobre la información que se proporcione en ellas.

Hacienda Pública II

Teoría de los ingresos públicos

Agradecimientos XI
Presentación XII

▶ PARTE I. Teoría general de la imposición

Capítulo 1. Clasificación de los ingresos públicos. El impuesto: concepto, elementos y principales clasificaciones. Principios de la imposición 3

1.1. **Clasificaciones de los ingresos públicos** 4
1.2. **El impuesto: concepto, elementos integrantes y clasificaciones** 10
    1.2.1. Glosario de términos impositivos 10
    1.2.2. Clasificaciones de los impuestos 15
1.3. **Requisitos o principios generales de la imposición** 17

Capítulo 2. La equidad en la imposición 23
2.1. **Principio del beneficio** 24
2.2. **Principio de capacidad de pago** 28
    2.2.1. Índices de capacidad de pago 28
    2.2.2. Concepciones sobre el principio de capacidad de pago 30
2.3. **La equidad vertical y la progresividad impositiva** 35
    2.3.1. Índices de progresividad formal 36
    2.3.2. Formas de progresividad 40
    2.3.3. El cómo, el cuánto y el porqué de la progresividad 43

Capítulo 3. La incidencia impositiva 49
3.1. **Terminología de los efectos económicos de la imposición. Conceptos básicos de traslación e incidencia impositivas** 50
3.2. **Incidencia impositiva y método de análisis** 56
3.3. **Incidencia impositiva en equilibrio parcial** 59

3.4. Incidencia impositiva en equilibrio general 66
    3.4.1. El modelo de Harberger 67
    3.4.2. Incidencia de equilibrio general de otros impuestos 70
    3.4.3. Exportación impositiva e incidencia espacial 74
3.5. La incidencia en el tiempo 76
    3.5.1. Incidencia dinámica 76
    3.5.2. Capitalización impositiva 79

Capítulo 4. Distorsiones impositivas y exceso de gravamen. Teoría de la imposición óptima 83
4.1. Efecto sustitución y exceso de gravamen 84
    4.1.1. Imposición general sobre el consumo con inclusión del ocio: su equivalencia con un impuesto de suma fija 86
    4.1.2. Precios relativos y distorsiones impositivas 87
4.2. Medición del exceso de gravamen 90
    4.2.1. Variación equivalente y exceso de gravamen 90
    4.2.2. Exceso de gravamen y curvas de oferta y demanda 93
    4.2.3. Exceso de gravamen del sistema fiscal 97
4.3. Teoría de la imposición óptima 101
    4.3.1. Imposición óptima y eficiencia 102
    4.3.2. Imposición óptima, eficiencia y equidad 110

▶ PARTE II. Análisis del sistema impostivo

Capítulo 5. El impuesto personal sobre la renta 119
5.1. Formas de imposición sobre la renta. Vías de aproximación 121
5.2. Definiciones y medición de la renta fiscal 125
5.3. Progresividad del impuesto 132
5.4. El tratamiento de las ganancias de capital 133
    5.4.1. Conveniencia de la imposición de las ganancias de capital 135
    5.4.2. Formas opcionales de gravamen 137
5.5. La unidad contribuyente 138
5.6. Rentas irregulares 143
5.7. La inflación y el impuesto sobre la renta personal 145
5.8. La incidencia del impuesto personal sobre la renta 148
5.9. Tendencias de reforma del impuesto sobre la renta personal 149
Apéndice al Capítulo 5 159
    Impuestos duales y semiduales sobre la renta personal 159
    Impuesto lineal sobre la renta 162
    Impuesto sobre el gasto personal 164

Hacienda Pública II

Capítulo 6. Impuestos sobre el patrimonio. El cuadro de la imposición sobre la riqueza y el patrimonio 167

6.1. **Clasificación y caracterización de los impuestos patrimoniales** 169

    6.1.1. Concepto y valoración del patrimonio 169

    6.1.2. Tipología y caracterización de los impuestos patrimoniales 170

6.2. **El impuesto sobre el patrimonio neto** 174

    6.2.1. Justificación del impuesto 174

    6.2.2. Problemas prácticos, incidencia y efectos económicos del impuesto 177

6.3. **Impuestos sucesorios y sobre donaciones** 181

    6.3.1. Justificación de los impuestos sucesorios 181

    6.3.2. Problemas y efectos económicos perversos de un ISD. El impuesto sobre adquisiciones acumuladas como alternativa a los impuestos sucesorios convencionales. 183

6.4. **Los impuestos sobre transmisiones patrimoniales onerosas** 189

Capítulo 7. Impuesto sobre la renta de sociedades 197

7.1. **Justificación del impuesto** 198

7.2. **Estructura del impuesto** 202

    7.2.1. Sujeto pasivo 202

    7.2.2. La base imponible y su determinación 203

    7.2.3. Tipo impositivo 211

7.3. **Impuesto de sociedades, estructura financiera de las empresas y doble imposición de los dividendos** 213

    7.3.1. Impuesto de sociedades y estructura financiera de las empresas 213

    7.3.2. Impuesto de sociedades y doble imposición de los dividendos 214

7.4. **Incidencia del impuesto sobre la renta de sociedades** 216

    7.4.1. La imposición general sobre el beneficio de las empresas 217

    7.4.2. El impuesto sobre la renta de sociedades estrictamente 222

7.5. **Sistemas de corrección del doble gravamen de los dividendos** 225

    7.5.1. Sistema clásico: mantenimiento del impuesto de sociedades como gravamen independiente. . 225

    7.5.2. Sistemas de integración total: supresión del impuesto de sociedades ... 225

    7.5.3. Sistemas de integración parcial del impuesto sobre la renta y el de sociedades. 227

Apéndice al Capítulo 7 232

    El impuesto sobre flujo de fondos como alternativa al gravamen de la renta de sociedades 232

Capítulo 8. La imposición indirecta sobre el consumo: los impuestos sobre el volumen de ventas. El IVA. Los impuestos sobre consumos específicos 235

8.1. **Clasificación de los impuestos indirectos sobre el consumo** 237

8.2. **Características generales de los impuestos sobre el volumen de ventas** .. 238

8.3. **Impuestos múltiples en cascada sobre el volumen de ventas** 240

8.4. **El impuesto sobre el valor añadido** 243

    8.4.1. Concepto de IVA y formas de determinación del valor añadido 243

      8.4.2. Elementos característicos del IVA **246**
      8.4.3. Rasgos del IVA comunitario **248**
      8.4.4. Valoración del IVA **251**
8.5. Impuestos monofásicos **253**
      8.5.1. Impuesto monofásico sobre fabricantes **253**
      8.5.2. Impuesto monofásico sobre los mayoristas **254**
      8.5.3. Impuesto monofásico sobre los minoristas **255**
8.6. Incidencia de la imposición general sobre las ventas **257**
8.7. Características y estructura de los impuestos sobre consumos específicos **264**
      8.7.1. Origen, tipología y características de los impuestos sobre consumos específicos **264**
      8.7.2. Justificación de la existencia de la imposición sobre consumos específicos **266**
      8.7.3. Incidencia de los impuestos sobre consumos específicos **270**
      8.7.4. Valoración de la imposición sobre consumos específicos **272**

▶ PARTE III. Efectos económicos de la imposición

Capítulo 9. Efectos de la imposición sobre la oferta de trabajo **279**
9.1. La imposición y la oferta total de trabajo **280**
      9.1.1. Impuesto proporcional sobre la renta **281**
      9.1.2. Impuesto progresivo sobre la renta **286**
      9.1.3. Otros impuestos **286**
      9.1.4. Circunstancias cualificadoras de los efectos impositivos sobre la oferta laboral **289**
      9.1.5. Efectos de la imposición sobre el mercado global de trabajo. La curva de Laffer **290**
9.2. Los efectos de la imposición sobre la oferta relativa de trabajo **292**

Capítulo 10. Efectos de la imposición sobre el ahorro **295**
10.1. Análisis microeconómico de los efectos de la imposición sobre el ahorro **296**
      10.1.1. Impuesto de capitación **299**
      10.1.2. Impuesto proporcional sobre la renta **299**
      10.1.3. Impuesto proporcional sobre la renta con inclusión de los intereses del ahorro en la base imponible y con deducibilidad de los intereses del desahorro **300**
      10.1.4. Imposición sobre el consumo **303**
10.2. Perspectiva macroeconómica del ahorro e influencia mutua entre imposición y ahorro . . **305**

Capítulo 11. Efectos de la imposición sobre la asunción de riesgos y la inversión real **309**
11.1. Efectos de un impuesto proporcional sobre la renta sobre la elección entre rentabilidad y riesgo **310**
      11.1.1. Impuesto proporcional sin compensación de pérdidas **314**
      11.1.2. Impuesto proporcional con compensación total de pérdidas **315**
      11.1.3. Impuesto proporcional con compensación parcial de pérdidas **316**
      11.1.4. Esquema general con dos bienes **316**

11.2. Efectos de la imposición sobre la inversión real 318
    11.2.1. Impuesto sobre el beneficio económico en sentido estricto 321
    11.2.2. Imposición empresarial con financiación interna y externa 322
    11.2.3. Imposición empresarial con amortización acelerada 323
    11.2.4. Deducción en la cuota de un porcentaje del capital invertido 326
11.3. Efectos de la progresividad y del tratamiento diferencial de ciertas rentas sobre la inversión 327
11.4. Efectos de otros impuestos diferentes sobre la inversión 328

▸ PARTE IV. Efectos macroeconómicos del presupuesto

Capítulo 12. Efectos económicos del presupuesto sobre el nivel de la actividad económica (I) 333
12.1. Los efectos de la actividad financiera sobre la demanda agregada 336
    12.1.1. Efectos multiplicadores del gasto público y de los impuestos directos. teorema de Haavelmo 338
    12.1.2. Cambios automáticos y cambios discrecionales 339
    12.1.3. Los multiplicadores en una economía abierta 343
    12.1.4. Efectos sobre el empleo 344
    12.1.5. Efectos diferenciales sobre los precios de los impuestos directos e indirectos ... 345
12.2. Las variables monetarias y la financiación del déficit 346

Capítulo 13. Efectos económicos del presupuesto sobre el nivel de la actividad económica (II) 353
13.1. La medición de los efectos presupuestarios sobre la demanda global 354
    13.1.1. El concepto de superávit presupuestario de pleno empleo 355
    13.1.2. La propuesta de Hansen 357
13.2. Los retardos en la política fiscal 359
13.3. Criterios de adecuación del presupuesto al logro de la producción (o Producto Ncional Bruto) potencial 360
    13.3.1. Los conceptos de saldo presupuestario 360
    13.3.2. Normas de discrecionalidad 364
13.4. Objetivos e instrumentos de la política fiscal 373

▸ PARTE V. Otros ingresos públicos

Capítulo 14. Derecho de señoreaje y deuda pública. Empresas públicas y precios públicos ... 381
14.1. Derecho de señoreaje e imposición implícita 383
14.2. Aspectos institucionales de la deuda pública: concepto, clases y terminología del ciclo vital 386
    14.2.1. Concepto de deuda pública 386
    14.2.2. Clases de deuda pública 387
    14.2.3. Glosario de términos fundamentales del ciclo de la deuda pública 388

14.3. **Problemas económicos de la deuda pública** **392**
    14.3.1. Implicaciones económicas del Teorema de la equivalencia ricardiana **392**
    14.3.2. Generalización intergeneracional del Teorema de la equivalencia ricardiana: el Teorema de Barro **394**
    14.3.3. Principales posiciones respecto a la deuda pública en la historia del pensamiento económico **395**
    14.3.4. Explosividad de la deuda pública **400**
14.4. **Empresas públicas: concepto, clases y justificación** **403**
14.5. **Precios públicos** **405**
    14.5.1. Monopolio natural **405**
    14.5.2. Desviaciones óptimas del coste marginal **408**
    14.5.3. Limitaciones de los sistemas de tarifación y regulación de precios máximos **413**
    14.5.4. Costes conjuntos y demandas fluctuantes **416**
    14.5.5. Consideraciones normativas **417**

▶ PARTE VI. Federalismo fiscal

Capítulo 15. Financiación de los gobiernos descentralizados **425**
15.1. **Funciones de los gobiernos descentralizados** **426**
15.2. **Sistemas de financiación de las haciendas subcentrales** **428**
    15.2.1. Fuentes de financiación de los niveles subcentrales de gobierno y autonomía financiera local **429**
    15.2.2. Principios de tributación de las haciendas subcentrales **433**
15.3. **Valoración de las fuentes tributarias de financiación de los gobiernos descentralizados** **436**
    15.3.1. Precios públicos, tasas y contribuciones especiales **437**
    15.3.2. Impuesto sobre la renta individual **438**
    15.3.3. Impuesto sobre los beneficios de las sociedades **439**
    15.3.4. Impuestos sobre las ventas en fase minorista **440**
    15.3.5. Imposición patrimonial (I): impuestos sobre el patrimonio neto, sucesiones y donaciones y transferencias patrimoniales onerosas **441**
    15.3.6. Imposición patrimonial (II): impuesto sobre la propiedad inmobiliaria **443**
15.4. **Coordinación de los gobiernos subcentrales: las transferencias intergubernamentales** .. **449**
    15.4.1. Clases, objetivos y efectos de las transferencias intergubernamentales. Efecto filtración .. **450**
    15.4.2. Limitaciones de la teoría tradicional de las transferencias intergubernamentales. El *efecto papel matamoscas* **456**
Apéndice al Capítulo 15:
    Incidencia del IPI. **461**
Bibliografía **471**

Hacienda Pública II

Teoría de los ingresos públicos

Agradecimientos

Como prólogo de la presentación del texto, nos es grato manifestar aquí que el libro que el lector tiene en sus manos, lejos de ser fruto exclusivo del esfuerzo de sus autores, es la culminación de un proceso que se inicia y centra en un referente único: la obra y la labor docente desempeñada por el profesor Victorio Valle en los diversos centros universitarios en los que ha impartido sus enseñanzas de Hacienda Pública. Este es, en efecto, un texto basado en lo fundamental en parte de su dilatada obra, recopilada por los autores no solo a través de sus numerosas publicaciones, sino también, de forma especial, de los apuntes tomados en clase por algunos de sus más notables y atentos alumnos y reunidos por nosotros a lo largo de la última década. Desde estas líneas, queremos, pues, mostrar al profesor Valle nuestro agradecimiento pleno por su decidido y constante apoyo y rendir homenaje a su brillante y magistral labor docente. Huelga decir, sin embargo, que cualquier responsabilidad respecto al contenido del libro ha de recaer exclusivamente sobre sus autores.

Hacienda Pública II

Teoría de los ingresos públicos

Presentación

Como expresa su propio título, con este libro pretendemos ofrecer al lector un manual para el estudio teórico de las principales fuentes de ingresos del Sector Público desde una perspectiva económica. De hecho, su objetivo prioritario no es otro que analizar en detalle, a un nivel intermedio, los aspectos problemáticos y los efectos distributivos y económicos de las principales figuras impositivas que integran los sistemas fiscales modernos y la deuda pública.

El libro se compone de seis secciones o bloques temáticos que acogen a quince capítulos, dotados todos ellos de una estructura similar: un breve espacio introductorio en el que se justifica y se detalla el contenido del capítulo, el desarrollo de los apartados enunciados en ese espacio inicial y un resumen de los conceptos y aspectos analizados. Tres de estos capítulos se acompañan asimismo de otros tantos apéndices, que se proponen profundizar en alguno(s) de los aspectos o apartados tratados en ellos. He aquí a continuación la reseña del contenido del texto, desglosado en sus seis secciones.

I. Teoría general de la imposición (Capítulos 1-4)

De carácter preliminar, el Capítulo 1 de esta primera sección se dedica al estudio del cuadro de ingresos disponibles para el Sector Público, de acuerdo con los distintos criterios de sistematización, de los elementos y conceptos que definen la estructura de los impuestos y de los criterios que han de contemplarse en el diseño, valoración y reforma de los impuestos y, en general, los sistemas tributarios modernos (la equidad, la eficiencia, la simplicidad y la suficiencia y la flexibilidad impositivas.)

El Capítulo 2 profundiza en la equidad de la imposición, analizándose en él los principios del beneficio y de la capacidad de pago como criterios que guían el reparto equitativo de la carga de los impuestos, los índices para la apreciación de la capacidad de pago de los sujetos y la relación entre la capacidad de pago y la equidad vertical, centrada en la progresividad formal los impuestos.

En el Capítulo 3, titulado la «Incidencia impositiva», se aborda el estudio de los efectos distributivos de la imposición, inducidos por el proceso de traslación de la carga impositiva, en el marco de modelos de equilibrio parcial y de equilibrio general.

El Capítulo 4 se centra en la eficiencia de la imposición. En él se glosan el concepto de coste de eficiencia o pérdida de bienestar social originada por los impuestos, las principales distorsiones impositivas, la medición del exceso de gravamen de impuestos individuales y del sistema fiscal global, y los criterios o reglas para el diseño de un sistema fiscal óptimo, primero desde el punto de vista exclusivo de la eficiencia y luego desde la óptica de la eficiencia y la equidad conjuntamente.

II. Análisis del sistema impositivo (Capítulos 5-8)

Tras esos capítulos iniciales, en los cuatro que integran este segundo bloque se exponen las razones justificativas, los elementos estructurales, los aspectos problemáticos más destacados y una valoración crítica, a la luz de los principios de la imposición analizados en detalle con anterioridad, de las principales figuras impositivas que integran los sistemas fiscales modernos: el impuesto sobre la renta de las personas físicas, los impuestos sobre el patrimonio, el impuesto sobre la renta de las sociedades y los impuestos sobre el volumen de ventas y consumos específicos. Los Capítulos 5 y 7 incorporan, a su vez, sendos Apéndices, en los que se pasa revista a las ventajas, inconvenientes y, en su caso, experiencia comparada de las figuras contempladas como opcionales al impuesto sobre la renta personal en las actuales tendencias de reforma de dicho impuesto, y al impuesto sobre el flujo de fondos como alternativa al impuesto sobre la renta de las sociedades.

III. Efectos económicos de la imposición (Capítulos 9-11)

Como expresa su propio título, los tres capítulos de este tercer bloque se destinan al análisis de los efectos de la imposición sobre los incentivos y la oferta de factores: sobre el esfuerzo y la oferta de trabajo, sobre el ahorro y sobre la asunción de riesgos y la inversión real, respectivamente.

IV. Efectos macroeconómicos del presupuesto (Capítulos 12-13)

Dividido en dos capítulos, este bloque temático se ocupa de la importancia de los ingresos y gastos públicos como instrumentos de política económica para contribuir al logro del objetivo de la estabilidad económica, analizándose en el primero los efectos de la actividad financiera sobre el nivel de la demanda global desde una perspectiva teórica y centrándose ya el segundo en los problemas característicos de la política fiscal estabilizadora.

V. Otros ingresos públicos (Capítulo 14)

La quinta sección versa sobre el derecho de señoreaje y otros impuestos implícitos, la deuda pública, con especial referencia en este caso a sus aspectos institucionales y económicos y su sostenibilidad, y la empresa y los precios públicos.

VI. Federalismo fiscal (Capítulo 15)

Como prolongación del Capítulo 14 («Funciones de los gobiernos descentralizados») del texto de Presupuesto y Gasto Público, en esta última sección se analizan los sistemas de financiación de los gobiernos descentralizados, con arreglo a los principios que deben presidir su diseño y valoración, y al que se adjunta un Apéndice que recoge, de forma sintética, el debate académico celebrado en la segunda mitad del siglo pasado en torno a la incidencia del impuesto sobre la propiedad inmobiliaria (Impuesto sobre Bienes Inmuebles, en España.)

El texto se cierra, en última instancia, con una sección bibliográfica, articulada en una bibliografía básica y las referencias bibliográficas.

Parte 1

Teoría general de la imposición

Capítulo 1

Clasificación de los ingresos públicos. El impuesto: concepto, elementos y principales clasificaciones. Principios de la imposición

1.1. **Clasificaciones de los ingresos públicos**
1.2. **El impuesto: concepto, elementos integrantes y clasificaciones**
    1.2.1. Glosario de términos impositivos
    1.2.2. Clasificaciones de los impuestos
1.3. **Requisitos o principios generales de la imposición**
▶ **Resumen**

El Sector Público dispone de diversas fuentes de ingresos para financiar sus gastos. El grueso de los ingresos del Sector Público proviene de la venta de sus bienes y servicios, la venta de sus activos, las empresas y propiedades públicas, el crédito y el endeudamiento públicos y, sobre todo, de los impuestos. Con gran diferencia sobre las demás, éstos constituyen la principal fuente de financiación de los gastos públicos.

En España, en 2005, según el Instituto Nacional de Estadística (J. M. Domínguez Martínez, 2008), los ingresos impositivos en sentido estricto ascendían al 58% del total de ingresos públicos no financieros. A estos les seguían, por orden de importancia, las cotizaciones sociales, con un 33%, las transferencias, con un 4%, las rentas de la propiedad, con un 2%, los precios públicos, con otro 2%, y las tasas con un 1%. A su vez, en 2004, la presión fiscal en nuestro país (impuestos y cotizaciones sociales respecto al PIB) se situaba por encima del 35%, ocupando así una posición intermedia en el grupo de países de la OCDE situados en la franja entre el 30% y el 40%[1], porcentaje, no obstante, aún por debajo (aproximadamente 3 puntos) de la media de la Unión Europea.

La importancia cuantitativa de los ingresos impositivos del Sector Público, así como sus efectos sobre la economía privada, justifican un manual como el que aquí se inicia, dedicado casi por entero al estudio de la teoría de la imposición. Este primer capítulo se articula en tres apartados, en los que se analizan, por orden, diversas clasificaciones de los ingresos públicos, el concepto de impuesto, sus elementos definitorios y diferentes clasificaciones impositivas, así como los principios generales que deben presidir el diseño, la valoración y la reforma de los impuestos y los sistemas fiscales en general.

1.1. Clasificaciones de los ingresos públicos

La literatura disponible ofrece diversas clasificaciones de los ingresos públicos que obedecen a distintos criterios. De entre estas clasificaciones, las más citadas son, sin duda, las realizadas por A. Smith (1776), Seligman (1895) y Neumark (1970), que atienden fundamentalmente al grado de voluntariedad o coactividad con el que el Sector Público obtiene sus ingresos y/o a la existencia o no de contraprestación por tales

---

[1] Entre los países que en dicho año contaban con una presión fiscal inferior al 30%, figuran, por orden decreciente: Alemania, Polonia, Canadá, Australia, Turquía, República de Eslovaquia, Irlanda, Suiza, EE.UU., Japón, Corea y México. Países que, por el contrario, superaban la presión fiscal del 40%, eran, en sentido creciente: Luxemburgo, Islandia, Italia, Austria, Francia, Finlandia, Noruega, Bélgica, Dinamarca y Suecia.

ingresos[2]. A ellas, pues, nos atendremos para exponer las múltiples fuentes de ingresos de las que dispone el Sector Público.

Bajo la rúbrica de *Soberanía* o *potestad del Estado*, el economista escocés Adam Smith distingue en su magistral obra *An Inquiry into the Nature and Causes of the Wealth of Nations*, dos clases de ingresos públicos: los ingresos *originarios*, o ingresos que obtendría el Estado de la misma forma que lo haría un particular, y los ingresos *derivados*, basados en el principio de soberanía fiscal, que define él como ingresos para cuya obtención el Sector Público ha de hacer uso de su poder o capacidad de coacción. Aproximadamente siglo y medio más tarde, *E.R.A.* Seligman retoma y desarrolla esta clasificación, adoptando como criterio de sistematización el grado de *voluntariedad de los particulares al hacer efectivo el pago o ingreso público*. El autor norteamericano destaca diversas clases y subclases de ingresos públicos:

1. Ingresos *gratuitos*, que se conceptúan como sumas o cantidades cedidas o canalizadas voluntariamente por los particulares hacia el Estado o el Sector Público (v.g., donaciones de los particulares a un ente público).

2. Ingresos *contractuales*, que se definen como parte integrante de un sistema de precios y pueden concebirse como ingresos a cambio de los cuales se percibe una contraprestación. Se trata de ingresos que financian servicios o actividades de solicitud voluntaria por los particulares y que presentan un beneficio individual y divisible. Dentro de estos ingresos *contractuales*, la mayor parte de los autores, y en especial la Escuela Italiana y sobre todo Einaudi, distingue cuatro diferentes clases de precios:

    a) Precio *privado*. Se trata de un precio que el Sector Público fija y cobra con arreglo a los mismos criterios que adoptaría un particular cualquiera. Equivaldría, pues, a P_1 en la Figura 1.1, precio correspondiente al punto de intersección de las curvas de demanda y coste marginal de producción (en el que, por tanto, $P = C'$) Ejemplo palmario de precio privado es el fijado por el Servicio de Correos.

    b) Precio *cuasi privado*. En tal caso, la oferta del bien realizada por el Sector Público no se rige por criterios estrictos de mercado, sino por una miscelánea de consideraciones económicas y consideraciones de interés social. Esto es, en la fijación de esta clase de precios el Estado no se guía tanto por el criterio de maximización de beneficios, cuanto por los beneficios sociales que pudieran generarse. Se trata,

---

[2] La primigenia sistematización de los ingresos públicos (conocida en algunos círculos como clasificación de criterio *histórico*) se remonta, no obstante, al *Cameralismo*, escuela o corriente de pensamiento integrada por los funcionarios responsables del estudio de la administración y finanzas de los ingresos de los soberanos, que agrupaba los ingresos públicos en cuatro grandes categorías: ingresos de la *propiedad inmueble* (arrendamiento de terrenos y edificios) y de las *empresas públicas*, ingresos obtenidos por los Estados por la concesión de determinados privilegios a los particulares (*regalías*), *impuestos* y *crédito* o endeudamiento del Sector Público.

Otra conocida clasificación de los ingresos públicos es la que atiende a su naturaleza económica y que distingue entre ingresos por cuenta de renta, por cuenta de capital y por operaciones financieras.

pues, de un precio con apariencia privada, pero en cuya determinación se conjugan consideraciones o elementos de beneficio social. Como ejemplo puede referirse el precio fijado antaño por el Estado a la madera procedente de los bosques por él explotados.

c) Precio *público*. Éste es un precio que debe cubrir el coste medio de producción ($P = C^*$) y que, por lo mismo, carece de fines lucrativos. En la Figura 1.1 vendría representado por P_2, precio correspondiente al punto de intersección de las curvas de demanda y costes medios.

d) Precio *político*. Precio inferior al coste medio de producción ($P < C^*$) y que, por tanto, origina pérdidas, su razón de ser no es otra que la incentivación del consumo de determinados bienes o servicios por razones políticas. Este precio se situaría en la Figura 1.1 por debajo de P_2. Los billetes de tren constituirían un claro ejemplo.

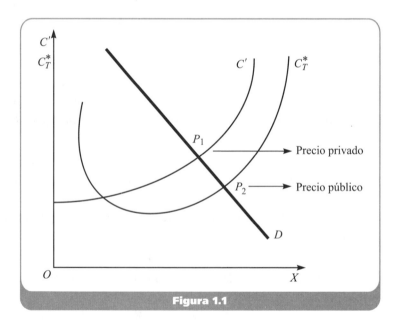

Figura 1.1

3. Ingresos *coactivos*. Esta categoría de ingresos se correspondería con los ingresos *derivados* de la clasificación de A. Smith y se subdivide en las siguientes modalidades:

a) Ingresos coactivos *derivados del dominio eminente* sobre determinados bienes. Tal sería el caso de las expropiaciones públicas de propiedades privadas (el precio pagado en concepto de expropiación sería inferior al valor de mercado de las propiedades implicadas), figura legal que define una situación en la que se reconoce (en muchos países constitucionalmente) un dominio preferente a favor del Estado.

b) Ingresos *derivados del poder penal del Estado*. Consisten, por lo general, en sanciones normalmente pecuniarias —denominadas genéricamente multas— por incumplimiento de las normas legales en vigor.

c) Ingresos *derivados del poder fiscal del Estado*, cuyo objetivo primordial es cubrir los gastos públicos. Entre estos ingresos coactivos, comúnmente conocidos como tributos, es posible discernir una triple tipología:

- *Tasas*. Esta figura tributaria constituye un ingreso coactivo que guarda cierta semejanza con los precios públicos. Históricamente nace como un ingreso de la Hacienda Pública que se cobra para compensar el coste de un servicio público prestado a un particular y del que este obtiene un beneficio individual y divisible. De ahí que en origen este tributo recibiera el nombre de *tasas de financiación*. El fundamento de su coactividad radica en que en muchas ocasiones financian servicios específicos de solicitud o demanda obligatoria para los ciudadanos y en que el «precio» de ese servicio público no se forja libremente en el mercado, sino que es fijado de forma unilateral por el Sector Público. Ejemplos de tasas son las exigidas por la expedición de títulos universitarios, DNI y pasaporte, por la utilización privada del dominio público (por ejemplo, por quioscos o vados), por dirección e inspección de obras, por recogida de basuras, etc.

    Aunque en su génesis las tasas fiscales se concibieran como pagos a cambio de los cuales los sujetos obtenían un beneficio fundamentalmente individual y divisible, con el transcurso del tiempo esa correspondencia se ha ido diluyendo, al punto de que en la actualidad se admite que los servicios por ellas financiados benefician también, en alguna medida, a la colectividad. Esto explica por qué tales ingresos pueden no cubrir plenamente el coste total del servicio que financian.

- *Contribuciones especiales*. Denominadas por los hacendistas italianos *contribuciones de mejora*, el ámbito de aplicación de este otro tributo se circunscribe, en la mayoría de los casos, a las Corporaciones Locales (Ayuntamientos, Diputaciones, etc.). Su exacción se ha querido fundamentar en el beneficio especial que perciben algunos miembros de la comunidad como consecuencia de la realización de una inversión pública (por ejemplo, en alumbrado público, pavimentación de calles, abastecimiento de agua, etc.), normalmente en la forma de un aumento de valor de sus propiedades. Se considera que si bien en principio los beneficios de cualquier obra o mejora pública pueden propagarse a todos los miembros de una comunidad, estos se concentran de forma especialmente intensa en determinados individuos, por lo que ellos deben contribuir a la financiación de parte del coste de realización de la obra o mejora pública en mayor proporción relativa que sus conciudadanos. Aun así, también se admite que, al igual que las tasas, las contribuciones especiales no tienen por qué cubrir el coste total de la obra o mejora pública, por cuanto esta beneficia asimismo, en cierta medida, a la comunidad.

El carácter coactivo de estas contribuciones dimana del hecho de que, ante la imposibilidad real de saber en qué medida la obra o mejora beneficia más a unos individuos que a otros y, en consecuencia, qué sumas habrían de pagar cada uno de ellos, el Estado reparte de forma desigual el pago de su coste, exigiendo mayores desembolsos por este tributo a los propietarios de inmuebles del área o zona donde se realiza la obra o mejora pública.

Una de las principales críticas vertidas sobre esta figura tributaria es la de que, al igual que existen obras o mejoras que benefician a propietarios de inmuebles particulares, hay otras (v.g., vías de tren) que perjudican a algunos otros, razón por la cual paralelamente deberían instituirse contribuciones especiales con carácter negativo. Lo cierto es, sin embargo, que esta variante de contribución o transferencia especial jamás ha existido.

– *Impuestos*. Entre otras nociones, esta figura tributaria ha sido conceptuada como una transferencia coactiva negativa (de los particulares al Sector Público) establecida mediante una ley y no correspondida con ningún tipo de contraprestación individual[3].

Si agrupamos a continuación todos los criterios de sistematización utilizados en las clasificaciones precedentes de los ingresos públicos, podremos obtener, asimismo, un nuevo criterio que nos conducirá a la clasificación de F. Neumark (1947).

Más comprehensiva que las anteriores, esta ulterior clasificación se articula en torno a las distintas fuentes de ingresos públicos, contempladas desde el punto de vista de una determinada Administración Pública. De acuerdo con el economista alemán, los ingresos públicos pueden provenir de dos grandes fuentes:

1. La *economía pública*, que a su vez pueden desglosarse en ingresos originados por:

a) La *propia economía pública*, ya sea a través de las *empresas públicas* o por medio de transferencias entre corporaciones o instituciones de una misma economía pública.

---

[3] No obstante, existen ciertas figuras impositivas, llamadas impuestos afectados, cuya recaudación se destina a la financiación de una prestación social que guarda alguna relación con la actividad gravada. Ejemplo de estos impuestos son las cotizaciones a la Seguridad Social, que, como se sabe, consisten en ingresos obligatorios que se destinan a la financiación de las futuras pensiones de los actuales cotizantes en el momento de su jubilación. Aunque indirecta, en estos impuestos existe, pues, una relación entre los pagos realizados por el contribuyente y sus futuras pensiones.

b) Las *economías públicas extranjeras*, en concepto de transferencias de ingresos recibidas desde el exterior.

En los dos casos, además, las transferencias pueden adoptar las modalidades de transferencias corrientes o transferencias de capital, según que su destino sea la financiación de gastos de consumo o gastos de inversión del gobierno receptor. Al mismo tiempo, cada una de estas dos modalidades pueden estar condicionadas o no a la cobertura de un determinado gasto (de consumo o inversión).

2. La *economía privada*, concretamente por una triple vía:

a) *Contraprestación.* Se trata de ingresos que, como su propio nombre indica, se obtienen en virtud del principio de contraprestación, y que, en lo fundamental, tienen un triple origen:

- Las ventas de bienes y servicios.
- Las rentas patrimoniales del Estado (alquileres de inmuebles públicos, intereses de préstamos concedidos o depósitos bancarios, ingresos obtenidos por concesiones realizadas y dividendos y participaciones en beneficios de sociedades).
- Las variaciones patrimoniales, esto es, los ingresos procedentes de cambios en el patrimonio público, generados ora por la venta de activos patrimoniales (privatizaciones, venta de terrenos o edificios públicos, venta de activos financieros, etc.), ora por los ingresos en efectivo obtenidos mediante operaciones de endeudamiento público (emisión de deuda pública u obtención de créditos por el Sector Público).

b) *Soberanía* (principio de). Esta vía de ingresos da cabida, entre otros, a los que A. Smith denomina ingresos derivados, e incluye, además de las tasas, contribuciones especiales, impuestos, expropiaciones y multas (y recargos), las siguientes fuentes adicionales:

- Deuda pública *forzosa*. Aunque práctica no muy habitual, en situaciones críticas la Hacienda Pública emite a veces deuda pública con bajos tipos de interés que obliga a adquirir (mediante, por ejemplo, coeficientes obligatorios de inversión) a las entidades financieras por imperativo legal. Incluso en ciertas ocasiones, los títulos de esta clase de deuda pública han sido utilizados como forma de pago de parte de los haberes de los funcionarios.
- Ingresos generados merced a la instrumentación de la política monetaria (*Señoreaje* del Estado), en particular los beneficios derivados del derecho o privilegio estatal en lo referente a la acuñación de monedas y creación de papel-moneda (el valor de cambio de ambas formas de dinero excede ampliamente a su contenido metálico).

c) *Revalorización de activos*, esto es, aumento de valor de los ingresos y pérdida de valor de las deudas del Sector Público como consecuencia de una posible política inflacionaria articulada por dicho agente público.

1.2. El impuesto: concepto, elementos integrantes y clasificaciones

En el conjunto de los ingresos públicos, los impuestos constituyen, sin duda, el grupo con mayor importancia relativa en términos recaudatorios. Por definición, un impuesto es una transferencia económica establecida coactivamente por el Sector Público a su favor, que no tiene contraprestación directa y que ha de ser aprobada mediante una ley. Esta clase de tributos cuenta, en particular, con una extensa terminología propia y una variada tipología, cuyo conocimiento es poco menos que obligado para todo aquel que desee profundizar en el estudio de la Hacienda Pública. He aquí, por turno, la explicación de ambos aspectos de la imposición.

1.2.1. Glosario de términos impositivos

En principio, es posible contabilizar hasta veintitrés términos y elementos impositivos distintos. Este amplio glosario de términos es expuesto en detalle a renglón seguido, acompañado, en algunos casos, de unos breves comentarios aclaratorios.

1. *Sujeto activo*. Ente público con capacidad legal para establecer un impuesto.

Aunque históricamente algunos hacendistas se han venido planteando la cuestión de si el sujeto activo podría ser una institución o ente de naturaleza no pública (Iglesia, Sindicatos, etc), hoy parece existir un amplio acuerdo en que dicho sujeto debe ser encarnado siempre por una autoridad con capacidad coactiva, es decir, por un ente público. Por el momento, el sujeto activo de la imposición más relevante en la práctica totalidad de los países es el Estado, si bien en las economías que se han dotado de una amplia descentralización de la actividad financiera pública este papel es también desempeñado por los gobiernos subcentrales (en España, Comunidades Autónomas y Corporaciones Locales).

2. *Sujeto pasivo*. Persona natural o jurídica obligada por ley al cumplimiento de la prestación impositiva.

Tal y como se desprende de la noción expuesta, se trata del sujeto obligado, al menos inicialmente, al pago del impuesto. Esta obligación no es, sin embargo, exclusivamente económica, sino que suele venir acompañada de ciertas obligaciones formales.

Tradicionalmente, tal concepto impositivo se ha prestado a una cierta confusión, por lo que conviene distinguir entre sujeto pasivo *jurídico*, o persona obligada por ley a realizar la prestación impositiva, y sujeto pasivo *económico*, que sería la persona que soportaría realmente la carga económica del impuesto. Desde un punto de vista jurídico es preciso discernir, a su vez, entre el sujeto pasivo a título de contribuyente y la figura del sustituto del contribuyente.

El *contribuyente* se define como la persona natural o jurídica a quien la ley impone la carga tributaria por ser el titular de la capacidad de pago que se pretende gravar. En ocasiones, no obstante, el contribuyente encuentra dificultades (minusvalías psíquicas, minoría de edad, etc.) para relacionarse con la Hacienda Pública, de ahí que la ley contemple la posibilidad de que sus responsabilidades sean asumidas por una suerte de tutor al que da el nombre de *sustituto del contribuyente*. Esta otra figura es, pues, la persona natural o jurídica que asume las obligaciones del sujeto pasivo en determinados casos legalmente establecidos.

Desde el punto de vista legal, sucede a veces que el Estado confecciona ciertos impuestos de forma tal que fija un contribuyente al que intencionadamente autoriza a repercutir la carga impositiva a otras personas. Piénsese, por ejemplo, en el IVA. Por conveniencia a efectos de su recaudación, el legislador asigna el papel de contribuyente al empresario, pero al mismo tiempo le permite incorporarlo en el precio de sus productos y trasladarlo así a otras personas, que obviamente serían los sujetos pasivos económicos del gravamen. El sujeto pasivo económico se define así como la personal natural o jurídica que soporta finalmente el impuesto.

3. *Objeto imponible*. Manifestación de la capacidad de pago que el impuesto pretende gravar.

La existencia de gran parte de los impuestos se cimenta en la idea de gravar la capacidad económica o capacidad de pago de los sujetos en algunas de sus manifestaciones. Estas manifestaciones constituyen el objeto imponible de los impuestos (v.g., la renta en el caso del impuesto sobre la renta de las personas físicas).

4. *Hecho imponible*. Presupuesto —acto o circunstancia— de naturaleza jurídica o económica fijado por la ley para configurar cada impuesto y cuya realización origina el nacimiento de la obligación impositiva.

Concepto de naturaleza esencialmente jurídica, la ley de cada impuesto ha de definir, en efecto, su correspondiente hecho imponible, es decir, qué actos o qué circunstancias determinan la obligación de un contribuyente a pagarlo o no pagarlo.

Sin embargo, tal y como precisa su definición, el presupuesto —circunstancia o acto— configurador del hecho imponible de cada impuesto no tiene por qué tener necesariamente naturaleza económica, sino que puede ser un hecho jurídico. Un ejemplo relativamente reciente es el caso del célebre *Community Charge* o *Poll Tax* (impuesto de capitación) implantado en el Reino Unido por el Gobierno Conservador en 1990 y sustituido en 1993 por el *Council Tax*. Ciertamente, lejos de reparar en la capacidad económica del sujeto, el presupuesto para el pago del *Poll Tax* venía constituido por el mero hecho de residir o pertenecer a cualquier municipio del país[4].

En este contexto, es preciso distinguir, no obstante, entre los conceptos de *no sujeción* y *exención*. En los sistemas tributarios reales existen algunas actividades que, por su específica naturaleza, no se integran en el hecho imponible, esto es, no se hallan sujetas al impuesto. Por *no sujeción* se entiende, pues, los supuestos no contenidos en la delimitación del hecho imponible.

La *exención*, en cambio, es la eliminación de la obligación impositiva de un hecho sujeto. A diferencia del concepto anterior, la actividad exenta se integra, por tanto, en el hecho imponible, aunque por alguna razón política, social o de cualquier otra naturaleza el Estado libera de la obligación tributaria a la persona que la realiza.

Las exenciones pueden ser objetivas o subjetivas. Las primeras se conceden en función del tipo de actividad realizada (v.g., parte de los rendimientos del trabajo personal) y se fijan en un determinada fracción de la renta; las segundas, en función del sujeto que realiza esa actividad (v.g., exenciones de ciertos impuestos concedidas a la Iglesia Católica)

5. *Base imponible*. Concreción o cuantificación del hecho imponible a efectos de estimación de la obligación impositiva. Esta cuantificación se realiza generalmente en términos monetarios, aunque, en algunos casos, puede expresarse en unidades físicas (por ejemplo, litros de carburante o de cerveza, número de cigarrillos, etc.).

La determinación de la base imponible puede llevarse a efecto, fundamentalmente, mediante dos métodos distintos: el directo y el objetivo o indiciario. Bajo el primero, tal estimación se realiza sobre la base de los datos y documentos contables registrados por el propio contribuyente. Por ello, es claro que, además de la declaración voluntaria del contribuyente, un buen funcionamiento de este método estará supeditado a la existencia de mecanismos de inspección eficaces y de un apropiado régimen de sanciones que penalicen el fraude y la evasión fiscales. La determinación de la base imponible en el impuesto de sociedades y en el IRPF en su régimen de estimación directa son claros ejemplos de este método de estimación directa.

Por su parte, el método objetivo o indiciario, como su propio nombre indica, se sirve de índices o signos externos para determinar la base imponible. Ejemplos de aplicación

---

[4] Siguiendo las recomendaciones del *Green Paper* sobre la reforma de la hacienda local en el Reino Unido, Escocia en 1989 e Inglaterra y País de Gales en 1990 transformaron el impuesto local sobre la propiedad inmobiliaria no residencial (*Non Domestic Rates*) en una figura impositiva del Gobierno central con un tipo de gravamen único, y sustituyeron el impuesto sobre la propiedad residencial (*Domestic Rates*) por un impuesto de capitación (*Community Charge*), más conocido como *Poll Tax*, que adoptó la forma de un gravamen por cada adulto residente. El fracaso de este impuesto llevó, sin embargo, al Gobierno conservador a anunciar en abril de 1991 su sustitución, al cabo de dos años, por una nueva figura impositiva, el denominado *Council Tax*, aplicable a los ocupantes de las viviendas, y que sería una miscelánea de un impuesto sobre la propiedad inmobiliaria basado en el valor capital de los bienes inmuebles y un impuesto de capitación.

de este método son el régimen de estimación por módulos de los rendimientos de una actividad empresarial en el IRPF y el régimen especial simplificado del IVA. Obviamente, este método implica menores costes para la Administración Tributaria y para los contribuyentes que el directo, pero, en contrapartida, proporciona peores estimaciones de la base imponible, reparte con menos justicia los impuestos (al guardar la base imponible así estimada peor relación con la capacidad real del contribuyente) y tiende a ofrecer una menor capacidad recaudatoria neta.

6. *Base liquidable*. Resultado de aplicar (restar) a la base imponible las reducciones legalmente establecidas.

7. *Deducción*. Reducción de la base imponible o de la cuota en una cantidad fija.

8. *Bonificación*. Reducción de la base imponible —o de algunos de sus componentes— o de la cuota, establecida en proporción a (o porcentaje de) la base o la cuota.

9. *Desgravación*. Minoración de la cuota en la parte correspondiente a determinados elementos de la base imponible, inicialmente gravados. Puede ser al tipo medio, al tipo marginal o a un tipo fijo.

10. *Tipo impositivo* (o tipo de gravamen). Cuantía o proporción —normalmente expresada en tanto por ciento— que se aplica a la base liquidable para obtener la cuota íntegra. Si el tipo de gravamen es una cantidad fija por unidad física de base liquidable, estaremos ante lo que se conoce como impuesto unitario; en cambio, si se trata de un porcentaje de la base liquidable, el impuesto será ad valórem. En esta última categoría impositiva el porcentaje puede ser, a su vez, o bien fijo, en cuyo caso el impuesto será proporcional, o bien variable en función de la cuantía de la base, configurando el conjunto de los tipos lo que se denomina *tarifa*. Finalmente, si el porcentaje aumenta al hacerlo la base el impuesto, será progresivo, en tanto que si disminuye al aumentar la base el impuesto será regresivo.

11. *Tipo medio*. Cociente de la cuota impositiva íntegra y la base liquidable (o la base imponible). Este cociente o tipo medio informa sobre la cantidad que representa la cuota íntegra respecto a la base liquidable (o base imponible).

12. *Tipo medio efectivo*. Tipo impositivo que realmente soporta el sujeto pasivo. Por lo general equivale al porcentaje que representa el pago del impuesto (cuota líquida) respecto a su capacidad de pago inicial (normalmente medida por su base imponible).

13. *Tipo marginal*. Tipo aplicable al último tramo de la base liquidable (o base imponible). Puede definirse también como el tipo correspondiente a la última unidad monetaria de renta obtenida.

En términos analíticos, se obtiene mediante la derivada de la recaudación respecto a la base liquidable ($T' = dT/dB_1$). El tipo marginal coincide con el tipo medio en los impuestos cuyo tipo de gravamen equivale a un porcentaje fijo o constante de la base liquidable (v.g., imposición sobre el consumo), pero no en los impuestos de carácter personal, en los que se aplica una pluralidad o diversidad de tipos (tarifa) o, lo que es lo mismo, en los que cada tramo de la base (v.g., cada tramo de renta en el IRPF) se halla sometido a un tipo diferente[5].

14. *Cuota impositiva íntegra.* Suma monetaria que representa el impuesto. Puede ser una cantidad fija o el resultado de aplicar el tipo impositivo a la base liquidable ($T = tB_1$).

15. *Cuota impositiva líquida.* Resultado de aplicar a la cuota íntegra las reducciones (deducciones, bonificaciones, etc.) legalmente establecidas. Representa la carga impositiva efectiva soportada por el contribuyente.

16. *Cuota impositiva diferencial.* Cantidad resultante de restar de la cuota líquida las retenciones y los ingresos a cuenta. Si los pagos a cuenta superan a la cuota líquida del impuesto, la cuota diferencial resultará negativa y la Administración Tributaria procederá a su devolución.

17. *Deuda tributaria.* Resultado de aumentar, en su caso, la cuota diferencial con intereses de demora, recargos y sanciones.

18. *Recargos.* Adiciones a la cuota por diferentes motivos legalmente establecidos.

19. *Liquidación impositiva.* Conjunto de operaciones que es preciso practicar para la determinación de la deuda impositiva.

20. *Período impositivo.* Plazos de tiempo en que la ley fracciona los hechos imponibles de duración indefinida. Normalmente coincide con el año.

La naturaleza de los impuestos es, por lo general, variada. Hay impuestos que se exigen en el momento en que se realiza la actividad sometida a gravamen. Otras actividades o hechos sometidos a gravamen se configuran, en cambio, como un flujo continuo a lo largo de la vida de un sujeto, es decir, son hechos indefinidos en el tiempo. Como procedimiento para someter a imposición estos flujos continuos o hechos imponibles de duración indefinida, la Hacienda Pública suele fraccionarlos en períodos regulares de tiempo, adoptando normalmente una periodicidad anual.

21. *Devengo de impuesto.* Momento en que nace la obligación impositiva. Normalmente se atribuye al último día del período impositivo. La Hacienda, no obstante, suele dar un plazo de tiempo para que el sujeto formule su declaración y cumpla con sus obligaciones formales.

22. *Devengo de la deuda tributaria.* Momento en que se produce la exigibilidad de la prestación económica en que consiste el impuesto.

---

[5] Como tendremos ocasión de comprobar en el Capítulo 5, la diferenciación entre los tipos de gravamen medio y marginal adquiere especial relevancia en el ámbito del estudio de los efectos de la imposición sobre los incentivos. Especialmente en el caso de los impuestos sobre la renta de las personas físicas aplicados a las familias, la tarifa adicional que representa unos tipos marginales elevados puede surtir, entre otros, serios efectos desincentivadores sobre el esfuerzo y la oferta laboral femeninos.

23. *Fuente del impuesto*. Origen de los fondos necesarios para el pago del impuesto (renta o patrimonio).

1.2.2. Clasificaciones de los impuestos

La mayoría de los países suelen dotarse de una amplia diversidad de fuentes impositivas de ingresos. Esto no significa que a lo largo de la historia del pensamiento sobre la actividad financiera pública no se hayan concebido propuestas o ideas favorables al «mito del impuesto único», esto es, a la aplicación o exacción de un único impuesto. En las postrimerías del s. XIX el «pensador, compositor, conferenciante y aventurero» norteamericano Henry George (*Poverty and Progress*, 1879) llegó a sugerir la abolición de todos los impuestos aplicados en la época y su sustitución por un impuesto único sobre el producto de la tierra[6]. Con posterioridad, también se abogaría por la imposición exclusiva sobre la energía, en tanto que *input* omnipresente en la base de producción de la generalidad de los países. No obstante, en sus versiones originales ninguna de estas ideas se ha visto plasmada en la realidad.

Esa pluralidad de figuras impositivas exigidas con generalidad en la experiencia comparada pueden clasificarse, en todo caso, en múltiples categorías homogéneas que responden a distintos criterios de sistematización. Entre estos criterios y clasificaciones, los más importantes son los siguientes:

1. Criterio del sujeto pasivo. De acuerdo con este criterio, los impuestos pueden clasificarse en impuestos *personales*, esto es, aquellos que consideran la capacidad de pago personal del contribuyente teniendo en cuenta sus circunstancias personales y específicas [el impuesto sobre la renta de las personas físicas (IRPF), el impuesto sobre sociedades (IS), el impuesto sobre sucesiones y donaciones (ISD), entre otros], e impuestos *reales*, o aquellos otros que recaen sobre objetos o actividades sin tener en cuenta las circunstancias personales o específicas de los sujetos pasivos [por ejemplo, el impuesto sobre el valor añadido (IVA)].

2. Criterio de la base imponible. Atendiendo a este segundo criterio, los impuestos pueden agruparse en tres categorías: impuestos sobre la renta (rentas generadas por el trabajo y el capital y las variaciones patrimoniales), sobre la riqueza (renta acumulada) y sobre el consumo (renta gastada). Los impuestos sobre la riqueza pueden dividirse, a su

---

[6] En la propuesta de H. George (1879) la supresión del resto de las figuras impositivas se haría de forma gradual y vendría acompañada de incrementos sucesivos de la imposición sobre la renta o el valor del suelo hasta lograr un «impuesto único» del 100 por 100 sobre dicha base imponible. En su opinión, este gravamen «único», además de proporcionar ingresos suficientes para sufragar todos los gastos de provisión de los bienes y servicios públicos, acabaría con la especulación, incrementaría los salarios, aumentaría las ganancias de capital, aboliría la pobreza, proporcionaría trabajo remunerado a quien lo desease, reduciría los crímenes, elevaría la moral, el gusto y la inteligencia, purificaría al Gobierno y conduciría a la civilización a cotas más elevadas.

vez, en gravámenes sobre la mera propiedad de la riqueza [fundamentalmente, el impuesto sobre el patrimonio neto (IPN) y el impuesto sobre la propiedad inmobiliaria, impuesto sobre bienes inmuebles (IBI) en España] y gravámenes sobre la transmisión del dicha riqueza [básicamente, el ISD y el impuesto sobre transmisiones patrimoniales onerosas (ITP)]. Asimismo, en los impuestos sobre el consumo pueden distinguirse tres modalidades distintas:

a) Los impuestos sobre el gasto personal, que gravan el consumo teniendo en cuenta las circunstancias personales de los sujetos pasivos. El gasto personal se estima como la diferencia entre la renta obtenida y el ahorro realizado en un período.

b) Los impuestos generales sobre el consumo, que gravan todos los actos de consumo sin considerar las circunstancias personales de los consumidores (el IVA en España).

c) Los impuestos selectivos sobre el consumo (impuestos especiales en España), que gravan solo el consumo de determinados bienes y servicios, como, por ejemplo, el alcohol, el tabaco, los hidrocarburos, etc.

3. Criterio del tipo impositivo. Según el tipo de gravamen, los impuestos pueden clasificarse, como ya se ha señalado en el apartado anterior, en impuestos *específicos* (caso en el que el tipo impositivo es una cantidad fija por unidad física de base imponible o liquidable) e impuestos ad valórem (en los que el tipo impositivo es un porcentaje a aplicar sobre la base liquidable o imponible); y estos últimos, a su vez, en impuestos progresivos, proporcionales y regresivos, dependiendo de si el tipo medio de gravamen aumenta, se mantiene constante o disminuye a medida que aumenta la base.

4. Una cuarta clasificación impositiva es la que distingue entre *impuestos directos* e *impuestos indirectos*, distinción que puede obedecer a tres criterios diferentes:

a) Criterio *administrativo o recaudatorio*. Son impuestos directos aquellos que definen una relación directa entre el contribuyente y la Administración Pública en cuanto a su recaudación, al ser este el sujeto pasivo y recaudarse de acuerdo con listas nominativas (v.g., el IRPF); contrariamente, son indirectos aquellos en los que el sujeto pasivo es una persona interpuesta y que no requieren el conocimiento por parte de la Hacienda de los datos nominativos de los contribuyentes.

b) Criterio relativo a la *forma —directa o indirecta— en que el objeto gravado por el impuesto expresa o manifiesta la capacidad de pago*. A los efectos impositivos, la Hacienda puede fijar o medir la capacidad de pago de los contribuyentes, o bien directamente a través de una magnitud económica tal como la renta obtenida o la posesión de riqueza, que sometería así directamente a imposición (impuestos directos), o bien de forma aproximada o indirecta pero equivalente, adoptando como base de imposición el gasto de consumo o la transmisión de la riqueza realizados por los sujetos (impuestos indirectos).

c) Criterio de *traslación*. Bajo este tercer criterio, de empleo corriente en la *Contabilidad Nacional*, aunque no por ello exento de aspectos problemáticos desde una óptica económica, los impuestos directos se definen como aquellos para los que existe coincidencia entre las personas que los pagan y las que los soportan finalmente, es decir, aquellos que son soportados por las personas que los pagan originalmente; en cambio, por impuestos indirectos se entiende aquellos otros en los que no se da dicha coincidencia, por cuanto pueden ser trasladados o transferidos a otras personas.

5. Criterio que atiende al *objeto del impuesto* o *manifestación de la capacidad de pago* que se pretende gravar. Se trata de un criterio económico sin grandes pretensiones analíticas, utilizado generalmente por los organismos internacionales, y en particular por la OCDE. Seis son los grupos de impuestos incluidos en esta clasificación: los *impuestos sobre la renta y los beneficios*, que constituyen la categoría de gravámenes relativamente más productivos; las *cotizaciones o cuotas obligatorias de la Seguridad Social*, impuestos sobre las rentas del trabajo cuya recaudación está afecta a gastos de cobertura social, generalmente las pensiones, aunque en algunos países, parte de estas cotizaciones se destinan al pago de otras prestaciones como, por ejemplo, de la Sanidad; los *impuestos sobre las nóminas salariales*, que no existen en algunos países, entre ellos el nuestro; los *impuestos sobre la riqueza*; los *impuestos sobre bienes y servicios*, rúbrica bajo la que se agrupan tanto los impuestos sobre el consumo de bienes y servicios específicos cuanto los impuestos generales sobre bienes y servicios; y *otros* ingresos impositivos distintos de los anteriores.

1.3. Requisitos o principios generales de la imposición

Como ya es sabido, un rasgo permanente que define la vida real de los distintos países es la existencia una multiplicidad de tributos. Este conjunto o suma de figuras tributarias configura lo que se conoce con el nombre de *sistema tributario real*, institución que es siempre fruto de una evolución histórica.

Los cambios o revisiones a los que son sometidos de cuando en cuando los sistemas tributarios reales deben obedecer, no obstante, a un repertorio de criterios o principios impositivos, si se pretende que reúnan las características de los sistemas tributarios ideales. Estos principios de la imposición, cuya observancia implica el cumplimiento de una serie de exigencias concretas, se agrupan en cuatro categorías perfectamente diferenciadas: principios de suficiencia y flexibilidad, principio de simplicidad administrativa, principio de eficiencia y principios de equidad.

Principios de suficiencia y flexibilidad

El principio de suficiencia puede considerarse, hasta cierto punto, como una extensión al campo impositivo de la regla del equilibrio presupuestario, en tanto en cuanto el grueso de los ingresos públicos (el 90%, aproximadamente) proviene de los impuestos. Se dice que un sistema fiscal es suficiente cuando aporta los recursos necesarios para financiar la totalidad de gastos públicos; dicho en otros términos, cuando el conjunto de impuestos que integran el sistema fiscal proporcionan recursos suficientes como para financiar el gasto público.

Implícitos en el propio enunciado de este primer principio lógico de la imposición se encuentran, por otra parte, el requisito general y las exigencias específicas para su cumplimiento. En efecto, lejos de poder conseguirse con un impuesto único, la suficiencia del sistema fiscal reclama la existencia de una pluralidad de impuestos dotados de gran eficacia recaudatoria, lo que a su vez exige la presencia entre ellos, en calidad de fuentes principales de ingresos, de impuestos con bases imponibles muy amplias, como son los impuestos sobre la renta de las personas físicas, sobre la renta de las sociedades y sobre el valor añadido.

La suficiencia de la imposición para la cobertura de los gastos públicos es, no obstante, inconcebible desde una perspectiva dinámica, esto es, para cubrir la evolución del gasto público en el tiempo, si el sistema fiscal no obedece en su estructura a ese otro criterio lógico que se ha dado en llamar principio de flexibilidad impositiva, al punto de que para no pocos hacendistas este segundo precepto de la imposición no es más que un corolario del primero. Llamado de hecho por algunos autores suficiencia *dinámica*, este principio, que entronca con la célebre *Ley de Wagner* o *ley de crecimiento del gasto público*, establece básicamente que un sistema fiscal (o un impuesto) es flexible cuando su recaudación se ajusta automáticamente a las variaciones de renta de la economía, esto es, cuando aumenta y disminuye de forma automática en épocas de crecimiento económico y de recesión económica, respectivamente.

Además de «suficientes» para financiar los gastos públicos desde una perspectiva dinámica, los impuestos flexibles son también *estabilizadores automáticos* de la demanda agregada. Ciertamente, un impuesto progresivo sobre la renta, cuya recaudación crece en mayor proporción que la renta a medida que esta aumenta en términos nominales, contiene en épocas de expansión económica el crecimiento de la renta disponible de los contribuyentes, frena con ello el crecimiento de la demanda agregada y modera las tensiones inflacionistas; a su vez, en épocas de recesión su recaudación se reduce en mayor proporción que la renta, lo que contribuye a estimular la demanda agregada sin necesidad de actuaciones discrecionales del Gobierno.

Junto a la existencia de un impuesto progresivo sobre la renta, la flexibilidad de un sistema tributario comporta, en lo fundamental, una triple exigencia adicional: la imposición de todas las clases de rentas, incluidas las rentas del capital; mínimas diferencias entre el momento de la generación de las rentas y su gravamen; y la flexibilidad activa del propio sistema, de modo que permita la adopción de medidas discrecionales contracíclicas por la vía de la alteración de las bases imponibles, tarifas, etc.

Principio de simplicidad administrativa

Una estructura tributaria que se pretenda óptima desde la óptica de la Administración Tributaria ha de responder necesariamente al precepto de simplicidad administrativa. Se dice que un sistema tributario goza de simplicidad administrativa cuando se articula en pocos impuestos de base muy amplia, sin reglas complicadas de valoración y sin casos particulares. La simplicidad de los impuestos plantea, en cualquier caso, una triple exigencia técnico-tributaria:

a) La economicidad en la recaudación, de tal manera que los costes en los que deba incurrir la Administración Tributaria para el ejercicio de esta tarea (costes de personal, de inspección, de equipos informáticos, etc.), más conocidos en la literatura financiera como *costes directos de gestión o administración tributaria*, sean los más bajos posibles.

b) Unas incomodidades y unos costes mínimos para el contribuyente, lo que implica no sólo que el Estado autorice el fraccionamiento del pago tributario y la colaboración de las entidades financieras en su cobro, sino además que los *costes indirectos, presión fiscal indirecta o costes de cumplimiento* de los contribuyentes con sus obligaciones tributarias (gastos monetarios y no monetarios, tales como los costes de asesoramiento fiscal, los costes del tiempo empleado en la comprensión de la normativa fiscal y en la realización y entrega de las declaraciones y demás documentación, las llevanzas de documentos y libros, etc.) sean lo más reducidos posible.

c) La certeza y perceptibilidad de los impuestos. Los impuestos deben ser ciertos y perceptibles, es decir, deben establecerse de suerte que los contribuyentes puedan conocer con antelación y con exactitud los pagos que realizan al Fisco. Este precepto comporta, obviamente, una triple exigencia fundamental: evitar la ambigüedad de las normas tributarias, por cuanto su posible interpretación por la Administración siempre será más propicia a ella que a los contribuyentes; la codificación de las leyes tributarias, para así impedir su proliferación excesiva, así como cambios mínimos en la imposición; y la reducción al máximo de la denominada «ilusión fiscal». A este respecto, es sabido que los impuestos más perceptibles son los directos y los menos los indirectos, al confundirse éstos con el precio final de los bienes y servicios gravados.

Obviamente, la reducción de los costes directos e indirectos de administración tributaria constituye un objetivo deseable para los sistemas tributarios porque son costes para los contribuyentes que no originan una provisión adicional de bienes y servicios. Además, en general, la reducción de la complejidad del sistema tributario puede traer consigo su mayor aceptación por parte de los contribuyentes y, por añadidura, una reducción del fraude fiscal.

Principio de eficiencia

Principio económico de la imposición, al igual que su colaboración a la estabilidad y el crecimiento de la economía, el precepto impositivo de la eficiencia postula que el diseño de los impuestos debe realizarse de tal manera que alteren lo menos posible el equilibrio al que habría llegado el mercado en ausencia de esta modalidad de intervención pública. Dicho de otro modo, los impuestos han de diseñarse de manera que distorsionen lo menos posible las decisiones económicas de los productores o consumidores. En el mundo real, prácticamente todos los impuestos son *distorsionantes*, por cuanto alteran los precios relativos a los que se enfrentan los agentes económicos privados en sus decisiones, y generan por tanto un coste de eficiencia o pérdida de bienestar (el llamado *exceso de gravamen*) que debe ser minimizado. Un impuesto no distorsionante o *neutral* sería, por ejemplo, el impuesto de *tanto alzado* o de suma fija (una detracción de renta de cuantía fija e igual para todos los sujetos, con independencia de sus decisiones económicas), ya que los contribuyentes no podrían alterar la carga tributaria cambiando su comportamiento económico. En la realidad, sin embargo, este impuesto es difícil de encontrar.

Principios de equidad

Junto a una función financiera, la imposición, de acuerdo con este precepto impositivo, desempeña una función de carácter social, lo que significa que los impuestos deben repartir con justicia o equidad los costes que implica esa financiación del gasto público. Este principio tiene, no obstante, una doble interpretación:

a) El denominado *principio del beneficio*, conforme al cual cada individuo ha de contribuir a financiar el gasto público con pagos impositivos acordes a los beneficios que reciba del Sector Público.

b) El *principio de capacidad de pago*, criterio que establece que cada individuo ha de contribuir a financiar el gasto público, mediante la imposición, de acuerdo con su capacidad de pago, independientemente de los beneficios recibidos del Sector Público. Bajo este principio, el reparto de la carga impositiva debe atenerse, a su vez, a un doble criterio de equidad:

– Equidad horizontal, de modo que las personas que se encuentren en la misma situación económica soporten el mismo gravamen.

– Equidad vertical, o, lo que es lo mismo, trato fiscal distinto a las personas que se encuentren en situaciones diferentes.

Clasificación de los ingresos públicos. El impuesto: concepto, elementos y principales clasificaciones...

En la vida tributaria, no obstante, los factores de diferenciación o igualdad entre los sujetos no se limitan exclusivamente a la cuantía de la renta, sino que, como veremos en el capítulo siguiente, se amplían a otros índices o indicadores.

A la vista de lo expuesto, puede concluirse diciendo que el sistema fiscal ideal será aquel que cumpla simultáneamente todos los principios enunciados. El problema, sin embargo, es que, por lo general, estos principios están en conflicto entre sí, lo que hace imposible su estricto cumplimiento simultáneo. En este sentido, lo habitual es que un sistema fiscal o un impuesto altamente equitativo sea, a un mismo tiempo, un sistema o un gravamen ineficiente y costoso administrativamente, y a la inversa. El impuesto comprehensivo sobre la renta personal, por ejemplo, se ha considerado tradicionalmente como el impuesto que satisface en mayor medida el precepto de equidad en términos de capacidad de pago, pero, a su vez, también se admite que se trata de un gravamen con costes elevados en términos de eficiencia y de simplicidad administrativa.

El diseño de un impuesto o un sistema tributario es, pues, una tarea que exige un compromiso entre esos principios impositivos, de tal forma que si se otorga un peso especial a un principio habrá de renunciarse, en cierta medida, al riguroso cumplimiento de los restantes.

Glosario de términos y conceptos

Base imponible y base liquidable
Contribuciones especiales, tasas e impuestos
Costes directos de gestión o administración tributaria
Costes indirectos, presión fiscal indirecta o costes de cumplimiento para los contribuyentes
Cuota diferencial
Cuota impositiva o tributaria
Cuota líquida
Deducción, bonificación y desgravación
Deuda pública y señoreaje
Deuda tributaria
Devengo de la deuda tributaria
Devengo del impuesto
Eficiencia impositiva
Equidad horizontal y equidad vertical
Equidad impositiva
Estabilizadores automáticos
Estimación directa y estimación objetiva (o indiciaria) de la base imponible
Expropiaciones, multas y tributos

Hecho imponible
Impuesto distorsionante e impuesto no distorsionante (neutral)
Impuestos directos e indirectos
Impuestos específicos e impuestos ad valórem
Impuestos personales y reales
Ingresos gratuitos, contractuales y coactivos
Liquidación impositiva
Objeto imponible
Periodo impositivo
Precios cuasiprivados, políticos y públicos
Principios del beneficio y de capacidad de pago
Recargos
Suficiencia y flexibilidad impositivas
Sujeto activo del impuesto
Sujeto pasivo, contribuyente y sustituto del contribuyente
Tipo de gravamen
Tipo marginal
Tipo medio de gravamen
Tipo medio efectivo

Resumen

- El Sector Público dispone de múltiples fuentes de ingresos para financiar sus gastos. El grueso de sus ingresos provienen de la venta de sus bienes y servicios, la venta de sus activos, las empresas y propiedades públicas, el crédito y el endeudamiento públicos y, sobre todo, de los impuestos, que constituyen la fuente de ingresos con mayor importancia relativa en términos recaudatorios.

- De entre las clasificaciones de ingresos públicos que ofrece la literatura de la Hacienda Pública, las más citadas por los economistas son las que atienden al grado de voluntariedad o coactividad con el que el Sector Público obtiene estos ingresos y/o a la existencia o no de contraprestación por tales ingresos. Los impuestos se definen como una transferencia coactiva negativa (de los particulares al Sector Público) establecida mediante una ley y que no se corresponde con ningún tipo de contraprestación individual.

- Los principales elementos que configuran los impuestos son, entre otros: el sujeto activo, el sujeto pasivo, el hecho imponible, las exenciones, la base imponible, la base liquidable, el tipo de gravamen, las deducciones, las bonificaciones y desgravaciones, las cuotas impositivas integra, líquida y diferencial, la deuda tributaria y el período impositivo.

- Los impuestos pueden clasificarse en múltiples categorías homogéneas que responden a distintos criterios de sistematización: el criterio del sujeto pasivo, que los clasifica en impuestos personales y reales; el criterio de la base imponible, que los agrupa en impuestos sobre la renta, sobre la riqueza y sobre el consumo; el criterio del tipo impositivo, que los divide en impuestos unitarios y ad valórem; otros criterios, que los clasifican en impuestos directos e indirectos, y el criterio del objeto o manifestación de la capacidad de pago que se pretende gravar, que distingue entre los impuestos sobre la renta y los beneficios, las cotizaciones obligatorias a la Seguridad Social, los impuestos sobre las nóminas salariales, los impuestos sobre la riqueza, los impuestos sobre bienes y servicios, y otros impuestos.

- Idealmente, el diseño y la reforma de los sistemas fiscales deben obedecer a un repertorio de criterios o principios generales, que pueden agruparse en cuatro categorías diferenciadas: los principios de suficiencia y flexibilidad, el principio de simplicidad administrativa, el principio de eficiencia y los principios de equidad.

Capítulo 2

La equidad en la imposición

2.1. Principio del beneficio
2.2. Principio de capacidad de pago
    2.2.1. Índices de capacidad de pago
    2.2.2. Concepciones sobre el principio de capacidad de pago
2.3. La equidad vertical y la progresividad impositiva
    2.3.1. Índices de progresividad formal
    2.3.2. Formas de progresividad
    2.3.3. El cómo, el cuánto y el porqué de la progresividad
▶ **Resumen**

Como se ha indicado en el capítulo anterior, un sistema tributario que se pretenda justo ha de obedecer en su configuración y aplicación a los dos postulados fundamentales de la equidad impositiva: el principio de equidad horizontal, conforme al cual los sujetos de una sociedad que se encuentren en igual situación deberán soportar el mismo gravamen, y el principio de equidad vertical, que propugna la aplicación de un gravamen distinto a los sujetos que se encuentren en situaciones diferentes.

¿Qué ha de entenderse, no obstante, por personas o sujetos iguales o en igual situación? O, dicho en otros términos, ¿cómo determinar o fijar a efectos tributarios una situación de igualdad o desigualdad entre distintas personas? Históricamente la Hacienda Pública ha dado respuestas diferentes a esta cuestión, según que en tal menester siguiese una u otra de las dos añejas líneas argumentales ya conocidas para el reparto de la carga tributaria entre los sujetos:

a) El *criterio del beneficio*, según el cual cada ciudadano debe contribuir a sufragar el coste de los bienes y servicios públicos en función de los beneficios obtenidos de ellos.

b) El *criterio de la capacidad de pago*, según el cual cada ciudadano debe contribuir a sufragar el coste de los bienes y servicios públicos en función de su capacidad de pago; en consecuencia, los individuos en mejor situación económica deben pagar más impuestos que los peor situados.

Ambas respuestas son glosadas detenidamente en los dos apartados siguientes. El tercer apartado del capítulo se destina al estudio de la progresividad como medio o instrumento a disposición de la Hacienda Pública para hacer cumplir el principio impositivo de equidad vertical y, por añadidura, para influir o colaborar en la distribución de la renta y la riqueza.

2.1. Principio del beneficio

En su aplicación como criterio adecuado para el reparto de la carga tributaria, el principio del beneficio se propone lograr una equivalencia entre los impuestos pagados por el contribuyente y las prestaciones recibidas del Estado. En su virtud, los impuestos deben distribuirse entre los sujetos en proporción al beneficio que cada uno derive de los servicios públicos; esto es, deberían ser proporcionales a la utilidad que cada sujeto obtuviese de esos servicios públicos. La lógica de este principio es, por tanto, la de ser un trasunto o copia, en el campo público, de la formación de los precios realizada en la economía privada a través del mercado.

La defensa del principio del beneficio y la búsqueda de las vías de su posible operatividad goza de una amplia tradición histórica. La actividad financiera en cuanto actividad desarrollada por el grupo político ha evolucionado con él, y, aun cuando en su sentido lato el grupo político existe desde los albores de la humanidad, es cierto que en su moderna configuración el Estado aparece tras la crisis de la etapa medieval. De esta forma, el principio de impuestos contra servicios es el que configura la aparición de la Hacienda Pública. El principio del beneficio fue, pues, el primeramente usado para repartir la carga por impuestos.

Aun cuando el punto de vista de la equivalencia o del beneficio fue útil como expresión del pensamiento político, no proporcionó una regla operativa para la práctica fiscal. Un intento diferente para interpretar la regla del beneficio se forjó en el análisis de la utilidad marginal en los años 1870 y siguientes. Es así como el siglo XIX va a conocer una segunda interpretación del principio del beneficio, conocida como la del *cambio voluntario*. Persigue esta, a través del principio del beneficio, no la equidad del sistema financiero, sino asegurar el equilibrio económico, o sea, la mejor administración de los recursos escasos disponibles. La oposición natural entre impuestos y servicios públicos hace necesaria la equivalencia entre las utilidades marginales que la actividad financiera proporciona y detrae a cada individuo.

Esta interpretación constituyó la base del marginalismo financiero, que tuvo como escuelas formuladoras más destacadas a la de la *Scienza delle Finanze* italiana (Pantaleoni, Mazzola, De Viti, Einaudi) y la de los economistas de Austria y Estocolmo (Sax, Wicksell, Lindahl). Pese a las diferencias de detalle, los distintos autores italianos del marginalismo se proponen fundamentalmente trasplantar el esquema de la formación de los precios en los mercados de bienes privados a los servicios públicos. De esta guisa, el impuesto no solo debería cubrir el coste de producción de los servicios públicos, sino que también debería reflejar la utilidad reportada por ellos. En general, los impuestos operarían como *pseudoprecios*, es decir, como el precio de los servicios públicos en correspondencia a la demanda de los contribuyentes.

El gran problema de todas las teorías del cambio voluntario es la inexistencia de un puente que permita pasar de las valoraciones individuales a las colectivas. Así como en los mercados privados se puede calcular la línea de demanda de cada bien o servicio, en los bienes y servicios prestados por el Estado, al no haber formulación de la demanda, ni esta se conoce, ni los sujetos, por tanto, expresan la utilidad que derivan de esta suerte de bienes o servicios. Esta es, de hecho, la explicación de por qué su prestación ha sido asumida por el Estado.

Tal problema llevó a algunos autores, entre los que destaca Wicksell, a contemplar la perspectiva política del problema del reparto de la carga tributaria, afirmando que sin un estudio detenido de la adopción de decisiones por parte del Estado no es posible asegurar la adjudicación del impuesto sobre la base de la utilidad marginal de cada contribuyente. Este autor defiende, no obstante, la utilización del principio del beneficio como criterio de reparto de la carga tributaria, al amparo del argumento de que las preferencias individuales pueden manifestarse a través del sistema de votaciones y que, por lo mismo, puede llegarse a conocer en conjunto si los individuos están de acuerdo o no con la provisión de una determinada cantidad de bien público. Este mecanismo político sustituiría así al mercado para el conocimiento de tales preferencias.

La aplicación del principio del beneficio a los bienes públicos plantea, sin embargo, problemas, especialmente en los bienes públicos puros y en la mayoría de los bienes públicos impuros. Por definición, un bien público puro es un bien no rival en el consumo, en el sentido de que su consumo por parte de un individuo no reduce la cantidad disponible para el resto (o, lo que es lo mismo, el coste adicional que supone un consumidor adicional es cero), así como no excluyente, lo que quiere decir que, una vez provista una determinada cantidad de bien público, no puede impedirse que cualquier individuo pueda consumir dicha cantidad aunque no haya pagado un precio (impuesto) por ello.

En su aplicación a estos bienes públicos puros, en los que no es posible la exclusión a quienes no paguen por ellos, el principio del beneficio exigiría un conocimiento perfecto de las preferencias de los individuos respecto de los distintos bienes, de modo que pudiera exigirse a cada uno de ellos el pago de un impuesto (precio) por unidad provista igual a su valoración marginal del bien. En la práctica, sin embargo, el sistema de votaciones no permite un conocimiento perfecto de las valoraciones individuales de los bienes públicos, por lo que, aunque el resultado de la votación fuese favorable al nivel de gasto propuesto, habría individuos que habrían estado dispuestos a pagar más por ese nivel de bien público y otros dispuestos a pagar menos, lo que significa que ninguna fuente impositiva de financiación sería plenamente eficiente. A este respecto, aunque inspirado en el principio del beneficio y neutral respecto a las decisiones individuales de consumo entre bienes privados y respecto a la elección entre consumo y ocio, ni siquiera un impuesto de suma fija sería plenamente eficiente porque, además de presuponer que todos los contribuyentes valoran por igual los bienes públicos, lo que no tiene por qué ser cierto, no garantiza que el nivel de gasto votado sea más eficiente que si su financiación se realizara con otras fuentes impositivas.

Frente a los bienes públicos puros, en los bienes públicos (impuros) en los que es posible la exclusión, la financiación mediante aplicación del principio del beneficio sí es factible. Ciertamente, al poderse fijar un precio determinado por su consumo o utilización, en bienes tales como, por ejemplo, las autopistas de peaje, la televisión con cuota de conexión o los polideportivos públicos, los individuos pueden ajustar la cantidad consumida al precio, revelando así sus preferencias y, por ende, la utilidad que les reporta el bien. Con todo, este mecanismo de financiación del gasto tampoco es plenamente eficiente. La razón estriba en que si el consumo (utilización) del bien es no rival (caso, por ejemplo, de una autopista de peaje no congestionada), la incorporación de un consumidor (usuario) adicional tendría un coste marginal social cero, por lo que la no exclusión de su consumo (utilización) de los individuos que no lo consumen (utilizan) porque lo valoran por debajo de su precio conduciría a un aumento del bienestar social.

En suma, pues, aunque pueda considerarse equitativo que los bienes públicos excluibles sean financiados por los consumidores (usuarios), su financiación mediante el principio del beneficio no es del todo eficiente.

Un caso distinto es el de los bienes privados provistos por el Sector Público (bienes rivales en el consumo y excluyentes), porque, en principio, es claro que su financiación mediante la aplicación del principio del beneficio por la vía de los precios garantiza la eficiencia. Aun así, en estos bienes privados es necesario distinguir entre los que el Sector Público provee por razones redistributivas, como pueden ser la educación o la sanidad, y los que presta por motivos de eficiencia, por ejemplo los provistos por monopolios naturales (gas, electricidad, agua, etc.), ausencia de mercados (determinados seguros), etc. Respecto a los primeros, es evidente que financiarlos mediante el principio del beneficio anularía sus efectos redistributivos. En consecuencia, los únicos bienes privados que parecen idóneos para ser financiados mediante el principio del beneficio son los que el Sector Público provee por razones de eficiencia.

En la práctica, los precios públicos, los cánones, etc. son ingresos públicos basados estrechamente en el principio del beneficio. Las tasas son asimismo tributos que tratan de aproximarse al principio del beneficio, en tanto que figura tributaria que surge ante la existencia de demandas particulares. Además, pese a su enorme complejidad, tal criterio suele utilizarse también en el caso de los impuestos a través de una doble vía:

a) La vía *generacional*, la cual consiste en el reparto de los costes de las obras y servicios públicos cuya duración excede a una generación, de forma tal que la generación actual paga mediante impuestos la parte de los beneficios de la obra que se considera va a disfrutar, mientras las generaciones futuras pagan los beneficios que les correspondan, financiando el coste del endeudamiento público igualmente necesario para la realización de la obra.

b) La vía de *ámbito espacial*, vía que se aplica a los servicios cuyos beneficios se distribuyen desigualmente en las distintas áreas o zonas de una jurisdicción cualquiera, y que, en correspondencia, consiste en distribuir los costes de esos servicios entre las múltiples áreas de acuerdo con los beneficios obtenidos por cada una de ellas.

Finalmente, debe señalarse que la financiación de determinados bienes y servicios públicos mediante ingresos basados en el principio del beneficio puede presentar algunas destacadas ventajas. Entre otras, puede garantizar una financiación más estable para determinados servicios públicos (por ejemplo, las inversiones en obras o mejoras públicas), así como una mayor percepción en los gestores públicos y los consumidores del coste de los bienes y servicios públicos, que puede generar una gestión pública más transparente y responsable (al facilitar la rendición de cuentas de los políticos ante los ciudadanos) y contribuir asimismo a la racionalización de la demanda de determinados servicios públicos. En contrapartida, hay también quienes, como John Stuart Mill (1921) en su día, se oponen a un amplio uso del principio del beneficio como criterio de reparto de la carga tributaria, por considerar que conduciría a un sistema fiscal regresivo, toda vez que los pobres necesitan mucho más de los servicios públicos que los ricos y soportarían por ello una mayor presión fiscal relativa.

2.2. Principio de capacidad de pago

Como ya dijimos, el segundo criterio para interpretar una respuesta a la cuestión planteada al comienzo del capítulo y, en especial, a la pregunta acerca de cómo repartir los costes de los bienes y servicios públicos, es el denominado principio de capacidad de pago. De acuerdo con este principio, un sistema fiscal es justo o equitativo si la carga impositiva se reparte entre los contribuyentes en función de su capacidad económica, independientemente de los beneficios que obtengan de los bienes y servicios públicos.

Este principio, en su acepción más pura, si bien entraña posiciones diversas de autores con concepciones considerablemente distintas, contiene tres proposiciones generales básicas:

1. El nivel adecuado de gastos y servicios se considera un dato. Su determinación es un problema separable y distinto del reparto de su coste (a través del impuesto).
2. Su radical oposición al principio del beneficio.
3. La necesidad de repartir los impuestos de acuerdo con un ideal de justicia, en función de la capacidad económica de cada sujeto.

Sin embargo, puesto que la justicia en la imposición ha tenido tradicionalmente la doble faceta de la equidad horizontal (trato fiscal igual a los contribuyentes con la misma capacidad de pago) y la equidad vertical (trato fiscal diferente a los contribuyentes con diferente capacidad de pago), el principio de capacidad de pago se agota en una doble exigencia:

a) Fijar un índice de capacidad que permita establecer de forma clara las situaciones de igualdad y desigualdad de los sujetos.
b) Establecer una regla o criterio para el tratamiento adecuado de las personas en situación diferente.

2.2.1. Índices de capacidad de pago

El precedente más antiguo en el intento de encontrar un índice expresivo de la capacidad de pago se retrotrae a las *Leyes de Pobres* promulgadas por Isabel I en Inglaterra en 1596 y encaminadas a erradicar la pobreza en el país. Estas normas legales establecían ayudas a las clases más necesitadas que se sufragaban con los impuestos exigidos a los detentadores o propietarios de bienes. Es así como el *patrimonio* poseído o el *stock de riqueza* pasaba a ser el primer índice utilizado como medida de la capacidad de pago de los sujetos, no solo en las islas británicas, sino también en el continente europeo.

En una etapa posterior, el sistema tributario implantado por la Revolución francesa reemplazará al patrimonio como índice de la capacidad de pago por el *producto o aportaciones periódicas de los bienes y servicios* recibidas por un individuo atendiendo a su origen y sin merma de las fuentes de procedencia. La *Convención* establece, en efecto, un sistema real de imposición articulado en torno a cuatro impuestos de producto que se proponen gravar las fuentes esenciales de rendimiento de la época: la contribución territorial, el impuesto de puertas y ventanas, la contribución mobiliaria y la contribución de patentes.

Con todo, no será sino con la gestación del desarrollo industrial y de la economía monetaria cuando la *renta*[1] del contribuyente pasará a considerarse como el índice más expresivo de la capacidad de pago. En rigor, la imposición sobre la renta en su moderna configuración no ha podido establecerse definitivamente hasta tanto el concepto de renta no ha penetrado en la vida económica, y ello sólo ha sido posible tras la aplicación general de la contabilidad al mundo empresarial.

La preponderancia y generalización actual de la renta como índice de la capacidad de pago no significa, empero, que ésta deje de expresarse en la tenencia de un volumen dado de riqueza. El bienestar económico no solo está influenciado por la renta percibida durante un período, sino también por la suma de riqueza acumulada, en la medida en que esta riqueza posee una rentabilidad determinada que se refleja en parte en la renta. Es más, aun cuando cabe la posibilidad que de la tenencia de riqueza no deriven periódicamente unidades de renta, se admite con generalidad que dos personas con la misma renta pero distintas sumas de riqueza no gozan de la misma posición. Aquella que además de recibir renta posee riqueza está en mejores condiciones para ahorrar que la que solo recibe renta. La utilización exclusiva de la renta como índice de capacidad de pago conduciría, por consiguiente, a una ordenación económica injusta de los distintos sujetos. Esto explica, a la postre, que los tratadistas coincidan hoy en aconsejar la utilización de ambos índices —renta y riqueza— como la forma más equitativa de distribuir el impuesto.

---

[1] La renta es un concepto contable y subjetivo: exige siempre la existencia de una persona. Sus definiciones más usuales conocidas recogen este carácter personal. La subjetivización del concepto de renta obliga, por otra parte, a considerar las características de la unidad económica a la que esta renta afluye como determinantes esenciales de la capacidad de pago individual. Es por ello por lo que de la renta total del contribuyente se excluye aquella parte que constituye el límite del mínimo vital, con el fin de situar a todos los contribuyentes en este mínimo que es preciso respetar, al tiempo que se consideraron las circunstancias personales y familiares que afectan al titular de la renta (estado civil, número de familiares dependientes, etc.). En su configuración moderna, la renta se define, en fin, como la diferencia entre los ingresos brutos del contribuyente y los gastos necesarios para su obtención, minorada por el equivalente en dinero de todas aquellas circunstancias que inciden en su capacidad de pago.

A la riqueza, el producto y la renta, ha de agregarse, en fin, un cuarto índice de la capacidad de pago de los sujetos, que cuenta con amplia tradición dentro de la Economía Financiera, pero también con reconocidas dificultades administrativas para su utilización fiscal. Se trata del *gasto personal* o *renta personal gastada*, índice o base cuya tributación fue propuesta por vez primera por el economista clásico inglés J. S. Mill (1921), más tarde defendida por I. Fisher y N. Kaldor (1955), y que en los últimos tiempos ha cobrado nuevo protagonismo como objeto de debate entre los hacendistas. Entre las ventajas que se atribuyen a este índice, destacan sus efectos sobre el desarrollo económico y la justicia que al parecer imparte en el reparto de los costes públicos (expresada en el sentido del filósofo social, Hobbes, y conceptuada por el economista Kaldor), al gravar a cada sujeto no en función de lo que aportan al acervo común (renta personal), sino en función de lo que retiran (gasto personal).

En síntesis, cuatro índices de capacidad de pago, de los cuales los seguidos en la mayoría de los países en la actualidad son la renta personal, a la que a veces se añade el índice del patrimonio, y los gastos considerados a través del índice del gasto en consumo, que no obedece al principio de personalidad en el reparto del impuesto que propugnan los defensores del índice del gasto personal como tal criterio de reparto.

2.2.2. Concepciones sobre el principio de capacidad de pago

Expuestos ya los índices que se han utilizado para apreciar la capacidad de pago de los distintos sujetos, conviene resaltar que el método de la capacidad de pago agrupa un número muy heterogéneo de escritores, entre los que pueden diferenciarse grupos distintos, aunque aquí solo nos referiremos al que considera exclusivamente los problemas de la distribución impositiva. Desde esta óptica, como ya hemos apuntado, el gasto público se determina por principios que nada tienen que ver con el reparto de los impuestos.

En esta corriente, existen, no obstante, diferencias notables respecto a la forma de definir la capacidad de pago. Históricamente se han defendido tanto interpretaciones objetivas como subjetivas. Dentro de estas últimas, son numerosos los autores que han asumido la defensa del principio de sacrificio igual como el más claro exponente de la justicia tributaria.

En una primera formulación, tal y como se ha visto anteriormente, la facultad o capacidad de pago aparece unida a la fortuna individual. Su génesis como tal índice de capacidad tiene lugar en Inglaterra a través de las *Leyes de Pobres*, disposiciones legales que confundieron la facultad de pago con la riqueza, al punto de que a raíz de ellas pasaron a entenderse como sinónimos la propiedad, la capacidad de pago y la facultad de pago.

A partir de aquí es perfectamente conocida cuál ha sido la evolución ulterior de este concepto. La capacidad de pago pasará a ser apreciada por la renta, pudiéndose tal vez considerar la obra de A. Smith (1776) como expresión de esta identificación, al afirmar este en su célebre máxima de la imposición que «los ciudadanos de un estado deben contribuir (...) cada uno de ellos en proporción a sus facultades o capacidad, es decir, en proporción a la renta de la que disfrutan». Es así, desde este concepto de renta, como la capacidad de pago comienza a interpretarse de acuerdo con su consideración subjetiva.

Esta interpretación subjetiva de la capacidad de pago habrá de llevar muy pronto a considerar como manifestación de la capacidad de pago la facultad de disfrute de la renta más bien que la propia renta, esto es, a apreciar la capacidad de pago por el sacrificio (apreciación subjetiva) que el impuesto ocasiona al contribuyente.

Un paso adelante a tales efectos será el que en su momento dará el economista clásico J. S. Mill (1921). Su primera aportación a este respecto se plasmaría precisamente en una rotunda crítica al principio del beneficio como base de reparto de la carga tributaria. Esta oposición le llevaría además a buscar un nuevo fundamento del reparto de la carga tributaria, que encontraría en la traducción al campo económico del aforismo legal admitido por todas las constituciones de los estados democráticos modernos de la igualdad de todos los ciudadanos ante la ley.

Es así como el principio de capacidad de pago, que hasta aquel entonces había tenido una exposición objetiva en los distintos escritores, se transforma a partir de J. S. Mill en el concepto subjetivo del *sacrificio igual*. A juicio de este autor, la justicia en la distribución de las participaciones individuales exige pagos que supongan para cada ciudadano igual sacrificio.

Tal fue el punto de partida durante el siglo XIX para tratar de elaborar un índice con el que medir esta igualdad subjetiva, y conforme al cual debía apreciarse la capacidad de pago.

Como antes se ha indicado, el término inicial de referencia fue la renta, teniendo en cuenta las características personales que concurrirían en el sujeto pasivo del impuesto y el origen de dicha renta. Además, al tratar de definir lo que fuese sacrificio igual se prescindió, por la mayor parte de los tratadistas de Hacienda Pública, de los problemas que planteaba el lado de los gastos públicos. Es decir, la capacidad de pago en un sentido subjetivo interpretaba el deseo de realizar la justicia gravando a cada sujeto según su renta personal, con independencia de cuáles fuesen los beneficios concretos que de esa renta recibía a través de la acción del Estado.

El marginalismo partió de este planteamiento, dando el paso sucesivo de aclarar las acepciones posibles en las que la expresión de Mill de *sacrificio igual* podía entenderse. Atribuidos al economista británico Edgeworth (1897) y al holandés Cohen-Stuart (1889), tres son los sentidos en los que ese concepto puede entenderse: sacrificio igual absoluto, sacrificio igual relativo y sacrificio marginal igual.

La acepción *sacrificio igual absoluto* denota que cada uno de los contribuyentes debe pagar aquel impuesto que le ocasione un sacrificio igual al que experimenten los demás. Es decir, la utilidad de las unidades de renta sustraídas ha de ser la misma para todos y cada uno de los contribuyentes.

Así, si denominamos Y a la renta, T al volumen del impuesto, $U(Y)$ a la utilidad de la renta antes de impuesto y $U(Y-T)$ a la utilidad de la renta después de impuesto, el sacrificio igual absoluto exigiría que se cumpliese la condición de que la expresión

$$U(Y) - U(Y-T) \tag{2.1}$$

alcanzase el mismo valor para todos los sujetos, cualquiera que fuese la renta de los mismos. Esto es, de acuerdo con este principio de sacrificio igual absoluto, la diferencia (2.1) o, lo que es lo mismo, la pérdida de utilidad ocasionada por el pago impositivo debe ser igual para todos los sujetos.

La Figura 2.1 ilustra perfectamente la representación gráfica de este principio, bajo el supuesto de la exclusiva existencia de dos sujetos, S_1 y S_2. En dicha figura, el eje de abscisas refleja la renta de los sujetos y el de ordenadas la pérdida de utilidad provocada por la exacción impositiva. Se supone asimismo que la función de utilidad de la renta no difiere de la de cualquier bien o servicio, al tiempo que cada sujeto disfruta inicialmente de una utilidad determinada.

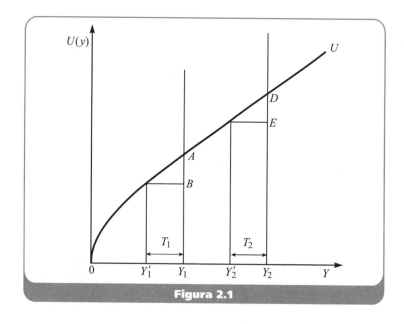

Figura 2.1

La cuestión se reduce a que, al aplicar el impuesto, el Estado sustrae a cada sujeto una suma específica de renta, lo que a su vez genera a cada cual una pérdida concreta de utilidad. Como puede observarse en esa Figura 2.1, el impuesto exigido a S_1 ocasiona a este primer sujeto una pérdida de renta por valor de T_1 y una pérdida consecuente de utilidad equivalente a AB, mientras que el exigido a S_2 le genera pérdidas sucesivas de renta y utilidad equivalentes, respectivamente, a T_2 y DE. Pues bien, de conformidad con el principio de sacrificio igual absoluto, la pérdida de utilidad AB experimentada por S_1 debe ser igual, en términos absolutos, a la pérdida de utilidad DE experimentada por S_2.

Por su parte, el principio del *sacrificio igual relativo* establece que cada uno de los contribuyentes debe pagar aquel impuesto que le ocasione un sacrificio que sea una proporción idéntica de la utilidad de que disfrutaba antes del impuesto. Es decir, para todos y cada uno de los contribuyentes, la utilidad de las unidades de renta sustraídas ha de ser proporcional a la utilidad de las unidades de renta que tenía antes del impuesto. Expuesto en otros términos, si representamos por $[U(Y) - U(Y - T)]$ la pérdida de utilidad ocasionada por el impuesto y por $U(Y)$ la utilidad antes del establecimiento del impuesto, debería cumplirse que la expresión

$$\frac{U(Y) - U(Y - T)}{U(Y)} \qquad (2.2)$$

fuese igual para todos los sujetos. Proposición que, en referencia a la Figura 2.1, se expresaría asimismo mediante la igualdad:

$$\frac{AB}{AC} = \frac{DE}{DF}$$

Por último, a diferencia de los anteriores, la concepción del sacrificio como *sacrificio marginal igual* postula que lo que debe ser igual para todos los sujetos es el sacrificio o la pérdida de utilidad ocasionada por la última unidad monetaria pagada en concepto de impuesto. Esto significa que la expresión

$$\frac{\partial [U^i(Y_i) - U^i(Y_i - T_i)]}{\partial (T_i)} \qquad (2.3)$$

debería ser constante o igual para todos los sujetos.

De la expresión *sacrificio marginal igual* se ha asegurado asimismo que es una consecuencia del principio del *sacrificio mínimo total*, por lo que ambas expresiones pueden considerarse sinónimas o emplearse con igual significado. En sentido estricto, este último término expresa que cada contribuyente debe pagar aquel impuesto que ocasione a la colectividad un sacrificio total mínimo. O, dicho de otra forma, la utilidad de las unidades de renta poseídas por cada uno de los contribuyentes después del pago del impuesto ha de ser la misma en todos y cada uno de los sujetos. Concepto que, a su vez, puede expresarse en términos analíticos[2] como:

$$\frac{\partial U^i(Y_i - T_i)}{\partial (Y_i - T_i)} = K \text{ (constante)} \tag{2.4}$$

Adicionalmente, la equivalencia entre las expresiones de *sacrificio marginal igual* y *sacrificio mínimo total* puede representarse mediante la igualdad:

$$\frac{\partial [U^i(Y_i) - U^i(Y_i - T_i)]}{\partial (T_i)} = \frac{\partial U^i(Y_i - T_i)}{\partial (Y_i - T_i)} = K \text{ (constante)} \tag{2.5}$$

El sacrificio mínimo total o marginal igual implicará, por tanto, de acuerdo con el principio que lo postula, representado gráficamente en la Figura 2.2, exigir pagos impositivos a los niveles superiores de renta en cantidades tales que propicien la igualación de la utilidad marginal de la renta al facilitar la igualación de dicha variable.

---

[2] Para llegar a la expresión (2.4) suponemos de partida una sociedad integrada por dos sujetos (1 y 2), de forma tal que el sacrificio social ocasionado por el pago de los impuestos puede expresarse como:

$$S = [U^1(Y_1) - U^1(Y_1 - T_1)] + [U^2(Y_2) - U^2(Y_2 - T_2)]$$

siendo $T = T_1 + T_2$ y, en consecuencia, $T - T_1 - T_2 = 0$, y los valores de Y_1 e Y_2 un dato de partida.

Las condiciones de sacrificio mínimo pueden obtenerse por medio de los multiplicadores de Lagrange, formando inicialmente una función auxiliar

$$L = U^1(Y_1) - U^1(Y_1 - T_1) + U^2(Y_2) - U^2(Y_2 - T_2) + \lambda(T - T_1 - T_2)$$

y hallando luego las primeras derivadas e igualándolas a cero:

$$\frac{\partial L}{\partial T_1} = -\frac{\partial U^1(Y_1 - T_1)}{\partial (Y_1 - T_1)} + \lambda(-1) = 0$$

y

$$\frac{\partial L}{\partial T_2} = -\frac{\partial U^2(Y_2 - T_2)}{\partial (Y_2 - T_2)} + \lambda(-1) = 0$$

de donde se obtiene que:

$$\frac{\partial U^1(Y_1 - T_1)}{\partial (Y_1 - T_1)} = \frac{\partial U^2(Y_2 - T_2)}{\partial (Y_2 - T_2)}$$

o, generalización mediando, que:

$$\frac{\partial U^i(Y_i - T_i)}{\partial (Y_i - T_i)} = K$$

Expresión que indica la igualdad de la utilidad marginal de la renta después del pago del impuesto para todos los contribuyentes, o bien la igualdad del sacrificio marginal para todos los contribuyentes.

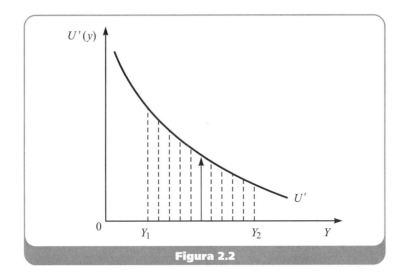

Figura 2.2

2.3. La equidad vertical y la progresividad impositiva

El análisis del principio de capacidad de pago como criterio de reparto de la carga tributaria no nos ofrece, en principio, ninguna respuesta clara acerca de cómo ajustar en la práctica las participaciones impositivas de cada sujeto, a fin de dar cumplimiento al añejo principio de la equidad vertical, esto es, a fin de conferir un trato fiscal desigual a los sujetos en situación económica diferente. Y es que para responder a esta cuestión hemos de profundizar necesariamente en otros conceptos afines, tales como la progresividad[3], regresividad y proporcionalidad de la imposición.

En su sentido más amplio, la idea de la *progresividad* impositiva ha venido siempre vinculada al carácter redistributivo de los tributos, para expresar el efecto positivo de un impuesto o un sistema tributario en orden a lograr un mejor grado de distribución de la renta y la riqueza de la sociedad. De forma paralela, los conceptos de *imposición proporcional* y *regresiva* hacen referencia a impuestos o sistemas tributarios cuyos efectos sobre la distribución de la renta y la riqueza se suponen, respectivamente, neutros y negativos respecto a la distribución deseada según los juicios de valor predominantes. Se ha hablado así de una *progresividad efectiva o real*, para referirse a la magnitud de los efectos que una estructura tributaria dada ocasiona en la distribución de la renta, con

---

[3] Durante muchos años, los términos de referencia para el estudio de los problemas que plantea la progresividad han sido las obras del insigne hacendista norteamericano E. R.A. Seligman, *El impuesto progresivo en la teoría y en la práctica* (2.ª ed. en inglés, 1909; 1.ª ed. en castellano, 1913), y de su contemporáneo Suret, *Théorie de l'impot progressif* (1908).

fines de igualación. Este es, sin embargo, el objeto central del análisis de la incidencia impositiva, del que nos ocuparemos en el capítulo siguiente.

En el terreno de la definición de progresividad impositiva se han registrado, no obstante, aportaciones importantes que afectan no ya a su aspecto profundo y trascendente de la eficacia *real* de la imposición como medio de redistribución, sino a su caracterización formal. Ciertamente, si en lugar de considerar la *progresividad efectiva o real* de la imposición, descendemos al campo puramente formal derivado de la expresión jurídica de las normas reguladoras del cómputo de su base y la tarifa aplicable, es lógico que la Hacienda Pública haya pretendido buscar criterios o índices que permitan predicar de cada impuesto su carácter de progresividad, proporcionalidad o regresividad. A estos índices de valoración de la progresividad implícita en la estructura de los impuestos se les denomina con frecuencia índices de progresividad local o, también, índices estructurales de progresividad, aunque aquí los llamaremos índices de progresividad formal. Desde esta perspectiva, la catalogación de un impuesto como más o menos progresivo que otro es independiente de la distribución de renta sobre la que se aplique.

Analizar estos índices de progresividad formal va a ser el primero de nuestros cometidos en este apartado, aunque no el único. Otras cuestiones interesantes sobre el tema que aquí se tratarán son: qué formas o modalidades puede adoptar la progresividad en el mundo real, cómo puede instrumentalizarse y cuánta es deseable, y el porqué de la progresividad.

2.3.1. Índices de progresividad formal

Entre los criterios o índices caracterizadores de la progresividad que han discurrido tradicionalmente por una vía más formal o aparente que efectiva, pueden considerarse como fundamentales los cuatro que pasamos a comentar.

Elasticidad de la recaudacion respecto a la base

La caracterización más precisa de un impuesto progresivo se obtiene relacionando o comparando los incrementos relativos de recaudación que produce con los incrementos relativos de las bases gravadas. Si tal relación (que coincide con el mencionado concepto económico de elasticidad) es superior a la unidad, el impuesto será progresivo; si es igual a la unidad, será proporcional; y si es inferior a la unidad, regresivo. Un impuesto será, en suma, progresivo cuando su recaudación crezca en mayor proporción que lo haga su base; proporcional, cuando crezca en la misma proporción, y regresivo, cuando crezca en menor proporción.

Formalmente, la progresividad puede definirse analíticamente en los siguientes términos. Si llamamos T a la recaudación de un impuesto respecto a una base que denominamos B, la elasticidad de la recaudación respecto a la base puede expresarse como:

$$\xi_{T,B} = \frac{\frac{\Delta T}{T}}{\frac{\Delta B}{B}} = \frac{\frac{\Delta T}{\Delta B}}{\frac{T}{B}} \qquad (2.6)$$

Así, si $\xi_{T,B} > 1$, el impuesto será progresivo; si $\xi_{T,B} = 1$, será proporcional; y si $\xi_{T,B} < 1$, regresivo.

Al mismo tiempo, dado que la relación $\dfrac{\Delta T}{\Delta B}$ se denomina *tipo marginal* de imposición (T') y el cociente $\dfrac{T}{B}$ *tipo medio* de gravamen (T^*), el impuesto será progresivo cuando $T' > T^*$, proporcional cuando $T' = T^*$, y regresivo cuando $T' < T^*$.

En presencia de la representación gráfica de la tarifa de un impuesto, también es posible aplicar un *criterio práctico* para determinar su progresividad o regresividad. Consiste en trazar una tangente desde el punto (renta concreta) de que se trate, y prolongarla o llevarla hasta su intersección con ambos ejes de coordenadas. En referencia a la Figura 2.3, si la distancia de la tangente desde dicho punto al eje de ordenadas fuese mayor que su distancia al eje de abscisas, el impuesto sería progresivo; si fuese igual, el impuesto sería proporcional; y si fuese menor, sería regresivo.

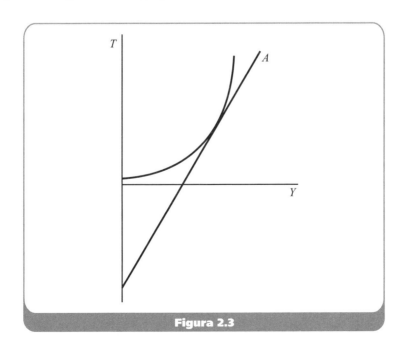

Figura 2.3

Progresividad del tipo medio de gravamen

Bajo este segundo índice, se dice que un impuesto es progresivo si el tipo medio de gravamen $\left(T^* = \dfrac{T}{B}\right)$ crece conforme aumenta la base gravada, que es proporcional si el tipo medio es constante, y que es regresivo si el tipo medio es decreciente. En términos analíticos, un impuesto será, pues, progresivo cuando

$$\frac{dT^*}{dB} > 0$$

En esta expresión, si se sustituye T^* por su valor $\dfrac{T}{B}$ y a continuación se desarrolla la derivada, se obtiene:

$$\frac{d(T/B)}{dB} = \frac{B\,dT - T\,dB}{B^2\,dB} = \frac{dT}{B\,dB} - \frac{T}{B^2} = \frac{1}{B}\left(\frac{dT}{dB} - \frac{T}{B}\right) = \frac{T' - T^*}{B} > 0 \qquad (2.7)$$

Nueva expresión que a su vez, al ser B siempre positiva, implica que $\dfrac{dT}{dB}$ ha de ser superior a $\dfrac{T}{B}$ o, lo que es lo mismo, $T' > T^*$, condición que se ha inferido asimismo bajo el anterior criterio de la elasticidad de la recaudación respecto a la base gravada.

Progresividad del tipo marginal

Índice no excesivamente consistente, un impuesto es progresivo si al crecer la renta lo hace igualmente el tipo marginal, es decir, si la recaudación crece en mayor proporción que la renta gravada. En términos analíticos, esta condición de progresividad implica, por tanto, que

$$\frac{dT'}{dB} > 0, \quad \text{y que} \quad \frac{d^2T}{dB^2} > 0$$

Expresión esta última que en general informa sobre la forma —cóncava o convexa— de la curva representativa de la relación entre los incrementos relativos de recaudación impositiva con los incrementos relativos de la base gravada; curva que, particularmente en lo tocante a un gravamen progresivo, debe adoptar aproximadamente la forma representada en la Figura 2.4.

La tosquedad o falta de consistencia de este criterio deriva, obviamente, del hecho de que, si bien nos facilita una idea aproximada acerca del carácter del impuesto, no

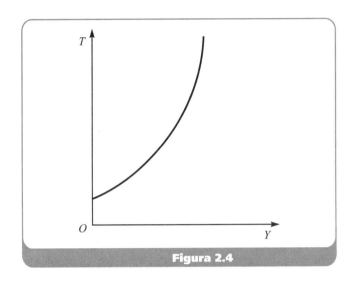

Figura 2.4

precisa en qué proporción aumenta la recaudación por él producida cuando aumenta la base y, por lo mismo, no distingue con precisión entre un impuesto proporcional y otro progresivo.

Progresividad de la base residual

Definida la *base residual* como la diferencia entre la base inicial gravada y la recaudación obtenida mediante el impuesto a ella aplicado ($B_r = B - T$), bajo este cuarto índice o criterio una figura tributaria será progresiva siempre que dicha base residual crezca en menor proporción que la base inicial, es decir, siempre que la elasticidad de la primera respecto a la segunda de esas bases sea menor que la unidad. Una condición cuya verificación requiere, a un mismo tiempo, tal y como se comprobará a continuación, que la elasticidad de la recaudación respecto a la base gravada exceda a la unidad.

En efecto, sea

$$\zeta_{Br,B} = \frac{\dfrac{\Delta Br}{Br}}{\dfrac{\Delta B}{B}} \qquad (2.8)$$

Esta identidad puede expresarse asimismo como:

$$\zeta_{Br,B} = \frac{\dfrac{\Delta Br}{\Delta B}}{\dfrac{Br}{B}} = \frac{\dfrac{\Delta B - \Delta T}{\Delta B}}{\dfrac{B - T}{B}} \qquad (2.9)$$

O, también, como:

$$\xi_{Br,B} = \frac{1 - \dfrac{\Delta T}{\Delta B}}{1 - \dfrac{T}{B}} = \frac{1 - T'}{1 - T^*} \qquad (2.10)$$

dado que $\dfrac{\Delta T}{\Delta B} = T'$ y $\dfrac{T}{B} = T^*$.

Finalmente, sabiendo que $\xi_{T,B} = \dfrac{T'}{T^*}$ y, por tanto, que $T' = T^* \cdot \xi_{T,B}$, se infiere que:

$$\xi_{Br,B} = \frac{1 - T^* \cdot \xi_{T,B}}{1 - T^*} \qquad (2.11)$$

Lo que prueba que para que el impuesto sea progresivo bajo este criterio, esto es, para que $\xi_{Br,B} < 1$ ha de cumplirse la condición: $\xi_{T,B} > 1$.

2.3.2. Formas de progresividad

Las formas bajo las que puede presentarse la progresividad son diversas. Las más destacadas por los hacendistas caben en la relación que exponemos a continuación.

Progresividad por clases y progresividad por escalones

Normalmente, la forma que reviste un impuesto progresivo es la de una tarifa o escala con tipos impositivos crecientes que pueden establecerse o bien por *clases* o bien por *escalones*. En el primer caso se consideran distintos niveles de bases, de forma que cuando la base gravable de un contribuyente cae dentro de un tramo determinado se aplica a toda su base el tipo previamente determinado para esa clase o grupo.

En la progresividad por escalones, en cambio, toda base sometida a gravamen se descompone en fracciones y a cada una de ellas se le aplica un tipo impositivo distinto, evitándose así un grave inconveniente de la fórmula anterior, habitualmente denominado *error de salto*, que se origina cuando el contribuyente obtiene una base que supera ligeramente el límite mayor de uno de los tramos considerados y que le hace tributar en su totalidad a un tipo superior. A título ilustrativo, considérese una escala o tarifa legal tal como la que se expone a renglón seguido.

La equidad en la imposición

Renta	Tipos
0-1.000	10%
1.001-2.000	15%
2.001-3.000	25%

A la vista de la tarifa expuesta, se percibe de inmediato que se trata de un impuesto progresivo (su tipo medio es creciente). De conformidad con una tarifa por *clases*, un contribuyente que declarase una renta gravable de, por ejemplo, 2.500 unidades monetarias, vería sometida toda esa renta o base imponible a un tipo de gravamen del 25%; de igual modo, otro que declarase una renta gravable de 2.000, tendría que tributar en su totalidad al 15%, pero, y esto es lo peor, un tercero que declarase una renta de 2.001, habría de soportar un impuesto del 25%. Una diferencia de renta gravable de 1 unidad monetaria entre estos últimos contribuyentes habría provocado, en efecto, que el segundo contribuyente tributase a un tipo de gravamen sensiblemente más bajo (10 puntos porcentuales menos) que el tercero. Tal sería el denominado *error de salto*.

Para aminorar ese error de salto surge el sistema de progresividad por escalones. Bajo este sistema, y a diferencia de la progresividad por clases, una renta gravable de 2.500 unidades monetarias se descompondría, a efectos tributarios, en dos escalones de 1.000 unidades monetarias y uno de 500. Ahora, siguiendo con el mismo ejemplo de tarifa, el primer escalón de 1.000 unidades tributarias tributaría al 10%, el segundo al 15%, mientras el escalón de 500 unidades lo haría al 25%.

Progresividad indirecta u oculta

Otra forma de progresividad que se presenta con frecuencia en la praxis fiscal es la conocida como *indirecta* u *oculta*. Esta se produce en aquellos impuestos en los que, pese a contar con un tipo impositivo constante, admiten la práctica de deducciones en la base en calidad de mínimos exentos, por lo que de hecho el *tipo efectivo* de gravamen (relación por cociente entre la recaudación y la base gravable) irá creciendo, no obstante la constancia formal del tipo legal del impuesto.

Así, si consideramos un impuesto con un tipo fijo (t) aplicado a una base (B) en la que se practica la deducción de un mínimo exento (E), la recaudación impositiva (T) puede expresarse como:

$$T = t(B - E)$$

La elasticidad de la recaudación respecto la base será:

$$\xi_{T,B} = \frac{\frac{dT}{dB}}{\frac{T}{B}} = \frac{B}{T} \cdot \frac{dT}{dB} = \frac{B}{t(B-E)} \cdot t = \frac{B}{B-E} \quad (2.12)$$

y puesto que $(B - E) < B$, la elasticidad es mayor que la unidad y el impuesto progresivo pese a la constancia formal del tipo impositivo t.

Progresividad limitada, ilimitada y neutra

Un problema diferente al anterior, que da origen a fórmulas diversas de progresividad, es la intensidad del crecimiento de los tipos a medida que la base gravable aumenta. Con arreglo a este criterio, suele distinguirse entre progresividad *limitada* (o *degresiva*), *ilimitada* y *neutra*.

La Figura 2.5 puede ser útil para ilustrar gráficamente esos diferentes modelos de progresividad. En ella, el eje de ordenadas representa el tipo medio de gravamen y el eje de abscisas la base gravada.

En dicha Figura 2.5, la curva B refleja el progresividad conocida como *ilimitada*, modelo conforme al cual el tipo medio de gravamen crece más intensamente que la base gravada a medida que esta aumenta. Por el contrario, en C la intensidad del crecimiento del tipo medio de gravamen es menor que la de la base gravada, razón por la que la progresividad representada por dicha curva suele denominarse *limitada* o *degresiva*. Finalmente, A refleja el caso en que el tipo medio de gravamen crece en la misma proporción que la base gravada, y de ahí el nombre de progresividad *neutra* con el que a veces se reconoce. En cualquier caso, en la práctica lo normal es que las tarifas impositivas sean del tipo C, es decir, presenten una progresividad degresiva o limitada.

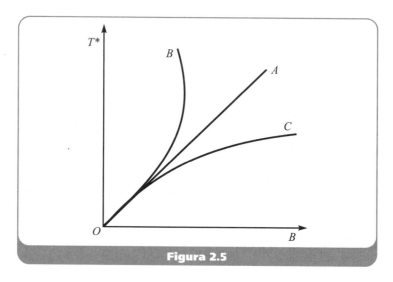

Figura 2.5

Progresividad en frío

Un concepto igualmente corriente en la literatura financiera es el de *progresividad en frío*, término que suele referirse al progresivo aumento de los pagos impositivos que suele provocar la inflación o aumento general de los precios, y que será analizado en detalle en el Capítulo 5.

Progresividad respecto a la base y progresividad respecto a la renta

Es común asimismo diferenciar entre la progresividad respecto a la base y la progresividad respecto a la renta. Dado que la *razón de ser* de la progresividad no es sino la mejora de la distribución de la renta, es corriente definir la progresividad impositiva con respecto a la renta, pese a que el impuesto analizado no recaiga directamente sobre esta base.

Tal es el caso, por ejemplo, de la imposición sobre el consumo (v.g., el IVA). La hipótesis prevaleciente respecto a este impuesto es que, si bien proporcional respecto al consumo (el tipo de gravamen t aplicado a esta base es constante, de tal forma que: $T = tC$), se trata de un impuesto regresivo respecto a la renta, por cuanto el consumo crece en menor proporción que la renta a medida que aumenta esta variable[4].

2.3.3. El cómo, el cuánto y el porqué de la progresividad

Una vez que se toma conciencia de que la progresividad no es un fin en sí misma, sino un medio o instrumento a disposición de la Hacienda para influir o colaborar en la distribución de la renta y la riqueza, surgen dos cuestiones de interés. La primera de ellas es que la progresividad es *un medio* pero *no* el *único* medio. El objetivo político de lograr un determinado grado en la distribución de la renta y la riqueza requiere una combinación de medios, entre los que tienen cabida la utilización del gasto público de transferencias, la regulación del derecho de propiedad y de la competencia, evitando rigideces monopolísticas en el sistema que siempre constituyen fuentes de desigualdad, la regulación de los precios y salarios y también la progresividad impositiva.

En este planteamiento político-económico la eficacia de la progresividad como instrumento al servicio de la equidad constituye una necesaria información a la hora de adoptar decisiones entre medios alternativos. Solo un conocimiento preciso de los efectos económicos de la imposición en general y de los distributivos en particular puede permitir una utilización racional de la progresividad impositiva.

La segunda cuestión de importancia que plantea la progresividad en este contexto es su graduación, el cuánto de ella. Un difícil tema político que, como tal, suscita opiniones controvertidas.

---

[4] Sean dos sujetos, S_1 y S_2, cuyas rentas ascienden a 1.000 y 2.000 unidades monetarias y que consumen por valor de 900 y 1.200 unidades, respectivamente. Un impuesto sobre el consumo del 10% implicará para S_1 un pago impositivo por este concepto de 90 unidades monetarias y para S_2 un pago de 120 unidades monetarias, de modo que, si bien la renta del segundo es el doble que la del primero, la diferencia entre los pagos impositivos por consumo de ambos sujetos dista de alcanzar esa proporción.

Desde un punto de vista práctico, instrumental, la graduación de la progresividad estará en función de las desigualdades de renta y la riqueza que se pretenden corregir, sin perder de vista que la progresividad no es el único medio redistributivo y que quizá una adecuada estructuración del sistema impositivo, eliminando aquellos impuestos de marcado carácter regresivo, pueda permitir un efecto neto redistributivo sin necesidad de acudir a unas tarifas excesivamente progresivas en otros impuestos.

Un problema distinto es el referente a si tal crecimiento formal de las escalas progresivas ha tenido un paralelo desarrollo en la dinámica de la recaudación o, por el contrario, tal evolución ha sido mucho menos acentuada. Aunque es difícil dar un juicio universal sobre este punto, es indudable que en muchos casos el crecimiento de los tipos formales no es más que un implícito reconocimiento de su falta de cumplimiento en la realidad. Muchos ejemplos de práctica inaplicación de tarifas progresivas cabría encontrar en realidades fiscales diversas, con frecuencia derivados de debilidades y/o insuficiencias de la Administración, y en otros muchos casos derivados de la propia erosión que van experimentando las bases gravadas, en razón de exenciones de diversa índole, de la evasión más o menos legal que ha convertido de hecho el impuesto progresivo sobre la renta en un medio de dudoso valor redistributivo.

Finalmente llegamos al punto tal vez más profundo, pero también más vidrioso: el porqué de la progresividad, es decir, las razones de su propio fundamento. Tema este que siempre ha suscitado —y aún hoy suscita— las más vivas controversias, desde quienes consideran que la progresividad es un instrumento de la Hacienda Pública definitivamente asentado en el terreno de los medios de intervención del Estado, hasta quienes continúan discutiendo su propia racionalidad y criticando los fundamentos aducidos en su apoyo.

Aunque ya sobre la base del principio del beneficio como criterio de reparto de la carga tributaria existen defensores de la progresividad[5], lo cierto es que la fundamentación más popularizada de la progresividad impositiva se ha querido ver siempre en la interpretación del principio de capacidad de pago, a través de las denominadas teorías del sacrificio igual, cuya raíz, como es sabido, se encuentra en J. Stuart Mill y cuya elaboración más acabada fue abordada por los hacendistas del marginalismo. En concreto, el principio según el cual la imposición debía ser establecida, de tal forma que el sacrificio total de la colectividad fuese mínimo, parecía asentar la progresividad como un medio incuestionable de realizar la equidad vertical de la imposición.

El incumplimiento de los exigentes requisitos del enfoque utilitario del marginalismo y, en particular, el abandono de la denominada *ley del decrecimiento de la utilidad*

---

[5] Tanto desde la posición relativamente simple e ingenua mantenida por los seguidores de Thiers, que concibieron el impuesto como una prima de seguro que debería ir creciendo con el volumen de riqueza personal asegurada por el Estado, hasta las versiones más complejas y elaboradas de la teoría del cambio voluntario como la que puede hallarse en los trabajos de De Viti de Marco.

marginal de la renta y la imposibilidad de realizar comparaciones interpersonales de utilidad, privaron, sin embargo, a las teorías del sacrificio del apoyo científico necesario para permitir una fundamentación de la progresividad como una simple extensión de la teoría económica del bienestar.

La caída de las teorías del sacrificio impulsaron en forma notable la búsqueda de bases más objetivas sobre las que cimentar la progresividad, aunque de todas las teorías adicionales fundamentadoras que surgieron (teorías de la facultad de ganar, del excedente de renta, de la importancia social de la renta y teoría político-social, según E.D. Fagan (1964)), sólo el planteamiento político-social se ha ganado un amplio apoyo entre los hacendistas, precisamente por prescindir de la búsqueda de fundamentos científicos y aceptar la progresividad por su valor instrumental al servicio de un objetivo consagrado por el consenso de opiniones en las sociedades actuales. La aceptación de la equidad como juicio de valor y el logro de una mayor igualdad económica que la derivada del mercado forman, ciertamente, el vértice alrededor del cual se articula la escala valorativa del impuesto progresivo, cerrando con ello el ciclo teórico de la idea.

Este planteamiento político-social de la progresividad no deja de tener, pese a todo, sus flancos débiles en un momento en que el planteamiento pluralista de la política económica requiere valorar la eficacia de sus instrumentos desde la perspectiva de la combinación de objetivos perseguidos en diversos grados. De aquí que no solo la equidad constituya el único ángulo desde el que puede valorarse la progresividad; su aceptación final, en el marco de una política económica racional, dependerá de sus efectos positivos y negativos sobre la eficiencia, la estabilidad y el desarrollo como finalidades perseguidas conjuntamente con la equidad por la política económica contemporánea.

Este enfoque explica que una buena parte de las críticas modernas a la progresividad, en paralelismo al cambio de enfoque de su fundamentación, se centren hoy en sus presumibles efectos sobre los incentivos al trabajo, al ahorro y a la acumulación de capital y que contrariamente se valore positivamente su contribución a la flexibilidad automática del sistema impositivo[6].

Glosario de términos y conceptos

Elasticidad de la recaudación respecto a la base
Error de salto
Progresividad de la base residual
Progresividad del tipo marginal
Progresividad del tipo medio
Progresividad en frío
Progresividad formal o teórica
Progresividad impositiva
Progresividad indirecta u oculta

---

[6] Como se sabe, la flexibilidad automática del sistema impositivo depende de la respuesta de la recaudación a las variaciones de la actividad económica, que a su vez depende de la mayor o menor progresividad de los impuestos y de la elasticidad de las bases gravadas a los cambios en el nivel de actividad.

Progresividad limitada (degresiva), ilimitada y neutra

Progresividad por clases y progresividad por escalones

Progresividad real o efectiva

Progresividad respecto a la base y respecto a la renta

Sacrificio igual absoluto

Sacrificio igual relativo (o proporcional)

Sacrificio marginal igual (o sacrificio mínimo total)

 Resumen

- Históricamente la Hacienda Pública ha adoptado dos conocidos criterios para el reparto de la carga tributaria: el *principio del beneficio*, según el cual cada ciudadano debe contribuir a sufragar el coste de los bienes y servicios públicos en función de, o en proporción a, los beneficios obtenidos de ellos, y el *principio de la capacidad de pago*, según el cual cada ciudadano debe contribuir a sufragar el coste de los bienes y servicios públicos en función de su capacidad de pago.

- Los únicos bienes privados que parecen idóneos para ser financiados de acuerdo con el principio del beneficio son los que el sector público provee por razones de eficiencia. Las tasas son asimismo tributos que tratan de aproximarse al principio del beneficio. Este criterio suele utilizarse además en el reparto de la carga de los impuestos a través de la vía generacional y la vía de ámbito espacial.

- De acuerdo con el principio de capacidad de pago, la justicia en la imposición ha tenido tradicionalmente la doble faceta de la equidad horizontal (trato fiscal igual a los contribuyentes con la misma capacidad de pago) y la equidad vertical (trato fiscal diferente a los contribuyentes con diferente capacidad de pago), dos facetas que plantean a su vez las exigencias de fijar un índice de capacidad que permita establecer de forma clara las situaciones de igualdad y desigualdad de los sujetos y de establecer una regla para el tratamiento adecuado de las personas con diferente capacidad.

- Los índices de capacidad de pago que se siguen en la mayoría de los países en la actualidad son la renta personal, a la que a veces se añade el índice del patrimonio, y los gastos personales considerados a través del índice del gasto en consumo.

- De acuerdo con el concepto subjetivo del *sacrificio igual*, la justicia en la distribución de las participaciones individuales exige pagos que supongan para cada ciudadano igual sacrificio. Este concepto puede interpretarse de tres formas distintas: el sacrificio igual absoluto (cada contribuyente debe pagar aquel impuesto que le ocasione una pérdida de utilidad o sacrificio igual al que experimenten los demás), el sacrificio igual relativo o proporcional (la ratio de la utilidad perdida como consecuencia del pago impositivo respecto a la utilidad total de la que disfrutaba antes del impuesto ha de ser igual para todos y cada uno de los contribuyentes), y el sacrificio marginal igual (el sacrificio o la pérdida de utilidad ocasionada por la última unidad monetaria pagada en concepto de impuesto debe ser igual para todos los contribuyentes).

- De la interpretación del sacrificio marginal igual se ha asegurado que es una consecuencia y por tanto un sinónimo del principio del *sacrificio mínimo total* (cada contribuyente debe pagar aquel impuesto que ocasione a la colectividad un sacrificio total mínimo), que sugiere exigir pagos impositivos a los niveles superiores de renta en cantidades tales que propicien la igualación de la utilidad marginal de la renta al favorecer la igualación de la renta después de impuestos de los individuos.

- La progresividad impositiva es uno de los medios o instrumentos con que cuenta la Hacienda pública para hacer cumplir el principio impositivo de equidad vertical y, por añadidura, para influir o colaborar en la distribución de la renta y la riqueza. En su sentido más amplio, la idea de la *progresividad* impositiva ha venido siempre vinculada al carácter redistributivo de los tributos, para expresar el efecto positivo de un impuesto o un sistema tributario en orden a lograr un mejor grado de distribución de la renta y la riqueza de la sociedad. Esta progresividad efectiva o real de la imposición ha distinguirse de la progresividad formal derivada de la expresión jurídica de las normas reguladoras del cómputo de su base y la tarifa aplicable.

- Los índices que valoran la progresividad implícita en la estructura de los impuestos se conocen con el nombre de índices de progresividad formal, índices de progresividad local o índices estructurales de progresividad. De acuerdo con el índice de progresividad del tipo medio de gravamen, se dice que un impuesto es progresivo si el tipo medio crece conforme aumenta la base gravada, que es proporcional si el tipo medio es constante, y que es regresivo si el tipo medio es decreciente.

- La progresividad puede presentarse bajo diversas formas, entre las que destacan: la progresividad por clases y la progresividad por escalones, la progresividad indirecta u oculta, la progresividad limitada, ilimitada y neutra, la progresividad en frío y la progresividad respecto a la base y respecto a la renta. Se dice que la progresividad de un impuesto es ilimitada cuando el tipo medio de gravamen crece más intensamente que la base gravada a medida que ésta aumenta, que es limitada o degresiva cuando la intensidad del crecimiento del tipo medio de gravamen es menor que la de la base gravada, y que es neutra cuando el tipo medio de gravamen crece en la misma proporción que la base gravada.

- La progresividad es un medio pero no el único medio a disposición de la Hacienda para influir o colaborar en la distribución de la renta y la riqueza. El logro de un determinado grado en la distribución de la renta y la riqueza requiere una combinación de medios, entre los que figuran el gasto público de transferencias, la regulación del derecho de propiedad y de la competencia, la regulación de los precios y salarios y también la progresividad impositiva.

- La graduación de la progresividad dependerá de las desigualdades de renta y la riqueza que se pretenden corregir, aunque no debe olvidarse que una adecuada reestructuración del sistema impositivo, eliminando aquellos impuestos de marcado carácter regresivo, puede propiciar un efecto neto redistributivo sin necesidad de acudir a unas tarifas excesivamente progresivas en otros impuestos.

- La equidad no es el único ángulo desde el que puede valorarse a la progresividad; su aceptación final, en el marco de una política económica racional, dependerá de sus efectos positivos y negativos sobre la eficiencia, la estabilidad y el desarrollo como finalidades perseguidas conjuntamente con la equidad, por la política económica contemporánea.

Capítulo 3

La incidencia impositiva

3.1. **Terminología de los efectos económicos de la imposición. Conceptos básicos de traslación e incidencia impositivas**

3.2. **Incidencia impositiva y método de análisis**

3.3. **Incidencia impositiva en equilibrio parcial**

3.4. **Incidencia impositiva en equilibrio general**

    3.4.1. El modelo de Harberger

    3.4.2. Incidencia de equilibrio general de otros impuestos

    3.4.3. Exportación impositiva e incidencia espacial

3.5. **La incidencia en el tiempo**

    3.5.1. Incidencia dinámica

    3.5.2. Capitalización impositiva

▶ **Resumen**

Una de las cuestiones de mayor trascendencia del análisis económico es conocer quién soporta efectivamente la carga de los impuestos, porque, como revela el propio análisis de la incidencia, esta no es necesariamente soportada por los individuos legalmente obligados al pago impositivo. Los cambios en los precios relativos de los bienes de consumo o de los factores productivos originados por la introducción o modificación de un impuesto pueden inducir ciertamente a los individuos a los que la ley impone inicialmente la obligación del pago a reajustar sus decisiones económicas, con el objeto de evitar la actividad gravada o trasladar la carga a terceros y reducir con ello, en lo posible, sus facturas impositivas. El análisis de incidencia impositiva se centra fundamentalmente en el estudio de los mecanismos de traslación de los impuestos entre grupos distintos de individuos (consumidores y productores, trabajadores y capitalistas, residentes en regiones o países distintos, generaciones distintas, etc.), con el propósito último de determinar sus efectos sobre la distribución de la renta o el bienestar.

En este capítulo se exponen las principales contribuciones de la Teoría de la Hacienda Pública al análisis de la incidencia impositiva. En este cometido, en primer lugar se pasa revista a la terminología tradicional y moderna de los efectos económicos de la imposición, haciendo especial hincapié en los términos y conceptos básicos de la traslación y la incidencia impositivas. A continuación se explica en qué consisten los métodos de análisis de equilibrio parcial y de equilibrio general de la incidencia, así como sus ventajas y limitaciones. Los dos siguientes apartados se detienen en el desarrollo y principales implicaciones del análisis de la incidencia en equilibrio parcial y en equilibrio general. En este último caso el estudio se realiza primeramente en el marco de una economía cerrada con base en el modelo bisectorial de Harberger y posteriormente se extiende a economías abiertas, considerándose así el aspecto espacial en el análisis. Finalmente, tras la introducción del elemento tiempo en el estudio, en el último apartado se analizan la incidencia dinámica, la incidencia intergeneracional y la capitalización impositiva.

3.1. Terminología de los efectos económicos de la imposición. Conceptos básicos de traslación e incidencia impositivas

La actividad financiera pública ha de buscar su propia racionalidad en la efectividad con que contribuye al logro de los diferentes fines perseguidos a partir del reconocimiento de los fallos del mercado. Únicamente el conocimiento y análisis de los efectos económicos de los ingresos y gastos públicos nos puede permitir un juicio fundado en este sentido. Como ha destacado R. Musgrave (1959), el problema central de esta línea de investigación sería intentar responder a cuestiones del siguiente tipo: «Si un impuesto dado o una magnitud de gasto se ponen en acción, ¿cuáles serán los cambios resultantes y los ajustes en el sector privado? O, tomando en consideración esos ajustes, ¿qué medidas fiscales deben ser puestas en práctica para alcanzar los objetivos deseados? Para contestar estas cuestiones tenemos que reconocer que las actuaciones de los sectores privado y público son interdependientes; ambos actúan en el marco de la misma economía y son partes del mismo sistema de equilibrio general».

En cualquier acercamiento a los efectos económicos de la actividad financiera, es preciso comenzar destacando la diversidad terminológica empleada por los diferentes autores. Una terminología que tiene una larga raíz histórica y cuya repercusión en el terreno científico es relativamente importante, toda vez que genera cierta confusión en la comparación de las aportaciones realizadas por diversos tratadistas.

Junto a las clasificaciones generales de los efectos económicos de la actividad financiera[1], la especial atención prestada por la teoría de estos efectos a la vertiente impositiva, ha hecho surgir en este terreno más concreto una considerable cantidad de términos para reflejar efectos impositivos diversos, que pueden agruparse en dos enfoques terminológicos diferenciados: el tradicional, vinculado a M. Pantaleoni (1882) y E. R. A. Seligman (1921), y el moderno, cuyos cimientos se encuentran en las aportaciones de H. Dalton (1920), Comité Colwyn (1927), A. De Viti de Marco (1934), E. L. Rolph (1954), J. A. Stockfish (1959) y R. A. Musgrave (1959).

En el ámbito específico de la traslación y la incidencia impositivas, la terminología tradicional de los efectos de la imposición distingue inicialmente dos posibles alternati-

---

[1] En su análisis de los efectos de un cambio en la política presupuestaria en su sentido más amplio, R. Musgrave (1959) considera la necesidad de distinguir, pese al carácter total del cambio que se origina en el proceso de ajuste que sigue a una variación presupuestaria, tres aspectos de ese cambio total:

1.º La transferencia de recursos del sector privado al público. Es éste un aspecto. que se manifiesta necesariamente en el contexto clásico de pleno empleo, siempre que exista una variación en el gasto público real. En estas condiciones, todo aumento del gasto implica una mayor absorción de los recursos utilizados previamente por el sector privado. Tal detracción constituye el coste de oportunidad de la actividad pública y es un problema independiente de la forma en que el gasto público se financie. Puede existir transferencia de recursos aunque no haya impuestos, y viceversa. Un ejemplo del primer tipo puede ser la transferencia de recursos originada por un gasto público financiado mediante deuda pública, y del segundo, el juego impuesto-transferencia utilizado en las funciones distributivas de la actividad financiera que no implican producción directa por el Sector Público de bienes y servicios.

2.º La incidencia. Un término con múltiples acepciones que el citado autor estadounidense utiliza para referirse a los cambios resultantes en la distribución de la renta disponible para uso privado, a consecuencia de una variación presupuestaria.

3.º Los efectos sobre la producción. Es decir, los cambios que las variaciones presupuestarias pueden originar en el nivel de producción o renta real. Entre ellos, Musgrave distingue dos casos diferentes:

a) Efectos Ricardo, o cambios en la producción en un contexto clásico en el que el pleno empleo está asegurado y cuya causa está en las variaciones en el estado de la técnica, en la eficacia con que se usan los recursos o en alteraciones voluntarias en la oferta de trabajo, en el ahorro y en la formación de capital.

b) Efectos Keynes, producidos en el marco de un sistema compensatorio, en el que pueden originarse variaciones en la producción derivadas de alteraciones en el nivel de paro involuntario.

Este cuadro de efectos económicos podría aun reconducirse en unas categorías más amplias, por referencia a los fines que sabemos persigue habitualmente la actividad financiera. En este sentido se suele hablar de vas tras la introducción o modificación de un gravamen: que el impuesto no se pague (evasión) o que se pague, en cuyo caso pueden establecerse los siguientes momentos en la consecuencia del pago:

1. La percusión del impuesto sobre el contribuyente llamado por la ley a hacerlo efectivo.

2. La traslación del impuesto, que se verifica cada vez que el contribuyente de derecho transfiere a otro el peso del tributo mediante una elevación de los precios de los bienes que produce o una reducción de los bienes y servicios que adquiere. Dentro de esta etapa o fase subsiguiente a la implantación o variación de un impuesto, la terminología tradicional discierne, a su vez, según los criterios de clasificación utilizados, entre cuatro tipos distintos de traslación impositiva:

    a) Atendiendo a su dirección, entre *traslación hacia adelante*, elevando los precios, *hacia atrás*, reduciendo los salarios y otras rentas pagadas por la empresa, y *oblicua*, elevando los precios de artículos sustitutivos o complementarios de los sometidos a imposición.

    b) Atendiendo a su plazo, entre *período de mercado*, a *corto* y a *largo plazo*[2].

    c) Atendiendo a su generalidad, entre traslación *alternada*, que se produce cuando el contribuyente traslada el impuesto hacia ciertos consumidores, pero carga íntegramente con el de otros consumidores, y traslación *acumulada*, que tiene lugar cuando una sola clase de consumidores soporta en última instancia los impuestos incorporados en los bienes que ellos adquieren y los que deberían recaer sobre otro grupo de contribuyentes que queda inmune.

    d) Atendiendo a su regularidad, entre traslación *sistemática* y *ocasional*.

3. La incidencia del impuesto sobre el contribuyente de hecho, quien directa o indirectamente lo paga sin poderlo transferir a otros.

4. Las consecuencias o efectos de la incidencia para el contribuyente de hecho, que podrá modificar su propia demanda y oferta. Respecto a estos efectos o consecuencias de la incidencia, Pantaleoni y las aportaciones posteriores distinguen entre la *difusión* (reducción generalizada del consumo por efecto del impuesto), la *amortización o capitalización* (reducción del valor del capital de un activo a con-

---

efectos sobre la asignación de recursos, la distribución de la renta y la estabilidad y el crecimiento económicos, como formas distintas de apreciar el resultado de un cambio presupuestario.

[2] En el estudio de la traslación del impuesto, se distinguían tres contextos temporales:

   a) Periodo de mercado, o período de tiempo en el que el productor sólo puede vender los artículos previamente acumulados.

   b) Corto plazo: periodo en el que no varían las instalaciones fijas en las empresas ni el número de estas que componen una industria.

   c) Largo plazo: periodo suficientemente amplio para permitir tanto los cambios en capacidad como el número de empresas en una industria.

secuencia del gravamen de sus rendimientos) y la *remoción o transformación* del impuesto (aumento del esfuerzo de trabajo a causa del impuesto para recuperar la pérdida de renta que implica).

En el panorama tradicional, estos cinco efectos impositivos (evasión, percusión, traslación, incidencia y efectos de la incidencia) se complementan, por lo demás, con otras dos denominaciones de uso generalizado: los llamados *efectos-anuncio*, originados en el proceso de discusión e información previos a la adopción del cambio impositivo, y lo que L. Einaudi (1932) denominaría *efectos rebeldes* por ser difícil su encuadramiento en las categorías anteriores.

Desde estas elaboraciones iniciales, las aportaciones posteriores de diferentes autores (desde Dalton a Musgrave) han permitido, no obstante, la construcción de una terminología moderna de los efectos de la imposición que ha ganado en precisión a la vez que en complejidad. Ocho términos comprenden esencialmente esta terminología moderna, algunos de ellos ya referidos en el capítulo anterior:

1. El *efecto renta*, o disminución de renta monetaria que la recaudación impositiva implica.

2. El *efecto sustitución*, que se asocia a los cambios en el destino o utilización de la renta originados por los impuestos en cuanto entrañan un tratamiento discriminatorio de unas opciones respecto a otras (entre diferentes bienes desigualmente gravados, entre consumo y ahorro, etc.).

3. *Efectos de incentivo* sobre la dedicación del trabajo y capital —tanto en términos absolutos como relativos— que el impuesto origina.

4. *Efectos-precio*, que reflejan la alteración en los precios relativos que puede generar todo impuesto y cuyo origen está tanto del lado de las utilizaciones de la renta como del de los cambios en la dedicación de los factores.

5. Alteraciones del bienestar de los sujetos por la pérdida de renta que el impuesto supone y por la alteración de su patrón de consumo-ahorro ocasionado por las variaciones de precios relativos.

6. La carga impositiva sobre los sujetos:

    a) Monetaria directa: pérdida de ingresos para pagar el impuesto.

    b) Monetaria indirecta: pérdida de rendimiento para quienes ejercen el papel de intermediarios entre el contribuyente final y el Fisco.

    c) Real directa: pérdida de bienestar a causa de la reducción de renta.

    d) Real indirecta: pérdida de bienestar a causa de los cambios en los precios relativos.

7. La incidencia o cambios en la distribución de la renta disponible para uso privado como consecuencia del impuesto[3], término que cuenta con múltiples acepciones, a saber:

   a) Incidencia *de impacto* (o directa), que se mide por la diferencia entre la distribución de la renta disponible para uso privado en una situación hipotética sin impuesto y una situación en la cual el impuesto se soporta por aquellos que inicialmente lo pagan.

   b) Incidencia *legal* (o formal): diferencia entre la distribución de la renta disponible para uso privado en una situación hipotética sin impuesto y otra en la cual los impuestos se soportasen íntegramente por aquellos sujetos que legalmente se desea gravar.

   c) Incidencia *efectiva*: diferencia entre la distribución de la renta disponible para uso privado en una situación hipotética sin impuesto y otra real que deriva del proceso total de ajuste que se origina a consecuencia del impuesto.

   d) Incidencia por el lado de las *fuentes de la renta:* alteraciones de la distribución de la renta disponible para uso privado, originadas por los cambios que los impuestos pueden implicar, en forma directa, en las retribuciones netas de los sujetos por sus aportaciones al proceso productivo y, en forma indirecta, en las retribuciones relativas de los distintos factores, según la peculiar reacción de la oferta de cada factor al cambio fiscal.

---

[3] El conocimiento de los efectos que realmente produce un impuesto o un sistema tributario sobre la desigualdad de la distribución de renta sobre la que se aplica puede realizarse mediante múltiples índices, conocidos a menudo con el nombre de índices de concentración o, también, con el de índices globales de progresividad. De entre los basados en el índice de Gini, los más utilizados son:

a) El índice de Musgrave y Thin (MT), que responde a la expresión:

$$\text{MT} = 1 + \frac{[G(Y) - G(Y-T)]}{1 - G(Y)}$$

b) El índice de Reynolds-Smolensky (RS), cuya expresión analítica es:

$$\text{RS} = G(Y) - G(Y-T)$$

c) El índice de Pechman y Okner (PO), en el que $\text{PO} = \dfrac{[G(Y) - G(Y-T)]}{G(Y)}$

Tres índices en los que Y es la distribución de renta antes de impuestos, $Y - T$ la distribución de renta después de impuestos, y $G(...)$ es el valor del índice de Gini de la distribución. Respecto al primero de ellos, si MT = 1, el impuesto no altera la desigualdad, en tanto que si MT > 1 la reduce (siendo el exceso de la unidad el aumento porcentual de la igualdad originado por el impuesto). Por otra parte, RS expresa los cambios por él originados en la distribución de la renta disponible en términos absolutos, mientras que PO los mide en porcentaje de la distribución antes del impuesto.

La forma más conveniente de utilizar estos u otros índices globales de progresividad (los obtenidos, por ejemplo, sustituyendo en las fórmulas anteriores G por otros índices de desigualdad) sería, en todo caso, usarlos simultáneamente para determinar si sus resultados son coincidentes o no, dando por sentado que en este segundo caso no se conocerían con precisión los efectos distributivos de la imposición.

e) Incidencia por el lado de los *usos de la renta:* alteraciones de la distribución de la renta disponible de los sujetos, derivadas de los cambios que los impuestos pueden originar en los precios relativos de los bienes y servicios, tanto en forma directa (al elevar los precios de ciertos artículos) como de forma indirecta (a través de cambios en el coste de los factores o en la demanda de los productos).

f) Incidencia *específica*: en un sistema clásico (con pleno empleo asegurado por la flexibilidad de precios y salarios), cambios en la distribución de la renta disponible para uso privado que se derivan de una alteración —incremento o disminución— en un impuesto, suponiendo que el gasto permanece constante —preferentemente— en términos reales. El inconveniente más destacado de este enfoque es que mide la suma de los efectos distributivos del impuesto y los del proceso de inflación o deflación originado por el desequilibrio —superávit o déficit— presupuestario. A su vez, en el caso más general de un sistema compensatorio (con paro involuntario), en el que las variaciones en el nivel de la demanda efectiva pueden dar lugar a alteraciones en el nivel de producción y empleo, la incidencia específica recogería no solo los efectos distributivos del ingreso público previamente comentados, sino también las consecuencias distributivas de los cambios en el nivel de empleo.

g) Incidencia *diferencial*: en un sistema clásico, efectos distributivos de la sustitución de un impuesto por otro de igual importancia recaudatoria, de forma que permita financiar los mismos gastos —preferentemente— en términos reales[4]. De esta forma no hay ningún proceso de inflación o deflación asociado al cambio presupuestario cuya incidencia se desea medir. No obstante, en un sistema compensatorio, en el que por el lado de los usos de la renta la sustitución entre impuestos para financiar un mismo gasto real pueden originar cambios de diferente naturaleza en la demanda efectiva y el nivel de empleo, la incidencia diferencial del impuesto ha de definirse como los cambios en la distribución de la renta disponible para uso privado que se originan al sustituir un impuesto por otro de forma tal que deje invariada la demanda privada en términos reales. Esta fórmula tiene, en cualquier caso, la dificultad de que la incidencia que mide es siempre la de un impuesto con referencia a otro que lo sustituye.

---

[4] Obviamente, las alternativas monetarias de definir la incidencia diferencial tienen menos valor que las alternativas reales, pues lógicamente es más interesante estudiar los efectos distributivos de las formas alternativas de financiar un mismo conjunto de bienes y servicios que el Estado desea adquirir, que no una masa constante de gasto en términos monetarios, cuyo contenido real puede variar según lo hagan los precios, y análogamente tiene más interés estudiar los efectos distributivos de los usos alternativos de los ingresos que se derivan de una misma fórmula impositiva, que los correspondientes a una cantidad constante de ingresos monetarios, que en caso de variación de los precios es una suma que carece de significación.

h) Incidencia *presupuestaria*: en sentido estricto, cambios distributivos originados por una variación simultánea de los impuestos y los gastos públicos, bajo el supuesto de que la economía se encuentra en un estado definido como clásico. Este concepto coincide con el de incidencia diferencial en que ambos excluyen los efectos distributivos de la inflación o la deflación, pero diverge en que restringe su campo de estudio a la variación absoluta de la renta real inducida por el cambio de un impuesto determinado. Aun cuando es prácticamente imposible deslindar con precisión la participación del impuesto y del gasto en el cambio distributivo, siempre puede hacerse abstracción de los efectos probables del gasto público sobre los precios relativos de los factores, suponiendo que el modelo de gasto es distributivamente neutral.

8. La traslación. En este concepto, además de su interpretación tradicional, existen otras dos versiones actuales:

a) Efectiva, medida por la diferencia entre la incidencia efectiva y de impacto.

b) Como índice de frustración distributiva para la Hacienda respecto al logro de los objetivos propuestos sobre la distribución, medida por la diferencia o desviación existente entre lo que hemos denominado incidencia efectiva y la incidencia legalmente deseada.

3.2. Incidencia impositiva y método de análisis

El análisis de los efectos de la imposición, entre ellos los efectos distributivos, ha sido una tarea históricamente compleja y controvertida. Desde el nacimiento mismo de la preocupación académica y política por los efectos de la imposición, los economistas y hacendistas se han venido enfrentando al problema de qué método de estudio emplear para llegar a conocerlos mejor, si uno de equilibrio parcial, limitado a una sección transversal del problema económico general, o, en cambio, un método de análisis general, a fin de poder apreciar la interdependencia de los hechos económicos.

Por definición, el análisis tradicional de equilibrio parcial centra toda su atención en el mercado del producto directamente gravado. Con el concurso de este método de análisis se trata de conocer si el impuesto satisfecho se traslada inicialmente, cómo se traslada y quién lo paga finalmente. Adicionalmente, en virtud de la cláusula ceteris paribus, se excluyen los efectos que no sean estrictamente impositivos, es decir, los efectos del gasto público, los efectos del conjunto de factores de la traslación sobre la oferta y la demanda y los efectos mutuos entre el mercado gravado y los relacionados con él.

Frente al tradicional, la versión moderna del análisis de equilibrio parcial se extiende, por lo general, aunque exclusivamente, a aquellos efectos del gasto público que afectan directamente al mercado del bien sometido a imposición. Tal es lo que sucede, en particular, con los impuestos afectados. Todo análisis de la incidencia de, por ejemplo, un impuesto sobre los carburantes, cuya recaudación se destine íntegramente a la construcción y reparación de carreteras, habrá de incluir necesariamente los efectos de tales gastos, habida cuenta de sus importantes efectos sobre la oferta y demanda del petróleo y sus derivados. Pero también es cierto que, más que análisis de incidencia tributaria en sentido estricto, este sería un análisis de incidencia presupuestaria.

En contraste con el análisis de equilibrio parcial, el de equilibrio general se interesa esencialmente por la interrelación que se produce entre los distintos mercados como consecuencia de la introducción o modificación de un impuesto. A diferencia de aquel, cuya principal preocupación reside en el sentido inicial de la traslación impositiva, el análisis de equilibrio general trata de captar tanto los ajustes globales que siguen a un cambio impositivo, cuanto los efectos de estos ajustes sobre la distribución de la renta real.

Aunque básicos o elementales, los modelos de incidencia de equilibrio parcial, al igual que los modelos más complejos de incidencia, destacan claramente el papel crucial que desempeñan las elasticidades de oferta y demanda en la determinación de la incidencia impositiva. Su principal ventaja práctica radica en que son transparentes y fáciles de comprender, por lo que pueden considerarse como un buen punto de partida de análisis.

En contrapartida, el empleo de estos modelos de equilibrio comporta, en general, una serie de simplificaciones que, a la par que reducir el ámbito de estudio de la incidencia, pueden acarrear la pérdida de importantes detalles del proceso y restar valor práctico a sus conclusiones. Entre sus múltiples limitaciones, pueden resaltarse las tres siguientes:

1. Al centrarse en un solo mercado ignoran el hecho de que los ajustes en el mercado sometido a imposición pueden afectar de diversas formas a otros mercados.
2. No puede precisar la incidencia impositiva entre factores distintos, al no hacer seguimiento de la curva de oferta, ni considerar las posibilidades de sustitución de los factores.
3. No puede explicar los efectos deflacionistas de la imposición.

Por su parte, los modelos de equilibrio general proporcionan un análisis de la incidencia impositiva más completo que los de equilibrio parcial, al mostrar cómo los ajustes a un impuesto en un mercado pueden trascender a la economía, de forma que otros mercados con él relacionados puedan verse afectados por tales ajustes. Entre las enseñanzas que facilitan estos modelos de equilibrio general, figura, sin duda, que la incidencia depende no sólo de la facilidad con que la gente pueda sustituir actividades gravadas por otras no gravadas, tal y como reflejan las elasticidades de oferta y demanda, sino además la facilidad con que los factores de producción (capital, trabajo y tierra) pueden sustituirse entre sí en diferentes actividades productivas. Otra enseñanza, quizás más importante, es que, en su aplicación al análisis de la incidencia de la imposición, la metodología de equilibrio general obliga a pensar sobre la multiplicidad de formas en que los impuestos afectan a las elecciones de mercado y sobre cómo estas respuestas determinan en gran medida quién o quiénes soportan en última instancia la carga de los impuestos.

En cuanto a los inconvenientes, el análisis de equilibrio general entraña el problema del coste asociado a la mayor complejidad de los modelos y técnicas por él utilizados, con el agravante de que no siempre arroja resultados más ilustrativos que los que se obtendrían con el análisis parcial.

Las evidentes limitaciones de ambos métodos de análisis han llevado, de hecho, a H. C. Recktenwald (1970) a sostener que en realidad ninguno de ellos constituye la solución ideal al problema de la determinación de la incidencia impositiva. El método ideal sería aquel que, mediante una combinación óptima de ambos modelos convencionales, permitiese captar todos los efectos impositivos: el impacto del cambio impositivo en el contribuyente obligado legalmente al pago tributario, los ajustes fiscalmente inducidos en el mercado del bien gravado y en los relacionados con él, y, en fin, todas las variaciones de equilibrio general.

En ausencia de ese modelo ideal, el analista puede recurrir en la práctica a diversos criterios con los que guiarse en la aplicación de uno u otro método de análisis y poder discernir entre clases de incidencia con diferentes grados de abstracción. En concreto, la utilización del análisis de equilibrio parcial resulta especialmente idónea para el estudio de la incidencia de dos clases de figuras impositivas:

a) Los impuestos parciales aplicados a sectores o industrias concretas, en particular si el plazo de tiempo considerado en el análisis es corto.

b) Los impuestos relativamente pequeños dentro del sistema tributario en su conjunto y en el caso de una pequeña variación de las tarifas.

Por otro lado, la elección del análisis de equilibrio general será apropiada en un cuádruple supuesto:

a) Los impuestos parciales de cierta importancia recaudatoria (por ejemplo, el impuesto sobre la propiedad inmobiliaria), cuando el período de tiempo considerado sea el largo plazo.

b) Los impuestos generales sobre factores y productos.

c) Los impuestos cuyas cargas impositivas sean importantes dentro del sistema tributario y en el supuesto de grandes variaciones de la tarifa impositiva.

d) Los impuestos o cambios impositivos que afecten simultáneamente a varios mercados diferentes pero estrechamente interrelacionados.

Respecto a la cuestión de cuál es el grado de abstracción idóneo en el análisis, se ha asegurado que es el fin de este el que ha de determinar los aspectos que han de ignorarse. Si el objeto esencial de la investigación es el desarrollo de una teoría autónoma de la incidencia, su ámbito de estudio quedará limitado a la variación experimentada por una distribución de rentas dada, como consecuencia directa del establecimiento o modificación de un impuesto. Si, no obstante, la investigación se extiende a otros efectos impositivos e incluso los efectos del gasto público, el grado de abstracción será menor y su objetividad, por el contrario, mayor, pero, a su vez, el riesgo de perder una visión precisa de la incidencia impositiva será superior. Esto pese a que solo el conocimiento de la incidencia impositiva permitirá un pronóstico veraz de la respuesta del comportamiento de ciertos sujetos, grupos y variables económicas a los cambios instrumentales del sistema tributario.

3.3. Incidencia impositiva en equilibrio parcial

En sentido estricto, el análisis de la incidencia en equilibrio parcial no consiste en determinar cómo cambia inicialmente el precio de un bien o servicio en respuesta a un cambio impositivo, sino en analizar los ajustes generados en el mercado del bien gravado por el cambio originado por el impuesto en su precio. El análisis de equilibrio parcial, o análisis de incidencia en un solo mercado, es, como ya es sabido, la estructura analítica más simple para realizar un estudio de estas características, al preocuparse exclusivamente de conocer los efectos de la introducción o variación de un impuesto sobre el mercado del bien o servicio sometido a imposición, sin prestar ninguna atención a las posibles implicaciones de estos ajustes en otros mercados.

Para ilustrar este modelo de análisis de la incidencia impositiva, repárese, por ejemplo, en los impuestos sobre consumos específicos. La tesis tradicional sobre la incidencia de estos impuestos distingue entre gravámenes constantes o fijos por unidad de producto y gravámenes ad valórem (o girados sobre el valor de los bienes o servicios), y se desarrolla en el marco de un doble régimen de mercado: una situación de libre concurrencia y otra situación de monopolio.

Impuestos sobre consumos específicos por unidad de producto y ad valórem en libre concurrencia

En su configuración inicial, el análisis de la incidencia de un impuesto unitario constante sobre los bienes y servicios específicos se sustenta en dos proposiciones fundamentales, formuladas por Dalton (1920), que derivan del concepto de elasticidad. La primera proclama que, bajo la condición ceteris paribus, cuanto más elástica sea la demanda del bien o servicio objeto de gravamen, mayor será la incidencia del impuesto sobre el oferente del bien o servicio gravado; la segunda, también ceteris paribus, postula que cuanto más elástica sea la oferta del bien o servicio sometido a imposición, mayor será la incidencia del impuesto sobre el demandante del bien o servicio.

Para este autor, ambas proposiciones pueden refundirse, no obstante, en una tercera, en virtud de la cual la carga monetaria directa de un impuesto fijo unitario girado sobre cualquier bien se divide entre oferentes y demandantes en la proporción de la ratio de la elasticidad de oferta del bien respecto a la elasticidad de su demanda. De este modo, si la elasticidad de oferta es igual a la de la demanda del bien o servicio objeto de gravamen, la carga se distribuirá en dos partes idénticas y, en consecuencia, el precio del bien gravado se elevará en una cuantía equivalente a la mitad del montante del impuesto.

Esta proposición puede expresarse convenientemente mediante sencillos procedimientos geométricos y algebraicos.

Considérese, en concreto, la Figura 3.1, en la que D es la curva o línea de demanda de un bien o servicio específico, O su curva o línea de oferta, BX_0 el precio unitario de dicho bien o servicio y OX_0 (o BP_0) la cantidad vendida de este. Supóngase asimismo que en el mercado del bien o servicio se establece un impuesto de suma fija por unidad de producto, que se exige a los oferentes. Lógicamente, por efecto del impuesto la línea de oferta se desplazará en sentido ascendente hasta O', en una proporción constante e igual al impuesto unitario (segmento AC), por lo que el nuevo precio pasará a ser AX_1 (OP_1) y la cantidad vendida del bien o servicio se contraerá hasta $OX_1(AP_1)^5$.

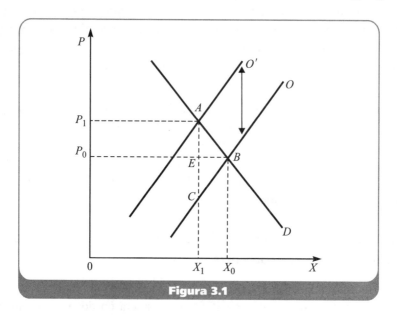

Figura 3.1

---

[5] Si, por otra parte, el impuesto se exigiese a los demandantes o consumidores en vez de a los oferentes, se produciría un desplazamiento descendente de la curva de demanda en lugar de un desplazamiento ascendente de la curva de oferta.

Por añadidura, de resultas del impuesto, el equilibrio del mercado se situará en una nueva posición (de equilibrio) definida por P_1 y X_1. Consiguientemente, respecto a la situación antes de impuesto, se habrá producido una variación al alza del precio en una proporción *EA* y una reducción de las ventas del bien o servicio en una cuantía igual a *BE*. Esto significa que la carga monetaria directa (incidencia) del impuesto se distribuirá entre los demandantes y oferentes, de tal forma que la porción del gravamen trasladada a, o soportada por, los primeros es *EA* y la no trasladada o soportada por los segundos, *EC*.

El razonamiento precedente puede plantearse asimismo en términos de elasticidades de las funciones de oferta y demanda. En rigor, los cambios originados por el impuesto en las cantidades (ΔX) y los precios (ΔP) a lo largo de sus correspondientes curvas o líneas, pueden representarse, de forma equivalente, mediante las expresiones:

$$\xi_o = \frac{P}{X} \cdot \frac{\Delta X}{\Delta P} = \frac{BX_0}{OX_0} \cdot \frac{BE}{EC}$$

$$\xi_d = \frac{P}{X} \cdot \frac{\Delta X}{\Delta P} = \frac{BX_0}{OX_0} \cdot \frac{BE}{AE}$$

donde ξ_o es la elasticidad de oferta y ξ_d la elasticidad de demanda, que miden los porcentajes en que los oferentes y demandantes de un bien ajustarán, respectivamente, su oferta y demanda en respuesta a un determinado cambio porcentual en su precio.

De la relación por cociente entre ambas elasticidades[6], se deriva, a su vez:

$$\frac{\xi_o}{\xi_d} = \frac{EA}{EC} \qquad (3.1)$$

Es decir, se verifica que la incidencia del impuesto se divide entre demandantes y vendedores en la proporción de la ratio de la elasticidad de oferta respecto a la elasticidad de la demanda.

Ciertamente, a partir de la expresión (3.1), es posible determinar qué porción o parte del impuesto se traslada a los consumidores o, lo que es lo mismo, en qué medida el impuesto genera un aumento del precio del bien o servicio gravado. Despejando, en efecto, *EA* en dicha expresión, se obtiene:

$$EA = EC \cdot \frac{\xi_o}{\xi_d}$$

---

[6] Aunque la expresión de la elasticidad de la demanda debería ser negativa, se toma en valores absolutos.

Luego, dado que t (impuesto total unitario) equivale a la suma de EA y EC y, por tanto, que $EC = t - EA$, se cumple que:

$$EA = (t - EA) \cdot \frac{\xi_o}{\xi_d} \qquad EA = t \cdot \frac{\xi_o}{\xi_d} - EA \cdot \frac{\xi_o}{\xi_d}$$

Igualdad que, una vez realizados los ajustes pertinentes, puede expresarse igualmente en los términos:

$$EA = \frac{t \cdot \frac{\xi_o}{\xi_d}}{1 + \frac{\xi_o}{\xi_d}}$$

Nueva expresión de la que, tras dividir numerador y denominador por $\frac{\xi_o}{\xi_d}$, se infiere que:

$$EA = \frac{t}{\frac{\xi_d}{\xi_o} + 1}$$

$$\frac{EA}{t} = \frac{\xi_o}{\xi_d + \xi_o} \qquad (3.2)$$

Un algoritmo con el que se expresa el denominado *Teorema de Dalton* y que permite estimar, en términos de elasticidades de oferta y demanda, la porción de la carga de un impuesto sobre un bien o servicio específico $\left(\frac{EA}{t}\right)$ que se traslada a los consumidores. En términos más generales, esa ecuación (3.2) resume una de las proposiciones más elementales y útiles del análisis de la incidencia impositiva: que la incidencia económica de un impuesto sobre un bien de consumo específico depende de cuán sensibles sean su demanda y su oferta a los cambios en su precio y, como corolario, que los agentes con ofertas o demandas más elásticas (inelásticas) tienden a trasladar (soportar) el impuesto y, por añadidura, que en el reparto de la carga entre demandantes y oferentes es irrelevante cuáles de ellos sean los obligados por la ley al pago impositivo.

A la vista de los datos facilitados en la tabla adjunta, pueden analizarse seguidamente algunos casos de aplicación del *Teorema de Dalton* según (3.2).

Casos	ξ_o	ξ_d	EA
i	F	0	t
ii	F	∞	0
iii	0	F	0
iv	∞	F	t

F = Finita

El primer caso, representado por (i), es, sin duda, un ejemplo extremo. Al ser la demanda del bien o servicio completamente rígida ($\xi_d = 0$), el impuesto se traslada plenamente a los consumidores ($EA = t$), incrementándose así el precio en una cuantía igual al propio gravamen.

En el caso (ii) la demanda es completamente elástica ($\xi_d = \infty$), de modo que el impuesto no se traslada en absoluto ($EA = 0$), es decir, es soportado plenamente por el oferente.

Respecto al caso (iii), ocurre que, al ser la oferta completamente rígida ($\xi_0 = 0$), la traslación del impuesto es también nula ($EA = 0$) y el precio no se altera.

Contrariamente al caso precedente, en el representado en (iv) la oferta es perfectamente elástica ($\xi_0 = \infty$), de manera que el impuesto se traslada totalmente ($EA = t$) y el precio se incrementa en la cuantía del impuesto unitario.

Un caso distinto, aunque no totalmente al de un impuesto constante por unidad de producto, es el del aplicado al valor del bien o servicio específico, es decir, un impuesto ad valórem $T = tP_X X$. De la comparación de las Figuras 3.1 y 3.2, se desprende que AC aún representa el impuesto unitario en una posición de equilibrio definida por el precio AX_1 y una cantidad OX_1, pero también que la posición y la forma de la nueva curva de oferta varía respecto a la original, en razón de la distinta naturaleza del impuesto. Ahora el desplazamiento de la curva o línea de oferta, inducido por el impuesto, hace que la línea deje de ser paralela a sí misma, de forma que se acentúa con el incremento del precio.

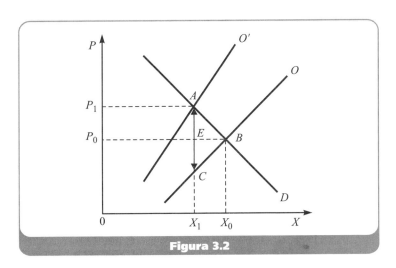

Figura 3.2

En consecuencia, el proceso de traslación impositiva no diverge sustancialmente respecto del de un impuesto constante por unidad de producto. Una porción del gravamen se trasladará a los compradores o consumidores, mientras otra será soportada por el vendedor u oferente, dependiendo ambas porciones de los valores de las elasticidades de oferta y demanda, si bien en una proporción diferente de la expresada por (3.2)[7].

Por lo demás, un elevado número de estudios empíricos sobre las elasticidades precio de los bienes sometidos a impuestos sobre consumos específicos, tales como el alcohol, el tabaco y la gasolina, han estimado que sus elasticidades precio de demanda no son ni infinitas ni nulas, de manera que, en alguna medida, la carga de estos gravámenes depende de las elasticidad de oferta. A este respecto, los economistas consideran plausible suponer que, cuando menos a largo plazo, la curva de oferta de muchos de los bienes gravados con estos impuestos es aproximadamente horizontal (más bien infinitamente elástica), lo que significa que en última instancia los consumidores o demandantes soportan la casi totalidad de la carga impositiva.

Impuesto específico en situación de monopolio

La incidencia de un impuesto unitario sobre un bien o servicio específico monopolizado (o incluso oligopolizado), cuyo precio —supuestamente— es fijado por el monopolista de forma que le asegure el máximo de beneficios monopolísticos, será análoga a la de los casos precedentes. Excepto en el supuesto de que o bien la oferta sea absolutamente inelástica o la demanda absolutamente elástica, el gravamen inducirá, en alguna medida, un aumento del precio del bien o servicio gravado, que, ceteris paribus, será tanto mayor cuanto menor sea la elasticidad de la demanda y mayor la elasticidad de la oferta. Nuevamente, una porción del impuesto será trasladada al consumidor o deman-

---

[7] El marco de análisis de la incidencia de los impuestos sobre los bienes y servicios puede adaptarse fácilmente al de los impuestos sobre las rentas del capital y del trabajo, con tan solo considerar los impuestos exigidos a estas rentas como equivalentes a los gravámenes sobre consumos específicos ad valórem aplicados en los mercados de esos factores. Si, por ejemplo, el impuesto sobre las rentas del trabajo se girase a un tipo proporcional de t_l, w fuese el salario por hora y L el número de horas trabajadas, los ingresos recaudados con el impuesto serían $T_l = t_l w L$ y el impuesto unitario (v.g., por cada hora de trabajo demandada u ofertada) equivaldría a $t_l w$.

Al igual que en los impuestos sobre bienes y servicios, la incidencia última del impuesto sobre las rentas del trabajo no dependería de si el impuesto lo pagase el trabajador o el empresario, sino más bien de las elasticidades relativas de oferta y demanda de trabajo. A este respecto, la mayor parte de los estudios empíricos sobre incidencia aplicada suelen considerar que la oferta laboral es, al menos en una primera aproximación, perfectamente inelástica, por lo que la carga de la imposición sobre las rentas salariales la soportan íntegramente los trabajadores, con independencia de quien realice el pago impositivo.

Respecto al análisis de equilibrio parcial de la incidencia de la imposición sobre las rentas del capital, si se supone que la oferta de este factor depende enteramente del ahorro doméstico privado y este es poco sensible a los cambios en la rentabilidad del capital, dicha oferta de capital podrá considerarse como perfectamente inelástica y, por ende, el impuesto sobre las rentas del capital inducirá una reducción de la rentabilidad después de impuesto para los ahorradores en la cuantía exacta del impuesto. Esta conclusión ha de modificarse, no obstante, si, como ocurre en las modernas economías internacionales, se supone que el capital es perfectamente móvil entre jurisdicciones, en la búsqueda de la máxima rentabilidad. Bajo tal supuesto, la disponibilidad de capital no vendrá ya determinada por el ahorro doméstico, en tanto en cuanto las economías podrán importar y exportar capital, y, en consecuencia, los modelos de equilibrio parcial serán inapropiados para responder a la cuestión de la incidencia del gravamen.

dante por la vía de un incremento del precio, pero otra, en cambio, será soportada por el monopolista. No obstante, contrariamente a lo que pudiera parecer, la porción trasladada del impuesto será, en general, menor que en una situación de libre concurrencia.

Al igual que en las anteriores, en la Figura 3.3. D representa la línea o curva de demanda del bien monopolizado y O la de su oferta[8]. En ella, BX_0 y OX_0 reflejarían, respectivamente, el precio y las ventas u *output* de dicho bien en una hipotética situación de libre competencia. Sin embargo, dado que se trata de un bien monopolizado, su precio real vendrá dado por AX_1, las ventas o el output por OX_1 y la restricción de esas o este derivada del monopolio, por X_0X_1. En el punto A, por tanto, los beneficios monopolísticos, representados en la figura por el rectángulo P_0BCD, serían máximos.

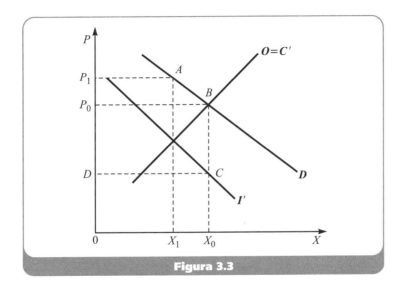

Figura 3.3

La incidencia de cualquier impuesto girado sobre un bien o servicio monopolizado dependerá, en suma, de su efecto sobre la posición de A. Si esta posición no se altera por efecto del impuesto, este será soportado íntegramente por el monopolista. Presumiblemente, sin embargo, un impuesto unitario sobre las ventas (o *output*) o el precio tenderá, en general, a alterar dicha posición de equilibrio. En tanto en cuanto la elasticidad de la demanda en cada punto de la curva de demanda, conforme se asciende por ella, será inferior a la unidad, el impuesto inducirá un desplazamiento ascendente de la curva de oferta, definiendo una nueva posición de equilibrio que se caracterizará por un precio relativamente superior y un volumen de ventas (*output*) inferior. La carga del impuesto será así soportada en parte por el monopolista y en parte por el consumidor.

---

[8] En sentido estricto, en una situación de monopolio no cabe hablar de curva de oferta, sino curva de costes marginales (C'). La oferta, en monopolio, es función no solo del precio, sino también de la elasticidad de la demanda. La posición de equilibrio se produce en el punto de intersección de la línea o curva de costes marginales y la de los ingresos marginales.

3.4. Incidencia impositiva en equilibrio general

Cuando los impuestos son poco importantes en el contexto económico general, las conclusiones que pueden derivar de los modelos de equilibrio parcial no difieren sustancialmente de las que podrían extraerse con estructuras de equilibrio general. Sin embargo, la incidencia final de los impuestos significativos en el conjunto de la economía puede ser bastante sensible a las interacciones entre el mercado sometido a imposición y otros mercados, por lo que ignorar los efectos de los ajustes inducidos por el impuesto en el mercado gravado sobre esos otros mercados puede conducir a conclusiones engañosas. Esto explica por qué a lo largo de las últimas décadas se ha producido una gradual tendencia a confiar relativamente más en los resultados obtenidos con modelos de equilibrio general como guía en la formulación de políticas fiscales.

En el desarrollo evolutivo de estos modelos de equilibrio general de la incidencia de la imposición, pueden distinguirse tres tipos de modelos:

1. Los modelos de «primera generación», que contenían los fundamentos teóricos del análisis de la incidencia impositiva, y que constituían una extensión del modelo de equilibrio parcial con la que se pretendía considerar las interacciones entre los mercados de los bienes, del trabajo y del capital, sobre la base de un triple supuesto simplificador:

   a) Unas ofertas de capital y trabajo fijas e inalterables para el conjunto de la economía, aunque, paralelamente, una perfecta movilidad intersectorial de estos factores productivos en su interior.

   b) Posibilidad de que los numerosos consumidores y sectores que integran la economía puedan agregarse en un número lo bastante reducido como para poder resolver con facilidad los modelos.

   c) Suposición «estática» de que las acciones de los consumidores, productores y propietarios del capital y del trabajo se producen instantáneamente en un punto en el tiempo, ignorándose así las complicaciones que han de considerarse cuando tales acciones se extienden a varios períodos de tiempo.

2. Modelos más avanzados que perseveran en la suposición de unas ofertas fijas de factores, pero amplían el ámbito de consumidores, factores y mercados cuyos comportamientos pueden verse afectados por los impuestos. Pese a que esta modificación aumenta el realismo de los modelos de equilibrio general, en contrapartida les resta transparencia relativa y exige el uso de simulaciones informáticas para obtener soluciones.

3. Modelos de reciente generación, que, si bien descansan en los mismos fundamentos analíticos que los dos grupos precedentes, relajan la suposición relativa a unas ofertas fijas de factores y amplían la dimensión temporal del comportamiento de los consumidores y los productores.

3.4.1. El modelo de Harberger

El modelo de Harberger (1974) constituye el punto de partida en la aplicación de los modelos de equilibrio general estáticos al análisis de la incidencia impositiva. Centrado en el estudio de la incidencia del impuesto sobre la renta de las sociedades en EE.UU., dicho modelo se articula en torno a dos sectores productivos, uno societario y otro no societario, que producen en competencia perfecta dos bienes, X e Y, respectivamente, empleando para ello dos factores productivos, capital (K) y trabajo (L), cuyas ofertas son fijas o inelásticas en la economía (K^* y L^*), pero perfectamente móviles entre sectores. Estos supuestos, unidos a que las empresas maximizan sus beneficios y los precios (incluidos los salarios) son perfectamente flexibles, determinan además que el capital y el trabajo se encuentren plenamente ocupados en la economía y que sus retribuciones marginales netas (r y w) sean iguales en los dos sectores productivos. Adicionalmente, se consideran como suposiciones cruciales del modelo las siguientes:

1. Las tecnologías de producción utilizadas en los dos sectores presentan rendimientos constantes a escala, por lo que si en cualquiera de ellos se duplican las cantidades de *inputs* utilizadas, su producción también se duplicará. Esas tecnologías productivas pueden registrar, no obstante, diferencias intersectoriales en cuanto a la elasticidad de sustitución entre factores productivos (σ_x y σ_y) y a las ratios capital-trabajo empleadas, de tal forma que si $\dfrac{K}{L}$ es alto, el sector será intensivo en capital y, en caso contrario, intensivo en trabajo.

2. Las preferencias de los consumidores (incluido el gobierno) son lineales homogéneas o idénticas, lo que significa que el impuesto no afecta a la demanda del mercado (a los usos de la renta de los contribuyentes), ni surte consiguientemente efectos sobre la distribución de la renta. La combinación de los dos bienes (ratio $\dfrac{X}{Y}$) demandada por los consumidores depende, pues, de sus precios relativos, de tal manera que la ratio del consumo de X e Y varía solo en respuesta a los cambios en la ratio de tales precios relativos $\left(\dfrac{P_x}{P_y}\right)$. Esta respuesta se mide mediante la elasticidad de sustitución de la demanda respecto a los precios relativos, η.

3. La recaudación del impuesto de sociedades retorna a los individuos en forma de transferencias, lo que implica que la renta disponible en la economía es la misma antes y después de impuesto y, en consecuencia, no es necesario considerar cómo afectan los cambios en la renta agregada a los precios de los bienes y de los factores. Se trata, en suma, de un análisis de incidencia diferencial, esto es, un análisis sobre los efectos de incidencia de sustituir un impuesto por otro con igual recaudación en términos reales, centrado en el lado de las fuentes de renta.

Aunque ciertamente restrictivos, estos supuestos permiten simplificar sustancialmente el análisis de la incidencia impositiva. En el modelo bisectorial de Harberger se analiza la incidencia del impuesto de sociedades, examinándose los efectos de aplicar un impuesto selectivo ad valórem sobre el capital utilizado en la producción societaria pero no en la no societaria. Al igual que en el análisis de equilibrio parcial, con él se pretende determinar los efectos de este impuesto sobre los precios y cantidades de equilibrio, pero ahora, en vez de limitarse exclusivamente a los cambios en el mercado de la actividad gravada, el análisis se extiende a los efectos impositivos sobre los cuatro mercados que integran la economía de Harberger: los mercados de capital y trabajo y los mercados del *output* del sector societario y del no societario.

Respecto a los mercados de los factores productivos, si, como ya se ha anticipado, K^* y L^* representan las cantidades agregadas fijas de capital y trabajo ofrecidas en el conjunto de la economía, el equilibrio entre la demanda y la oferta de estos factores de producción exige que se verifique:

$$K_x[P_x, (1+t)r, w] + K_y[P_y, r, w] = K^*$$
$$L_x[P_x, (1+t)r, w] + L_y[P_y, r, w] = L^*$$

Asimismo, en los mercados de bienes el equilibrio entre la demanda y la oferta de los dos *output* requiere que:

$$X = D_x(P_x, P_y, Y + T)$$
$$Y = D_y(P_x, P_y, Y + T)$$

donde Y y T, que representan la renta y la recaudación impositiva, equivalen a $Y = rK^* + wL^*$ y $T = trK_x$, y donde la renta (Y) incluye la recaudación impositiva (T), pues, como es sabido, estos ingresos fiscales retornan a los contribuyentes en forma de transferencias. Supuesto este que, a la postre, permite mantener constante el gasto en términos reales, como exige el análisis de incidencia diferencial de la imposición.

En términos cualitativos, el modelo de Haberger opera como sigue: dado que en él, por suposición, el capital y el trabajo pueden desplazarse libremente entre sectores en busca de la mayor retribución financiera posible, en ausencia de impuesto la cantidad total de capital, K^*, se distribuirá entre la producción societaria y no societaria, de tal forma que la inversión de una unidad monetaria adicional en cualquiera de los dos sectores reporte el mismo rendimiento. En ausencia de impuesto, se verificará, pues, que: $r_x = r_y$. No obstante, es claro que el establecimiento del impuesto selectivo sobre las rentas del capital en el sector societario hará que una unidad monetaria invertida en este sector obtenga inicialmente un rendimiento después de impuesto menor que el capital no societario, y esta diferencia inicial entre los rendimientos que los inversores podrán obtener en los sectores gravado y no gravado provocará, a su vez, una serie de ajustes en el conjunto de la economía, que pueden resumirse en dos efectos conocidos: el *efecto sustitución factorial* y el *efecto output* (o *efecto producción*).

De una parte, a medida que, por efecto del impuesto de sociedades, el capital se desplace desde el sector gravado al sector no gravado, el coste de este factor aumentará para los productores societarios y descenderá para los no societarios. A consecuencia de ello, los primeros se verán incentivados a sustituir trabajo por capital, mientras que los segundos sustituirán capital por trabajo. Como resultado, estos ajustes generarán asimismo una reducción del rendimiento neto (después de impuesto) del capital respecto a la tasa de salarios, hasta tanto las demandas de capital y trabajo se igualen en los dos sectores.

Así pues, de conformidad con este *efecto sustitución factorial*, la carga del impuesto sobre la renta de sociedades recaerá sobre los propietarios del capital, generalmente reduciendo el rendimiento neto de este factor productivo tanto en el sector societario (gravado) como en el sector no societario (no gravado). La magnitud de este efecto dependerá, en todo caso, de la elasticidad de sustitución entre capital y trabajo en el sector societario (σ_x), que medirá la mayor o menor facilidad en los productores para sustituir un factor por otro.

Esa reducción del rendimiento neto del capital, asociada al *efecto sustitución factorial*, podrá resultar, sin embargo, o bien reforzada o bien contrarrestada por lo que se conoce asimismo con el término *efecto output* del impuesto: esto es, los posibles cambios en la demanda de los consumidores de los bienes societarios y no societarios en respuesta a los cambios en sus precios relativos. Será así porque estos efectos sobre la demanda de X e Y tendrán, obviamente, efectos adicionales sobre los salarios y el rendimiento del capital, que dependerá de las magnitudes relativas de las ratios capital-trabajo en los dos sectores. Concretamente, dos posibles efectos de distinto signo según cuáles fuesen esas magnitudes:

a) Si el sector societario fuese intensivo en capital, de manera que en él la ratio capital-trabajo excediese a la del sector no societario, dicho sector liberaría a su producción, a medida que esta descendiese, de más capital y menos trabajo de los que el sector no societario estaría dispuesto a absorber a los precios de dichos factores. En este caso, por tanto, el sector no societario sólo podría absorber la combinación de capital y trabajo proveniente del sector societario si el rendimiento del capital descendiese respecto al salario, lo que, de ser así, acabaría reforzando el *efecto sustitución factorial* descrito con anterioridad, de forma tal que los propietarios del capital soportarían el impuesto en una proporción superior a su participación en la renta total.

b) Si, por el contrario, el sector societario fuese intensivo en trabajo y, en consecuencia, la ratio capital-trabajo en él fuese inferior a la del sector no societario, a la sazón la combinación de factores que liberaría de su producción, cuando esta disminuyese, contendría una mayor cantidad relativa de trabajo, por lo que la única forma en que el sector no societario podría absorber este *mix* de capital y trabajo sería si el salario descendiese respecto al rendimiento del capital, y, si esto ocurriese, el *efecto output* tendería a compensar al *efecto sustitución factorial*. En este segundo caso, el efecto definitivo dependería, por tanto, de las magnitudes de los dos efectos parciales.

En conclusión, en el modelo de Harberger, en el que se supone que todos los consumidores tienen preferencias idénticas y, por consiguiente, los propietarios del capital y del trabajo cuentan con los mismos patrones de gasto, la carga de un impuesto selectivo sobre el capital societario podría recaer o bien sobre los propietarios del capital, en la forma de un menor rendimiento, o bien sobre el trabajo, por la vía de unas menores rentas salariales, o bien sobre ambos factores productivos, según cuáles sean los valores de la elasticidad de sustitución entre capital y trabajo, la elasticidad de sustitución en la demanda entre bienes societarios y bienes no societarios y las intensidades relativas del capital en los dos sectores.

Nótese, sin embargo, que si los patrones de gasto variasen entre los sujetos económicos, el aumento del precio de los bienes societarios provocado por el impuesto selectivo sobre el capital podría afectar a la distribución de la carga impositiva por el lado de los usos de la renta, además de surtir los efectos ya comentados por el lado de las fuentes de renta. Por ejemplo, si los propietarios del capital prefiriesen gastar una mayor proporción de sus rentas en bienes societarios que los trabajadores, no sólo soportarían la carga impositiva en su papel de capitalistas, sino también una carga «adicional» en su papel de consumidores.

3.4.2. Incidencia de equilibrio general de otros impuestos

Aunque centrado en el análisis de la incidencia del impuesto sobre la renta de las sociedades, el modelo de equilibrio general de Harberger puede utilizarse asimismo para analizar la incidencia de una amplia variedad de impuestos, de hasta nueve impuestos ad valórem, a saber: un impuesto general sobre la renta (t), un impuesto general sobre el capital (t_K), un impuesto general sobre el trabajo (t_L), cuatro impuestos parciales sobre los factores (dos impuestos sobre la renta del capital, t_{KX} y t_{KY}, y dos impuestos sobre la renta del trabajo t_{LX} y t_{LY}), dos impuestos sobre bienes de consumo específicos (t_X y t_Y) y un impuesto general sobre el consumo (t_C).

El modelo de Harberger permite, en efecto, como se explica en el apartado posterior *Equivalencias de impuestos* de este mismo epígrafe, determinar la incidencia de esos nueve impuestos, a partir del análisis de la incidencia de tan solo cuatro de ellos. Antes de proceder a esta explicación utilizaremos, no obstante, este modelo para analizar la incidencia de algunos de los impuestos previamente enunciados: el impuesto general sobre la renta, los impuestos generales sobre los factores, los impuestos sobre consumos específicos y el impuesto general sobre el consumo.

Impuesto general sobre la renta

Bajo los supuestos básicos del modelo de Harberger, y en particular el supuesto de unas ofertas totales de capital y trabajo plenamente inelásticas, un impuesto general sobre la renta no se trasladaría porque los individuos no podrían evitarlo cambiando desde las actividades gravadas a las no gravadas, al someterse a imposición todas las clases de renta al mismo tipo de gravamen ($t = t_K = t_L$) en el conjunto de la economía. El impuesto sería, pues, soportado por los individuos en proporción a sus rentas y, en consecuencia, su incidencia legal y su incidencia económica coincidirían.

Impuestos generales sobre las rentas de los factores

Análogamente al caso anterior, bajo los supuestos de unas ofertas inelásticas de los factores productivos y unos patrones de gasto idénticos, un impuesto general o uniforme sobre las rentas obtenidas por uno de los factores productivos, el capital ($t_{KX} = t_{KY} = t_K$) o el trabajo ($t_{LX} = t_{LY} = t_L$), sería soportado plenamente por los propietarios del factor gravado en proporción a sus posesiones, por cuanto estos no podrían hacer nada para evitarlo. A diferencia de un impuesto parcial sobre las rentas del capital (v.g., el impuesto sobre las rentas de las sociedades), este impuesto general no podría evitarse porque en la economía no quedaría ningún sector libre de impuesto al que los capitalistas o los trabajadores pudieran emigrar.

Impuestos sobre bienes de consumo específicos

Salvo en casos excepcionales, la incidencia de los impuestos girados sobre bienes o consumos específicos se manifestaría más bien por el lado de las fuentes de renta de las familias que por el de los gastos familiares, esto es, por cómo se dividiese el gasto familiar entre los bienes gravados y los bienes no gravados.

Al igual que en el caso del impuesto de sociedades, en la determinación de la incidencia final de un impuesto selectivo sobre el consumo (un impuesto sobre uno solo de los bienes) en un modelo bisectorial pueden desempeñar un papel crucial los efectos *sustitución factorial* y *output*. En un modelo articulado en torno a dos bienes, el gravamen girado sobre uno de ellos induciría a los consumidores a aumentar sus gastos en el bien no gravado en detrimento del gravado, lo que, a su vez, liberaría capital y trabajo de la producción de este último, que afluirían al sector productor de aquel otro. A consecuencia de ello, y dependiendo de cuáles fuesen las intensidades factoriales en los dos sectores, así como las posibilidades de sustitución entre factores productivos, los precios relativos de los factores cambiarían, de forma tal que, en términos aproximados, el precio relativo del factor de producción utilizado más intensivamente en la producción del bien gravado descendería, soportando así en parte la carga del impuesto.

Pese a ello, existen dos casos concretos en los que la carga del gravamen podría distribuirse en proporción al gasto de las economías domésticas en el bien gravado:

a) Cuando la actividad gravada tuviese poca importancia en el conjunto de la economía, en cuyo caso los ajustes de equilibrio general por el lado de las fuentes de renta podrían ignorarse por tratarse de efectos secundarios.

b) Cuando la actividad gravada utilizase los factores productivos en la misma proporción que el resto de la economía, caso en el que los precios de los factores no necesitarían cambiar para que el sector no gravado absorbiese el capital y el trabajo liberados del sector gravado y, en consecuencia, el impuesto no surtiría efectos de incidencia por el lado de las fuentes de renta.

Impuesto general sobre el consumo

A la vista del supuesto inicial del modelo conforme al cual las familias no ahorran en absoluto porque gastan todas sus rentas en los dos bienes de consumo, las predicciones acerca de la incidencia de un impuesto uniforme sobre todos los bienes de consumo son idénticas a las realizadas respecto a un impuesto general sobre la renta. En semejante modelo, en el que las ofertas de capital y trabajo se consideran fijas, la carga de un impuesto general sobre el consumo o las ventas podría distribuirse en proporción al gasto o a las rentas de las familias, indistintamente.

Equivalencia de impuestos

El modelo de equilibrio general de Harberger permite ilustrar también cómo impuestos aplicados a diferentes bases tienen la misma incidencia. Tal y como se pone de manifiesto en la Tabla 3.1, la incidencia de un impuesto girado sobre las rentas del capital y del trabajo utilizados en la producción de cualquiera de los dos sectores a un mismo tipo de gravamen ($t_{KX} = t_{LX}$ o $t_{KY} = t_{LY}$) sería equivalente a la incidencia de un impuesto —con igual tipo de gravamen— sobre el bien producido por el sector de que se trate (t_X o t_Y). Asimismo, la incidencia de los dos impuestos generales sobre los factores de producción, aplicados por separado pero con el mismo tipo de gravamen (de forma que $t_K = t_L$), sería equivalente a la de un impuesto general sobre la renta de igual tipo (t). Por añadidura, la incidencia de este impuesto general sobre la renta (t) sería equivalente, como ya se ha comentado, a la incidencia de un impuesto general sobre el consumo (t_C) y, por extensión, a la incidencia de los dos impuestos sobre consumos específicos aplicados por separado pero con igual tipo de gravamen ($t_X = t_Y$).

Tabla 3.1

$$\begin{array}{ccc} t_{KX} + t_{LX} &=& t_X \\ + & + & + \\ t_{KY} + t_{LY} &=& t_Y \\ \| & \| & \| \\ t_K + t_L &=& t_C = t \end{array}$$

En términos más generales, para un tipo de gravamen ad valórem concreto, todas las posibles relaciones de equivalencia entre los nueve impuestos que figuran en la Tabla 3.1 podrían determinarse fácilmente contemplando sus distintas filas o columnas. En rigor, para conocer la incidencia de los tres impuestos que figuran en cada fila o cada columna solo se necesitaría analizar en detalle la incidencia de dos de ellos, porque la del tercero podría determinarse sumando o restando las de los dos analizados.

Relajación de las suposiciones básicas del modelo e implicaciones

Los efectos de incidencia previstos para los impuestos analizados pueden modificarse sustancialmente, no obstante, si cambian los supuestos básicos en que se sustenta el modelo de Harberger. Como mera ilustración, he aquí las predicciones sobre la incidencia de los impuestos tras la relajación de tres supuestos básicos del modelo: la movilidad perfecta de los factores, la homogeneidad en las preferencias de los consumidores respecto a los bienes y la constancia o inelasticidad de las ofertas de factores.

Con anterioridad, se ha apuntado que, en presencia de una perfecta movilidad intersectorial de los factores productivos, la incidencia de un impuesto selectivo sobre la renta de los factores dependería de cuál de los dos efectos contrapuestos —el efecto sustitución factorial o el efecto *output*— fuese el predominante. Esta ambigüedad desaparece, sin embargo, de suponerse la inmovilidad de los factores. En principio, la carga íntegra del impuesto sería soportada por el factor gravado, por cuanto dicho factor no podría eludir el gravamen emigrando al sector no gravado. Además, puesto que el rendimiento del factor inmóvil gravado descendería en la cuantía exacta del gravamen, los precios del capital y el trabajo en los sectores no gravados, así como el precio del bien producido en el sector gravado, no se alterarían.

En paralelo, si las preferencias por los bienes difiriesen entre los consumidores, los cambios inducidos por la imposición en la distribución de la renta implicarían cambios en las decisiones agregadas de gasto y, por ende, en las rentas y precios relativos. Respecto a los impuestos generales sobre los factores, por ejemplo, unos patrones de gasto de las economías domésticas distintos determinarían no solo efectos por el lado de las fuentes de las rentas (efectos sobre los propietarios de los factores productivos), sino además efectos por el lado de sus usos (efectos sobre las economías domésticas en calidad de consumidores), al inducir un aumento de los precios relativos de los bienes en cuya producción se emplee intensivamente el factor gravado. En el caso concreto de un impuesto general sobre las rentas del trabajo, es probable que, si los bienes consumidos por los trabajadores fuesen distintos a los consumidos por los capitalistas, el impuesto acabase generando la siguiente secuencia de efectos: el descenso de la demanda de los bienes de consumo preferidos o demandados en mayor proporción por los trabajadores; consiguientemente, una menor asignación de recursos a la producción de estos bienes, y, en último término, la reducción de la retribución del factor utilizado intensivamente en dicha producción.

Por lo demás, si las ofertas totales de factores en la economía fuesen elásticas, puede admitirse que los propietarios del factor gravado podrían evitar parte de la carga impositiva reduciendo su oferta, y afectando con ello a los precios del factor no gravado y de los bienes en general. Es sabido, por ejemplo, que, en presencia de una oferta fija de capital, un impuesto general sobre las rentas de este factor sería íntegramente soportado por sus propietarios. Sin embargo, si la oferta tal de capital pudiera contraerse en respuesta al gravamen sobre su rendimiento, la ratio capital-trabajo descendería para el conjunto de la economía, y ello, ceteris paribus, traería consigo una menor productividad del trabajo y el descenso de las rentas salariales, perjudicando así el factor trabajo. En general, no obstante, la magnitud de estos efectos dependerá del grado de sensibilidad de la oferta del factor gravado a los cambios en su precio después de impuesto, así como a la importancia de los conocidos efectos *sustitución factorial* y *output*.

Finalmente, en presencia de unas ofertas de trabajo y/o capital elásticas, la incidencia de un impuesto general sobre la renta se materializará en cambios en los salarios, en el rendimiento del capital y en los precios de los bienes. Ítem más, si uno de los factores tuviera una oferta elástica y el otro, en cambio, una oferta fija, los propietarios del factor de oferta elástica podrían acabar trasladando parcial o totalmente el impuesto a los propietarios del factor con oferta inelástica. En definitiva, un análisis de equilibrio general riguroso de la incidencia de la imposición sobre la renta exige considerar la posibilidad de que las ofertas de los factores productivos cambien en respuesta al gravamen.

3.4.3. Exportación impositiva e incidencia espacial

El análisis de la incidencia en el espacio —internacional o interregional— tuvo su origen en la teoría de equilibrio general del comercio internacional, y su desarrollo posterior vino propiciado por la aplicación del modelo bisectorial de Harberger, por McLure y otros hacendistas, al estudio de la traslación de los impuestos entre regiones o países, en el contexto de una economía abierta. Sus resultados han supuesto, de hecho, importantes contribuciones al desarrollo de la teoría del Federalismo Fiscal y de las relaciones fiscales internacionales, en gran medida debidas al avance que se ha registrado en el conocimiento tanto sobre el problema de la exportación de las cargas fiscales a otras jurisdicciones (localidades, regiones o naciones) como sobre los efectos de la imposición local, en especial sobre las elecciones residenciales y la localización industrial.

Ciertamente, entre esas destacadas aportaciones, este análisis ha puesto de manifiesto que las cargas de algunos de los impuestos aplicados en un país o región puede «exportarse» a los residentes de otras regiones o países, afectando con ello a sus rentas y bienestar, en una medida o grado que dependerá de la sustituibilidad en la demanda y entre los factores productivos, las intensidades en el uso de los factores, la movilidad de estos y el tamaño relativo de las economías.

Para ilustrar la importancia de la movilidad de los factores productivos y del tamaño de las economías como factores determinantes del grado de exportación e incidencia internacional de los impuestos, repárese en el caso de un impuesto sobre las rentas del capital aplicado en un país cualquiera, bajo la suposición de una perfecta movilidad espacial del capital y, por el contrario, una completa inmovilidad del trabajo, en dos supuestos distintos respecto a su tamaño: un país pequeño y un país grande en el contexto de la economía mundial.

Bajo el supuesto de la existencia de una perfecta movilidad internacional del capital, en un país pequeño en el contexto de la economía mundial, tal y como se recoge en la Figura 3.4, la oferta de capital adoptaría una forma horizontal (sería infinita), de manera que los demandantes de capital podrían obtener en él tanta cantidad de este factor como necesitasen, al precio de su rendimiento competitivo determinado en los mercados mundiales de capitales, $OA = r_w$.

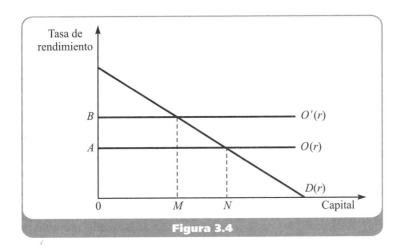

Figura 3.4

En respuesta a un impuesto sobre las rentas del capital aplicado en las fuentes de esas rentas, probablemente el capital invertido en el país fiscal, en la búsqueda de la rentabilidad obtenida antes de impuesto, $OB = r_w/(1 - t_k)$, emigrarían al resto del mundo hasta tanto las unidades de este factor que continuasen ofertándose en dicho país (supuestamente, OM unidades) y las unidades que hubiesen emigrado (MN unidades) alcanzasen un mismo rendimiento después de impuesto, $OB(1 - t_k)$, equivalente al rendimiento competitivo mundial OA. Con todo, al reducirse en el país fiscal la ratio capital-trabajo respecto a la situación antes de impuesto, la productividad marginal del trabajo y, por lo mismo, las retribuciones de este factor también descenderían relativamente, por lo que, paradójicamente, quienes acabarían soportando gran parte del impuesto sobre las rentas del capital, si no todo, serían los trabajadores. Adicionalmente, cabe también la posibilidad de que una porción del gravamen recayese sobre los consumidores, al acabar estos pagando precios más elevados por los bienes por ellos adquiridos, a consecuencia del aumento del coste del capital que habrían de afrontar los productores. En cualquier caso, pese a que quienes realizarían el pago impositivo serían los propietarios del capital, el impuesto no lo soportarían estos, sino los trabajadores y, posiblemente en alguna medida, los consumidores del pequeño país que lo introdujese.

Las pautas de incidencia de este impuesto serían, no obstante, diferentes si el país que realizara el cambio impositivo y por ende su mercado de capitales fuesen grandes con relación al resto del mundo. En este caso, la curva de oferta de capital no sería completamente horizontal (la oferta de capital no sería infinita), de modo que la emigración de parte del capital al exterior en respuesta al impuesto generaría posiblemente una doble secuencia de efectos: en el país que estableciese el gravamen, el aumento de la productividad marginal del capital consecuente con la reducción de su oferta y, por la misma razón, la disminución de la productividad marginal del trabajo; en el resto del mundo, el aumento de la oferta de capital, el descenso de su productividad marginal y el aumento de la productividad marginal del trabajo. En consecuencia, un impuesto sobre las rentas del capital aplicado en una economía grande en el contexto mundial beneficiaría al factor trabajo en el resto del mundo y perjudicaría a los factores restantes, en unas proporciones que dependerían de las elasticidades de la demanda de capital en dicho país y en el resto del mundo.

En recapitulación de lo visto hasta aquí, puede sostenerse que, en presencia de una perfecta movilidad interjurisdiccional del capital, el tamaño de las economías puede tener un efecto significativo en la incidencia de un impuesto sobre las rentas de este factor exigido en las fuentes. En términos aproximados, la elasticidad de la oferta de capital será más pronunciada cuando el país fiscal sea pequeño con relación al mercado mundial de capitales, y en este caso la carga de un impuesto de esta naturaleza podría recaer en gran medida sobre los trabajadores. Alternativamente, la oferta de capital sería menos elástica cuando el país fuese grande con relación al mercado mundial de este factor, en cuyo caso el gravamen sería soportado probablemente por los propietarios del capital en general y por los trabajadores de dicho país.

3.5. La incidencia en el tiempo

3.5.1. Incidencia dinámica

Aunque útiles a efectos expositivos, los modelos de equilibrio general estáticos pasan por alto dos aspectos potencialmente importantes de la incidencia. Primeramente, que la mayor parte de las cargas impositivas se soportan a lo largo del tiempo, de modo que la incidencia de un impuesto puede depender de quiénes y de cuándo resulten gravados. En segundo lugar, que la respuesta de los compradores y vendedores a los impuestos, factor determinante de la forma de distribución de la carga impositiva, puede evolucionar en el tiempo, a medida que los contribuyentes cambien de comportamiento para alterar con ello sus obligaciones tributarias o según vayan produciéndose cambios en la legislación tributaria, por lo que predecir la incidencia impositiva requiere ir más allá de lo que sucede en un solo período de tiempo.

Una vez que se admite que la incidencia de la imposición se produce a lo largo del tiempo y que, por consiguiente, un análisis de incidencia dinámica requiere una definición apropiada de su dimensión temporal, ha de considerarse asimismo que las expectativas sobre el futuro pueden afectar considerablemente a las respuestas a la imposición. La complejidad que el tratamiento de estas expectativas puede introducir en el análisis, ha llevado, sin embargo, a los economistas a formular dos tipos de modelizaciones de la incidencia dinámica: la denominada de estática comparativa, que se aplica en circunstancias especiales que permiten ignorar esas expectativas, y la modelización de incidencia transicional, que, por el contrario, como su propio nombre indica, considera los ajustes que se producen en la transición de un estado a otro.

Incidencia de estática comparativa

La modelización de la incidencia de estática comparativa descansa en la suposición de que el futuro no difiriere del pasado, de manera que los precios, las tasas de rendimiento, etc. del presente se mantendrán en los años venideros considerados en el análisis. Bajo estas específicas circunstancias, todas las decisiones adoptadas por los demandantes y oferentes en los mercados del capital y del trabajo no cambiarán de un año a otro y, en consecuencia, el *stock* de activos productivos tampoco variará con el paso de los años. El tiempo, por decirlo de otro modo, no tendría consecuencias en semejante mundo estático, razón por la que en la modelización de la incidencia impositiva en él se podrían aplicar casi todos los resultados del análisis de equilibrio estático.

En referencia, por ejemplo, al análisis de estática comparativa de los efectos de incidencia de la sustitución de un impuesto sobre la renta por un impuesto sobre el consumo, su realización solo requeriría determinar las pautas de incidencia estática diferenciales de sendos gravámenes. Esta comparación equivaldría a comenzar en una situación estática con un impuesto sobre la renta y analizar los ajustes que se producirían al sustituirlo por un impuesto sobre el consumo, ignorando lo que podría suceder en la transición de una a otra situación impositiva.

El atractivo del modelo de estática comparativa de la incidencia impositiva radica en que su proceso de análisis no presenta diferencias de cómputo sustanciales con el del modelo de equilibrio general estático.

Incidencia *transicional y traslación intergeneracional*

Es lo cierto, sin embargo, que en el proceso de tránsito de una situación estática a otra se producen a menudo cambios que no pueden ignorarse. Aun cuando la economía se encuentre inicialmente en una situación estática, por lógica la incidencia de cualquier cambio en la legislación fiscal dependerá de cuál sea la reacción de los contribuyentes en el momento en que se produzca. En tales casos, los efectos de incidencia resultantes en la nueva situación estática vendrán determinados, en gran parte, por dos factores interrelacionados: los efectos del cambio legislativo sobre el comportamiento económico de los agentes privados y, por añadidura, sus efectos sobre los niveles de *stocks* —por ejemplo— del capital, en tanto en cuanto estos postreros efectos determinarán, en gran medida, cómo cambiará la economía al pasar de la antigua situación estática a la nueva. Ciertamente, los efectos de incidencia en la nueva situación estática dependerán tanto o más de esos ajustes en los *stocks* que del cambio real en la legislación fiscal. En otras palabras, los cambios en las cargas impositivas podrían deberse más a la redistribución entre los contribuyentes de la «transición» y los de las siguientes generaciones, que al cambio en la forma de imposición. Esto significa, en definitiva, que sin aislar los ajustes que puedan producirse durante la transición, difícilmente podrá precisarse la aportación de los cambios fiscales a los efectos finales de incidencia.

La importancia potencial de la incidencia *transicional* puede ilustrase recurriendo nuevamente al ejemplo de la sustitución de un impuesto sobre la renta por un impuesto sobre el consumo con idéntica recaudación. En principio, podría pensarse que en el momento del cambio fiscal la generación de jubilados, al tener aparentemente ya tomadas sus decisiones de ahorro, no cambiarían su comportamiento ahorrador, razón por la que, en apariencia, la carga del impuesto sobre el consumo para esta generación no presentaría ninguna dificultad. En una reflexión más profunda, sin embargo, cabe prever que, en respuesta al cambio impositivo, la generación de población activa podría alterar su oferta de trabajo y la cuantía de su ahorro, y que, por lo tanto, la carga de la imposición sobre el consumo para esa generación de jubilados no sólo acabaría dependiendo de sus ahorros, sino también del tipo de interés, que probablemente variaría con el cambio en el nivel de ahorro de los contribuyentes más jóvenes. Pero es que, además, esta generación de población activa, para poder elegir las cantidades óptimas de ahorro y de oferta de trabajo, necesitaría conocer asimismo el tipo de interés al que habría de hacer frente tras su jubilación, mas esta previsión estaría condicionada, a su vez, a las decisiones económicas que adoptase la generación siguiente no nacida.

En consecuencia, aunque en este modelo no existe incertidumbre, la carga del impuesto sobre el consumo para la generación de jubilados en el momento de adopción del cambio impositivo dependería de una secuencia de expectativas sobre los tipos de interés derivados de las decisiones que adoptasen las generaciones futuras. La incorporación de estas expectativas a los modelos de equilibrio general, y sobre todo a los modelos multisectoriales más completos, implicaría, no obstante, unas exigencias de cómputo tales que el coste de determinación de los ajustes de la transición podría resultar prohibitivo. Pese a ello, esto no es óbice para reconocer la considerable atención que se viene prestando hoy a la incidencia *transicional*, en especial en los estudios sobre los efectos de la sustitución de un impuesto sobre la renta por un impuesto sobre el consumo, y, por extensión, para reparar en cómo una generación puede trasladar las cargas de los impuestos a las generaciones futuras.

3.5.2. Capitalización impositiva

Se dice que existe capitalización impositiva cuando el gravamen girado sobre la renta de un activo a lo largo del tiempo reduce el precio de mercado de ese activo. En el análisis de la capitalización impositiva puede distinguirse, sin embargo, entre capitalización total y capitalización parcial, según cuál sea el plazo de tiempo considerado con tales propósitos.

A efectos de ilustración de este concepto y de su tipología, considérese un bien o *input* duradero, tal como la tierra, cuya oferta es fija. En un mercado perfectamente competitivo de este factor, el precio de la tierra es igual al valor presente descontado del flujo de rendimientos que puedan obtener sus propietarios a lo largo del tiempo. Así, si llamamos r al tipo de interés, R_0 al rendimiento o renta de la tierra en el año actual, R_1 a la renta correspondiente al próximo año, R_2 a la renta obtenida dentro de dos años y R_n a la renta que pueda obtener este factor en su último año (n) de servicio, su precio (P) será:

$$P = R_0 + \frac{R_1}{1+i} + \frac{R_2}{(1+i)^2} + \cdots + \frac{R_n}{(1+i)^n}$$

Supóngase ahora que se anuncia que se va introducir un impuesto anual sobre la renta de la tierra, cuya recaudación será de T_0 en el presente año, T_1 el próximo año, T_2 dentro de dos años y T_n el año n. Es sabido que, puesto que la oferta de la tierra es fija, el impuesto originará una reducción de la renta anual recibida por los propietarios en la cuantía total del gravamen y que, por consiguiente, tras la exacción impositiva esta pasará a ser en cada uno de los años considerados: $(R_0 - T_0)$, $(R_1 - T_1)$, $(R_2 - T_2)$ y $(R_n - T_n)$. Esto significa, a su vez, que los compradores potenciales de tierra no solo habrán de computar en sus decisiones de compra la corriente de rendimientos futuros que este bien les proporcionará, sino también el flujo de obligaciones tributarias futuras al que habrán de hacer frente si realizaran la compra, por lo que, en buena lógica, una vez anunciado el establecimiento del gravamen, el precio máximo que estarán dispuestos a pagar por la tierra será:

$$P' = (R_0 - T_0) + \frac{(R_1 - T_1)}{1+i} + \frac{(R_2 - T_2)}{(1+i)^2} + \cdots + \frac{R_n - T_n}{(1+i)^n}$$

Es decir, un precio (P') igual al precio antes de impuesto (P) menos el valor presente de todas las obligaciones fiscales futuras. Este proceso de incorporación del flujo de impuestos futuros en el precio de un activo (en nuestro caso la tierra) recibe el nombre de capitalización.

Como corolario, un impuesto sobre un bien o factor de oferta fija incidirá plenamente en los propietarios corrientes en el momento de su establecimiento y no supondrá por tanto carga alguna para sus potenciales compradores, porque su precio de compra descenderá en la cuantía del valor presente de los impuestos que haya de soportar en el futuro.

En la mayoría de los casos, sin embargo, las ofertas de factores tienden a ser, en alguna medida, elásticas a medio y a largo plazo, por lo que la capitalización impositiva solo se produce de forma parcial. En lo referente concretamente al capital, a corto plazo su oferta se considera inelástica y, en consecuencia, un impuesto general sobre este factor se capitalizará plenamente en su precio. Sin embargo, a medio plazo, puesto que el ahorro tiene una relación positiva directa con su rendimiento, el gravamen inducirá una reducción de la oferta de capital y, por lo mismo, un aumento de su productividad marginal, compensándose así parcialmente su capitalización a corto plazo. Análogamente, un impuesto sobre el capital aplicado en un sector concreto (un impuesto parcial o selectivo sobre el capital) se capitalizará plenamente a corto plazo en el precio (un precio menor) de los activos gravados, pero a más largo plazo parte de este capital emigrará a otros sectores no gravados, aumentando y reduciendo con ello en parte las retribuciones del capital en el sector gravado y del capital en los otros sectores, respectivamente.

Glosario de términos y conceptos

Capitalización impositiva
Carga impositiva
Carga monetaria directa
Carga monetaria indirecta
Carga real directa
Carga real indirecta
Efecto sustitución factorial y efecto *output*
Efectos anuncio y efectos rebeldes
Efectos de incentivo
Efectos-precio
Elasticidades de oferta y de demanda
Equivalencia de impuestos
Exportación impositiva e incidencia espacial
Incidencia de estática comparativa
Incidencia de impacto (o directa)
Incidencia diferencial
Incidencia dinámica
Incidencia efectiva

Incidencia específica
Incidencia impositiva
Incidencia impositiva de equilibrio general
Incidencia impositiva en equilibrio parcial
Incidencia legal (o formal)
Incidencia por el lado de las fuentes de renta
Incidencia por el lado de los usos de la renta
Incidencia presupuestaria
Incidencia transicional y traslación intergeneracional
Modelo de Harberger
Percusión
Traslación a corto y a largo plazo
Traslación alternada y acumulada
Traslación hacia delante, hacia atrás y oblicua
Traslación impositiva
Traslación sistemática y ocasional

Resumen

- El análisis de la incidencia impositiva se centra fundamentalmente en el estudio de los mecanismos de traslación de los impuestos entre grupos distintos de individuos, con el propósito último de determinar sus efectos sobre la distribución de la renta o el bienestar.

- En el ámbito específico de la traslación y la incidencia impositivas, la terminología tradicional de los efectos de la imposición ofrece diversas denominaciones de uso generalizado: la evasión (impago) del impuesto, su percusión sobre el contribuyente llamado por la ley a hacerlo efectivo, la traslación del impuesto por el contribuyente de derecho, su incidencia sobre el contribuyente de hecho, las consecuencias o efectos de la incidencia para el contribuyente de hecho, y los efectos-anuncio y efectos rebeldes del impuesto.

- La terminología moderna define la incidencia como los cambios originados por el impuesto en la distribución de la renta disponible para uso privado, término que cuenta a su vez con múltiples acepciones de uso corriente en la literatura financiera: incidencia directa (o de impacto), incidencia legal (o formal) e incidencia efectiva; incidencia por el lado de las fuentes de renta y por el lado de los usos de la renta; incidencia específica, incidencia diferencial e incidencia presupuestaria, y traslación efectiva y traslación como índice de frustración distributiva para la Hacienda respecto al logro de los objetivos propuestos sobre la distribución.

- El análisis de la incidencia en equilibrio parcial se preocupa de analizar los ajustes generados en el mercado del bien gravado por el cambio originado por el impuesto en su precio, sin reparar en las posibles implicaciones de estos ajustes en otros mercados. Aunque básicos o elementales, estos modelos de incidencia destacan el papel crucial que desempeñan las elasticidades de oferta y demanda en la determinación de la incidencia impositiva, estableciendo que los agentes con ofertas o demandas más elásticas (inelásticas) tienden a trasladar (soportar) el impuesto y, por añadidura, que en el reparto de la carga entre demandantes y oferentes es irrelevante cuáles de ellos sean los obligados por la ley al pago impositivo.

- En contraste con el análisis de equilibrio parcial, el de equilibrio general se interesa esencialmente por la interrelación que se produce entre los distintos mercados como consecuencia de la introducción o modificación de un impuesto. A diferencia de aquel, cuya principal preocupación reside en el sentido inicial de la traslación impositiva, el análisis de equilibrio general trata de captar tanto los ajustes globales que siguen a un cambio impositivo, cuanto los efectos de estos ajustes sobre la distribución de la renta real.

- La aplicación de los modelos de equilibrio general estáticos al análisis de la incidencia impositiva (con el modelo de Harberger como punto de partida) ha permitido establecer que el alcance y dirección de la traslación de la carga de los impuestos depende de múltiples factores, entre los que destacan el grado de competencia de los mercados, la movilidad y la elasticidad de la oferta de los factores productivos, las intensidades y la sustituibilidad factoriales y las preferencias de los consumidores.

- La aplicación del modelo bisectorial de Harberger al estudio de la traslación de los impuestos entre regiones o países también ha puesto de manifiesto que las cargas de algunos de los impuestos establecidos en un país o región pueden «exportarse» a los residentes de otras regiones o países, afectando con ello a sus rentas y bienestar, en una medida o grado que dependerá de la sustituibilidad en la demanda y entre los factores productivos, las intensidades en el uso de los factores, la movilidad espacial de estos y el tamaño relativo de las economías.

- Aunque útiles a efectos expositivos, los modelos de equilibrio general estáticos ignoran que la incidencia de la imposición se produce a lo largo del tiempo y que las expectativas sobre el futuro pueden afectar considerablemente a las respuestas a la imposición. La incorporación del tiempo al análisis de la incidencia permite analizar la capitalización impositiva y la incidencia dinámica.

- La complejidad que el tratamiento de las expectativas sobre el futuro puede introducir en el análisis, ha llevado, no obstante, a los economistas a formular dos tipos de modelizaciones de la incidencia dinámica: la denominada de estática comparativa, que se aplica en circunstancias especiales que permiten ignorar esas expectativas bajo ciertos supuestos, y la modelización de incidencia *transicional*, que, por el contrario, considera los ajustes originados por un cambio impositivo durante la transición de un estado a otro, lo que permite reconocer la posible traslación de la carga de los impuestos a las generaciones futuras y precisar la contribución de los cambios fiscales a los efectos finales de incidencia.

Capítulo 4

Distorsiones impositivas y exceso de gravamen. Teoría de la imposición óptima

4.1. Efecto sustitución y exceso de gravamen
    4.1.1. Imposición general sobre el consumo con inclusión del ocio: su equivalencia con un impuesto de suma fija
    4.1.2. Precios relativos y distorsiones impositivas

4.2. Medición del exceso de gravamen
    4.2.1. Variación equivalente y exceso de gravamen
    4.2.2. Exceso de gravamen y curvas de oferta y demanda
    4.2.3. Exceso de gravamen del sistema fiscal

4.3. Teoría de la imposición óptima
    4.3.1. Imposición óptima y eficiencia
    4.3.2. Imposición óptima, eficiencia y equidad

▶ **Resumen**

Los impuestos girados sobre bases económicas afectan normalmente al comportamiento de los agentes económicos privados en su toma de decisiones. Los desembolsos realizados por tales agentes en concepto de impuestos suelen depender del tamaño de sus bases económicas, por lo que estos pueden reducir sus facturas fiscales graduando el tamaño de sus bases imponibles (sus rentas o su consumo en una jurisdicción concreta). En otras palabras, los contribuyentes pueden tratar de controlar la carga impositiva, alterando, en alguna medida, su comportamiento económico.

Probablemente, en ausencia de otras distorsiones de mercado, tales como las externalidades, la imposición inducirá cambios en el comportamiento económico que privarán a la economía de una asignación eficiente de recursos. Por efecto de la imposición, los precios relativos que habrán de afrontar los compradores y vendedores por los diversos *outputs* cambiarán, las pautas de elección de las familias y empresas entre bienes y recursos escasos disponibles se alterarán, con el fin de evitar o reducir la carga impositiva, y todo ello redundará en un coste o pérdida de eficiencia.

Este capítulo se dedica al estudio de los costes de eficiencia de los impuestos y de la teoría de la imposición óptima. En el apartado que sigue se analiza en qué consisten y por qué se producen los costes de eficiencia de los impuestos. A continuación se explica cómo se mide el exceso de gravamen de impuestos particulares y del sistema fiscal en su conjunto. Finalmente, en el cuarto apartado se glosan los principales criterios de la teoría de la imposición óptima a la luz del principio de eficiencia económica y, posteriormente, cómo pueden modificarse estos criterios de eficiencia al introducir adicionalmente en el análisis consideraciones de equidad.

4.1. Efecto sustitución y exceso de gravamen

La implantación de un impuesto puede generar al sujeto obligado a su pago dos tipos de efectos bien conocidos: un *efecto renta*, consistente en la pérdida de utilidad o de bienestar imputable a la reducción de la renta personal originada por el impuesto, y, en la mayoría de los casos, un *efecto sustitución*, o pérdida adicional de utilidad o bienestar, originada por las alteraciones provocadas por el gravamen en el comportamiento de dicho sujeto, a favor de la sustitución de actividades gravadas por otras menos o no gravadas en absoluto, a consecuencia de los cambios fiscalmente inducidos en las condiciones de intercambio —precios y cantidades de equilibrio— en los mercados de productos y factores de producción. Esta pérdida de utilidad adicional a la generada por el simple pago impositivo recibe el nombre de *exceso de gravamen* o coste de eficiencia de la imposición.

Lo cierto es, sin embargo, que, aunque todos los impuestos generan efecto renta, algunos no generan efecto sustitución. Un impuesto de suma fija, tal como el *impuesto de capitación*, es un caso paradigmático de impuesto neutral y eficiente, toda vez que, al

4
Distorsiones impositivas y exceso de gravamen. Teoría de la imposición óptima

exigirse al sujeto sobre la base de su mera existencia, de tal forma que éste ha de pagarlo con independencia de la actividad —productiva o consuntiva— por él desarrollada, la deuda tributaria contraída no podrá alterarse mediante ningún cambio de comportamiento individual. Es decir, un impuesto de capitación origina un efecto renta, pero carece de efecto sustitución y, por lo mismo, de exceso de gravamen. De hecho, algunos han definido el exceso de gravamen de un impuesto como la pérdida por él originada en el nivel de bienestar social por encima de la que habría generado un impuesto de suma fija con la misma recaudación.

Otros casos de gravámenes que no alteran la asignación de los recursos son, como comprobaremos más adelante, los impuestos sobre aquellos factores o productos cuyas ofertas o demandas compensadas[1], respectivamente, son completamente inelásticas. Las unidades económicas privadas no cambiarán su comportamiento en respuesta a tales exacciones impositivas, al carecer de incentivos u oportunidades para reducir sus facturas impositivas mediante la sustitución de bienes o *inputs* productivos.

Como es sabido, una de las condiciones necesarias para que se produzca una asignación eficiente de los bienes y recursos productivos en un mercado competitivo se sintetiza, en términos analíticos, en la expresión:

$$RMS_{ij} = RMT_{ij} = \frac{P_i}{P_j}$$

Igualdad que indica que el logro de la eficiencia asignativa requiere que la relación marginal de sustitución (o valoración marginal relativa) de los bienes en el consumo se iguale a la relación marginal de transformación (o coste marginal relativo) de esos bienes en la producción, de forma tal que tanto los productores como los consumidores adopten sus decisiones conforme a los mismos precios relativos. El establecimiento de un impuesto puede llevar a las familias y empresas, no obstante, a considerar en sus decisiones no solo el coste relativo de los bienes, sino también el diferencial que ese gravamen puede originar en los precios relativos, y distorsionar con ello las elecciones económicas de esos agentes.

Para ilustrar cómo la imposición puede distorsionar las decisiones de los agentes económicos privados, considérese la situación de un sujeto representativo que solo consuma dos bienes, X e Y, a los precios P_X y P_Y, así como ocio, al precio de la tasa salarial, w. Las horas que este sujeto destinará al trabajo en el año serán igual a la diferencia

---

[1] Una función de demanda compensada relaciona cantidades demandadas con precios, manteniendo el nivel de utilidad del sujeto constante. La curva de demanda compensada proporciona una medida de la disposición marginal máxima al pago por cada unidad de un bien (precio de demanda) que deja inalterado el nivel de bienestar del sujeto. Una función de demanda ordinaria relaciona cantidades demandadas con precios, para un nivel dado de renta. Cuando el efecto renta de la imposición es nulo, la demanda ordinaria y la demanda compensada coinciden. Por ello, en los estudios empíricos, cuando el efecto renta es pequeño, suele utilizarse la curva de demanda ordinaria como aproximación a la curva de demanda compensada.

entre el número de horas totales de que pueda disponer (una vez descontadas las que emplea en el sueño), D, y las que dedique a tiempo de ocio, H. Si se supone que el individuo utiliza toda su renta en la adquisición de los bienes X e Y, su restricción presupuestaria vendrá dada por:

$$w(D - H) = P_X X + P_Y Y \tag{4.1}$$

Expresión cuyo lado izquierdo representa su renta total, resultado del producto de la tasa salarial por las horas dedicadas al trabajo, y cuyo lado derecho recoge el gasto de esa renta entre X e Y.

A estos mismos efectos, adicionalmente se tomará como referencia analítica al impuesto de suma fija, en tanto en cuanto no existe ningún otro gravamen que, con una misma recaudación impositiva, genere menores pérdidas de bienestar que este. En presencia de un impuesto de suma fija, que no genera efecto sustitución, el sujeto adoptará sus decisiones económicas conforme al coste relativo de los bienes y servicios.

A la vista de estas consideraciones, he aquí a continuación cómo la imposición puede conducir a resultados totalmente diferentes según que se adopte una de dos hipótesis alternativas iniciales:

— Que se considere el ocio como objeto de gravamen junto a los bienes X e Y.

— Que, como sucede en el mundo real, el ocio no pueda someterse a imposición.

4.1.1. Imposición general sobre el consumo con inclusión del ocio: su equivalencia con un impuesto de suma fija

Bajo el supuesto de que el ocio (H) pudiera gravarse al mismo tipo de gravamen ad valórem (t) que los bienes X e Y, un impuesto general sobre el consumo de esta naturaleza induciría, por lógica, un aumento de los precios efectivos de esos tres componentes de su base tal que la restricción presupuestaria (4.1) se transformaría después de impuesto en:

$$wD = P_X X(1 + t) + P_Y Y(1 + t) + wH(1 + t)$$

Ecuación que, tras dividir sus dos lados por $(1 + t)$, se puede expresar también en los términos:

$$\frac{wD}{1 + t} = P_X X + P_Y Y + wH \tag{4.2}$$

donde wD equivale al valor monetario de las disponibilidades horarias totales del sujeto (en adelante V), que tiene una cuantía fija ($V = \overline{V}$), al ser D y w valores igualmente fijos.

De la ecuación (4.2) podría derivarse, en una primera aproximación, que un hipotético impuesto uniforme sobre todos los bienes de consumo, incluido el ocio, traería consigo una reducción del valor monetario de sus horas disponibles totales (V) hasta $\frac{V}{1+t}$. Con todo, si se repara en que los valores de w, D y, como resultado, V serían fijos, se infiere también que el individuo no se vería inducido por un impuesto sobre esas disponibilidades horarias totales a proceder a su reducción, en la medida que ello no llevaría aparejada una reducción de su factura fiscal. Consiguientemente, un impuesto de esta naturaleza y, por extensión, un impuesto general sobre los bienes que incluyera el ocio podría equipararse a un impuesto de suma fija y carecería, por tanto, de exceso de gravamen.

Sin embargo, de todos es sabido que en el mundo real el ocio no puede someterse a gravamen, de modo que la imposición sobre los bienes ha de limitarse necesariamente a los bienes materiales (aquí X e Y) y, por lo mismo, que la aparición del exceso de gravamen, en alguna medida, es un hecho inevitable. Máxime cuando la solución de la imposición uniforme de estos bienes materiales, aunque neutral, no garantiza la eficiencia impositiva.

4.1.2. Precios relativos y distorsiones impositivas

Tal y como se ha expuesto en líneas anteriores, casi todos los impuestos —con las contadas excepciones ya comentadas— inducen cambios en los precios relativos de los bienes y factores productivos que pueden distorsionar las decisiones económicas de los consumidores y productores, en perjuicio de las actividades menos gravadas o no gravadas. Tales son los casos, por poner solamente algunos ejemplos, de los impuestos específicos sobre el consumo, el impuesto sobre la renta salarial y el impuesto general sobre el consumo.

Impuesto selectivo sobre el consumo

Considérese, en primer término, el caso de un impuesto selectivo sobre el consumo del bien X, bajo el supuesto que la utilidad del consumidor representativo dependiera exclusivamente del consumo de este bien y del de otro cualquiera. Es obvio que, en presencia de un impuesto sobre el bien X, el consumidor habría de pagar por él una suma tal que $P_X(1 + t_X)$ y que, en consecuencia, sus relaciones marginales de sustitución entre X e Y y H y X pasarían a ser:

$$RMS_{XY} = \frac{P_X(1 + t_X)}{P_Y}$$

$$RMS_{HX} = \frac{w}{P_X(1 + t_X)}$$

Sin embargo, pese a que tras la introducción del gravamen los consumidores pagarían por una unidad de X el precio $P_X(1 + t_X)$, el productor del bien solo recibiría P_X, toda vez que la diferencia entre ambos precios afluiría a las arcas del Tesoro. De este modo, en su comportamiento maximizador el productor continuaría tomando sus decisiones tratando de que:

$$RMT_{XY} = \frac{P_X}{P_Y}$$

Lo que significa, en otras palabras, que, en tanto que bajo un impuesto selectivo sobre el consumo $t_X \neq 0$, se verificaría que $RMS_{XY} > RMT_{XY}$ y $RMS_{HX} > RMT_{HX}$ y, por añadidura, que no se cumpliría la condición necesaria para el logro de una asignación eficiente de los recursos en el sentido de Pareto. Aunque el impuesto no afectaría a los costes marginales de producción, sí distorsionaría las decisiones de consumo, al inducir al individuo a sustituir X por Y y H. Una distorsión y, por ende, un coste de eficiencia que sería tanto mayor (menor), cuanto mayor (menor) fuese la elasticidad de la demanda compensada de X.

Impuesto proporcional sobre la renta salarial

Análogamente al caso anterior, la introducción de un impuesto proporcional sobre la renta salarial originará una divergencia entre las retribuciones abonadas por los empresarios y las recibidas realmente por los trabajadores, que impedirá que se cumpla la condición necesaria para que se dé una asignación eficiente de los recursos.

Si se supone, en efecto, que la utilidad del consumidor depende ahora del consumo de los dos bienes de consumo, X e Y, y del tiempo dedicado al ocio, H, de tal forma que ha de renunciar al ocio para obtener renta con la que adquirir los bienes X e Y, el individuo maximizará su utilidad antes de impuesto cuando satisfaga las condiciones de eficiencia paretiana:

$$RMS_{HX} = RMT_{HX} = \frac{w}{P_X}$$

$$RMS_{HY} = RMT_{HY} = \frac{w}{P_Y}$$

$$RMS_{XY} = RMT_{XY} = \frac{P_X}{P_Y}$$

donde RMS_{HX} y RMS_{HY} son las relaciones marginales de sustitución de ocio por los bienes X e Y, respectivamente; RMT_{HX} y RMT_{HY} las relaciones marginales de transformación de ocio en X e Y, respectivamente; P_X y P_Y los precios de X e Y, y w el salario o coste de oportunidad del ocio.

Distorsiones impositivas y exceso de gravamen. Teoría de la imposición óptima

No obstante, el establecimiento de un impuesto proporcional sobre la renta alterará, en alguna medida, esas condiciones. En concreto, si bien la tercera de las condiciones de eficiencia expuestas no experimentará ningún cambio por efecto del gravamen y, consiguientemente, tanto los consumidores como los productores continuarán guiándose por los mismos precios relativos de los bienes X e Y, las dos primeras resultarán modificadas por efecto del gravamen. Tras el cambio impositivo, el sujeto pasará a tomar sus decisiones económicas de acuerdo con su renta salarial después de impuesto, $w(1-t)$, de tal manera que las relaciones marginales de sustitución en esas dos condiciones se definirán ahora en los términos:

$$RMS_{HX} = \frac{w(1-t)}{P_X}$$

$$RMS_{HY} = \frac{w(1-t)}{P_Y}$$

En paralelo, sin embargo, el productor continuará tomando sus decisiones de acuerdo con la tasa salarial por él abonada, es decir, la renta salarial antes de impuesto, w, con lo que en su caso se mantendrá la igualdad:

$$RMT_{HX} = \frac{w}{P_X}$$

$$RMT_{HY} = \frac{w}{P_Y}$$

Finalmente, puesto que como resultado del cambio impositivo se obtendrían las desigualdades $RMS_{HX} \neq RMT_{HX}$ y $RMS_{HY} \neq RMT_{HY}$, ha de concluirse que en presencia de un impuesto proporcional sobre la renta salarial dejarían de cumplirse las condiciones de eficiencia paretiana en la asignación de los recursos. Dicho de otro modo, en lo que a la eficiencia asignativa se refiere, los impuestos sobre la renta no serían equivalentes a los impuestos de suma fija. Conclusión que, como se verá a continuación, se hace extensiva al impuesto general sobre el consumo.

Impuesto general sobre el consumo

Al igual que el impuesto proporcional sobre la renta, el impuesto general sobre el consumo altera el equilibrio competitivo del consumidor, propiciando un nuevo equilibrio caracterizado por las desigualdades:

$$RMS_{HX} = \frac{w}{P_X(1+t_C)} \neq RMT_{HX} = \frac{w}{P_X}$$

$$RMS_{HY} = \frac{w}{P_Y(1+t_C)} \neq RMT_{HY} = \frac{w}{P_Y}$$

Es decir, el impuesto general sobre el consumo es neutral respecto a las decisiones de consumo entre los bienes X e Y, pero genera ineficiencias o costes de bienestar en tanto en cuanto el ocio no puede someterse a imposición.

En recapitulación, la mayor parte de los impuestos generan una cuña o divergencia entre el valor relativo y el coste relativo de los bienes o factores productivos, que puede distorsionar el comportamiento o pautas de elección de los agentes económicos privados, induciéndoles a sustituir actividades gravadas por otras menos o no gravadas, y dar origen con ello a costes de eficiencia. Estos costes de eficiencia asociados a la imposición representan una pérdida real de *outputs* y bienestar para la comunidad en general, que se conoce a menudo, adicional e indistintamente, con los términos de *costes de bienestar o exceso de gravamen*. La minimización de este exceso de gravamen constituye, por tanto, una de las principales exigencias del cumplimiento del principio de eficiencia de la imposición. Cuanto menor sea el exceso de gravamen generado por un impuesto, más eficiente será este.

Pero ¿cómo puede medirse ese exceso de gravamen originado por la imposición? En los apartados que siguen se ofrecen algunas técnicas generales para cuantificar el *exceso de gravamen*, en calidad de criterio de evaluación de impuestos y estructuras fiscales alternativas, ignorando los aspectos distributivos de la imposición. No obstante, nótese una vez más que una evaluación de estas características que se pretenda completa no solo requerirá la consideración conjunta de ambos criterios, sino también la de las posibles compensaciones de las pérdidas de eficiencia originadas por la imposición con las ganancias de igual naturaleza derivadas de los gastos gubernamentales financiados mediante impuestos.

4.2. Medición del exceso de gravamen

4.2.1. Variación equivalente y exceso de gravamen

Tal y como se ha visto con anterioridad, la práctica totalidad de los impuestos acarrean una pérdida de utilidad para el ciudadano superior a la disminución que experimenta en su renta disponible como consecuencia del pago impositivo. Gráficamente, este argumento puede ilustrarse mediante la Figura 4.1, basada en las curvas de indiferencia entre dos bienes, X e Y. En ella los ejes de abscisas y ordenadas representan, respectivamente, las cantidades de X e Y a cuya elección se enfrenta un sujeto, y AB su *recta de restricción* presupuestaria. De este modo, si el sujeto decidiese gastar toda su renta en el bien X (y nada del Y), la cantidad que podría adquirir sería OB, mientras que, por el contrario, si solo desease consumir el bien Y, la cantidad de la que podría disponer ascendería a OA. La pendiente de esa recta de restricción presupuestaria

Distorsiones impositivas y exceso de gravamen. Teoría de la imposición óptima

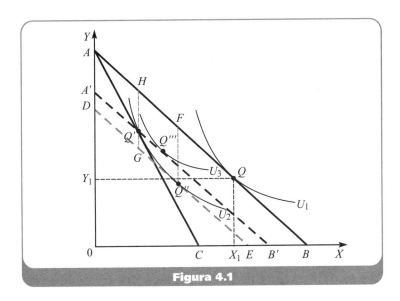

Figura 4.1

reflejaría los precios relativos de tales bienes, y vendría dada, por tanto, por el cociente $-\dfrac{Px}{Py}$.

Por añadidura, en el análisis se supone que los costes marginales de producción son constantes. En la situación antes de impuesto la posición de equilibrio del sujeto se situaría en el punto Q, punto de tangencia entre su recta de restricción presupuestaria y la curva de indiferencia U_1, y en el que las pendientes de ambas curvas se igualarían y al que correspondería las cantidades consumidas OX_1 y OY_1 de X e Y, respectivamente.

Supóngase a continuación que el Gobierno decidiese introducir un impuesto sobre el consumo de, por ejemplo, el bien X, al tipo impositivo t. Haciendo abstracción de los beneficios que pudiera obtener el sujeto del gasto de la recaudación impositiva, el establecimiento de dicho gravamen induciría un incremento del precio de X, tal que $P_x (1 + t)$, que haría pivotar la recta presupuestaria sobre el punto A hasta la posición AC[2], de pendiente $-\dfrac{P_X(1 + t)}{P_Y}$. El nuevo punto de equilibrio se situaría ahora en el punto Q' de la curva de indiferencia U_2, que obviamente reflejaría un menor nivel de utilidad para el sujeto. Es decir, de resultas del impuesto el consumidor habría experimentado una pérdida de bienestar equivalente a la distancia vertical entre las curvas U_1 y U_2.

---

[2] En esta nueva posición, si el sujeto dedicase todos sus recursos a adquirir el bien X llegaría a consumir una cantidad OC, menor que OB (antes de impuestos), al haber aumentado el precio de X a consecuencia del impuesto. Las rectas AB y AC tienen el mismo origen en el eje de ordenadas porque el precio de Y no variaría.

En una primera aproximación, esa pérdida de bienestar puede medirse por medio de lo que se conoce como *variación equivalente*, término que expresa la cantidad máxima que estaría dispuesto a pagar el sujeto para poder mostrarse indiferente entre hacer frente a esta deducción y soportar el impuesto distorsionante; o, también, la renta que, en ausencia de impuesto, habría que detraer al individuo para que éste se situase en el mismo nivel de bienestar al que habría llegado si se hubiese introducido el impuesto[3].

La representación gráfica de la variación equivalente puede realizarse fácilmente, con tan solo desplazar la recta de restricción presupuestaria paralelamente hacia abajo (por definición, se estaría detrayendo renta al individuo) hasta el punto en que esta sea tangente a la curva de indiferencia U_2, dado que el individuo habrá de mantener el mismo nivel de utilidad que tendría si se hubiese establecido el impuesto. La variación equivalente vendrá dada, en consecuencia, por la distancia vertical entre la recta presupuestaria inicial AB y la nueva recta DE, o, lo que es lo mismo, por la distancia FQ'' (igual a GH), por cuanto al individuo le resultaría indiferente perder FQ'' unidades monetarias o afrontar el pago del impuesto. Sin embargo, puesto que la recaudación impositiva ascendería a HQ', la diferencia (GQ') representará la pérdida de utilidad adicional (a la originada por la disminución de su renta) que experimentará el individuo por efecto del impuesto, esto es, el exceso de gravamen.

Considérese ahora, no obstante, el caso de un impuesto de suma fija de una magnitud tal que permitiese al sujeto mantenerse en el mismo nivel de utilidad U_2. Con esta condición, si el gobierno hubiese recurrido a un impuesto de estas características en vez de un impuesto sobre el consumo de X, la *recta de restricción presupuestaria* se habría desplazado también en paralelo a AB, hasta DE, por cuanto tal gravamen solo provocaría efecto renta (reduciría la renta disponible del sujeto, pero no modificaría los precios relativos de los bienes), pero, además, para no alterar el nivel de bienestar, habría de ser tangente a la curva de indiferencia U_2. El gravamen de suma fija habría generado así una recaudación equivalente a la distancia vertical FQ'', exactamente la variación equivalente correspondiente al desplazamiento de la curva de indiferencia U_1 a la U_2 que induciría el impuesto sobre el consumo. Aun así, puesto que en el impuesto de suma fija la recaudación coincidiría con su variación equivalente, este, a diferencia de aquel, no crearía exceso de gravamen.

El razonamiento anterior tiene, en fin, dos corolarios evidentes: que un impuesto de suma fija que deje al sujeto en el mismo nivel de bienestar que un impuesto sobre el consumo de un bien proporcionará una recaudación de ingresos superior a la de este, exactamente en la cuantía de la magnitud del exceso de gravamen creado por él, y, por extensión, que un impuesto de suma fija con la misma recaudación que un impuesto

---

[3] Otra forma posible de medir la pérdida de bienestar es a través de la variación compensadora. Esta se define como la cantidad de renta que habría que entregar a un individuo, al introducirse un impuesto, para que mantuviese el mismo nivel de utilidad que tenía antes de impuesto.

sobre el consumo dejará al sujeto en un nivel de utilidad superior al correspondiente a este, en tanto en cuanto no crearía exceso de gravamen.

Tal y como muestra la Figura 4.1, tras la introducción de un impuesto de suma fija de igual recaudación que un impuesto sobre el consumo del bien X, la línea de restricción presupuestaria del sujeto se desplazaría en paralelo hasta $A'B'$. No obstante, mientras que al punto Q' de equilibrio del sujeto después del impuesto sobre el consumo corresponde la curva de indiferencia U_2, su posición de equilibrio tras la introducción del impuesto de suma fija se situaría en el Q''', al que corresponde una curva de indiferencia de nivel superior, U_3. Con este último gravamen, por tanto, el Gobierno habría obtenido la misma recaudación que con un impuesto sobre el consumo de X, pero la pérdida de utilidad habría sido relativamente menor, pues su exacción no habría supuesto ninguna alteración de los precios relativos, ni habría inducido, por tanto, ningún *efecto sustitución*.

4.2.2. Exceso de gravamen y curvas de oferta y demanda

Como procedimiento analítico, la medición del exceso de gravamen requiere necesariamente, de partida, la adopción de diversos supuestos restrictivos, en la medida en que la utilidad no puede cuantificarse o estimarse en términos cuantitativos. A tales efectos, supondremos, en concreto, que:

a) El impuesto introducido por el Estado es proporcional al valor del bien o servicio y, en consecuencia, que:

$$T = t \cdot X P_X$$

donde t expresa el tipo de gravamen, X la cantidad demandada del bien y P_X su precio de demanda. Por suposición, este precio equivale a la utilidad marginal del bien para cada sujeto, de forma que: $P = U'$ y $U = \int U'$.

b) El análisis se desarrolla en términos de impuesto *unitario*, o impuesto satisfecho por cada unidad de bien adquirida, de tal manera que:

$$T_{p.un.} = t P_X$$

c) Las repercusiones en otros mercados del efecto de la imposición del bien X sobre su propio mercado son insignificantes, al igual que lo son los efectos de los cambios habidos en otros mercados sobre el mercado del bien X. Esto es, se trata de un típico *análisis de equilibrio parcial*.

d) Por simplicidad, la única distorsión existente en la economía es el impuesto objeto de estudio. No existen, pues, ni monopolios (en todos los mercados prevalece la competencia perfecta), ni efectos externos, ni otros impuestos distintos del analizado.

Bajo esos supuestos restrictivos iniciales, y tomando como referencia la Figura 4.2, es posible obtener una medida del exceso de gravamen, utilizando curvas de demanda compensada (que relacionan cantidades demandadas para distintos precios, manteniéndose constante el nivel de utilidad). En dicha figura, el eje de ordenadas recoge el precio del bien antes y después de impuesto y el de abscisas la cantidad demanda para cada precio. La línea horizontal O_x representa la curva de oferta del bien antes de impuesto, que se supone totalmente elástica. Tras la implantación del impuesto, el precio de cada unidad del bien se incrementa en la cuantía tP, así que el precio después de impuesto (P_1) equivaldría al original (P_0) incrementado en dicha cuantía. Es decir,

$$P_1 = P_0 + tP_0 = P_0(1 + t)$$

Ítem más, al incrementarse el precio del bien por el impuesto, la cantidad demandada se reduce de X_0 a X_1.

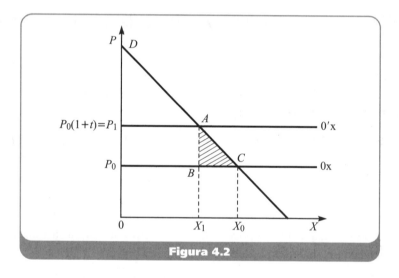

Figura 4.2

Gráficamente, en la situación antes de impuesto la cantidad del bien (X_0) demandada por el sujeto le suponía un desembolso (P_0X_0) equivalente al área del espacio OX_0CP_0 situada por debajo de la curva de demanda o utilidad marginal, por lo que este se beneficiaba de un *excedente del consumidor* igual al área de P_0CD. Por efecto del cambio impositivo el precio del bien pasará a ser $P_1 = P_0(1 + t)$, con lo que la curva de oferta se desplazará hacia arriba, hasta alcanzar un nuevo punto de equilibrio en A, configurándose ahora un excedente del consumidor tal que el área P_1AD. El incremento del precio del bien originado por el impuesto habrá generado así al sujeto una pérdida de excedente del consumidor (pérdida de utilidad) igual a P_0CAP_1.

Sin embargo, de la reducción total de dicho excedente originada por el impuesto, el pago impositivo solo llega a justificar la parte de pérdida de utilidad correspondiente al área de P_0BAP_1, concretamente la cuantía del ingreso obtenido por el Sector Público, que es equivalente al producto del número de unidades consumidas (OX_1) por el impuesto unitario pagado (tP_0); la pérdida de utilidad adicional imputable al gravamen, acotada en la Figura 4.2 por el triángulo ABC, es el exceso de gravamen, concepto cuya cuantía se cifra por tanto en el valor estimado del área de dicho triángulo.

En términos analíticos, el valor estimado del exceso de gravamen obedece, en consecuencia, a la expresión:

$$E.G. = \frac{1}{2} \cdot (X_0 - X_1)[P_0(1+t) - P_0)] = \frac{1}{2} \cdot \Delta X \cdot \Delta P$$

$$E.G. = \frac{1}{2} \cdot \Delta X \cdot tP_X \tag{4.3}$$

donde ΔX es la variación de la demanda de X inducida por el impuesto y tP_X el incremento unitario del precio (ΔP) producido por el impuesto.

Por otro lado, dado que la elasticidad-precio de la demanda del bien X viene dada por la expresión

$$\xi_{X,P} = \frac{\frac{\Delta X}{X}}{\frac{\Delta P_X}{P_X}} = \frac{P_X}{X} \cdot \frac{\Delta X}{\Delta P_X}$$

El término ΔX equivaldrá a:

$$\Delta X = \xi_{X,P} \cdot X \cdot \frac{\Delta P_X}{PX} = \xi_{X,P} \cdot X \cdot \frac{tP_X}{P_X} = \xi_{X,P} \cdot X \cdot t$$

al ser $\Delta P_X = tP_X$

Si a continuación se sustituye en (4.3) el término ΔX por su valor en la expresión anterior, se obtiene:

$$E.G. = \frac{1}{2} \xi_D \cdot t^2 \cdot X \cdot P_X \tag{4.4}$$

Identidad que, en vista de que $T = t \cdot XP_X$, puede formularse también en los términos:

$$E.G. = \frac{1}{2} \xi_D \cdot T \cdot t \tag{4.5}$$

De la expresión (4.4), que, junto a la (4.5), permite comparar el grado de eficiencia de distintas figuras impositivas, se desprende claramente que el exceso de gravamen o coste de eficiencia o de bienestar de un impuesto será tanto mayor cuanto más elástica sea la demanda del bien gravado, mayor sea el gasto en dicho bien (XP_X) y mayor sea el tipo de gravamen, caso en el que el aumento del exceso de gravamen será más que proporcional.

De (4.4) y (4.5) se infiere igualmente que el exceso de gravamen por unidad de impuesto satisfecho responde a la expresión:

$$e.g. = \frac{E.G.}{T} = \frac{1}{2} \xi_D \cdot t \qquad (4.6)$$

De este modo, si, por ejemplo, el e.g. es igual a 1,2, cada unidad monetaria detraída al contribuyente en concepto de impuesto le supondrá un coste o pérdida de utilidad de la misma cuantía.

Las ecuaciones (4.4), (4.5) y (4.6) son, por lo demás, completamente generales, en el sentido de que pueden aplicarse a cualquier figura impositiva, por cuanto la mayoría de los impuestos pueden concebirse como gravámenes sobre las ventas de *inputs* u *outputs* particulares. Un impuesto sobre el consumo específico de un bien es un impuesto girado sobre la venta de un producto concreto. Análogamente, un impuesto sobre la renta puede considerarse como un impuesto específico sobre la venta de esfuerzo laboral. Con contadas excepciones, los impuestos alteran las condiciones o términos en los que las unidades económicas ofertan o demandan recursos, de forma que los cambios resultantes en el comportamiento económico pueden ser utilizados para medir el exceso de gravamen de cualquier exacción impositiva.

Piénsese, por ejemplo, en un impuesto proporcional sobre la renta del trabajo. El exceso de gravamen que semejante impuesto causa al trabajador aparece representado gráficamente en la Figura 4.3, en la que los ejes de ordenadas y abscisas reflejan, respectivamente, el salario o precio del trabajo, W, y la cantidad o número de horas de trabajo, L, y en la que O_L expresa la curva de oferta de trabajo compensada. Como puede observarse en dicha figura, si se parte de una situación inicial de equilibrio (B), en la que el excedente del trabajador viene dado por W_0BG, y posteriormente se establece un impuesto sobre los salarios con una alícuota t, el salario real y, por ende, el excedente del trabajador descenderán, reduciéndose este al área FBW_0W_1 (la diferencia entre W_0BG y W_1FG). La pérdida de utilidad justificada por el pago del impuesto viene dada por el área W_0CW_1F, mientras que el exceso de gravamen queda delimitado por el área del triángulo BCF. Consiguientemente, en analogía con el caso analizado del impuesto sobre el valor o consumo de los bienes y servicios, el exceso de gravamen de un impuesto sobre la renta salarial se estimará mediante la expresión:

$$E.G. = \frac{1}{2} \eta \cdot LWt^2 = \frac{1}{2} \eta Yt^2 \qquad (4.7)$$

4

Distorsiones impositivas y exceso de gravamen. Teoría de la imposición óptima

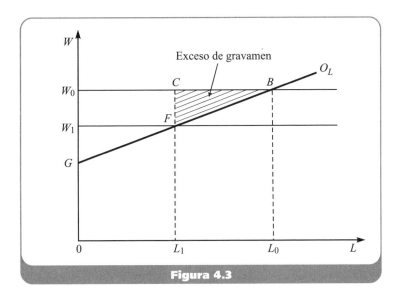

Figura 4.3

donde η es la elasticidad de la oferta de trabajo respecto a la renta salarial y LW o Y la renta del trabajo.

Adicionalmente, puesto que $T = Yt$, (4.7) puede expresarse también como:

$$E.G. = \frac{1}{2}\eta \cdot Tt \qquad (4.8)$$

Expresión del exceso de gravamen que, a su vez, en el supuesto del impuesto unitario sobre la renta del trabajo se concretará en:

$$e.g. = \frac{E.G.}{T} = \frac{1}{2}\eta t \qquad (4.9)$$

A destacar, finalmente, que los impuestos sobre la renta suelen mostrar menor exceso de gravamen total y sobre todo menor exceso de gravamen unitario que otras figuras impositivas.

4.2.3. Exceso de gravamen del sistema fiscal

Hasta aquí se ha considerado, como supuesto restrictivo en la cuantificación del exceso de gravamen, que la única distorsión existente en la economía era el impuesto analizado. En el mundo real, sin embargo, la introducción de un nuevo impuesto se realiza, por lo general, en el marco de otras distorsiones económicas, como puede ser la existencia de otros impuestos. Obviamente, en esta situación realista la medición de los costes de eficiencia del sistema fiscal globalmente considerado se convierte en una tarea más compleja.

A este respecto, considérese una situación inicial caracterizada por la existencia de dos bienes sustitutivos X e Y, cuyas curvas de demanda, tal y como muestra la Figura 4.4 (paneles a y b), son D_X y D_Y, respectivamente, y de entre los cuales, en principio, solo el bien X es sometido a imposición. Pero supóngase también que posteriormente el Sector Público decidiera gravar adicionalmente el consumo del bien Y, gravamen que, en buena lógica, tendría su correspondiente exceso de gravamen. En este nuevo contexto, ¿es posible afirmar que esta medida fiscal produciría una pérdida en el bienestar social general? La respuesta, tal y como se verá seguidamente, es negativa.

En la medida en que X e Y son bienes sustitutivos, de la introducción de un impuesto sobre el bien Y cabría esperar un doble efecto impositivo de signo contrario: de una parte, la creación de un exceso de gravamen en el mercado de Y, y, de otra, una reducción del precio relativo de X, un incremento de su demanda (acercándose esta a su nivel de eficiencia) y, como resultado, un aumento también de la recaudación obtenida mediante el gravamen aplicado al bien X. El nuevo impuesto aplicado a Y habría inducido así tanto un efecto negativo (un exceso de gravamen en el mercado de este bien) cuanto un efecto positivo (un aumento de los ingresos obtenidos por el gravamen girado sobre X), de tal manera que si este último efecto prevaleciese sobre el primero, el cambio impositivo resultaría beneficioso para el conjunto de la sociedad. Esto es, pese a lo que pudiera creerse, la introducción de una nueva distorsión (impuesto) en una economía podría constituir una medida positiva para ella, en tanto en cuanto podría inducir una reducción del exceso de gravamen del sistema fiscal en su conjunto.

Ese efecto beneficioso global puede ilustrarse gráficamente con el concurso de las mencionadas Figuras 4.4a y 4.4b. Tal y como se observa en 4.4a, el impuesto sobre el bien X genera un exceso de gravamen de una magnitud tal como la representada por el área del triángulo ABC. Si con posterioridad el Sector Público estableciera un impuesto sobre el bien Y, con un tipo de gravamen t_y, esta medida surtiría dos efectos ya conocidos: un nuevo exceso de gravamen en el mercado de Y equivalente al área EFG expuesta en la Figura 4.4b y, a su vez, tal y como se refleja en la Figura 4.4a, un aumento de la demanda de X, que se reflejaría en un desplazamiento a la derecha de la curva de demanda, D_X, hasta D'_X, de tal forma que la nueva cantidad demandada de este bien pasaría a situarse en X_2. De este modo, los ingresos obtenidos por el Sector Público por la vía de la imposición del bien X ascenderían ahora a una suma igual al producto del tipo de gravamen aplicado a $Y(t_y)$ por el aumento del consumo del bien $X(X_2 - X_1)$, exactamente el área del rectángulo $BCHI$ en la Figura 4.4a. La medida fiscal adoptada podría tener, en consecuencia, un resultado positivo, si el área de ese rectángulo $BCHI$ excediese a la del triángulo EFG representado en la Figura 4.4b.

Como corolario del razonamiento precedente, es preciso señalar, en fin, que la cuantificación de los efectos totales de eficiencia de un sistema impositivo no debería limi-

Distorsiones impositivas y exceso de gravamen. Teoría de la imposición óptima

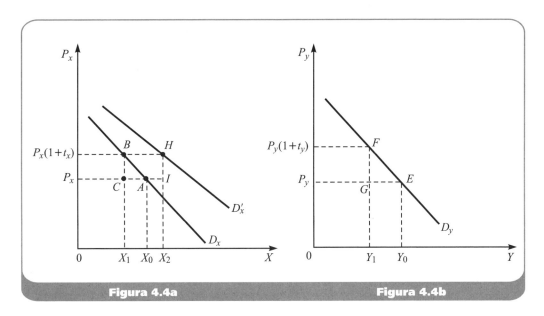

Figura 4.4a   Figura 4.4b

tarse a la mera adición de los excesos de gravamen generados por cada una de las figuras impositivas que lo integrasen, sino que en él también deberían computarse los costes o beneficios de igual naturaleza que esos gravámenes pudieran proyectar sobre otros mercados distintos de aquellos en los que inicialmente se aplicasen. En rigor, la introducción de una nueva figura impositiva en una economía con impuestos preexistentes puede llegar a elevar la eficiencia global del sistema fiscal.

En referencia a la citada Figura 4.4, el exceso de gravamen total (*EGT*) de un sistema impositivo equivaldría a la identidad:

$$EGT = ABC + EFG - BCHI$$

donde *ABC* es el exceso de gravamen que genera el impuesto sobre el bien *X* en su propio mercado (EG_X); *EFG*, el exceso de gravamen que se asocia a la imposición de *Y* también respecto a su propio mercado (EG_Y); y *BCHI*, el exceso de gravamen originado por el impuesto girado sobre este último bien *Y* en el mercado de *X* (EG_{XY}).

En correspondencia, la igualdad anterior puede expresarse asimismo en la forma:

$$EGT = EG_X + EG_Y - EG_{XY} \tag{4.10}$$

No obstante, tras lo visto en el apartado anterior, se sabe que:

$$EG_X = \frac{1}{2} \xi_X X \cdot P_X t_X^2$$

$$EG_Y = \frac{1}{2} \xi_Y Y \cdot P_Y t_Y^2$$

Ecuaciones que pueden reformularse asimismo en los términos:

$$EG_X = \frac{1}{2}\left[\frac{\Delta X}{\Delta P_X}\right]P_X^2 t_X^2 = \frac{1}{2} S_{XX} P_X^2 t_X^2$$

$$EG_Y = \frac{1}{2}\left[\frac{\Delta Y}{\Delta P_Y}\right]P_Y^2 t_Y^2 = \frac{1}{2} S_{YY} P_Y^2 t_Y^2$$

donde $S_{XX}\left(=\frac{\Delta X}{\Delta P_X}\right)$ y $S_{YY}\left(=\frac{\Delta Y}{\Delta P_Y}\right)$ expresan las respuestas de las demandas (compensadas) de X e Y a los cambios de los precios de sendos bienes.

Por otro lado, ya se ha señalado que valor de EG_{XY} se corresponde con el del área de $BCHI$, por lo que:

$$EG_{XY} = \Delta X \cdot \Delta P_X \tag{4.11}$$

donde $\Delta P_X = t_X P_X$ y ΔX puede estimarse a partir de la elasticidad cruzada ξ_{XY} de la forma:

$$\xi_{XY} = \frac{\frac{\Delta X}{X}}{\frac{\Delta P_Y}{P_Y}}$$

$$\Delta X = \xi_{XY} \cdot X \cdot \frac{\Delta P_Y}{P_Y} = \xi_{XY} \cdot X \cdot \frac{t_Y P_Y}{P_Y} = \xi_{XY} \cdot X \cdot t_Y$$

Si ahora se sustituye en (4.11) ΔP_X y ΔX por sus respectivos valores, se obtiene la ecuación:

$$EG_{XY} = \xi_{XY} X t_Y P_X \cdot t_X \tag{4.12}$$

que también puede expresarse como

$$EG_{XY} = \left[\frac{\Delta X}{\Delta P_Y}\right] P_Y t_Y P_X t_X = S_{XY} P_Y t_Y P_X t_X$$

donde S_{XY} es la respuesta de la demanda (compensada) de X al cambio en el precio de Y.

Si a continuación se llevan a (4.10) los valores de EG_{XY}, EG_X y EG_Y, se infiere una expresión para el exceso de gravamen total tal que:

$$EGT = \frac{1}{2} S_{XX} P_X^2 t_X^2 + \frac{1}{2} S_{YY} P_Y^2 t_Y^2 - S_{XY} P_Y t_Y P_X t_X$$

O, lo que es lo mismo,

$$EGT = \frac{1}{2}(S_{XX}P_X^2 t_X^2 + S_{YY}P_Y^2 t_Y^2 - 2S_{XY}P_Y t_Y P_X t_X)$$

Ecuación que, para finalizar, generalizada para *n* bienes se convierte en:

$$EGT = -\frac{1}{2}\sum_{i=1}^{n}\sum_{j=1}^{n} S_{ij} P_i t_i P_j t_j \qquad (4.13)$$

donde P_i y P_j son los precios de los bienes iésimo y jotaésimo, respectivamente; t_i y t_j los impuestos ad valórem de esos mismos bienes, y S_{ij} la respuesta de la demanda (compensada) del bien iésimo ante una variación del precio del bien jotaésimo[4].

4.3. Teoría de la imposición óptima

Tras el análisis precedente, la cuestión crucial que procede plantearse ahora es, obviamente: ¿cómo utilizar o hacer operativo el concepto de exceso de gravamen en la política impositiva? Esto es, ¿qué debe hacer el Estado para confeccionar un sistema tributario con el menor exceso de gravamen posible o lo más neutral posible?

En coherencia con la línea argumental del apartado anterior, una primera respuesta a dicha cuestión sería la adopción de un impuesto de suma fija o capitación, dotado de un tipo de gravamen graduado a la recaudación de ingresos pretendida. Al exigirse sobre la base de la mera existencia del sujeto, sin reparar en ninguna otra circunstancia, este no se vería inducido por el impuesto a cambiar su comportamiento económico. En su presencia, cualquiera que fuese el bien adquirido u ofertado, el sujeto habría de abonar la misma factura impositiva, por lo que el gravamen no alteraría los precios relativos de los bienes, ni, por consiguiente, sus pautas de elección entre ellos. Como tal gravamen neutral o carente de exceso de gravamen, el impuesto de capitación sería el impuesto *óptimo*.

Aunque solución eficiente por excelencia desde la óptica de la asignación de recursos, es lo cierto, no obstante, que semejante gravamen adolece de serios problemas de equidad y justicia tributarias. La exigibilidad de un mismo pago impositivo a todos los

---

[4] A diferencia de lo que ocurriría con bienes sustitutivos, si los bienes X e Y considerados fuesen complementarios, el efecto cruzado que se produciría entre los mercados de tales bienes, a consecuencia de la postrera imposición de uno de ellos, podría generar a la sociedad un aumento de la pérdida total de bienestar que podría cuantificarse mediante la expresión:

$$EGT = \frac{1}{2}\sum_{i=1}^{n}\sum_{j=1}^{n} S_{ij} P_i t_i P_j t_j$$

contribuyentes, o, lo que es igual, la ausencia de cualquier consideración de la capacidad económica del sujeto en su exacción, convierten el impuesto de capitación en un gravamen pronunciadamente injusto y, por lo mismo, inviable en la práctica[5].

La inviabilidad práctica de esta solución ha conducido, de hecho, a los hacendistas a desenvolverse en un mundo de suboptimización, a tratar de buscar una solución *second best* que propicie el logro de un compromiso entre el principio de asignación óptima de los recursos y el de equidad de la imposición. Tal compromiso habría de materializarse en una estructura tributaria que minimizase el exceso de gravamen en el contexto de unas condiciones de equidad o, a la inversa, una estructura tributaria lo más equitativa posible en el marco de unas condiciones de eficiencia. El cómo alcanzar dicho objetivo es una cuestión a la que ha tratado de responder la denominada *teoría de la imposición óptima*. A continuación se analizan los criterios que, de acuerdo con esta teoría, deberían presidir el diseño de un sistema fiscal óptimo desde el punto de vista exclusivo de la eficiencia y sus implicaciones. Posteriormente veremos también cómo podría configurarse un sistema fiscal que compatibilizara en forma óptima los principios de eficiencia y equidad.

4.3.1. Imposición óptima y eficiencia

Criterio de elección excluyente

Bajo este primer criterio se parte de la suposición de la existencia de dos bienes o servicios (X e Y) independientes entre sí (ni complementarios ni sustitutivos), susceptibles de ser sometidos a imposición de forma excluyente pero con idéntico tipo de gravamen, con el propósito de obtener una recaudación T de igual cuantía en ambos casos. El problema se reduce, obviamente, a elegir, de entre los dos bienes, aquel cuya tributación genere un menor exceso de gravamen.

Para la resolución de este problema, han de tomarse como referencia las expresiones del exceso de gravamen para sendos bienes; a saber:

$$E.G_X = \frac{1}{2} \xi_X \cdot t_X^2 X \cdot P_X = \frac{1}{2} \xi_X \cdot T_X t_X$$

$$E.G_Y = \frac{1}{2} \xi_Y \cdot t_Y^2 Y \cdot P_Y = \frac{1}{2} \xi_Y \cdot T_Y t_Y$$

A la vista de estas expresiones, y puesto que inicialmente se ha supuesto que $t_X = t_Y$ y $T_X = T_Y$, se colige fácilmente que la elección impositiva debería recaer sobre el bien que tuviese la menor elasticidad de demanda compensada posible, o, lo que es lo mis-

---

[5] De ello puede dar fe, sin ir más lejos, la efímera existencia del *Poll Tax* en el Reino Unido.

mo, se debería escoger el gravamen o impuesto girado sobre aquel bien que contase con una demanda más inelástica.

La Figura 4.5 ilustra gráficamente, en sus paneles a y b, la magnitud de los excesos de gravamen originados por los impuestos aplicados a dos bienes independientes con idéntico precio inicial (y en los que por tanto las variaciones en el precio de uno de ellos no modifica la demanda del otro). Como puede observarse en ella, bajo tales condiciones la aplicación a ambos bienes de un impuesto proporcional con el mismo tipo impositivo determina que el exceso de gravamen del impuesto girado sobre el bien Y ($b'c'f'$ en la Figura 4.5.b), cuya demanda es relativamente más rígida, sea menor que el ocasionado por el girado sobre el bien X (bcf en la Figura 4.5.a), que cuenta con una demanda más elástica.

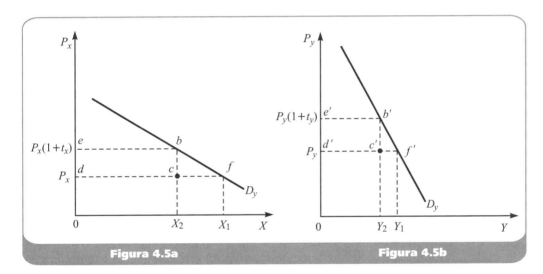

Figura 4.5a   Figura 4.5b

En la práctica la utilización de este criterio se enfrenta, no obstante, con un serio obstáculo de carácter distributivo. En lo esencial, abogaría por una imposición preferente de los bienes de primera necesidad frente a los bienes de lujo, en tanto en cuanto los primeros son bienes con demanda más bien inelástica o rígida, mientras los segundos presentan una demanda elástica.

Criterio de igualación de las distorsiones marginales (o del exceso de gravamen mínimo total)

Por lo general, el Gobierno no suele afrontar elecciones excluyentes, sino que puede obtener la recaudación requerida con el concurso de varios impuestos. A diferencia del caso anterior, en el que solo un bien es objeto de gravamen, con este segundo criterio se pretende someter a imposición conjuntamente los bienes disponibles, X e Y, de forma que la recaudación global equivalga a la suma de los ingresos allegados por ambos impuestos ($T = T_X + T_Y$) y que el exceso de gravamen total [$EG = EG_X(T_X) + EG_Y(T_Y)$] sea mínimo. El problema ahora radica en encontrar el modo de minimizar el exceso de gravamen (*EG*), con sujeción a la condición recaudatoria: $T = T_X + T_Y$.

Como procedimiento analítico, el mínimo condicionado de dicha función (*EG*) puede estimarse recurriendo a los multiplicadores de *Lagrange*, en los términos:

$$S = EG_X(T_X) + EG_Y(T_Y) + \lambda[T - T_X - T_Y]$$

donde λ, multiplicador de la restricción recaudatoria, es mayor que cero.

Derivando a continuación S respecto a T_X y T_Y, se obtiene:

$$\frac{\partial S}{\partial T_X} = \frac{\partial EG_X(T_X)}{\partial T_X} - \lambda = 0$$

$$\frac{\partial S}{\partial T_Y} = \frac{\partial EG_Y(T_Y)}{\partial T_Y} - \lambda = 0$$

Dos ecuaciones de las que se infiere que:

$$\frac{\partial EG_X(T_X)}{\partial T_X} = \frac{\partial EG_Y(T_Y)}{\partial T_Y} = \lambda \qquad (4.14)$$

Se llega así a una postrera identidad, conocida como criterio de la igualación de las distorsiones o excesos de gravamen marginales o, también, del *exceso de gravamen mínimo total*, que postula que los bienes *X* e *Y* deben gravarse de tal modo que la última unidad de ingreso obtenida mediante la imposición de uno de ellos genere el mismo exceso de gravamen que la última unidad obtenida mediante la imposición del otro. De este modo, si el impuesto aplicado a uno de esos bienes generase menor exceso de gravamen que el generado por el aplicado al otro, el tipo de gravamen del primero debería elevarse y el del segundo reducirse hasta el punto en que los excesos de gravamen de ambos impuestos se igualasen.

Más allá de su postulado, y precisamente como corolario, este criterio sugiere dos pautas prácticas de carácter general, estrechamente interrelacionadas:

a) Que, salvo en el caso extremo de que existan bienes con demanda u oferta completamente inelásticas, será preferible obtener los ingresos con todos los impuestos disponibles que con uno solo.

b) Que dos impuestos con tipos bajos serán preferibles a uno con tipo alto.

De esta regla del *exceso de gravamen mínimo total* derivan, por lo demás, otros criterios generales de imposición, como son la *regla de Pigou* (*o de la elasticidad inversa*), la *regla de Ramsey* (*o de la reducción equiproporcional*) y el *teorema de Corlett-Hague*. Tres criterios o reglas de imposición óptima para cuya formulación ha de partirse necesariamente de las expresiones desarrolladas de la función del exceso de gravamen total, de la condición recaudatoria (*T*) a que se halla sujeta su minimización y del mínimo condicionado (*S*) de dicha función.

Criterio de Pigou (o de las elasticidades inversas)

Bajo ambas denominaciones, este criterio trata de dar respuesta a la cuestión acerca de cuáles deberían ser los tipos de gravamen necesarios para minimizar el exceso de gravamen total.

El punto de partida a tales efectos es, como se ha señalado previamente, las expresiones algebraicas desarrolladas de *EG*, de la condición recaudatoria (*T*) y del mínimo condicionado (*S*); es decir,

$$EG = \frac{1}{2}\xi_X X P_X t_X^2 + \frac{1}{2}\xi_Y Y P_Y t_Y^2$$

$$T = t_X X P_X + t_Y Y P_Y$$

$$S = \frac{1}{2}\xi_X X P^X t_X^2 + \frac{1}{2}\xi_Y Y P_Y t_Y^2 + \lambda[T - t_X X P_X - t_Y Y P_Y]$$

La minimización de *EG*, sujeta a la condición *T*, requiere la obtención de las derivadas parciales de *S* respecto a los tipos de gravamen t_X y t_Y así como su igualación a 0. Esto es,

$$\frac{\partial S}{\partial t_X} = \xi_X X P_X t_X - \lambda X P_X = 0$$

$$\frac{\partial S}{\partial t_Y} = \xi_Y Y P_Y t_Y - \lambda Y P_Y = 0$$

Ecuaciones de las que, reducción mediando, se obtiene:

$$\lambda = \xi_X t_X \qquad (4.15)$$

$$\lambda = \xi_Y t_Y \qquad (4.16)$$

$$\xi_X t_X = \xi_Y t_Y \qquad (4.17)$$

$$\frac{t_X}{t_Y} = \frac{\xi_Y}{\xi_X} \qquad (4.18)$$

Conocida como *regla de Pigou* o *de la elasticidad inversa*, la ecuación (4.18) expresa que para que el exceso de gravamen total (*EG*) sea mínimo los tipos de gravamen de los impuestos aplicados a los bienes disponibles deben guardar la misma proporción que la relación inversa de las elasticidades precio de demanda de dichos bienes, esto es, han de ser inversamente proporcionales a sus respectivas elasticidades precio de demanda.

La cuantía de los tipos de gravamen se estimaría, por tanto, a partir de la de la expresión (4.18), despejando t_X o t_Y, en los términos

$$t_X = t_Y \cdot \frac{\zeta_Y}{\zeta_X}$$

$$t_Y = t_X \cdot \frac{\zeta_X}{\zeta_Y}$$

y sustituyendo luego estos valores en: $T = t_X X P_X + t_Y Y P_Y$.

Criterio de Ramsey (o de la reducción equiproporcional)

Este criterio de imposición óptima es una variante del anterior, en la medida en que se propone extender su aplicabilidad a la fiscalidad de bienes con interrelaciones de complementariedad y sustituibilidad. Su expresión algebraica se obtiene a partir de la ecuación (4.17), sustituyendo las elasticidades de X e Y por sus valores en términos incrementales; a partir, pues, de

$$\frac{\frac{\Delta X}{X}}{\frac{\Delta P_X}{P_X}} \cdot t_X = \frac{\frac{\Delta Y}{Y}}{\frac{\Delta P_Y}{P_Y}} \cdot t_Y$$

Por otra parte, dado que los considerados aquí son impuestos ad valórem (aplicados al valor de los bienes o servicios), los precios de los bienes se verán incrementados en la cuantía del valor unitario de su correspondiente impuesto; esto es,

$$\Delta P_X = \frac{t_X X P_X}{X} = t_X P_X$$

$$\Delta P_Y = \frac{t_Y Y P_Y}{Y} = t_Y P_Y$$

De esta forma, si en la primera de esas ecuaciones se sustituyen ΔP_X y ΔP_Y por los valores dados por las expresiones precedentes, se obtiene:

$$\boxed{\frac{\Delta X}{X} = \frac{\Delta Y}{Y}} \tag{4.19}$$

Nueva expresión algebraica que, bajo la denominación de *regla de Ramsey*, indica asimismo cómo debe operar el Estado para minimizar el exceso de gravamen, y que proclama, en concreto, la necesidad de establecer los impuestos y tipos de gravamen de tal manera que causen una reducción de igual proporción en la demanda de cada bien, o, lo que es igual, que no alteren sustancialmente las proporciones en las que consuman los distintos bienes. De ahí la expresión *regla de la reducción equiproporcional* con la que también es conocida.

Teorema de Corlett-Hague (o de la imposición preferente o diferencial sobre los bienes complementarios del ocio)

El presente teorema ofrece una visión más amplia que las dos reglas anteriores sobre cuál debe ser una estructura de imposición óptima desde la óptica de la eficiencia en la asignación de los recursos. Se sustenta en el hecho de que la imposición sobre los bienes y servicios no solo puede generar excesos de gravamen por el lado de la demanda, sino que, paralelamente, puede generar efectos distorsionantes sobre la utilización de los recursos o factores productivos.

La preocupación fundamental de W. J. Corlett y D. C. Hague (1953) se centra en las posibles pérdidas de eficiencia o excesos de gravamen imputables a la imposición sobre los bienes complementarios del trabajo y del ocio. La proposición inicial de tales hacendistas es que una severa imposición sobre los bienes complementarios del ocio puede inducir indirectamente efectos desalentadores sobre el propio ocio, del mismo modo que una imposición gravosa sobre los bienes complementarios del trabajo puede desalentar de forma indirecta el esfuerzo laboral. Desde la perspectiva de la eficiencia, la imposición sobre los bienes y servicios debería obedecer, pues, siguiendo a ambos autores, a una doble pauta:

- La necesidad directa de minimizar el exceso de gravamen generado por los impuestos en el mercado.
- Una imposición preferente o más pronunciada sobre los bienes complementarios del ocio frente a los complementarios del trabajo, para así reducir la demanda de ocio.

Esta imposición preferente o diferencial sobre los bienes complementarios del ocio no tendría además por qué oponerse a una asignación eficiente de recursos. En realidad, tal y como se ha podido ver en este apartado, pueden ser razones de eficiencia las que aboguen por un sistema de *impuestos* con tipos diferenciales sobre los bienes y servicios antes que por un sistema de *imposición uniforme* (con tipos idénticos).

Imposición uniforme frente a diferenciación impositiva

Una idea ampliamente extendida entre no pocos economistas, incluso en el presente, es que, en el terreno de la eficiencia, los impuestos uniformes sobre la renta o los bienes de consumo son superiores a los impuestos diferenciales sobre *inputs* o bienes concretos. Esta conclusión no es, empero, necesariamente cierta[6].

La uniformidad en la imposición sobre el consumo ha sido defendida por muchos desde tiempos pretéritos, bajo el argumento de que tal forma de imposición no altera los precios relativos de los bienes y servicios, ni distorsiona por tanto las elecciones individuales entre ellos. Del mismo modo, una creencia aún ampliamente arraigada es que un impuesto general sobre la renta es más eficiente que un sistema de impuestos selectivos sobre las distintas clases de renta, por cuanto no induciría efectos sustitución entre las distintas fuentes de renta. Quienes así piensen estarían olvidando, sin embargo, que, si bien es cierto que la uniformidad de tipos de gravamen en tales figuras impositivas garantiza la neutralidad en las elecciones entre bienes de consumo y fuentes de renta, no puede evitar la aparición inducida de otras ineficiencias ya conocidas: la distorsión en las elecciones individuales entre consumo y ocio que podría provocar la imposición uniforme sobre el consumo, así como las distorsiones en las elecciones entre ocio y trabajo y consumo y ahorro asociadas a la imposición general sobre la renta, en presencia de unas ofertas de trabajo y ahorros inelásticas.

La oposición tradicional a los impuestos selectivos o diferenciales sobre el consumo y la renta desde la óptica de la eficiencia se ha sustentado en la línea argumental expuesta con anterioridad, aunque de distinto signo. Frente a la uniformidad impositiva, un sistema de impuestos diferenciales sobre el consumo o la renta induciría la sustitución de bienes o fuentes de renta más gravados por menos gravados, generando con ello mayores costes de eficiencia relativos. Esto es, si el exceso de gravamen atribuible a un impuesto varía con la intensidad o importancia de su *efecto sustitución*, la diferenciación impositiva implicaría, en términos relativos, mayores excesos de gravamen o pérdidas de eficiencia, en razón de las mayores posibilidades de sustitución de bienes y actividades que tal sistema ofrecería.

Este orden jerárquico tradicional entre ambas categorías impositivas en el ámbito de la eficiencia habría resultado trastocado, no obstante, con las aportaciones de la teoría de la imposición óptima. En rigor, las implicaciones de los criterios generales de imposición eficiente parecen abonar la «optimalidad» de la diferenciación impositiva como pauta general, dejando la deseabilidad de la uniformidad impositiva solo en el supuesto de que todos los bienes y actividades tuviesen idéntica relación de complementariedad o sustitución con el ocio o, como variante de este caso, no tuviesen ninguna relación de este tipo.

Por lo demás, a la vista de la expresión (4.8) se infiere claramente que, al igual que cualquier impuesto selectivo sobre un bien de consumo con demanda inelástica, un impuesto sobre la renta salarial no generará exceso de gravamen o pérdida de eficiencia

---

[6] El primer autor que apuntó tal posibilidad fue Little, en su artículo *Direct versus Indirect Taxes* (Economic Journal, sept. 1951).

cuando la oferta de trabajo sea igualmente inelástica o rígida. Más aún, supuesta una elasticidad de la oferta de trabajo igual a cero, un impuesto proporcional sobre la renta salarial podría considerarse equivalente, desde el punto de vista de la eficiencia, a un impuesto uniforme sobre el consumo, en la medida en que, de acuerdo con el criterio de las elasticidades inversas, el tipo de gravamen sobre el salario podría fijarse en la proporción $\left(\dfrac{t_L}{t_i} = \dfrac{\xi_i}{\xi_L} = \infty, \text{ para } i = 1, ..., n\right)$ necesaria para obtener la recaudación de ingresos impositivos pretendida, sin necesidad de recurrir a la imposición sobre los bienes de consumo.

En conclusión, el hecho de que los impuestos generales o uniformes sobre el consumo o la renta no distorsionen las pautas de elección entre los bienes o fuentes de renta no es una característica suficiente para juzgarlos más eficientes que los impuestos diferenciales. De ahí que el analista que trate de evaluar el impacto de sistemas de imposición alternativos sobre la eficiencia en la asignación de los recursos, deberá examinar, por separado, caso por caso, sin perder de vista que la pérdida de eficiencia atribuible a estructuras fiscales alternativas es, a la postre, una cuestión a la que deberá responder el análisis empírico.

Impuestos proporcionales frente a impuestos progresivos sobre la renta

La expresión (4.8) nos permite asimismo realizar algunas consideraciones respecto a la importancia del exceso de gravamen en las modalidades proporcional y progresiva de la imposición general sobre la renta.

De dicha expresión se infiere de inmediato que para un valor determinado de la recaudación impositiva (T) y una elasticidad constante de la oferta de esfuerzo laboral respecto a la renta salarial (η), el exceso de gravamen de tal institución fiscal dependerá directa y exclusivamente de la tarifa impositiva, lo que obviamente significa que dicho exceso de gravamen será superior en la imposición progresiva sobre la renta que en la imposición proporcional. Unos tipos de gravamen marginales crecientes y elevados podrían lesionar seriamente el estímulo y la oferta de trabajo, particularmente en las categorías laborales y profesionales pertenecientes a los niveles superiores de renta.

Desde la perspectiva de la eficiencia asignativa, cabe, pues, poca duda de que la imposición proporcional sobre la renta es preferible a la imposición progresiva. Partiendo de una imposición progresiva sobre la renta, es posible, sin embargo, reducir o minimizar el exceso de gravamen sin pérdida alguna de recaudación, procediendo al aumento del tipo medio de gravamen hasta su conversión en una imposición proporcional[7].

---

[7] Nótese que las condiciones de la progresividad y proporcionalidad de la imposición obedecen, respectivamente y entre otras, a expresiones tales como $\dfrac{T'}{T^*} > 1$ y $\dfrac{T'}{T^*} = 1$, donde T' es el tipo marginal y T^* el tipo medio de gravamen.

Esta suerte de tributación, además de contar con mayor aceptabilidad por parte de los contribuyentes, apenas afectaría a sus estímulos y esfuerzos en el trabajo.

4.3.2. Imposición óptima, eficiencia y equidad

En el apartado precedente se han analizado los criterios que habrían de presidir el diseño de un sistema de imposición que se pretenda óptimo desde el ángulo exclusivo de la eficiencia. Sin embargo, ya es sabido que la eficiencia no es el único criterio con el que ha de evaluarse la idoneidad de la configuración de impuestos y estructuras fiscales alternativos. Otro criterio igualmente importante a tales efectos es la equidad, y en particular la equidad vertical, al punto de que existe la creencia generalizada de que el sistema fiscal debería distribuir las cargas impositivas entre los sujetos atendiendo a sus diferentes capacidades de pago.

Es también cierto, sin embargo, que son muchos los casos en que los objetivos de eficiencia y equidad entran en conflicto. Los impuestos más eficientes son, con frecuencia, los menos equitativos de acuerdo con algunos criterios, y, a su vez, los impuestos más equitativos pueden generar, desde algunos puntos de vista, grandes costes o pérdidas de eficiencia en la economía.

De todos es conocido, por ejemplo, que un impuesto de capitación, al aplicarse sobre la base no económica de la mera existencia e implicar una misma cuota tributaria para todos y cada uno de los posibles contribuyentes, no genera exceso de gravamen ni efectos distorsionantes en la asignación de los recursos. Ahora bien, si se admite que la capacidad de pago aumenta con la renta, es obvio que tal impuesto adolece de una absoluta falta de equidad, cuando menos desde la perspectiva de no pocos individuos.

Análogamente, los impuestos sobre los bienes y servicios con demandas relativamente inelásticas, difícilmente pueden generar efectos asignativos distorsionantes, pero, en cambio, es indudable que tienden a sustraer proporcionalmente una mayor fracción de la renta de las personas con menores recursos que de aquellas otras económicamente más poderosas y, en consecuencia, pueden resultar indeseables en términos de equidad.

En el otro extremo, un impuesto progresivo sobre la renta es considerado por muchos sumamente equitativo. La tarifa del impuesto aumenta en mayor proporción que la renta a medida que se asciende por la escala de esta variable, y son numerosos los ciudadanos que creen que la capacidad de pago se incrementa de manera análoga. El problema radica, no obstante, en que los elevados tipos de gravamen marginales aplicados a las familias pertenecientes a los niveles superiores de renta tienden a distorsionar las elecciones entre trabajo y ocio y entre consumo y ahorro.

La contraposición entre los objetivos de eficiencia y equidad parece, pues, un hecho evidente que no puede ignorarse al diseñarse una estructura impositiva. Un sistema impositivo completamente eficiente puede ser una opción indeseable, en razón de las inequidades que se le pueden imputar desde distintos ángulos. De igual manera, una estructura fiscal plenamente equitativa probablemente tampoco será un objetivo deseable, toda vez que su diseño será una tarea imposible sin infligir un serio perjuicio a los incentivos económicos y sin distorsionar las elecciones económicas hasta el punto de causar grandes pérdidas de eficiencia a la economía. El logro de un sistema fiscal óptimo bajo los criterios de eficiencia y equidad a la vez, plantea, no obstante, algunas cuestiones claves que exigen respuestas. ¿Qué configuración, si existe alguna, del impuesto sobre la renta podría conjugar de forma óptima la eficiencia y la equidad? ¿Cómo podrían modificarse los criterios generales de eficiencia de forma que se compatibilizara la eficiencia y la equidad impositivas?

Imposición óptima sobre la renta

Una fórmula impositiva, harto citada y comentada por los hacendistas, mediante la cual el Gobierno podría redistribuir renta en favor del pobre, minimizando a un tiempo el exceso de gravamen asociado al pago impositivo, es el denominado *impuesto lineal sobre la renta*. Bajo este gravamen, la recaudación obtenida por el Sector Público sería función de un subsidio o transferencia de suma fija ($-\alpha$, que el gobierno haría a los individuos cuyo nivel de renta no superase un determinado límite o umbral) y un tipo marginal constante (t), que, como tal, sería independiente del nivel de renta del sujeto, es decir, implicaría pagos impositivos crecientes a un tipo constante, t, a medida que la renta aumentase. Los ingresos obtenidos por este impuesto obedecerían, pues, a la expresión:

$$T = -\alpha + tY \quad (4.20)$$

donde Y representa la renta sometida a gravamen.

El impuesto lineal sobre la renta puede representarse gráficamente tal y como se recoge en la Figura 4.6. En el eje de abscisas de dicha figura se mide la renta del individuo (Y) y en el eje de ordenadas los ingresos fiscales que obtendría el Sector Público con el concurso del impuesto. Tal y como refleja la citada Figura 4.6, aquellos sujetos cuyo nivel de renta no superase el límite o umbral establecido (b) se beneficiarían de un subsidio o transferencia pública, que podría llegar a cifrarse en la cuantía Oa para quienes no percibiesen ninguna renta. En contraste, todos los sujetos cuyas rentas superasen la cuantía Ob, realizarían pagos impositivos al Sector Público a un tipo marginal de gravamen, t.

Ese tipo marginal de gravamen (t), aunque constante, no privaría de progresividad al impuesto lineal, por cuanto la proporción de renta pagada en concepto de impuesto aumentaría con la renta del individuo. El nivel concreto de progresividad dependería, obviamente, de los valores de α y t, correspondiendo a la teoría de la imposición óptima

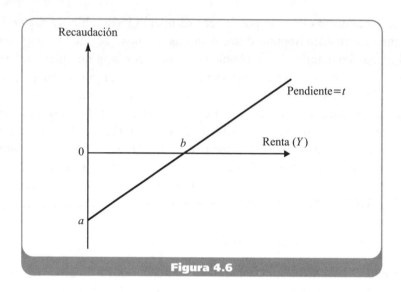

Figura 4.6

determinar dichos valores, de tal manera que permitiesen maximizar el nivel de bienestar social y minimizar el exceso de gravamen asociado al pago del impuesto. Como pauta general, cabe señalar que el tipo óptimo de gravamen del impuesto lineal habría de ser tanto más elevado:

a) Cuanto menor fuese la elasticidad (media) de la oferta de trabajo, habida cuenta de la relación directamente proporcional existente entre esa elasticidad y el exceso de gravamen.

b) Cuanto más igualitarias fuesen las preferencias sociales respecto a la distribución de la renta. Si la función de bienestar social se definiese de forma tal que en ella solo se ponderase el bienestar de los individuos con menor utilidad (criterio maximin), el tipo marginal habría de alcanzar una magnitud significativamente elevada, aunque inferior al cien por cien.

c) Cuanto mayor fuese el objetivo recaudatorio del Sector Público.

La literatura de la imposición óptima sobre la renta informa asimismo sobre ciertos estudios que han generalizado el modelo lineal sobre la renta al caso de dos o más tipos marginales de gravamen. Los resultados a los que llegan estos análisis no dejan de ser llamativos. Slemrod, J. (1991, 1994) ha estimado que, si la tarifa del impuesto se articulase en torno a dos tipos marginales, el mayor de ellos habría de corresponder al tramo inferior de renta, mientras que el más bajo debería recaer sobre las personas pertenecientes al tramo superior. En la misma línea, Cullis y Jones (1998) sostienen que el tipo marginal óptimo para el nivel superior de renta sería cero, toda vez que, además de positivo en términos de eficiencia, no implicaría ninguna merma de la renta disponible a efectos redistributivos. Para estos autores, la reducción de los tipos de gravamen girados sobre los niveles superiores de renta induciría a los individuos en ellos integrados a incrementar su oferta de trabajo, y ello generaría un aumento de la recaudación impositiva que podría utilizarse para reducir las cargas fiscales sobre los individuos con rentas inferiores. Es más, aunque los tipos de gravamen descendiesen con la renta, los tipos medios aumentarían a la par que esta variable, dotando así de progresividad al sistema de imposición óptimo.

Al margen de estos resultados, los elementos determinantes de la tarifa óptima de un impuesto general (con un número finito de tipos de gravamen) sobre la renta serían cualitativamente los mismos que los de la progresividad óptima del impuesto lineal: la aversión a la desigualdad, la recaudación deseada por el gobierno y la elasticidad de la oferta de trabajo.

Imposición óptima sobre el gasto: reformulación de la regla de Ramsey

La consideración de la equidad como criterio adicional de evaluación de la imposición ha llevado a algunos autores a proceder a la reconsideración de los principales criterios de imposición eficiente analizados con anterioridad. Y es que, como se recordará, los criterios de la elasticidad inversa y de la reducción equiproporcional, al postular una imposición relativamente más pronunciada sobre los bienes con demandas inelásticas respecto al precio, están proponiendo indirectamente la aplicación de tipos de gravamen diferencialmente más gravosos a los bienes relativamente más demandados por los niveles más bajos de renta.

El criterio de la reducción equiproporcional ha sido, ciertamente, objeto de una específica revisión por parte de diversos autores, con el propósito de poder contemplar también en él los efectos redistributivos de la imposición. Para Diamond y Mirrlees (1971), entre otros, la incorporación de los aspectos distributivos al citado criterio puede modificarlo de tal forma que permita considerar como efecto óptimo de la imposición una reducción proporcional de la demanda de los bienes pronunciadamente consumidos por los individuos con mayor ponderación social (los pobres) inferior a la media. En particular, sostienen que, en lo que se refiere a bienes independientes, los tipos de gravamen óptimos habrían de graduarse en función tanto de la inversa de las elasticidades-precio de demanda cuanto de las elasticidades-renta (la proporción en que varía el gasto individual en un bien según aumenta la renta del sujeto). Puesto que los bienes de primera necesidad, argumentan, suelen ser, por lo general, bienes con bajas elasticidad-precio y elasticidad-renta (su demanda no varía sustancialmente ni ante cambios en los precios ni ante cambios en la renta), las consideraciones de eficiencia (favorables a tipos impositivos elevados) habrán de confrontarse con las de equidad (proclives a tipos más moderados), en la búsqueda de una solución de compromiso.

En una línea de razonamiento similar, Stern (1976) establece que, si la función de utilidad social concede mayor ponderación relativa a la utilidad obtenida por los pobres, los bienes consumidos en mayor proporción por estos habrán de someterse a una imposición diferencial más moderada que los más consumidos relativamente por los ricos. Su argumentación apunta a que, si bien los bienes con mayor elasticidad-renta suelen ser también los de mayor elasticidad-precio de demanda y, por lo mismo, los bienes cuya imposición puede devenir más distorsionante, la configuración de una imposición óptima desde la doble perspectiva de la eficiencia y la equidad parece abogar por la implantación de tipos de gravamen relativamente más elevados sobre estos bienes, en razón de su mayor contribución relativa a la redistribución de la renta en favor de los pobres. La sociedad, en suma, podría estar dispuesta a pagar el precio de un mayor exceso de gravamen a cambio de una distribución de la renta más equitativa.

El grado de desviación óptimo del criterio de eficiencia de Ramsey, al considerarse este en conjunción con el de la equidad impositiva, dependería, en cualquier caso, de dos factores claves:

- El alcance de las preferencias igualitarias de la sociedad, de tal modo que si su preocupación se limitase al logro de una imposición eficiente, debería atenerse exclusivamente al criterio de eficiencia de Ramsey.

- Las diferencias en los patrones de consumo de los niveles altos y bajos de renta, considerando que la imposición diferencial sobre los bienes que ambos grupos de renta consumen en igual proporción apenas contribuiría a la redistribución de la renta.

Glosario de términos y conceptos

Criterio de elección excluyente
Criterio de igualación de las distorsiones marginales (o del exceso de gravamen mínimo total)
Criterio de Pigou (o de las elasticidades inversas)
Criterio de Ramsey (o de la reducción equiproporcional de las demandas compensadas)
Efecto renta y efecto sustitución de los impuestos
Exceso de gravamen

Imposición eficiente
Imposición redistributiva óptima sobre el gasto (reformulación de la regla de Ramsey)
Impuesto general óptimo sobre la renta
Impuesto lineal progresivo sobre la renta
Teorema de Corlett-Hague (o de la imposición preferente o diferencial de los bienes complementarios del ocio)
Uniformidad impositiva óptima en el gasto
Variación equivalente

Resumen

- Los impuestos pueden generar a los sujetos obligados a su pago un *efecto renta*, consistente en la pérdida de utilidad o de bienestar imputable a la reducción de la renta personal que implican, y, en la mayoría de los casos, un *efecto sustitución*, o pérdida adicional de utilidad o bienestar, denominada exceso de gravamen o coste de eficiencia de la imposición, derivada de las alteraciones o distorsiones provocadas por el gra-

Distorsiones impositivas y exceso de gravamen. Teoría de la imposición óptima

vamen en el comportamiento individual, a consecuencia de los cambios fiscalmente inducidos en los precios y las cantidades de equilibrio en los mercados de productos y factores de producción. Los únicos impuestos que no generan efectos sustitución y, por ende, excesos de gravamen o costes de eficiencia son los impuestos a tanto alzado o de suma fija y los impuestos sobre factores o productos con ofertas o demandas totalmente inelásticas.

- La magnitud del exceso de gravamen o coste de eficiencia de un impuesto es tanto mayor cuanto más elástica sea la demanda del bien gravado, mayor sea el gasto en dicho bien y mayor sea el tipo de gravamen, caso este último en que el aumento de dicho exceso de gravamen será más que proporcional. Los efectos totales de eficiencia de un sistema impositivo no equivalen, no obstante, a la simple suma de los excesos de gravamen de sus figuras impositivas integrantes, por cuanto en su cuantificación deben computarse también los costes o beneficios de igual naturaleza que esos gravámenes pudieran proyectar sobre otros mercados distintos de los inicialmente gravados.

- Ante la inviabilidad práctica de los impuestos de suma fija, la teoría de la imposición óptima ha tratado de buscar una solución *second best* que propicie el logro de un compromiso entre el principio de asignación óptima de los recursos y el de equidad de la imposición. De acuerdo con esta teoría, si el diseño de un sistema fiscal se hiciera exclusivamente desde la óptica de la eficiencia, debería seguirse alguno(s) de los siguientes criterios generales de imposición: el criterio de la elección excluyente, el criterio de igualación de las distorsiones marginales (o del exceso de gravamen mínimo total), el criterio de Pigou (o de las elasticidades inversas), el criterio de Ramsey (o de la reducción equiproporcional) y el criterio de Corlett-Hague (o de imposición preferente o diferencial sobre los bienes complementarios del ocio). Como implicación de estos criterios generales, la diferenciación impositiva sería óptima como pauta general, en tanto que la uniformidad solo sería deseable cuando todos los bienes y actividades tuviesen idéntica o ninguna relación de complementariedad o sustituibilidad con el ocio, al tiempo que la imposición proporcional sobre la renta sería preferible a la imposición progresiva sobre esta misma base.

- Los impuestos más eficientes suelen ser, sin embargo, los menos equitativos y, a la inversa, los impuestos más equitativos los más ineficientes. La configuración de un sistema fiscal óptimo desde la doble perspectiva de la eficiencia y la equidad requeriría, pues, la aplicación de un impuesto sobre la renta tanto más progresivo cuanto mayor fuese la aversión a la desigualdad, mayor la recaudación deseada por el gobierno y menor la elasticidad de la oferta de trabajo, y, a su vez, aunque graduados a las preferencias igualitarias de la sociedad, de tipos de gravamen relativamente más elevados sobre los bienes consumidos por los niveles superiores de renta (los bienes con mayor elasticidad-renta y elasticidad-precio y, por lo mismo, los bienes cuya imposición puede resultar más distorsionante), por su mayor contribución relativa a la redistribución de la renta en favor de los niveles inferiores de renta.

Parte II

Análisis del sistema impositivo

Capítulo 5

El impuesto personal sobre la renta

5.1. **Formas de imposición sobre la renta. Vías de aproximación**
5.2. **Definiciones y medición de la renta fiscal**
5.3. **Progresividad del impuesto**
5.4. **El tratamiento de las ganancias de capital**
  5.4.1. Conveniencia de la imposición de las ganancias de capital
  5.4.2. Formas opcionales de gravamen
5.5. **La unidad contribuyente**
5.6. **Rentas irregulares**
5.7. **La inflacion y el impuesto sobre la renta personal**
5.8. **La incidencia del impuesto personal sobre la renta**
5.9. **Tendencias de reforma del impuesto sobre la renta personal**
▶ **Resumen**
Apéndice al Capítulo 5
  Impuestos duales y semiduales sobre la renta personal
  Impuesto lineal sobre la renta
  Impuesto sobre el gasto personal

El impuesto sobre la renta constituye una de las principales fuentes de ingresos de las Administraciones Públicas en las economías desarrolladas. A principios del s. XXI la participación de la recaudación de este impuesto en la totalidad de los ingresos tributarios de los países de la OCDE y de la UE ascendía aproximadamente, en promedio, a un 26%. Al mismo tiempo, el peso del impuesto representaba, en promedio, alrededor de un 11% del PIB en los países de la UE y de un 10% en los de la OCDE. En España, esta participación se cifraba en un 19,4% de los ingresos tributarios totales y en un 6,9% del PIB.

La elevada capacidad recaudatoria del impuesto sobre la renta no es, sin embargo, el único motivo por el que este gravamen se ha erigido en una institución fundamental de los sistemas fiscales modernos. La elevada valoración de la renta como índice de la capacidad de pago de los contribuyentes, así como el carácter personal y progresivo del impuesto, hacen de él, asimismo, un instrumento apropiado para redistribuir la renta.

Estas razones, unidas al hecho de que se trata de un impuesto que puede surtir efectos significativos sobre el comportamiento económico individual (sobre el ahorro, la oferta de trabajo, la asunción de riesgos, etc.), así como a la creciente globalización económica, explican, sin duda, los intensos debates políticos y académicos que se han venido produciendo en todas las economías occidentales, sobre todo a partir del proceso de reforma fiscal iniciado en los años 80 del pasado siglo en los países anglosajones, y posteriormente generalizado al mundo desarrollado, sobre las posibles medidas de reforma que podrían adoptarse para mejorar la eficiencia, la equidad y la simplicidad de la imposición sobre la renta, reduciendo a la vez los niveles de evasión fiscal.

En este capítulo nos proponemos analizar, con algún detalle, algunas de las cuestiones básicas del impuesto sobre la renta personal y otras de mayor actualidad. Los tres primeros apartados se ocupan del estudio de las principales formas que puede adoptar la imposición sobre la renta, las distintas definiciones de renta a efectos impositivos, profundizando en la determinación del concepto fiscal de renta gravable, y los factores de los que depende el grado de progresividad del impuesto sobre la renta. El cuarto se dedica al tratamiento dado en el impuesto a las ganancias de capital, así como a sus posibles formas de gravamen. Posteriormente se analiza la cuestión de la elección de la unidad contribuyente del sujeto pasivo del impuesto, refiriendo las ventajas e inconvenientes de la unidad familiar y de la individual, de acuerdo con los criterios que deben considerarse para su determinación. A continuación nos detendremos en el estudio del problema que plantean en el impuesto las rentas irregulares y de sus mecanismos de promediación. Los dos apartados que siguen se reservan al análisis de los efectos de la inflación sobre el impuesto sobre la renta personal y al de su incidencia. En el último apartado se pasa revista a las actuales tendencias de reforma del impuesto. El capítulo se cierra con un Apéndice en el que se analizan, en forma esquemática, la experiencia internacional y los pros y contras de los impuestos duales y semiduales sobre la renta, la imposición lineal sobre la renta y la imposición sobre el gasto personal, a la luz de los principios impositivos de equidad, eficiencia y simplicidad administrativa.

5

El impuesto personal sobre la renta

El estudio de los efectos del impuesto sobre el comportamiento económico se traslada a los capítulos dedicados al análisis de los efectos económicos de la imposición.

5.1. Formas de imposición sobre la renta. Vías de aproximación

La forma primigenia de gravar la renta en numerosos países, y en particular en los latinos, que se remonta a la Revolución francesa (en España a 1845, aunque ha perdurado entre nosotros hasta tiempos relativamente recientes), no ha sido por la vía de un impuesto general sobre la renta de las personas físicas, tal y como sucede en la actualidad, sino por la de los impuestos reales, más conocidos en la literatura financiera como impuestos de producto. El procedimiento consistía en gravar los rendimientos de las actividades productivas no de una forma global o en su conjunto, sino mediante impuestos distintos, aplicados, de forma independiente, a cada rendimiento.

Denominada sistema real de imposición, porque hacía referencia a la *cosa*, esta modalidad de tributación de la renta se articulaba en unos gravámenes de producto entre cuyas características específicas pueden destacarse las que siguen:

– Trataban de gravar los rendimientos medios (más que rendimientos reales) de cada fuente productora con independencia de las demás.

– Sus tipos impositivos eran fijos, lo que, junto a la ausencia de un mínimo exento, les confería carácter de impuestos proporcionales.

– No tenían en cuenta las circunstancias personales del contribuyente.

– Se establecían allí donde radicase la fuente productora de renta (siguiendo la regla «*locus rei situae*», para evitar con ello una doble imposición), de forma que era a la potestad tributaria de este lugar a la que le correspondía exigirlos.

– En último término, el pago impositivo, excepto en el caso del trabajo, se hallaba garantizado objetivamente por el propio bien o fuente productora de la renta[1].

---

[1] Hasta finales del s. XIX, el sistema real de imposición o impuestos de producto se hallaba integrado por «cuatro viejas contribuciones»: el impuesto sobre el producto de la tierra, que gravaba la renta producida o susceptible de ser producida por la tierra; el impuesto sobre el producto de los edificios y solares, que sometía a imposición la renta producida o susceptible de ser producida por esta clase de bienes; el impuesto sobre los beneficios comerciales e industriales, que en origen gravaba este tipo de beneficios por medio de un impuesto de patente, que se concretaba en una cantidad fija según la actividad desarrollada por la empresa, y el impuesto sobre puertas y ventanas, en el que, como se desprende de su propia denominación, el rendimiento y el gravamen se estimaban en función del número de puertas y ventanas del edificio, suponiéndose así una relación directa entre ese rendimiento y el tamaño de la edificación, manifestado por el número de huecos. Con posterioridad, entre finales del s. XIX y comienzos del XX, se crearían otros dos impuestos de producto, el impuesto sobre el producto o rendimiento del trabajo personal y el impuesto sobre el rendimiento del capital mobiliario, llamados a partir de entonces por los hacendistas «impuestos modernos o nuevos impuestos de producto». En el cálculo de los rendimientos y el gravamen de los dos primeros impuestos de

En la doctrina de la Hacienda Pública, este sistema de impuestos de producto ha suscitado, sin embargo, posiciones encontradas. La práctica desaparición de tales figuras impositivas en la experiencia comparada induce a pensar, en cualquier caso, que en su evolución han pesado más los inconvenientes que las ventajas[2]. La falta de equidad de estos gravámenes (perciben solo rendimientos procedentes de diversas fuentes, en vez de la capacidad total de pago del contribuyente), así como la «petrificación de sus bases imponibles» (su falta de flexibilidad, al no crecer los ingresos impositivos al mismo ritmo o en la misma proporción que los gastos públicos), han sido, sin duda, razones determinantes de que en las economías modernas estos impuestos hayan sido reemplazados por la imposición personal sobre la renta global.

Frente al sistema real de imposición, los impuestos personales sobre la renta presentan, en sustancia, los siguientes rasgos característicos:

- Tratan de gravar a la renta como un todo, esto es, la renta global de los individuos y, además, la renta neta y efectiva, por lo que nunca se adoptan rendimientos medios.

- Suelen ser progresivos, por cuanto aumentan en mayor proporción que la renta gravada, a medida que esta aumenta; por lo que general, cuentan con un mínimo exento, de modo que siempre existe un primer tramo de renta libre de impuesto.

- Tienen en cuenta las circunstancias personales y familiares del contribuyente.

- Se aplican en el domicilio fiscal de este, de suerte que no se establecen donde se genera cada rendimiento que afluya al sujeto, sino que la potestad tributaria corresponde a la Hacienda del lugar en el que se halla domiciliado el sujeto.

- Finalmente, es un sistema impositivo en el que no hay garantía, al no existir un bien concreto afectado por el impuesto que sirva como tal.

---

producto mencionados se utilizaba la información facilitada por el catastro respecto a los planos de las fincas, su extensión y situación, y, en lo que se refiere específicamente a las fincas rústicas, sobre los cultivos susceptibles de darse en ellas, así como sus posibles rendimientos.

[2] Entre las ventajas más importantes que los hacendistas atribuyen al sistema de imposición real, las más notables son su carácter *indiciario* respecto a la determinación de los productos de las fuentes gravadas y que la imposición independiente de cada fuente de rendimiento permite la obtención de cierto grado de especialización del personal de la Administración y, como consecuencia, cierta reducción de costes. Ciertamente, al determinarse la base del impuesto de forma exógena al contribuyente (el beneficio no se calcula de manera contable o efectiva, sino que se pretende gravar el rendimiento medio), no se necesita interpretar las leyes fiscales, ni recabar asesoramiento fiscal, por lo que la presión fiscal indirecta es menor. Algunos autores incluso sostienen que la imposición de los rendimientos medios podría inducir a los individuos a tratar de dar a los bienes generadores de renta un uso económico relativamente más rentable, en la medida en que los rendimientos en exceso del rendimiento medio estimado no serían sometidos a gravamen.

La aparición del sistema de imposición personal sobre la renta no ha sido, sin embargo, uniforme en el concierto de países, sino que bajo esta denominación cabe distinguir dos grandes grupos: el *sistema dualista o cedular* y el *impuesto unitario sobre la renta*.

Propio de los países latinos, entre ellos España e Italia, el sistema dualista o cedular de imposición se caracteriza por que el punto de partida en la evolución hacia la imposición personal sobre la renta es el sistema de impuestos de producto vigentes con anterioridad. Se trata, en concreto, de un sistema que es fruto de la superposición de esos impuestos de producto con un impuesto complementario sobre la renta de nueva creación.

Bajo este sistema de imposición, los distintos rendimientos que componen la renta son sometidos a gravamen fraccionadamente, atendiendo a sus fuentes, mediante cédulas independientes con tipos de gravamen diferentes para cada una de ellas, así como normas también distintas respecto a la forma de estimación de los ingresos, la deducción de los gastos y otros aspectos de la estimación de la base. Las cédulas constituyen, pues, impuestos sobre los productos «personalizados» en mayor o menor medida.

Junto a estos impuestos cedulares, no obstante, se exige adicionalmente un impuesto complementario progresivo sobre la renta total, cuya base imponible equivale a la suma de los rendimientos gravados por esos impuestos de productos. De este modo, cada fracción de la renta es sometida a un doble gravamen: una vez, atendiendo a su fuente (rendimiento), independientemente de las otras fracciones, a través de la cédula correspondiente, y otra, como sumando de la renta global del sujeto, mediante el impuesto complementario.

El principal aspecto negativo que se ha imputado a este sistema cedular de imposición es que incorpora e intensifica los defectos y errores detectados en el sistema de cálculo de las bases impositivas de los impuestos de producto. En tanto en cuanto cada una de las cédulas de los impuestos personales tiene su propia existencia y los rendimientos netos derivados de las fuentes a las que se asocia cada cédula se estiman y gravan mediante procedimientos diferentes, el sistema tributario cedular se manifiesta como un sistema de imposición complejo e injusto. Lo primero, porque en él coexisten dos tipos de gravámenes, los cedulares y el global, con normativa propia, con una aplicación e incidencia singulares y con una administración también diferente. Lo segundo, porque, al depender la factura del contribuyente del origen de las rentas, esta no refleja su verdadera capacidad de pago.

Por el lado positivo, el único mérito que puede concederse a este sistema de imposición es que constituye un primer paso hacia una tributación global de la renta del individuo, de su capacidad de pago.

En lo que se refiere al impuesto unitario sobre la renta, su irrupción en el panorama fiscal supone la desaparición de los impuestos de producto y su sustitución por un impuesto sobre la renta en su totalidad. En él, la renta global efectiva sometida a gravamen se determina de forma contable, siguiendo criterios objetivos, mediante la acumulación de las distintas rentas efectivas que afluyen al individuo, obteniéndose de esta guisa una renta global diferente a la obtenida a partir de la suma de las rentas netas generadas por las diferentes fuentes de renta, base de los impuestos de producto.

Este sistema puede presentarse, no obstante, bajo dos formas distintas:

a) Un sistema *analítico* de imposición, tal y como el adoptado en origen en Gran Bretaña, que se articula en un impuesto único sobre la renta, aunque en él se discrimina en alguna medida atendiendo a la fuente de los rendimientos, o bien utilizando distintos métodos de cómputo de estos para estimar la renta global, o bien concediendo desgravaciones especiales según la fuente.

b) Un sistema *sintético* de imposición. Sistema de tradición histórica germánica, la evolución hacia este impuesto sintético sobre la renta se inicia con un impuesto de capitación simple, que más tarde se transforma en una capitación graduada y que finalmente adopta la forma de un impuesto unitario sobre la renta de carácter sintético: un impuesto único sobre la renta global sin discriminaciones según las fuentes de los rendimientos[3].

En un impuesto sintético sobre la renta todas las rentas se integran en una base imponible única, con independencia de la fuente de renta, de forma tal que todos los ingresos quedan sujetos a una misma tarifa, por lo general progresiva. Esto es, en un impuesto de esta naturaleza existe una única definición de renta, en la que se integran las diferentes fuentes de renta, que se compensan entre sí. En este sentido, las pérdidas de capital de un contribuyente pueden compensarse, por ejemplo, con su sueldo, a efectos de la determinación de la renta global.

Como impuesto personal sobre la renta sólo ha de reconocerse, en sentido estricto, la imposición mediante el sistema unitario en sus dos variantes y los impuestos complementarios de los sistemas cedulares. Las cédulas recaen sobre los «rendimientos netos» o «productos», que solo son fracciones o sumandos del concepto global de «renta».

En la experiencia comparada la práctica habitual en los países occidentales hasta los años 90 del siglo pasado ha sido la de adoptar fórmulas próximas al sistema de imposición sintético. A partir de entonces, parece haberse producido, sin embargo, un cambio de tendencia en la forma de imposición sobre la renta, caracterizada por una cierta dualización de esta, en el sentido de que o bien, como sucede en no pocos casos, las rentas

---

[3] Ciertamente, en origen el impuesto de capitación gravaba a todos los sujetos con una cantidad fija constante. En una segunda etapa, sin embargo, a medida que las necesidades del Estado fueron en aumento, los individuos pasaron a agruparse, de acuerdo con su capacidad económica, en diversos niveles, de forma tal que a cada uno de los grupos establecidos se aplicaba una capitación diferente. Esto es, a todos los individuos de una mismo nivel se les gravaba con la misma cuantía, pero esta difería de unos niveles a otros. Por último, en una tercera fase, se procedería a una nueva graduación de la situación de los sujetos en función de sus niveles de renta, produciéndose con ello el alumbramiento definitivo del genuino impuesto sobre la renta. En lo sucesivo serían las rentas personales de los sujetos el criterio seguido usualmente para la graduación a efectos de la imposición sobre la renta.

del capital han pasado a tributar a un tipo diferencial más reducido y proporcional, o, como ocurre en algunos países comunitarios, ciertas clases de renta, en especial las rentas del capital, son objeto de tratamientos particularmente ventajosos. Tras esta dualización parece encontrarse, sin duda, entre otras razones, la creciente dificultad que afrontan los gobiernos para gravar unas rentas del capital cada vez más móviles desde una perspectiva internacional, como consecuencia del desarrollo tecnológico, la mayor integración económica y la escasa cooperación entre las Administraciones tributarias de los distintos países.

5.2. Definiciones y medición de la renta fiscal

Fundamental a la hora de implantar un impuesto es que su base quede definida con toda claridad. El concepto de renta, pese a su carácter general, se ha prestado, sin embargo, a múltiples definiciones, cada una de las cuales incluye rendimientos o elementos distintos.

En un sentido amplio o extensivo, la definición de renta exige la consideración de las fuentes que la producen para preservar la idea de la magnitud económica que ha de someterse a imposición. En esta línea se encuentra la definición más habitual de renta a efectos fiscales: la de *renta económica*. La definición económica de la renta es un concepto ideal de la renta personal como medida de la capacidad de pago del impuesto, esto es, como índice de la capacidad de los sujetos para contribuir a la financiación de la actividad pública, y que se utiliza como referencia en la definición legal de la renta fiscal: la renta que la ley se propone gravar. Entre una y otra definición existen notables diferencias, originadas, en general, por las dificultades, con frecuencia administrativas, para la aplicación práctica de la definición económica, y que se traducen en una renta fiscal legal inferior a esa renta económica. En último término, la *renta efectivamente gravada*, esto es, la renta gravada en la práctica, dependerá en gran medida de los sistemas de determinación de la base.

Pese a la importancia de esta distinción, en el estudio del impuesto personal sobre la renta los conceptos de renta fiscal que más interés han acaparado han sido, obviamente, las definiciones económica y legal.

Desde una perspectiva temporal, han sido fundamentalmente dos los principios que han inspirado la definición económica de renta fiscal:

a) El *principio de conservación de la fuente*, con arreglo al cual sólo habrán de computarse como renta fiscal aquellos ingresos que no vayan en detrimento de su fuente productora, que no supongan pérdida de patrimonio.

b) El *principio de la periodicidad*, conforme al cual solo han de considerarse como renta los ingresos que tengan una naturaleza regular o permanente, de forma que fluyan regularmente al sujeto durante un período de tiempo.

De las combinaciones de estos dos preceptos se han obtenido diversas definiciones de renta, de las que, no obstante, solo han prevalecido las formuladas por dos teorías específicas: la teoría de la periodicidad o de la fuente y la teoría del incremento neto de la renta y la riqueza.

Desarrollada por los clásicos y atribuida concretamente a Von Hermann (1832), la *teoría de la periodicidad* conjuga ambos principios, al establecer que un ingreso se computará como renta siempre y cuando no menoscabe la fuente productora y tenga carácter periódico. La renta se define así como el producto que fluye regularmente al sujeto durante un período de tiempo, ya sea procedente de una fuente humana (trabajo), una fuente material (patrimonio poseído) o una fuente mixta (aplicación del trabajo al capital dentro de una empresa)[4].

En cuanto a la *teoría del incremento neto de la renta y de la riqueza*, su autoría la comparten tres autores pertenecientes a diferentes contextos geográficos e históricos: el alemán Schanz (1896) y los estadounidenses Haig (1921) y Simons (1938). Conocida abreviadamente, no obstante, como *teoría de Haig-Simons*, esta considera como renta los ingresos periódicos y no periódicos que reciba un sujeto siempre que no reduzcan la fuente productora. Tiene, pues, en común con la anterior el hecho de que exige el cumplimiento del principio de conservación de la fuente, excluyendo del concepto de renta todo ingreso que implique pérdida de patrimonio.

La mayor aceptación relativa de que ha gozado este concepto de renta fiscal impone que nos detengamos, siquiera brevemente, en la exposición de su composición, así como en la de las razones por las que en la práctica el concepto legal de renta fiscal se aleja en alguna medida de esta definición económica.

Definición económica de Haig-Simons

Frente al concepto de renta basado en las fuentes que nos ofrece Von Hermann, la definición de Haig y Simons atiende fundamentalmente a los *usos de esa renta*[5]. Haig define la renta fiscal como el valor monetario del aumento neto del poder económico de una persona en un período de tiempo. En una definición más sencilla, que responde a lo que hoy se conoce como *renta extensiva o amplia*, Simons, por su parte, define la renta

---

[4] De acuerdo con sus fuentes, la renta fiscal la compondrían las siguientes partidas: los *rendimientos brutos monetarios y en especie* percibidos por el contribuyente durante el período de imposición; los *rendimientos imputados* por la utilización de bienes muebles e inmuebles de consumo duradero (por ejemplo, la renta imputada de la vivienda propia); el *autoconsumo* de bienes y servicios; las *ganancias netas de capital* (saldo entre los incrementos y las pérdidas de valor de los activos del sujeto); las *transferencias por cuenta de renta o por cuenta de capital* procedentes del Sector Público y/o sector privado, y los *incrementos patrimoniales gratuitos* (herencias, donaciones, premios y loterías).

[5] Pese a la inexistencia de una regla universal, la medición de la renta a partir de las fuentes es característica de los sistemas fiscales analíticos, mientras que su medición a partir de los usos es consustancial a los sistemas fiscales sintéticos.

personal a efectos fiscales (Yf) como la suma del valor monetario del consumo realizado por el sujeto (c) durante un período y del cambio experimentado en el valor de su patrimonio (incrementos o pérdidas patrimoniales) entre el final y el principio de dicho período ($\pm \Delta W$). En términos analíticos, la renta fiscal, de acuerdo con Simons, puede definirse, pues, mediante la expresión: $Yf = C \pm \Delta W$.

En esta expresión, el componente consumo (C) incluye[6]:

a) Los *bienes y servicios de mercado* adquiridos durante el período con el ingreso monetario recibido. Se trata de la forma de consumo más importante y más fácilmente computable.

b) El *autoconsumo* producido durante el período, esto es, los bienes y servicios producidos por las personas (por ejemplo, los agricultores) que los consumen.

c) Las retribuciones en especie o remuneraciones no dinerarias recibidas por los empleados de una empresa, y que suelen adoptar la forma de bienes o servicios ofrecidos gratuitamente o a precio inferior al de mercado (v.g., seguros médicos, préstamos subvencionados, alojamiento gratuito, automóviles pagados por las empresas, etc.).

d) Los servicios derivados del uso de *bienes de consumo duradero* (vehículos propios, vivienda propia, etc.). Se incluyen como renta en cualquiera de los sumandos, pues implican un ingreso y un uso.

Obviamente, para que todas las partidas integrantes del componente consumo se valoren de forma homogénea, las tres últimas —es decir, el autoconsumo, las retribuciones en especie y los servicios derivados de la utilización de bienes duraderos— deben computarse de acuerdo con sus valores de mercado. En el caso concreto de los servicios derivados del uso de la vivienda propia, el propietario debería gravarse por el valor neto de la renta de su propiedad, esto es, la renta que este recibiría si la vivienda se arrendara en las condiciones del mercado de alquiler, una vez descontados los costes financieros (intereses de préstamos hipotecarios), costes de depreciación, costes de mantenimiento y rehabilitación, impuestos sobre la propiedad y costes de los seguros de dicha vivienda.

Por otra parte, en lo que se refiere al segundo componente de la definición de renta fiscal, las variaciones patrimoniales o variación de la riqueza entre el final y el principio del período, debe incluirse el ahorro del período, las transferencias gratuitas recibidas (fundamentalmente, las herencias y las donaciones) y las ganancias de capital o plusvalías obtenidas, sean realizadas o no, en tanto en cuanto todas estas partidas consti-

---

[6] Una partida adicional del consumo podría ser el ocio si se pudiera valorar.

tuyen un aumento de la capacidad económica y, por tanto, de la capacidad de pago del contribuyente.

Tal es, en suma, la composición de la renta extensiva o amplia a partir de la definición económica de Haig-Simons. Huelga decir que, aunque buena medida de la capacidad de pago del contribuyente, la aplicación de este concepto económico de renta fiscal en la práctica tropieza con serias dificultades, muchas de ellas de tipo administrativo. Entre ellas, las más destacadas son:

a) La dificultad en el control y la valoración del autoconsumo (v.g., de productos alimenticios), en la medida en que se realiza al margen del mercado y, por ende, no implica transacciones monetarias. En la práctica, de hecho, los impuestos sobre la renta no gravan esta partida.

b) La dificultad de valoración de algunas retribuciones en especie, tales como, por ejemplo, las citadas previamente. En la realidad, esta dificultad ha provocado una excesiva proliferación de esta forma de sueldos y salarios, que, sin duda, ha traído consigo la erosión de la base imponible, distorsiones en las decisiones de empleo y consumo y la vulneración de la equidad vertical y horizontal. Ciertamente, dos individuos con idéntica retribución dineraria, pero uno de ellos con beneficios en especie adicionales, deben pagar impuestos diferentes, y, a su vez, dos individuos con idéntica retribución pero bajo modalidades distintas, deben pagar impuestos iguales.

c) La dificultad de valoración de los servicios derivados del uso de bienes duraderos (v.g., viviendas propias, automóviles, etc). En la práctica, y entre otras razones, la dificultad de asignar un valor monetario neto a los servicios derivados del uso de la vivienda propia ha llevado a que un número creciente de países no sometan a imposición esta renta imputada. En España, desde 1999 se grava exclusivamente la renta imputada de los bienes inmuebles urbanos que no constituyan la vivienda habitual del sujeto pasivo, cifrándose legalmente esta renta imputada en un 1,1% del valor catastral del inmueble si este ha sido revisado o en un 2% si no se lo ha sido, sin que se permita la deducción de ningún gasto.

Nótese, en cualquier caso, que este tratamiento fiscal favorable de las viviendas ocupadas por sus propietarios (y no solo por la exención total o parcialmente de su renta bruta, sino también por la autorización de la deducibilidad de los intereses hipotecarios de otras rentas) no solo estaría discriminando en contra de quienes invierten en otros activos rentables (por ejemplo, en viviendas de alquiler o activos financieros), sino que además estaría provocando un incremento de la inversión en vivienda superior a la dictada por una asignación óptima de los recursos.

d) La dificultad de valoración de las ganancias de capital no realizadas (esto es, de los incrementos de valor de los activos no vendidos), así como los problemas de liquidez que su incorporación podría generar al contribuyente en caso de una pronunciada volatilidad de los precios de los activos. Pese a todo, la exclusión de estas plusvalías de la base del impuesto no solo desincentiva su realización y distorsiona por tanto la libre movilidad del capital (el llamado efecto *lock-in*, retraimiento o de cierre), sino que, al mismo tiempo, incentiva la conversión de rentas y ganancias de capital realizadas en ganancias de capital no realizadas para evitar con ello la carga impositiva.

e) Los problemas que originaría la introducción de las herencias y donaciones en la base de un gravamen anual y progresivo como el impuesto personal sobre la renta. Aunque, de acuerdo con la definición de Haig-Simons, las herencias y donaciones recibidas por el contribuyente deberían incorporarse en la base del impuesto en el período en que se recibiesen, el aumento en la renta y, por consiguiente, en el impuesto a pagar que esta incorporación originaría en dicho período, unido a otras consideraciones, han llevado a que en la experiencia comparada estas transferencias gratuitas se sometan a una tributación específica e independiente.

f) Los problemas administrativos de control y valoración de todas las partidas que integran el concepto económico de renta fiscal y, por añadidura, del coste de este control para la Administración.

Estas y otras dificultades y problemas han determinado, de hecho, que en la praxis fiscal los legisladores definan la renta fiscal reajustando el concepto de renta extensiva o amplia en un doble sentido:

– Explicitando los ingresos y las ganancias de capital realizadas integrantes de la renta bruta sometida al impuesto. En este conjunto de ingresos objeto de imposición se incluyen las pensiones, en cuanto constituyen retribuciones diferidas del trabajo o del ahorro realizados durante la vida activa de los pensionistas que manifiestan su capacidad para contribuir a la financiación de los bienes y servicios por ellos utilizados.

– Autorizando la deducción en la base imponible y/o en la cuota tributaria de un conjunto de gastos.

Definición legal de renta fiscal

Para convertir la renta bruta en *renta fiscal liquidable*, en los ingresos computados como tal renta bruta deberán practicarse una serie de reducciones que pueden adoptar las formas bien de reducciones en la base imponible, que, como tales, reducen esta base y, por lo mismo, se valoran al tipo marginal, o bien de deducciones en la cuota, también llamadas créditos de impuesto, que son independientes del nivel de renta del sujeto.

Entre las deducciones practicadas en los impuestos sobre la renta de las personas físicas, una primera modalidad es la de los gastos *de explotación o gastos necesarios para la obtención* de la renta. Entre estos gastos deducibles pueden considerarse como más corrientes los que siguen:

- **a)** Los gastos en los que incurren los agricultores y pequeños industriales y comerciantes en el ejercicio de sus actividades.
- **c)** Los gastos de educación o formación del contribuyente.
- **d)** Los gastos para la realización de la actividad laboral, como pueden ser los gastos de transporte, gastos en viajes o comidas de trabajo, gastos de personal, gastos en material laboral, gastos en alquileres de inmuebles empleados en la actividad profesional, etc.
- **e)** Los gastos en amortización de los activos fijos utilizados en las actividades económicas.

Las dificultades que encuentra la Administración Tributaria en la práctica para determinar el carácter profesional o personal de muchos de estos gastos ha llevado, sin embargo, a no pocos países, entre ellos España, a autorizar, por este concepto, la deducción de sumas de cuantía fija o de porcentajes a tanto alzado de los ingresos íntegros del trabajo.

Posteriormente, a la renta neta así obtenida suelen practicársele, adicionalmente, una serie de deducciones en la base imponible o en la cuota tributaria por distintos conceptos de gasto, que nos permite obtener el concepto legal de *renta fiscal*. Estos gastos deducibles adicionales pueden agruparse en una triple categoría:

a) *Gastos personales*. En este grupo se incluyen determinados gastos que reducen la capacidad contributiva de los sujetos y que pueden tener un cuádruple origen:

- Gastos por circunstancias de fuerza mayor o, lo que es lo mismo, por cobertura de riesgos, tales como pérdidas patrimoniales por fuego, robos, accidentes, etc., en la medida en que constituyen gastos involuntarios que reducen la renta y la capacidad de pago. A esta deducción se le ha reprochado, no obstante, que puede reducir los esfuerzos de los sujetos para evitar que se produzcan tales siniestros.
- Gastos extraordinarios no suntuarios (v.g., por contraer matrimonio, tener descendencia, etc.) autorizados por la Hacienda, y cuya cuantía depende de la generosidad de las legislaciones fiscales.
- Gastos que permiten mantener la capacidad productiva del sujeto, en particular los gastos de asistencia médica y cuidados de la salud, en tanto en cuanto una buena salud es requisito imprescindible para la obtención de la renta. Respecto a estos gastos médicos, se ha señalado, no obstante, que parte de ellos pueden ser de carácter discrecional (por ejemplo, los gastos en clínicas de lujo y operaciones de

cirugía estética) y que su deducibilidad puede generar además un gasto excesivo en servicios de esta naturaleza.

— Contribuciones de las empresas, los empleados o el público en general a sistemas de aseguramiento de renta (por desempleo, enfermedad o incapacidad) y a planes y fondos de pensiones. Por lo general, la cuantía de la deducción de estas contribuciones varía en función de su grado de voluntariedad, de tal manera que mientras que, por su obligatoriedad, las contribuciones a la Seguridad Social son plenamente deducibles, las aportaciones voluntarias a planes de pensiones y a sistemas de seguros de vida y pensiones suelen beneficiarse de una deducibilidad limitada. No obstante, y pese a que la concesión de estos beneficios fiscales se ha querido justificar por el conveniente fomento fiscal del ahorro para la jubilación, lo cierto es que también han recibido críticas desde un triple ángulo: el de la equidad, porque comportan no solo un diferimiento de la carga impositiva, esto es, un préstamo gratuito por parte del Gobierno, sino además su reducción, en la medida en que en el período en el que se perciben las pensiones las rentas de los contribuyentes y por ende los tipos marginales correspondientes devienen inferiores; el de la eficiencia, por cuanto pueden distorsionar las decisiones y la instrumentación del ahorro y de la inversión; y el de la simplicidad administrativa, debido al esfuerzo que ha de hacer la Administración para evitar la proliferación de sistemas no ajustados a la normativa fiscal.

b) *Gastos con fines incentivadores*, tales como deducciones por inversión en valores inmobiliarios, en vivienda propia, donativos a instituciones benéficas o culturales, etc. Las deducciones por inversiones han sido criticadas, no obstante, por razones tanto de equidad como de eficiencia. De ellas se ha dicho que benefician especialmente en los individuos pertenecientes a los niveles superiores de renta, al ser estos los que pueden obtener mejor información y destinar mayores sumas discrecionales a los activos bonificados, al tiempo que incentivan determinados destinos del ahorro, distorsionando con ello el mercado.

c) *Reducciones personales y familiares*. La consideración de las circunstancias personales y familiares del contribuyente, rasgo característico del impuesto personal sobre la renta, obliga a que la carga impositiva haya de ajustarse a tales circunstancias. Estos ajustes se realizan, por lo general, dejándose de gravar un nivel de renta concreto con el que el contribuyente pudiera cubrir sus gastos mínimos vitales o de subsistencia y permitiendo también reducciones impositivas adicionales por número de hijos (y a veces por el cónyuge), por minusvalías, vejez, incapacidad, etc., en la medida en que tales circunstancias familiares reducen la capacidad de pago de los contribuyentes. Estos ajustes de equidad suelen realizarse mediante tres fórmulas concretas, que pueden utilizarse de forma conjunta o por separado:

- Deducción en la base imponible de cierta suma (fija o, como ocurre en algunos países para ciertas circunstancias personales o familiares, relacionada —generalmente en forma negativa— con la renta bruta) en concepto mínimo personal (que puede variar en caso de matrimonio y/o con la edad) y de otras cantidades en calidad de mínimo familiar (normalmente variable fundamentalmente con el número y la edad de los hijos). Bajo esta fórmula se liberaría por tanto de gravamen la renta que el contribuyente necesitaría para cubrir sus necesidades vitales mínimas y las de los miembros de la familia dependientes de él.

- La aplicación de un tipo de gravamen cero a un primer tramo de renta de la tarifa. Denominada del *mínimo exento o del umbral de tributación*, el propósito de esta fórmula sería el mismo que el de la anterior: dejar de gravar una cantidad de renta en concepto de mínimo personal y de mínimo familiar y, adicionalmente, reducir los costes administrativos del impuesto, al dejarse de administrar no pocas declaraciones de renta.

- Deducciones en la cuota tributaria. También denominadas créditos de impuesto, estas deducciones consisten en minoraciones o reducciones de la cuota u obligación tributaria contraída, asimismo de cuantía fija o relacionada con la renta sujeta a gravamen. La diferencia entre esta técnica y las dos anteriores para reconocer el tamaño de la familia radica en que el crédito, al sustraerse de la cuota tributaria, implica un ahorro por descendiente igual para todos los contribuyentes, cualquiera que sea su renta y el tipo marginal que se les aplique, mientras que la reducción de la base imponible (la deducción o la exención), al reducir la renta gravable y, por tanto, sustraerse antes del cómputo de la cuota, genera un ahorro fiscal creciente con la renta del contribuyente y el tipo marginal aplicable.

5.3. Progresividad del impuesto

En el Capítulo 2 ya se ha señalado que el cumplimiento del principio de equidad vertical reclama la existencia de un impuesto progresivo sobre la renta, en la medida en que tradicionalmente se ha supuesto que la capacidad de pago de los sujetos aumenta más que proporcionalmente con la renta. Al hablar de la progresividad del impuesto sobre la renta ha de distinguirse, no obstante, entre su progresividad formal o teórica y su progresividad real. La progresividad formal viene definida básicamente por tres factores distintos:

a) *La magnitud del mínimo exento o renta no discrecional no gravada*. Este mínimo exento puede equipararse a la suma mínima de renta que necesita un sujeto para atender a sus necesidades vitales o gastos de subsistencia, y de él suelen beneficiarse todos los contribuyentes. A este respecto, ha de recordarse que un impuesto sobre la renta con un tipo impositivo proporcional y una cantidad de renta exenta de imposición se transforma en un impuesto progresivo, en el que como tal, el tipo medio de gravamen crece con la renta.

b) *La concesión de deducciones específicas en la base o en la cuota del impuesto*, por las razones apuntadas en el apartado anterior. Sobre este particular, no debe olvidarse que el grado de progresividad efectivo del impuesto será distinto en ambos casos, por cuanto, como ya es sabido, las deducciones en la base operan al tipo marginal que corresponda al contribuyente, en tanto que las deducciones en la cuota son independientes de la renta.

c) *La estructura de la tarifa o escala de los tipos impositivos*. Se trata del factor en el que generalmente suele repararse al analizar la progresividad del impuesto. Sin embargo, pese a su incidencia en la progresividad formal del impuesto, una elevada progresión de los tipos impositivos nominales, es decir, de los tipos aplicados a los distintos tramos de renta a medida que se sube en la escala de esta variable, no siempre equivale a una acusada progresividad real del impuesto. La aplicación de un concepto de renta más bien restringido y la concesión de numerosas deducciones o beneficios fiscales pueden restar progresividad real al impuesto, al reducir los tipos medios efectivos (la relación entre la cuota líquida y la base imponible) y, por ende, la carga real del impuesto.

En cuanto a la progresividad real del impuesto, ha de precisarse que dependerá no solo de la definición de la renta fiscal y los elementos determinantes de su progresividad formal o teórica, sino también, y de forma significativa, de otros factores adicionales: la unidad contribuyente adoptada, el tratamiento diferenciado de las rentas y ganancias de capital respecto a otras rentas (fundamentalmente las salariales), los efectos de la inflación sobre algunos elementos del impuesto, los efectos de incidencia del impuesto y el fraude fiscal. En rigor, un impuesto formalmente progresivo puede resultar regresivo en la práctica si existe un elevado nivel de fraude y evasión fiscales. Tal y como evidencian algunos estudios empíricos, los contribuyentes con rentas elevadas no solo tienen una mayor probabilidad de defraudar al Fisco, al disponer de mayores medios para hacerlo, sino que, además, tienen una mayor propensión a la evasión por el ahorro fiscal que pueden obtener con ello.

5.4. El tratamiento de las ganancias de capital

Por *ganancia* (*pérdida*) *de capital* o *plusvalías* (*minusvalías*) se entiende el incremento (decremento) de valor que experimenta un activo respecto a su valor de adquisición. De acuerdo con la definición de Haig-Simons, estas ganancias de capital o plusvalías deben someterse a imposición, por cuanto originan un aumento en la capacidad de consumo del individuo y, por tanto, también constituyen renta. Como objeto de gravamen, las ganancias de capital deben reunir, no obstante, tres características esenciales:

1. Han de ser ganancias realizadas, es decir, deben surgir de la enajenación del activo. Aunque, de acuerdo con el concepto de renta de Simons deberían considerarse como renta las ganancias de capital realizadas y no realizadas, los incrementos patrimoniales no realizados no suelen incluirse en las bases de los impuestos sobre la renta fundamentalmente por dos razones: por una parte, porque su imposición no solo requeriría que el contribuyente determinase al término de cada ejercicio el valor real de sus activos sin contar con referencia alguna respecto a transacciones de mercado, sino también que la Administración dispusiera de los medios materiales y humanos necesarios para poder comprobar la veracidad de los valores declarados; por otra, porque esta modalidad de gravamen podría originar serios problemas de liquidez a algunos contribuyentes, al punto de obligarles incluso a vender sus activos para poder hacer frente al *incremento impositivo* asociado al aumento en los precios.

   Aun así, no debe ignorarse que la no imposición de las plusvalías no realizadas puede generar el denominado efecto *lock-in* o de cierre, esto es, el desestímulo fiscal a realizar plusvalías y por ende la distorsión de la libre movilidad de capitales, así como la conversión de rentas y ganancias de capital realizadas en ganancias de capital no realizadas para evitar la carga impositiva.

2. Han de tratarse de ganancias no habituales, inesperadas o esporádicas. Las ganancias de capital habituales se consideran siempre renta.

3. Deben ser puras o reales, en el sentido de que el incremento de valor no debe derivar de reducciones en los tipos de interés de mercado o del incremento del nivel general de los precios[7]. Las plusvalías meramente monetarias, o plusvalías que solo son reflejo de un aumento general en el nivel de los precios, no deben someterse a imposición, en la medida en que no constituyen un incremento en la capacidad de consumo. Como implicación, en la determinación de las variaciones patrimoniales deberían aplicarse coeficientes de actualización sobre el precio de adquisición que eliminasen el efecto de la inflación registrada durante el período de generación de la plusvalía.

Establecida esta triple exigencia para la imposición las ganancias de capital, las dos siguientes cuestiones que han responderse parecen obvias. ¿Deben gravarse realmente las ganancias de capital? Y, en caso de respuesta afirmativa, ¿cuál debe el modo adecuado de gravarlas?

---

[7] Respecto a una obligación con un valor nominal de 1.000 unidades, al tipo de interés del 10% y, por tanto, con un rendimiento periódico de 100 unidades, un descenso del tipo de interés al 5% implicará un aumento del valor capitalizado del activo (resultado del cociente del rendimiento y el tipo de interés) de 1.000 a 2.000 unidades. Sin embargo, este incremento en el valor del activo, lejos de suponer un aumento de la capacidad económica del sujeto, solo será reflejo de la caída del tipo de interés de mercado, por lo que se tratará de una ganancia impura, que, como tal, no será sometida a gravamen.

5.4.1. Conveniencia de la imposición de las ganancias de capital

La decisión acerca de la conveniencia o no del gravamen de las ganancias de capital ha de sustentarse en el conocimiento previo de los efectos que puede atribuírsele en los ámbitos de la equidad, la eficiencia económica, la estabilidad económica y la simplicidad administrativa.

La equidad del gravamen de las ganancias de capital es, posiblemente, el más firme punto de apoyo para su existencia. En una primera aproximación, se ha afirmado que no gravarlas constituiría un «regalo» a algunos contribuyentes a expensas del resto de la comunidad. A esta argumentación hay que añadir otras tres razones básicas a favor de su imposición: las ganancias de capital ofrecen una clara manifestación de capacidad de pago, se concentran en los tramos superiores de la distribución de la renta y su exención podría promover la conversión de ciertas categorías de rentas (intereses, dividendos, etc.) en ganancias de capital.

Frente a estos argumentos favorables a la imposición de las ganancias de capital, hay autores que se han pronunciado en sentido contrario, al amparo de un doble argumento. Ante todo, como ingresos irregulares que se gravan en el momento de su realización, en presencia de una tarifa progresiva la acumulación del impuesto origina un exceso de gravamen al perceptor de tales ganancias. Adicionalmente, la imposibilidad de concebir un impuesto que grave todas las ganancias de capital, cualquiera que sea su naturaleza, atenta igualmente en contra de la equidad. En rigor, el gravamen suele limitarse a la imposición de las ganancias originadas por los bienes inmuebles y los valores mobiliarios, escapando así de su ámbito otras fuentes de ganancias.

Desde la óptica de la eficiencia económica, la principal argumentación favorable a la imposición de las ganancias de capital descansa en su posible efecto desincentivador de la inversión especulativa. Ante tal efecto positivo, otros autores defienden, sin embargo, su exención, en razón de sus posibles efectos negativos sobre el ahorro y la inversión. El impuesto sobre las ganancias de capital, se aduce, suele pagarse exclusivamente con cargo al ahorro privado, por lo que, entre sus posibles efectos nocivos, cabe esperar una disminución de dicha forma de ahorro que iría en detrimento del crecimiento económico. Este efecto negativo sobre el ahorro privado y el ahorro nacional sería además más acusado que el que podría inducir otro gravamen de igual recaudación sobre el resto de la renta, por cuanto mientras este último se pagaría en parte con el ahorro y en parte con una reducción del consumo, la imposición de las ganancias de capital se pagaría exclusivamente con el ahorro. Este razonamiento no parece venir refrendado, sin embargo, por la evidencia empírica.

Paralelamente, esta opción fiscal podría desalentar la inversión, al inhibir la realización de inversiones arriesgadas y, por tal motivo, normalmente las más rentables. Esta objeción se ha fundamentado en el hecho de que las empresas nuevas se caracterizan por un elevado riesgo que precisamente suele venir compensado, siquiera parcialmente, con las ganancias de capital que obtienen los inversores en ellas, de modo que si a ese elevado riesgo se suma la disminución que el gravamen ocasiona en el beneficio neto de las ganancias de capital, tal gravamen puede frenar la inversión.

A esta objeción se ha respondido, no obstante, que la existencia de una posible compensación total de pérdidas a través de políticas de incentivos puede llegar a hacer desaparecer el riesgo de pérdidas para el inversor y, además, que una política general de incentivos a la inversión podría llegar a compensar ampliamente cualquier efecto adverso del impuesto sobre la financiación de nuevas empresas.

En cuanto a las repercusiones del tributo sobre la estabilidad económica, han sido analizadas desde una doble perspectiva: las de los efectos sobre la estabilización de la renta y sobre la estabilidad de los precios de los bienes cuya enajenación da origen a las ganancias de capital.

Parece existir un amplio consenso respecto a que la existencia de las ganancias de capital constituye un factor de estabilización de la renta en una economía nacional. La razón estriba en que, al oscilar las ganancias de capital en igual sentido que la renta pero con mayor intensidad, el impuesto girado sobre ellas genera una recaudación más y menos que proporcional en etapas de prosperidad y depresión económicas, respectivamente, lo que favorece a la postre la estabilización automática de la renta y con ello el éxito de las políticas antiinflacionistas y antidepresivas.

Respecto a los efectos sobre la estabilidad de los precios de los bienes cuya enajenación origina las ganancias de capital, existen argumentos de distinto signo. En sentido contrario al impuesto, se ha señalado que en etapas de alza generalizada de las cotizaciones en el mercado de valores, en las que las ganancias de capital predominan sobre las pérdidas, el impuesto puede inducir a los tenedores de los valores a mantenerlos en sus carteras, sin realizar las ganancias de capital, reduciendo así la oferta de títulos en el mercado, aumentando sus precios y, consiguientemente, desestabilizando las cotizaciones. Al mismo tiempo, si el impuesto permite la compensación de las pérdidas de capital, tras una baja de cotizaciones aumentarán los deseos de vender en los tenedores de títulos, produciéndose un aumento de la oferta de estos en el mercado y una disminución de sus precios, con el consiguiente hundimiento adicional de las cotizaciones.

Junto a esta posición, existe, sin embargo, otra que afirma que un gravamen de esta naturaleza no tiene incidencia ni en la oferta ni en la demanda del mercado de valores. Si se admite que la presencia del impuesto puede retraer las ventas de valores en el mercado, ha de admitirse asimismo que los compradores potenciales de estos valores vacilarán igualmente a la hora de adquirirlos, habida cuenta de que sus rápidos beneficios especulativos serán también gravados. En consecuencia, aunque el impuesto desanima a los vendedores, también desanima a los posibles compradores, con lo que su pretendido efecto negativo es más que cuestionable.

Finalmente, el aspecto relativo a la administración del tributo acoge dos problemas estrechamente interrelacionados: el de su implantación, que se pone claramente de manifiesto en la dificultad de atribuir a determinados activos un valor de mercado, y el problema de su permanencia, que implica una fuerte necesidad de personal especializado para su administración.

Dejando al margen los problemas que este gravamen pudiera ocasionar, la conclusión que se desprende del análisis precedente es que las ganancias de capital no pueden quedar exentas de tributación, pues el efecto final de su imposición es positivo. Aunque este impuesto puede tener algunos efectos negativos sobre el ahorro y la inversión, este posible aspecto problemático no ofrece claras ventajas a la exención de las ganancias de capital, máxime cuando ese efecto negativo sobre la inversión puede invertirse mediante la compensación de pérdidas y una política de incentivos a la inversión. Fuera de esto, la estabilidad saldría reforzada con el impuesto; la equidad reclama el gravamen de una porción de cierta importancia de la renta, sobre todo cuando esa porción afluye fundamentalmente a los grupos de ingresos más elevados y los problemas que puede plantear dicho gravamen ofrecen soluciones prácticas de sencilla aplicación, y, en fin, el posible coste administrativo probablemente es menor que el que pueda originar cualquier impuesto indirecto.

5.4.2. Formas opcionales de gravamen

El segundo aspecto problemático que presenta el tratamiento fiscal de las ganancias de capital es, como ya se ha dicho, la elección de la forma concreta de gravamen. A este respecto se han propuesto cuatro opciones distintas:

1. La imposición de las ganancias de capital en el impuesto sobre la renta personal, dándoles igual tratamiento que a cualquier otro tipo de renta. Esta opción se fundamenta en que las ganancias de capital producen un aumento del poder adquisitivo equiparable a cualquier otro tipo de renta y su imposición indiscriminada en los impuestos generales sobre la renta evita la tendencia de los contribuyentes a la conversión de distintos tipos de ingresos en ganancias de capital.

2. La inclusión de las ganancias de capital en el gravamen del impuesto sobre la renta personal, pero aplicándoles un régimen especial en cuanto a normas de cómputo o tarifa impositiva.

3. La creación de un gravamen especial sobre las ganancias de capital, independiente del impuesto sobre la renta personal, en razón de la irregularidad de las ganancias.

4. La aplicación de gravámenes diferentes a los distintos tipos de ganancias de capital, según cuáles sean sus fuentes, tanto en el caso de impuestos independientes como en el caso de que se incluyan en otras figuras impositivas.

Entre estas cuatro fórmulas, las dos últimas se han rechazado por la complejidad que entrañan. Sobre la cuarta se ha señalado, además, que no constituye ninguna solución teórica, sino más bien la constatación de un hecho observado en la realidad fiscal de algunos países, y a favor de la cual no caben posibles argumentos por la evidente discriminación a que puede dar lugar.

Actualmente, en los países de la OCDE suele darse a las ganancias de capital un tratamiento fiscal favorable, en las formas, principalmente, de tipos impositivos reducidos, en muchos casos proporcionales, y/o de la exención de parte de la plusvalía, o incluso del total, de acuerdo con el período de generación. Aunque en ocasiones este tratamiento fiscal privilegiado se ha justificado por la necesidad de no gravar ganancias monetarias del capital originadas por la inflación (argumento débil si se repara en que los efectos de la inflación pueden corregirse aplicando coeficientes de actualización o porcentajes de reducción de las ganancias de capital), la principal razón que subyace no parece ser otra que la necesidad de evitar los efectos perniciosos de la elevada movilidad de las rentas del capital: el desestímulo del ahorro, los riesgos de emigración de capital al exterior por el efecto de la «deslocalización del ahorro» (en particular en el caso de economías abiertas con tipos impositivos elevados) y la posible traslación del impuesto a los trabajadores por la vía de la reducción de la renta que seguiría al descenso de la productividad derivado de una disminución del capital en el país.

Por otro lado, no son pocos los países que gravan las ganancias de capital a largo plazo con tipos impositivos menores (o con un tipo único) que las obtenidas a corto plazo (que normalmente tienen el mismo tratamiento que las rentas del capital). Estos menores tipos impositivos para las ganancias de capital a largo plazo suelen justificarse por el hecho de que las ganancias acumuladas durante años se realizan en un único período, por lo que, en presencia de un impuesto progresivo, se originaría un gravamen desproporcionadamente elevado.

5.5. La unidad contribuyente

Un impuesto sobre la renta personal, cualquiera que sea su configuración, ha de afrontar importantes problemas adicionales a los ya comentados, entre los que figura la elección de la *unidad contribuyente*, es decir, quién ha de tributar por tal figura impositiva, y, por ende, qué trato fiscal ha de darse a la unidad elegida.

En este ámbito, al legislador se le presentan, básicamente, dos alternativas fundamentales: someter a imposición o bien al individuo o bien a la familia. En la práctica, la delimitación de la familia como unidad contribuyente puede incluir a los cónyuges exclusivamente, a estos y a los hijos (hasta un límite de edad) con ingresos propios que viven en el seno familiar, y en algunos casos a los ascendientes, incorporando esta delimitación normalmente algunos ajustes por circunstancias personales.

En la tributación familiar el sujeto pasivo del impuesto es, pues, la familia, de tal forma que la base imponible equivale a la suma de todas las rentas percibidas por sus miembros, a la que se aplica la tarifa correspondiente, calculándose así una sola cuota. En la tributación individual o separada, en contraste, el sujeto pasivo es el individuo, por lo que cada miembro de la familia que obtenga rentas debe declarar únicamente los ingresos por él obtenidos, incluida la parte de las rentas comunes de la familia que le sea imputable. En ambos casos, además, la capacidad de pago de la unidad contribuyente se gradúa al número de personas que la componen. Por lo general, dicha capacidad de pago se define en función inversa del número de personas dependientes de la unidad, de tal modo que la carga tributaria desciende a medida que ese número aumenta. En la práctica, esta graduación suele realizarse mediante reducciones impositivas que operan o bien en la base imponible, o bien en la cuota impositiva.

Las notables diferencias existentes entre ambas opciones han impedido, en cualquier caso, que hasta la fecha se haya podido alcanzar una postura de consenso respecto a cuál de ellas es la unidad contribuyente del impuesto sobre la renta personal más apropiada.

Hasta entrados los años 60 del siglo pasado, la práctica dominante en este sentido era la de gravar a la familia, por entenderse que esta es, a un tiempo, la unidad económica de consumo y de producción. Los cambios socioeconómicos habidos en los países occidentales durante la década de los 70 y los 80 quebrarían, sin embargo, la consistencia lógica de este enfoque tributario. La creciente participación de la mujer en el mercado de trabajo, el espectacular aumento de la tasa de divorcios y la perceptible extensión de la cohabitación extramatrimonial registrados durante ese período en las sociedades modernas han sido, en efecto, factores que han operado en pro de la sustitución de la tributación familiar por la tributación individual en el impuesto sobre la renta personal.

La elección entre individuo y familia como unidad contribuyente del impuesto personal debe guiarse, en cualquier caso, por los ya consabidos criterios de equidad, eficiencia y simplicidad, si se pretende apropiada. Junto a estos tres criterios convencionales, tampoco debe olvidarse que tal elección no debe afectar a las decisiones de los contribuyentes respecto a su estado civil, es decir, a sus decisiones sobre contraer o no matrimonio u obtener la separación matrimonial.

La incompatibilidad entre algunos de estos criterios determina, por lo demás, que en la elección de la unidad contribuyente deba adoptarse alguna solución de compromiso entre ellos. En este sentido, parece claro que los criterios de equidad y simplicidad abogarían por la opción de la tributación conjunta, mientras que los de eficiencia y no discriminación por estado civil respaldarían la elección de la tributación independiente.

Tributación familiar: vías de tratamiento de la renta

La lógica subyacente a la tributación familiar radica en que los cónyuges suelen administrar conjuntamente sus rentas y comparten las decisiones relativas al trabajo, el consumo y el ahorro, de modo que es razonable que tributen conjuntamente. Al mismo tiempo, es claro que, al implicar un menor número de declaraciones, la tributación familiar es más económica de administrar que la individual, y que además limita las posibilidades de elusión fiscal que propicia esta otra opción.

Frente a la vía individual de tributación, la consideración de la familia como sujeto pasivo del impuesto puede plantear, no obstante, dos importantes problemas si no se adoptan mecanismos correctores apropiados. Por una parte, en la tributación familiar las rentas de los miembros de la familia se suman para calcular el impuesto, y, aunque pueda considerarse que ello refleja mejor la capacidad de pago de la unidad familiar, en presencia de una tarifa progresiva también implica incrementos en el tipo medio de gravamen que determinan que la suma de las deudas tributarias individuales (las que hubiesen afrontado los miembros por separado) sea inferior a la resultante de la tributación conjunta. En ausencia de mecanismos correctores, esta suerte de tributación «penalizará», pues, a la familia y podrá influir en las decisiones de los contribuyentes a contraer matrimonio y formar familias.

En ausencia de medidas públicas correctoras, la tributación conjunta en un gravamen progresivo sobre la renta puede generar, por otro lado, una ineficiencia destacada en el mercado de trabajo. Con la familia como unidad contribuyente, la acumulación de rentas en el cálculo del impuesto entraña que la renta bruta (el primer euro) ganada por el segundo perceptor[8] del hogar resulte gravada al tipo marginal de gravamen (más elevado) aplicable al último euro ganado por el perceptor principal, y ello, unido al hecho de que la renta acumulada puede ser a menudo tan elevada como para que las familias concernidas pierdan el derecho a los beneficios de las prestaciones sociales asociadas a la renta, puede conducir a ese segundo perceptor (generalmente la mujer) a renunciar a participar en el mercado de trabajo. Sobre este particular, los últimos estudios sobre este tema auspiciados por la OCDE han probado que los efectos desincentivadores sobre la oferta de trabajo de los segundos perceptores son más pronunciados en las familias con bajas rentas que en las más acaudaladas, y en particular en aquellas familias que reciben adicionalmente beneficios sociales (OCDE, 2006).

---

[8] El segundo perceptor es el cónyuge que obtiene menor remuneración laboral o que obtendría una renta inferior si aceptase un empleo remunerado. En la mayoría de los casos se trata del cónyuge, que decidirá entrar o no en el mercado de trabajo comparando, sencillamente, el aumento de la renta familiar después de impuesto con la suma de los costes de oportunidad del tiempo de ocio al que renunciaría si aceptase un empleo y los costes asociados al ejercicio de este. Esta decisión puede verse afectada, no obstante, por las disposiciones relativas al impuesto sobre la renta: la ausencia, por ejemplo, de alguna deducción por gastos de guardería para niños puede disuadir a una madre (o, en su caso, un padre) de aceptar un empleo retribuido.

5 El impuesto personal sobre la renta

Los países que han adoptado a la familia como unidad contribuyente del impuesto sobre la renta se han dotado, no obstante, de técnicas que permiten corregir, al menos en parte, la denominada «penalización (o impuesto) sobre el matrimonio» y los efectos desincentivo sobre la oferta de trabajo del segundo perceptor. De entre todas ellas, las más habituales son, en esencia, cuatro:

1. Las técnicas de promediación de rentas, en sus tres variantes: *splitting* (partición o fraccionamiento), *quotient familier* (cociente familiar) y *quotient conjugal* (cociente conyugal). Aplicado en Alemania y Portugal, en el sistema *splitting* la deuda tributaria se estima aplicando la tarifa de tipos de gravamen al resultado de dividir la renta de la familia por dos (sean uno, dos o más los miembros de ella que perciban rentas) y multiplicando la cuota así estimada por dos. Algunos sostienen, empero, que, pese a que este método reduce la carga tributaria de las familias con un solo perceptor de renta, a menudo no corrige plenamente el efecto negativo del impuesto sobre el esfuerzo y la oferta laboral del segundo perceptor, por cuanto el tipo marginal efectivo de imposición aplicado a sus ingresos puede ser aún superior al que se le hubiese aplicado si los cónyuges se hubiesen gravado por separado.

    En el mecanismo *quotient familier*, adoptado en Francia y Luxemburgo, el impuesto se calcula dividiendo la renta familiar por el número de miembros de la familia (en Francia los hijos menores se computan con una ponderación de 0,5), aplicando la tarifa al resultado y multiplicando posteriormente la cuota estimada por el número (ponderado) de miembros de la familia. Este sistema tiene en cuenta, por tanto, la situación familiar del contribuyente y el número de hijos a su cargo.

    Finalmente, bajo el sistema *quotient conjugal* seguido en Bélgica, si uno de los cónyuges no obtiene rentas laborales, una parte de la renta del contribuyente (el 30% en ese país) puede atribuirse al otro cónyuge, de tal forma que las rentas de ambos pasan a gravarse por separado de acuerdo con la tarifa de tipos impositivos.

2. El *sistema de acumulación parcial*, que consiste, básicamente, en sumar a la renta del perceptor que más renta obtiene un determinado porcentaje, fijado arbitrariamente, de las rentas de los demás perceptores, quedando así el resto libre de tributación.

3. El *sistema de tarifas diferentes*, que se adapta al criterio acumulativo, pero con la particularidad de fijar tarifas diferentes, en sentido descendente, según la situación familiar (tarifas distintas para contribuyentes solteros, para contribuyentes con cargos familiares, etc.).

4. La exclusión de la renta del segundo perceptor para calcular el tipo medio de gravamen, pero aplicando luego dicho tipo medio a la renta agregada de ambos.

Tributación individual

Frente a la tributación conjunta, la tributación individual en un impuesto progresivo puede resultar a menudo ventajosa para las familias en las que ambos cónyuges obtienen retribuciones de similar cuantía individual y puede incentivar al cónyuge inactivo a participar en el mercado de trabajo, en la medida en que su renta será sometida a tipos marginales de gravamen más reducidos que en la opción familiar. Bajo la modalidad individual de tributación, los gobiernos pueden además tratar de igualar la carga tributaria de las parejas con idéntica renta total pero diferente distribución de las retribuciones entre los cónyuges recurriendo a deducciones y/o créditos de impuesto especiales que pueden ser transferibles entre ambos (como sucede en Dinamarca, Islandia y los Países Bajos). De hecho, prácticamente la mitad de los países que cuentan con tributación individual pura conceden deducciones y/o créditos de impuesto específicos por cónyuge dependiente y/o beneficios basados en la renta familiar. Estas disposiciones pueden surtir en la práctica algunos de los mismos efectos que la declaración conjunta.

Los principales problemas que aquejan a la tributación individual son, como ya se ha anticipado, sus mayores costes administrativos, al implicar mayor número de declaraciones que la tributación familiar, y también mayores posibilidades de elusión fiscal. Con la tributación individual son, ciertamente, mayores las posibilidades de trasvases de rentas (en particular rentas no laborales) hacia los miembros de las familia sin o con menores ingresos, con la consiguiente merma de la progresividad del impuesto, y, por añadidura, también las dificultades para la atribución de rentas no laborales entre ellos. A este respecto, la Administración podría atribuir parcial o totalmente las rentas no laborales al cónyuge con mayores ingresos, pero, al hacerlo, aparte de aumentar la complejidad del gravamen, podría también propiciar arbitrariamente que este acabase pagando impuestos por una renta no controlada por él. En el otro extremo, si las parejas pudiesen elegir libremente, las rentas no laborales acabarían, con seguridad, trasvasándose al cónyuge con menor renta imponible, lo que supondría una importante merma en la recaudación impositiva.

En la elección de la unidad contribuyente del impuesto sobre la renta debe existir, en suma, un equilibrio entre los aspectos de equidad y de atribución de rentas, por un lado, y la necesidad de facilitar incentivos laborales al segundo perceptor y no distorsionar las decisiones matrimoniales, por otro. Aun así, no debe olvidarse que los efectos totales de los programas públicos sobre la oferta de trabajo no solo dependen del elemento o factor fiscal, sino además de los sistemas de beneficios y prestaciones sociales por razones familiares. En este sentido, algunos países de la OCDE tratan de incentivar la entrada en el mercado de trabajo de los dos cónyuges mediante la concesión de reducciones fiscales de distintas modalidades, algunas de ellas tipificadas como reducciones por gastos profesionales, por gastos de transporte y por gastos de guardería. Otros países, en cambio, considerando los sacrificios que deben asumir las familias cuando el segundo perceptor decide permanecer en el hogar para ocuparse de los hijos y renuncia por tanto a la posibilidad de obtener ingresos propios, han optado, por lo general, por conceder al perceptor principal una deducción en la base o un crédito de impuesto.

Siguiendo la tendencia internacional surgida entre los años 80 y 90 del pasado siglo, en España el Tribunal Constitucional declaraba en 1989 inadmisible la tributación conjunta obligatoria, por discriminar a unos contribuyentes frente a otros por su estado civil, lo que ha supuesto la consolidación de la tributación independiente, aunque se admite la opción de la tributación conjunta con una deducción variable.

5.6. Rentas irregulares

En el análisis de la renta como base del impuesto surgen otros problemas derivados de la progresividad del impuesto.

Por lo general, en los impuestos sobre la renta personal el período impositivo suele ser el año natural. El sujeto recibe rentas desde que se incorpora al mercado de trabajo hasta su jubilación, pero, por razones obvias de conveniencia, no se espera hasta su fallecimiento para someterlas a imposición, sino que se gravan anualmente.

El fraccionamiento del período impositivo en períodos anuales acarrea, no obstante, ciertos problemas en el tratamiento de las denominadas *rentas irregulares*. Estas son rentas cuyo período de generación supera el año, de modo que, aunque se obtienen en un período impositivo concreto, comienzan a generarse en otro precedente. Dos ejemplos de rentas irregulares son los ingresos percibidos en un año concreto en concepto de indemnización por despido y calculados de acuerdo con los años trabajados en la empresa, así como las ganancias de capital realizadas con un período de generación superior al año pero no sometidas a imposición antes de su realización. El principal problema que plantean tales rentas es que, en presencia de un impuesto progresivo sobre la renta, la acumulación de ingresos que implica la irregularidad en su percepción puede originar al sujeto perceptor un exceso de tributación en el período de obtención, al obligarle a pagar una factura impositiva superior a la que habría afrontado si hubiera obtenido la misma renta de forma regular a lo largo de varios años. Otro problema adicional asociado a las rentas irregulares, no menos importante que el anterior, es que la ausencia o escasez de ingresos en su perceptor en algún año podría privarle del beneficio del mínimo exento o de otras deducciones establecidas generalmente en el impuesto. Esto significa, en otras palabras, que dos personas que obtuviesen la misma renta al cabo de un cierto número de años, pero una de forma regular y la otra con gran irregularidad, al punto de no alcanzar en determinados años el límite o umbral de imposición y sobrepasándolo en otros, resultarían desigualmente gravadas por el juego del mínimo exento y las demás deducciones, por cuanto esta última no se beneficiaría plenamente de tales reducciones impositivas en los años con baja renta. En definitiva, dos importantes problemas en las rentas irregulares que se traducen en una clara vulneración del principio de equidad horizontal.

Para resolver estas inequidades puede recurrirse a distintos mecanismos, entre los que cabe destacar cinco:

a) *Sistema de promedio simple*. Propuesto por Simons, este sistema consiste en liquidar anualmente el impuesto durante un período previamente establecido. No obstante, si al final del período el contribuyente lo solicitase, se volvería a liquidar el impuesto, aplicando ahora la tarifa a una base anual equivalente a la renta promedio de ese período. De este modo, si la cuota pagada en alguno de los años considerados superase a la obtenida a partir de la renta promedio, la Hacienda debería proceder a la devolución del exceso de recaudación sobre la cuota global calculada.

En términos algebraicos, si denominamos Y_1, Y_2, Y_3, Y_4 a las rentas de cuatro años sucesivos, y T_1, T_2, T_3 y T_4 a los impuestos pagados en cada año, la renta promedio (Y^*) equivaldrá a:

$$Y^* = \frac{Y_1 + Y_2 + Y_3 + Y_4}{4} \qquad (5.12)$$

La cuota resultante de aplicar la tarifa será, a su vez:

$$T^* = tY^* \qquad (5.13)$$

En consecuencia, si, por ejemplo, $T_1 > T^*$, Hacienda devolverá al contribuyente la diferencia por exceso resultante.

El principal inconveniente de este sistema es que obliga al contribuyente a conservar los comprobantes de los pagos impositivos y que exige un mayor esfuerzo a la Administración.

b) *Sistema de promedios móviles*. A diferencia del anterior, el impuesto se aplica ahora a la renta promedio del año considerado y de varios anteriores. Es decir, se aplica a una renta promedio (Y^*) tal que:

$$Y^* = \frac{Y_{t-n} + \cdots + Y_{t-1} + Y_t}{n+1} \qquad (5.14)$$

donde t es el año considerado, n el número de años anteriores y $n+1$ el período objeto de promediación.

A causa de su gran sencillez, han sido varios los países que han adoptado este sistema. En su contra cabe señalar, no obstante, que puede generar un serio problema de liquidez a los sujetos que no obtengan renta un año y, pese a ello, deban pagar impuestos por rentas correspondientes a años anteriores. Asimismo, el papel del impuesto sobre la renta como instrumento de estabilización automática se debilitaría, en la medida en que el impacto de los aumentos de las rentas sobre la recaudación experimentaría retrasos.

c) *Sistema de promedio móvil a tipo fijo.* En este sistema la alícuota aplicada a la renta promedio es el tipo medio efectivo del período de promediación, estimado mediante el cociente entre la recaudación de dicho período y su renta global correspondiente. Su principal ventaja radica, pues, en que implica una significativa reducción de los tipos de gravamen aplicados.

d) *Sistema de promediación con anualidades.* En este sistema, inicialmente se estima la anualidad o porción de la renta irregular atribuible a cada año, dividiéndose las rentas irregulares por el número de años en que se han generado. Luego, se incorpora la anualidad correspondiente al año de obtención de las rentas a la base imponible regular del impuesto, se aplica a esta base la tarifa en vigor y se calcula el tipo medio de gravamen. Este tipo impositivo medio se gira posteriormente sobre el resto de las rentas irregulares, tributando así todas ellas en el ejercicio en que se obtuvieran. El mérito más destacable de este mecanismo es que, al no considerar en la estimación del tipo medio de gravamen las anualidades de renta irregular correspondientes a los años anteriores al de su obtención, no afectan a la progresividad del impuesto. La contrapartida sería, no obstante, su complejidad. Se trata del sistema aplicado en España hasta 1998.

e) *Reducción porcentual de las rentas irregulares.* Bajo este sistema, cuya principal virtud es su sencillez, las rentas irregulares se reducen en un porcentaje concreto establecido por la ley, que puede o no aumentar con el período de generación. De este modo, al excluirse del impuesto cierta porción de estas rentas irregulares, el tipo efectivo que se les aplica deviene inferior. Este es el sistema aplicado en España desde 1999 (en virtud de la Ley 40/1998, de 9 de diciembre, del Impuesto sobre la Renta de las Personas Físicas), y que autoriza una reducción del 40% desde 2002 (del 30% hasta estos años) del importe de las rentas irregulares con un período de generación superior a dos años.

5.7. La inflación y el impuesto sobre la renta personal[9]

Un problema de especial relevancia en el ámbito del impuesto sobre la renta personal es el que tiene su origen en el impacto de la inflación. Este impacto se produce, básicamente, por tres vías distintas: los efectos sobre la base imponible; los efectos

---

[9] El interés de los economistas por los efectos de la inflación sobre el impuesto sobre la renta y sus mecanismos correctores alcanzó gran notoriedad en la década de los setenta del pasado siglo, por la intensidad que registró a la sazón el crecimiento de los precios en los países industrializados. Este interés sigue vivo hoy, no obstante, pues, aunque los procesos inflacionarios han remitido considerablemente en el concierto internacional, las distorsiones que se les asocian son de consideración.

sobre la tarifa, que, junto a las distorsiones generadas en las exenciones y deducciones fijas, dan origen a la denominada *progresividad en frío o rémora fiscal inflacionaria*; y los efectos sobre la recaudación del impuesto, más conocidos como desfases y retardos recaudatorios.

Efectos sobre la base imponible

La inflación provoca una importante distorsión en la determinación de la base imponible del impuesto sobre la renta, por cuanto reduce el valor real de las exenciones y deducciones fijas, concedidas en él para graduar la carga impositiva a las circunstancias personales y familiares de los contribuyentes y elevar su progresividad, así como el de las rentas y ganancias de capital. Al establecerse en términos monetarios, el aumento del nivel general de precios origina una reducción del valor real de las rentas del capital pese a que su tributación permanece invariable. Análogamente, la inflación genera ganancias de capital meramente nominales.

Progresividad en frío o rémora fiscal

En ausencia de mecanismos correctores, la progresividad real de un impuesto formalmente progresivo sobre la renta puede verse resentida por un doble efecto de la inflación ya conocido:

– La ya referida disminución del valor de los mínimos exentos y las deducciones fijas en términos reales.

– Los incrementos en los pagos impositivos inducidos por los aumentos en las rentas nominales que resultan de los ajustes a la inflación. En un impuesto progresivo sobre la renta, en el que por lo general la escala impositiva se establece en términos nominales, de forma que asigna tipos impositivos mayores a rentas nominales crecientes, la reposición de la merma de la capacidad adquisitiva de las rentas de los sujetos que en la vida real sigue al aumento general de los precios, implica normalmente incrementos ficticios en la renta que desplazan a los contribuyentes hacia tramos de renta nominal y tipos marginales superiores, pese a la constancia de esa renta en términos reales a lo largo del tiempo. En ausencia de mecanismos correctores, la inflación genera, en suma, incrementos en los pagos impositivos del impuesto sobre la renta que no se corresponden con aumentos reales en la capacidad de pago de los contribuyentes.

En términos analíticos, este efecto puede ilustrarse partiendo de la expresión:

$$T = t(B)B \qquad (5.16)$$

que refleja que la cuota del impuesto sobre la renta personal (T) es el resultado de aplicar el tipo impositivo (t) a la base (B), y que dicho tipo impositivo no varía conforme lo hace la base.

No obstante, si a continuación descomponemos la expresión anterior en términos de la base monetaria y la base real del impuesto, se obtiene una nueva expresión, tal que:

$$T = t(Bm)BrP \tag{5.17}$$

donde t es el tipo impositivo (que depende de la base monetaria), Bm la base monetaria, Br la base real y P el nivel de precios.

Nueva expresión la (5.17) que, a su vez, puede exponerse en términos de tasas de crecimiento, en la forma:

$$\frac{dT}{T} = \frac{dt}{t} + \frac{dBr}{Br} + \frac{dP}{P} \tag{5.18}$$

Ecuación última que, en definitiva, atestigua que si la base imponible aumenta solo en términos nominales $\left(\text{de suerte que } \frac{dBr}{Br} = 0\right)$, la tasa de crecimiento de la cuota tributaria $\left(\frac{dT}{T}\right)$ aumentará a consecuencia del incremento de los precios $\left(\frac{dP}{P}\right)$, al inducir este un incremento del tipo impositivo $\left(\frac{dt}{t}\right)$ en razón de la progresividad del impuesto.

Para corregir este doble efecto de la inflación sobre el impuesto personal sobre la renta, comúnmente conocido con la expresión de *progresividad en frío* o *rémora fiscal inflacionista*, se han propuesto distintas soluciones; a saber:

a) Un ajuste anual o una indiciación de las exenciones y deducciones de cuantía fija.

b) El establecimiento de una tarifa tal que la carga impositiva aumente a una tasa igual a la tasa de inflación. Esta vía de corrección puede instrumentarse o bien deflactando automática y anualmente la tarifa, o bien practicando políticas discrecionales de ajuste.

c) Como alternativa al punto anterior, el mantenimiento de la misma tarifa, pero deflactando la base o renta monetaria (Bm) que obtiene un sujeto y aplicando a esa renta real o deflactada ($Br = Bm/P$) el tipo correspondiente. Este sistema no se utiliza en ningún país, pues obliga a determinar los deflactores adecuados.

Efectos sobre la recaudación: los desfases o retardos recaudatorios

Finalmente, una inflación aguda puede también reducir sustancialmente el valor real de la recaudación obtenida por el Sector Público mediante el impuesto sobre la renta, en la medida en que los pagos impositivos se realizan en el ejercicio que sigue a aquel en el que los sujetos obtienen sus ingresos. Para resolver este problema, que se presenta igualmente, aunque en sentido contrario, en los casos de deflación aguda, pueden adoptarse tres mecanismos correctores: los sistemas de retenciones en la fuente u origen de la renta y de pagos fraccionados frecuentes, bajo los cuales los pagos impositivos se realizan durante el ejercicio en que se obtiene la renta, y la indiciación de la deuda tributaria de acuerdo con la tasa de inflación. Todos estos mecanismos pueden generar, no obstante, discriminaciones entre los contribuyentes. La no generalización del sistema de retención a todas las clases de renta discriminaría a favor de quienes obtienen sus rentas sin retenciones, al permitirles aplazar los pagos impositivos y reducir con ello su carga tributaria real.

5.8. La incidencia del impuesto personal sobre la renta

En principio, bajo las suposiciones del modelo de Harberger, un impuesto proporcional sobre la renta de las personas físicas de carácter general, con tipos idénticos sobre todas las rentas, podría suponerse que es distributivamente neutral, en el sentido de que afecta proporcionalmente a la renta de todos los sujetos. Los contribuyentes no podrían obviar el impuesto trasladándose de las actividades gravadas a las no gravadas. Consiguientemente, el gravamen recaería sobre los contribuyentes en proporción a sus rentas, de tal forma que su incidencia legal coincidiría con su incidencia económica. Sin embargo, tal afirmación está sujeta a varias cualificaciones.

En concreto, su verificación en el mundo real dependerá, obviamente, del cumplimiento en el conjunto de la economía de la suposición de unas ofertas de capital y trabajo totalmente inelásticas. Desde el punto de vista de las *fuentes de renta*, la reducción originalmente proporcional de los rendimientos de todos los factores podría verse alterada sustancialmente, según cuál fuese la elasticidad-renta de la oferta de cada factor. Si algún factor reaccionara restringiendo fuertemente su oferta, la caída de su retribución se detendría, cuando menos parcialmente. Otros tienen la oferta más rígida y tendrán que acomodarse a una nueva situación en la que una prestación prácticamente igual de servicios irá acompañada con un rendimiento menor.

Desde la perspectiva de los *usos de la renta*, la reducción en las retribuciones implicará un cambio en la demanda de los sujetos que puede originar alteraciones diferentes en los precios de los distintos bienes y servicios adquiridos en el mercado.

En consecuencia, aunque no se puede afirmar nada con carácter general, la suposición de que los efectos distributivos de un impuesto proporcional sobre la renta son neutrales, supone también la admisión de supuestos «heroicos» sobre las reacciones de los sujetos.

Si a estas circunstancias se añaden otros aspectos prácticos que hacen que en la realidad fiscal de los diferentes países el impuesto sobre la renta difiera de un impuesto proporcional de carácter general, tendremos una visión completa que avala la no neutralidad efectiva del impuesto. Tales aspectos pueden resumirse como sigue:

1. La *progresividad*. El impuesto sobre la renta suele ser progresivo en los diferentes sistemas fiscales, y es sabido que un impuesto progresivo sobre la oferta de factores tiende a mostrar un efecto sustitución más acusado que un impuesto proporcional y, en consecuencia, los cambios en las retribuciones reales relativas de los factores se alejarán en forma sustancial de la derivada de la propia estructura de la progresividad.

2. En la práctica, el impuesto no se comporta como estrictamente general, dado que no alcanza o alcanza parcialmente a los rendimientos no monetarios, como, por ejemplo, el autoconsumo.

3. Un tercer aspecto a considerar es la falta de competencia, que tiene especial importancia, desde el punto de vista que ahora nos ocupa, en los mercados de los factores productivos, y particularmente en el mercado de trabajo, a través de las negociaciones colectivas. La consecuencia de la falta de competencia es que la divergencia entre la incidencia real del impuesto y el patrón formalmente establecido en la ley es mayor que cuando existe un mercado puramente competitivo; aunque la magnitud de esa divergencia no puede determinarse en el estado actual del conocimiento.

5.9. Tendencias de reforma del impuesto sobre la renta personal

Aun cuando todavía no parece haber consenso acerca de cuál es el impuesto personal sobre la renta ideal, desde mediados de la década de los 80 del siglo pasado numerosos países han emprendido reformas profundas de esta importante figura impositiva, guiados por la búsqueda de un marco fiscal más competitivo que fomente el ahorro y la inversión, la asunción de riesgos, la iniciativa empresarial y los incentivos laborales, sin pérdida sustancial de la justicia, simplicidad y aceptabilidad de sus sistemas fiscales.

Lideradas por las iniciativas del Reino Unido en 1984 y de Estados Unidos en 1986, la mayoría de estas reformas del impuesto sobre la renta se han articulado en torno a la reducción de la tarifa de tipos impositivos y la ampliación de la base del gravamen. Mientras a mediados de los años 80 la mayor parte de los países de la OCDE contaban con tipos marginales máximos que superaban el 65 por ciento, en la actualidad la mayoría de ellos aplican tipos máximos inferiores al 50 por ciento, y en muchos casos muy por debajo de este límite. De este modo, la aplicación de tipos marginales elevados a los niveles superiores de renta con propósitos redistributivos habría perdido peso frente a otros elementos de la estructura del impuesto, tales como los mínimos exentos y reducciones en la base y los créditos fiscales. Como pasos destacables en esta dirección, han de considerarse, sin duda, la reciente implantación de impuesto lineal sobre la renta del 19 por ciento en la República de Eslovaquia, así como los créditos de impuesto introducidos en diversos países europeos (entre los que figuran Francia y Reino Unido) para los trabajos de baja capacitación profesional, con propósitos redistributivos y de creación de empleo a la vez.

Paralelamente, algunos otros países han optado por la adopción de impuestos semiduales sobre la renta, gravámenes en los que toda o parte de la renta personal del capital se somete a tipos impositivos (por lo general proporcionales) más bajos que los aplicados a las rentas salariales (normalmente progresivos). Sin embargo, solo algunos países escandinavos (Finlandia, Noruega y Suecia) decidieron implantar en la década de los 90 impuestos duales, caracterizados por la aplicación de un tipo de gravamen proporcional sobre la renta neta (rentas del capital, salarios y pensiones menos reducciones) y, adicionalmente, tipos impositivos progresivos sobre la renta bruta del trabajo y las pensiones, estableciendo así una suerte de doble gravamen sobre las rentas del trabajo y reducciones impositivas independientes del nivel de renta. Este desplazamiento desde una imposición comprehensiva sobre la renta, en la que la renta agregada de distintas fuentes es gravada a los mismos tipos de gravamen, hacia una imposición dual o semidual, en la que las rentas del capital son sometidas a tipos inferiores a los aplicados a las rentas del trabajo, parece haber encontrado justificación en la elevada movilidad internacional del capital y la integración de los mercados de capitales. Con ellos se reconoce que la movilidad del capital dificulta la imposición progresiva de sus rentas y se procede por tanto a gravarlas de forma uniforme y con un tipo relativamente bajo.

Todas estas reformas y propuestas de reforma del impuesto sobre la renta personal pueden contemplarse, en rigor, como respuestas a los múltiples retos que los gobiernos de los países de la OCDE tienen planteados: mantener o incrementar sus gastos, para hacer frente al envejecimiento de la población, al desempleo, a la creación o sustitución de las infraestructuras físicas y a los restantes objetivos públicos; reducir los obstáculos para la creación de empleo y aumentar los incentivos al trabajo; reducir otras distorsiones impositivas y elevar la eficiencia del sistema fiscal en su conjunto, suprimiendo o reduciendo reducciones e incentivos fiscales discriminatorios entre formas específicas de ahorros e inversiones que pueden generar comportamientos de *arbitraje fiscal* (cambios inducidos por esos incentivos) en los agentes privados; lograr un sistema fiscal más competitivo, tratando de adaptarlo a un contexto internacional caracterizado por una alta movilidad espacial de las bases imponibles (renta de las sociedades, renta personal del capital, rentas del trabajo de ciertos tipos de profesionales y expertos, etc.) y una creciente globalización, y simplificar el sistema fiscal para mejorar el cumplimiento de los contribuyentes con sus obligaciones tributarias y reducir los costes administrativos.

La simplificación del sistema fiscal se considera hoy, ciertamente, como sinónimo de mayor neutralidad y mayor justicia impositivas. Bajo este argumento, desde el último decenio del siglo pasado han sido numerosos los países de la OCDE que han adoptado medidas para retirar el tratamiento favorable que venían dando en el impuesto sobre la renta a determinadas formas o fuentes de renta, para eliminar o reducir las reducciones fiscales concedidas a ciertos gastos específicos y con finalidad incentivadora y/o para reemplazar en tales casos las reducciones (exenciones o deducciones) en la base imponible por créditos de impuesto[10].

En consecuencia, aun cuando el impuesto sobre la renta personal nació con vocación de justicia y equidad, lo cierto es que en los últimos tiempos las sociedades modernas han experimentado un notable cambio en la preferencia de los valores sociales. En la actualidad, el objetivo prioritario entre las valoraciones que presiden el diseño de la estructura de un sistema tributario ha pasado a ser la neutralidad de la imposición, de manera que los impuestos han de ser preferentemente eficientes y no distorsionantes. El criterio de simplicidad administrativa de la imposición ha ascendido asimismo en la escala de valores sociales, ocupando hoy un lugar relevante en ella. De hecho, aunque presente aún entre las preferencias colectivas, la equidad parece haberse visto relegada a una posición postrera en esta trilogía de valores.

Este cambio de ordenación en las preferencias sociales ha generado tensiones que se han traducido, como ya se ha visto, en una clara tendencia a la reforma del impuesto sobre la renta personal. Todas esas reformas y propuestas de reforma del impuesto pueden diferenciarse, según propugnen la reforma del gravamen en vigor o su supresión y sustitución por un impuesto sobre el gasto personal, en cuatro líneas o vías concretas:

1. La vía tradicional, consistente en la conversión del impuesto personal sobre la renta en un impuesto sobre la renta amplia, extensiva o comprehensiva, con una misma tarifa progresiva para todas las clases de rentas (rentas del capital y del trabajo), y en el que los gastos deducibles se reducirían a la mínima expresión, la tarifa quedaría sensiblemente simplificada y los tipos impositivos descenderían sustancialmente[11].

---

[10] Entre las formas o fuentes de renta a las que se les ha dado un tratamiento favorable en el impuesto sobre la renta, destacan los rendimientos en especie, las contribuciones a sistemas de aseguramiento de renta y planes y fondos de pensiones a cargo de las empresas o los empleados, la renta imputada a la vivienda de uso propio, las ganancias de capital y las prestaciones de bienestar. Asimismo, los gastos de asistencia médica, las primas de ciertos seguros, las pérdidas por robo, incendio y otros siniestros, las inversiones en valores mobiliarios y en vivienda propia, las donaciones a instituciones benéficas o culturales, etc. son gastos que tradicionalmente han gozado de beneficios fiscales, en las formas de reducciones en la base del impuesto o de créditos de impuesto. El tratamiento fiscal favorable de algunas de esas formas o fuentes de renta y gastos específicos habría provocado, sin duda, entre otros efectos, una excesiva proliferación de unas y otros, que habría supuesto la erosión de la base imponible, distorsiones en las decisiones de empleo, consumo e inversión, y la vulneración de los principios de equidad vertical y de equidad horizontal del impuesto.

[11] La idea que subyace a esta línea tradicional de reforma es, pues, la de mantener la estructura del impuesto, pero corrigiendo los principales fallos detectados en él, con el propósito último de: acercar la renta efectivamente gravada a la definición económica de renta fiscal, de acuerdo con el concepto de renta extensiva formulado por Haig-Simons; reducir al mínimo, o incluso eliminar, los gastos fiscales, es decir, las reducciones practicadas corrientemente en la carga tributaria, al amparo del argumento de que tales concesiones

2. El cambio impositivo hacia un impuesto dual o semidual sobre la renta, ambos ya definidos en líneas anteriores.

3. La conversión del impuesto personal en un impuesto lineal sobre la renta, basado, en una primera aproximación, en un concepto de renta extensiva y un tipo de gravamen proporcional y único sobre la renta neta (rentas del capital y del trabajo y otras rentas menos todas las deducciones), de tal manera que las rentas laborales y del capital son gravadas con el mismo tipo impositivo y el valor de las reducciones es independiente del nivel de renta de los contribuyentes. Este impuesto lineal puede adoptar, no obstante, diferentes variantes:

a) Un tipo único, sin ninguna reducción impositiva básica o mínimo exento, de suerte que toda la renta (positiva) se grava con un tipo fijo.

b) Un tipo único, con un mínimo exento general (MEG), de modo que toda la renta (positiva) en exceso de ese mínimo se grava con un tipo fijo.

c) Conocida generalmente como *propuesta de Hall-Rabushka* (1983), un tipo de gravamen único sobre todas las remuneraciones de los empleados que excedan de un mínimo exento general, acompañado de un impuesto sobre todas las rentas de las empresas (societarias y no societarias), con el mismo tipo de gravamen, y cuya base imponible equivaldría a la diferencia entre el valor añadido, estimado sobre la base del flujo de fondos (véase el Apéndice del Capítulo 7), y las remuneraciones de los empleados.

d) Un tipo impositivo único, junto con un crédito de impuesto recuperable, retornable o reembolsable (denominado en la propuesta *renta básica*) igual para todos los individuos, con independencia de sus niveles de renta (y equivalente, por tanto, en la práctica, a un impuesto negativo sobre la renta para los niveles inferiores de renta). En esta última modalidad de impuesto lineal, conocida a menudo como *impuesto lineal con renta básica*, el gravamen se giraría sobre la renta personal y la *renta básica* (RB) reemplazaría, supuestamente, a todos los beneficios de la Seguridad Social.

En consecuencia, el impuesto lineal puede basarse en la renta o en el consumo; puede incluir solo la renta personal o tanto la renta personal como la empresarial; puede ser proporcional o progresivo, esto último a través del mínimo exento general o del crédito de impuesto, y puede, en fin, incluir también una *renta básica* que sustituya a los benefi-

---

fiscales cercenan la justicia, claridad y eficiencia del gravamen; corregir las distorsiones más importantes originadas por la inflación, evitando la progresividad en frío mediante la corrección de las tarifas y ajustando las deducciones que se expresan en términos monetarios; reducir los tramos de las tarifas, simplificando así la declaración de la renta y evitando los efectos perversos que se imputan a los tipos marginales crecientes de estas tarifas de renta, aun a costa de renunciar en alguna medida a la equidad, y simplificar los medios administrativos, mejorando la capacitación del personal de la Administración Fiscal y las técnicas de investigación o inspección de las bases.

cios de la Seguridad Social. Todas estas propuestas de impuesto lineal sobre la renta comparten, en todo caso, el rasgo de que el tipo de gravamen único se combina con la supresión de todas o casi todas las reducciones de la base y de los créditos de impuesto.

4. La sustitución del impuesto personal sobre la renta por un impuesto sobre el gasto personal. Bajo este impuesto se someterían a imposición exclusivamente los gastos de consumo, quedando así el ahorro exento de impuesto. En concreto, con él se gravaría regularmente (sobre la base de la declaración del contribuyente en cada ejercicio fiscal) el gasto total de consumo realizado por el sujeto durante el período fiscal, teniendo en cuenta sus circunstancias personales y familiares por la vía de las deducciones.

En teoría, la base imponible del impuesto equivaldría, por consiguiente, al valor monetario de los bienes consumidos por la unidad contribuyente durante el período impositivo; en la práctica, si embargo, su determinación no sería una tarea exenta de dificultades. Los métodos de estimación propuestos a tales efectos han sido dos:

a) El método de estimación directa del gasto, que consistiría en determinar la base imponible mediante la suma de todos los gastos realizados por el sujeto pasivo a lo largo del período impositivo. Este sería, sin embargo, un método administrativamente complejo, al exigir a los contribuyentes el registro de numerosos documentos contables.

b) El método de estimación indirecta del gasto, que, como tal, se sustenta en la previa existencia de un impuesto sobre la renta, y que define el gasto en bienes de consumo como la diferencia entre los ingresos del período y el ahorro. En este impuesto, la base imponible se estimaría deduciendo de la suma de los ingresos de caja (ingresos corrientes, ingresos obtenidos por la venta de bienes de equipo, donaciones y herencias, préstamos recibidos, premios de lotería y similares) y del ahorro negativo (reducción de depósitos bancarios, venta de títulos valores, etc.) los gastos no consuntivos (gastos necesarios para la obtención de rendimientos, inversiones en actividades generadoras de renta y nuevo ahorro, es decir, incremento de depósitos bancarios, incremento de títulos-valores, etc.). En cuanto a los bienes de consumo con afinidades con los bienes de inversión, tales como, por ejemplo, los bienes de consumo duradero, se ha sugerido la imputación cada año de una porción de consumo en función de su uso.

En último término, al igual que en el impuesto personal sobre la renta, las alternativas para la elección de la unidad contribuyente (sujeto pasivo) de este gravamen serían, en lo esencial, dos: el individuo o la unidad familiar. En este último caso, al tratarse de un impuesto progresivo, se presentaría asimismo el problema derivado de la acumulación de gastos.

En líneas generales, puede decirse que los sistemas de imposición lineal son más simples y probablemente más eficientes (menos distorsionantes) que los restantes, pero se preocupan relativamente menos de la redistribución, y, a su vez, que estos sistemas y los impuestos duales sobre la renta suelen conceder menos reducciones e incentivos fiscales que los impuestos comprehensivos sobre la renta.

En el ámbito de la OCDE, ningún país aplica o ha aplicado un impuesto sobre el gasto personal, ni tampoco cuenta, en rigor, con un impuesto personal comprehensivo, dual o lineal sobre la renta en sentido puro o pleno. Todos ellos conceden un tratamiento especial a ciertas clases de rentas (entre otras, a las retribuciones en especie y a la renta de la vivienda propia), y la mayoría exigen contribuciones de la Seguridad Social solo a las rentas del trabajo. Por ello, puede decirse que, en la práctica, casi todos los países de la OCDE recurren a impuestos semicomprehensivos, semilineales o semiduales, siendo estos últimos especialmente corrientes. Distinguir entre estos sistemas mixtos no es siempre una tarea fácil. Se trata, más bien, de una cuestión de interpretación y, como tal, abierta a discusión. No obstante, como simple aproximación, puede señalarse que, mientras los sistemas de imposición semiduales gravan la mayor parte de las rentas del capital a tipos más bajos y a menudo proporcionales y las rentas del trabajo a tipos progresivos, los sistema semicomprehensivos someten a la mayoría de las rentas del capital a tipos progresivos y más elevados que los que aplican a las rentas del trabajo[12].

En el Apéndice a este capítulo se analiza con algún detalle, en forma esquemática, la experiencia internacional de los sistemas dual, semidual y lineal de imposición sobre la renta y del sistema de imposición sobre el gasto personal, así como los principales argumentos a favor y en contra de tales figuras impositivas, a la luz de los principios impositivos de equidad, eficiencia y simplicidad administrativa.

Glosario de términos y conceptos

Créditos de impuesto
Desfases o retardos recaudatorios
Ganancias (pérdidas) de capital realizadas
  y no realizadas
Impuesto lineal sobre la renta
Impuesto sobre el gasto personal
Impuestos analítico y sintético sobre la renta
Impuestos duales y semiduales sobre la renta
Mínimo exento o umbral de tributación
Mínimo personal y familiar

Progresividad real o efectiva
Progresividad en frío (o rémora fiscal)
Progresividad formal o teórica
Reducción porcentual de las rentas irregulares
Renta extensiva o amplia (Haig-Simons)
Renta fiscal liquidable
Rentas irregulares
Sistema de acumulación parcial
Sistema de promediación con anualidades
Sistema de promedio móvil a tipo fijo

---

[12] Aunque en la práctica, como ya se ha señalado, sus sistemas de imposición se desvían en muchos aspectos del concepto de impuesto comprehensivo sobre la renta, Alemania, Australia, Canadá, Corea, Dinamarca, Estados Unidos, Irlanda, Luxemburgo, México, Nueva Zelanda, Reino Unido, Suiza y Turquía son países cuyos impuestos personales sobre la renta se aproximan a los sistemas de imposición comprehensivos o semicomprehensivos.

El impuesto personal sobre la renta

Sistema de promedios móviles
Sistema dualista o cedular
Sistemas de promediación de rentas (*splitting*, *quotient* familiar y *quotient* conyugal)
Sistemas de promedio simple
Sistemas personales de imposición
Sistemas reales de imposición (impuestos de producto)
Tarifas diferenciales
Tributación familiar
Tributación independiente
Unidad contribuyente

Resumen

- Frente al sistema real de imposición, forma primigenia de gravar la renta en numerosos países, que consistía en someter a imposición los rendimientos de las actividades productivas mediante impuestos distintos aplicados, de forma independiente, a cada rendimiento, los impuestos personales sobre la renta tratan de gravarla como un todo, suelen ser progresivos y tienen en cuenta las circunstancias personales y familiares del contribuyente. La experiencia comparada informa, no obstante, de que este sistema de imposición personal, lejos de haber sido uniforme, ha adoptado dos formas distintas en el concierto de naciones: el sistema dualista o cedular y el impuesto unitario sobre la renta, modalidad esta en la que, a su vez, cabe distinguir un sistema analítico y un sistema sintético de imposición.

- En la noción formulada por Simons y Haig, generalmente conocida como renta extensiva o amplia, la renta personal a efectos fiscales se define como la suma del valor monetario del consumo realizado por el sujeto durante un período y del cambio experimentado en el valor de su patrimonio (incrementos o pérdidas patrimoniales) entre el final y el principio de dicho periodo. Las dificultades con que tropieza en la práctica la aplicación de este concepto económico de renta fiscal, muchas de ellas de tipo administrativo, han determinado que los legisladores definan la renta fiscal explicitando los ingresos y las ganancias de capital realizadas integrantes de la renta bruta sometida al impuesto y autorizando la deducción en la base imponible y/o en la cuota (créditos de impuesto) de un conjunto de gastos (gastos necesarios para la obtención de los ingresos, gastos personales, gastos con fines incentivadores y reducciones personales y familiares).

- La progresividad formal del impuesto sobre la renta viene definida, básicamente, por la magnitud del mínimo exento o umbral de tributación, las deducciones específicas en la base o en la cuota del impuesto y la estructura de la tarifa o escala de tipos impositivos. Sin embargo, su progresividad real depende no solo de la definición de la renta fiscal y los elementos determinantes de su progresividad formal, sino también, y de forma significativa, de factores adicionales, tales como la unidad contribuyente adoptada, el tratamiento diferenciado de las rentas y ganancias de capital respecto a otras rentas (fundamentalmente las salariales), los efectos de la inflación sobre algunos elementos del impuesto, los efectos de incidencia del impuesto y el fraude fiscal.

- De acuerdo con la definición de Haig-Simons, las ganancias de capital o plusvalías deben someterse a imposición, por cuanto originan un aumento en la capacidad de consumo del individuo y, por tanto, también constituyen renta. No obstante, para ser consideradas como ganancias de capital, estas han de ser realizadas, no habituales y puras o reales, en el sentido de que el incremento de valor no debe derivar de reducciones en los tipos de interés de mercado o del incremento del nivel general de los precios. La decisión acerca de la conveniencia o no del gravamen de estas ganancias, cualquiera que sea la forma que este adopte, ha de sustentarse, en todo caso, en el conocimiento previo de los efectos que puede atribuírseles en los ámbitos de la equidad, la eficiencia económica, la estabilidad económica y la simplicidad administrativa.

- Respecto a la unidad contribuyente del impuesto, los argumentos a favor de la tributación familiar (o conjunta) son, en esencia, tres: que los cónyuges suelen administrar conjuntamente sus rentas y comparten las decisiones relativas al trabajo, consumo y ahorro; que es más económica de administrar que la opción individual, al implicar un menor número de declaraciones, y que limita también en gran medida las posibilidades de elusión fiscal que propicia esta otra forma de tributación, al ser menores las posibilidades de trasvases de rentas entre miembros de la familia.

- En ausencia de mecanismos correctores apropiados, la tributación familiar presenta, no obstante, dos importantes aspectos problemáticos: la denominada «penalización» del matrimonio, porque en presencia de una tarifa progresiva la acumulación de rentas en el cálculo del impuesto originaría una deuda tributaria superior a la suma de las deudas tributarias que hubiesen afrontado los miembros de la familia de haber tributado individualmente o por separado, y sus efectos desincentivo sobre la oferta de trabajo del segundo perceptor, en la medida en que la renta bruta (el primer euro) ganada por el segundo perceptor del hogar resultaría gravada al tipo marginal de gravamen (más elevado) aplicable al último euro ganado por el perceptor principal. Los países que optado por la tributación familiar se han dotado, no obstante, de ciertas técnicas que permiten corregir, al menos en parte, esos importantes problemas: principalmente, los sistemas de promediación de rentas (*splitting*, *quotient* familiar y *quotient* conyugal), el sistema de acumulación parcial, el sistema de tarifas diferentes y la exclusión de la renta del segundo perceptor para calcular el tipo medio de gravamen.

- En contraste con la opción familiar, la tributación individual puede resultar a menudo ventajosa para las familias en las que ambos cónyuges obtienen retribuciones de similar cuantía individual y puede incentivar al cónyuge inactivo a participar en el mercado de trabajo, pero, en contrapartida, sus costes administrativos y las posibilidades de elusión fiscal son mayores por las razones apuntadas.

- La elección entre la tributación familiar y la tributación individual ha de guiarse, en definitiva, por los consabidos criterios de equidad, eficiencia, y economicidad y simplicidad administrativas, al tiempo que no debe afectar a las decisiones de los contribuyentes respecto a su estado civil. La incompatibilidad entre algunos de estos criterios determina, no obstante, que en la elección de la unidad contribuyente deba adoptarse alguna solución de compromiso entre ellos.

- En presencia de un impuesto progresivo sobre la renta, la acumulación de ingresos que implican las rentas irregulares puede ocasionar también al sujeto perceptor un exceso de tributación en el periodo de obtención, al obligarle a hacer frente a una factura impositiva superior a la que habría afrontado si hubiera obtenido las mismas rentas de forma regular a lo largo de varios años. Los mecanismos a los que suele recurrirse para remediar estas inequidades son los denominados sistemas de promedios (promedio simple, promedios móviles, promedio móvil a tipo fijo y promediación con anualidades) y, como en España, la reducción porcentual de las rentas irregulares.

- La inflación afecta asimismo al impuesto sobre la renta por una triple vía: sus efectos sobre la base imponible, al reducir el valor real de las exenciones y deducciones fijas, así como el de las rentas y ganancias de capital; sus efectos sobre la tarifa, al implicar normalmente incrementos ficticios (no reales) en la renta que desplazan a los contribuyentes hacia tramos de renta nominal y tipos marginales superiores, y sus efectos sobre la recaudación impositiva, pues puede también reducir sustancialmente su valor en términos reales, en la medida en que los pagos impositivos se realizan en el ejercicio que sigue a aquel en el que los sujetos obtienen sus ingresos. Para corregir los dos primeros tipos de efectos de la inflación sobre el impuesto personal (comúnmente conocidos como progresividad en frío o rémora fiscal inflacionista), los procedimientos adoptados habitualmente en la experiencia comparada son la indiciación de las exenciones y deducciones de cuantía fija y la deflactación automática y anual de la tarifa o, en su defecto, políticas discrecionales de ajuste. En respuesta a los desfases y retardos recaudatorios, los mecanismos correctores pueden ser los sistemas de retenciones en la fuente u origen de la renta, los pagos fraccionados frecuentes y la indiciación de la deuda tributaria de acuerdo con la tasa de inflación. Estos mecanismos pueden generar, no obstante, discriminaciones entre los contribuyentes.

- Las circunstancias que rodean al impuesto sobre la renta en el mundo real avalan, por lo demás, su no neutralidad efectiva. En la experiencia comparada el impuesto suele ser progresivo, por lo que tiende a mostrar un efecto sustitución más acusado que un impuesto proporcional y, en consecuencia, los cambios inducidos en las retribuciones reales relativas de los factores distarán sustancialmente de los derivados de la propia estructura de la progresividad. En la práctica, además, el impuesto no es estrictamente general porque no grava o grava parcialmente los rendimientos no monetarios. Y, en último término, la falta de competencia en los mercados de los factores productivos, y en particular en el mercado de trabajo (a través de las negociaciones colectivas), hacen que la divergencia entre la incidencia real del impuesto y su incidencia legal sea mayor que en el caso de un mercado puramente competitivo.

- En la actualidad, el objetivo prioritario entre las valoraciones que presiden el diseño de la estructura de un sistema tributario ha pasado a ser la neutralidad de la imposición, de suerte que los impuestos han de ser preferentemente eficientes y no distorsionantes. El criterio de la simplicidad administrativa ha ascendido asimismo en la escala de valores sociales, ocupando hoy un lugar relevante en ella. De hecho, aunque presente aún entre las preferencias colectivas, la equidad parece haberse visto relegada a una posición postrera en esta trilogía de valores. Este cambio de ordenación en las preferencias sociales ha originado, en fin, tensiones que se han traducido en reformas o propuestas de reforma del impuesto sobre la renta personal en varias direcciones: el cambio hacia un impuesto dual o semidual sobre la renta, su conversión en un impuesto lineal sobre la renta o su supresión y sustitución por un impuesto sobre el gasto personal.

Apéndice al Capítulo 5

Impuestos duales y semiduales sobre la renta personal

Experiencia comparada

Con el propósito expreso de reducir las distorsiones impositivas, en particular las ocasionadas por la imposición de las rentas del capital y de las sociedades, y de redistribuir de forma continuada la renta mediante su tributación, Finlandia, Noruega y Suecia reemplazaron en la década de los 90 del siglo XX su sistema global de imposición sobre la renta, caracterizado por una tarifa común para todas las clases de renta, por un sistema de imposición dual articulado en un tipo de gravamen proporcional sobre toda la renta neta (rentas del capital, del trabajo y de las pensiones menos las deducciones) y, adicionalmente, tipos de gravamen progresivos sobre las rentas brutas del trabajo y de las pensiones. En consecuencia, las rentas del trabajo serían gravadas a tipos más elevados que los aplicados a las rentas del capital y el valor de las reducciones impositivas serían independientes del nivel de renta[13].

Pese a la experiencia de esos países nórdicos, en la práctica, como ya se ha señalado, no hay ningún país que aplique un impuesto dual sobre la renta totalmente puro, como tampoco los hay que exijan auténticos impuestos comprehensivos. En la mayoría de los países de la OCDE los impuestos sobre la renta exigidos pueden caracterizarse como semiduales o semicomprehensivos. Austria, Bélgica, Francia, Grecia, Holanda, Hungría, Islandia, Italia, Japón, Polonia, Portugal, República de Chequia y España, son, en concreto, países cuyos sistemas de imposición sobre la renta responden al concepto de impuestos semiduales. Estos impuestos se caracterizan por aplicar tipos de gravamen nominales diferentes sobre las diferentes clases de rentas, normalmente en las formas de un tipo de gravamen proporcional y bajo sobre todas o algunas clases de rentas del capital y tipos superiores y progresivos sobre las rentas del trabajo.

---

[13] En este modelo dual se consideran como rentas del trabajo los sueldos y salarios, los rendimientos del trabajo en especie, los beneficios de la Seguridad Social y la porción de los beneficios de actividades económicas realizadas por las personas físicas que pueden atribuirse al esfuerzo laboral de estas. En las rentas del capital se incluyen, a su vez, los dividendos, las ganancias de capital, los intereses, los alquileres y la porción de los beneficios de actividades económicas atribuibles al capital empleado en ellas. Así pues, para conferir el mismo tratamiento fiscal a los asalariados y a los empresarios, profesionales y trabajadores por cuenta propia, este sistema de imposición dual divide los beneficios en dos componentes: uno formado por las rentas del trabajo y el otro por las del capital, este último equivalente al rendimiento imputado a los ahorros invertidos en la actividad, empresa o negocio (en Noruega, el tipo de interés de los títulos-valores públicos a cinco años aumentado por una prima de riesgo del 4%). El componente considerado como rentas del trabajo tributaría así de acuerdo con la tarifa progresiva, mientras que la parte considerada como rentas del capital lo haría al tipo de gravamen proporcional.

En España, tras la aprobación de la Ley 35/2006, de 28 de noviembre, el impuesto sobre la renta se estructura en una denominada base del ahorro, que se halla integrada por los rendimientos del capital mobiliario y las ganancias de capital obtenidas por la enajenación de elementos patrimoniales, y que se grava con un tipo único del 18%, y una base general, en la que se incluyen las rentas del trabajo, las ganancias de capital no consideradas rentas del ahorro y determinadas rentas imputadas, y a la que se aplica la escala general de cuatro tramos y unas tarifas estatal y autonómica que oscilan entre el 15,66 y el 27,14% en el primer caso y entre el 8,34% y el 15,87% en el segundo.

Argumentos a favor

Las principales razones que se han esgrimido a favor de los sistemas de imposición dual o semidual pueden resumirse en las siguientes:

a) Para algunos autores (OCDE, 2006), ambos sistemas cumplen con el criterio de la equidad horizontal si la imposición de las distintas clases de rentas se considera por separado. Además, la redistribución de la renta se instrumenta mediante la imposición progresiva sobre las rentas del trabajo.

b) El tipo de gravamen bajo y proporcional sobre las rentas del capital consustancial a tales sistemas de imposición puede justificarse por los efectos de la interacción de la inflación y el impuesto sobre la renta, especialmente en períodos de inflación aguda. Los sistemas de imposición personal sobre la renta gravan normalmente las rentas nominales del capital, pese a que la inflación erosiona el valor real de los activos y de sus rendimientos. Un tipo de gravamen más reducido sobre las rentas personales del capital puede compensar, por tanto, el aumento de la carga tributaria que resulta de la imposición del rendimiento nominal de los ahorros y de la inversión (y que no se corresponde con un aumento real de la capacidad de pago de los sujetos.)

c) La imposición baja y neutral del capital genera importantes ganancias de eficiencia al reducir considerablemente las oportunidades de arbitraje fiscal.

d) La introducción de un impuesto dual o semidual sobre la renta dota, en gran medida, a los sistemas fiscales de una mayor neutralidad y competitividad, al adecuarlos a un contexto internacional caracterizado por una alta movilidad del capital (activos fijos y financieros) y diferencias fiscales significativas entre países, así como por una creciente globalización. Ante la dificultad de las Administraciones tributarias para controlar las rentas procedentes del exterior de sus residentes, el establecimiento de un tipo bajo sobre las rentas del capital reducirá los incentivos a las exportaciones de capital, aumentando con ello los fondos disponibles para la inversión interna y la recaudación de ingresos.

e) Un tipo de gravamen bajo sobre las rentas del capital reduce también el valor de las deducciones de los intereses de los capitales ajenos invertidos en las viviendas propias y, por ende, sus efectos negativos sobre la recaudación, la eficiencia y la equidad. En la mayoría de los países de la OCDE (incluidos aquellos con sistemas duales o semiduales sobre la renta), al tiempo que la renta imputada a la vivienda propia o no está gravada o está menos gravada que otras rentas (por ejemplo, las rentas de los alquileres), los pagos por intereses de los capitales ajenos invertidos en esta suerte de viviendas son plenamente deducibles de la base imponible del impuesto personal, lo que reduce pronunciadamente la recaudación obtenida por la vía de la imposición de las rentas del capital e incentiva en exceso la financiciación residencial mediante endeudamiento. Este beneficio fiscal es además mayor para los contribuyentes con rentas elevadas, en la medida en que son estos también los que tributan a tipos marginales más elevados.

f) Los sistemas duales o semiduales sobre la renta son más simples administrativamente que los comprehensivos, por cuanto en ellos se reducen considerablemente las deducciones y los créditos de impuesto.

Argumentos en contra

Frente a los argumentos favorables previamente comentados, los sistemas duales y semiduales han sido objeto asimismo de ciertas críticas. He aquí las más destacadas.

a) Al ser la base de valoración de estos gravámenes la renta anual, los contribuyentes con diferentes combinaciones de rentas del capital y del trabajo tributarán de forma diferente, lo que vulnera el principio de equidad horizontal.

b) El establecimiento de un tipo impositivo proporcional más bajo sobre las rentas del capital atenta también contra el principio de equidad vertical, en especial porque estas rentas tienden a concentrarse en los niveles superiores de la escala de rentas.

c) Ni siquiera en los países con sistemas de imposición más próximos a la imposición dual, todas las rentas del capital (personales y societarias) tributan al mismo tipo de gravamen, toda vez que en estos países la renta imputada a la vivienda propia y algunas formas de ahorro, como, por ejemplo, los planes y fondos de pensiones, gozan de un tratamiento fiscal más favorable que otras rentas del capital.

d) Tal y como se observa en la mayoría de los países con sistemas de imposición duales o semiduales, la tributación relativamente más baja del capital fomenta, especialmente en los empresarios y profesionales por cuenta propia, la conversión de rentas del trabajo en rendimientos del capital. Este efecto puede verse además agravado por el hecho de que a menudo las contribuciones a la Seguridad Social solo se exigen a las rentas del trabajo. Una extendida conversión de rentas del trabajo en rendimientos del capital reduce, ante todo, la equidad horizontal, porque hay individuos que pueden caracterizar parte de sus rentas del trabajo como rendimientos del capital y otros no; debilita también los efectos redistributivos efectivos de la imposición progresiva sobre las rentas del trabajo (equidad vertical), y genera, en fin, pérdidas de recaudación y de eficiencia.

Impuesto lineal sobre la renta

Experiencia comparada

Estonia fue, en 1994, el primer país europeo en introducir un impuesto lineal sobre la renta con un tipo de gravamen del 26% sobre las rentas personales y las rentas societarias, aunque desde el año 2000 las sociedades solo son gravadas (en la fuente) cuando distribuyen dividendos. Siguiendo este ejemplo, Rusia introdujo asimismo en 2001 un impuesto lineal sobre la renta personal con un tipo del 13%. Sin embargo, no ha sido sino la República de Eslovaquia el primer y único país de la OCDE que cuenta desde 2004 con un genuino impuesto lineal sobre la renta, articulado en un tipo de gravamen del 19% aplicado tanto a las rentas personales como a las societarias, que se utiliza asimismo como tipo de gravamen del IVA. En Polonia, por lo demás, se está considerando la posibilidad de introducir un impuesto lineal similar a este último.

Argumentos a favor

La defensa de la introducción de un impuesto lineal sobre la renta en sustitución de un impuesto sobre la renta personal se ha sustentado, en lo esencial, en seis razones:

a) El impuesto lineal cumple con el principio de equidad horizontal y es también progresivo, al crecer su tipo medio con la renta, como consecuencia de la existencia del mínimo exento.

b) La reducción de los tipos de gravamen del impuesto personal sobre la renta surtirá efectos positivos sobre la oferta de trabajo y el ahorro, al reducir los efectos distorsionantes del sistema de imposición progresiva, y favorecerá el crecimiento de la economía y del empleo, lo que a su vez incidirá positivamente sobre la redistribución.

c) La abolición o reducción de los gastos deducibles incrementará la justicia del sistema fiscal, con el consiguiente efecto positivo sobre la redistribución, tanto porque el valor de las reducciones (exenciones y/o deducciones) en la base en un sistema de imposición progresiva crece con la renta, como porque las personas pertenecientes a los niveles superiores de la escala de la renta pueden generalmente beneficiarse en mayor medida de tales reducciones que los individuos con rentas bajas y medias.

d) La abolición o reducción de las deducciones y de los incentivos fiscales eliminará o reducirá las distorsiones que los impuestos comprehensivos y progresivos generan en la oferta de trabajo y el ahorro, especialmente en la asignación entre sus distintas formas de ahorro cuando los tipos efectivos difieren de unas a otras, y convertirá los impuestos lineales en figuras más simples y comprensibles para los contribuyentes que esos sistemas de imposición sobre la renta.

e) Los costes de administración y ejecución de un impuesto lineal son menores que los de la imposición progresiva, porque en esta última figura los incentivos a la elusión y evasión fiscales aumentan con la renta del contribuyente, y ello, al afectar negativamente a la recaudación y a la eficiencia y justicia del sistema impositivo, socava la moral tributaria e incrementa esos costes.

f) Un sistema de imposición lineal basado en la renta básica implicaría adicionalmente una importante reforma del sistema de beneficios. Esta modalidad de impuesto lineal no solo simplificaría el sistema fiscal, sino también el de beneficios. Con ella no solo se pretendería introducir el impuesto lineal, sino además reemplazar todos los beneficios de la Seguridad social con una renta básica a la que tendrían derecho todos los individuos y cuya cantidad podría variar con la edad de estos.

Argumentos en contra

A la conversión de un impuesto convencional sobre la renta en un impuesto lineal se han puesto también, no obstante, algunas objeciones significativas; a saber:

a) Los efectos estáticos del cambio a la imposición lineal en el primer año tras la reforma impositiva probablemente se traducirán en rebajas impositivas más importantes para los individuos con rentas elevadas (Norwegian Flat Tax Commission, 1999), por lo que, para compensar con el paso del tiempo estos efectos distributivos iniciales, los efectos dinámicos de dicho cambio habrán de ser relativamente significativos.

b) Que el cambio impositivo genere realmente una mejora de la eficiencia dependerá de cómo se establezca la tarifa. La mayoría de las propuestas a este respecto implican normalmente una reducción de los tipos de gravamen marginales aplicados en el extremo superior de la escala, financiada parcialmente mediante una reducción de las deducciones y de los incentivos fiscales. Una reforma ad hoc neutral en términos recaudatorios podría implicar, no obstante, un aumento de los tipos de gravamen en los niveles intermedios (bajos y altos) de renta para financiar esa reducción de los tipos en los niveles superiores y el mínimo exento, de modo que, si los tipos se reducen para unos grupos pero aumentan para otros, la pretendida mejora de la eficiencia en el sistema fiscal pasa a ser una cuestión empírica. Dependerá a la postre de las elasticidades impositivas de los contribuyentes. En este sentido, aunque se admite que los individuos situados en los niveles superiores de renta suelen tener una elasticidad elevada, también se sabe que la oferta de trabajo de las mujeres con cargas familiares (y hombres en algunos casos) y de los trabajadores a tiempo parcial es bastante elástica, razón por la que los efectos definitivos del cambio impositivo en este ámbito serían inciertos.

c) El cambio a un impuesto lineal no propiciaría una distribución deseable de la progresividad, por cuanto, aunque esta aumentaría sustancialmente para los niveles más bajos de renta, su crecimiento menguaría considerablemente en los niveles intermedios de la escala.

d) Las distorsiones originadas por las deducciones y los incentivos fiscales son principalmente una consecuencia de su propia existencia, no un resultado de la clase de impuesto —progresivo o lineal— sobre la renta. Por tanto, si el cambio impositivo no trajera consigo la abolición de estos gastos deducibles e incentivos fiscales, las distorsiones perdurarían, aunque su importancia o magnitud variaría según cuál fuese el tipo de gravamen establecido. Y, viceversa, tales distorsiones podría eliminarse sin necesidad de ningún cambio impositivo.

e) La fijación de un tipo marginal elevado en el impuesto lineal, para preservar con ello la neutralidad en la recaudación impositiva y lograr un cierto nivel de progresividad, podría provocar la deslocalización de las rentas más móviles, especialmente la de las rentas del capital financiero.

f) En un impuesto progresivo los incentivos a la elusión y evasión fiscales están más influenciados por el nivel de los tipos impositivos que por el número de ellos.

Impuesto sobre el gasto personal[14]

Experiencia comparada

Hasta la fecha no se sabe de ningún país que haya reemplazado su sistema de imposición sobre la renta por un sistema de imposición sobre el gasto personal, por lo que se carece de experiencia práctica para realizar un análisis valorativo del gravamen que no sea meramente teórico. Aun así, y aunque algunos economistas, los más optimistas, in-

---

[14] Entre los economistas parece existir unanimidad a la hora de conceder a T. Hobbes la paternidad de este impuesto en su obra *Leviathan*, donde escribe, ciertamente, que «es preferible gravar a la persona según lo que detrae del fondo común, y no según lo que aporta a este». Esta opción fiscal sería defendida posteriormente por Mill, Marshall, Pigou, Keynes, Fisher, Kaldor y Meade, entre otros autores de reconocido prestigio. En su obra *An Expenditure Tax* (1955), N. Kaldor ofrece el primer análisis sistemático de las posibilidades de aplicación práctica de un impuesto sobre el gasto personal. Más tarde, el Informe Meade (1978) revitaliza la propuesta de Kaldor, proponiendo soluciones para los problemas técnicos y administrativos asociados a su posible implantación.

sisten en considerar al impuesto sobre el gasto personal como un sustituto idóneo del impuesto personal sobre la renta, puede decirse que hoy por hoy este cambio parece irrealizable, a causa de las dificultades intrínsecas de esta pretendida opción fiscal. Así lo demuestran, de hecho, las tentativas de introducción de esta figura impositiva en la India (1957) y Ceilán (1959), tras solicitar los gobiernos de estos países a Kaldor asesoramiento para ello.

Con independencia de lo anterior, la posición dominante entre los hacendistas sobre esta figura fiscal es que, si algún país decidiese establecerla, en una fase inicial debería diseñarse como un impuesto complementario del de la renta, desaconsejándose así su total sustitución, y, además, debería venir acompañada de un impuesto sobre el patrimonio, con el fin de corregir las desventajas de la acumulación de riqueza a que daría lugar.

Argumentos a favor

Las razones que abogarían por la introducción de un impuesto sobre el gasto personal pueden resumirse como sigue:

a) El gasto es un índice más estable y por tanto más preciso de la capacidad de pago de los sujetos que la renta, al carecer de las pronunciadas oscilaciones de esta variable.

b) A diferencia del impuesto sobre la renta personal, que somete al ahorro a un doble gravamen, tanto en el momento de su percepción como en el de la obtención de los rendimientos de los ahorros invertidos, el impuesto sobre el gasto gravaría solo el ahorro conforme se consumiese su rendimiento, lo que implicaría la eliminación de esa doble imposición.

c) Al no gravar el ahorro, el impuesto favorecería su formación.

d) A diferencia del impuesto sobre la renta personal, que al gravar las ganancias de capital reduce los beneficios de las inversiones con elevado riesgo y, por ende, las desalienta, el impuesto sobre el gasto personal sería neutral respecto a las inversiones arriesgadas, en tanto en cuanto no gravaría su mayor rentabilidad.

e) El tratamiento de las rentas irregulares, que en el impuesto sobre la renta personal conduce a la aplicación de sistemas de promediación, dejaría de ser un problema en el impuesto sobre el gasto personal, al gravarse exclusivamente el gasto realizado por el sujeto pasivo.

f) La clasificación de las rentas según su naturaleza pasaría a ser una cuestión intrascendente bajo el nuevo gravamen.

g) Al valorarse el gasto en términos corrientes, el impuesto no exigiría ajustes por inflación.

Argumentos en contra

Junto a las ventajas ya comentadas, un impuesto sobre el gasto personal presentaría asimismo algunas serias limitaciones. Las más destacadas serían estas:

a) El impuesto promovería la acumulación de riqueza, al discriminar a favor de los grupos más ahorradores: los de mayor renta. Bajo este argumento, los ricos tendrían mayor capacidad para eludir el impuesto, al ahorrar (consumir) una mayor (menor) proporción de sus rentas que los pobres, y, por añadidura, un impuesto sobre el gasto personal proporcional o con igual progresividad que el que recae sobre la renta sería regresivo en su incidencia diferencial. Esta posible falta de equidad del impuesto ha llevado a sus valedores a recomendar no solo dotarlo de una progresividad más acusada que la del impuesto sobre la renta personal, sino además someter a tributación complementaria el patrimonio con el fin de reducir la acumulación.

b) En la medida en que para alcanzar los mismos objetivos distributivos que un gravamen sobre la renta un impuesto sobre el gasto tendría que contar una progresividad relativamente más acusada, el cambio impositivo podría inducir también efectos más negativos sobre los incentivos y la oferta de trabajo.

c) Pese a que en las fases expansivas del ciclo económico el impuesto sobre el gasto podría desempeñar un papel antiinflacionista y estabilizador, en etapas de recesión podría generar efectos deflacionistas más pronunciados que el impuesto sobre la renta, agravando con ello la coyuntura depresiva. La mayor estabilidad relativa de los gastos de consumo (respecto a la renta) ante las fluctuaciones de la actividad económica permite sostener, ciertamente, que la capacidad de adaptación del impuesto sobre el gasto a las condiciones coyunturales y, por lo mismo, su contribución a la estabilización económica serían menores que las del gravamen sobre la renta.

d) Por su naturaleza, el sistema de retención en la fuente tendría que abandonarse o basarse en una supuesta relación entre la renta y el consumo.

e) Si la determinación del gasto personal no fuese directa (por acumulación de gastos) sino indirecta, el cambio impositivo no produciría ningún ahorro de esfuerzo administrativo.

Capítulo 6

Impuestos sobre el patrimonio. El cuadro de la imposición sobre la riqueza y el patrimonio

6.1. **Clasificación y caracterización de los impuestos patrimoniales**

    6.1.1. Concepto y valoración del patrimonio

    6.1.2. Tipología y caracterización de los impuestos patrimoniales

6.2. **El impuesto sobre el patrimonio neto**

    6.2.1. Justificación del impuesto

    6.2.2. Problemas prácticos, incidencia y efectos económicos del impuesto

6.3. **Impuestos sucesorios y sobre donaciones**

    6.3.1. Justificación de los impuestos sucesorios

    6.3.2. Problemas y efectos económicos perversos de un ISD. El impuesto sobre adquisiciones acumuladas como alternativa a los impuestos sucesorios convencionales

6.4. **Los impuestos sobre transmisiones patrimoniales onerosas**

▶ **Resumen**

El panorama actual de la imposición patrimonial en la experiencia comparada viene marcado por una serie de rasgos fundamentales: su amplia variedad nacional, su gran complejidad, su mal funcionamiento en la realidad fiscal y su pronunciada decadencia tanto recaudatoria como en el desempeño de las funciones que la Teoría de la Hacienda Pública le ha encomendado. Cuatro rasgos que además presentan una clara concatenación.

La explicación de la diversidad de figuras que conforman la imposición sobre el patrimonio en el mundo real ha sido encontrada por los hacendistas y fiscalistas en el proceso de adaptación al entorno social y político experimentado por esta institución fiscal en el transcurso del tiempo. Este variado número de opciones disponibles para gravar la riqueza ha sido considerado, a su vez, como la principal razón explicativa de su enorme complejidad administrativa y política. Elevada complejidad que, al menos en parte, queda reflejada en las patentes deficiencias que manifiestan en su aplicación práctica, y que, junto a la evasión generalizada que padecen, ayuda a comprender su evidente mal funcionamiento en la realidad fiscal y, por añadidura, su importancia relativa decreciente en el sistema tributario general. En 2002, en los países de la OCDE los ingresos recaudados por los impuestos sobre el patrimonio se aproximaban, en promedio, al 5,3% de los ingresos fiscales totales; en los de la Unión Europea, al 4,9%; y en España, al 5,5%.

Ese cúmulo de notas distintivas de la situación actual de los impuestos patrimoniales plantea, lógicamente, múltiples interrogantes cuyas respuestas son de conocimiento obligado para cualquier estudioso de Teoría de la Hacienda Pública y que definen, por tanto, los dos objetivos generales que van a presidir el tratamiento y desarrollo del tema.

El primer objetivo de este capítulo es tratar de responder a preguntas tales como qué se entiende por patrimonio, cuáles son las distintas modalidades que pueden adoptar los impuestos patrimoniales y cuáles las características esenciales de cada una de ellas. El segundo objetivo, más complejo y de mayor alcance que el anterior, será analizar en detalle los tributos a los que la teoría y la praxis fiscales otorgan el rango de dominantes en la tipología de impuestos patrimoniales, revisando con detenimiento las funciones que tienen encomendadas en el sistema fiscal general, sus aspectos de equidad, los efectos económicos que se les atribuyen, los problemas más importantes que se han detectado en su funcionamiento y las propuestas más relevantes para su reforma. El tratamiento de todos estos aspectos se realizará por separado para cada uno de los impuestos objeto de estudio, si bien los comentarios válidos para más de uno se enmarcarán en el análisis de aquel en el que el aspecto tratado resulte más relevante. El estudio del impuesto sobre la propiedad inmobiliaria se traslada al capítulo dedicado a la financiación de los gobiernos subcentrales.

Capítulo 6. Impuestos sobre el patrimonio. El cuadro de la imposición sobre la riqueza y el patrimonio

6.1. Clasificación y caracterización de los impuestos patrimoniales

6.1.1. Concepto y valoración del patrimonio

Los términos patrimonio o riqueza individual son empleados habitualmente en Economía como sinónimos del vocablo propiedad y, solo excepcionalmente, en los razonamientos abstractos y de tipo matemático, como sinónimo de capital. Por lo general, el capital se identifica con bienes o medios de producción.

En lenguaje estrictamente económico, por patrimonio o riqueza individual se entiende el conjunto de bienes susceptibles de valoración pecuniaria poseído por una persona en un período de tiempo determinado. En su acepción más amplia, la riqueza o patrimonio de una persona en un momento concreto equivale, pues, al valor de todos los activos (bienes o derechos) poseídos por ella, susceptibles de generar ingresos monetarios o en especie, como son, entre otros, los saldos bancarios, las participaciones en empresas y las inversiones en activos de renta fija (tales como la deuda pública o las imposiciones a plazo), en el primer caso, o la vivienda propia, el ajuar doméstico y los coches, en el segundo. En consecuencia, los impuestos sobre el patrimonio, lejos de gravar los rendimientos del capital o las plusvalías asociadas a variaciones patrimoniales, someten a imposición exclusivamente el valor del *stock* de capital detentado o transmitido.

La valoración de ese patrimonio puede realizarse principalmente, de otra parte, mediante un triple criterio o método:

a) Según *el rendimiento* de *los bienes o activos patrimoniales*. Los activos o bienes patrimoniales poseídos por una persona en un momento de tiempo determinado pueden generarle una renta o beneficio que puede adoptar distintas formas: renta monetaria, servicios en especie, satisfacciones personales o revalorización de los valores de mercado de tales activos. El valor de su patrimonio o riqueza puede, pues, estimarse en el valor presente de la corriente de rentas o beneficios esperados por ella de los distintos elementos o bienes que lo componen: en sentido amplio, el valor presente de la suma de los ingresos laborales esperados durante su vida activa, de las pensiones esperadas, de los valores en renta imputados a sus propiedades inmuebles y de los incrementos de los valores de mercado de sus activos. Sin embargo, el análisis comparado corrobora que, como objeto de imposición, el patrimonio o riqueza individual no incluye generalmente el valor acumulado de los derechos de pensión, ni el valor capitalizado de la capacidad de generar ingresos en el futuro.

Este criterio de valoración, basado en el rendimiento de los elementos patrimoniales, deviene crucial si la imposición patrimonial aplicada es complementaria del impuesto sobre la renta, por cuanto su utilización permite la coordinación de las declaraciones de ambos impuestos.

b) *Autovaloración.* Conforme a este segundo criterio, el contribuyente ha de realizar la valoración de su propio patrimonio, al tiempo que la Administración se reserva el *derecho de tanteo.* Su adopción puede constituir un estímulo para la declaración de valores más próximos a los reales.

c) *Sistemas de valoración directa.* Fundamentalmente basados en los catastros rústico y urbano, estos consisten en la determinación de valores catastrales de los bienes inmuebles, a partir de una valoración objetiva de la dimensión de la finca y sus precios.

6.1.2. Tipología y caracterización de los impuestos patrimoniales

La praxis fiscal comparada ofrece una detallada información sobre las múltiples opciones disponibles para someter a imposición el patrimonio o riqueza de una persona. Al referirse a la imposición sobre el patrimonio hay que distinguir, en efecto, entre diversas figuras impositivas que, como tales, presentan características diferenciales, de acuerdo con un amplio espectro de criterios estructurales. En lo fundamental, los gravámenes patrimoniales más utilizados en la práctica son los siguientes:

1. *Impuesto sobre el patrimonio neto* (IPN), que consiste en la figura impositiva patrimonial más representativa y que tiene como elementos característicos más destacados los que siguen:

- Se trata de un impuesto general que, por lo mismo, grava la totalidad del patrimonio del sujeto pasivo.
- Es un impuesto personal, de forma que tiene en cuenta las circunstancias personales del sujeto pasivo.
- Grava la propiedad, posesión o tenencia del patrimonio.
- Normalmente, el sujeto pasivo viene configurado exclusivamente por las personas físicas.
- La base imponible está integrada por el patrimonio neto, es decir, el valor del patrimonio una vez deducidas las obligaciones, deudas y cargas que pesen sobre los activos reales y financieros.
- Por lo general, en él se establece un mínimo exento relativamente elevado, que puede ser objetivo (igual para todas las personas) o subjetivo (variable con las circunstancias personales y familiares del sujeto pasivo), y con el que se pretende evitar la tributación de los titulares de pequeños patrimonios y, por extensión, simplificar la gestión del impuesto, al reducir el número de declaraciones.

– Su tipo de gravamen es fijo o creciente.

– Es un impuesto regular o periódico (normalmente anual), formal o nominal sobre el patrimonio (somete a imposición el fondo patrimonial del sujeto en un momento determinado) pero real sobre la renta, y complementario del impuesto personal sobre la renta.

Asimismo, es corriente que la unidad contribuyente del impuesto sea la misma que la del impuesto sobre la renta, circunstancia que impone la exigencia adicional de que entre las titularidades del patrimonio y de sus rendimientos exista una clara coincidencia.

2. *Leva sobre el capital* o impuesto extraordinario sobre el patrimonio. Impuesto que comparte con el IPN muchas de sus características, se diferencia de él, no obstante, en los siguientes rasgos: suele recaer tanto sobre las personas físicas como jurídicas; su tipo es, por lo general, creciente; es un gravamen circunstancial u ocasional, cuyos ingresos suelen destinarse a solventar los problemas de financiación de los Estados en situaciones críticas o extremas; recae sobre el fondo o *stock* patrimonial, si bien se trata de un impuesto por cuenta del capital, es decir, real o material sobre el patrimonio, y, en fin, es principal, esto es, no complementario del impuesto sobre la renta.

3. *Impuesto sobre sucesiones y donaciones*. El impuesto sobre sucesiones somete a imposición los incrementos patrimoniales gratuitos obtenidos por las personas (generalmente los herederos) por transmisión mortis causa. Al mismo tiempo, para evitar la posible elusión fiscal que se produciría en los casos de transmisiones patrimoniales gratuitas realizadas en vida por el futuro causante para ahorrar a sus herederos la carga impositiva del impuesto sobre sucesiones, este gravamen suele complementarse con un impuesto sobre donaciones. Este último es, por tanto, un gravamen complementario de aquel, que grava el valor de las porciones adquiridas por donación, y que, como tal, reúne las mismas características que el impuesto sobre sucesiones. Ambos conjuntamente reciben habitualmente el nombre de impuesto sobre sucesiones y donaciones (ISD).

El ISD es un gravamen ocasional, general, que recae sobre el valor neto de la herencia o donación y que grava, como ya se ha comentado, la transmisión gratuita del patrimonio. En su papel de impuesto sobre las sucesiones, este gravamen puede presentarse, no obstante, bajo una doble modalidad alternativa:

a) El *impuesto sobre el caudal relicto* (ICR), que se define como un gravamen sobre el volumen total del patrimonio (masa hereditaria) transmitido a los herederos tras su pago, personal, neto, ocasional, de tipos crecientes y, por lo general, progresivos, y complementario del impuesto sobre la renta. Se trata, por tanto, de una figura que somete a imposición la totalidad de herencia en vez de a los herederos, por lo que tampoco tiene en cuenta las circunstancias personales de estos últimos. Aunque se considera un impuesto sobre el *stock* de riqueza legado, desde un punto de vista dinámico podría entenderse como un gravamen sobre un flujo.

b) *Impuesto sobre las porciones hereditarias o hijuelas* (IPH). A diferencia de la figura anterior, el impuesto sobre las hijuelas grava, como su propio nombre indica, solo la porción del patrimonio transmitido tras el fallecimiento que corresponde a cada heredero, por lo que en él primeramente se determinan las porciones en que se divide el patrimonio objeto de la herencia y después se aplica el gravamen a cada una de esas porciones. Consiste, pues, en un impuesto que grava a los herederos, lo que permite tener en cuenta las circunstancias personales de cada uno de ellos, personal, neto, sobre flujos patrimoniales (las entradas de patrimonio), con tipos crecientes y progresivos, ocasional y no complementario del impuesto sobre la renta. La progresividad de la tarifa suele depender, en concreto, de dos factores específicos: la cuantía de la herencia y la relación de parentesco entre el heredero y el causante.

Simultáneamente a los impuestos sucesorios, algunos países aplican, con carácter periódico, el denominado *impuesto sobre manos muertas o equivalente tributario*, gravamen que se propondría contemplar la situación creada por las instituciones indefectibles (no extinguibles) que no transmiten a título gratuito su patrimonio. Con la aplicación del impuesto equivalente se trataría, en otras palabras, de cubrir el vacío que dejaría la no sujeción de las entidades a los impuestos sucesorios.

Asimismo, una variante de los impuestos sucesorios a la que los fiscalistas y hacendistas vienen prestando una atención creciente, al punto de haberse propuesto en más de una ocasión como alternativa a la figura convencional, es el denominado *impuesto sobre adquisiciones acumuladas* (IAA). Este impuesto pretendería gravar, en forma progresiva, la suma total de transmisiones recibidas a título de donación o herencia por un contribuyente durante toda su vida, de suerte que su tarifa se aplicaría a dicha suma total.

4. *Impuesto sobre transmisiones patrimoniales onerosas* (ITPO). Llamado a veces *impuesto sobre transmisiones patrimoniales intervivos*, grava la transmisión a título oneroso de determinados bienes, y tiene como principales características: que es parcial (no global), real (no personal), bruto (no neto, al gravar el bien en sí mismo) y ocasional (no periódico, pues se establece cuando se realiza la transmisión onerosa); que recae sobre el flujo patrimonial, esto es, sobre el valor (bruto) de los elementos que se transmiten, y que no es complementario de ningún impuesto. Se trata, en consecuencia, de un gravamen con características de impuesto indirecto, al gravar la capacidad de pago de una persona puesta de manifiesto en la adquisición de determinados elementos patrimoniales.

Otros rasgos adicionales del impuesto, en gran medida justificativos de su presencia en los sistemas fiscales de un elevado número de países, a pesar de su mala reputación entre los hacendistas, son la facilidad recaudatoria y los bajos costes administrativos que se le observan en la práctica, así como la facilidad que la existencia de un precio de mercado confiere a la valoración fiscal. Además, es corriente que el sujeto obligado al pago impositivo sea el adquirente o comprador, aunque en casos excepcionales las responsabilidades tributarias pueden ser compartidas por el transmitente y el adquirente.

5. Los *impuestos sobre la propiedad* o tenencia. Se trata de figuras impositivas que gravan periódicamente la propiedad, posesión o tenencia de algún bien patrimonial (parcial o no global), por su valor bruto (no neto), sin tener en cuenta las circunstancias personales del contribuyente (real o no personal), y que no es complementario de ningún impuesto.

La forma más emblemática de esta modalidad de imposición patrimonial es el *impuesto sobre la propiedad inmobiliaria* (IPI), entre cuyas particularidades figuran las que siguen:

- Tienen un uso generalizado en la experiencia comparada (de los países que integran la OCDE, cuando menos 20 —entre ellos España— cuentan con un gravamen de esta naturaleza).
- Los aplican fundamentalmente los niveles locales de gobierno.
- En la mayoría de los países suelen ser los impuestos más importantes girados sobre la propiedad inmobiliaria.
- En última instancia, constituyen una destacada fuente de ingresos tributarios de las haciendas locales en muchos de estos países, e incluso, como sucede en los de habla inglesa, las principales fuentes de esta suerte de ingresos.

Tales son, en suma, las cinco figuras impositivas que configuran el cuadro convencional de impuestos sobre el patrimonio, aunque de ellas solo el IPN, el ISD, el ITPO y el IPI gozan de un uso generalizado en el concierto de naciones. En España, cuyo sistema fiscal actual acoge solo tres de estos cuatro gravámenes[1] (el impuesto sobre la propiedad inmobiliaria recibe aquí el nombre de *impuesto sobre bienes inmuebles*, más conocido abreviadamente como IBI)[2], el ISD y el ITPO están cedidos a las Comunidades Autónomas, mientras que el IBI es un tributo de los gobiernos municipales. En términos recaudatorios, la importancia de estos impuestos en el conjunto del sistema impositivo es más bien pequeña.

Al estudio del IPN, del ISD en conjunto y de sus distintas modalidades (el ICR, el IPH y, como alternativa, el IAA), así como del ITPO se dedican los epígrafes siguientes y el Cuadro 6.1, en el que se resumen los principales aspectos analizados de cada una de estas figuras impositivas.

---

[1] El IPN fue derogado en 2009.
[2] Otro impuesto patrimonial exigido por los gobiernos municipales es el denominado *impuesto sobre el incremento en el valor de los terrenos de naturaleza urbana* (IVTNU).

6.2. El impuesto sobre el patrimonio neto

6.2.1. Justificación del impuesto

El IPN es una figura impositiva que, al igual que las que se hacen recaer sobre las transmisiones patrimoniales lucrativas a título gratuito y el IPI, cuenta con una rancia existencia en la experiencia comparada. Pese a ello, en la actualidad, de entre todos los países que integran la OCDE, solo algunos de ellos cuentan con un impuesto de esta naturaleza.

La defensa de la presencia del IPN en los sistemas fiscales modernos se ha articulado en torno a tres argumentos con distintos fundamentos:

- Su contribución al logro de una administración más eficaz de otros gravámenes.
- Sus pautas de equidad y su contribución a la redistribución de la renta y la riqueza.
- Su contribución al logro de una eficiente asignación de recursos.

Argumento administrativo

Quizás el principal mérito del IPN para figurar en los sistemas fiscales modernos radique en su gran utilidad como instrumento de ayuda en la administración del IRPF y de otros impuestos patrimoniales, en especial del ISD. Esta utilidad se pone de manifiesto en dos aspectos concretos de la administración de tales gravámenes:

a) La comprobación de las rentas de los contribuyentes, por cuanto la presencia del impuesto permite:

- Controlar esas rentas, al facilitar los elementos patrimoniales información tanto sobre las rentas generadas por ellos que hayan sido ocultadas como sobre presuntos rendimientos del capital computables en el impuesto sobre la renta.
- Controlar las ganancias de capital realizadas, en la medida en que su realización supone la enajenación de algún elemento patrimonial no sometido a tributación en el impuesto personal sobre la renta.

b) La comprobación de las transferencias realizadas y recibidas a título gratuito, así como del caudal relicto del causante de una herencia. Por su carácter anual, el IPN facilita información sobre los valores del patrimonio al comienzo y al final del período impositivo, razón por la que las alteraciones patrimoniales no imputables a variaciones en los precios de los activos ni al ahorro (desahorro) del contribuyente entre períodos informarán a las autoridades fiscales sobre la posible existencia de una transferencia gratuita no declarada. Al mismo tiempo, la obligación de presentar declaración anual del inventario de bienes y derechos que integran el patrimonio del contribuyente, derivada de la mera existencia del IPN, permitirá a la Administración, en el momento de su fallecimiento, conocer fácil y rigurosamente la composición y valoración de la masa hereditaria.

Aunque argumento ciertamente consistente para defender la presencia del IPN en los sistemas fiscales modernos, es también cierto que pueden ofrecerse cuando menos dos razones que pueden debilitarlo en alguna medida. Ante todo, y pese a la indudable utilidad de la información facilitada por este impuesto en la administración de otros gravámenes, es probable que quien defraude en el impuesto sobre la renta o en el de sucesiones, lo haga también en el IPN. En este sentido, es difícil concebir que quien defraude en cualquiera de estos impuestos vaya a asumir formalmente la titularidad de lo defraudado y a declararlo en el IPN. Por otra parte, no debe olvidarse que, junto a la declaración del IPN, existen otras vías (por ejemplo, las instituciones financieras y el IBI) que permiten identificar a los titulares de no pocos activos financieros y a los propietarios de los bienes inmuebles.

Argumento de equidad y redistribución

El argumento favorable a la existencia del gravamen basado en sus pautas de equidad engloba dos tipos de razonamiento diferentes:

a) El logro de un alto grado de equidad fiscal horizontal exige someter a imposición no solo las rentas de los individuos sino también sus patrimonios, en tanto en cuanto estos confieren a sus titulares una capacidad de pago adicional a, y distinta de, la que revelan sus rentas. Con independencia de la salud y del esfuerzo de su propietario, el patrimonio le proporciona una renta, independencia, prestigio, seguridad y, en general, la posibilidad de disfrutar de mayor nivel de vida que otra persona con idéntica renta pero carente de riqueza. Por otra parte, si bien la capacidad imponible adicional que definen esas ventajas podría reconocerse gravando más severamente la renta del patrimonio que la del trabajo, esta opción impositiva no sería plenamente satisfactoria desde la óptica de la equidad porque primaría fiscalmente el patrimonio improductivo o con escaso rendimiento monetario.

b) La equidad fiscal puede resultar también fortalecida por la complementariedad del IPN con el impuesto personal sobre la renta, por diversas razones:

– El IPN coadyuva a discriminar entre las rentas fundadas (del capital), rentas permanentes y seguras no solo para el propietario sino también para sus herederos, y las rentas no fundadas (del trabajo), ingresos en cambio que cesan con la jubilación o muerte del titular.

– El impuesto ejerce asimismo el papel de instrumento de cierre del sistema. La evasión suele concentrarse en las rentas patrimoniales, por lo que la existencia de un IPN puede contribuir a su reducción, al implicar un control de los elementos patrimoniales visibles. La obligación del sujeto de declarar su patrimonio dificulta la tergiversación u ocultación de su procedencia en el impuesto sobre la renta.

- Con su concurso pueden someterse a imposición las ganancias de capital no realizadas y ciertos rendimientos en especie, que no son gravados en el IRPF pero que originan un aumento en la capacidad de pago de los sujetos. Este argumento se ha cuestionado, no obstante, aduciéndose que el gravamen de las ganancias de capital no realizadas o los rendimientos en especie a través del IPN presentaría los mismos problemas que su imposición a través del IRPF, esto es, los problemas de valoración, de liquidez en no pocos contribuyente, etc.

Por otro lado, aun cuando el IPN no se aplica generalmente con el propósito de reducir de forma radical las desigualdades en la distribución de la renta y la riqueza[3], se admite que su presencia en los sistemas fiscales puede contribuir a hacer efectivo los principios de capacidad de pago y redistribución, debido a razones como las que siguen:

- La introducción de un IPN en el sistema fiscal contribuye a elevar la progresividad del impuesto sobre la renta, en la medida en que los grandes patrimonios tienden universalmente a pertenecer a los escalones superiores de renta.
- La existencia de un mínimo exento en el IPN le dota de cierta progresividad, aun contando con una tarifa formalmente proporcional.
- Incluso con tipos reducidos, el servicio de este gravamen al objetivo redistributivo puede llegar a ser más relevante que el prestado por los impuestos sucesorios, en razón de que su carácter anual le facilita, en términos actualizados, una recaudación relativamente superior.

Junto a estos argumentos favorables al impuesto desde la óptica de sus efectos redistributivos, se ha asegurado también, no obstante, que en este gravamen, como en cualquier otro, tales efectos no solo dependen de la progresividad, sino también de la recaudación obtenida con él, lo que significa que su capacidad de redistribución solo puede ser muy limitada, al ser su recaudación bastante baja en la mayoría de los países.

Argumento de eficiencia

Desde el punto de vista de la eficiencia asignativa, la existencia de un IPN en el sistema fiscal general se ha justificado asimismo por el estímulo que puede suponer para los propietarios tanto para dar un uso más productivo a sus patrimonios cuanto para reasignar sus recursos desde los empleos menos rentables a los más rentables. El aumento

---

[3] El hecho de que incluso en los países donde los tipos impositivos del IPN son más altos se dicten disposiciones restrictivas respecto de la proporción de renta que debe ser detraída conjuntamente por él y el IRPF así lo atestigua.

de los costes de tenencia que originaría el impuesto y, por ende, el deseo de evitar el afrontar las nuevas responsabilidades tributarias con el propio patrimonio en vez de con la renta por él generada, induciría a los propietarios de activos ociosos o poco rentables o bien a darles un uso más productivo, o bien a reasignar recursos hacia empleos con tasas de rentabilidad más elevadas, o bien a vender sus activos patrimoniales a otros dispuestos a hacerlo. Opciones todas ellas netamente favorecedoras del desarrollo económico.

Este razonamiento ha sido cuestionado, de todos modos, desde distintos ángulos. Ante todo, se ha afirmado que, dado que en realidad el IPN grava la totalidad del patrimonio o riqueza de una persona, independientemente de que se le dé o no un uso productivo, su presencia en el sistema fiscal no solo desincentivará los usos improductivos, sino también los productivos. En consecuencia, si con él se pretendiera realmente desalentar los usos improductivos del patrimonio, solo se debería someter a imposición tales usos.

Por otro lado, el uso más productivo del capital como pretendido efecto del impuesto podría no darse en la realidad, por cuanto en un mundo económico imperfecto como es el real, ni el capital es perfectamente móvil, ni alto rendimiento equivale indefectiblemente a eficiencia. Los altos precios de la tierra (precios que tienen poco que ver con su rendimiento en un uso agrícola) pueden ocasionar, entre otras cosas, que la rentabilidad del capital invertido por un propietario agrícola en sus posesiones resulte excesivamente baja, aun tratándose de un productor eficiente.

De igual manera, en una coyuntura económica adversa, o en la fase inicial de un negocio, la rentabilidad del capital invertido puede resultar exigua, sin que ello tenga por qué implicar ineficiencias o que sea económicamente conveniente la transferencia de activos. Por ello, aunque en tales circunstancias los pagos impositivos a satisfacer en concepto de IRPF o impuesto de sociedades sean nulos o bajos, la existencia de un IPN puede erigirse en un escollo para la inversión y el crecimiento.

Estas dos últimas objeciones explican, de hecho, que en la experiencia comparada sea corriente la concesión de beneficios fiscales a los patrimonios empleados en actividades económicas.

En último término, es también sabido que los activos más improductivos (joyas, cuadros, etc.) suelen ser, a su vez, los más difíciles de controlar en la práctica, por lo que el impuesto puede acabar incentivando la inversión en esta clase de activos, en tanto en cuanto con ello probablemente podrá eludirse la carga del gravamen.

6.2.2. Problemas prácticos, incidencia y efectos económicos del impuesto

Las razones justificativas de la existencia IPN coexisten, en cualquier caso, con algunos argumentos contrarios, que aluden, en esencia, a ciertos problemas administrativos del gravamen con implicaciones negativas para la equidad y la eficiencia, así como a algunos posibles efectos económicos adversos.

Problemas prácticos

Los principales problemas que plantea el IPN en la práctica se refieren, fundamentalmente, al elevado número de exenciones concedidas en el impuesto y a la ausencia de homogeneidad en el proceso de valoración, debido a las dificultades de identificación y valoración de los elementos patrimoniales y, por añadidura, a la amplia variedad de pautas valorativas, con predominio de criterios de valoración distintos al de mercado. Factores que, en definitiva, merman la incidencia del impuesto en la capacidad de pago real de los sujetos y su contribución al logro de la equidad y redistribución[4].

Ciertamente, en la praxis fiscal es corriente que, por dificultades de identificación (facilidad de ocultación) y/o de valoración (existencia de bienes patrimoniales no líquidos y falta de referencia de valores de mercado, entre otras circunstancias), algunos elementos patrimoniales queden excluidos de la base del gravamen y otros sean objeto de valoraciones relativamente favorables, con el consiguiente efecto negativo sobre la equidad horizontal, la equidad vertical y la composición de la inversión. Se lesionaría la quidad horizontal, por cuanto dos individuos con el mismo nivel de riqueza o patrimonio tributarían de forma diferente según cuál fuese la composición de su patrimonio, y también podría vulnerarse la equidad vertical, si, por ejemplo, los patrimonios empresariales estuviesen exentos del impuesto, toda vez que los grandes patrimonios podrían fácilmente beneficiarse de dicha exención, por utilizarlos realmente en una actividad económica o por simular dicha utilización (al contar con los medios necesarios para ello).

Entre los elementos patrimoniales que se hallan parcial o totalmente exentos o que son valorados por procedimientos harto arbitrarios, los más problemáticos son:

a) Empresario individual

La cuestión crucial en este punto es si el patrimonio del empresario debería o no valorarse como la suma de los elementos patrimoniales del negocio. Retomando la idea del *Fondo de Comercio*, la doctrina señala que la base imponible que habría que computarse debería exceder de esa suma, en razón del valor añadido que la naturaleza empresarial aporta, es decir, del beneficio potencial que podrían generar esos elementos.

b) Capital humano

En aras del cumplimiento del principio de equidad impositiva, el IPN debería someter a imposición no solo el patrimonio material poseído por el contribuyente, sino ade-

---

[4] Respecto a los problemas que aquejan al funcionamiento del IPN en la práctica, pueden consultarse: OCDE, 1987; F. Breña y J. A. García Martín, 1980; L. De Pablos, 1990; E. Fuentes Quintana, 1990.

más el patrimonio inmaterial constituido por el capital humano que incorpora el gasto de cada individuo en su formación. El patrimonio gravado debería, pues, incluir la suma actualizada de los ingresos que pudiera obtener en un futuro el contribuyente con la formación por él adquirida.

Pese a ello, la dificultad en el cálculo del valor del capital humano ha ocasionado que en la mayoría de las legislaciones este elemento se halle exento de imposición, propiciándose así la existencia de un desequilibrio impositivo en perjuicio de los activos materiales.

c) Derechos de autor

El criterio usual en la experiencia comparada en este punto es que cuando tales derechos, amparados por su correspondiente patente, son explotados por el autor, los ingresos obtenidos se consideran fruto de su trabajo en calidad de salario y, por lo mismo, no se incluyen en la base del impuesto sobre el patrimonio. En cambio, si son explotados por otra persona distinta del autor, que supuestamente los ha adquirido previamente, se incluyen en la valoración de su patrimonio.

d) Fondos de pensiones

La idea más extendida respecto a este elemento es que deben formar parte de la base del impuesto, según su valor actual, como patrimonio de los individuos, por cuanto se constituyen al margen del trabajo personal y no son renta. En la realidad, sin embargo, los fondos de pensiones se hallan a menudo exentos de imposición.

e) Seguros de vida

La justificación de los seguros de vida como parte integrante del patrimonio es idéntica a la de los fondos de pensiones y, de hecho, en la práctica reciben un tratamiento análogo al de ese otro elemento.

Hasta aquí los aspectos problemáticos de elementos patrimoniales susceptibles de cuantificación. Los problemas más acusados surgen, no obstante, en el tratamiento de partidas que por su naturaleza son de difícil valoración pero de fácil ocultación.

En este grupo de elementos se encuentran el dinero en efectivo en poder de una persona: la inspección del impuesto difícilmente podrá llegar a tener certeza sobre su valor o cuantía exacta. Algo similar sucede con las joyas de uso personal y las obras de arte. Aunque más sencillo que en el caso anterior, la valoración e inspección de estos ítems no dejan de ser tareas difíciles, dado que, no siendo tras su transmisión, no generan rendimientos explícitos. Y lo mismo cabe afirmar respecto del ajuar doméstico: en vista de la gran defraudación existente, la Hacienda suele declararlas exentas de imposición.

En rigor, es por este cúmulo de problemas por lo que en la práctica los impuestos patrimoniales propenden, cada vez más, a recaer sobre elementos visibles. Es más, desde una perspectiva técnica, el problema fundamental al que se enfrenta la imposición sobre el patrimonio no es otro que la valoración de los elementos patrimoniales.

Incidencia

La creencia más generalizada al respecto es que un impuesto personal y general sobre el patrimonio tiende a soportarse en su integridad por el propietario. En la medida en que esta afirmación sea cierta, la incidencia del impuesto sobre el patrimonio será progresiva, si se admite que los rendimientos del capital se perciben por personas situadas en las zonas más altas de la distribución de la renta o, lo que es lo mismo, que la renta procedente del patrimonio aumenta su proporción sobre la renta total, a medida que nos desplazamos en sentido ascendente por la escala de renta.

Sin embargo, caben algunas posibilidades de traslación impositiva, derivadas de algunas circunstancias particulares. En concreto, las cuatro siguientes:

a) En principio la posible tendencia al aumento de los activos rentables frente a los que lo son menos, por efecto del impuesto, dará lugar a posibles cambios en los precios relativos de estos bienes y, como consecuencia, a cambios en la forma de tener ocupado el patrimonio entre los distintos posibles activos.

b) A largo plazo, el impuesto puede ocasionar una caída en la propensión al ahorro y conducir a una elevación del tipo de interés real.

c) A veces el impuesto presenta ciertas faltas de generalidad. Tal es el caso de que grave discriminadamente ciertos activos inmuebles por ser en ellos más difícil la evasión, o bien que grave con más intensidad algunos activos por poderse practicar una valoración más ajustada a la realidad que en otros, en los que al no existir mercado es preciso acudir a estimaciones más o menos arbitrarias.

Esta falta de generalidad reviste un signo distinto cuando se tiene en cuenta que, al gravar el patrimonio neto, las legislaciones no incluyen el capital humano. En este caso, cabe también barruntar que el impuesto podrá inducir una transferencia de recursos desde los elementos patrimoniales reales hacia capital humano.

d) Finalmente es preciso tener en cuenta las posibilidades de traslación impositiva que se derivan de la imperfección de ciertos mercados. Así sucede, por ejemplo, con relativa frecuencia, en el mercado de alquileres y de hipotecas.

En general, desde el punto de vista de la incidencia diferencial del impuesto sobre el patrimonio respecto al impuesto sobre la renta personal, cabe decir que el primero afectará más a las rentas del capital y menos a las del trabajo que el segundo. Es también posible que el impuesto sobre el patrimonio produzca efectos psicológicos sobre el contribuyente, de forma que altere su conducta en menor medida que bajo un impuesto sobre la renta, debido a que, para obtener igual volumen de recaudación, el impuesto sobre el patrimonio requiere, obviamente, menores tipos impositivos.

Efectos económicos

Al igual que los restantes impuestos patrimoniales, una elevada fiscalidad sobre el patrimonio neto podría inducir efectos perversos sobre:

a) El ahorro y el esfuerzo laboral con tales propósitos, así como las pautas de elección entre ahorro y consumo y entre clases de bienes de consumo. Lo primero, aunque solo fuese porque la base del impuesto está constituida por ahorro acumulado en activos no exentos. Y lo segundo, porque al existir bienes o derechos parcial o totalmente exentos, el ahorro podría canalizarse hacia esa suerte de bienes, al tiempo que podría tenderse a sustituir ahorro por consumo y bienes de consumo duraderos por bienes no duraderos.

b) Los flujos internacionales de capital, toda vez que, fruto de su elevada movilidad, este factor productivo podría tender a emigrar a los países relativamente menos gravosos desde aquellos en los que la presión ejercida por el impuesto superase un posible nivel competitivo a escala internacional.

Estos posibles efectos económicos perversos del IPN y, en general, de la imposición patrimonial explican, a la postre, por qué en la práctica dicho gravamen adopta corrientemente la forma de impuesto sustitutivo (cuyo pago se satisface con cargo a la renta del período en lugar de con el producto de la venta de elementos patrimoniales) y, por ende, por qué la suma de su cuota tributaria y de la del impuesto sobre la renta no excede habitualmente de un porcentaje específico de la base de este último impuesto.

6.3. Impuestos sucesorios y sobre donaciones

6.3.1. Justificación de los impuestos sucesorios

Como ya se ha señalado, el ISD grava la riqueza adquirida por los individuos de forma gratuita por herencia o donación. De los países que integran en la actualidad la OCDE, al menos 20 de ellos aplican, a nivel central o federal de gobierno, alguna de las dos modalidades convencionales de ISD: el impuesto sobre el caudal relicto (ICR) o el impuesto sobre las herencias o porciones hereditarias (IPH)[5]. Este impuesto es, por tanto, una figura tributaria de uso bastante más generalizado en la experiencia comparada que el IPN, aunque, al igual que este, con una importancia recaudatoria pequeña.

---

[5] La modalidad de impuesto sucesorio de mayor implantación en la praxis fiscal internacional es, con mucho, el IPH. Excepciones conocidas a este rasgo dominante son o han sido, en concreto, Estados Unidos, Nueva Zelanda, Reino Unido, tres provincias canadienses y uno solo de los cantones suizos, países y entidades territoriales donde la opción adoptada es el ICR. En Italia y otros dos cantones suizos, los impuestos sucesorios contienen o han contenido elementos estructurales de ambas modalidades fiscales.

Si bien con ciertas peculiaridades, las razones que abogan por la presencia del ISD en los sistemas fiscales modernos son análogas a las comentadas respecto al IPN. Al igual que este, ese otro gravamen promueve la equidad horizontal y una distribución más equitativa de la renta y la riqueza, puede inducir igualmente un uso más eficiente de los recursos económicos y puede constituir un instrumento de control y gestión de los impuestos sobre el patrimonio y la renta.

Argumento de equidad y redistribución

Análogamente al IPN, aunque una vez por generación y de forma menos fiable que en el caso de este gravamen, a causa de las mayores posibilidades de elusión y evasión fiscales, un impuesto sobre transferencias patrimoniales mortis causa, complementado con otro sobre las donaciones, colabora con el IRPF en la tarea de gravar el incremento en la capacidad económica (o capacidad imponible adicional) de los individuos que ponen de manifiesto las ventajas que confiere el patrimonio. Ello con independencia de que con tales propósitos, como señalan algunos expertos fiscales (OCDE, 1986), la combinación del ISD y el IPN puede ser una opción preferible a la de una sola de ambas figuras fiscales.

Adicionalmente, el impuesto sobre sucesiones y donaciones presta un servicio a la redistribución de la renta y la riqueza, en detrimento de las concentraciones patrimoniales, que, para muchos, resulta más eficaz que el del IPN, fundamentalmente por tres motivos:

a) A diferencia a del IPN, el ISD recae nominal y realmente sobre el patrimonio.

b) Las herencias constituyen una de las principales causas de las actuales desigualdades en la distribución de la renta y la riqueza. Tal es, de hecho, la razón por la que en la mayoría de países los impuestos sucesorios cuentan con una tarifa progresiva y tipos marginales elevados.

c) Mientras que la base del IPN la componen en gran medida bienes y derechos patrimoniales que tienen su origen en el esfuerzo y el ahorro humanos, las herencias apenas guardan relación con el esfuerzo de sus perceptores. La riqueza obtenida por la vía de las herencias no implica esfuerzo alguno para su perceptor, razón por la que, al decir de no pocos expertos fiscales, deberían soportar una significativa carga fiscal si se pretende que parte de ella se redistribuya entre los miembros de la sociedad.

Argumento de eficiencia

Cuando menos hasta cierto punto, otro efecto que cabría esperar del ISD sería un empleo más eficiente de los recursos, en tanto en cuanto una pronunciada fiscalidad en tal concepto podría determinar, entre otros efectos:

a) La transferencia del legado industrial o comercial a personas más capacitadas para asumir su dirección.

b) Efectos desincentivadores sobre el esfuerzo y la oferta laborales posiblemente menos acusados que los que se asocian a un IRPF equivalente, al estar constituida su base imponible por acumulaciones hechas en el pasado. Estos efectos desincentivadores serán, además, previsiblemente, tanto menores cuanto mayor sea la reducción originada por el impuesto en el importe neto de la herencia recibida.

c) Efectos sobre el ahorro incluso positivos, habida cuenta del elevado número de personas que desean legar un cierto patrimonio neto de impuestos. El ISD puede originar en el causante (futuro transmitente) de una herencia un *efecto renta*, al inducirle a incrementar su nivel de ahorro para legar a sus herederos el patrimonio que tenía previsto dejarles antes del impuesto o en su ausencia. Además, puesto que el único motivo por el que los impuestos de esta naturaleza afectarían al ahorro sería la herencia a legar, y dicho motivo tiende a ser más importante con la edad y la riqueza, parece difícil que puedan llegar a erigirse en un factor determinante del comportamiento ahorrador de la gente —la gran mayoría— que se halla inmersa en la fase más productiva de su vida.

Argumento administrativo

Finalmente, la información facilitada por el ISD a la Administración Tributaria permitirá a esta, sin duda, ejercer también un mayor control sobre la posible evasión en los impuestos sobre el patrimonio y la renta de las personas físicas. El impuesto obligará a los contribuyentes por ambas figuras impositivas a incorporar los elementos patrimoniales recibidos por vía de herencia en su declaración del IPN y a declarar en el IRPF como rentas del capital los posibles rendimientos generados durante el período impositivo por dicha herencia, así como, en su caso, la plusvalía obtenida por la venta de cualquiera de los elementos o bienes recibidos por esta vía.

6.3.2. Problemas y efectos económicos perversos de un ISD. El impuesto sobre adquisiciones acumuladas como alternativa a los impuestos sucesorios convencionales

Las objeciones a la pretendida contribución de los impuestos sucesorios a la equidad no son muy distintas de las que suscita el IPN en el mismo plano analítico. Una primera objeción, frecuentemente esgrimida y común a todos los gravámenes de esta naturaleza, se concreta en el menoscabo que pueden originar en la equidad las múltiples exenciones y tratos de favor concedidos habitualmente a sus expensas a los patrimonios agrícolas, pequeños negocios, derechos de pensiones, etc. De hecho, los bienes afectos a actividades económicas suelen gozar en la mayoría de las legislaciones fiscales de beneficios fiscales especiales, lo que puede suponer sin duda una importante merma en los pretendidos efectos redistributivos del impuesto y la vulneración del principio de equidad horizontal. De estos impuestos se ha dicho, además, que, en la medida en que gravan la transmisión del patrimonio físico o financiero (bienes inmuebles, acciones, etc.) pero no la del capital humano (el legado realizado por los padres a sus hijos en la forma, por ejemplo, de una educación mejor y más costosa), confieren un trato fiscal no solo arbitrario, discriminatorio o poco equitativo, sino además distorsionante, al poder alterar el comportamiento económico de los sujetos, a favor de transmisiones no sujetas a gravamen.

A estas objeciones generales han de añadirse, en cualquier caso, otras específicas a los impuestos sobre las transferencias, como son:

a) La consideración en estos gravámenes de la mayoría de los países de los lazos familiares o de consanguinidad entre el causante y los herederos como criterio de graduación de la carga fiscal, de forma que cuanto más estrecha es esa relación, menores acostumbran a ser los tipos impositivos. La aplicación de este criterio se justifica a menudo, no obstante, apelando a diversas razones, entre las que destacan:

– La incentivación del esfuerzo laboral y el ahorro en el causante o donante.

– El necesario reconocimiento de las circunstancias personales especiales en que pueden incurrir la viuda y los hijos tras el fallecimiento del cabeza de familia.

b) Las múltiples vías generalmente existentes para eludir los gravámenes sucesorios, como son los títulos al portador y la constitución de trusts y fideicomisos, así como el tratamiento favorable dado con generalidad a las donaciones, principalmente en la forma de tipos impositivos inferiores a los aplicados a las sucesiones.

En lo que se refiere, de otra parte, a los efectos redistributivos del ISD, la cuestión, una vez más, es que, junto a proposiciones que defienden su eficacia en este sentido, se conocen otras conforme a las cuales en determinadas circunstancias esta suerte de efectos fiscales pueden llegar a ser incluso negativos. Ello sucedería, al parecer, en una doble circunstancia: si el impuesto generase una reducción del ahorro y, por añadidura, si la distribución de las rentas del capital fuese más desigual que la de las rentas del trabajo. Lo primero traería consigo, sin duda, una menor oferta de capital en la sociedad, lo que se traduciría en una remuneración real del trabajo más baja y, bajo determinadas condiciones, una disminución de las rentas del trabajo como proporción de las rentas totales. Y si se diese también lo segundo, el efecto fiscal último no sería sino una mayor concentración en la distribución de la renta y la riqueza.

En parecidos términos, frente a los pretendidos efectos beneficiosos del ISD en el ámbito de la eficiencia, se han ofrecido al menos seis tipos de razones por las que incluso podrían resultar perversos. Son estas:

- Junto al ya comentado *efecto renta*, este impuesto, al alterar los precios relativos del ahorro y del consumo, «encareciendo» relativamente el ahorro, puede generar en el causante de una herencia un *efecto sustitución* entre ahorro y consumo que puede llevarle a incrementar su consumo en detrimento de su nivel de ahorro (esto es, del patrimonio que tenía previsto legar a sus herederos). En consecuencia, junto a un *efecto renta* que puede incentivar el ahorro, el ISD puede generar un efecto sustitución que operaría en sentido contrario, razón por la que el resultado teórico último del gravamen en este ámbito dependería de cuál de ambos efectos fuese el prevaleciente. Cuestión cuya resolución reclamaría, a la postre, la realización de los oportunos trabajos empíricos.

- Un ISD elevado, como ya se ha adelantado, podría originar, en cualquier caso, por turno, una disminución del *stock* de capital, de la productividad marginal del trabajo y de los salarios, a la vez que un aumento del tipo de interés (al ser el capital más escaso), que podrían traer consigo, a su vez, una reducción de la renta per cápita, de las posibilidades de consumo y bienestar y de la tasa de crecimiento de la economía. Obviamente, que las posibles ganancias de equidad asociadas a este gravamen compensasen o no estas pérdidas de eficiencia sería, a la postre, una cuestión que dependería de la importancia relativa que se concediese a cada uno de estos objetivos.

- Aunque se acepta que estos gravámenes afectan menos desfavorablemente a la asunción de riesgos que el IRPF, pueden inducir, por contra, la afluencia del capital hacia activos de bajo riesgo y alta liquidez, tales como los títulos públicos y la creación de trusts, fundaciones más bien conservadoras en sus políticas de inversión.

- Al igual que el IPN, los impuestos sucesorios podrían inducir flujos de capital entre países que superasen y no alcanzasen un supuesto nivel internacionalmente competitivo de presión fiscal.

- Muchos negocios familiares productivos podrían verse abocados a desaparecer, o bien porque se hubiesen sobrecargado de deudas para subvenir al pago de estos impuestos, o bien porque sus activos comerciales resultasen insuficientes a tales efectos.

- El deseo fiscalmente inducido de pequeños empresarios y propietarios agrícolas de hacer acopio de activos líquidos para hacer frente a sus futuras deudas por tal figura impositiva, podría suponer un serio escollo para la expansión de no pocas empresas familiares y determinar, por fragmentación, tamaños antieconómicos en numerosas propiedades agrícolas.

Algunas de estas contraargumentaciones han tenido, sin embargo, su correspondiente réplica. Así, se ha asegurado que la presencia de estos gravámenes en los sistemas tributarios modernos, antes que obstáculo, se ha manifestado como un importante acicate para la fusión de empresas familiares y la constitución de sociedades con capital dividido en acciones o participaciones negociables. De igual manera, se ha aducido que, en prevención de la liquidación de empresas productivas por motivos fiscales, los gobiernos suelen darles un tratamiento fiscal favorable, por lo general en la forma de reglas de valoración moderadas.

Otros problemas que puede plantear el ISD, ahora en el ámbito de su administración, son los referentes al conocimiento y la valoración real (de acuerdo con los precios de mercado) de los bienes recibidos por los herederos, así como los que pueden derivar de su pertenencia a los gobiernos subcentrales de nivel intermedio y, por ende, de las diferencias en la capacidad normativa y de gestión entre comunidades o regiones. Aunque la información procedente de otros impuestos (el IRPF, el IPN o el IPI) puede facilitar sin duda el conocimiento y la valoración de muchos de estos bienes, es sabido que existen otros que, por su propia naturaleza, son muy difíciles de detectar (piénsese en las joyas, las obras de arte, etc.), e incluso algunos otros (como, por ejemplo, los bienes inmuebles) en los que una valoración fidedigna resulta harto problemática por la falta de medios en la Administración para asegurar la coincidencia entre el valor declarado y el valor real. Por otra parte, la posible existencia de grandes diferencias interregionales en el ISD en un país, como sucede, sin ir más lejos, en España, donde algunas comunidades autónomas no lo exigen cuando la transmisión se efectúa a favor del cónyuge o hijos y otras, en cambio, sí lo hacen y a tipos elevados, puede provocar, lógicamente cambios reales o ficticios de lugar de residencia de los futuros transmitentes de herencias para evitar el pago de este gravamen.

Al margen de lo visto hasta este punto sobre el ISD en conjunto, el estudio comparativo del IPH y del ICR revela, no obstante, notables diferencias entre ambas modalidades en algunos de los aspectos tratados. He aquí, a continuación, los más destacados.

Impuesto sobre el caudal relicto *vs.* impuesto sobre porciones hereditarias

La cuestión referente a los méritos relativos de las dos modalidades convencionales bajo las que se presenta en la praxis fiscal internacional el ISD se ha convertido en los últimos años en el centro de la discusión académica y política sobre esta añeja figura impositiva. El problema estriba en que, si bien la teoría y la práctica parecen refrendar la primacía del IPH sobre el ICR, las ventajas relativas de este último han cobrado en los tiempos actuales una creciente importancia.

Dos son, en particular, los méritos específicos que los hacendistas y fiscalistas conceden al ICR, en términos comparativos:

　　a) Su mayor simplicidad y facilidad administrativa. Con un ICR, la preocupación de las autoridades fiscales se limita exclusivamente al caudal hereditario, de forma que las operaciones de gestión y liquidación del gravamen resultarían relativamente menos complejas.

b) Su mayor importancia recaudatoria. En el supuesto de que ambos gravámenes tuviesen una tarifa progresiva idéntica, el ICR generaría una suma mayor de ingresos, porque se giraría sobre el total de la masa hereditaria en vez de sobre las porciones de la herencia. En tales circunstancias, el rendimiento de ambos sería equivalente solo en el caso de que todo el patrimonio del causante se legase a un único heredero.

En contraste, las ventajas que se atribuyen al IPH frente al ICR se concretan en:

a) Su más estrecha relación con la capacidad de pago del sujeto pasivo. En este sentido, se ha aducido que siempre es más equitativo someter a imposición la herencia o donación recibida que una suma, la masa hereditaria total, sin ninguna relación con el valor del legado del heredero o donatario.

b) Su más fácil adaptación a las especiales circunstancias de los herederos. La provisión de diversos límites, exenciones y deducciones, así como de tipos de gravamen distintos, según el grado de parentesco o lazos familiares entre el causante o donante y el heredero y donatario, es relativamente más fácil bajo un IPH.

c) Su mayor efectividad como instrumento al servicio de la redistribución de la riqueza, por dos razones:

– Al relacionarse con el tamaño de la herencia, se enfrenta directamente con el problema de la desigualdad proveniente de las transmisiones patrimoniales intergeneracionales.

– Constituye un incentivo para la dispersión del patrimonio entre personas, ya que cuanto más amplia sea la dispersión menor será el impuesto total a satisfacer.

La existencia de tarifas crecientes a medida que el grado de parentesco entre causante y heredero es menor restringe, sin embargo, el efecto «dispersión» del gravamen al círculo de la familia próxima.

Todas las objeciones planteadas a los impuestos convencionales han servido, en cualquier caso, de fundamento a una variada gama de propuestas de reforma fiscal, entre las que resalta la que aboga por su conversión en un *impuesto sobre adquisiciones acumuladas* (IAA).

Impuesto sobre adquisiciones acumuladas como alternativa al IPH e ICR

La conversión del impuesto sobre transmisiones patrimoniales gratuitas en un impuesto progresivo sobre el total de donaciones y herencias recibidas por una persona durante toda su vida, incluidas las ganancias provenientes de los juegos de azar y de la especulación con valores públicos, presentaría algunas ventajas respecto a las modalidades convencionales de los impuestos sucesorios. Entre ellas, las principales serían siete:

a) Una dispersión y distribución de la riqueza heredada más amplia que bajo el ICR e ISD. El nuevo gravamen incidiría en menor medida sobre los beneficiarios de pequeñas transmisiones gratuitas, de tal manera que en su presencia los grandes propietarios tendrían un fuerte incentivo fiscal para distribuir por donación o herencia su patrimonio entre un extenso número de personas.

b) El nuevo impuesto se sometería en gran medida al principio de capacidad de pago, al ser gravado progresivamente el donatario o legatario de acuerdo con sus adquisiciones gratuitas acumuladas.

c) Se ajustaría mejor que ningún otro impuesto sobre transmisiones gratuitas a las circunstancias personales del beneficiario.

d) A diferencia de las modalidades convencionales del ISD, que reducen la concentración y desigualdad patrimoniales por la apropiación pública de recursos privados en cuantía graduada al tamaño del patrimonio transmitido, el IAA, además de allegar más fondos de los mayores beneficiarios, promovería la distribución en el sector privado, por ser la deuda tributaria menor en quienes menos donaciones y herencias han recibido.

e) Los problemas de elusión y fraude fiscales serían asimismo menos preocupantes, por cuanto, al fundirse donaciones y herencias en la base imponible, la vía tradicional de las donaciones para eludir el impuesto de sucesiones quedaría obstruida.

f) La fusión de donaciones y herencias en el nuevo gravamen induciría asimismo, una menor complejidad y una mayor perceptibilidad relativas.

g) El gravamen a satisfacer por un individuo bajo la nueva figura impositiva por futuras donaciones o herencias sería independiente del patrimonio acumulado gracias a su propio esfuerzo, por lo que los efectos adversos sobre el esfuerzo laboral, la inversión, el ahorro y la acumulación serían menores.

El IAA no estaría, pese a todo, exento de inconvenientes. Cuatro serían los más destacados:

a) Costes administrativos adicionales, por la necesidad de conocer y registrar por separado todas las herencias y donaciones recibidas por el contribuyente a lo largo de su vida.

b) Presión fiscal indirecta sobre el contribuyente, a causa de los costes de cumplimiento relacionados con su adaptación a la nueva figura impositiva.

c) Menor capacidad recaudatoria que los impuestos convencionales, por su efecto «dispersión» del patrimonio.

e) Persistencia del problema de elusión y fraude impositivos, en razón de la constitución de trusts y fideicomisos.

Tales inconvenientes explican, de hecho, por qué esta propuesta no ha hallado aún concreción práctica en la experiencia comparada. Pero, aun así, no cabe olvidar que la razón de ser de los impuestos sucesorios no es tanto la obtención de ingresos cuanto la elevación de la equidad del sistema tributario general, ni que los truts, al igual que nacen por ley, pueden alterarse o incluso perder atractivo mediante cambios legislativos.

6.4. Los impuestos sobre transmisiones patrimoniales onerosas

En Europa, y solo en lo que se refiere al ITPO aplicado a las transacciones de bienes inmuebles[6], el gravamen es fuente de ingresos públicos en Alemania, Francia, Grecia, Holanda, Portugal, España, Suiza y Turquía, entre otros países. En España, al igual que los restantes impuestos patrimoniales, sus ingresos se hallan cedidos a las comunidades autónomas.

La presencia de un impuesto de esta naturaleza en los sistemas fiscales contemporáneos obedece, no obstante, más a razones prácticas que a razones de lógica fiscal. Su tolerabilidad por los contribuyentes y la facilidad de su recaudación, fruto de las imperceptibles y elementales formas mediante las que se instrumenta su exacción (el pago impositivo se exige para poderse registrar el cambio de propiedad de los elementos patrimoniales objeto de la transmisión o para la constitución de derechos reales y de otros derechos), su segura y precisa estimación, por la existencia de un precio de mercado, y sus bajos costes administrativos, como consecuencia de lo anterior, lo convierten, en efecto, en una importante e irrenunciable fuente de ingresos para la Administración. En este sentido, se ha llegado incluso a decir que tanto su elevada capacidad recaudatoria dentro del conjunto de los impuestos patrimoniales como su bajos costes de gestión y administración hacen de él una fuente de ingresos impositivos muy rentable para la Administración Pública. (Aun así, no deben olvidarse los costes de gestión asociados a la comprobación del precio real de compra, habida cuenta de los incentivos de los individuos a declarar precios inferiores a los reales para evitar parte del impuesto). En España, de hecho, este gravamen es, junto al IBI, uno de los impuestos patrimoniales con mayor capacidad recaudatoria y el impuesto sobre la riqueza que mayores ingresos proporcionan a las comunidades autónomas.

En un plano teórico, la defensa de un ITPO se ha querido articular en torno a las posibilidades que su inexistencia abriría a la evasión fiscal, a la capacidad contributiva

---

[6] La formas que puede adoptar habitualmente este gravamen en la práctica son: la de un *impuesto de timbre*, si la formalización de la transmisión gravada impone al contribuyente la obligación de utilizar papel o efectos timbrados; un *impuesto de registro*, denominación que recibe el gravamen si el contribuyente queda obligado a la inscripción en registro público de los actos y contratos de la transmisión, y, finalmente, un impuesto percibido como liquidación del acto jurídico de la transmisión.

que revela el acto de tráfico patrimonial que se propone gravar en el momento en que se produce y, en fin, a sus efectos estabilizadores como resultado de su flexibilidad. De este impuesto se ha asegurado, ante todo, que se trata de un importante instrumento de registro y control, no solo porque, en general, proporciona información sobre los titulares de determinados elementos patrimoniales y, por lo mismo, facilita el control de otros impuestos, sino además porque completa la tributación de las transmisiones patrimoniales, evitando que (en su ausencia) puedan transmitirse elementos patrimoniales a través de compraventas ficticias para eludir el pago del ISD. Al mismo tiempo, se ha afirmado que este impuesto desempeña también un importante papel como estabilizador automático, toda vez que, pese a contar con un tipo impositivo proporcional, el número de transacciones patrimoniales aumenta en las fases de crecimiento económico y disminuye en épocas de recesión.

Estos pretendidos argumentos favorables al impuesto tienen, no obstante, frente a sí otros que les son desfavorables, en el triple escenario convencional de análisis:

a) La equidad, horizontal y vertical, por cuanto los tipos de gravamen aplicados difieren generalmente con la clase de bien o derecho objeto de transmisión onerosa, y porque se trata de un impuesto real, que, como tal, no tiene en cuenta las circunstancias personales del contribuyente. Además, cabe argumentar que se trata de un impuesto con una incidencia incierta, en la medida en que, como gravamen indirecto, puede trasladarse y, en consecuencia, soportarse o bien por el comprador o bien por el vendedor. De este modo, su posible progresividad o regresividad dependerá del nivel de renta al que pertenezcan los individuos que lo acaben soportando, por lo que un conocimiento preciso de este aspecto del gravamen requerirá la realización de trabajos empíricos.

b) Sus posibles efectos económicos adversos, en tanto en cuanto un ITPO con tipos elevados podría afectar negativamente a la asignación de los recursos (en particular de la tierra), a la asunción de riesgos y a la acumulación de capital, dado que podría llegar a suponer un serio obstáculo para la realización de cambios más productivos en la titularidad y uso de los bienes, e implicar menores expectativas de rendimiento medio en no pocas inversiones.

c) Aspectos administrativos. La ausencia de mecanismos administrativos eficaces para impedir la evasión y el fraude por falseamiento de los precios documentados (uno de los costes a tener en cuenta es la comprobación del precio real de compra, ya que los individuos pueden tener incentivos a declarar precios inferiores a los reales para evitar así parte del impuesto) pone en entredicho la realidad de las ventajas del impuesto respecto sus efectos antievasión. La multiplicidad de transacciones gravadas, de reglas aplicables a los diferentes documentos sujetos a gravamen y de tipos impositivos hacen de él, a su vez, un impuesto complejo, incierto y con una presión fiscal indirecta desigual.

6

Impuestos sobre el patrimonio. El cuadro de la imposición sobre la riqueza y el patrimonio

Cuadro 6.1. Valoración de los principales impuestos patrimoniales (excluido el impuesto sobre la propiedad inmobiliaria)

Aspectos	Impuesto sobre el patrimonio neto (IPN)	Impuestos sobre sucesiones y donaciones (ISD)
Definición y experiencia comparada	• Impuesto general, personal y periódico sobre el patrimonio neto total del sujeto pasivo. • Entre todos los países que integran la OCDE, en la actualidad solo algunos de ellos cuentan con un IPN.	• Es un gravamen general, ocasional y neto (recae sobre el valor neto de la herencia o donación), que grava la transmisión gratuita del patrimonio. • Se trata de, una figura tributaria de uso bastante más generalizado en la experiencia comparada que el IPN, aunque, al igual que este, con una importancia recaudatoria pequeña.
Ventajas/ inconvenientes	• Es un instrumento de ayuda muy útil en la administración del IRPF y de otros impuestos patrimoniales, en especial del ISD, porque la información que facilita sobre los elementos patrimoniales de los contribuyentes permite a la Administración controlar sus rentas y ganancias de capital realizadas, así como las transferencias realizadas y recibidas a título gratuito y el caudal relicto del causante de una herencia. • Junto al IRPF, contribuye a hacer efectivos los principios de equidad horizontal, vertical y redistribución, por cuanto los patrimonios confieren a sus titulares una capacidad de pago adicional a sus rentas; coadyuva a discriminar entre las rentas del capital y del trabajo; puede colaborar en la reducción de la evasión, al implicar un control de los elementos patrimoniales visibles; permite someter a imposición las ganancias de capital no realizadas y ciertos rendimientos en especie; y contribuye a elevar la progresividad del sistema fiscal en general, porque, aunque su tarifa es proporcional, cuenta con un mínimo exento, y porque los grandes patrimonios tienden a concentrarse en los escalones superiores de renta. • Puede promover la eficiencia asignativa en la medida en que puede inducir a los propietarios a dar un uso más productivo a sus patrimonios y a reasignar sus recursos desde los empleos menos rentables a los más rentables. • En la práctica, las dificultades de detección y/o de valoración (por falta de referencia de valores de mercado, entre otras circunstancias) de algunos elementos patrimoniales (joyas, obras de arte, ajuar doméstico, capital humano, derechos de autor, fondos de pensiones, seguros de vida, etc.), hacen que estos queden parcial o totalmente exentos de imposición, con el consiguiente perjuicio para la equidad horizontal, la equidad vertical y la eficiencia en la asignación de los recursos.	• Facilita información a la Administración Tributaria que le permitirá ejercer un mayor control sobre la posible evasión en los impuestos sobre el patrimonio y la renta de las personas físicas. • Promueve la equidad y la redistribución de la renta y la riqueza, en la medida en que grava la capacidad económica adicional que se asocia al patrimonio y reduce la concentración de patrimonios. Su contribución a la redistribución puede superar a la del IPN, porque recae nominal y realmente sobre el patrimonio, las herencias son una de las principales causas de las actuales desigualdades en la distribución de la renta y la riqueza, y además apenas guarda relación con el esfuerzo de sus preceptores. • Puede promover la eficiencia en el uso de los recursos, en tanto en cuanto puede originar la transferencia del legado industrial o comercial a personas más capacitadas, puede desincentivar la oferta de trabajo en menor medida que un IRPF equivalente (su base imponible está constituida por acumulaciones hechas en el pasado), y puede afectar positivamente al ahorro si prevalece su efecto renta (aumento del nivel de ahorro para legar a los herederos un patrimonio neto de impuestos). • En la práctica, puede surtir efectos negativos sobre la equidad y la redistribución por múltiples razones: las exenciones y tratos de favor concedidas habitualmente (pequeños negocios, derechos de pensiones, etc.), la exención del capital humano (el legado de una educación mejor y más costosa a los hijos), la graduación de la carga fiscal por los lazos familiares entre causante y herederos, las vías generalmente existentes de elusión fiscal (títulos al portador y la constitución de *trusts* y fideicomisos), el tratamiento favorable (tipos impositivos inferiores) dado con generalidad a las donaciones respecto a las sucesiones, posibles efectos negativos sobre el ahorro si prevalece su efecto sustitución (aumento del consumo en detrimento del nivel de ahorro del causante), y una distribución de las rentas del capital más desigual que la de las rentas del trabajo.

(continúa)

- Aunque existe la creencia de que el impuesto tiende a soportarse plenamente por el propietario y su incidencia es progresiva, caben algunas posibilidades de traslación impositiva, derivadas de ciertas circunstancias: los posibles cambios inducidos en los precios relativos de los bienes y activos y, en consecuencia, en la asignación de los recursos entre los distintos posibles activos; la caída inducida del ahorro y el consiguiente aumento del tipo de interés; la falta de generalidad del impuesto por problemas de detección y valoración, y las imperfecciones de ciertos mercados (v.g., los de alquiler e hipotecas).

- En la práctica, sus efectos sobre la eficiencia pueden llegar a ser también incluso negativos por diversas razones: sus efectos negativos sobre el ahorro si prevalece el efecto sustitución; la reducción inducida del *stock* de capital, de la productividad marginal del trabajo y de los salarios; el consiguiente aumento del tipo de interés (al ser el capital más escaso) y sus efectos negativos sobre la renta per cápita, las posibilidades de consumo y el bienestar y la tasa de crecimiento de la economía; la afluencia del capital hacia activos de bajo riesgo y alta liquidez (títulos públicos y trusts) en respuesta al impuesto, y los flujos internacionales del capital por diferencias en las cargas impositivas.
- Puede plantear problemas en el ámbito de la administración (y en el de la equidad), tanto por las dificultades de detección de algunos bienes (joyas, etc.) y de valoración fidedigna de otros (v.g., bienes inmuebles) por falta de medios en la Administración para asegurar la coincidencia entre el valor declarado y el valor real, como por posibles diferencias interjurisdiccionales en la carga impositiva (si se trata una figura perteneciente a los niveles intermedios de gobierno) y los consiguientes cambios reales o ficticios de lugar de residencia de los futuros transmitentes de herencias para reducir o evitar el pago del gravamen.

Aspectos	Impuestos sobre el caudal relicto (ICR), porciones hereditarias (IPH) y adquisiciones hereditarias (IAA)	Impuesto sobre transmisiones patrimoniales onerosas (ITPO)
Definición y experiencia comparada	• El ICR es un gravamen personal, por lo general progresivo y complementario del impuesto sobre la renta, que grava el volumen total del patrimonio (masa hereditaria) transmitido a los herederos tras el pago del mismo. • El IPH es un impuesto personal, con tipos crecientes y progresivos y no complementario del impuesto sobre la renta, que grava sólo la porción del patrimonio transmitido tras el fallecimiento que corresponde a cada heredero (las hijuelas), lo que, a diferencia del anterior, permite tener en cuenta las circunstancias personales de cada uno de ellos. • El IAA sería un impuesto progresivo sobre la suma total de transmisiones recibidas a título de donación o herencia por un contribuyente durante toda su vida (incluidas las ganancias provenientes de los juegos de azar y de la especulación con valores públicos), de suerte que su tarifa se aplicaría a dicha suma total.	• Llamado a veces impuesto sobre transmisiones patrimoniales *intervivos*, este es un impuesto real, bruto, ocasional y no complementario de ningún impuesto, que grava la transmisión a título oneroso de determinados bienes. Se trata, pues, de un gravamen con características de impuesto indirecto, al gravar la capacidad de pago de una persona puesta de manifiesto en la adquisición de determinados elementos patrimoniales. • En Europa, solo en lo que se refiere al ITPO aplicado a las transacciones de bienes inmuebles, el gravamen es fuente de ingresos públicos en Alemania, Francia, Grecia, Holanda, Portugal, España, Suiza y Turquía, entre otros países. En España, al igual que los restantes impuestos patrimoniales, sus ingresos se hallan cedidos a las Comunidades Autónomas.

(continúa)

	• La modalidad de impuesto sucesorio de mayor implantación en la praxis fiscal internacional es, con mucho, el IPH. Entre las excepciones conocidas a este rasgo dominante, figuran Estados Unidos, Nueva Zelanda y Reino Unido, países en los que la opción adoptada ha sido el ICR. El IAA es una propuesta impositiva aún sin concreción práctica en la experiencia comparada.	
Ventajas/ inconvenientes	• El ICR tendría mayor capacidad recaudatoria que el IPH, porque se giraría sobre el total de la masa hereditaria en vez de sobre las porciones de la herencia. Por su parte, el IAA tendría menor capacidad recaudatoria que los anteriores, por su mayor efecto «dispersión» del patrimonio (los grandes propietarios tendrían un incentivo fiscal más fuerte para distribuir por donación o herencia su patrimonio entre un extenso número de personas). • Con un ICR, las operaciones de gestión y liquidación del gravamen resultan relativamente menos complejas que con un IPH, por cuanto la preocupación de las autoridades fiscales se limita exclusivamente al caudal hereditario. A su vez, bajo un IAA, la fusión de donaciones y herencias en él lo dotarían de una escasa complejidad y una elevada perceptibilidad relativas, pero, en contrapartida, sus costes administrativos directos (necesidad de conocer y registrar por separado todas las herencias y donaciones recibidas por el contribuyente a lo largo de su vida) e indirectos (costes de cumplimiento para el contribuyente relacionados con su adaptación a la nueva figura impositiva) serían significativos. • El IPH promueve la equidad y la redistribución de la riqueza en mayor medida que el ICH por su más estrecha relación con la capacidad de pago del sujeto pasivo y el tamaño de la herencia (grava la herencia o donación recibida en vez de una suma, la masa hereditaria total, que no guarda ninguna relación con el valor del legado del heredero o donatario, y además se enfrenta directamente con el problema de la desigualdad proveniente de las transmisiones patrimoniales intergeneracionales). Al mismo tiempo, por su mayor efecto dispersión y su sometimiento en gran medida al principio de capacidad de pago (gravaría progresivamente al donatario o legatario de acuerdo con sus adquisiciones gratuitas acumuladas), el IAA sería un instrumento más efectivo que los anteriores para reducir la concentración y desigualdad patrimoniales. Cuanto más que, además de allegar más fondos de los mayores beneficiarios, promovería la distribución en el sector privado, por ser la deuda tributaria menor en quienes menos donaciones y herencias han recibido.	• Se trata de una importante e irrenunciable fuente de ingresos para la Administración, por su tolerabilidad por los contribuyentes y la facilidad de su recaudación (el pago impositivo se exige para poderse registrar el cambio de propiedad de los elementos patrimoniales objeto de la transmisión o para la constitución de derechos reales y de otros derechos), su segura y precisa estimación (por la existencia de un precio de mercado), y sus bajos costes administrativos, como consecuencia de lo anterior. (Aun así, no deben olvidarse los costes de gestión asociados a la comprobación del precio real de compra, habida cuenta de los incentivos de los individuos a declarar precios inferiores a los reales para evitar parte del impuesto). • Es un importante instrumento de registro y control, no sólo porque, en general, proporciona información sobre los titulares de determinados elementos patrimoniales y, por lo mismo, facilita el control de otros impuestos, sino además porque completa la tributación de las transmisiones patrimoniales, evitando que puedan transmitirse elementos patrimoniales a través de compraventas ficticias para eludir el pago del ISD. • Desempeña un importante papel como estabilizador automático, toda vez que, pese a contar con un tipo impositivo proporcional, el número de transacciones patrimoniales aumentan en las fases de crecimiento económico y disminuyen en épocas de recesión. • Posibles efectos negativos sobre la equidad, horizontal y vertical, por cuanto los tipos de gravamen aplicados difieren generalmente con la clase de bien o derecho objeto de transmisión onerosa, se trata de un impuesto real (no tiene en cuenta las circunstancias personales del contribuyente), y su incidencia es incierta, en la medida en que, como gravamen indirecto, puede trasladarse. Su posible progresividad o regresividad dependerá del nivel de renta al que pertenezcan los individuos que lo acaben soportando. • Un ITPO con tipos elevados podría afectar negativamente a la asignación de los recursos (en particular de la tierra), a la asunción de riesgos (al obstaculizar la realización de cambios más productivos en la titularidad y uso de los bienes) y a la acumulación de ca-

(continúa)

• Entre los tres impuestos, el que mejor se ajustaría a las circunstancias personales del beneficiario sería el IAA, seguido del IPH. La provisión de diversos límites, exenciones y deducciones, así como de tipos de gravamen distintos, según el grado de parentesco o lazos familiares entre el causante o donante y el heredero y donatario, sería relativamente más fácil bajo las dos primeras modalidades. • En el IAA, el gravamen a satisfacer por un individuo por futuras donaciones o herencias sería independiente del patrimonio acumulado gracias a su propio esfuerzo, por lo que los efectos adversos sobre el esfuerzo laboral, la inversión, el ahorro y la acumulación serían menores. • En el IAA, aunque persistirían los problemas de elusión y fraude fiscales en razón de la constitución de trust y fideicomisos, serían, no obstante, menos preocupantes, por cuanto, al fundirse donaciones y herencias en la base imponible, la vía tradicional de las donaciones para eludir el impuesto de sucesiones quedaría obstruida.	pital (al implicar menores expectativas de rendimiento medio en no pocas inversiones). • Sus efectos antievasión pueden quedar en entredicho si no existen mecanismos administrativos eficaces para impedir la evasión y el fraude por falseamiento de los precios documentados. Además, la multiplicidad de transacciones gravadas, de reglas aplicables a los diferentes documentos sujetos a gravamen y de tipos impositivos hacen de él un impuesto complejo, incierto y con una presión fiscal indirecta desigual.

Glosario de términos y conceptos

Impuesto sobre «manos muertas» o equivalente tributario
Impuesto sobre el caudal relicto
Impuesto sobre el patrimonio neto
Impuesto sobre la propiedad o tenencia de bienes
Impuesto sobre porciones hereditarias o hijuelas
Impuesto sobre transmisiones patrimoniales onerosas (o transmisiones patrimoniales intervivos)
Impuestos sobre sucesiones y donaciones
Leva sobre el capital
Patrimonio o riqueza individual

Resumen

- Los impuestos sobre el patrimonio someten a imposición exclusivamente el valor del *stock* de capital detentado o transmitido. La valoración de ese patrimonio puede realizarse mediante un triple criterio o método: según el rendimiento de los bienes o activos patrimoniales, mediante autovaloración y mediante los sistemas de valoración directa.

- Los gravámenes patrimoniales utilizados en la práctica son: el impuesto sobre el patrimonio neto, la leva sobre el capital, el impuesto sobre sucesiones y donaciones, el impuesto sobre transmisiones patrimoniales onerosas y los impuestos sobre la propiedad o tenencia.

- El impuesto sobre el patrimonio neto (IPN) es la figura impositiva patrimonial más representativa y tiene como elementos característicos más destacados los que siguen: se trata de un impuesto general, personal y que grava la propiedad, posesión o tenencia del patrimonio; el sujeto pasivo viene configurado exclusivamente por las personas físicas; la base imponible está integrada por el patrimonio neto, y por lo general, en él se establece un mínimo exento relativamente elevado; finalmente, su tipo de gravamen es fijo o creciente y es un impuesto regular o periódico.

- La justificación del IPN en los sistemas fiscales modernos se ha articulado en torno a tres argumentos: su contribución al logro de una administración más eficaz de otros gravámenes, sus pautas de equidad y su contribución a la redistribución de la renta y la riqueza, y su contribución al logro de una eficiente asignación de recursos. Estas razones coexisten, en cualquier caso, con algunos argumentos contrarios, que aluden, en esencia, a ciertos problemas administrativos del gravamen con implicaciones negativas para la equidad y la eficiencia, así como a algunos posibles efectos económicos adversos.

- El impuesto sobre sucesiones y donaciones (ISD) es un gravamen ocasional, general, que recae sobre el valor neto de la herencia o donación y que grava la transmisión gratuita del patrimonio. Entre las razones que abogan por la presencia del ISD en los sistemas fiscales modernos, las más resaltadas son: que promueve la equidad horizontal y una distribución más equitativa de la renta y la riqueza, que puede inducir igualmente un uso más eficiente de los recursos económicos y qué puede constituir un instrumento de control y gestión de los impuestos sobre el patrimonio y la renta.

- El gravamen sobre las sucesiones puede presentarse bajo una doble modalidad alternativa: el impuesto sobre el caudal relicto (ICR), que se define como un gravamen sobre el volumen total del patrimonio (masa hereditaria) transmitido a los herederos tras su pago, personal, neto, ocasional, de tipos crecientes y, por lo general, progresivos, y complementario del impuesto sobre la renta, y el impuesto sobre las porciones hereditarias o hijuelas (IPH), que grava, como su propio nombre indica, solo la porción del patrimonio transmitido tras el fallecimiento que corresponde a cada heredero.

- Una variante de los impuestos sucesorios es el denominado impuesto sobre adquisiciones acumuladas (IAA), que pretende gravar, en forma progresiva, la suma total de transmisiones recibidas a título de donación o herencia por un contribuyente durante toda su vida, de suerte que su tarifa se aplicaría a dicha suma total.

- El impuesto sobre transmisiones patrimoniales onerosas (ITPO) grava la transmisión a título oneroso de determinados bienes, y tiene como principales características: que es parcial (no global), real (no personal), bruto (no neto, al gravar el bien en sí mismo) y ocasional (no periódico, pues se establece cuando se realiza la transmisión onerosa); que recae sobre el flujo patrimonial, esto es, sobre el valor (bruto) de los elementos que se transmiten, y que no es complementario de ningún impuesto. Se trata, en consecuencia, de un gravamen con características de impuesto indirecto, al gravar la capacidad de pago de una persona puesta de manifiesto en la adquisición de determinados elementos patrimoniales.

- El ITPO justifica su presencia en los sistemas fiscales de un elevado número de países, a pesar de su mala reputación entre los hacendistas, por la facilidad recaudatoria y los bajos costes administrativos que se observan en la práctica, así como la facilidad que la existencia de un precio de mercado confiere a la valoración fiscal. Pese a estos argumentos favorables, el impuesto tiene, no obstante, frente a sí otros que son desfavorables, en el triple escenario convencional de análisis: la equidad, horizontal y vertical, por cuanto los tipos de gravamen aplicados difieren generalmente con la clase de bien o derecho objeto de transmisión onerosa, y porque se trata de un impuesto real, que, como tal, no tiene en cuenta las circunstancias personales del contribuyente; sus posibles efectos económicos adversos, en tanto en cuanto un ITPO con tipos elevados podría afectar negativamente a la asignación de los recursos, a la asunción de riesgos y a la acumulación de capital, y la ausencia de mecanismos administrativos eficaces para impedir la evasión y el fraude por falseamiento de los precios documentados.

Impuesto sobre la renta de sociedades

7.1. **Justificación del impuesto**
7.2. **Estructura del impuesto**
   7.2.1. Sujeto pasivo
   7.2.2. La base imponible y su determinación
   7.2.3. Tipo impositivo
7.3. **Impuesto de sociedades, estructura financiera de las empresas y doble imposición de los dividendos**
   7.3.1. Impuesto de sociedades y estructura financiera de las empresas
   7.3.2. Impuesto de sociedades y doble imposición de los dividendos
7.4. **Incidencia del impuesto sobre la renta de sociedades**
   7.4.1. La imposición general sobre el beneficio de las empresas
   7.4.2. El impuesto sobre la renta de sociedades estrictamente
7.5. **Sistemas de corrección del doble gravamen de los dividendos**
   7.5.1. Sistema clásico: mantenimiento del impuesto de sociedades como gravamen independiente
   7.5.2. Sistemas de integración total: supresión del impuesto de sociedades
   7.5.3. Sistemas de integración parcial del impuesto sobre la renta y el de sociedades

▶ **Resumen**

Apéndice al Capítulo 7
   El impuesto sobre flujo de fondos como alternativa al gravamen de la renta de sociedades

Durante las últimas décadas, la participación de la recaudación del impuesto de sociedades en el conjunto de países de la OCDE se ha situado, en promedio, por debajo del 10% de los ingresos impositivos totales y del 4% del PIB. Esta escasa importancia recaudatoria del impuesto en el concierto de naciones contrasta, sin embargo, con la gran dedicación que le ha venido prestando la literatura de la Hacienda Pública y con su reiterada presencia en las propuestas de reforma tributaria realizadas en no pocos países en los últimos tiempos.

En este capítulo se analizan los aspectos problemáticos más importantes de este impuesto, comenzando con el recuento de las razones que se han esgrimido en favor y en contra de su existencia independiente. A continuación se aborda el estudio de los principales elementos estructurales del impuesto, prestando especial atención al tratamiento de la amortización por depreciación, así como a los efectos de la inflación sobre la amortización, la valoración de existencias y las variaciones patrimoniales. Posteriormente, en el ámbito ya de los efectos del impuesto sobre las decisiones empresariales, se estudian los posibles efectos del gravamen sobre la política de dividendos de las empresas y la política de financiación empresarial, aspectos del impuesto respecto a los que el razonamiento teórico sugiere que, en ausencia de un sistema de integración entre renta y sociedades, los beneficios repartidos a los accionistas serían objeto de un doble gravamen, primero en el impuesto sobre sociedades y después en el impuesto sobre la renta, y que el tratamiento fiscal asimétrico que confiere a los dividendos y a los intereses pagados por la empresa estaría sesgando la política de financiación empresarial, al elevar la ratio entre deuda y recursos propios de las sociedades. Tras esto se analiza la incidencia del impuesto, glosando en primer lugar los enfoques teóricos sobre la traslación a corto y a largo plazo de un impuesto general sobre el beneficio de las empresas e insistiendo luego, aunque de forma sintética, en las conclusiones que derivan del modelo teórico bisectorial de equilibrio general de A. Harberger (1962) respecto a la incidencia de un impuesto sobre la renta de las sociedades en sentido estricto. Finalmente, en el último apartado del capítulo se describen los sistemas propuestos para la corrección del doble gravamen de los dividendos, distinguiéndose entre los que abogan por una integración total y una integración parcial del impuesto de sociedades con el impuesto sobre la renta personal. El capítulo se completa con un Apéndice en el que se exponen las principales características y una breve valoración del impuesto sobre el flujo de fondos como alternativa al impuesto convencional sobre la renta de las sociedades.

El estudio de los efectos del impuesto de sociedades sobre la inversión empresarial se deja para un capítulo posterior.

7.1. Justificación del impuesto

El impuesto sobre la renta de sociedades nace con vocación de gravamen sobre una forma de organización empresarial, las sociedades de capital, que de alguna manera tienen una responsabilidad limitada, pero que, en contraste, disfrutan del privilegio de protagonizar el grueso del comercio internacional. Quizá sea por ello por lo que, desde su propia génesis, se trata de un impuesto polémico, cuya existencia suscita tanto razones a favor como en contra.

Para sus defensores, la conveniencia de la existencia de un impuesto convencional sobre la renta de sociedades viene abonada por una serie de razones, entre las que cabe destacar las siguientes:

a) Ante todo se ha aducido que, pese a que los socios ya son gravados en su renta, existe la idea generalizada de que una sociedad es algo distinto de la simple suma de sus socios. La sociedad desempeña una actividad propia e inherente a sí misma, que diverge sustancialmente de la de los socios, y que, en cierto modo, es reflejo de la separación entre la propiedad, que es detentada por los socios, y su control, que recae sobre el consejo de administración.

b) Relacionadas con la anterior están también otras dos argumentaciones conectadas entre sí. Conforme a la primera, el impuesto de sociedades puede concebirse como un *mecanismo de retención* de las rentas del capital de los accionistas de las empresas, que evita que el gravamen de los beneficios no distribuidos (parte de la renta de los accionistas) se posponga hasta el momento en que se repartan como dividendos o se realicen como ganancias de capital tras la enajenación de las acciones, o incluso, en este último caso, que el gravamen sea inferior al que corresponda a los beneficios distribuidos en el impuesto sobre la renta personal (como rendimiento del capital mobiliario), en tanto en cuanto las ganancias de capital realizadas suelen someterse a tipos impositivos menores. Para la segunda argumentación, por otra parte, la existencia del impuesto de sociedades constituye, más generalmente, una forma de control de las rentas, en la medida en que el conocimiento de la rentabilidad de las sociedades puede equipararse a una valiosa información para la posterior imposición de las rentas personales.

c) La existencia de este impuesto se ha tratado de justificar, adicionalmente, al amparo de una razón de equidad. Se ha señalado que, en la medida en que los propietarios de las sociedades se sitúan en los estratos o niveles medios y superiores de la escala de rentas, la imposición de los beneficios societarios surtirá un efecto positivo sobre la distribución de la renta.

d) El impuesto sobre la renta de las sociedades, de acuerdo con otro argumento que le es favorable, es un instrumento para la asignación e internalización de los costes sociales —la contaminación o polución, entre ellos— que, en el contexto del crecimiento de la economía, generan las grandes empresas industriales. El impuesto penalizaría a estas empresas, promoviendo con ello la internalización de esos costes sociales.

e) Paralelamente, algunos de sus defensores sostienen que, de no existir un impuesto como el analizado, los socios no residentes en los países de origen de las sociedades dejarían de contribuir a la financiación de los servicios públicos provistos en ellos.

f) Se ha asegurado, asimismo, que el impuesto sobre la renta de sociedades constituye un medio de regulación y control social, que, como tal, permite generar estímulos para las empresas, y cuya supresión supondría la pérdida de un importante instrumento de actuación político-económica.

g) Para muchos, sin embargo, la argumentación más importante en favor de la existencia de este gravamen quizá sea una razón pragmática: su generalizada presencia en los sistemas fiscales comparados, así como la importancia de la recaudación obtenida por tal figura impositiva, a la que por tal motivo difícilmente estarían dispuestos a renunciar los países. Para quienes así piensan, la propia existencia del impuesto sería, a la postre, la justificación más persuasiva para su existencia.

A estos argumentos en pro de un impuesto de sociedades independiente, se les han opuesto, no obstante, otros que en algunos casos tratan de cuestionar la consistencia de los razonamientos en que se sustentan algunos de ellos, y que en otros suponen razones adicionales para rechazar su existencia.

En el ámbito de las críticas a los argumentos favorables a la pervivencia del impuesto convencional, tres son las principales:

a) Al primero de los argumentos anteriormente expuestos, se ha replicado que, en realidad, una sociedad no difiere de la suma de los socios. Gravar a estos por su renta al tiempo que por la sociedad constituye una redundancia que se manifiesta en una doble imposición de los dividendos. Estos serían sometidos a imposición como parte de la renta de la sociedad, a la vez que como parte de la renta de los socios.

b) Análogamente, algunos expertos sostienen que en las sociedades actuales resulta pretencioso y discutible atribuir al impuesto un efecto positivo significativo sobre la distribución de la renta. En apoyo de esta contraargumentación se han esgrimido dos razones interrelacionadas. El efecto redistributivo del impuesto solo se daría realmente si este fuese soportado por la sociedad como tal, pero entre los hacendistas existe una tendencia o cuerpo de opinión que señala que este gravamen se traslada a los precios de los bienes y servicios que la sociedad presta y, en consecuencia, se trata de un impuesto regresivo y nada equitativo. Además, fruto de la creciente materialización de los ahorros provenientes de todos los estamentos o capas sociales en acciones, en las economías occidentales actuales se ha generalizado lo que se ha dado en llamar «capitalismo popular», lo que en este caso significa que es poco realista perseverar en la argumentación de que el grueso de los socios de las empresas societarias pertenecen a los niveles medios y superiores de renta.

c) Por lo demás, si se acepta el argumento de que el impuesto de sociedades puede interpretar el papel de penalización de las grandes empresas societarias por los costes que generan a la sociedad, ha de admitirse, ineludiblemente, la necesidad de discernir entre sociedades por las diferencias de costes generados; de no ser así, la existencia de un impuesto general sobre la renta de las sociedades carecería de plena justificación.

Triple objeción a las pretendidas ventajas de mantener el impuesto de sociedades con su configuración actual a las que, como ya se ha comentado, han de agregarse otras razones contrarias a su supervivencia. En esencia, cinco razones adicionales:

d) El impuesto, se ha asegurado, surte un efecto discriminatorio según cuál sea la forma de financiación de la empresa: discrimina en contra de la financiación propia frente al endeudamiento. En la determinación de la renta de la sociedad, la mayoría de las legislaciones fiscales autorizan la deducción de los gastos necesarios para su creación. Así, si la sociedad solicita créditos bancarios para financiarse, se le autoriza la deducción de los intereses de su endeudamiento; pero, en cambio, si, con tal finalidad, recurre al capital propio, se le niega la posibilidad de deducir los intereses (los dividendos). Operando de esta guisa, las legislaciones fiscales estarían, obviamente, estimulando el endeudamiento de las empresas frente a la autofinanciación.

e) El efecto discriminatorio del impuesto de sociedades se extendería, a su vez, a las formas de organización empresarial: esto es, discriminaría también en contra de las formas societarias de las empresas frente a las formas no societarias. A diferencia de las empresas societarias (de responsabilidad limitada), las individuales o no societarias (de responsabilidad ilimitada) solo han de tributar por el impuesto sobre la renta personal, de modo que, a la postre, el impuesto de sociedades —en este caso, su no aplicabilidad a las empresas individuales— constituye un estímulo para huir de aquellas formas de organización empresarial hacia estas otras.

f) En sentido contrario, se ha señalado asimismo que, en vista de que el impuesto de sociedades es proporcional y su tipo fijo, entre sus efectos puede figurar la proliferación de constituciones o conversiones en sociedades de aquellas personas físicas que, con el fin de eludir los elevados tipos marginales del impuesto sobre la renta personal, imputando sus rendimientos a la sociedad, considerasen ventajosa esta opción fiscal.

g) De esta relación de inconvenientes o razones desfavorables al impuesto analizado, no debe omitirse, de ningún modo, su problemática de carácter internacional. En el contexto de un mercado libre, con plena libertad de movimiento de capitales, las diferencias internacionales del trato fiscal conferido por esta figura impositiva puede dar lugar, sin duda, a una ineficiente localización espacial de las empresas. El tratamiento aquí de este problema nos llevaría, no obstante, a sobrepasar los límites lógicos de este capítulo y a adentrarnos en el tema de la armonización fiscal.

h) Finalmente, en su configuración actual, el impuesto de sociedades puede también afectar a la «vida» media de los bienes de equipo, al influir en las decisiones empresariales sobre su adquisición.

El análisis de los pros y contras del impuesto convencional sobre la renta de sociedades permite comprobar, en cualquier caso, que la justificación de su existencia y mantenimiento no es, de ningún modo, una tarea fácil, ni exenta de objeciones. Salvo la razón —para algunos «cínica»— de su propia existencia y de la dificultad para que la Hacienda renuncie a los ingresos por él allegados, es difícil encontrar otros argumentos a favor cuya racionalidad no haya sido seriamente cuestionada. La doble tributación de los dividendos, la discriminación en contra de los recursos propios y la discriminación en contra de las formas societarias de organización empresarial son, sin embargo, disfuncionalidades del gravamen que ponen en entredicho su idoneidad y que, evidentemente, reclaman la adopción de medidas de corrección, cuando no su sustitución o su reforma en profundidad.

7.2. Estructura del impuesto

7.2.1. Sujeto pasivo

En el impuesto de sociedades, el sujeto sometido a gravamen (sujeto pasivo legal) suelen ser las sociedades de capital: esto es, las sociedades con personalidad jurídica y responsabilidad limitada. Una persona física que desarrolle una actividad empresarial o profesional es, pues, sujeto pasivo del impuesto sobre la renta personal, no del impuesto de sociedades. Al mismo tiempo, por su condición de sociedades de personas más que de capitales (las sociedades cooperativas, por ejemplo), las sociedades con responsabilidad ilimitada suelen ser objeto de un tratamiento más favorable o incluso de exclusión en el impuesto de sociedades.

En general, entre las sociedades que no limitan la responsabilidad suelen encuadrarse las entidades financieras. Algunas de estas entidades, al hallarse dotadas de ese carácter mutualista, se han beneficiado en el pasado de un tratamiento favorable, bajo la forma de un tipo de gravamen más reducido, aunque, en la actualidad, estos beneficios tienden a desaparecer[1].

---

[1] La legislación fiscal española concede hoy el mismo trato fiscal por este gravamen a todas las entidades financieras sin excepción (bancos, cajas de ahorro, etc.). No obstante, también contiene reglas especiales para diversos entes, como son, entre otros, los fondos de inversión, las uniones temporales de empresas, los fondos de capital-riesgo y los fondos de pensiones, por cuanto, pese a que carecen de personalidad jurídica, les atribuye la condición de sujetos pasivos en el impuesto de sociedades.

La equiparación fiscal plena entre las sociedades de capital y las entidades de crédito presenta, sin embargo, algunos aspectos polémicos. Entre ellos, merece mención especial el que se refiere a la figura conocida como *provisiones de insolvencia*: las provisiones de fondos que tales entidades han de hacer por prescripción de la legislación financiera, con el fin de cubrir posibles retrasos en el pago de créditos. La controversia se centra en si deben o no someterse a imposición estas provisiones de crédito.

Paradójicamente, es aún corriente que las normativas financiera y tributaria sigan caminos dispares a ese respecto. Mientras el Banco emisor acostumbra a establecer normas que prescriben la obligatoriedad de las provisiones de insolvencia, la normativa fiscal no siempre las reconoce como gastos deducibles en el impuesto sobre la renta de sociedades. Sin embargo, en la experiencia comparada se propende, de forma pronunciada, a eliminar esta falta de acuerdo entre las autoridades financieras y fiscales, de tal manera que en el concierto de naciones se está extendiendo progresivamente el reconocimiento del carácter deducible de tales provisiones obligatorias.

7.2.2. La base imponible y su determinación

¿Qué es lo que se pretende gravar con el impuesto sobre la renta de sociedades? Idealmente, la base imponible del gravamen debería ser el beneficio económico de las sociedades, entendido este como los ingresos generados por ellas en exceso de todos los costes de oportunidad en que hubieran incurrido para su obtención. Si las empresas maximizaran beneficios, un impuesto de esta naturaleza no se trasladaría en absoluto (sería soportado por los propietarios de las empresas), ni alteraría las decisiones o pautas de comportamiento de los empresarios respecto a los precios y la producción, ni, por tanto, generaría exceso de gravamen. En la práctica, sin embargo, el beneficio (legal) objeto de gravamen por el impuesto de sociedades difiere de ese concepto económico. Entre otras diferencias significativas, las legislaciones fiscales no suelen permitir la deducción del coste de oportunidad del capital propio de la sociedad (es decir, del rendimiento que se habría obtenido si ese capital propio se hubiera empleado en una inversión alternativa), y, además, la depreciación fiscalmente deducible dista normalmente bastante de la depreciación económica o real de los activos.

El beneficio legal o base imponible de este gravamen se define, en concreto, como la *renta neta* total obtenida por la sociedad en un período, es decir, la suma de los ingresos netos y las variaciones patrimoniales que se hubiesen generado durante el período. Los ingresos netos equivaldrían a la diferencia entre los ingresos brutos y el total de los gastos realizados por la empresa para su obtención: sueldos, salarios, cotizaciones sociales y aportaciones empresariales a fondos de pensiones; compras de bienes y servicios que no se integren en las existencias al final del período; intereses de capitales ajenos y alquileres de inmuebles, y amortización por depreciación.

La medición de la renta neta de las sociedades puede realizarse, no obstante, desde una doble perspectiva: la de las *fuentes* de renta y la de sus *usos*. Atendiendo a sus fuentes, la renta se concibe como la suma de las cuatro partidas siguientes:

a) *Excedente neto de explotación*, obtenido a partir de la diferencia entre el excedente bruto de explotación y la depreciación o pérdida de valor de los activos fijos.

b) *Intereses, alquileres y dividendos* (en sentido neto).

c) *Transferencias* (subvenciones de explotación, etc.).

d) *Ganancias de capital*, o plusvalías o incrementos de valor que obtendría la sociedad por la venta de los elementos patrimoniales de los que es propietaria.

En contraste, desde la óptica de los usos de la renta, esta se identificaría con el sumatorio de la parte de ella destinada a dividendos y del ahorro o formación de capital de la empresa, compuesta por la formación de capital fijo y la variación de las existencias.

Opcionalmente, la Hacienda podría optar, sin dificultad económica aparente, por una vía alternativa de cálculo y comprobación de la renta, como sería la de proceder a su medición mediante ambos procedimientos.

La determinación de la base del impuesto de sociedades por el lado de las fuentes de renta presenta, sin embargo, dos aspectos problemáticos de importancia: la estimación de las deducciones por depreciación de los activos de las empresas y la corrección de los efectos de la inflación sobre el valor de las deducciones por amortización, la valoración de las existencias y las variaciones patrimoniales. La cuantía del excedente neto y, más ampliamente, la de la renta neta imponible serán, por lógica, distintas, según cuáles sean los métodos o criterios utilizados en la estimación de esos elementos componentes.

En suma, pues, la base imponible de un impuesto sobre sociedades, basado en la renta neta o beneficio contable, difiere sustancialmente del beneficio puro o renta económica. En rigor, el cambio de un impuesto de sociedades convencional a un impuesto sobre el beneficio económico reclamaría medidas de reforma del primero que permitieran:

— La deducibilidad fiscal de los costes financieros correspondientes a la retribución de los recursos propios, asignándose para ello una tasa de rendimiento al capital propio de la empresa previamente estimado.

— El ajuste preciso de la deducibilidad por amortizaciones a la depreciación económica, real o efectiva.

— La supresión de los incentivos a la inversión.

— La corrección de los efectos de la inflación.

— La plena compensación de pérdidas.

Este último punto merece, en cualquier caso, unos comentarios adicionales. Sucede que, por lo general, la Hacienda suele permitir la compensación de pérdidas «hacia adelante», es decir, la reducción de las bases imponibles positivas de ejercicios impositivos futuros en la cuantía de las pérdidas del presente ejercicio y hasta su plena compensación, pero casi nunca autoriza la compensación «hacia atrás», es decir, la compensación de pérdidas actuales con los beneficios de ejercicios anteriores. Ambas modalidades de compensación tienen, sin embargo, efectos financieros diferentes. En la compensación «hacia adelante», al trasladarse la realización del derecho de reducción de la base imponible a ejercicios futuros y no permitirse la inclusión de los intereses correspondientes por el tiempo transcurrido, el aplazamiento de la compensación surte un efecto beneficioso para la Hacienda y desfavorable, por contra, para la sociedad. En contraste, este efecto no se presenta en la compensación «hacia atrás», por cuanto la compensación se produce en el mismo ejercicio en que se generan las pérdidas, mediante la devolución por la Hacienda del importe de las cuotas impositivas pagadas en ejercicios anteriores.

Amortización por depreciación

Desde una óptica económica, el conocimiento de la depreciación que experimenta un activo fijo de una empresa en un ejercicio exige determinar la pérdida real de valor que originan su desgaste físico (derivado de su uso) y/o su obsolescencia técnica. La suma de ambos componentes de coste —desgaste y obsolescencia— constituye, pues, la depreciación económica de tal activo fijo o, también, el coste económico que su uso o tenencia acarrea a la sociedad durante un ejercicio.

Que el tratamiento dado a la depreciación de los activos empresariales en el impuesto de sociedades es de suma importancia para contribuyentes y autoridades fiscales, es una afirmación cuya lógica deriva del hecho evidente de que en la determinación de la base imponible las cuotas o dotaciones amortizables anualmente constituyen un gasto deducible que, como tal, la reducen o aminoran. El beneficio sometido a gravamen y, por tanto, la cuota tributaria del impuesto serán tanto menores cuanto mayor sea el gasto deducible en concepto de amortización de los activos o bienes duraderos (que se consumen a lo largo de más de un ejercicio) de las empresas societarias.

Idealmente, en la determinación de la renta imponible anual de las sociedades debería computarse como gasto deducible por depreciación de cada activo la *depreciación económica* —a veces llamada *depreciación efectiva*— que hubiese experimentado ese durante el año, por causa de su deterioro físico normal y obsolescencia técnica. Pero lo cierto es que en la práctica las autoridades fiscales no pueden llegar a conocer con precisión ni cuál es la depreciación real anual de un bien, ni cuál puede ser su vida útil, por varias razones. En primer lugar, porque cada clase de activo fijo (una edificación o una maquinaria) tiene su propio desgaste u obsolescencia técnica, y porque incluso, en el caso de un mismo activo, el desgaste puede variar de una unidad a otra. Luego, porque la tasa de depreciación anual no tiene por qué ser uniforme o lineal a lo largo del tiempo, sino que, por ejemplo, puede ser mayor en los primeros años de vida útil del activo. Y, por último, porque el cálculo de las cuotas anuales de depreciación habría de basarse en el precio de reposición del activo, y ello, además de tarea no exenta de dificultades, haría incurrir a la Administración en unos costes de verificación y control realmente desorbitados.

Ante tales problemas, en sus legislaciones del impuesto sobre sociedades los Gobiernos nacionales suelen adoptar y publicar una serie de normas que disponen, para cada clase de activo, cómo han de calcular las empresas la depreciación fiscal que podrán considerar como coste deducible al estimar la base imponible del gravamen: esto es, qué proporción del precio de adquisición o coste histórico del activo podrán amortizar cada año a efectos fiscales, así como el período de tiempo (en años) durante el cual podrán realizar la amortización (vida fiscal).

En la actualidad, los métodos más relevantes para determinar la tasa de amortización fiscal de esos activos son cuatro:

1. El *método de amortización lineal*, de conformidad con el cual la tasa de amortización anual del activo —generalmente las edificaciones— se fija en una cuota constante a lo largo de la vida útil del activo a efectos fiscales (que determina y publica generalmente la Administración en unas tablas para las diversas clases de activos), igual al cociente entre su coste histórico o valor de adquisición y el número de años de esa vida fiscal. Aun así, la normativa fiscal suele ofrecer, por lo general, para las diversas clases de activos de las distintas actividades empresariales, la posibilidad de elegir entre dos opciones: un período máximo de amortización y, por tanto, un coeficiente anual mínimo de amortización, y un coeficiente máximo de amortización o, lo que es lo mismo, un período mínimo de amortización. De este modo, si el coste histórico del activo es de 100 unidades y el período máximo de amortización que figura en las tablas es de 20 años, el coeficiente mínimo de amortización será del 5%; en el otro extremo, si el coeficiente máximo es del 10%, el período mínimo de amortización será de 10 años.

2. El sistema de *amortización degresiva* en una doble variante:

a) *Método del saldo decreciente.* Habitualmente utilizado en los bienes de equipo, este método consiste en aplicar (deducir) en el primer año de amortización del activo una tasa o porcentaje fijo de su valor de adquisición, normalmente superior a la tasa o coeficiente máximo aplicable en el método de amortización lineal (por lo general, el doble o más que este), y continuar aplicando en años sucesivos de su vida fiscal idéntico porcentaje sobre las cantidades de ese valor aún no amortizadas o pendientes de amortización.

b) *Método de la suma de dígitos.* Método de uso no frecuente, con arreglo a él la tasa de amortización anual (proporción que se deduce anualmente) es igual al producto del valor de adquisición del activo por el cociente entre los años que restan por amortizar, incluido el primer año de amortización (de suerte que, si la vida fiscal del activo se fija en n años, el numerador de este cociente sería n para el primer año, $n-1$ para el segundo, y así sucesivamente hasta el último año), y la suma de los dígitos de la vida del activo [en nuestro ejemplo, $n + (n-1) + (n-2) + \cdots + 1$, para todos y cada uno de los n años de amortización].

3. El *método de amortización libre*, en virtud del cual, como su propio nombre indica, se autoriza a la empresa a decidir libremente las cantidades o cuotas a amortizar anualmente hasta la finalización de la vida fiscal del activo, de forma tal que esta recupera su valor mediante dotaciones de depreciación.

Un caso extremo de amortización libre es la denominada *amortización instantánea*, que consiste en amortizar (deducir de la renta imponible) el coste total del activo en el mismo ejercicio de su adquisición. En términos más generales, cuando las empresas son autorizadas a realizar la amortización en un período de tiempo más corto o breve que el que precisa la depreciación económica real del activo, estaremos ante lo que se conoce con la expresión de *amortización acelerada*. En la literatura económica, se dice que la amortización acelerada equivale a un préstamo sin intereses que el Gobierno concede a la empresa, en el que el valor actual del ahorro de intereses es igual al valor actual de los ahorros fiscales que derivan de esta suerte de amortización.

Para verificar la consistencia de esta aseveración, bastará con expresar en términos algebraicos el valor presente o actual de la corriente o flujo de gasto deducibles por amortización de un activo durante su vida fiscal útil. Es sabido, en efecto, que el valor actual de la corriente o flujo de ahorros fiscales que genera la adquisición de un activo viene dado por la expresión:

$$V_p = t \cdot \frac{D(1)}{(1+i)} + t \cdot \frac{D(2)}{(1+i)^2} + \cdots + t \cdot \frac{D(n)}{(1+i)^n}$$

donde V_p representa el valor actual de la corriente de ahorros fiscales que derivan de la amortización, t el tipo de gravamen (fijo) del impuesto de sociedades, i el tipo de interés del mercado o coste de oportunidad de los fondos para la empresa, n la vida fiscal del activo, y $D(1)$, $D(2)$... y $D(n)$, la tasa de amortización o proporción del valor de adquisición del activo que podrá deducirse de la renta disponible en años sucesivos (1, 2, ..., n) del período de amortización. [Los valores de $D(1)$, $D(2)$, ..., $D(n)$ variarán, no obstante, de año en año, según cuál sea —de entre los citados— el método de amortización aplicado].

A la vista de la expresión algebraica precedente, se comprueba fácilmente que los ahorros fiscales derivados de la amortización dependen directamente de los valores de n y de $D(.)$. Tales ahorros serán mayores, de una parte, cuanto menor sea n, es decir, cuanto menor sea el período de amortización del activo o, lo que es lo mismo, cuanto más rápidamente se realice esta, y, de otra, cuanto mayor sea $D(.)$ supuesto que n es pequeño, o sea, cuanto mayor sea la proporción del valor del activo que se amortiza al comienzo de su vida útil.

Ninguno de esos métodos usuales de amortización por depreciación facilita, en cualquier caso, estimaciones precisas del desgaste físico real u obsolescencia técnica de los activos, ni consideran las posibles ganancias o pérdidas reales de capital acaecidas en ellos, razón —entre otras— por la que el impuesto tiende a distorsionar las decisiones empresariales. En rigor, si la amortización fiscal permitida por el legislador es más rápida que la económica, se estará incentivando la inversión, incentivo que además será máximo cuando se autorice la amortización libre. Adicionalmente, si los métodos de amortización difieren entre clases de activos, los precios relativos de estos también lo harán, lo que podrá llegar a alterar sin duda las decisiones empresariales respecto a los tipos de inversión a realizar.

Inflación y amortización por depreciación

La inflación puede afectar al valor real de las deducciones por amortización, reduciéndolo. Si la tasa de amortización anual del activo se fija en una proporción de su coste histórico o valor de adquisición inicial, el aumento del nivel general de precios puede inducir la elevación del coste de reposición del capital hasta niveles muy superiores a dicho coste histórico o valor de adquisición, reduciendo con ello el valor real de las deducciones por amortización. Esta infravaloración de las deducciones por amortización puede dar lugar, a su vez, a un aumento del tipo efectivo del impuesto de sociedades que podría implicar una sobreimposición del beneficio generado y, por añadidura, la transformación del impuesto en un gravamen sobre el capital societario.

Para afrontar este importante problema, pueden adoptarse, no obstante, ciertas medidas de ajuste, como son:

    a) La indiciación anual del valor de las deducciones por amortización de acuerdo con el índice de precios del capital.

    b) La reducción del período de amortización de los activos.

    c) Exenciones o tipos reducidos para las ganancias de capital derivadas de la actualización de algunas partidas del balance contable.

    d) Exención de las reservas que se constituyan para cubrir la diferencia entre los precios históricos y los costes de reposición.

Cuatro tipos de ajustes de entre los cuales han sido los dos primeros los que más atención han acaparado. Ninguno de ellos, sin embargo, está exento de inconvenientes. De la indiciación se ha asegurado que adolece de cierta complejidad administrativa, por cuanto la tasa de aumento de los precios puede diferir entre activos y, en consecuencia, podría requerir la elaboración de diferentes índices de precios. Este inconveniente no se presenta, en cambio, en la reducción de las vidas fiscales de los activos. Este otro procedimiento de ajuste, si bien puede corregir plenamente la tasa de inflación *real*, puede resultar, no obstante, inapropiado, si la tasa de inflación varía en el futuro. Unas deducciones basadas en la tasa actual de inflación serían demasiado generosas o demasiado escasas si dicha tasa decreciese o aumentase. Tal es la razón por la que, en definitiva, la mayoría de los economistas se decantan por la indiciación.

Inflación y valoración de existencias

Las existencias constituyen otro elemento de la base del impuesto de sociedades cuya valoración puede verse afectada por la inflación. Ciertamente, mientras que los bienes que se adquieren y se consumen durante un período se consideran gastos deducibles en dicho período, las existencias (que no se deprecian) tienen esa consideración en el período en el que se consumen. De este modo, dado que en un contexto inflacionario existencias idénticas pueden tener precios diferentes por el mero hecho de que se hayan adquirido en momentos o ejercicios distintos, los beneficios de las empresas y, por ende, las deudas tributarias por el impuesto de sociedades variarán según cuál sea el precio al que se valoren esas existencias en el instante de ser vendidas o consumidas. En este sentido, si las existencias consumidas en un ejercicio se valoran al coste histórico o precio de adquisición de las adquiridas inicialmente, el impuesto sobre sociedades estará gravando un beneficio puramente monetario, debido, en parte, a la inflación. Y, por añadidura, si este impuesto ha de gravar solo el beneficio real, será conveniente recurrir a sistemas de valoración de existencias que reflejen en mayor medida las variaciones de precios, que valoren el consumo de existencias al precio más actual.

Cuatro son, en concreto, las posibles formas de valorar las existencias a los efectos de estimación de beneficios de las empresas:

a) Sistema *FIFO* (*primero en entrar, primero en salir*, traducción del inglés: «First In, First Out»). De acuerdo con este sistema, las existencias consumidas o vendidas se valoran al precio de las compradas o adquiridas en primer lugar.

b) Sistema *LIFO* (*último en entrar, primero en salir,* traducción del inglés: «Last In, First Out»). De conformidad con este otro sistema, la empresa valora las existencias consumidas o vendidas al coste de las adquiridas en último lugar; es decir, se considera que las últimas existencias adquiridas son las que se venden en primer lugar.

c) Sistema *PMP* (*precio medio ponderado*). Con arreglo a este tercer sistema, las existencias consumidas durante el ejercicio económico se valoran a un precio medio de los de las existencias iniciales y las adquiridas durante el ejercicio actual, ponderado por la importancia relativa de unas y otras.

d) Sistema *NIFO* (próximo en entrar, primero en salir, traducción del inglés: «Next In, First Out»), sistema que, por lo general, no suele admitirse, y que valora las existencias a su precio de reposición en el momento en que se consumen.

Parece innecesario añadir que, si bien la política más general y conservadora, en períodos de aumentos de precios el sistema FIFO conduce a beneficios contables mayores que los restantes sistemas e implica, por añadidura, mayores facturas impositivas por el impuesto de sociedades. Dado un determinado precio de venta de las existencias consumidas, el beneficio monetario de la empresa será mayor con el sistema FIFO e irá decreciendo, por este orden, con el PMP, el LIFO y el NIFO. Para algunos, de hecho, los tres primeros sistemas gravarían a las empresas sobre beneficios originados, en mayor o menor medida, por aumentos ilusorios del valor de las existencias. Y, por otra parte, aunque el método NIFO gravaría ciertamente un beneficio real, al descontar plenamente el efecto de la inflación, obligaría, no obstante, a la Administración a verificar el realismo de los precios de reposición consignados por la empresa.

La pauta general, en cualquier caso, parece ser la de permitir a la empresa elegir el sistema que prefiera, pero con la condición de que no cambie de sistema en un ejercicio posterior.

Inflación y variaciones patrimoniales

Como elemento componente de la base imponible del impuesto, las variaciones patrimoniales (plusvalías o minusvalías, si son negativas) se obtienen por la diferencia entre el precio de enajenación del activo y su precio de adquisición reducido en las correspondientes dotaciones de amortización realizadas hasta entonces, es decir, el valor neto contable consignado en el balance (las revalorizaciones de los elementos de activo no se consideran como plusvalías o ganancias de capital). Por efecto de la inflación, sin embargo, el valor de enajenación y el valor neto contable de los activos fijos de la empresa vienen expresados en unidades monetarias heterogéneas que generan variaciones patrimoniales ficticias o ilusorias: el precio actual o corriente en el primer caso y el precio o coste histórico en el segundo. Para homogeneizar las cantidades monetarias de ambos tipos de valores y expresar por tanto las variaciones patrimoniales en términos reales, las legislaciones de los distintos países permiten a veces ajustes por inflación que actualicen el valor neto contable de los activos fijos o corrijan sus efectos sobre esas variaciones patrimoniales.

En España, y aunque solo para los bienes inmuebles, los efectos de la inflación sobre las variaciones patrimoniales se han venido corrigiendo aplicando unos coeficientes (el denominado factor de corrección), superiores a la unidad, a los valores de adquisición de los activos enajenados (incluidas sus posibles mejoras desde entonces) y sus amortizaciones, a fin de homogeneizar en términos monetarios los precios históricos y de enajenación de tales activos.

7.2.3. Tipo impositivo

Como ya se ha dicho en líneas anteriores, en la experiencia comparada el tipo de gravamen del impuesto de sociedades es generalmente proporcional y fijo, de modo que no depende del nivel de la base imponible. Esta regla general tiene, sin embargo, algunas notables excepciones, por lo general comunes, en las legislaciones de la mayoría de los países. En particular suele ser frecuente la aplicación de tipos diferenciales en los casos que siguen:

a) Las sociedades con actividades no lucrativas o de interés social o económico para el país, como, por ejemplo, los fondos de pensiones, las instituciones de inversión mobiliaria y las pequeñas y medianas empresas.

b) Los beneficios distribuidos (dividendos) y los beneficios retenidos o no distribuidos, con el propósito de corregir la doble imposición de los dividendos.

c) Las rentas de los no residentes, que suelen ser objeto de tipos especiales.

d) En ocasiones, las empresas que se localicen en ciertas zonas (por lo general las más deprimidas) del país, que suelen beneficiarse de tipos relativamente reducidos.

En España, la ley 35/2006, de 28 de noviembre, ha traído consigo una reducción gradual de los tipos nominales de gravamen (a razón de un punto por año entre 2007 y 2011) en la línea de los países de nuestro entorno: del 35% al 30% en el tipo general y del 30% al 25% en tipo aplicado a las PYMES.

A la vista de este rasgo específico del impuesto, las preguntas que procede formularse ahora son, obviamente, dos. La primera es que, si una justificación del impuesto de sociedades es que estas entidades cuentan con una capacidad contributiva propia, ¿por qué se aplica un tipo de gravamen proporcional en vez de tarifas progresivas? En segundo lugar, dadas las reducciones concedidas normalmente en la base imponible y/o en la cuota tributaria (créditos de impuesto) en las legislaciones de la mayor parte de los países para estimular la inversión[2], así como los efectos de la inflación sobre la base del

---

[2] En la mayoría de las legislaciones fiscales suelen concederse reducciones en el impuesto de sociedades —exenciones, deducciones en la base o créditos de impuesto— con el propósito de incentivar, entre otros:

a) La adquisición de determinadas clases de activos por la sociedad (por ejemplo, equipamiento de oficina, maquinaria, vehículos o, más concretamente, equipamiento que sea respetuoso con el medioambiente).

b) La creación de empleo en general o de empleo para determinados grupos de trabajadores.

c) El desarrollo de actividades relacionadas con la investigación, desarrollo e innovación tecnológica (I + D + i).

d) La realización de ciertos tipos de actividad económica (por ejemplo, la explotación de hidrocarburos o las actividades mineras).

e) La localización de las sociedades en determinados territorios deprimidos económicamente.

f) La reinversión de las ganancias de capital obtenidas mediante la venta de activos.

Otras formas de incentivos fiscales a la inversión, aparte de la amortización acelerada, pueden ser el establecimiento de tipos impositivos nominales relativamente menores por la realización de ciertas actividades y las denominadas «vacaciones fiscales» para las sociedades de nueva creación, esto es, la exención impositiva de este tipo de sociedades durante sus primeros años de existencia.

impuesto, ¿qué relación cabe prever entre el tipo nominal establecido legalmente y el tipo marginal o medio efectivo de gravamen?

En cuanto a la primera pregunta, pueden darse tres razones por las que la tarifa utilizada en el impuesto de sociedades no debe ser progresiva:

a) En la práctica, los supuestos beneficios marginales que obtienen las sociedades de los bienes y servicios públicos (posible justificación de la existencia del impuesto) no tienen por qué aumentar conforme lo hace el beneficio societario, sino que incluso pueden decrecer con, o ser independientes de, este beneficio.

b) Quienes finalmente soportan la carga del impuesto son los accionistas de acuerdo con la participación de cada uno de ellos en el capital social de las sociedades, pero los accionistas con mayor capacidad de pago no tienen por qué ser los propietarios de las sociedades con mayor beneficio económico.

c) Una tarifa progresiva podría tener incentivos nocivos sobre la estructura (tamaño) de las sociedades, fragmentándolas. Con la fragmentación, la base imponible del impuesto de sociedades se reduciría y, al girarse la tarifa progresiva sobre bases de menor cuantía, los efectos de la progresividad y, por ende, los pagos impositivos devendrían asimismo menores. Evidentemente, este efecto solo se produciría si el ahorro fiscal derivado de la fragmentación superase a los costes asociados a la creación de nuevas sociedades.

Tales son, en suma, algunas de las razones por las que, en la práctica, el tipo impositivo aplicado sobre el beneficio societario es un porcentaje fijo.

Por otra parte, es lo cierto que, en la realidad, tal y como evidencian algunos estudios empíricos[3], el tipo nominal o legal del impuesto y el tipo medio o marginal efectivo de gravamen[4] suelen mostrar notables diferencias que originan importantes distorsiones, y que, en lo fundamental, como ya se ha anticipado, tienen su origen en las reducciones impositivas (deducciones en la base o en la cuota tributaria) concedidas en las legislaciones fiscales por la adquisición de ciertos activos, la forma de financiación (recursos propios o mediante endeudamiento) empleada por la sociedad para la adquisición de activos fijos y/o el sistema de amortización fiscal adoptado.

---

[3] Véase Espitia y otros (1988), basado en la metodología creada por King y Fullerton (1984).

[4] El tipo marginal efectivo de gravamen equivaldría a la diferencia porcentual entre el coste de uso del capital bruto después y antes de impuestos. Por coste de uso del capital se entiende el rendimiento mínimo exigido por la empresa a una determinada inversión para que ésta se lleve a cabo. En el cálculo del tipo marginal efectivo ha de estimarse, pues, la diferencia entre el rendimiento bruto exigido a una inversión (para que esta se realice) en presencia del impuesto de sociedades y el que se exigiría en su ausencia. Si esta diferencia fuese positiva, el tipo marginal efectivo sobre la inversión sería también positivo; si, por el contrario, fuese negativa, el tipo de gravamen efectivo no solo sería menor que el tipo legal, sino además negativo, lo que quiere decir que el impuesto de sociedades, en vez de gravar la inversión marginal, la estaría subvencionando.

En rigor, en la medida en que en las decisiones económicas de las empresas, en particular respecto a la adquisición de nuevos elementos del activo fijo, el tipo de gravamen relevante no es el nominal sino el efectivo, al ser este el que influye en última instancia en el coste de utilización o uso del capital, es claro que la magnitud de este tipo efectivo podrá afectar también, en alguna medida, al nivel de producción de las empresas y, por añadidura, a las decisiones empresariales de inversión, empleo y localización. Además, dadas las diferencias constatadas por los estudios disponibles en los tipos marginales aplicados a los distintos sectores productivos y tipos de activos, en gran parte debidas a las divergencias intersectoriales y entre tipos de activos respecto las amortizaciones fiscalmente deducibles y/o las deducciones o créditos de impuesto, es igualmente evidente que el impuesto no solo podrá surtir los efectos previamente comentados, sino que podrá afectar asimismo al tipo de actividad productiva y a la modalidad de inversión.

7.3. Impuesto de sociedades, estructura financiera de las empresas y doble imposición de los dividendos

7.3.1. Impuesto de sociedades y estructura financiera de las empresas

Tal y como evidenciaron Modigliani y Miller, en un conocido artículo fechado en 1958, en ausencia del impuesto de sociedades y de posibilidad alguna de quiebra, el valor de una sociedad es independiente de su estructura financiera: es decir, de las proporciones en que se financie recurriendo al endeudamiento externo (esto es, solicitando créditos bancarios y/o emitiendo bonos o pagarés) o mediante recursos propios (es decir, emitiendo acciones). Para ellos, sin embargo, esta situación cambia cuando, como sucede en el mundo real, se considera la existencia del impuesto de sociedades. Y la razón ya es conocida.

Tal y como se ha dicho con anterioridad, el tratamiento dado en el impuesto a esas dos fuentes de financiación es, por lo general, diametralmente distinto. En tanto que en el impuesto los pagos por intereses de las deudas contraídas por las empresas con propósitos financieros se consideran como gastos deducibles, en él, en cambio, no se permite la deducción de un coste financiero imputable a sus recursos propios (los dividendos pagados a los accionistas). El impuesto, en consecuencia, estaría favoreciendo la emisión de deuda, antes que la de acciones, como fuente preferente de financiación del activo fijo de las sociedades, y, al elevar la ratio de endeudamiento, distorsionando su estructura financiera, con el consiguiente debilitamiento de su posición financiera y aumento del riesgo de quiebra.

A la vista de este razonamiento, cabría pensar que en el mundo real las sociedades deberían propender a ratios de endeudamiento elevadas, incluso próximos al 100%. Contrariamente, sin embargo, esta tendencia aparentemente lógica no suele darse en la realidad por varias razones, de entre las que pueden destacarse las cuatro siguientes:

a) La relación directa existente entre la probabilidad de quiebra y la ratio de endeudamiento. A este respecto, parece lógico sostener que a partir de un determinado nivel de endeudamiento los posibles beneficios de un incremento adicional de la deuda devendrán inferiores a los costes previstos de la quiebra. Como corolario, la ratio óptima de endeudamiento sería aquella en la que el ahorro de impuestos por unidad monetaria de deuda (el beneficio marginal de la deuda) se igualase al aumento del coste esperado de quiebra (su coste marginal).

b) Los problemas de información asimétrica (entre prestamistas y sociedades) y de selección adversa. A diferencia de lo que ocurre con los accionistas, la ausencia de información perfecta en los potenciales prestamistas sobre las sociedades puede llevar a estos a cargar primas de riesgo lo bastante elevadas (v.g., el promedio entre las primas que se cargarían a las sociedades fuertes y débiles) como para que solo las sociedades más arriesgadas conserven los incentivos para endeudarse.

c) El problema de riesgo moral. Las elevadas primas de riesgo cargadas por los prestamistas y la consiguiente desincentivación del endeudamiento en las sociedades puede ser asimismo el resultado no solo de las dificultades de control de las actividades de estas por parte de los prestamistas, sino, además, de la responsabilidad limitada de los socios de las empresas societarias frente a las posibles consecuencias negativas de las decisiones de inversión más arriesgadas adoptadas por el consejo de administración de tales empresas.

d) La propia separación existente entre el consejo de administración de las sociedades y los accionistas, para algunos, como ya se ha comentado, una de las justificaciones de la coexistencia del impuesto sobre sociedades y del impuesto sobre la renta. De acuerdo con este argumento, los miembros del consejo de administración, a diferencia de los accionistas, preferirían recurrir a los recursos propios como fuente prioritaria de financiación de las actividades de la sociedad, en la medida en que ello les liberaría de la obligación de tener que generar en los siguientes ejercicios económicos flujos de renta para hacer frente al pago del coste financiero de la deuda.

7.3.2. Impuesto de sociedades y doble imposición de los dividendos

Como ya se comentó en el primer apartado de este capítulo, las sociedades pueden dar a los beneficios obtenidos en el ejercicio de sus actividades un doble destino opcional: o bien distribuirlos entre los accionistas en concepto de dividendos o bien retenerlos para aumentar sus reservas o recursos propios. La coexistencia en el sistema fiscal de un impuesto de sociedades y un impuesto sobre la renta de las personas físicas puede alterar, no obstante, las preferencias de los accionistas respecto a ambas opciones. Por un lado, al recibirlos los accionistas, los dividendos pasan a engrosar la base imponible del impuesto sobre la renta de las personas físicas como rendimientos de capital mobiliario, de modo que esta porción del beneficio societario, ya gravada en el impuesto de sociedades, se somete nuevamente a imposición en el impuesto personal, originando con ello el denominado doble gravamen de los dividendos. De otra parte, los beneficios retenidos o no distribuidos por las sociedades generan un aumento en el valor de la empresa que supone una ganancia de capital para los accionistas, que, sin embargo, no es efectivamente gravada hasta su realización mediante la enajenación de las acciones. Esta opción, por tanto, en contraste con la del reparto de beneficios en forma de dividendos, no solo permite el aplazamiento del pago impositivo y, por ende, el retraso del posible doble gravamen, sino que entraña además una reducción de la carga tributaria, al estar sometidas generalmente las ganancias de capital a un tipo de gravamen inferior al que se aplica a los restantes rendimientos en el impuesto sobre la renta. Como corolario, si este tratamiento fiscal asimétrico de los beneficios retenidos y de los distribuidos promoviese realmente la retención frente a la distribución, el sistema fiscal estaría distorsionando claramente las decisiones financieras de las empresas.

Como ilustración de esta suerte de distorsión, consideremos, de partida, que, en ausencia de imposición, el flujo financiero de una sociedad a los accionistas equivale a: $f = d + p$, donde d representa los dividendos y p la plusvalía o cambio de valor de las acciones originado por la retención de beneficios. Este flujo financiero se altera, no obstante, como ya se ha señalado, cuando se considera la coexistencia de un impuesto sobre sociedades (con tipo t_s) y un impuesto personal sobre la renta que somete a imposición tanto los dividendos (a un tipo t_d) como las plusvalías (a un tipo t_p), y se supone, a su vez, la inexistencia en el sistema de cualquier mecanismo corrector de la doble imposición de los dividendos. En presencia de ambos gravámenes, ese flujo financiero pasa a ser, en efecto (Albi, E. *et al.*, 2009):

$$\Delta f' = (1 - t_s)[(1 - t_d)d + (1 - t_p)p]$$

Si suponemos ahora que la sociedad desea aumentar los beneficios retenidos en una cantidad determinada a costa de disminuir los beneficios distribuidos en la misma cuantía, de forma que $\Delta p = -\Delta d$, el efecto de esta decisión sobre ese flujo financiero de la sociedad a los accionistas quedará reflejado mediante la expresión:

$$\frac{\Delta f'}{\Delta p} = \frac{df'}{dp} = (1 - t_s)(t_d - t_p)$$

expresión de la que se infiere claramente que si $t_d > t_p$, tal y como sucede normalmente en la experiencia comparada, los sujetos, en buena lógica, desearán preferentemente invertir sus ahorros en la adquisición de acciones de las sociedades que retienen beneficios en mayor proporción.

Esta distorsión fiscal en las decisiones financieras de las sociedades podría constituir, por lo demás, en caso de ser significativa, un importante obstáculo para la libertad de movimientos del ahorro en la economía, y en particular para su canalización, mediante el oportuno reparto de dividendos, hacia otras empresas con mayor rentabilidad económica, que sin duda podría tener efectos negativos sobre el crecimiento económico a largo plazo.

Pese a la consistencia de este razonamiento teórico, en la práctica, sin embargo, sorprende comprobar que, en general, las sociedades, lejos de retener beneficios, tienden a repartir dividendos en una elevada proporción. Conocida precisamente como «paradoja del dividendo», esta tendencia se explicaría, fundamentalmente, por dos razones:

a) El denominado «efecto clientela», formulado por Feldstein y Green (1983). De acuerdo con esta hipótesis, las preferencias de los accionistas por una u otra política financiera de las sociedades —la retención frente a la distribución de beneficios— dependería del tipo impositivo marginal que se les aplicase, de manera que aquellos con tipos impositivos más bajos, esto es, aquellos para los que $t_d < t_p$, preferirían recibir dividendos antes que acumular plusvalías, mientras que los accionistas con rentas y por ende tipos marginales elevados se inclinarían por lo contrario. Por añadidura, los accionistas pertenecientes a los niveles inferiores de renta tenderían a adquirir acciones de las sociedades que distribuyesen dividendos, en tanto que los pertenecientes a los niveles superiores lo harían de sociedades que retuviesen beneficios, lo que previsiblemente promovería la especialización de las sociedades por grupos de accionistas.

b) La importancia de los dividendos en un contexto de información imperfecta y asimétrica. Para ciertos autores, el reparto de dividendos por las sociedades puede contribuir a reducir los problemas de insuficiencia de información y riesgo de los accionistas en sus decisiones de adquisición de acciones, al poderse interpretar como una buena «señal» de su rentabilidad futura y salud financiera.

7.4. Incidencia del impuesto sobre la renta de sociedades

La mayor parte de los argumentos sobre la incidencia de un impuesto sobre la renta de las sociedades se han planteado en términos del análisis de la traslación de un impuesto general sobre los beneficios de las empresas. Sobre la base de esta argumentación algunos autores han acoplado sus conclusiones para ajustarlas al caso de que solo sean gravadas (o exista un gravamen diferencial sobre) las sociedades.

7.4.1. La imposición general sobre el beneficio de las empresas

El primer extremo al que debemos hacer referencia es a la aparente contradicción de tratar como impuesto parcial o discriminatorio una figura impositiva que es general sobre los beneficios de las empresas. Este extremo no debe conducirnos a error: cualquier impuesto puede ser general en cierto sentido y parcial en otro u otros. La clasificación, por tanto, en este sentido, es puramente convencional. Un impuesto general sobre los beneficios de las empresas es solo general, en el sentido de que grava a todas las empresas; sin embargo, su inclusión entre los impuestos parciales deriva de que tal gravamen recae exclusivamente sobre la renta de un factor: el empresarial.

A efectos del análisis de la incidencia del impuesto, cabe discernir, de partida, entre la traslación a corto plazo y la traslación a largo plazo.

Traslación a corto plazo

A *corto plazo*, la tesis tradicional se limitaba a explicar el proceso de traslación del impuesto —o más propiamente su inexistencia—, como una simple extensión de la teoría de la formación de los precios. El punto de vista clásico sostenía que el impuesto general sobre los beneficios, tanto en un mercado de libre concurrencia como de monopolio, sería soportado íntegramente por las empresas, dado que los precios se forman de acuerdo con los costes marginales de producción y, por tanto, un impuesto sobre los beneficios no forma parte de los costes de la empresa, sino que, al recaer sobre tales beneficios, es más bien una consecuencia de cuáles sean dichos costes, ya que son estos los que junto con los ingresos determinan el beneficio, y por tanto el impuesto, y no viceversa.

Esta postura alcanzó su mayor plenitud por obra del hacendista norteamericano E. R. A. Seligman, y por las conclusiones de los economistas teóricos que participaron en el *Committee on National Debt and Taxation* en Gran Bretaña (*Comité Colwyn*), hechas públicas en 1927. De todas formas no constituyen dos fuentes distintas, puesto que el primer trabajo constituye uno de los Apéndices del *Informe del Comité*.

La argumentación de los economistas académicos que integraron la mayoría del *Informe* del *Comité Colwyn*, se centraba en el lado de la oferta. Si ha de probarse que el impuesto sobre beneficios no altera los precios, es preciso demostrar que, tras el establecimiento del tributo, la oferta y la demanda permanecen constantes. La invariabilidad de la demanda, sin embargo, no fue un problema que preocupase a los economistas del Comité, puesto que sostenían que a través del gasto público que el impuesto iba a financiar, se producía una simple sustitución de demanda privada por demanda pública, de aquí que se centraran en el lado de la oferta, tratando de probar igualmente su invariabilidad.

El mantenimiento de la oferta de bienes y servicios en la tesis tradicional reposa, al decir de D. Black (1965), en tres argumentos fundamentales:

- La *generalidad* del impuesto. Este no estimula en la práctica cambios entre sectores, al gravar análogamente a todos ellos.
- La *invariabilidad* del número de empresas que abastecen el mercado, toda vez que este depende de la empresa marginal y si esta se interpreta como aquella que no obtiene ni beneficios ni pérdidas, no se vería afectada por el impuesto.
- La *constancia* del volumen de producción lanzada por cada empresa al mercado, dado que este se determina por la unidad marginal que no produce ni beneficio ni pérdidas y, en consecuencia, tampoco se verá afectada por el impuesto.

Más aún, si la expresión *corto plazo* se entiende en sentido tan estricto como para eliminar la posibilidad de cualquier cambio en la dotación de recursos e incluso de transvases intersectoriales de capital, gravar los beneficios implica necesariamente que el empresario continuará maximizando sus beneficios a los mismos precios que existían antes del impuesto, sin que le quepa ninguna reacción inmediata para eludir su carga.

La anterior proposición puede comprobarse analíticamente con facilidad tanto respecto a una situación de competencia perfecta como a una de monopolio.

El beneficio de una empresa (B) puede expresarse en términos analíticos mediante la diferencia entre los ingresos (I) y los costes (C) originados por una cantidad (x) del producto elaborado:

$$B(x) = I(x) - C(x) \tag{7.1}$$

En *libre concurrencia*, $I(x) = p \cdot x$, donde p expresa el precio de mercado para dicho bien. Luego:

$$B(x) = p \cdot x - C(x) \tag{7.2}$$

Si se establece un impuesto proporcional sobre el beneficio de tipo t, el beneficio neto, después de detraer el impuesto, será:

$$b(x) = B(x) - tB(x) = p \cdot x - C(x) - tB(x) \tag{7.3}$$

La condición de equilibrio para la empresa requiere la maximización del beneficio, lo que, en ausencia de impuesto, se concreta en la exigencia:

$$P = C'(x)$$

7 Impuesto sobre la renta de sociedades

En presencia de impuesto, la condición de equilibrio obliga a hacer máxima la expresión (7.3), lo que implica como condición necesaria que su derivada primera sea nula:

$$\frac{db(x)}{dx} = P - C'(x) - t \cdot \frac{dB(x)}{dx} = 0$$

Ahora bien, de (7.2) se obtiene:

$$\frac{dB(x)}{dx} = P - C'(x)$$

De ahí que

$$\frac{db(x)}{dx} = P - C'(x) - t[P - C'(x)] = 0$$

o sea

$$\frac{db(x)}{dx} = [P - C'(x)] \cdot [1 - t] = 0$$

y para todo $t \neq 1$

$$P = C'(x)$$

que implica la misma situación de equilibrio que antes del impuesto[5].

En cuanto a la situación de monopolio se refiere, sigue siendo válida la expresión:

$$B(x) = I(x) - C(x) \qquad (7.4)$$

La condición de equilibrio requiere que para que el beneficio sea máximo

$$I'(x) = C'(x)$$

Si se establece un impuesto sobre los beneficios del monopolista, de tipo t, (7.4) se transforma en:

$$b(x) = I(x) - C(x) - tB = [I(x) - C(x)](1 - t) \qquad (7.5)$$

Para que $b(x)$ sea máximo se requiere que

$$b'(x) = (1 - t)[I'(x) - C'(x)] = 0$$

De modo que, para todo $t \neq 1$, ha de cumplirse que

$$I'(x) = C'(x)$$

como en la situación sin impuesto.

---

[5] En realidad sería preciso demostrar que esa solución lleva a valores de la derivada segunda menores que cero. La comprobación de esta condición no ofrece dificultad.

Sin embargo, con independencia de estas situaciones extremas, que como tales se hallan bastante alejadas de la realidad, estudios posteriores han mostrado distintos elementos que pueden condicionar, de alguna forma, la existencia de un proceso de traslación más o menos acusado. Además, sobre las distintas hipótesis han venido superponiéndose un conjunto de trabajos empíricos que han intentado valorar con mayor o menor éxito su validez en la realidad fiscal.

Cinco son los factores o elementos puestos de manifiesto por los estudios teóricos sobre el impuesto sobre los beneficios de las sociedades como posibles causas de su traslación, en distinto grado:

1. *Situaciones restrictivas de la competencia*, caracterizadas por la presencia de elementos oligopolísticos y de concurrencia monopolística. En tales situaciones, el punto de partida es la existencia de un margen de beneficio no explotado por las empresas, ante el temor de cualquiera de ellas de que una elevación del precio las conducirá a una pérdida de parte de la oferta del mercado que sirve, si es que su iniciativa de elevación del precio no es secundada por las restantes empresas de la industria o sector de que se trate. Es por ello por lo que para no pocos autores, y en especial R. Kilpatrick (1965), el impuesto —su introducción o elevación— puede considerarse como una señal o indicador de una acción generalizada en el grupo de empresas, que estarían dispuestas a secundar cualquier iniciativa de elevación del precio, para recuperar total o parcialmente el impuesto e incluso adentrarse en el margen de beneficios no explotado con anterioridad.

2. *Existencia de imperfecciones al computar la base imponible*, y en particular la presencia de elementos del coste en dicho cómputo (Robertson, 1927). Si parte del coste se incluye en la base (particularmente, si no se permite la deducción de intereses del capital tomado a préstamo por la empresa), el impuesto afectará a los costes marginales de producción, alterando el equilibrio y originando quizás una elevación del precio que pueda considerarse como una cierta traslación.

3. *Alteración de los costes salariales por efecto del impuesto*, en virtud de las habituales relaciones entre la evolución de los beneficios netos empresariales y la de los costes salariales a través de los convenios colectivos (Musgrave, 1959). Los cambios en las retribuciones del trabajo pueden generar, en cierta medida, variaciones en la oferta de dicho factor, que repercutirán en el nivel de producción y en los precios de los productos. El peso cuantitativo de este argumento puede devenir además considerable, si se tienen en cuenta las imperfecciones institucionales del mercado de trabajo.

4. *Existencia de normas o pautas de comportamiento empresarial que condicionan la política de fijación de precios por las empresas*, alejándola del modelo tradicional: $P = C'(x)$. Se han señalado, cuando menos, tres razones por las que puede darse tal circunstancia:

    a) Posible existencia de ciertos límites al comportamiento empresarial que pueden obstaculizar la maximización a corto plazo de beneficios (Musgrave, 1959).

b) Existencia de objetivos distintos en el comportamiento empresarial, tales como la búsqueda de unas «ventajas netas», en las que el beneficio solo sería una parte (Black, 1965). El impuesto, aunque sea general, puede alterar el equilibrio de objetivos de la empresa, cambiando su política de producción incluso a corto plazo.

c) Falta de realismo de la regla del precio igual al coste marginal [$P = C'(x)$], en relación con el análisis de la incidencia. Algunos autores, entre los que destaca Gordon (1967), se adscriben a un modelo de «precios administrados», mediante la adición de un margen de beneficios al coste medio total de producción (en el que se incluye la masa impositiva pagada por la empresa). Este modelo, si bien en su operatividad práctica dependerá de las condiciones de la demanda, introduce una vía de penetración del impuesto en los costes y, a través de estos, en los precios.

5. *Falta de uniformidad en las empresas en cuanto a la capacidad de traslación del impuesto* (Shoup, 1948; Beck, 1950). Uno de los supuestos de partida de un impuesto general sobre los beneficios de las empresas es el de la uniformidad, en el sentido de que se supone que empresas con iguales beneficios tributan en igual medida. Esta igualdad de trato fiscal ampara, sin embargo, una posible desigualdad, puesto que empresas con iguales beneficios no se encuentran, de hecho, en igualdad de circunstancias, lo que conduce a que la aparente uniformidad del impuesto se trueque en una real discriminación entre empresas. Siguiendo a Shoup (1948), las circunstancias más importantes que pueden condicionar este hecho son:

– La estructura del capital —propio o ajeno— de la empresa.
– La velocidad de rotación del capital circulante.
– El sistema, admitido a efectos fiscales, de compensación de pérdidas de unos años con los beneficios de otros.

Estos cinco aspectos constituyen, en síntesis, los puntos centrales de cualquier formulación que intente con un mínimo de generalidad explicar los posibles efectos sobre los precios de un impuesto sobre la renta de sociedades. La propia variabilidad de cuestiones implícitas en ellos reafirma, no obstante, la conclusión de que en un esquema teórico cualquier hipótesis de traslación es posible. De aquí, pues, la absoluta necesidad de trabajos empíricos que fijen en la realidad fiscal la importancia relativa de estos problemas y permita la obtención de conclusiones operativas.

Traslación a largo plazo

En general, puede afirmarse que el extenso desarrollo de la teoría tradicional sobre la traslación a corto plazo del impuesto sobre los beneficios de las empresas no ha tenido un tratamiento paralelo en la consideración a largo plazo. En la literatura financiera neoclásica solo se ha encontrado alguna vaga referencia al convencimiento de que si a corto plazo el impuesto había de soportarse por las empresas, el tipo de rendimiento neto se reduciría, lo que implicaría una restricción en la oferta que, supuesta la demanda constante, conduciría a una elevación de los precios.

A mediados de los años 60 del siglo pasado, Krzyzaniak (1970) volvería sobre los efectos a largo plazo del impuesto sobre los beneficios con idea de esclarecer su funcionamiento en un modelo neoclásico de desarrollo. Basándose en la hipótesis tradicional de no traslación a corto plazo, explora en cuatro modelos diferentes los posibles efectos a largo plazo del impuesto. Se utilizan funciones de producción alternativas y se parte de una función neoclásica de inversión, en la que esta aparece determinada por la disponibilidad de fondos (ahorro), que, a su vez, depende de las participaciones de los factores en la producción, de las propensiones al ahorro y los tipos impositivos. Los resultados por él obtenidos muestran que la traslación o no del impuesto depende de los supuestos adoptados, si bien, a su vez, una escasa relevancia del indicador basado en la proporción del beneficio sobre el valor añadido (cuya constancia o variabilidad queda supeditada a los parámetros de la función de producción adoptada) y la relativa superioridad del tipo de rendimiento.

7.4.2. El impuesto sobre la renta de sociedades estrictamente

Hasta ahora nos hemos referido a un impuesto general sobre el beneficio de todas las empresas; debemos ahora aludir al impuesto que grava propiamente la renta de las sociedades. En este sentido, los autores han insistido en el carácter diferencial que el impuesto sobre la renta de sociedades tiene al gravar normalmente con mayor intensidad la renta societaria que la obtenida por otras empresas que se organizan en forma individual.

Como ya es sabido, A. Harberger (1962), mediante un modelo teórico de equilibrio general, articulado en torno a dos sectores (el sector societario y el sector no societario) y dos factores (el capital y el trabajo), ha mostrado que a plazo medio (es decir, suficientemente breve para no considerar cambios totales en la oferta de factores, pero suficientemente extenso como para permitir la realización de cambios entre los diferentes sectores), el impuesto sobre la renta de sociedades difunde sus efectos, a través del mercado de capitales, desde el sector societario a los restantes sectores no gravados: es decir, es causa de un flujo del capital desde este sector a los no gravados, hasta que se produce una igualación del tipo de rendimiento neto en todos los sectores. Dicho flujo origina una reducción del tipo de rendimiento de las ocupaciones alternativas, de forma tal, que desde la perspectiva de las fuentes de renta, los capitalistas en su conjunto soportarán el peso del tributo. Aunque también es cierto que, desde el punto de vista de los usos, este desplazamiento de capital originará un cambio en los precios relativos, encareciendo los precios de los productos obtenidos por las empresas societarias y rebajando los precios de los producidos por las empresas organizadas de otra forma.

La Figura 7.1. ilustra claramente el mecanismo anteriormente descrito (R. y P. Musgrave, 1992).

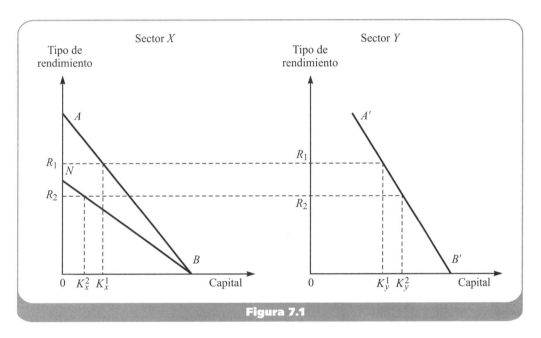

Figura 7.1

Consideremos la existencia de dos sectores, uno societario (X) y otro no societario (Y), cuyas líneas de eficiencia marginal del capital antes de impuesto vienen representados por las rectas AB y $A'B'$, respectivamente.

Antes de impuesto, el capital total se divide entre los dos sectores OK_x^1 para el sector X y OK_y^1 para el sector Y. El tipo de rendimiento, idéntico en ambos sectores, es OR_1.

Si se establece un impuesto sobre el sector societario (X) únicamente, el tipo de rendimiento neto (deducido el impuesto), para cada nivel de capital, se reduce respecto a la situación anterior. La nueva relación puede expresarse según la recta NB. Como consecuencia del impuesto, se inicia un flujo de capital desde el sector X al Y, donde el rendimiento neto es más elevado. La reasignación de capital prosigue hasta que dicho factor alcanza en el sector X el nivel OK_x^2 y el tipo de rendimiento es OR_2, mientras que para el mismo tipo de rendimiento el capital en el sector Y pasa a ser OK_y^2. Es decir, el flujo de capital se extingue una vez que se logra la igualación del tipo de rendimiento en ambos sectores.

Nótese, en cualquier caso, que aun cuando el efecto destacado por Harberger conduce, en principio, a la defensa de la tesis de que es el capital en general el que soporta el impuesto (por vía de la reducción del tipo de rendimiento), es dable una traslación impositiva en otros sentidos, dependiendo de la combinación inicial del capital y el trabajo en ambos sectores, de la elasticidad de sustitución entre factores y de la elasticidad de sustitución entre productos.

En conjunto, la duda que queda tras esta revisión de las posiciones teóricas sobre la traslación del impuesto se acentúa cuando se tiene en cuenta que, respecto a su incidencia, es preciso considerar además en qué medida los bienes y servicios producidos por las sociedades se adquieren por personas situadas en los distintos tramos de la distribución de la renta, lo que es prácticamente imposible.

Un último extremo al que haremos una breve referencia, dada la importancia y el interés práctico que el tema ha suscitado, es el de la incidencia diferencial del impuesto sobre la renta de sociedades, en comparación con el impuesto sobre el valor añadido. Han sido varias las sugerencias formuladas en torno a la posible sustitución del impuesto de sociedades por el impuesto sobre el valor añadido tipo renta. El tema ha adquirido interés a la luz de las prácticas internacionales respecto a la posibilidad de practicar ajustes fiscales en frontera, que, según es sabido, se permite para el impuesto sobre el valor añadido por su convencional calificación de indirecto, pero no para el impuesto sobre la renta de sociedades por considerarse directo y no trasladable.

Desde esta perspectiva, cualquier idea de sustitución de un impuesto por otro para beneficiarse de las posibilidades de ajustes fiscales *en frontera* requiere una comparación de sus incidencias respectivas. C. Shoup ha dedicado especial atención al tema, aunque las conclusiones son poco definitivas.

Si un impuesto sobre el valor añadido tipo renta se sustituye por el que recae sobre la renta de sociedades, se producirá en principio una reducción en los beneficios de las empresas societarias y una elevación en las no societarias, ya que antes del cambio unas y otras estarían sujetas a imposición. Para Shoup esta incidencia de impacto tiende a ser progresiva si se admite que el capital de las sociedades procede de personas situadas en los niveles medios y superiores de la distribución de la renta. Sin embargo, respecto a la incidencia final, poco puede decirse, porque la diferencia de rendimiento neto en ambos sectores de la economía origina el flujo de capital a que ya nos hemos referido anteriormente, y puede comportar también una disminución en la inversión, una caída en la productividad del trabajo y en las retribuciones salariales; finalmente habría que tener en cuenta la situación en la escala de renta de los compradores de los bienes producidos por las sociedades, respecto a los producidos por otras empresas no societarias.

7.5. Sistemas de corrección del doble gravamen de los dividendos

Tal y como se ha comentado en el capítulo anterior, una de las principales disfunciones que origina la coexistencia del impuesto sobre la renta de sociedades y del impuesto sobre la renta de las personas físicas es el doble gravamen de los dividendos que origina. Este doble gravamen, que, junto a otras razones, estaría cuestionando la pervivencia del propio impuesto de sociedades, se pondría de manifiesto, como también es sabido, en la imposición de los dividendos tanto como parte integrante de la renta de las empresas societarias, cuanto como parte de la renta de sus socios.

Como respuesta a semejante disfunción, la Teoría de la Hacienda Pública ha tratado de encontrar fórmulas capaces de atenuarlo o erradicarlo. Los sistemas propuestos a este respecto se han orientado en una triple dirección: la de negar la supuesta existencia del problema, al considerar que la sociedad es un agente completamente distinto del total de los accionistas, y abogar, por tanto, por el mantenimiento del impuesto como gravamen independiente («sistema tradicional o clásico»); en sentido diametralmente opuesto, la de reafirmar la existencia del problema y proclamar la necesidad de suprimir el impuesto para así evitar la doble imposición («sistemas de integración total o plena»); y, por último, en una posición intermedia, la de conservarlo pero tratando de reducir o incluso eliminar el doble gravamen, mediante alguna forma de integración entre el impuesto sobre la renta personal y el de sociedades («sistemas de integración parcial»). Veamos, por turno, el contenido de cada uno de estos sistemas.

7.5.1. Sistema clásico: mantenimiento del impuesto de sociedades como gravamen independiente

Aplicada en EE.UU. y conocida como opción neoclásica, la propuesta que aboga por la pervivencia del impuesto de sociedades como gravamen independiente del que grava las rentas personales se sustenta en una premisa radical que niega la existencia del doble gravamen de los dividendos. Quienes defienden esta posición aducen que, si bien existe una superposición de gravámenes, no cabe hablar de doble gravamen, ni, por tanto, de la necesidad de su corrección, al ser la renta de las sociedades y la renta de los socios objetos de imposición completamente distintos. Ambos gravámenes tendrían, en rigor, hechos imponibles diferentes.

7.5.2. Sistemas de integración total: supresión del impuesto de sociedades

Frente a la propuesta anterior, existe otra corriente de opinión entre los hacendistas y expertos fiscales que sostiene que la coexistencia del impuesto de sociedades y el impuesto personal genera un doble gravamen de los dividendos cuya supresión es inconcebible sin la del primero de esos gravámenes. Este sistema puede adoptar, no obstante, dos modalidades distintas: el método de las ganancias de capital y el método de transparencia fiscal.

Método de las ganancias de capital

Inspirado en la propuesta realizada por Simons, este método consistiría en suprimir el impuesto de sociedades e integrar la porción del beneficio total de la sociedad correspondiente al accionista (que dependerá de su participación en el capital social) en la base imponible del impuesto sobre la renta personal. Los beneficios societarios distribuidos tributarían así como parte de la renta del accionista, en concepto de rendimientos del capital, mientras que los retenidos o no distribuidos se gravarían, también de forma periódica, como ganancias de capital no realizadas. Para evitar, además, la doble imposición de las ganancias del capital que podría producirse al vender el accionista sus acciones, al estimar la plusvalía realizada en el momento de la enajenación el valor histórico o de adquisición de sus acciones (valor de su participación en el capital social) debería incrementarse en la porción de los beneficios retenidos por la sociedad que le correspondiese.

En la práctica, ningún país aplica este método de integración total.

Método de transparencia fiscal

Propuesto por Due, en este segundo método de integración total el impuesto de sociedades no desaparece del sistema impositivo, sino que se convierte en un simple mecanismo de control para otros impuestos. En él los accionistas incorporan en su base imponible del impuesto sobre la renta la porción de los beneficios societarios (distribuidos y retenidos) que les corresponda, con independencia de que previamente hayan tributado o no en el impuesto de sociedades. En caso afirmativo, se permite obviamente a los accionistas deducir de la cuota del impuesto sobre la renta la cuota ya satisfecha en el impuesto de sociedades. Al mismo tiempo, al igual que en el caso anterior, para evitar la doble imposición de las ganancias del capital, bajo este otro método el valor histórico de las acciones se incrementaría también en la porción de los beneficios retenidos por la sociedad que correspondiese al socio.

Evidentemente, como el propio Due reconoce, este método de integración total solo parece viable para las pequeñas sociedades integradas por un reducido número de socios, en las que todos ellos tienen un peso específico en la toma de decisiones. En las grandes sociedades, los pequeños accionistas, que tienen una nula participación en las decisiones societarias (decisiones, entre otras, sobre las partes de los beneficios destinadas a dividendos y a reservas), tendrían que enfrentarse, sin duda, a los problemas de liquidez que derivarían de los pagos impositivos que habrían de satisfacer por unos beneficios no percibidos (beneficios no distribuidos). A los efectos desincentivo que pueden suponer tales problemas para la tenencia de acciones por parte de socios minoritarios, habría que sumar, además, otras dos importantes dificultades para la implantación de este método de integración: la dificultad de la propia imputación de beneficios, tanto por la rápida rotación de las acciones en los mercados bursátiles como por la existencia de títulos no nominativos, así como la dificultad para llegar hasta el ámbito personal por la participación de unas sociedades en otras.

En España este método de transparencia fiscal estuvo en vigor para un limitado grupo de sociedades hasta el año 2003.

7.5.3. Sistemas de integración parcial del impuesto sobre la renta y el de sociedades

En contraste con los sistemas de integración total, los sistemas de integración parcial no se proponen una corrección plena de la doble imposición de los dividendos, sino más bien ofrecer respuestas aproximadas. Incluso cabría decir que estos sistemas, más que integrar ambos impuestos, solo se proponen coordinarlos.

De acuerdo con la literatura financiera y la praxis fiscal comparada, el ajuste de integración parcial del impuesto sobre la renta y el de sociedades puede realizarse por una triple vía: operando en el impuesto de sociedades; tratando de practicar la corrección en el impuesto personal, y procediendo a un ajuste mixto, en el que se refunden, en cierta medida, las dos variantes precedentes.

De optarse por la vía del impuesto de sociedades, es posible elegir entre dos fórmulas distintas:

a) *Sistema de doble tipo de gravamen*. Como indica la propia expresión y refrenda la experiencia de Austria, donde se ha utilizado tradicionalmente, este sistema consiste en establecer tipos de gravamen diferenciales para los dividendos y los beneficios no distribuidos en el impuesto de sociedades. Bajo dicha fórmula los socios tributan en el impuesto sobre la renta personal por sus dividendos, pero, paralelamente, en la sociedad son gravados con un tipo impositivo inferior al que se aplica a los beneficios no distribuidos. Este sistema incentiva el reparto de dividendos, en perjuicio de la autofinanciación empresarial, y distorsiona por tanto la estructura financiera de las sociedades.

b) *Sistema de deducción de dividendos*. Técnica más radical que la precedente y de uso corriente en los países nórdicos, en ella los dividendos pagados se deducen total o parcialmente de la base imponible (beneficio legal) de las sociedades, de manera que los beneficios no distribuidos tributan en el impuesto de sociedades, mientras que los beneficios distribuidos pasan a gravarse en el impuesto personal sobre la renta personal cuando afluyen al socio.

Cualquiera de estos mecanismos puede ser, sin duda, útil para corregir parcialmente la doble imposición que pudieran soportar los dividendos; en contrapartida, sin embargo, ambos devienen defectuosos desde la óptica de la equidad y de la eficiencia. Lo primero porque, al someterse los dividendos, exclusivamente o en mayor grado, a un impuesto progresivo como el que recae sobre las rentas personales, y los beneficios no distribuidos, en cambio, a un impuesto proporcional (con un tipo impositivo constante), partes de una misma renta son tratadas fiscalmente de forma diferente. Y lo segundo porque en ambos casos se incentiva el reparto de dividendos, en perjuicio de la autofinanciación empresarial, y se distorsiona por tanto la estructura financiera de las sociedades.

Desde la perspectiva del impuesto sobre la renta personal, la corrección parcial del doble gravamen de los dividendos puede llevarse a efecto, asimismo, de una doble forma:

c) La *exención de los dividendos* percibidos en el impuesto sobre la renta personal, al considerarse que estos ya han sido sometidos a imposición en el impuesto de sociedades.

Este sistema, que ha venido aplicándose en Turquía y que puede presentarse bajo las modalidades de exención total o parcial, presenta, no obstante, problemas similares a los que se atribuyen a las fórmulas comentadas con anterioridad: discriminaría en favor de los dividendos frente a otras formas de renta no societarias, al someterlos a un tipo de gravamen constante en lugar de una tarifa progresiva, y fomentaría el reparto de beneficios en detrimento de la autofinanciación empresarial.

Una versión algo distinta de este sistema de integración parcial, aunque con resultados similares, sería el conocido *sistema del doble tipo*, aplicado ahora en el ámbito personal, que en este caso consiste en girar un tipo impositivo inferior sobre los rendimientos del capital mobiliario (y por tanto sobre los dividendos percibidos) en el impuesto sobre la renta del accionista.

d) *Sistema de imputación.* Mediante este sistema el accionista incluye en su base imponible del impuesto sobre la renta los dividendos brutos (dividendos percibidos más impuesto de sociedades) y deduce de su cuota la parte del impuesto de sociedades pagada por la sociedad por esos dividendos brutos en el impuesto del accionista. Si, por otra parte, la deducción en la cuota del impuesto fuese una cantidad fija o a tanto alzado, estaríamos ante una variante de este sistema conocida como *sistema de crédito al impuesto* por dividendos percibidos. Por lo general, este sistema beneficia a la Hacienda Pública, dado que el porcentaje de la deducción autorizada no suele calcularse de forma que corrija plenamente el doble gravamen de los dividendos. No obstante, la reforma del IRPF (Ley 35/2006, de 28 de noviembre) contempla la incorporación a partir de 2008 de un sistema mixto basado en la exención de los dividendos (hasta 1.500 euros) y el sistema clásico de no integración (con la consiguiente doble imposición de los beneficios distribuidos), aunque los dividendos se gravan a un tipo fijo del 18%, tipo inferior al mínimo de la escala.

En el ámbito de los países que integran la Unión Europea, Francia, Italia, Reino Unido y España aplican o han aplicado alguno de estos sistemas de integración parcial para corregir la doble imposición de los dividendos. En el caso español, el sistema utilizado hasta 2007 imputaba en la base imponible del IRPF los dividendos totales percibidos (que incluían las retenciones correspondientes) multiplicados por un coeficiente de 1,4 y se autorizaba una deducción en la cuota del impuesto del 40% del valor de esos dividendos.

En último término, la técnica *mixta* de ajuste se articula en la combinación de los sistemas de *doble tipo de gravamen* en el ámbito societario y de *crédito por dividendo percibido*. Aplicada en Alemania y Japón, esta técnica se presenta como la más favorable para los contribuyentes, al haberse constatado en ambos países que permite eliminar el cien por cien el doble gravamen de los dividendos.

Glosario de términos y conceptos

Amortización degresiva (métodos de saldo decreciente y suma de dígitos)
Amortización libre, acelerada e instantánea
Amortización lineal
Beneficio económico o puro de las empresas
Costes histórico y de reposición de un activo
Depreciación económica o efectiva
Doble gravamen de los dividendos
Efecto clientela
Financiación propia (emisión de acciones) y financiación ajena (endeudamiento)
Impuesto sobre flujo de fondos

Integración parcial (sistemas del doble tipo de gravamen, de deducción de dividendos, de exención de dividendos en el IRPF, de imputación y mixto de doble tipo de gravamen y de crédito por dividendo percibido)
Integración total del IRPF y el IS (métodos de las ganancias de capital y de transparencia fiscal)
Paradoja del dividendo
Renta total neta
Sistemas de valoración de existencias (LIFO, FIFO, NIFO y del PMP)
Sociedades de capital
Tipos de gravamen legal y efectivo

Resumen

- La conveniencia de la existencia de un impuesto convencional sobre la renta de sociedades viene abonada por múltiples razones, adicionales a la de su generalizada presencia en los sistemas fiscales comparados. La sociedad desempeña una actividad propia e inherente a sí misma, que diverge sustancialmente de la de los socios. El impuesto de sociedades puede concebirse como un mecanismo de retención de las rentas del capital de los accionistas de las empresas que evita situaciones de elusión y evasión fiscal, como una forma de control de las rentas, como un instrumento para la asignación e internalización de los costes sociales y como un medio de regulación y control social. En último término, su existencia se sustenta asimismo en razones de equidad.

- En el ámbito de las críticas al impuesto, varias son las principales: la doble imposición de los dividendos; la discutible atribución al impuesto de un efecto positivo significativo sobre la distribución de la renta; su efecto discriminatorio según la forma de financiación de la empresa; su discriminación también en contra de las formas societarias de las empresas frente a las no societarias; sus aspectos problemáticos de carácter internacional, y sus efectos distorsionantes sobre las decisiones empresariales respecto a la adquisición de bienes de equipo.

- Aunque con ciertas excepciones, el sujeto sometido a gravamen en el impuesto de sociedades (sujeto pasivo legal) suelen ser las sociedades de capital, esto es, las sociedades con personalidad jurídica y responsabilidad limitada de los socios. A su vez, su base imponible suele estar constituida por la renta neta total obtenida por la sociedad en un periodo, es decir, la suma de los ingresos netos y las variaciones patrimoniales que se hubiesen generado durante el periodo. Finalmente, el tipo de gravamen es generalmente proporcional y fijo, de modo que no depende del nivel de la base imponible. Esta regla general tiene, no obstante, algunas notables excepciones.

- Pese a que idealmente en la estimación de la base imponible anual del gravamen debería computarse como gasto deducible por depreciación de cada activo su depreciación económica o efectiva, en la práctica las dificultades que plantea el conocimiento preciso de esta depreciación real anual y de la vida útil de los activos han llevado a los gobiernos nacionales a adoptar y publicar una serie de normas que disponen, para cada clase de activo, cómo han de calcular las empresas la depreciación a efectos impositivos. En la actualidad, los sistemas más relevantes para determinar la tasa de amortización fiscal son el método de amortización lineal, los sistemas de amortización degresiva (métodos del saldo decreciente y de suma de dígitos) y el método de amortización libre o acelerada.

- La inflación afecta igualmente, de modo importante, al impuesto de sociedades por una triple vía: la valoración de las amortizaciones, las existencias y las variaciones patrimoniales. Para afrontar este importante problema, pueden adoptarse, no obstante, ciertas medidas de ajuste, entre las que destacan, por turno: la indiciación anual del valor de las deducciones por amortización y la reducción del período de amortización de los activos; los sistemas FIFO, LIFO, del PMP y NIFO, permitiéndose a la empresa, como pauta general, elegir el sistema, aunque con la condición de que no lo cambie en un ejercicio posterior, y permitir ajustes por inflación que actualicen el valor neto contable de los activos fijos o corrijan sus efectos sobre esas variaciones patrimoniales.

- En teoría, el impuesto de sociedades debería favorecer la emisión de deuda, frente a la de acciones, como fuente preferente de financiación del activo fijo de las sociedades, en la medida en que mientras en él los pagos por intereses de las deudas contraídas por las empresas con propósitos financieros se consideran como gastos deducibles, no se permite, en cambio, la deducción de un coste financiero imputable a sus recursos propios. El impuesto, en consecuencia, estaría elevando la ratio de endeudamiento de las empresas societarias, distorsionando su estructura financiera y, consiguientemente, aumentando el riesgo de quiebra. Este razonamiento aparentemente lógico no suele verificarse, sin embargo, en el mundo real por múltiples razones.

- La coexistencia en el sistema fiscal de un impuesto de sociedades y un impuesto sobre la renta de las personas físicas puede originar un doble gravamen de los dividendos, en tanto en cuanto, al recibirlos los accionistas, estos pasan a engrosar la base imponible del impuesto sobre la renta personal como rendimientos de capital mobiliario, de modo que esta porción del beneficio societario, ya gravada en el impuesto de sociedades, se somete nuevamente a imposición en el impuesto personal. En la experiencia comparada este problema suele corregirse o atenuarse, en mayor o menor medida, mediante los mecanismos de integración total o plena (métodos de las ganancias de capital y de transparencia fiscal) y/o los mecanismos de integración parcial de ambos impuestos (sistemas de doble tipo de gravamen, de deducción de dividendos, de exención y de imputación, y la técnica mixta de combinación de los sistemas de doble tipo de gravamen y de crédito por dividendo percibido).

- El modelo de equilibrio general de Harberger, articulado en torno a dos sectores productivos —societario y no societario— y dos factores defiende, en principio la tesis de que es el capital en general el que soporta el impuesto sobre la renta de las sociedades en la forma de una reducción del tipo de rendimiento. No obstante, también es posible la traslación impositiva en otros sentidos, dependiendo de la combinación inicial del capital y el trabajo en ambos sectores, de la elasticidad de sustitución entre factores y de la elasticidad de sustitución entre productos.

Apéndice al Capítulo 7

El impuesto sobre flujo de fondos como alternativa al gravamen de la renta de sociedades

En el análisis del impuesto sobre la renta personal, una de las líneas de reforma futura que ha ganado ascendiente en el pensamiento financiero como alternativa a su perfeccionamiento ha sido, como ya se ha comentado, su sustitución por un impuesto sobre el gasto personal. Pese a que se trata de una alternativa que aún no ha tenido concreción práctica en ningún país, no consolidada, la eventualidad de que tal cambio se llevara a efecto plantea, empero, una cuestión crucial: ¿qué utilidad tendría tras el cambio fiscal el impuesto sobre la renta de sociedades?

En la situación más común de coexistencia de ambos impuestos como gravámenes independientes, el impuesto de sociedades cumple perfectamente el papel de elemento informativo de primer orden a efectos del impuesto sobre la renta personal. Su mera existencia facilita un amplio conocimiento sobre las porciones de la renta societaria que afluyen a los socios, lo que supone una información clave para la determinación de las rentas personales. En consecuencia, si se produjese realmente el cambio de un impuesto individual sobre la renta a uno sobre el gasto personal, el conocimiento de la renta de los individuos dejaría de ser una necesidad y, por añadidura, una de las razones justificativas de la existencia del impuesto de sociedades desaparecería.

En las sociedades modernas, el Sector Público tiene encomendada, no obstante, tal multiplicidad de servicios y tareas que se hace difícil imaginar que este agente pudiera prescindir de una fuente de ingresos tan destacada como la que representa el impuesto de sociedades. Aun así, en un nuevo marco fiscal articulado en torno a un impuesto sobre el gasto personal, es claro que la falta de necesidad de datos sobre las rentas de los individuos y, por ende, de las sociedades como tal magnitud, bien podría abogar por una sustancial simplificación del impuesto de sociedades.

Pero ¿cuál sería el tipo de reforma de tal impuesto que, además garantizar su simplificación y supervivencia como fuente de ingresos, podría estimular la inversión? Una propuesta que ha atraído la atención de los estudiosos de la Hacienda Pública y que ha gozado de bastante aceptación entre economistas y hacendistas, ha sido el denominado «Impuesto de sociedades como flujo de fondos», gravamen defendido por el *Informe Meade* (1978) y que se propone someter a imposición el flujo de fondos en lugar de la renta de las sociedades.

He aquí, a continuación, cuál sería la base de un impuesto de esta naturaleza y cuáles sus posibles ventajas.

Base imponible

Pese a que la definición de la base de un impuesto de sociedades concebido como un gravamen sobre flujo de fondos admite diversas interpretaciones, la más corriente se deriva fácilmente de la siguiente identidad fundamental entre ingresos y gastos de una empresa societaria:

$$\text{Ingrs. ctes.} + \text{Ingrs. c/}_{k.real} + \Delta\text{Pasivos f}^{os} + \Delta\text{K. propio} = \\ = \text{Gtos. ctes.} + \text{Gtos. c/}_{k.real} + \Delta\text{Activos f}^{os} + \text{Dividendos} \quad (A.7.1)$$

donde:

- Ingrs.ctes. = Ingresos corrientes provenientes de la venta de bienes y servicios en el mercado.
- Ingrs. c/k.real = Ingresos por cuenta de capital procedentes de la enajenación de activos reales.
- ΔPasivos f^{os} = Incremento de pasivos financieros por emisión de obligaciones, obtención de créditos, etc.
- ΔK. propio = Incremento de capital propio por aportaciones de los socios.
- Gtos. ctes. = Gastos corrientes o gastos requeridos por el proceso productivo
- Gtos. c/k.real = Compras de bienes de inversión (Formación Bruta de Capital).
- ΔActivos. f^{os} = Incremento de activos financieros por creación o aumento de cuentas bancarias, pagos de intereses, reducción de créditos bancarios, etc.

A continuación, si en (A.7.1) realizamos las oportunas operaciones, se llega a otra identidad tal que:

$$(\text{Ingrs. ctes.} - \text{Gtos. ctes}) + (\text{Ingrs. c/}_{k.real} - \text{Gtos. c/}_{k.real}) + \\ + (\Delta\text{Pasivos f}^{os} - \Delta\text{Activos f}^{os}) = \text{Dividendos} - \Delta\text{K. propio} \quad (A.7.2)$$

Nueva igualdad que refleja que la base de un impuesto sobre flujo de fondos vendría definida por cualquiera de sus dos lados[6].

---

[6] Más abreviadamente, la base de un impuesto sobre flujo de fondos puede obtenerse partiendo de la identidad:

$$\text{Ingrs. reales} + \text{Ingrs. f}^{os} = \text{Gtos. reales} + \text{Gtos. f}^{os} + \text{Dividendos}$$

No obstante, puesto que los ingresos financieros de la sociedad se componen de ingresos financieros en sentido estricto (Ingrs. f^{os}*) y del incremento de las acciones (ΔAcciones), la expresión anterior puede reformularse en los términos:

$$\text{Ingrs. reales} + \text{Ingrs. f}^{os}* + \Delta\text{Acciones} = \text{Gtos. reales} + \text{Gtos. f}^{os} + \text{Dividendos}$$

Valoración del impuesto

En la forma de determinación de la base de un impuesto sobre flujo de fondos, tal y como se expresa en (A.7.2), se hallan implícitas, por lo demás, las dos principales ventajas relativas de semejante figura impositiva: de un lado, su simplicidad administrativa y, de otro, su eficiencia económica.

Tal y como pone de manifiesto el lado izquierdo de dicha identidad, la tributación de una base integrada por los ingresos netos de todos los gastos realizados por la sociedad eliminaría, de facto, los importantes problemas relativos a la determinación de las amortizaciones, ajustes por inflación, valoración de existencias, etc., que plantea el gravamen convencional sobre la renta de sociedades. Por lo tanto, frente a la forma tradicional de gravar a las sociedades, la gestión y administración de un impuesto de sociedades basado en el flujo de fondos gozaría de una menor complejidad.

Por otra parte, la detracción anual específica de los gastos de inversión en general y los gastos de capital real en particular de las partidas de ingresos que figuran en el lado izquierdo de (A.7.2)[7], denota que, a diferencia del impuesto tradicional, este se erigiría en un importante estímulo para la inversión empresarial, al «premiar» a las empresas más dinámicas en el proceso inversor con una factura o carga impositiva relativamente inferior.

Además, como gravamen que eximiría de imposición a la inversión en general, el impuesto sobre flujo de fondos no solo la fomentaría, sino que además eliminaría las distorsiones que se atribuyen al impuesto tradicional: no discriminaría entre fuentes de financiación (capital propio frente a endeudamiento), ni entre diferentes clases de empresas (empresas financieras y no financieras), ni entre tipos de inversión.

Nueva expresión que, a su vez, tras realizarse las oportunas operaciones, se transforma en:

(Ingrs. reales − Gtos. reales) + (Ingrs. f^{os}* − Gtos. f^{os}) = Gtos. f^{os} + Dividendos − ΔAcciones

Es decir, se obtiene una identidad cuyos lados representan la base de un impuesto sobre el flujo de fondos.

[7] Respecto a su lado derecho, reflejaría el flujo de fondos neto que se pagaría a los accionistas, representado por la diferencia entre los dividendos (equiparables al gasto de consumo realizado por la empresa) y el incremento del capital propio (las aportaciones de los socios).

Capítulo 8

La imposición indirecta sobre el consumo: los impuestos sobre el volumen de ventas. El IVA. Los impuestos sobre consumos específicos

- **8.1. Clasificación de los impuestos indirectos sobre el consumo**
- **8.2. Características generales de los impuestos sobre el volumen de ventas**
- **8.3. Impuestos múltiples en cascada sobre el volumen de ventas**
- **8.4. El impuesto sobre el valor añadido**
    - 8.4.1. Concepto de IVA y formas de determinación del valor añadido
    - 8.4.2. Elementos característicos del IVA
    - 8.4.3. Rasgos del IVA comunitario
    - 8.4.4. Valoración del IVA
- **8.5. Impuestos monofásicos**
    - 8.5.1. Impuesto monofásico sobre fabricantes
    - 8.5.2. Impuesto monofásico sobre los mayoristas
    - 8.5.3. Impuesto monofásico sobre los minoristas
- **8.6. Incidencia de la imposición general sobre las ventas**
- **8.7. Características y estructura de los impuestos sobre consumos específicos**
    - 8.7.1. Origen, tipología y características de los impuestos sobre consumos específicos
    - 8.7.2. Justificación de la existencia de la imposición sobre consumos específicos
    - 8.7.3. Incidencia de los impuestos sobre consumos específicos
    - 8.7.4. Valoración de la imposición sobre consumos específicos
- **Resumen**

Los impuestos indirectos se han definido, en forma concisa, como aquellos que gravan los usos de la renta: esto es, el consumo de bienes y servicios realizado dentro de un país, las importaciones y otras operaciones análogas, tales como las transacciones de activos, las transmisiones no empresariales de elementos patrimoniales (v.g., la compraventa de bienes inmuebles entre particulares), el uso de la energía, ciertas operaciones societarias (entre ellas, la constitución o ampliación de capital de una sociedad), ciertos documentos mercantiles o notariales y los juegos de azar. En sentido más amplio, son gravámenes de carácter objetivo, que se aplican a los bienes y servicios y que gravan por tanto manifestaciones indirectas de capacidad de pago. En lo que sigue nos centraremos, fundamentalmente, en la imposición indirecta sobre el consumo.

Los impuestos indirectos sobre el consumo gravan, como su propio nombre indica, el consumo realizado por los sujetos, por considerarse este una manifestación indirecta de la capacidad de pago. En esta categoría de impuestos hay que distinguir, no obstante, entre los impuestos generales sobre el consumo o las ventas, que recaen sobre todos los bienes y servicios comercializados en una economía, y los impuestos sobre bienes y servicios específicos, que solo someten a imposición determinados bienes y servicios. Cada una de estas dos grandes modalidades impositivas incluye, a su vez, diferentes figuras impositivas.

Entre las ventajas más destacadas de la imposición indirecta sobre el consumo, merece mención especial, sin duda, su elevada capacidad recaudatoria. En el conjunto de países de la OCDE los ingresos de los impuestos sobre el consumo equivalen a algo menos de un tercio de los ingresos impositivos totales y aproximadamente al 11% del PIB. Estas cifras descienden ligeramente para el caso de la Unión Europea y algo más para el de España. Otras ventajas importantes de estos gravámenes son sus posibles efectos favorecedores del ahorro al penalizar el consumo, sus costes administrativos relativamente bajos y sus rápidos efectos sobre la demanda agregada. Estos impuestos constituyen, ciertamente, instrumentos apropiados de política económica, toda vez que una variación en los tipos impositivos, al afectar directamente a los precios de los bienes y servicios intercambiados, repercute de forma inmediata en la demanda global de una economía.

En contrapartida, de ellos se ha dicho también que, precisamente por su traslación automática a los precios de los bienes y servicios, pueden provocar mayores efectos inflacionistas que otros gravámenes, y que, aunque proporcionales respecto al consumo, son regresivos respecto a la renta, por cuanto, al crecer el consumo en menor proporción que la renta a medida que esta variable aumenta, inciden más pronunciadamente sobre los individuos situados en los niveles inferiores de la escala de rentas.

A continuación se exponen, en detalle, las distintas clases de impuestos indirectos sobre el consumo que existen. En el resto del capítulo se analizan el concepto, los principales elementos definitorios, las ventajas e inconvenientes y la incidencia de cada una de estas categorías impositivas, al tiempo que se realiza su valoración económica, comenzando por los impuestos generales sobre el consumo.

8.1. Clasificación de los impuestos indirectos sobre el consumo

Como gravámenes que se giran sobre los bienes y servicios en los que el gasto se materializa, los impuestos indirectos sobre el consumo, a diferencia del impuesto sobre el gasto personal (ya analizado como alternativa al impuesto sobre la renta), que es un gravamen de carácter personal y tarifa progresiva, son reales y su tipos impositivos son fijos, por lo que tienen normalmente naturaleza de impuestos proporcionales. En estos impuestos pueden distinguirse, no obstante, como ya se ha señalado, dos grandes categorías:

1. Los *impuestos generales sobre el volumen de ventas*, o impuestos generales sobre el consumo, que constituyen una aportación española al mundo de la Hacienda Pública (fue introducida en España por Alfonso XI en 1342, con el nombre de *Alcabala*), y que, en calidad de impuestos generales, someten a imposición todas las ventas de bienes y servicios que se realizan en una economía. Estos impuestos pueden adoptar, a su vez, dos modalidades distintas:

a) *Impuestos plurifásicos*. Estos impuestos gravan el consumo de bienes y servicios en todas y cada una de las fases del proceso de producción y distribución, y en ellos pueden discernirse dos grupos diferentes:

– *Impuestos múltiples o en cascada*, que someten a imposición de forma acumulativa las ventas a lo largo de todas las fases del proceso de producción/distribución por el que atraviesa un bien. Al aplicarse al precio del producto, la base imponible de estas figuras impositivas incorpora, pues, los impuestos satisfechos en las fases anteriores.

– *Impuestos sobre el valor añadido*. Contrariamente a los impuestos en cascada, son gravámenes no acumulativos, por lo que solo gravan el valor añadido en cada una de las fases del proceso.

b) *Impuestos monofásicos*. A diferencia de los anteriores, estas otras figuras impositivas gravan el consumo de bienes y servicios en una sola de las fases del proceso de producción y distribución (que abarca desde la producción hasta el consumo final), y, según la fase concreta sobre la que recaigan, pueden subdividirse en: impuestos sobre fabricantes (fase de producción), impuestos sobre mayoristas (fase de distribución) e impuestos sobre minoristas (fase de venta al por menor o *detall*).

Entre todas las opciones tributarias previamente citadas, las dos figuras que tienen mayor aceptación entre los economistas son, en cualquier caso, los impuestos sobre el valor añadido y los impuestos sobre los minoristas.

2. *Impuestos sobre bienes y servicios específicos*, que, como tales, gravan solo ciertos bienes y servicios. Dentro de este subgrupo, es posible diferenciar, a su vez, entre:

a) *Impuestos sobre consumos específicos*, también denominados *accisas*, que se aplican al consumo de ciertos bienes en el interior del país. Una forma alternativa de establecer estos impuestos sobre determinados bienes son los monopolios fiscales. Estos impuestos reportan importantes ingresos y suelen gravar el consumo de bienes no necesarios.

b) *Impuestos sobre la circulación exterior de ciertos bienes*, los cuales se instrumentan a través del arancel y cumplen una función esencialmente comercial. Someten a imposición tanto la importación como la exportación, aunque, por lo general, siempre más intensamente la importación. La exportación suele gravarse en aquellos países que tienen el monopolio internacional de un bien concreto, como puede ser España respecto al mercurio.

8.2. Características generales de los impuestos sobre el volumen de ventas

La imposición sobre el volumen de ventas se propone someter a imposición todos los bienes y servicios, cualquiera que sea su naturaleza. Se define como un impuesto indirecto, que, como tal, se traslada a los consumidores, de carácter proporcional, cuyo objeto imponible es el consumo de bienes o servicios y cuya base imponible viene configurada por sus ventas.

Como características más destacadas de estos impuestos, deben citarse las seis siguientes:

1. Su generalidad. Estos gravámenes tratan de gravar todos los bienes y servicios objeto de venta con un mismo tipo impositivo para todos ellos, por lo que no existe ningún tipo de discriminación entre tales bienes y servicios. Este tipo impositivo se aplica exclusivamente al valor del bien o servicio.

2. Impuesto real o no personal, es decir, no tiene en cuenta las circunstancias personales de los contribuyentes.

3. Gran capacidad recaudatoria. Los impuestos sobre volumen de ventas constituyen una fuente importante de recursos, al punto de que es considerado por muchos como el posible sustituto futuro del impuesto sobre la renta.

4. Simplicidad administrativa. La determinación del importe de las ventas no suele ofrecer gran dificultad, por lo que la estimación del impuesto no requiere cálculos complejos. Además, su existencia permite un control administrativo cruzado entre las ventas que realiza una empresa y las compras que realiza otra.

5. Traslación legal del impuesto a los consumidores. El impuesto lo recaudan los productores o distribuidores, pero, al ser su objeto imponible el consumo, se les permite su traslación (hacia delante a través de los precios) al consumidor final.

6. Relativa neutralidad. Al tratarse de impuestos generales, que recaen por igual sobre todos los bienes y servicios, no alteran sus precios relativos y, por tanto, no fomentan el consumo de unos bienes en detrimento del de otros. Además, si los tipos impositivos se mantienen inalterados en el tiempo, estos impuestos son también neutrales entre la decisión de consumir o ahorrar, al no encarecerse una actividad respecto a la otra. En la actualidad, sin embargo, no existe absoluta certeza de que los impuestos sobre el volumen de ventas sean neutrales.

Esta forma de imposición ha recibido, no obstante, numerosas críticas desde los ángulos de la equidad, la eficiencia y los efectos sobre los precios y el comportamiento económico.

En lo que a la equidad se refiere, se ha aducido que son impuestos regresivos, por cuanto penalizan con mayor intensidad relativa a los individuos situados en los niveles inferiores de renta, al ser estos quienes destinan una mayor proporción de sus ingresos al consumo en general y al consumo de bienes de primera necesidad en particular.

Los impuestos sobre las ventas suelen ser, en efecto, proporcionales sobre su base (el consumo) pero regresivos respecto a la renta, y ello ha llevado a ciertos autores a tratar de encontrar la forma, si hay alguna, de reducir o eliminar esa regresividad. Entre las fórmulas que se han barajado a estos efectos, dos parecen haber polarizado la atención de los hacendistas: centrar o concentrar el impuesto en los bienes que expresen una capacidad de pago significativa o fijar tipos impositivos distintos para los diferentes bienes. La adopción de cualquiera de estas soluciones puede resultar problemática, no obstante, aunque solo sea porque, como es sabido, la noción actual de bienes de lujo puede diferir de la que se tenga en un futuro. Además, con independencia de que la regresividad pueda corregirse técnicamente, la adopción de medidas con tales propósitos siempre privará al impuesto de la simplicidad que se le atribuye.

En el terreno de la eficiencia, la objeción que se ha hecho a estos gravámenes es que el exceso de gravamen que generan dista de ser el menor de los posibles, en la medida en que pueden abaratar el ocio respecto al trabajo (al disminuir la capacidad adquisitiva de las rentas salariales) y provocar con ello una reducción del esfuerzo y la oferta laborales. Es más, si, como impuestos generales sobre todos los bienes y servicios, los bienes de capital o inversión quedasen asimismo sometidos a imposición, estas figuras impositivas también podrían afectar negativamente al crecimiento económico.

En último término, ya es sabido que la traslación del impuesto al consumidor final puede tener, adicionalmente, efectos alcistas sobre los precios, esto es, efectos inflacionistas.

Con todo, al sopesar las ventajas y los inconvenientes de estas figuras impositivas, el saldo final de unas y otras parece ser positivo. Estos impuestos pueden considerarse una fórmula tributaria aceptable, en tanto en cuanto constituyen una fuente importante de recursos para la Hacienda, sin grandes costes desde las perspectivas de la equidad y la eficiencia.

Todas las figuras impositivas comentadas serán analizadas con detenimiento en los siguientes apartados y en el Cuadro 8.1, en el que se ofrece un amplio resumen de sus principales aspectos bajo las rúbricas que en él se consignan.

8.3. Impuestos múltiples en cascada sobre el volumen de ventas

Los impuestos plurifásicos en cascada sobre el volumen de ventas son impuestos generales sobre el consumo que se aplican en todas las fases del proceso productivo de forma acumulativa. Esto es, gravan el valor total de la venta a lo largo de todas las fases del proceso de producción/distribución por las que transcurre el producto hasta que es adquirido por el consumidor final. Se trata de impuestos que tuvieron en el pasado un gran peso en la vida real de países tales como España, Francia, Alemania e Italia. Las principales ventajas que se les atribuyen son las siguientes:

a) El sujeto pasivo se determina con enorme facilidad. Todas las personas o empresas que vendan algún bien o servicio son sujetos pasivos del impuesto.

b) Se trata de un impuesto sumamente productivo: genera recaudaciones estables con tipos de gravamen muy bajos. De todas las fórmulas tributarias aplicadas a las ventas es la que, para una cantidad de recaudación dada, requiere un menor tipo impositivo, porque es un impuesto reiterativo, es decir, se exige o aplica (sobre el precio de venta final) en todas las fases del proceso productivo o, lo que es lo mismo, cada vez que el producto cambia de titularidad. Aunque el producto sea gravado varias veces bajo esta figura impositiva, la utilización de una alícuota relativamente baja para cualquier nivel de transacción surte, al decir de los hacendistas, un efecto psicológico que se traduce en una gran desincentivación de la evasión fiscal.

c) Son impuestos con bajos costes de recaudación y sin complejidad para la Administración Tributaria. El impuesto se gira sobre una magnitud conocida y de difícil ocultación, pues todas las empresas disponen de datos sobre el volumen de ventas. Además, al someterse a gravamen todas las fases del proceso productivo, la Administración Tributaria cuenta con información sobre ellas, lo que le permite realizar comprobaciones cruzadas de las liquidaciones del impuesto que se traducen en un mayor control administrativo y menos posibilidades de evasión fiscal.

d) Facilitan la traslación deseada por el legislador, al someter a imposición todos los bienes y servicios. Si el gravamen fuese más restrictivo, los vendedores se mostrarían más reacios a su traslación por temor a una contracción de la demanda, pero al tratarse de un impuesto general, no se producen situaciones diferentes entre los distintos empresarios y, por lo mismo, el comportamiento de estos es uniforme, sin que sientan necesidad alguna de llegar a un acuerdo explícito.

Frente a estas ventajas, los impuestos en cascada presentan también múltiples inconvenientes. He aquí los más destacados.

a) Estimulan artificialmente la integración vertical entre empresas, con el fin de reducir el número de etapas o fases de producción y, consiguientemente, las obligaciones tributarias. La asunción por parte de una sola empresa de todas las fases de producción y distribución de los bienes y servicios le ofrece la posibilidad de obtener un ahorro fiscal, en la medida en que las transacciones entre sus distintos departamentos no se hallan sometidas a imposición. En este sentido, la integración entre empresas guiada por la obtención de ahorros fiscales puede propiciar la formación de empresas monopolísticas o cuasimonopolísticas. Y, sin embargo, es sabido que la fiscalidad no debe promover la adopción de decisiones u acuerdos carentes de racionalidad económica, en este caso basados en motivos estrictamente tributarios.

b) El tipo efectivo de gravamen difiere del tipo legal por la traslación acumulativa o el *efecto piramidación*, es decir, la incorporación del impuesto al precio en una cantidad superior a su propio importe[1]. En realidad, la *piramidación* es un efecto vinculado fundamentalmente a la práctica de la formación de los precios según la regla de adicionar un margen de beneficio normal al coste medio (entre cuyas partidas se incluye el impuesto); de esta forma, si la oferta monetaria lo permite, el precio de los bienes gravados aumentará en la cuantía del impuesto por unidad más el incremento de beneficios que deriva de girar el porcentaje normal de rendimiento sobre una base ampliada (coste + impuesto).

---

[1] Como ilustración, supongamos una empresa que produce un bien, cuyo coste de producción son 100 u.m. En ausencia de impuesto, la empresa cargaría el margen comercial sobre ese coste inicial, y trasladaría ese precio hacia el siguiente escalón del proceso de producción. Si el margen fuese del 10%, vendería el producto en 110 u.m. Ahora bien, en presencia del impuesto, el empresario consideraría ese impuesto como un mayor coste, por lo que el beneficio no se giraría únicamente sobre el coste, sino que lo hará sobre la suma del coste y el impuesto. Análogamente, si el tipo impositivo fuese del 20%, el empresario consideraría un coste de $100 + 20 = 120$, y sobre este importe giraría el impuesto. Así, cuando este proceso es reiterativo, el gravamen que efectivamente soporta el consumidor final, en un mercado relativamente elástico, es muy superior al que se deriva de la aplicación del tipo legal de gravamen.

En general, no obstante, los autores están de acuerdo en que tal práctica de formación de los precios es más probable en el caso en que existan restricciones a la competencia que en el caso de mercados competitivos. Pero, de todas maneras, la posibilidad de seguir la practica del «*mark-up*» en la formación de precios y la consiguiente viabilidad de la traslación acumulativa se encuentran limitadas por la demanda del mercado, que lógicamente no siempre estará dispuesta a absorber los incrementos de precios sin ningún tipo de reacción.

c) Como consecuencia de la *piramidación*, falta de uniformidad en los tipos efectivos de gravamen respecto al consumo final y, consiguientemente, posibles efectos distorsionantes sobre las elecciones individuales entre bienes de consumo. En un impuesto múltiple, el pago final satisfecho por el consumidor variará con el número de fases del proceso productivo, de modo que, en función de cuál sea la estructura del proceso productivo, unos bienes soportarán una carga tributaria determinada, mientras que otros soportarán una carga menor. La existencia de tipos de gravamen discriminatorios sobre bienes y servicios alternativos, según el número de fases productivas, es así motivo de que se diga que estos impuestos no son realmente generales ni neutrales. Desde el punto de vista de la demanda, el impuesto puede generar, ciertamente, importantes costes de eficiencia, en la medida en que puede inducir en los consumidores finales la sustitución de los bienes más gravados por otros menos gravados.

d) Por extensión, los efectos distributivos del impuesto dependerán de las preferencias de los consumidores por y entre bienes o servicios producidos en múltiples fases. En este sentido, si bien algunos críticos han tachado estos impuestos de regresivos, ciertos estudios empíricos referidos a la experiencia alemana (J. F. Due, 1957) probaron en su día que, en alguna medida, el gravamen podía ser progresivo, en tanto en cuanto los tipos efectivos soportados por numerosos productos alimenticios eran inferiores a los soportados por las prendas de vestir y otros productos manufacturados.

e) El impuesto plurifásico en cascada provoca efectos inflacionistas más pronunciados que los impuestos monofásicos, al aplicarse de forma acumulativa cada vez que se produce una transacción económica.

f) En este tipo de impuesto el número de sujetos pasivos es considerablemente más elevado que en los impuestos monofásicos, lo que incrementa los costes directos e indirectos de administración tributaria (esto es, necesidad de más recursos humanos y materiales para su gestión y obligación para todos los empresarios y profesionales de presentar la liquidación del impuesto). Además, en la práctica, para reducir las distorsiones que puede originar el gravamen, es frecuente el establecimiento de varios tipos impositivos, exenciones, regímenes especiales, bonificaciones, etc., todos ellos elementos que ponen en entredicho su pretendida simplicidad administrativa.

g) Se trata de un impuesto problemático (poco eficiente) a nivel internacional por la dificultad en los cálculos de las compensaciones o ajustes a las exportaciones y a las importaciones. La dificultad para determinar la carga impositiva que realmente soportan los productos, en razón de la multiplicidad de fases del proceso productivo y la elevada cantidad de transacciones y de bienes intermedios existentes, complica, sin duda, la realización de los ajustes en frontera y la aplicación del criterio de tributación en destino. Este inconveniente explica, de hecho, su postrer abandono y su sustitución por el IVA.

En la actualidad, el principio de imposición que rige las operaciones exteriores no es otro que el del país de destino, de forma tal que cuando un empresario exporta un bien se le reintegra o devuelve el importe de los impuestos indirectos soportados por él, facultándose al mismo tiempo al país de destino (o país en el se consumirá el bien) para someterlo a imposición. Al llegar el bien a la frontera del país de destino, se le cargarán los impuestos indirectos que habría soportado de haberse producido en dicho país.

En un impuesto múltiple, a diferencia de lo que sucede en el IVA, no hay forma de determinar con exactitud la cantidad de impuestos soportados por un bien. Tal inconveniente ha sido la causa de que en la práctica los impuestos múltiples hayan sido utilizados como una forma encubierta de practicar el efecto *dumping*; al haber operado estos como una suerte de subvención encubierta a la exportación, para su incentivación. Sin embargo, es lo cierto que detraer cantidades arbitrarias dista de ser una práctica adecuada, lo que a la postre explica el movimiento importante de oposición que se generó en su día y que supuso el viraje hacia un impuesto sobre el valor añadido.

8.4. El impuesto sobre el valor añadido

8.4.1. Concepto de IVA y formas de determinación del valor añadido

El impuesto sobre el valor añadido (IVA) es una figura impositiva utilizada en el concierto internacional, y en particular en los países miembros de la Unión Europea, como una productiva fuente de ingresos fiscales. En esencia, el IVA puede definirse simplemente como un impuesto (indirecto) sobre el consumo, plurifásico y de campo general, que somete a imposición no el volumen total de ventas sino el valor añadido generado en todas y cada una de las fases del proceso de producción o distribución de los bienes y servicios, y que es, por tanto, soportado por el consumidor final. Se trata, en otros términos, de un impuesto no acumulativo sobre el valor añadido, que se aplica solo en el momento en que este se genera, y cuyo destinatario es el consumidor final, de tal manera que las empresas y los profesionales ejercen exclusivamente el papel de intermediarios entre los consumidores y el Fisco. Como tales intermediarios, estos ingresan la diferencia entre el IVA repercutido, esto es, el impuesto que giran sobre el precio de venta de sus productos, y el IVA soportado, es decir, el pagado por ellos al adquirir los *inputs* necesarios para la realización de su actividad.

En correspondencia, el *valor añadido* de una empresa comercial equivale a la diferencia entre los ingresos obtenidos por sus ventas y los gastos realizados en las compras de bienes intermedios a otras empresas. Por extensión, el valor añadido agregado del conjunto de empresas de una economía nacional se corresponde con su producto nacional. La determinación del valor añadido de una empresa o una nación puede realizarse mediante diversos métodos, cuyas diferencias dependen, fundamentalmente, de cuál sea el tratamiento dado a los bienes de capital o bienes de inversión. Con la ayuda de la tabla adjunta, es posible distinguir, en rigor, tres modalidades diferentes de valor añadido y, por ende, de bases imponibles del IVA: el valor añadido bruto, el valor añadido neto o valor añadido tipo renta y el valor añadido tipo consumo.

VALOR AÑADIDO

3. Consumos intermedios 4. Depreciación	1. Ventas 2. Variación de existencias (Exists. finales-Exists. iniciales)
5. Rentas factores (6. Inversión)	

Bajo el método del *valor añadido bruto* (VAB), la inversión en bienes de capital se grava como cualquier otro *input* y no se permite la deducción del impuesto soportado por este tipo de inversión ni de su amortización por depreciación. De este modo, los bienes de capital son sometidos a una doble imposición: en el momento de su compra y, posteriormente, a medida que se amortizan, esto es, incorporan a los costes de producción por su uso y desgaste. En referencia a la tabla precedente, el valor añadido bruto se estima, pues, como sigue:

$$VAB = 1 + 2 - 3 = 4 + 5$$

En términos de economía nacional, el valor añadido bruto equivale, a su vez, al PIB a precios de mercado o, también, a la Renta Interior Bruta (ΣVAB = PIB pm = RIB). De ahí que esta forma de determinar el valor añadido se conozca asimismo como *valor añadido tipo producto bruto*.

De acuerdo con el método del *valor añadido neto* (VAN), los bienes de capital se gravan en el momento que se adquieren, pero se permite la deducción del impuesto correspondiente a medida que se van amortizando tales bienes. El valor añadido en términos netos se obtiene, pues, restando del valor añadido bruto la depreciación experimentada por los bienes que intervienen en el proceso productivo. De esta forma,

$$VAN = 1 + 2 - 3 - 4 = 5 = \Sigma \text{ rentas netas}$$

En consecuencia, esta modalidad de IVA elimina el doble gravamen de los bienes de capital, pero no es completamente neutral respecto a esta clase de inversiones, en razón del desfase temporal entre el momento en que se adquieren tales bienes (y se paga el impuesto) y aquel en que se amortizan (se puede deducir el impuesto).

A nivel nacional, la suma de los valores añadidos netos se identifica con el Producto Interior Neto a precios de mercado o Renta Nacional, lo que explica que este método de determinación se denomine igualmente *valor añadido tipo renta*.

Aun así, al igual que el valor añadido bruto, el valor añadido neto ha sido rechazado como base idónea para el IVA, bajo el argumento de que ya existe un impuesto sobre la renta de las personas físicas.

La noción del *valor añadido tipo consumo* (VAC) diverge de su concepto en sentido estricto. De conformidad con él, la adquisición de bienes de capital se grava como mecanismo de control, pero se permite la deducción total del impuesto soportado por estas inversiones en el mismo período en que se realizan. Su método de determinación consiste, por tanto, en deducir de las ventas los consumos intermedios (partida 3) y la inversión total realizada por la empresa (partida 6), esto es, el importe de los bienes de capital adquiridos por ella. Bajo esta fórmula no se detrae la depreciación (partida 4), porque la suma de las depreciaciones ha de coincidir con la inversión total realizada por la empresa, y las existencias (partida 2) quedan además exentas, al gravarse solo en el momento de su venta. Por consiguiente,

$$VAC = 1 - 3 - 6 \quad ; \quad \Sigma VC = \text{Consumo nacional}$$

Esta es la base que más suele utilizarse en la práctica y también la del IVA comunitario. En ella, al gravarse solo el consumo, se concede a la inversión un tratamiento fiscal favorable. Desde la perspectiva macroeconómica, esta definición del valor añadido equivale, en fin, al consumo nacional ($\Sigma VC = $ Consumo nacional).

En recapitulación de lo visto hasta aquí, puede decirse que existen dos vías distintas para determinar el valor añadido a efectos de su imposición, aunque ambas conducen al mismo resultado:

a) El *sistema de sustracción*, que consiste en calcular la diferencia entre el volumen de las ventas y el de las compras, y que coincide con el método de estimación del *valor añadido tipo consumo*, por cuanto el volumen total de compras se corresponde con la suma de las partidas 3 y 6.

b) El *sistema de adición*, conforme al cual la base imponible se estima sumando los valores añadidos correspondientes a cada uno de los factores productivos, esto es, sumando todas las rentas o pagos de los factores: sueldos y salarios, beneficios, intereses y alquileres.

Ambos sistemas son equivalentes, por cuanto las ventas proporcionan los ingresos necesarios para adquirir los *inputs* (materias primas, etc.) y financiar las remuneraciones de los factores productivos.

8.4.2. Elementos característicos del IVA

Técnicas de aplicación del impuesto

En el sistema de sustracción (diferencia entre las ventas y las compras), el importe del IVA puede determinarse mediante un doble procedimiento:

a) El método contable, conforme al cual el valor añadido (base imponible) de cada empresa se calcula mediante la diferencia entre las cifras de las ventas y las de las compras, aplicándose a esta posteriormente el tipo proporcional correspondiente, o bien

b) El *sistema de crédito de impuesto* (o *método de las facturas*), que consiste en deducir del impuesto repercutido en las ventas de cada empresa el impuesto soportado en las compras de *inputs* realizadas a otras empresas. ($t_V - t_C$). Se denomina también *método de las facturas*, porque en la acreditación del impuesto repercutido frente al soportado se utilizan las facturas emitidas y recibidas.

Esta es la técnica que se utiliza en la Comunidad Europea y, por añadidura, en España. Del impuesto que ha de pagar sobre sus ventas, cada empresario está autorizado a deducir el impuesto satisfecho por las compras realizadas a terceros, así que todos ellos estarán interesados en declarar el IVA que les hayan cargado otros vendedores. Se trata, en definitiva, de un sistema que, merced a las facturas emitidas y recibidas, permite un control continuo de compras y ventas y que facilita la inspección a los proveedores.

Exenciones y deducciones en el IVA. Regla de prorrata

En el IVA comunitario se conceden dos tipos de exenciones claramente diferenciadas: las *plenas*, que son aquellas que se aplican a las operaciones exteriores (principalmente las exportaciones, mediante la aplicación de un tipo impositivo 0), y las *limitadas*, que, contrariamente, se aplican en todos los Estados miembros a una amplia relación de operaciones interiores, entre las que se encuentran las operaciones financieras y de seguro, los servicios médicos y sanitarios, los servicios sociales, la educación y la enseñanza, etc. Ambas clases de exenciones generan, sin embargo, efectos diferentes.

En las exenciones plenas, los exportadores se benefician de inmediato, a la vista de las facturas recibidas por ellos, que acreditan el impuesto soportado, de la devolución de dicho gravamen, al tiempo que el tipo impositivo repercutido sobre ellas es 0. De este modo, las exportaciones quedan exentas completamente de imposición en el país de origen, aunque cuando llegan al país de destino como importaciones, pasan a gravarse, como cualquier otro producto nacional, con el tipo impositivo del IVA de dicho país de destino, comenzando de esta forma la secuencia de la diferencia entre impuesto soportado e impuesto repercutido hasta su finalización en el consumidor final.

En contraste con el caso anterior, en las operaciones con exenciones limitadas no se permite a la empresa o profesional exentos la deducción del IVA soportado previamente por las compras de los bienes necesarios para llevar a cabo su actividad, por lo que, aunque en este caso tampoco se repercute el impuesto, el sujeto pasivo exento lo soporta como un consumidor final. Con estas exenciones, el IVA soportado por los sujetos pasivos exentos es, pues, un coste más que puede incorporarse a los precios de oferta, trasladándose, y que atenta contra la neutralidad del gravamen. Además, tales exenciones complican la liquidación y el control del impuesto por parte de la Administración Tributaria, al exigir la aplicación de la *regla de prorrata* en las deducciones.

En efecto, tal y como ya se ha señalado, en las actividades exentas el IVA soportado no es en absoluto deducible. Junto a estas actividades, en el IVA comunitario existen, sin embargo, otras en las que el gravamen soportado o tampoco es deducible o solo lo es parcialmente, por considerarse que se trata de actividades no relacionadas o escasamente relacionadas con la actividad empresarial y profesional. Con ello se pretendería eliminar en los sujetos pasivos los posibles incentivos para convertir gastos de consumo privado en gastos empresariales o profesionales (cuyo IVA sí sería deducible), con el propósito de reducir la carga tributaria. Entre las actividades cuyo IVA soportado no es deducible figuran, por ejemplo, la adquisición de turismos, motocicletas, aeronaves y embarcaciones, así como los servicios relacionados (peajes, aparcamientos, etc.), y los servicios de desplazamiento y gastos de manutención y estancia del sujeto pasivo o del personal de la empresa, a menos que sean deducibles en el impuesto sobre la renta o en el de sociedades.

La existencia en el IVA comunitario de actividades con y sin derecho a deducción del impuesto soportado plantea, en cualquier caso, la necesidad de determinar el peso relativo de unas y otras en las empresas o profesionales que desarrollan simultáneamente ambos tipos actividades, para poderse estimar con precisión las deducciones permitidas en tales casos. A este respecto, la denominada *regla de prorrata* establece, de forma precisa, que solamente puede deducirse en cada período impositivo la parte del IVA soportado correspondiente al porcentaje que representen las operaciones con derecho a deducción respecto al total de las operaciones realizadas por la empresa o profesional.

Tipos de gravamen y deuda tributaria

Como pauta general, el IVA comunitario es un impuesto proporcional, con un único tipo general, aunque se admite la existencia de tipos diferenciales para determinados bienes. La Directiva 92/77/CEE establece, en concreto, un tipo impositivo general no inferior al 15% y uno o varios tipos reducidos discrecionales no inferiores del 5%. No obstante, en ella también se reconocen los derechos adquiridos por los Estados miembros que venían aplicando con anterioridad tipos inferiores al 5% (a España y a Luxemburgo, por ejemplo, se les permite aplicar un tipo reducido especial no inferior al 3%). En esta línea, la mayor parte de los países comunitarios suelen aplicar tres tipos impositivos: uno general para la mayoría de bienes y servicios, otro reducido para los bienes preferentes y de carácter social y un tercero, más reducido, que incluso puede ser un tipo cero (como, por ejemplo, en Bélgica, Finlandia, Irlanda, Italia, Reino Unido y Suecia), para los productos de primera necesidad. De hecho, solo unos pocos países, como pueden ser Alemania, Austria, Dinamarca y Holanda, aplican dos tipos de gravamen, el general y otro reducido (que en el caso de Dinamarca es cero).

Sobre esta diversidad de tipos de gravamen debe hacerse, en todo caso, una doble observación. En primer lugar, que mientras un tipo impositivo cero permite al sujeto pasivo legal deducir el IVA soportado, al estar gravado el producto aunque sea a un tipo cero, en las exenciones, como ya se ha visto, este no tiene derecho a la deducción del IVA soportado. La segunda es que, aunque la existencia de diversos tipos impositivos puede traer efectivamente consigo la pretendida reducción de la regresividad que se atribuye a un impuesto general sobre el consumo como el IVA, este efecto positivo se consigue a costa de un incremento de los costes de gestión y de la posible aparición de costes de eficiencia, en la forma de distorsiones en las pautas de consumo del consumidor final inducidas por la variación de los precios relativos de los distintos productos.

Por lo demás, es ya sabido que, para determinar la deuda tributaria por este impuesto, el sujeto debe comparar periódicamente el IVA repercutido (cobrado de sus clientes) con el IVA soportado (pagado a sus proveedores). Si la primera suma supera a la segunda, el sujeto ha de ingresar en Hacienda la diferencia; pero si el IVA soportado es mayor que el repercutido, es Hacienda la que debe devolver al sujeto pasivo la diferencia. En términos más escuetos, si $IVA_r - IVA_s > 0$, el sujeto debe ingresar la diferencia; en cambio, si $IVA_r - IVA_s < 0$, Hacienda ha de devolver la diferencia.

8.4.3. Rasgos del IVA comunitario

El IVA es un impuesto que registra un elevado grado de armonización a nivel comunitario y que, por lo mismo, presenta una estructura similar en los países de la Unión Europea.

El IVA, tal y como se concibe actualmente, fue introducido en el ámbito de la Comunidad Europea a raíz de la aprobación, en 1967, de la primera directiva sobre este impuesto. Con anterioridad, los Estados miembros aplicaban impuestos sobre el volumen de ventas de tipo acumulativo, que planteaban grandes problemas al correcto desenvolvimiento del comercio internacional. A partir de 1973 todos los Estados comunitarios adoptaron un impuesto sobre las ventas tipo IVA, que, sin embargo, presentaban importantes diferencias estructurales entre sí (diferencias respecto al ámbito de aplicación, exenciones, sujeto pasivo, tipos, deducciones, etc.). Como consecuencia de esto, y para evitar que se produjesen distorsiones espaciales importantes en los flujos comerciales entre Estados por motivos exclusivamente fiscales (la realización de las operaciones allí donde el impuesto fuese más favorable), las autoridades comunitarias aprobaron diez años más tarde, en 1977, la sexta directiva del IVA, cuyo primordial objetivo era armonizar las normas aplicables para la determinación de la base imponible del impuesto.

Desde la introducción del IVA en los Estados comunitarios a principios de los años 70 del pasado siglo, este se exige de acuerdo con el principio de imposición en destino, lo que significa que, en cualquier transacción entre Estados miembros, el IVA debe abonarse en el país de destino de la operación. La aplicación de este principio de tributación, si bien ventajoso en origen, se reveló, no obstante, problemático tras la imposición de la obligación a los Estados miembros, por el Acta Única Europea, de crear, a partir del 1 de enero de 1993, un Mercado Interior Único, de funcionamiento análogo al de cualquiera de los mercados interiores de los países integrados, con el fin, entre otros, de eliminar las fronteras existentes dentro de la Comunidad. Se pasó a pensar que, para que ese mercado único pudiera consolidarse realmente, era necesario cambiar el principio de imposición aplicable en el IVA, sustituyéndolo por el de origen, de tal manera que los bienes quedasen sujetos al impuesto en el lugar de origen de la transacción. Sin embargo, tal cambio no llegaría a producirse tras la fecha anunciada en el Acta Única, debido a las grandes diferencias aún persistentes entre los tipos impositivos aplicados por los estados miembros y, correlativamente, a la falta de acuerdo sobre el funcionamiento del sistema de compensación que necesariamente debería introducirse para que el impuesto satisfecho en el país de origen afluyese definitivamente a las arcas del país de destino (consumo) de los bienes, respetándose así la naturaleza del impuesto. Tal es la razón por la que, si bien con carácter transitorio y a la espera de que se den las condiciones necesarias para su sustitución por el principio de gravamen en origen, de acuerdo con el Régimen Definitivo del IVA, continúa estando en vigor el principio de gravamen en destino.

Desde el 1 de enero de 1993, en efecto, la Comunidad dispone de un sistema transitorio[2] articulado en el principio del país de destino (pese a la supresión de los controles

---

[2] Para un conocimiento detallado de este régimen transitorio, véase la Directiva 91/680/CEE, de 16 de diciembre, reguladora del régimen jurídico del tráfico intracomunitario, que modifica la sexta directiva de 1977, el Reglamento 92/218/CEE, de 27 de enero de 1992, sobre cooperación de las Administraciones Tributarias, y los acuerdos alcanzados sobre la armonización de tipos impositivos.

del IVA en las fronteras intracomunitarias) y en el denominado hecho imponible *adquisición intracomunitaria de bienes*, solución técnica adoptada para suprimir procedimientos aduaneros (entre Estados comunitarios no existen formalmente ni exportaciones ni importaciones) y trasladar los ajustes a la contabilidad empresarial. De acuerdo con este hecho imponible, cada transacción intracomunitaria se descompone en dos operaciones: una entrega exenta pero con derecho a deducción del IVA soportado por quien la realiza, y una adquisición sujeta, cuyo IVA es soportado por el adquiriente, que, a su vez, se lo deduce como tal IVA soportado, comenzándose así la cadena del IVA en el país de destino.

Otras importantes características del IVA comunitario, algunas de ellas ya comentadas en líneas anteriores, son las que se exponen a continuación:

1. Es un IVA general, que, como tal, se propone gravar todas las actividades. La sexta directiva permite, no obstante, además de ciertas exenciones, regímenes especiales para determinados sectores económicos, que pueden variar de un país a otro, y con los que se pretende simplificar el impuesto y evitar la sobreimposición de aquellos bienes cuyos consumidores finales han soportado ya el IVA pero que han sido adquiridos de nuevo por empresarios para su posterior comercialización. Junto al régimen simplificado y el régimen especial del recargo de equivalencia, las dos modalidades más frecuentes en cualquier sistema fiscal, son también de aplicación corriente los regímenes especiales de la agricultura, ganadería y pesca, de los bienes usados, objetos de arte, antigüedades y objetos de colección, y de las agencias de viajes.

2. Es un impuesto sobre el valor añadido tipo consumo, por lo que se permite deducir la inversión para determinar la base imponible. Esta deducción debe realizarse, no obstante, de acuerdo con la denominada «regla de deducción inmediata», es decir, la deducción del gasto de inversión justo en el momento en que este se realiza[3].

3. Recaudación del impuesto a la empresa de acuerdo con la regla de «crédito de impuesto» $[t_V - t_C]$, en virtud de la cual el empresario puede deducir los impuestos previamente pagados por él al realizar sus compras, facilitándose así un control cruzado de la información.

4. Existencia en la actualidad de un tipo general mínimo cifrado en un 15%, con el que coexiste un tipo reducido, no inferior al 5%, para ciertas actividades (las que fije cada Estado miembro). España goza de un régimen transitorio articulado en torno a tres tipos: uno general, del 18%; otro minorado, del 8%, y un tercero del

---

[3] Otra forma de practicar la deducción es la conocida como «regla de la prorrata temporis» o regla de la prorrata en el tiempo, que consiste en deducir el importe del gasto de inversión a medida que esta se va amortizando. En términos financieros, no obstante, a la empresa le es indiferente utilizar una u otra fórmula de deducción.

4%, aplicado a los bienes de primera necesidad, y con el que se evitan pérdidas de recaudación.

5. Pagos impositivos periódicos no anuales, sino trimestrales o mensuales, estimados de acuerdo con la regla de «crédito de impuesto» $[t_V - t_C]$, y que en caso de diferencia negativa implica la devolución del importe por parte de la Hacienda[4].

6. Técnica del «decalaje», que permite el desfase entre el período de referencia de las ventas y el de las compras. Esto es, al realizarse la liquidación del impuesto correspondiente a un período (v.g., el segundo trimestre de un año), se permite la deducción del impuesto correspondiente a las compras hechas en el período anterior.

8.4.4. Valoración del IVA

En un IVA tipo consumo gran parte de los defectos contemplados en los demás impuestos sobre el volumen de ventas o bien se hallan ausentes, o bien no revisten la misma importancia. En rigor, puede asegurarse que los aspectos positivos de esta figura impositiva superan con creces sus posibles aspectos negativos. Entre los primeros, los más destacados por los hacendistas han sido los siguientes:

a) Se trata de un instrumento efectivo de obtención de ingresos en todos los Estados miembros de la Unión Europea. En la mayoría de las naciones comunitarias genera aproximadamente entre un 24% y un 40% de los ingresos públicos nacionales.

b) En este gravamen el problema de la compensación fiscal a exportaciones e importaciones tiene más fácil solución que en el resto de los impuestos sobre el volumen de ventas, al poder aplicarse en la última fase la técnica del tipo cero. Consiste esta, como ya se ha comentado, en aplicar un tipo impositivo cero a las ventas realizadas a otros países, pero, a mismo un tiempo, permitiéndose al exportador deducir el IVA soportado por sus compras; de esta forma, se le reintegra la carga impositiva íntegra soportada en concepto de IVA, que, a diferencia de lo que acontece en los impuestos acumulativos, puede calcularse con exactitud.

c) El IVA es un impuesto neutral respecto a la estructura de las empresas, pues no incentiva la integración vertical de estas. El impuesto finalmente pagado es el mismo, con independencia del número de fases que tenga el proceso productivo. Dicho de otra forma, el impuesto pagado está solo en función del valor añadido generado, no del precio o valor del producto en cada fase del proceso.

---

[4] Existe, sin embargo, una variante a esta regla, a la que se denomina «regla del *butoir* o del límite, que consiste en fijar un límite a esa diferencia $[tV - tC]$, tal como un máximo de cero, de forma nunca sea negativa.

d) Es también un impuesto neutral respecto a las decisiones de consumo entre bienes y servicios y respecto a la oferta. Ante todo, al gravar solo el valor añadido en cada fase y no su acumulación por la vía del precio, no genera efecto piramidación (acumulación del impuesto en las sucesivas fases del proceso productivo). Además, fruto de la uniformidad (casi generalizada) en los tipos impositivos, el impuesto apenas altera los precios relativos de los bienes y servicios y, por lo mismo, no incentiva el consumo de unos bienes en detrimento del de otros. Y, finalmente, al poder los empresarios deducir el IVA soportado, el impuesto tampoco constituye un coste para ellos, y, en consecuencia, puede considerarse igualmente neutral por el lado de la oferta.

e) La ausencia del efecto piramidación en este impuesto hace también que sus efectos inflacionistas sean menores que los que se atribuyen a otros gravámenes sobre las ventas (especialmente, los impuestos generales en cascada y los impuestos monofásicos sobre el fabricante). El IVA solo generará tensiones inflacionistas en su implantación o tras un aumento de los tipos impositivos.

f) Un IVA tipo consumo, sobre todo comparado con un impuesto tipo renta, beneficia a los ahorradores (respecto a los consumidores) y tiende, por tanto, a incrementar los fondos disponibles para la inversión.

g) Adicionalmente, el IVA incentiva la inversión, al permitir deducir el IVA íntegro satisfecho por tales gastos.

En cuanto a los aspectos negativos del impuesto, es de señalar que son pocos y, en parte, corregibles.

a) La administración del impuesto es compleja, por el elevado número de sujetos que intervienen, y presenta también costes de cumplimiento importantes para los empresarios y profesionales.

b) En el IVA, las exenciones resultan más problemáticas que en otros impuestos, por diversos motivos: porque el sujeto pasivo cuya actividad se halle exenta no podrá deducir el IVA soportado; porque la existencia de actividades exentas dificultan el control del impuesto, planteando así problemas a la Administración Tributaria, y porque, salvo que la exención esté situada en la última fase del proceso productivo, el precio final para el consumidor se incrementará.

c) En la medida en que los ahorradores pertenecen a los niveles superiores de renta, el IVA tipo consumo es regresivo respecto al gravamen tipo renta. Pero, aun así, esta regresividad puede resultar, en gran medida, mitigada por efecto de la existencia de tipos diferenciales para las distintas transacciones (como sucede, por ejemplo, en España); cuanto más si, además, se establece un tipo de gravamen superior al tipo general básico para una amplia variedad de bienes de lujo. Ciertamente, aunque estos tipos discriminatorios pueden introducir distorsiones adicionales en la asignación de los recursos entre bienes y servicios alternativos, su existencia puede convenir al conjunto de la sociedad y quedar, por tanto, sancionada colectivamente por motivos de equidad.

8.5. Impuestos monofásicos

Los impuestos monofásicos sobre el volumen de ventas, como ya se ha comentado, gravan una sola de las fases —producción, distribución o venta al *detall*— por las que atraviesan los bienes o servicios hasta llegar al consumidor final, incorporándose a sus precios y repercutiendo por tanto en la fase posterior a la gravada. De este modo, dependiendo de la fase concreta que graven, pueden adoptar las formas de un impuesto monofásico sobre los fabricantes, un impuesto monofásico sobre los mayoristas o un impuesto monofásico sobre los minoristas.

8.5.1. Impuesto monofásico sobre fabricantes

Los méritos que parece reunir un impuesto monofásico sobre los fabricantes frente a los gravámenes sobre las ventas, y en especial frente a los plurifásicos, pueden resumirse en cuatro:

a) El número de sujetos o contribuyentes a los que la Hacienda ha de recaudar el impuesto es bastante más pequeño, lo que facilita su administración y reduce sus costes de gestión.

b) No incentiva la integración, dado que se trata de un impuesto monofásico y, por tanto, no implica ningún ahorro fiscal. El que haya o no integración será una decisión puramente económica de la empresa, al no producirse ahorro fiscal aunque haya integración.

c) Al requerir una cierta dimensión, las empresas fabricantes suelen adoptar sistemas de contabilidad más desarrollados, por lo que la tarea de seguir el impuesto es relativamente más fácil en ellas.

d) Al existir un menor número de sujetos pasivos con sistemas de contabilidad desarrollados, la Administración Tributaria puede realizar un control más exhaustivo de dicho impuesto y, por añadidura, la probabilidad de evasión y fraude fiscal es menor.

A estos méritos se oponen, sin embargo, algunos significativos inconvenientes, que restan idoneidad a la adopción de un gravamen sobre el volumen de ventas de estas características. Los más destacados por los hacendistas son:

a) Obliga a definir con precisión el sujeto pasivo, ya que en múltiples ocasiones la diferencia entre fabricante y mayorista (o distribuidor del producto) no es clara.

b) El tipo de gravamen debe ser mayor que en el impuesto múltiple y los otros impuestos monofásicos para obtener la misma recaudación.

c) Subsiste la traslación acumulativa o *efecto piramidación*, en mayor medida incluso que en el caso del impuesto *en cascada*, por cuanto grava las fases más alejadas del consumidor. Efectivamente, en este caso, el tipo impositivo ha de ser mayor que en el impuesto plurifásico para obtener el mismo rendimiento tributario (la base es menor) y además toda la carga tributaria pesa sobre la fase más alejada del consumidor final, mientras que en el impuesto *en cascada* la carga tributaria se reparte entre las diferentes fases, gravando por tanto, en alguna medida, las fases más cercanas al consumidor, en las que es de esperar que el efecto de traslación acumulativa sea menor. Hay además un aspecto adicional que justifica la presunción de una mayor traslación acumulativa en el impuesto sobre el fabricante: que la carga es independiente del grado de integración vertical de las industrias. Es decir, el hecho de que la industria esté más o menos integrada no afecta al pago impositivo, que se realizará en cualquier caso sobre el valor de los productos en la etapa de fabricación.

d) Como consecuencia de lo anterior, falta también de uniformidad en la carga impositiva y en los incrementos de precios de los bienes y servicios gravados (*inputs* productivos y bienes de consumo) que pueden traducirse en distorsiones en las elecciones de los sujetos entre tales bienes y servicios y costes de eficiencia en la producción y el consumo.

e) Complicaciones asimismo en la realización de los ajustes en frontera, por la dificultad para determinar la carga impositiva que soportan realmente los bienes y servicios.

La confrontación entre los pros y los contras del impuesto sobre los fabricantes ha llevado a algunos autores de prestigio, como es el caso del matrimonio Musgrave (1992), a sostener que estos gravámenes pueden resultar especialmente idóneos para los países en vías de desarrollo.

8.5.2. Impuesto monofásico sobre los mayoristas

Las ventajas que se asocian a un impuesto monofásico sobre los mayoristas caben en la siguiente relación:

a) Menor número de sujetos que en los dos anteriores, de modo que las relaciones de la Hacienda con los contribuyentes son, asimismo, relativamente menores y, en consecuencia, su administración comparativamente más fácil que la de esos tributos y que la del impuesto en fase minorista.

b) Al igual que el impuesto monofásico sobre los fabricantes y por la misma razón, este elimina los incentivos a la integración.

c) Menor tipo impositivo que el que recae sobre el fabricante. Es así porque, a medida que se avanza en las sucesivas fases del proceso productivo, el valor del producto y, por ende, la base de imposición se incrementa, con lo que el tipo de gravamen necesario para obtener una suma concreta de recaudación deviene inferior.

d) Mayor uniformidad del impuesto. La traslación acumulativa es aquí menor y, en consecuencia, la distorsión entre el tipo nominal y el efectivo también inferior.

Cuatro ventajas las de este impuesto monofásico sobre mayoristas que, sin embargo, puede verse empañadas por ciertos inconvenientes que también se les imputan, a saber:

a) La definición del sujeto pasivo. Al igual que en al impuesto precedente, la definición de los sujetos pasivos (empresa distribuidora o mayorista) no siempre puede concretarse con facilidad.

b) La pervivencia de traslación acumulativa.

c) La persistencia de la dificultad para realizar los ajustes en frontera.

8.5.3. Impuesto monofásico sobre los minoristas

Un impuesto sobre las ventas en fase minorista se define como un gravamen ad valórem, de tipo impositivo fijo, girado sobre el valor monetario de las compras *al detall* realizadas por los consumidores, exigido por tanto, en general, solo en la fase del consumo final y recaudado, en fin, en los establecimientos comerciales que realizan las ventas al por menor. Generalmente, y dependiendo de cuáles sean las condiciones del mercado, el impuesto se traslada íntegramente a los consumidores, dando como resultado un aumento de los precios equivalente al tipo de gravamen.

En el cómputo global de los méritos y deméritos del impuesto, el balance final arroja un saldo en el que los primeros priman sobre los segundos. Como méritos más relevantes del impuesto monofásico sobre los minoristas, deben señalarse los que siguen:

a) El valor del bien en la fase al por menor es mayor y, como consecuencia, los tipos impositivos pueden ser menores para poder lograr el mismo nivel de recaudación que los otros impuestos monofásicos.

b) Capacidad y estabilidad recaudatorias elevadas. Como consecuencia de lo anterior, esto es, al aplicarse a una base imponible mucho más amplia, este tipo de impuestos cuenta con una elevada capacidad recaudatoria. Además, dado que los gastos de consumo son más estables que las rentas, la renta constituye una base imponible menos estable a lo largo del tiempo que el consumo (Due, J. F. y Mikesell, J. L., 1983) estimó hace ya algo más de cinco décadas que un típico impuesto sobre las ventas al por menor del 2% proporciona una mayor recaudación que un típico impuesto progresivo (estatal) sobre las rentas con tipos de gravamen entre un 1 y un 7%.

c) Elimina los incentivos a la integración y la traslación acumulativa, lo que significa que el impuesto es neutral y eficiente respecto a la oferta, la demanda y el comercio exterior. Respecto a la oferta porque, al aplicarse en la fase de venta al por menor (consumidor), no afecta en absoluto al proceso de producción o distribución de los bienes y servicios. Eficiente también desde el punto de vista de la demanda, por cuanto, al no producirse la traslación acumulativa ni el *efecto piramidación*, existe uniformidad en la carga impositiva y en los incrementos de precios de todos los bienes y servicios, lo que evita la aparición de distorsiones en las elecciones individuales entre bienes y servicios,

d) Finalmente, el impuesto tampoco interfiere en las operaciones del comercio exterior, en la medida en que las importaciones reciben el mismo trato fiscal que los bienes nacionales. En principio, por lo general, las importaciones no suelen venir gravadas por el impuesto en la fase minorista del país de origen (las exportaciones no suelen someterse a un impuesto de esta naturaleza), habida cuenta de que dicho gravamen solo se exige en la venta al consumidor final; pero es que, además, si viniesen gravadas, el ajuste en frontera no resultaría en absoluto problemático, toda vez que, al conocerse con exactitud el montante del impuesto soportado por el bien importado, este se devolvería al país de origen y en la frontera se le aplicaría el gravamen del país importador o de destino.

Por el lado de los deméritos del impuesto, decir que son pocos y, además, compensables. Son, en concreto:

a) Numerosos sujetos pasivos de escasa dimensión y ausencia de contabilidad, lo que complica la gestión del impuesto y eleva la probabilidad de fraude fiscal.

b) Regresividad del impuesto respecto a la renta. El argumento en que se sustenta tal afirmación es de sobra conocido. En la medida en que las familias pertenecientes a los estratos inferiores de renta tienden a gastar mayores porcentajes de sus ingresos en bienes de consumo corriente que las familias con elevados recursos, tienden también, en consecuencia, a pagar porcentajes superiores de sus rentas en concepto de impuestos sobre el consumo.

Sin embargo, es también sabido que esa aducida regresividad de los impuestos sobre las ventas al por menor puede compensarse en gran medida, cuando no eliminarse enteramente, con el auxilio de diversas fórmulas. Entre las más conocidas, figuran:

– La exención de los bienes y servicios de consumo en los que las familias de baja renta gastan, en proporción, grandes fracciones de sus rentas (por ejemplo, productos alimenticios básicos, medicamentos y ropas y enseres de trabajo, etc.).

— La concesión de créditos fiscales reembolsables a través de los impuestos sobre la renta, autorizando a las familias a deducir de estos impuestos ciertas cantidades o sumas fijas pero variables con el tamaño familiar.

c) A efectos prácticos, el impuesto no puede considerarse ni un gravamen general, ni un gravamen sobre el consumo final, si se conceden las referidas exenciones y si, como sucede en ocasiones, el impuesto se aplica también a las compras realizadas por las empresas comerciales para su utilización en producción adicional (v.g., mobiliario de oficina, automóviles, combustible y demás equipamiento).

De este impuesto se ha señalado, para concluir, que puede ser una alternativa válida de imposición sobre el volumen de ventas.

8.6. Incidencia de la imposición general sobre las ventas

La tesis tradicional sobre la traslación e incidencia de un impuesto sobre las ventas es análoga, en sus líneas generales, a la correspondiente a los impuestos específicos sobre ciertos consumos. En síntesis postulaba que el impuesto se adiciona a los costes marginales de producción, dando lugar a que el precio de cada bien o servicio se viera incrementado en una cuantía proporcional al impuesto. Además, como se trata de un impuesto general sobre todas las ventas, este cambio en los precios relativos de los distintos bienes generaría un incremento en el nivel general de los precios.

Esta tesis tradicional se vio combatida en 1939 por H. G. Brow, quien sostenía que en el caso de un impuesto general que grave todos los bienes, no se produciría elevación de los precios. Para este autor, la posibilidad de elevación de los precios deriva básicamente de la posibilidad de que se reduzca la oferta de bienes y servicios a consecuencia del impuesto o que, sin alteración de la oferta, aumentaran los medios de pago en circulación para permitir la elevación de los precios. El primer extremo, es decir, la reducción en la oferta —afirma él— no se producirá si el impuesto es general, puesto que no existe ningún aliciente para alterar la asignación o dedicación de los recursos, dado que todos los bienes están gravados. Respecto al segundo punto, no existe ninguna razón para suponer que la oferta monetaria haya de variar con el impuesto para permitir la financiación de igual volumen de transacciones a precios mayores. Según Brown, un impuesto general, lo que produce es una reducción de las rentas monetarias de los factores de la producción, es decir, una traslación hacia atrás. De aquí que, continúa diciendo este autor, los efectos de un impuesto general sobre las ventas sean equivalentes a los de un impuesto proporcional sobre la renta de los factores. Y también en este caso, la mayor o menor elasticidad de la oferta de los diferentes factores puede dar lugar a cambios diferentes en sus retribuciones relativas.

Fue el profesor *Musgrave* quien destacó, por vez primera, que la elevación de los precios absolutos depende del supuesto monetario bajo el que estemos operando, pero que lo auténticamente importante para el análisis de la incidencia no son los cambios en los precios absolutos, sino en los precios relativos de los productos y de los factores, de tal forma que el hecho de que aumenten los precios no indica que el gravamen deba ser soportado por los compradores de los bienes y servicios gravados, ni la reducción de las rentas monetarias es índice inequívoco de que el impuesto haya sido soportado por los factores de la producción. En realidad, en la práctica, se producirán cambios tanto en los precios como en las rentas de los factores. La incidencia del impuesto general sobre las ventas dependerá de los cambios en los precios relativos, y su pretendida equivalencia (defendida por Brown) con un impuesto proporcional sobre la renta es algo que no puede afirmarse pura y simplemente, en virtud de las reducciones en las rentas monetarias de los factores.

Detengámonos en este punto, considerando dos casos diferentes: que el impuesto general sobre las ventas recaiga solamente sobre los bienes de consumo o que el impuesto general de ventas grave los bienes consumo y los nuevos bienes de capital.

Bienes de consumo como base del impuesto general sobre las ventas

Un impuesto general sobre las ventas de todos los bienes de consumo podría considerarse, en principio, equivalente a un impuesto sobre las retribuciones de los factores que intervienen en la producción de dichos bienes. En efecto, si la oferta monetaria no varía y los precios absolutos no cambian, el impuesto sobre las ventas debe realizarse sobre los factores, reduciendo su renta monetaria. No debe confundirnos, respecto a esta equivalencia, el hecho de que el impuesto sobre las ventas se recaude de la empresa, mientras que el que recae sobre la renta se obtenga de cada factor. En definitiva, tanto en un caso como en otro, las retribuciones relativas de los factores se ajustarán en función de las elasticidades de las ofertas de factores a las retribuciones percibidas. Pero esta equivalencia considera solo el lado de las *fuentes*. Una visión completa de la incidencia requiere también considerar el lado de los *usos* de la renta, y, en este sentido, parece claro que un impuesto que recae solo sobre los bienes de consumo llevará consigo una elevación relativa de los precios de tales bienes respecto a los de los bienes de capital que no han sido gravados. Análogo efecto se produce si el supuesto monetario adoptado permite la elevación de los precios absolutos, pues, en este caso, es de esperar que los precios de los bienes de consumo se eleven más que los precios de los bienes de capital.

De aquí se concluye que el impuesto general sobre las ventas de bienes de consumo es regresivo en su incidencia, respecto a un impuesto sobre la renta, puesto que en este último no existe razón para suponer que se produzca la mencionada discriminación de precios de los bienes de consumo respecto a los de capital. La consecuencia de regresividad deriva del supuesto habitual de que el consumo aumenta en menor proporción que la renta y que, por tanto, la elevación de los precios relativos de los bienes de consumo afectará en mayor proporción a los perceptores de rentas más bajas.

Sólo en el caso en que la economía se limite a producir bienes de consumo podrá admitirse, pues, la equivalencia entre el impuesto general sobre las ventas de tales bienes y el que recae sobre la renta.

Bienes de consumo y de capital como base del impuesto general sobre las ventas

Si suponemos ahora que el impuesto sobre ventas afecta también a los bienes de capital, el panorama cambia respecto a la situación anterior.

Desde el lado de las *fuentes* de renta, puede admitirse —en el supuesto de que no existan cambios en la oferta monetaria ni en los precios absolutos— que el impuesto general sobre las ventas supone una reducción de las rentas de los factores análoga a la que se produciría en el caso de un impuesto sobre la renta personal. Desde el lado de los *usos*, no tenemos ahora razón para suponer una elevación relativa de los precios de unos bienes sobre otros, puesto que el impuesto es general. Por tanto, en este caso, puede admitirse la equivalencia entre el impuesto sobre las ventas y el que se establece sobre la renta. Si la oferta monetaria se altera, los precios suben en forma indiscriminada y las rentas reales se reducen en igual forma.

La equivalencia básica entre estos dos impuestos implica la admisión de otras equivalencias impositivas derivadas, que no siempre han sido bien entendidas. Así es:

1. Si la inversión es equivalente al valor actual de la corriente futura de intereses que produce, un impuesto sobre la adquisición de nuevos bienes de capital será equivalente a largo plazo a un impuesto sobre los intereses.

2. Si un impuesto sobre las ventas de bienes de consumo y capital es equivalente a un impuesto proporcional sobre la renta de todos los factores y se admite la equivalencia del apartado 1 anterior, es decir, entre el impuesto sobre las ventas de bienes de capital y el que recae sobre los intereses, se deduce lógicamente la equivalencia entre un impuesto sobre los salarios y el que recae sobre las ventas de los bienes de consumo. Llamando *TY* al impuesto sobre la renta, *TV* al impuesto sobre las ventas, *TVC* al impuesto que grava las ventas de los bienes de consumo, *TVK* al que recae sobre las ventas de bienes de capital, *TYK* al que grava la renta procedente del capital y *TYW* al que grava los salarios (rentas del trabajo en

general), las anteriores equivalencias pueden expresarse simbólicamente como sigue:

$$TV = TVC + TVK = TY = TYW + TYK$$

Y como, por otra parte, $TVK = TYK$, a largo plazo resultará que:

$$TVC = TYW$$

A veces se ha dicho que es absurda la equivalencia entre el impuesto sobre los salarios y el que recae sobre las ventas de los bienes de consumo, puesto que no hay razón para suponer que todos los salarios se gasten en bienes de consumo. No obstante, equivalencia que no es válida para cada período aislado, sí lo es, en virtud del anterior razonamiento, a largo plazo.

En el terreno de estas equivalencias y, en general, para analizar la incidencia de un impuesto sobre el volumen de ventas, es preciso tener presente algunas circunstancias que han sido destacadas por J. F. Due:

a) La ilusión monetaria que puede generarse cuando el impuesto se traduce en una elevación de los precios sin disminuir las rentas monetarias. El patrón de comportamiento de los sujetos puede diferir de aquella otra situación en que la reducción afecta directamente a las rentas, sin mediar el posible fenómeno de la ilusión monetaria.

b) También es preciso señalar que cuando se produce una elevación de los precios, el primer impacto de un impuesto general sobre las ventas es siempre a través del gasto de los adquirentes de bienes y servicios, frente a los efectos primeros del impuesto sobre la renta, que, en cualquier caso, actúa sobre las retribuciones de los factores. Aunque es evidente que la incidencia final en uno y otro caso debe tener en cuenta todos los ajustes que se producen, no es menos evidente que en un primer momento, a un plazo breve, la incidencia de ambos impuestos puede diferir sustancialmente.

c) En último término, es preciso hacer la habitual referencia a las situaciones no competitivas. Cuando los mercados de productos y factores no son perfectamente competitivos, las divergencias entre las incidencias de un impuesto sobre las ventas y uno sobre la renta pueden acentuarse. La falta de competencia puede originar resistencias a caer por parte de las retribuciones de algún factor (salarios, por ejemplo, si existen negociaciones colectivas), y además, desde el lado de los productos, los oferentes pueden influir de forma inmediata sobre la cantidad que lanzan al mercado y los precios, aunque posteriormente se produzcan reajustes.

Cuadro 8.1. Valoración de los impuestos generales sobre el volumen de ventas

Aspectos	Impuestos múltiples en cascada sobre el volumen de ventas	Impuesto sobre el valor añadido tipo consumo
Definición, experiencia y valoración global.	• Impuestos generales sobre el consumo que gravan el valor total de las ventas a lo largo de todas las fases del proceso de producción/distribución por las que transcurre el producto hasta que es adquirido por el consumidor final. • Gran peso en el pasado en países tales como España, Francia, Alemania e Italia. • La imposibilidad práctica de determinar con exactitud la cantidad de impuestos soportados por un bien explica la oposición que se granjeó en su día y que motivó el viraje hacia un impuesto sobre el valor añadido.	• Impuesto plurifásico y general sobre el consumo que somete a imposición de forma no acumulativa el valor añadido generado en todas y cada una de las fases del proceso de producción o distribución de los bienes y servicios, y que es, por tanto, soportado por el consumidor final. En esta modalidad tipo consumo se deducen de las ventas los consumos y la inversión total realizada por la empresa. • Figura impositiva utilizada en el concierto internacional, y en particular en los países miembros de la Unión Europea. • En un IVA tipo consumo gran parte de los defectos contemplados en los demás impuestos sobre el volumen de ventas o bien se hallan ausentes, o bien no revisten la misma importancia.
Ventajas/ inconvenientes	• Facilidad para determinar el sujeto pasivo. Son sujetos pasivos todas las personas o empresas que vendan algún bien o servicio. • Impuesto sumamente productivo. Genera recaudaciones estables con tipos de gravamen muy bajos, porque se aplica (sobre el precio de venta final) en todas las fases del proceso productivo. • Simplicidad administrativa. Al someterse a gravamen todas las fases del proceso productivo, la Administración Tributaria cuenta con información sobre todas las empresas que le permite realizar comprobaciones cruzadas de las liquidaciones del impuesto. • Número de sujetos pasivos considerablemente más elevado que en los impuestos monofásicos, lo que incrementa los costes administrativos directos (recursos humanos y materiales) e indirectos (costes de cumplimiento). • Estimulan artificialmente la integración vertical entre empresas, con el fin de reducir el número de fases de producción y, consiguientemente, las obligaciones tributarias. • Facilitan la traslación deseada por el legislador, al someter a imposición todos los bienes y servicios. • El tipo efectivo de gravamen difiere del tipo legal por la traslación acumulativa o efecto piramidación (acumulación del impuesto en las sucesivas fases del proceso productivo). Si la oferta monetaria lo permite, el precio de los bienes gravados aumentará en la cuantía del impuesto por unidad más el incremento de beneficios que deriva de girar el porcentaje normal de rendimiento sobre una base ampliada (coste + impuesto).	• Instrumento efectivo de obtención de ingresos en todos los Estados miembros de la Unión Europea. • La administración del impuesto es compleja, por el elevado número de sujetos que intervienen. • Costes de cumplimiento importantes para los empresarios y profesionales. • Impuesto neutral respecto a la estructura de las empresas, pues no incentiva la integración vertical de estas. El impuesto pagado está sólo en función del valor añadido generado, no del precio o valor del producto en cada fase del proceso. • Al gravar sólo el valor añadido en cada fase y no su acumulación por la vía del precio, no genera efecto piramidación. • Impuesto neutral respecto a las decisiones deconsumo entre bienes y servicios, al no generar efecto piramidación y apenas alterar los precios relativos de los bienes y servicios (fruto de la uniformidad casi generalizada en los tipos impositivos), y también respecto a la oferta, por cuanto no constituye un coste para los empresarios porque se les permite deducir el IVA soportado. • Un IVA tipo consumo, sobre todo comparado con un impuesto tipo renta, beneficia a los ahorradores (respecto a los consumidores) y tiende, por tanto, a incrementar los fondos disponibles para la inversión. Adicionalmente, incentiva la inversión, porque permite deducir el IVA íntegro satisfecho por los gastos de esta naturaleza. • En la medida en que los ahorradores pertenecen a los niveles superiores de renta, es un gravamen regresivo respecto a la modalidad

(continúa)

• Impuesto no general ni neutral en la realidad, porque, como consecuencia de la piramidación, la falta de uniformidad en los tipos efectivos de gravamen aplicados a los bienes y servicios alternativos (que dependerá del número de fases productivas) puede inducir en los consumidores finales la sustitución de los más gravados por otros menos gravados. • Sus efectos distributivos dependerán de las preferencias de los consumidores por y entre bienes o servicios producidos en múltiples fases. • Impuestos problemáticos a nivel internacional por la dificultad para realizar los ajustes en frontera a las exportaciones e importaciones y aplicar el criterio de tributación en destino, a causa de las múltiples fases del proceso productivo y la elevada cantidad de transacciones y de bienes intermedios existentes y, consiguientemente, la dificultad para determinar la carga impositiva que realmente soportan los productos. • Provocan efectos inflacionistas más pronunciados que los impuestos monofásicos, al aplicarse de forma acumulativa.	• tipo renta. No obstante, esta regresividad puede resultar, en gran medida, atemperada si existen tipos diferenciales para las distintas transacciones (como sucede, por ejemplo, en España) y si, además, se establece un tipo de gravamen superior al tipo general básico para una amplia variedad de bienes de lujo. • El problema de la compensación fiscal a exportaciones e importaciones tiene más fácil solución que en el resto de los impuestos sobre el volumen de ventas, al poder aplicarse en la última fase la técnica del tipo cero a las ventas realizadas a otros países y, al mismo tiempo, reintegrarse al exportador el IVA soportado por sus compras, que, a diferencia de lo que acontece en los impuestos acumulativos, puede calcularse con exactitud. • Menores efectos inflacionistas que los que se atribuyen a otros gravámenes sobre las ventas por la ausencia del efecto piramidación en este impuesto. Sólo generará tensiones inflacionistas en su implantación o tras un aumento de los tipos impositivos.

Aspectos	Impuestos sobre fabricantes	Impuesto sobre mayoristas	Impuesto sobre los minoristas
Definición, experiencia y valoración global	• Impuestos monofásicos sobre el consumo que gravan la fase de producción de los bienes y servicios. • Algunos autores sostienen que estos gravámenes pueden resultar especialmente idóneos para los países en vías de desarrollo (Musgrave y Musgrave, 1992).	• Impuesto monofásico sobre el consumo que grava la fase de distribución de los bienes y servicios. • Las ventajas de este impuesto pueden verse empañadas por sus inconvenientes.	• Impuesto *ad valorem* y de tipo impositivo fijo que grava el valor monetario de las compras al por menor realizadas por los consumidores, y que se recauda en los establecimientos comerciales que realizan las ventas. Por lo general, el impuesto se traslada íntegramente a los consumidores, generando un aumento de los precios equivalente al tipo de gravamen. • En el seno de la OCDE, Estados Unidos y Canadá aplican o han aplicado impuestos de esta naturaleza en los niveles subcentrales de gobierno. • De él se ha dicho que puede ser una alternativa válida de imposición sobre el volumen de ventas.
Ventajas/ inconvenientes	• Obliga a definir con precisión el sujeto pasivo, ya que en múltiples ocasiones la diferencia entre fabricante y mayorista (empresa distribuidora) no es clara. • Para obtener la misma recaudación que con el impuesto múltiple y los otros impuestos monofásicos el tipo de gravamen debe ser mayor que en ellos.	• Como en al impuesto sobre fabricantes, la definición de los sujetos pasivos no siempre puede concretarse con facilidad. • Menor tipo impositivo que el que recae sobre el fabricante para obtener la misma recaudación, porque, al tratarse de una fase más avanzada del proceso productivo, el valor del producto y la base de imposición se incrementan.	• Al ser mayor el valor del bien en la fase al por menor, los tipos impositivos pueden ser menores para poder lograr la misma recaudación que los otros impuestos monofásicos. Además, al aplicarse a una base mucho más amplia y ser los gastos de consumo más estables en el tiempo que las rentas, estos gravámenes cuentan con una capacidad y estabilidad recaudatorias elevadas.

(continúa)

	• Número de sujetos o contribuyentes bastante más pequeño y con sistemas de contabilidad más desarrollados (al requerirse cierta dimensión en las empresas), lo que facilita el control y administración del impuesto y reduce sus costes de gestión. • No incentiva la integración, dado que se trata de un impuesto monofásico y, por tanto, esta no implica ningún ahorro fiscal. • Subsiste la traslación acumulativa o *efecto piramidación*, en mayor medida incluso que en el caso del impuesto *en cascada*, por cuanto el tipo impositivo ha de ser mayor que en ese impuesto plurifásico para obtener el mismo rendimiento tributario (la base es menor), grava las fases más alejadas del consumidor final y la carga es independiente del grado de integración vertical de las industrias. • Impuesto no neutral, porque, como consecuencia de lo anterior, la falta de uniformidad en la carga impositiva y en los incrementos de precios de los bienes y servicios gravados (inputs productivos y bienes de consumo) pueden generar distorsiones en las elecciones de los sujetos entre tales bienes y servicios y costes de eficiencia en la producción y el consumo. • La dificultad para determinar la carga impositiva que soportan realmente los bienes y servicios puede complicar la realización de los ajustes en frontera.	• Menor número de sujetos que en los restantes gravámenes, incluido el impuesto en fase minorista, por lo que su administración es comparativamente más fácil que la de esos tributos. • Persiste la traslación acumulativa, aunque en menor medida que en los otros casos. • Al ser menor la traslación acumulativa (mayor la uniformidad del impuesto), las distorsiones entre el tipo nominal y el efectivo y en las elecciones de los sujetos son también menores. • Persiste la dificultad para realizar ajustes en frontera.	• Numerosos sujetos pasivos de escasa dimensión y ausencia de contabilidad, lo que complica la gestión del impuesto y eleva la probabilidad de fraude fiscal. • Elimina los incentivos para la integración vertical de las empresas. • Elimina la traslación acumulativa. • Al eliminar los incentivos a la integración y la traslación, existir uniformidad en la carga impositiva y en los incrementos de precios de todos los bienes y servicios y aplicarse al consumidor final, el impuesto es neutral y eficiente respecto a la oferta (no afecta al proceso de producción o distribución de los bienes y servicios), la demanda (evita la aparición de distorsiones en las elecciones individuales entre bienes y servicios) y el comercio exterior. • Se trata de un impuesto regresivo respecto a la renta, por cuanto las familias pertenecientes a los estratos inferiores de renta tienden a gastar mayores porcentajes de sus ingresos en bienes de consumo corriente que las familias con elevados recursos. Esta regresividad podría compensarse o incluso eliminarse, no obstante, eximiendo de imposición a los bienes y servicios de consumo en los que las familias de baja renta gastan una mayor proporción de sus ingresos (productos básicos) o autorizándolas a deducir en el IRPF ciertas cantidades fijas pero variables con el tamaño familiar. • El impuesto no interfiere en las operaciones del comercio exterior, en la medida en que las importaciones reciben el mismo trato fiscal que los bienes nacionales (sólo se exige en la venta al consumidor final) y las exportaciones no suelen someterse a un impuesto de esta naturaleza. • En la práctica, el impuesto puede dejar de ser un gravamen general y sobre el consumo final, si se conceden exenciones y si, como sucede en ocasiones, se aplica también a las compras realizadas por las empresas comerciales para su utilización en producción adicional (*vg.*, mobiliario de oficina, combustible, automóviles y demás equipamiento).

8.7. Características y estructura de los impuestos sobre consumos específicos

8.7.1. Origen, tipología y características de los impuestos sobre consumos específicos

Como ya se ha comentado, en su consideración de variable representativa de la capacidad de pago de los sujetos, y dependiendo de cuál sea la generalidad del objeto imponible, la imposición del consumo puede llevarse a efecto de dos posibles formas diferentes. Si lo que se pretende es gravar simultáneamente todas y cada una de las manifestaciones del consumo, las figuras impositivas a las que suele recurrirse son los conocidos genéricamente como impuestos sobre el volumen de ventas en sus distintas modalidades (monofásicos, plurifásicos en cascada y valor añadido); sin embargo, cuando el objetivo es someter a imposición ciertas clases de consumos, discriminándolos fiscalmente según el destino o uso dado al gasto de la renta, las formas impositivas habitualmente utilizadas son los denominados *impuestos sobre consumos específicos*, también llamados genéricamente impuestos selectivos (en la terminología anglosajona), accisas (en la legislación comunitaria) o impuestos sobre consumos especiales (en la legislación española).

Los orígenes históricos de este tipo de exacciones impositivas se remontan a tiempos remotos, al punto de haber constituido hasta bien entrado el siglo XIV la única modalidad de imposición exigida por el Estado. Con el paso del tiempo, y tras la aparición y consolidación de nuevas fuentes impositivas de ingresos públicos, estos impuestos específicos han perdido ciertamente protagonismo, aunque ello no ha sido óbice para que en la actualidad tales gravámenes no solo continúen siendo una destacada forma de financiación pública, sino que, además, los bienes y servicios sometidos a imposición bajo esta categoría impositiva son bastante similares en las distintas realidades fiscales. En su tipología impositiva, la OCDE presenta una clasificación dicotómica de los bienes gravados por tales impuestos, diferenciando entre *impuestos sobre consumos específicos tradicionales*, en referencia concretamente a los que recaen sobre las bebidas alcohólicas, las labores del tabaco y los carburantes, y todos los restantes gravámenes, que reciben la denominación genérica de *impuestos sobre consumo específicos no tradicionales*.

Los impuestos sobre consumos específicos son, como su propio nombre indica, gravámenes monofásicos (se aplican en una sola fase del proceso de producción o distribución), selectivos y ocasionales, que gravan de forma discriminatoria el consumo de determinados bienes y servicios. Con su concurso pueden someterse a imposición, en concreto, la producción, venta, transformación e importación de determinados bienes y la prestación de ciertos servicios. Adicionalmente, y cualquiera que sea el criterio seleccionado para definirlos, estas figuras impositivas se incluyen en la modalidad de impuestos indirectos, y se conciben como impuestos sobre manifestaciones inmediatas de la capacidad de pago, tales como el consumo y el gasto, que, como tales, son susceptibles de ser trasladados.

Junto a esos rasgos generales, los impuestos sobre consumos específicos presentan otras características singulares que deben conocerse para comprender su funcionamiento y finalidad. Entre todas ellas, merecen mención especial las siete que siguen:

1. Su gravamen se limita a un número determinado de bienes y servicios, en vez de cubrir la totalidad del consumo. No son, pues, impuestos generales sino parciales.

2. Tienen carácter discriminatorio, en la medida en que con ellos se pretende discriminar los bienes y servicios gravados (o más gravados) respecto de los que no lo están (o están menos gravados). Ese carácter discriminatorio suele obedecer a razones extrafiscales, como puede ser la internalización de los costes sociales generados por determinados consumos.

3. Por lo general, son *impuestos reales y proporcionales*, con tipos de gravamen constantes. Se definen como impuestos reales que, como tales, no consideran las circunstancias personales de los individuos. En este sentido, al no poderse graduar la carga impositiva de acuerdo con las circunstancias personales del contribuyente, carece de sentido establecer tarifas impositivas con tipos progresivos.

4. Gran amplitud de opciones fiscales. Cuando el Estado o cualquier ente público con capacidad para exigir impuestos ha de adoptar la decisión de establecer impuestos sobre el consumo, se enfrenta a múltiples opciones, que varían según cuáles sean los elementos que se pretenden someter a imposición.

En general, los bienes y servicios objeto de imposición bajo estos gravámenes suelen ser los mismos en la mayor parte de los países de la OCDE. La energía (hidrocarburos, electricidad y carbón y acero), los alcoholes y las bebidas alcohólicas y el tabaco, en sus diversas manifestaciones, son gravados en la práctica totalidad de los países de esta organización supranacional. Otros bienes sometidos a imposición específica con bastante generalidad en la experiencia comparada son el azúcar, la tenencia de automóviles y los bienes de lujo, si bien ha de puntualizarse que estos gravámenes han tenido una menor aceptación que los anteriores. En algunos casos se aplican también impuestos de esta modalidad a las actividades turísticas, actividades publicitarias, actividades contaminantes, juego, primas de seguros y bienes y servicios importados. En este sentido, conviene no olvidar que cuando la Comunidad Económica Europea adoptó el IVA, muchos de estos impuestos se integraron en él y otros, en cambio, permanecieron como figuras independientes. En España, bajo la rúbrica de impuestos especiales sobre el consumo se agrupan, en concreto, los impuestos sobre el alcohol y bebidas alcohólicas, hidrocarburos, labores del tabaco, electricidad, matriculación de determinados medios de transporte (vehículos, embarcaciones, aeronaves, etc.), primas de seguros y ventas al detalle de determinados hidrocarburos.

5. Son gravámenes complementarios de los impuestos generales sobre las ventas. Esto es, no son alternativas al impuesto general sobre las ventas, sino que coexisten con él. En el contexto comunitario, estos impuestos se aplican adicionalmente al IVA, de forma que originan una sobreimposición de algunos bienes y servicios, tales como, por ejemplo, los alcoholes y bebidas derivadas, las labores de tabaco y los hidrocarburos.

6. Consideración de elementos físicos en la determinación de la base imponible de estos impuestos en presencia tanto de tipos de gravamen ad valórem como *específicos*[5].

7. Nacen con vocación de traslación. Cualquiera que sea el producto o bien de consumo sometido a imposición, la pretensión que subyace al gravamen es su traslación hacia al consumidor final. El éxito o fracaso de la traslación dependerá, no obstante, como se verá a continuación, de las elasticidades-precio de la oferta y la demanda.

8.7.2. Justificación de la existencia de la imposición sobre consumos específicos

En la justificación de la existencia de los impuestos sobre consumos específicos se ha recurrido a argumentos tanto de carácter recaudatorio como extrafiscales.

Argumento recaudatorio

Los impuestos sobre consumos específicos desempeñan aún un destacado papel como fuente de ingresos impositivos en la mayoría de los sistemas fiscales de los países avanzados, lo que sin duda constituye un poderoso argumento en pro de su pervivencia. En la actualidad, en el conjunto de países de la OCDE los ingresos por estos impuestos representan aproximadamente el 36% de los generados mediante los impuestos sobre el consumo, el 11,5% de los ingresos impositivos totales y el 4% del PIB, por lo que su poder recaudatorio es, obviamente, considerable[6]. Con todo, en el presente también se constata que esa capacidad recaudatoria está experimentando un ligero retroceso. En el ámbito de la Unión Europea, la recaudación media de los impuestos sobre consumos específicos representa hoy, de forma aproximada, el 12% del total de los ingresos impositivos, mientras que en 1965, por ejemplo, esta cifra se situaba en torno al 23%.

---

[5] Bajo la modalidad de tipo de gravamen ad valórem, la cantidad a pagar por el contribuyente dependerá del valor del bien gravado, al girarse el tipo impositivo —generalmente expresado en porcentaje— sobre el valor monetario del consumo. De este modo, el pago impositivo estará determinado por la cantidad y el precio del bien gravado. Sin embargo, en caso de aplicarse la fórmula basada en un tipo de gravamen específico, la factura impositiva se establece en función de una medida física representativa del consumo (número de unidades, peso, volumen, etc.). Ejemplo de la primera opción sería aplicar un tipo del 10% al precio de venta al público de una determinada clase de cigarrillo; de la segunda, en cambio, lo sería gravar cada litro de una determinada bebida alcohólica con una cantidad monetaria determinada.

[6] En España, de entre todos los impuestos sobre consumos especiales que se exigen, el impuesto sobre hidrocarburos es, con mucho, el que proporciona mayores ingresos al Fisco. En 2003, por ejemplo, sus ingresos ascendieron al 54,3% de la recaudación total obtenida mediante estos impuestos.

En respuesta a esta pérdida de la importancia recaudatoria de la imposición sobre consumos específicos, los analistas han sugerido, no obstante, la adopción de diversas medidas para ponerle freno e incluso invertir esta tendencia. De entre ellas, cinco son las más destacadas:

a) Gravar productos de consumo generalizado en la población de un país, con la excepción de los artículos de primera necesidad, cuya imposición se opondría ampliamente al postulado de la equidad.

b) Someter a imposición aquellos productos cuya producción y distribución se realice por el menor número de oferentes posibles, pues de este modo se podrán minimizar los costes administrativos y, en especial, los costes de recaudación de estos impuestos. Desde este punto de vista, lo óptimo sería gravar el monopolio.

c) Someter a gravamen bienes con elasticidad precio de demanda muy rígida o inelástica, habida cuenta de que la contracción de la demanda por efecto del aumento del precio originado por el impuesto será relativamente bastante menor.

d) Gravar bienes sin sustitutivos, de tal manera que los sujetos deban consumirlos y, por ende, pagar el gravamen.

e) Aplicar el impuesto a productos fácilmente identificables, para así agilizar la comprobación fiscal por parte de la Administración Tributaria.

Argumentos extrafiscales

Los argumentos extrafiscales que justifican la existencia de estos gravámenes caben en la siguiente relación:

1. Asignación eficiente de los recursos. Una de las principales las *razones extrafiscales* justificativas de la existencia de estos impuestos, quizás sea el propósito subyacente de restringir con su concurso la producción o el consumo de ciertos bienes y servicios (v.g., actividades contaminantes, tabaco, bebidas alcohólicas, etc.) con efectos externos negativos sobre otros individuos que no participan en esos procesos, al reflejar en los precios de dichos bienes y servicios (internalizar) los costes sociales asociados a tales efectos externos. La producción de estos bienes o servicios implica, como ya es sabido, dos clases de costes: un coste privado, derivado de la adquisición y utilización de los recursos productivos, y unos *costes sociales*, tales como, por ejemplo, los costes derivados del absentismo laboral, riesgo de accidentes laborales, conductas antisociales y gastos sanitarios asociados a las patologías originadas por el juego, bebidas alcohólicas, tabaco, contaminación, etc., que, al no incidir en los costes productivos de estos bienes y, por tanto, no quedar reflejados en sus precios de mercado, generan un exceso de demanda, o, lo que es lo mismo, una cantidad demandada (y producida) superior a la socialmente óptima. Por efecto de los impuestos sobre consumos específicos, sin embargo, los costes asociados a las externalidades negativas generadas por esos bienes o servicios se reflejarán en sus precios (se internalizarán), restableciéndose así la igualdad entre el precio del bien y su coste marginal social (esto es, CMgsocial (=CMgprivado + + CMgexternalidad) = CMgprivado + Impuesto = Precio), y, en consecuencia, la cantidad producida o consumida se reducirá hasta la socialmente óptima (naturalmente, esto ocurrirá siempre que el gravamen coincida con el coste de la externalidad). Tal es, en suma, la razón por la que los valedores de estos impuestos argumentan que su presencia en los sistemas fiscales facilita el logro de una mejor asignación de los recursos desde el punto de vista social.

La praxis fiscal revela, sin embargo, que tradicionalmente estos gravámenes no suelen ser eficaces en la consecución de ese objetivo y que, de hecho, el único logro que puede atribuírseles es el de incrementar la recaudación del Sector Público. Este pretendido mérito de los impuestos sobre consumos específicos ha sido, no obstante, severamente cuestionado, al amparo del argumento de que intentar condicionar los comportamientos individuales con el objeto de elevar los ingresos públicos ha de considerarse como algo ilegítimo. Estos impuestos han sido igualmente criticados por su carácter regresivo respecto a la renta, de tal manera que, pese a que se admite que lo ideal a este respecto sería diferenciar el gravamen según la intensidad del consumo realizado, realmente penalizan con igual severidad los niveles normales y los niveles excesivos de consumo de este tipo de bienes nocivos. En sentido contrario, los impuestos sobre consumos específicos parecen gozar de mayor aceptación como alternativa a las subvenciones «internalizadoras» de los costes sociales generados por determinados procesos productivos.

2. Principio del beneficio. Por lo general, cuando estos tributos adoptan la forma de *impuestos finalistas*, es decir, impuestos cuyos ingresos suelen afectarse o asignarse a (o destinarse a la financiación de) partidas concretas de gasto público, se dice que cumplen con el *principio del beneficio*. En no pocas realidades fiscales suele ser habitual, ciertamente, afectar la recaudación de los impuestos sobre los carburantes a la realización y mantenimiento de carreteras. Sobre este particular, se ha argumentado, no obstante, que, al ser los beneficios derivados del consumo de carreteras y otras vías públicas individualizables entre los usuarios, una forma de financiación alternativa a la imposición sería exigir (como en el caso del peaje) el pago de un precio por su utilización. Las dificultades administrativas y los problemas de control que se asocian a un sistema de financiación de esta suerte de infraestructuras públicas basado exclusivamente en el peaje, han hecho, sin embargo, que en el mundo real sea corriente la utilización del impuesto sobre el consumo de carburantes como su fuente de financiación. Al obrar de esta manera, no solo se está considerando el consumo de carburante como un indicador indirecto del grado de utilización de las carreteras públicas, sino que, además, se está concibiendo el impuesto que lo grava como el «precio» que han de pagar los usuarios de aquellas, en justa correspondencia con el beneficio percibido de este tipo de bien público.

3. Principio de capacidad de pago y redistribución. En la práctica, la necesidad de someter a imposición el consumo de los bienes de lujo ha dado origen, asimismo, a un argumento importante para justificar la aplicación de estos impuestos. La existencia de un gravamen específico sobre esta clase de bienes confiere al sistema una mayor equidad, en tanto en cuanto el consumo de estos puede concebirse como una manifestación indirecta de una capacidad de pago muy superior a la media. En este sentido, es sabido que, como bienes con una elevada elasticidad renta, la propensión marginal al consumo de los bienes de lujo aumenta a medida que lo hace la renta y, por lo mismo, esta suerte de gravamen incide de forma especial en los individuos situados en los niveles superiores de renta. El impuesto, por tanto, no solo cumpliría con el principio de capacidad de pago, sino que además podría surtir efectos redistributivos significativos si, junto a una elasticidad renta elevada, los bienes gravados mostrasen una baja elasticidad precio y el gasto total en ellos fuese de importancia.

Entre las críticas que se han vertido sobre esta clase de impuesto desde esta óptica, la principal quizás sea la de que la catalogación de un bien como bien de lujo no es siempre una tarea fácil, pues depende fundamentalmente del estándar de vida de una sociedad. Además, este es un concepto con un alto componente subjetivo, no solo porque su interpretación puede variar notablemente de un grupo social a otro, sino, también, porque dentro de un mismo grupo puede modificarse a lo largo del tiempo, lo que entraña además el riesgo de que con el avance del progreso económico las figuras que graven el lujo resulten anacrónicas. De ahí, en fin, la necesidad de revisar periódicamente la relación de bienes que pueden considerarse como de lujo y, lo que es más importante, que la mayoría de los países desarrollados hayan renunciado a su imposición mediante un gravamen específico, para pasar a gravarlos con otras figuras impositivas más eficaces a efectos de redistribución.

4. Otros argumentos. En algunas ocasiones la existencia de algunos de estos impuestos se ha tratado de justificar también con razones que tienen su base en la regulación del comercio exterior, esto es, como instrumentos de política comercial exterior. En este contexto, los impuestos a la importación desempeñarían un papel sumamente efectivo en la protección de la producción nacional frente a competidores externos. Las barreras arancelarias constituyen un instrumento al que se ha recurrido con bastante frecuencia en la mayoría de los sistemas fiscales a lo largo de la historia, pese a que en la actualidad no estén permitidas en el ámbito de la Unión Europea. Al mismo tiempo, respecto a los países que detenten el monopolio en la producción y distribución de algún producto determinado, parece obvio que el establecimiento de un gravamen sobre sus exportaciones puede suponerles una importante fuente de ingresos impositivos, sin merma alguna además de sus ventas por la ausencia de competencia.

Con el transcurso del tiempo han ido surgiendo, por lo demás, otros motivos que de un modo u otro han aportado alguna justificación a la presencia de los impuestos sobre consumos específicos en los sistemas tributarios. Entre esas otras razones a favor de estos impuestos, ha destacado, ocasionalmente, la de su papel como instrumento de control de la demanda de bienes considerados como necesarios o básicos, en especial en etapas de escasez de oferta o excesiva demanda. Sencillamente, un impuesto de esta naturaleza, al incorporarse a los precios de tales bienes o servicios, originaría seguramente la reducción de su demanda.

Este argumento ha suscitado, sin embargo, dos importantes objeciones. A tales impuestos se les ha cuestionado, ante todo, su posible eficacia para controlar la demanda de los supuestos bienes gravados, si, como parece lógico pensar, se tratase de bienes con una baja elasticidad precio de demanda. Al mismo tiempo, se ha señalado que, en tanto que bienes fundamentales o necesarios, su gravamen tendría una incidencia regresiva, al ser los individuos pertenecientes a los niveles inferiores de renta los que más gastarían en ellos en proporción a sus ingresos.

Esta exposición de la fundamentación de estos tributos no puede finalizar, pese a todo, sin una especial referencia a la figura de los *monopolios fiscales*. La creación de los monopolios fiscales parece haberse concebido, en efecto, como el complemento lógico de la existencia de los impuestos sobre consumos específicos, de tal manera que este tipo de instrumento tributario ha contado tradicionalmente con un fuerte apoyo político y social, tal y como atestigua el procedente de las filas mercantilistas. En una situación de monopolio fiscal, el Estado se reserva el proceso de producción y distribución de un bien específico para evitar la evasión de los deberes fiscales de los consumidores de ese producto y asegurarse de este modo que quien adquiera el bien pague el impuesto correspondiente. En su origen, al monopolio fiscal, además de su objetivo de carácter fiscal, se le atribuía una finalidad de ordenación del mercado, al entenderse que este afectaba a productos estratégicos y que con tal monopolio se podrían evitar fluctuaciones agudas en su oferta. Bajo el monopolio, el precio de venta del producto incorpora el importe del impuesto, lo que genera un mecanismo de ilusión fiscal en cuya virtud la percepción que de él acaba teniendo el sujeto pasivo y, por ende, su resistencia al pago impositivo resultan menores. A lo largo de la historia los monopolios fiscales más corrientes han sido los que han recaído sobre el tabaco, el alcohol, los hidrocarburos, la sal, el azúcar, etc.

8.7.3. Incidencia de los impuestos sobre consumos específicos

En el análisis de la incidencia de esta categoría de impuestos parciales, ha de discernirse entre el enfoque tradicional, articulado básicamente en torno a las ya conocidas proposiciones formuladas por H. Dalton (1920), y la proposición de E. Rolph (1954), basada en la tesis de H. G. Brown (1924), así como las proposiciones que se derivan de la aplicación del modelo de Harberger a estos impuestos.

Como ya se ha dicho, la incidencia en general, y en particular la de los impuestos sobre ciertos consumos específicos, depende de las variaciones experimentadas por los precios relativos de los bienes gravados respecto a los que no lo están. Sin embargo, en los impuestos sobre consumos específicos, Rolph (1954) intentó una generalización de la tesis de Brown (1924) relativa a la imposición sobre las ventas.

En efecto, ese autor afirma que en ausencia de una variación en la oferta monetaria, los precios de los bienes gravados no podrán aumentar en un primer momento en términos absolutos. El impuesto reducirá las rentas de los factores en las producciones gravadas, lo que provocará el desplazamiento de estos hacia las producciones no sometidas a imposición. Esto es causa —asegura Rolph— de que si bien, en términos relativos, los precios de las mercancías gravadas se elevarán con relación a las no gravadas, cuya oferta aumentará a consecuencia del desplazamiento de factores, los consumidores en conjunto no soportarán el peso del tributo, puesto que unos bienes se encarecen, pero otros se abaratan. Son, por tanto, los factores productivos, primero en las industrias gravadas y después en todas las industrias, ante la mayor competencia, los que soportarán el peso del impuesto. Esta argumentación de Rolph, al igual que la original de Brown, solo tiene en cuenta el lado de las fuentes de renta; sin embargo, es preciso completar esa visión con los efectos de los cambios en los precios relativos sobre el consumo.

Probablemente, el aspecto más interesante de la posición de Rolph estriba en destacar que la imposición sobre los consumos específicos puede producir parcialmente su incidencia por la vía de la reducción en las rentas de los factores, y no solo por el incremento de los precios a que puede dar lugar. La tesis tradicional de Dalton había exagerado este último aspecto, deteniéndose en un análisis excesivamente pormenorizado del proceso de traslación del impuesto hacia adelante, mediante una elevación de los precios de los productos gravados, según la mayor o menor elasticidad de las curvas de oferta y demanda.

La consideración de la incidencia de los impuestos que gravan ciertos bienes o consumos específicos desde el lado de los usos de la renta debe, complementarse, en cualquier caso, con la apreciación de la naturaleza de los bienes consumidos, según distintos niveles de renta de los sujetos. En este sentido, cabe esperar que los gravámenes sobre bienes de lujo tengan una incidencia más progresiva que los que recaen sobre bienes de consumo general, y estos sean más progresivos que los que gravan los artículos de primera necesidad. Desde la perspectiva de las fuentes, la incidencia dependerá de la naturaleza de los factores incorporados a la producción de los distintos bienes. Aquí, sin embargo, la presunción de la incidencia es mucho más difícil, puesto que no existe ninguna razón para admitir que los perceptores de rentas de factores empleados en la producción de bienes de lujo estén situados en escalones superiores de la distribución de la renta que los que perciben rentas por su aportación a la producción de bienes de primera necesidad.

Las conclusiones que se extraen tras la aplicación del modelo de Haberger al análisis de la incidencia de los impuestos sobre consumos específicos no difiere sustancialmente, como ya se ha visto, de las que se derivan de la tesis de Rolph. Bajo las suposiciones básicas de dicho modelo, que como se sabe se articula en torno a dos bienes, el gravamen girado sobre uno de ellos induciría a los consumidores a aumentar sus gastos en el bien no gravado en detrimento del gravado, lo que, a su vez, liberaría capital y trabajo de la producción del segundo, que afluirían al sector productor del primero. Como resultado, y dependiendo de cuáles fuesen las intensidades factoriales en los dos sectores así como las posibilidades de sustitución entre factores productivos, los precios relativos de los factores cambiarían, de forma tal que, en términos aproximados, el precio relativo del factor de producción utilizado más intensivamente en la producción del bien gravado descendería, soportando así en parte la carga del impuesto.

Aun así, también se ha señalado que la carga del gravamen podría distribuirse en proporción al gasto de las economías domésticas en el bien gravado tanto cuando la importancia de la actividad gravada en el conjunto de la economía fuese escasa, como cuando la actividad gravada utilizase los factores productivos en la misma proporción que el resto de la economía, toda vez que en este caso los precios de los factores no tendrían que cambiar necesariamente para que el sector no gravado absorbiese el capital y el trabajo liberados del sector gravado.

8.7.4. Valoración de la imposición sobre consumos específicos

Como colofón de este epígrafe, pueden enunciarse ahora los principales aspectos valorativos de esta figura impositiva, a la luz de los principios fundamentales de la imposición. Esos aspectos esenciales pueden resumirse en los cuatro siguientes:

1. *Equidad*. Los impuestos sobre consumos específicos solo son equitativos desde la óptica del principio del beneficio si su recaudación se afecta a la financiación de proyectos de gasto público que benefician a los contribuyentes. Por otra parte, en general se trata de impuestos que no cumplen con el principio de capacidad de pago, porque suelen gravar el consumo de bienes escasamente representativos de dicha capacidad (hidrocarburos, electricidad, tabaco, alcohol, etc.), y que a su vez suelen ser regresivos, al crecer el consumo de tales bienes en menor proporción que la renta a medida que esta aumenta. Una regresividad que puede además verse acentuada por sus efectos inflacionistas, es decir, sus efectos alcistas sobre el nivel general de precios. Pese a ello, en algunos casos, particularmente en los países subdesarrollados, que, como tales, cuentan con una Administración fiscal deficiente, los impuestos sobre consumos específicos, y en especial los girados sobre los bienes de lujo, pueden tener una valoración positiva en términos de equidad. Los impuestos sobre estos bienes de lujo satisfacen el principio de capa-

cidad del pago y son progresivos, porque gravan de forma más pronunciada a los ricos, que son los que destinan una mayor proporción de sus rentas a la adquisición y consumo de esta clase de bienes.

2. *Eficiencia.* La mayor parte de los impuestos sobre consumos específicos suelen ser eficientes, en tanto en cuanto gravan bienes con una elasticidad precio de demanda relativamente baja y provocan por tanto excesos de gravamen mínimos. Al mismo tiempo, el impuesto sobre bienes de lujo suele gravar bienes y servicios complementarios del ocio, por lo que, pese a que los estudios empíricos no ofrecen resultados concluyentes, puede estimular la oferta de trabajo si induce a los individuos a dedicar menos horas al ocio. Finalmente, en la medida en que algunos de estos gravámenes someten a imposición bienes cuya producción o consumo generan externalidades negativas, permiten también internalizar los costes sociales asociados a tales externalidades, generando con ello un aumento de la eficiencia general o social.

3. *Suficiencia y flexibilidad.* Los impuestos sobre consumos específicos son gravámenes que presentan normalmente un notable potencial recaudatorio, aunque, también por lo general, al tratarse de impuestos unitarios o de suma fija sobre bienes con demandas inelásticas en cualquier coyuntura económica, no surten habitualmente efectos estabilizadores de importancia. Existen, sin embargo, algunas excepciones, como pueden ser los impuestos sobre los medios de transporte, que, aunque de forma muy moderada por su escaso peso en el sistema fiscal en su conjunto, pueden contribuir en alguna medida a la estabilización del ciclo económico.

4. *Administración.* La administración (aplicación, gestión y recaudación) de estos impuestos no es compleja, lo que los convierte en impuestos especialmente aptos para Haciendas Públicas poco desarrolladas. Simplicidad administrativa no solo porque, al exigirse en las fases de producción o distribución, cuentan con pocos sujetos pasivos, sino porque sus bases imponibles se determinan, en una elevada proporción, de forma automática.

Glosario de términos y conceptos

Exenciones limitadas y plenas
Imposición indirecta sobre el consumo
Impuestos generales sobre el volumen de ventas
Impuestos monofásicos sobre el volumen de ventas (impuestos sobre fabricantes, mayoristas y minoristas)
Impuestos plurifásicos sobre el volumen de ventas (impuestos múltiples o en cascada e IVA)
Impuestos sobre bienes y servicios (impuestos sobre consumos específicos y sobre la circulación exterior de bienes)
Impuestos sobre el valor añadido tipo producto nacional bruto (PNB), tipo renta (PNN) y tipo consumo

IVA repercutido y soportado
Métodos de adición, sustracción y las facturas
   (o de crédito de impuesto)

Regímenes especiales
Regla de prorrata

 Resumen

- Los impuestos indirectos sobre el consumo son impuestos reales (no tienen en cuenta las circunstancias personales del contribuyente) que gravan el consumo realizado por los sujetos, Se clasifican en impuestos generales sobre el consumo o el volumen de ventas, que a su vez pueden presentarse bajo las formas de impuestos plurifásicos (sobre el consumo de bienes y servicios en todas las fases de producción/distribución) y de impuestos monofásicos (sobre una sola de las fases-producción, distribución o venta al *detall*), y en impuestos sobre bienes y servicios específicos, en los que también pueden distinguirse los impuestos sobre consumos específicos y los impuestos sobre la circulación exterior de ciertos bienes.

- Entre las ventajas más destacadas de la imposición indirecta sobre el consumo, pueden resaltarse su elevada capacidad recaudatoria, sus posibles efectos favorecedores del ahorro, sus costes administrativos relativamente bajos y sus rápidos efectos sobre la demanda agregada. En contrapartida, por su traslación a los precios de los bienes y servicios, estos gravámenes pueden provocar mayores efectos inflacionistas que otros impuestos, y, aunque proporcionales respecto al consumo, son regresivos respecto a la renta.

- Los impuestos plurifásicos sobre el consumo o las ventas pueden adoptar las modalidades de impuestos múltiples o en cascada (impuestos acumulativos sobre las ventas) y de impuestos sobre el valor añadido (impuestos no acumulativos o sobre el valor añadido generado en cada fase del proceso de producción/distribución). Los numerosos aspectos problemáticos que se asocian a los impuestos múltiples o en cascada, como pueden ser, entre otros, la promoción artificial de la integración vertical entre empresas, la traslación acumulativa o efecto piramidación, sus mayores efectos inflacionistas que otros gravámenes sobre las ventas y la dificultad en los ajustes a las exportaciones e importaciones, explican, sin embargo, el abandono de estos impuestos en los países que en su día los adoptaron y su generalizada sustitución por el IVA en el concierto europeo.

- En función del tratamiento dado a los bienes de capital o bienes de inversión, es posible distinguir tres modalidades diferentes de bases imponibles del IVA: el valor añadido bruto, el valor añadido neto o tipo renta y el valor añadido tipo consumo. Ésta última es la base del IVA comunitario, base que se determina mediante el denominado sistema de sustracción (diferencia entre ventas y compras) y la técnica de crédito de impuesto o método de las facturas (deducción del impuesto repercutido en las ventas del impuesto soportado en las compras de *inputs*), que permite un control continuo a efectos fiscales.

- Aunque justificables por distintas razones, la existencia en el IVA comunitario de exenciones (limitadas), regímenes especiales y diferentes tipos de gravamen no solo restan neutralidad y eficiencia al gravamen, sino que complican la liquidación y el control del impuesto por la Administración Tributaria, elevando así sus costes de gestión.

- El IVA comunitario se exige de acuerdo con el principio de imposición en destino y el denominado hecho imponible *adquisición intracomunitaria de bienes*, conforme al cual cada transacción intracomunitaria se descompone en una entrega exenta pero con derecho a deducción del IVA soportado y una adquisición sujeta para el adquirente, que, a su vez, se lo deduce como tal IVA soportado, comenzándose así la cadena del IVA en el país de destino.

- Los impuestos monofásicos sobre el volumen de ventas pueden adoptar las formas de un impuesto monofásico sobre los fabricantes, un impuesto monofásico sobre los mayoristas o un impuesto monofásico sobre los minoristas. Sin embargo, de entre estas tres categorías impositivas solo el impuesto en la fase minoristas resulta una alternativa válida de imposición sobre el volumen de ventas, a la vista de las múltiples limitaciones que presentan las otras dos primeras modalidades (dificultad para definir el sujeto pasivo, persistencia de la traslación acumulativa, dificultad para realizar los ajustes en frontera, etc.)

- Los impuestos sobre consumos específicos son gravámenes monofásicos, selectivos y ocasionales, que gravan de forma discriminatoria el consumo de determinados bienes y servicios. Este carácter discriminatorio suele obedecer a razones extrafiscales, entre las que destaca la internalización de los costes sociales generados por determinados consumos.

- En su tipología impositiva, la OCDE distingue entre los impuestos sobre consumos específicos tradicionales (sobre bebidas alcohólicas, labores del tabaco e hidrocarburos) y los impuestos sobre consumo específicos no tradicionales (sobre el azúcar, la tenencia de automóviles y los bienes de lujo, las actividades turísticas, las actividades publicitarias, las actividades contaminantes, el juego, las primas de seguros y los bienes y servicios importados), aplicados con mayor o menor generalidad en la experiencia comparada.

- En España, bajo la rúbrica de impuestos especiales sobre el consumo se agrupan los impuestos sobre el alcohol y bebidas alcohólicas, hidrocarburos, labores del tabaco, electricidad, matriculación de determinados medios de transporte, primas de seguros y ventas al detalle de determinados hidrocarburos.

- A pesar del descenso experimentado en la recaudación de los impuestos sobre consumos específicos en las últimas décadas, estos siguen constituyendo una importante fuente de ingresos impositivos en los países avanzados.
- Junto a su importancia recaudatoria y al logro de una mejor asignación de recursos desde un punto de vista social, los impuestos sobre consumos específicos se han justificado adicionalmente por su posible contribución a la redistribución de la renta (en el caso de los impuestos sobre bienes de lujo), su destacado papel en la protección de la producción nacional frente a los competidores externos y su eficiencia económica.

Parte III

Efectos económicos de la imposición

Capítulo 9

Efectos de la imposición sobre la oferta de trabajo

Hacienda Pública II

9.1. **La imposición y la oferta total de trabajo**
    9.1.1. Impuesto proporcional sobre la renta
    9.1.2. Impuesto progresivo sobre la renta
    9.1.3. Otros impuestos
    9.1.4. Circunstancias cualificadoras de los efectos impositivos sobre la oferta laboral
    9.1.5. Efectos de la imposición sobre el mercado global de trabajo. La curva de Laffer

9.2. **Los efectos de la imposición sobre la oferta relativa de trabajo**

▶ **Resumen**

Al igual que los programas de gastos, los programas de ingresos públicos pueden surtir efectos sobre la oferta de los distintos factores productivos: trabajo, ahorro, composición de la cartera (o conjunto de activos financieros en poder de un sujeto) e inversión real. Este es un hecho de gran importancia no solo por el motivo directo de que, al influir en un sentido u otro sobre la oferta de factores, determina parcialmente el nivel de producción, ocupación y posibilidades de desarrollo económico, sino, además, porque tales cambios tienen igualmente efectos inducidos sobre la asignación de los recursos, al implicar alteraciones discriminatorias en el flujo de factores hacia los distintos sectores de la economía, así como efectos sobre la distribución de la renta, al alterar la estructura de los precios relativos de los factores y de los productos.

En este capítulo y los dos siguientes consideraremos los cambios derivados de la imposición sobre la oferta de factores, tanto absolutos como relativos, es decir, los cambios en la estructura de la oferta de los factores permaneciendo constante la cantidad total de dichas ofertas. Como indica su propio título, en este primer capítulo comenzamos con el estudio de los efectos de la imposición sobre la oferta de trabajo. Los dos que siguen se ocuparán de los efectos de la imposición sobre el ahorro, tanto desde un punto de vista microeconómico como macroeconómico, así como sobre sus efectos sobre la inversión financiera e inversión real.

9.1. La imposición y la oferta total de trabajo

Según hemos visto en el examen de los efectos del gasto público, el punto de partida de este tipo de análisis, tal como ha sido abordado por la mayor parte de los tratadistas, es contemplar, para cada sujeto que realiza una prestación de trabajo y obtiene una retribución en el mercado de este factor, la oposición existente entre dos posibles alternativas de su tiempo disponible: el trabajo y la consiguiente obtención de una *renta* y el *ocio*. Estos dos bienes económicos alternativos pueden considerarse dentro de la instrumentación analítica tradicional del mapa de curvas de indiferencia del sujeto.

La Figura 9.1 recoge, para un sujeto determinado, la relación de indiferencia entre renta y ocio, mediante curvas convexas hacia el origen de coordenadas. Las líneas muestran la forma habitual de convexidad, indicando que análogos incrementos de uno de los dos bienes (renta u ocio) implica cada vez menores decrementos en el otro bien, para mantener constante la satisfacción del sujeto. Además, a partir de un cierto punto las curvas de indiferencia se convierten en paralelas a los ejes, indicando de esta manera los límites existentes a la sustituibilidad de ambos bienes alternativos. Esto es, un sujeto estará dispuesto a cambiar ocio por renta hasta un cierto límite, determinado por las horas físicamente disponibles y por el ocio que considera estrictamente necesario; contrariamente, el sujeto podrá cambiar renta por ocio hasta el límite de obtener el mínimo de renta necesario para su subsistencia. El punto de equilibrio (P) se corresponde con el

9. Efectos de la imposición sobre la oferta de trabajo

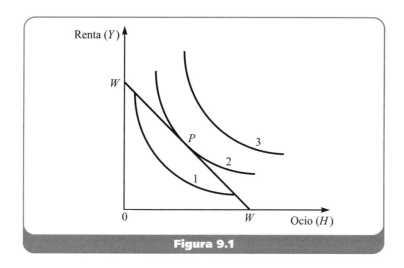

Figura 9.1

de tangencia entre la recta que muestra la renta que el sujeto puede obtener a cada nivel de ocio, según los tipos de salarios del mercado, con la curva de indiferencia de índice superior.

Con este esquema de partida, a continuación se procederá a considerar los efectos de la imposición sobre la oferta de trabajo individual y colectivo.

A efectos de exposición, el análisis de esta tipología de efectos impositivos se desglosará en tres apartados distintos:

– Impuesto proporcional sobre la renta.
– Impuesto progresivo sobre la renta.
– Otros impuestos.

9.1.1. Impuesto proporcional sobre la renta

En nuestra línea de razonamiento, suponemos, de partida, que el sujeto cuenta con una función de utilidad que depende de la renta que obtiene mediante su esfuerzo laboral y del tiempo que dedica al ocio (dos variables positivas). Así, si llamamos u a la función índice de utilidad, y a la renta del sujeto, H al número de horas destinadas al ocio, L a las horas dedicadas al trabajo, D al número de horas totales de que el sujeto puede disponer (de modo que $D = L + H$), que vendrá limitado, en cada caso, por circunstancias físicas, y w a la tasa de salario por hora de trabajo, tendremos un modelo de comportamiento del sujeto formado por las siguientes ecuaciones:

a) Función índice de utilidad:

$$u = f(y, H) \qquad (9.1)$$

b) Valores de las disponibilidades del sujeto:

$$wD = wL + wH \tag{9.2}$$

donde wD es el valor de la horas totales disponibles por el sujeto y que este reparte entre trabajo y ocio, wL el salario laboral o renta y wH el valor en unidades monetarias de su ocio.

Asimismo, si denominamos V al valor de la disponibilidad horaria wD (de valor constante, de suerte que: $V = \bar{V}$) e y al salario del sujeto wL, la ecuación anterior puede expresarse también como:

$$V = y + wH \tag{9.3}$$

Ecuación de la que a su vez se infiere:

$$y = V - wH \tag{9.4}$$

Definido así el comportamiento laboral del sujeto en términos algebraicos, el equilibrio entre renta y ocio al que este podrá llegar en ausencia de impuesto vendrá representado geométricamente, tal y como muestra la Figura 9.2, por el punto de tangencia (E_0) entre la curva de indiferencia de índice superior y la recta de balance (AB), recta decreciente, de pendiente negativa, expresada por la igualdad tg $\alpha = w$, que refleja las posibles combinaciones entre renta y ocio que el sujeto puede elegir al salario corriente.

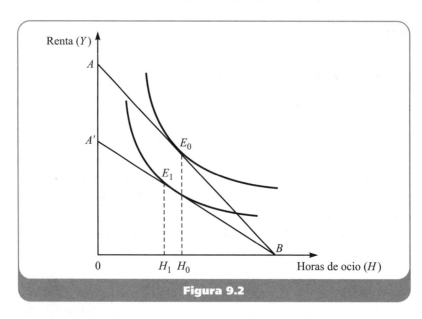

Figura 9.2

¿En qué sentido, no obstante, alterará la introducción de un impuesto proporcional sobre la renta del trabajador ($T = ty$) el esquema anterior?

En principio, un impuesto proporcional sobre la renta implica una disminución de la renta real del trabajador. Sus efectos sobre la oferta de trabajo pueden, pues, identificarse, en primer término, con los cambios de las tasas reales del salario que pueden producirse en virtud de las fuerzas del mercado. Es decir, mientras en la situación antes de impuesto el sujeto percibía por cada hora de trabajo un salario w, tras su establecimiento el salario unitario desciende a:

$$w - wt - w(1 - t)$$

Consiguientemente, la renta neta de impuesto vendrá dada por la expresión:

$$y_n = (V - wH) - t(V - wH) = (wD - wH) - t(wD - wH)$$
$$y_n = w(D - H) - tw(D - H) = w(1 - t)(D - H) \tag{9.5}$$

donde evidentemente $(D - H)$ es el número de horas destinadas al trabajo (L).

La citada Figura 9.2 muestra gráficamente los efectos que puede originar esa reducción en el salario neto (después del pago del impuesto). El nuevo punto E_1 de equilibrio es el de tangencia entre la curva de indiferencia de índice superior y la nueva recta de balance ($A'B$), que mide los ingresos correspondientes a cada nivel de ocio después de establecido el impuesto (para la cual, a su vez, tg $\alpha' = w(1 - t)$). Esta línea aparece desplazada respecto a la inicial AB para mostrar que tras el impuesto se obtiene menor nivel de retribución neta para cada valor de ocio (y trabajo). Mientras que antes de la introducción del impuesto la renta máxima que podía obtener el sujeto (renunciando al ocio) venía dada por OA, después del cambio fiscal desciende a OA', descenso que explica por qué este tratará de acomodar su posición de equilibrio a un nuevo punto tal que el E_1. Nuevo punto de equilibrio que indica que el establecimiento del impuesto, en el caso específico representado en la figura, inducirá al sujeto a reducir el número de horas dedicadas al ocio o, de forma equivalente, a incrementar su esfuerzo laboral de forma que le permita aumentar su renta bruta en una cuantía tal como para poder mantener el nivel de renta del que disfrutaba antes del cambio fiscal.

No obstante el caso precedente, lo cierto es que, en general, el efecto final del impuesto sobre la oferta de trabajo no puede predecirse con certeza, dado que será el resultado de la agregación de dos efectos contrapuestos de la reducción inducida de la renta:

– Un *efecto renta*, en virtud del cual el trabajador tenderá a disminuir su ocio para dedicar más horas al trabajo y reponer su renta erosionada por el impuesto.
– Un *efecto sustitución*, por el cual el trabajador tenderá a sustituir trabajo por ocio, ya que este último bien resulta, tras el impuesto, relativamente más barato, al ser

menor la renuncia que el sujeto ha de realizar en término de renta por cada unidad de ocio de que disfrute[1].

Esto es, el efecto final dependerá de cuál sea el elemento dominante, si el *efecto renta* o el *efecto sustitución*.

A partir de las expresiones (9.1) y (9.5), la situación de equilibrio después de establecido el impuesto, que geométricamente vendría representada por el punto de tangencia entre una curva de indiferencia y la recta de balance que relaciona la renta neta con las horas de ocio, puede determinarse, también analíticamente en términos sencillos. La función índice de utilidad puede escribirse ahora como:

$$u = F(y, H)$$
$$u = F[w(1 - t)(D - H), H] \quad (9.6)$$

que, para un tipo de imposición fijo, es una función de H, exclusivamente.

El comportamiento racional del trabajador requiere que la situación de equilibrio sea tal que haga máxima la expresión (9.6); por tanto:

$$\frac{du}{dH} = F'_y \cdot \frac{dy}{dH} + F'_H = F'_y \cdot w(-1)(1-t) + F'_H = 0$$
$$\frac{F'_H}{F'_y} = w(1-t); \quad R_{Hy} = w(1-t) \quad (9.7)$$

donde F'_H y F'_y expresan las derivadas parciales de la función índice de utilidad respecto a las variables expresadas en el subíndice.

La conclusión, previsible, es que el sujeto se ajustará a un nuevo equilibrio en el que el salario neto (deducido el impuesto) sea igual a la relación marginal de sustitución de renta por ocio.

Del razonamiento anterior no se desprende, sin embargo, ninguna conclusión sobre el efecto final del impuesto sobre la oferta de trabajo. Para poder concretarlo de alguna manera sería preciso realizar algún supuesto adicional sobre la forma de las curvas de indiferencia del sujeto, y esto solo podría ponerse de manifiesto mediante una investigación empírica.

Existe, no obstante, cierta tendencia a creer que la oferta de trabajo individual reviste la forma peculiar que aparece representada en la línea PT de la Figura 9.3. En ordena-

---

[1] Si en una situación sin impuesto el salario por hora (w) de un sujeto es de 30 euros, la renuncia a una hora de trabajo le supondrá, obviamente, renunciar a esa suma de dinero. Sin embargo, es igualmente claro que, en presencia de un impuesto tal que $w(1 - t) = 24$ euros, al sujeto le resultará relativamente más barato renunciar a una hora de trabajo.

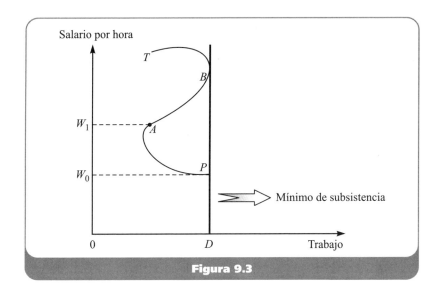

Figura 9.3

das se representa el salario por hora y en abscisas el número de horas de trabajo. $0D$ es el máximo de número de horas de trabajo que puede dedicar el trabajador y $0W_0$ es el salario mínimo al que estará dispuesto a prestar esas $0D$ horas, de forma que el área $0DPW_0$ es el mínimo de subsistencia de renta del trabajador. A partir de ese salario mínimo, y a medida que aumenta, el sujeto estará dispuesto a prestar cada vez menor número de horas de trabajo, ya que el mayor salario unitario le permite obtener la renta de subsistencia con menor trabajo. Sin embargo, a partir del salario W_1 los incrementos del salario por hora se traducen en mayor número de horas trabajadas para obtener mayores ingresos. Finalmente, existe un nuevo tramo de anormalidad en la curva de oferta, en donde nuevamente, una vez alcanzado cierto nivel de renta, el sujeto traducirá cualquier aumento en la retribución unitaria en mayor ocio y menor trabajo.

Si se admite el anterior esquema de la oferta individual de trabajo, los efectos del impuesto, al reducir el salario unitario, pueden conducir a una disminución de la oferta de trabajo si el sujeto se encuentra en el tramo PA, o a un aumento si está en AB. No obstante, la anterior configuración de la curva de oferta de trabajo deriva de la consideración del proceso histórico de la oferta total de trabajo de los trabajadores como grupo. Es preciso, sin embargo, distinguir aquí entre la curva a corto y a largo plazo de oferta de trabajo.

A largo plazo, la experiencia histórica, que parece mostrar una tendencia a la disminución de la oferta de trabajo y un correlativo aumento de salarios, puede explicarse por fenómenos compatibles con la admisión de una curva de oferta normal de trabajo. En efecto, los aumentos de renta pueden llevar consigo aumentos en la oferta de trabajo según la curva normal de oferta, pero simultáneamente puede irse produciendo un desplazamiento de la curva de oferta a medida que los incrementos de renta permitan la adquisición de nuevos bienes complementarios con el ocio. En conjunto, ambos efectos contrapuestos pueden llevar a la apariencia obtenida de las series históricas, de una oferta anormal de trabajo, cuando en realidad se trata de la resultante de dos efectos contrapuestos. Otro aspecto importante es que el aumento histórico de ocio y renta no es meramente el reflejo de una elección individual, sino, como afirma R. A. Musgrave (1959), el resultado de un complejo conjunto de fuerzas sociales, tales como el movimiento para restringir el trabajo infantil, el aumento de la educación de las masas y el sindicalismo.

A corto plazo, el efecto sustitución tiende a ser menos acusado que a largo plazo, puesto que las exigencias de la renta son más rígidas que las del ocio.

9.1.2. Impuesto progresivo sobre la renta

Debemos considerar ahora los posibles efectos de la progresividad. La progresividad se caracteriza por que en los impuestos de esta clase el tipo marginal de gravamen es superior al tipo medio. Es decir, el incremento en la recaudación que se deriva de una unidad adicional de renta es mayor que la recaudación que corresponde, por término medio, a cada unidad de renta. Esta circunstancia implica que, previsiblemente, los impuestos progresivos sobre la renta del trabajo tendrán mayor *efecto sustitució*n que los impuestos proporcionales (en los que el tipo marginal y medio son iguales entre sí y constantes) de igual cuantía recaudatoria. En unos términos más sencillos, los impuestos progresivos gravan cada unidad adicional de renta en una forma cada vez más intensa, lo que lleva consigo un abaratamiento relativo del ocio en términos de renta a que se renuncia.

Este efecto de la progresividad, que es válido a nivel individual, no puede generalizarse al grupo de trabajadores y, por tanto, no pueden predecirse los efectos diferenciales de un impuesto progresivo frente a uno proporcional, sobre la oferta conjunta de trabajo. El paso a un impuesto progresivo, aunque evidentemente implica una elevación de los tipos marginales respecto al impuesto proporcional, afecta de distinta forma a los sujetos, según los niveles de renta en que se encuentran. Para los perceptores de rentas bajas, los tipos marginales estarán por debajo de los tipos medios correspondientes al impuesto progresivo en su conjunto. Sin embargo, para los perceptores de rentas altas como grupo, sus tipos medio y marginal estarán por encima del tipo medio del impuesto considerado en su conjunto. De forma que el efecto final dependerá de la suma de efectos individuales.

9.1.3. Otros impuestos

La argumentación anterior ha tomado como términos de referencia el impuesto sobre la renta tanto proporcional como progresivo. Cabría ahora preguntarse por los efectos sobre la oferta de trabajo de otros impuestos diferentes, tales como el impuesto de capitación, el impuesto sobre la renta del trabajo, la imposición sobre el consumo y los impuestos patrimoniales. El problema se reduce, en definitiva, a tratar de buscar, tomando como referencia el impuesto sobre la renta, cuál es el efecto sustitución de estas otras formas impositivas, suponiendo que todos ellos generan la misma recaudación y, por tanto, tienen el mismo efecto renta, y manteniendo el esquema básico de razonamiento.

Impuesto de capitación

Un impuesto de suma fija, es decir, el que se exige por igual de todas las personas, con independencia de su renta, no ejerce efecto sustitución entre renta y ocio, al no estar relacionada su cuantía con el esfuerzo laboral del sujeto.

En efecto, para un impuesto de suma fija tal que $T = K$ (constante), la renta neta disponible tras la exacción impositiva vendrá representada, en términos analíticos, de acuerdo con (9.4), por

$$y_n = V - wH - K = (V - K) - wH \qquad (9.8)$$

expresión que denota claramente que semejante gravamen surte un *efecto renta*, que se traduce en una reducción del valor de las disponibilidades del sujeto, pero carece de *efecto sustitución*, de tal manera que no incentiva ni el ocio ni el trabajo. Visto desde la óptica de sus efectos sobre la oferta de trabajo, cabe, pues, sostener que el impuesto de capitación es, en cierto modo, neutral.

Dicha neutralidad puede representarse gráficamente en la forma que muestra la Figura 9.4. En ella se observa que el impuesto genera un desplazamiento vertical constante de la recta AB, hasta una nueva posición representada por CD, que no supone ninguna alteración de la pendiente (w) original de AB.

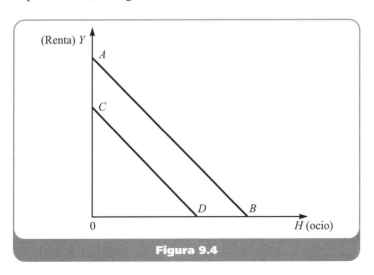

Figura 9.4

Impuesto sobre la renta del trabajo

Respecto a esta forma de imposición, cabe pensar asimismo en un gravamen neutral sobre el valor de sus disponibilidades horarias, V. En efecto, partiendo de la identidad (9.3) se obtiene:

$$T = tV = ty + twH$$

de donde se deriva que la base de este impuesto la integrarían la renta y las horas que el sujeto dedicase al ocio. Obviamente, si a una persona la someten a imposición tanto las horas de trabajo como las dedicadas al ocio, dejará de tener estímulo para distribuir de otra forma sus horas disponibles.

En presencia de un gravamen de esta naturaleza, la renta neta de impuesto respondería, partiendo de (9.4), a la expresión:

$$y_n = V - wH - tV = V(1 - t) - wH \qquad (9.9)$$

En consecuencia, al igual que en el caso del impuesto de capitación, un gravamen sobre la renta del trabajo solo habría generado un desplazamiento en paralelo de la recta de balance, permaneciendo igual su pendiente o coeficiente angular.

Impuesto sobre el consumo

Los impuestos que gravan el consumo tendrán un efecto sobre la oferta de trabajo que cabe analizar considerando la forma en que tales impuestos afectan a la renta real de los sujetos y, de esta manera, aplicando el análisis anterior referido a un impuesto sobre la renta. Así, en principio, la imposición sobre el consumo tendrá efectos similares a los de la imposición sobre la renta para personas que consumen prácticamente la totalidad de su renta y tendrán previsiblemente menor efecto sustitución en aquellos sujetos que destinan una proporción de su renta al ahorro. Sin embargo, este planteamiento general está sujeto a diversas matizaciones importantes:

a) En primer lugar dependerá de la intención con la que se constituye el ahorro de un período y la duración prevista en el futuro, para el impuesto sobre el consumo. Por ejemplo, si una persona ahorra con fines de consumir en el período siguiente y espera que el impuesto subsista, los incentivos para trabajar pueden verse más resentidos que en el caso de que el ahorro se constituya sin idea de consumir en un período inmediato o en un futuro en el que se espera que el impuesto haya desaparecido.

b) Otro punto de interés está relacionado con la forma de exacción de los impuestos sobre el consumo. Estos gravámenes generan una ilusión monetaria tal que la disminución de renta real que su pago (incorporado al precio de los artículos que se compran) supone se siente con menor intensidad por el contribuyente que una misma cantidad impositiva satisfecha en una forma más directa, tal como, por ejemplo, la reducción de su renta originada por la imposición sobre la renta personal. En este caso, la oferta de trabajo del sujeto puede verse menos afectada que bajo la imposición sobre la renta.

c) Finalmente, en la práctica los impuestos sobre el consumo se presentan como menos progresivos (en realidad suelen ser proporcionales) que los impuestos sobre la renta, por lo que su efecto sustitución entre renta y ocio será, en origen, menor.

Impuestos patrimoniales

El efecto de los impuestos que gravan la propiedad y el patrimonio no está directamente relacionado con la oferta de trabajo. No obstante, cabe prever alguna influencia indirecta si el destino dado por el sujeto a su renta es, en una proporción relativamente elevada, la adquisición de bienes gravados por tales impuestos (casas, valores, etc.). Si es así, al encarecerse en virtud de los impuestos sobre la propiedad, la adquisición de los bienes deseados por el contribuyente como aplicación de la renta obtenida por su trabajo personal, puede conducirle a incrementar su ocio en detrimento de la renta que obtiene. Este efecto, sin embargo no suele ser común, cuando tales bienes son complementarios del ocio (artículos de deporte, musicales, etc.).

9.1.4. Circunstancias cualificadoras de los efectos impositivos sobre la oferta laboral

Hasta ahora hemos asimilado los efectos impositivos sobre la oferta de trabajo con los producidos por una reducción en el rendimiento neto. Sin embargo, es preciso tener en cuenta algunas circunstancias cualificadoras, que implican la existencia de otros aspectos distintos del puramente retributivo, a la hora de intentar predecir los efectos de un cambio impositivo sobre la actividad laboral de un sujeto. Estos efectos pueden concretarse en los siguientes términos:

a) Limitaciones en la fijación individual del número de horas laborales. Derivan del hecho de que el número de horas que una persona puede trabajar no es un bien continuo que pueda dividirse según las preferencias del trabajador. Aunque las circunstancias pueden ser muy variables de un tipo a otro de trabajo, en general existen jornadas típicas que el sujeto individualmente no puede variar en forma discrecional sustancialmente. Aparece así un posible elemento de rigidez en los cambios de la oferta de trabajo.

b) Importancia de motivos no pecuniarios. Hasta este momento los términos de la comparación o referencia que hemos venido realizando en el análisis se han centrado en la alternativa renta-ocio. Sin embargo, la existencia de motivos no pecuniarios para trabajar puede suponer alteraciones en la conducta individual imprevisibles a la luz de los cambios en las retribuciones. Motivos de este tipo pueden ser, entre otros, la búsqueda de poder, prestigio, un trabajo diversificado y las posibilidades de actuar con cierta libertad y espíritu de innovación.

c) *Efecto despecho* de los impuestos. La asimilación de los efectos de los impuestos a los cambios en las retribuciones originadas por el mercado no es siempre admisible. El contribuyente puede reaccionar de forma distinta cuando la reducción de su rendimiento procede del mercado que cuando procede de la imposición. La actitud del sujeto frente a la política del Gobierno y su solidaridad o insolidaridad con esta, puede llevar a que iguales reducciones en las rentas netas de ciertos sujetos conduzcan por «despecho» a un efecto sustitución más acusado en uno que en otros, con objeto de colaborar en menor medida a las realizaciones del Sector Público.

d) *Efecto compra* de la imposición. Análogamente al anterior, este otro efecto considera la actitud de los contribuyentes que conciben el impuesto como equivalente al precio que pagan por los servicios públicos prestados por el Estado. Desde esta perspectiva, los efectos del impuesto estarán en función de la actitud del contribuyente respecto a tales servicios.

9.1.5. Efectos de la imposición sobre el mercado global de trabajo. La curva de Laffer

Hasta aquí hemos venido analizando cómo puede afectar la imposición a la oferta individual de trabajo. Ahora extenderemos el análisis a los efectos impositivos sobre el mercado global de trabajo. El problema radica en conocer cómo se altera el equilibrio normal entre la oferta y demanda en el mercado global de trabajo a consecuencia de la introducción o variación —por ejemplo— de la imposición sobre la renta.

Para ilustrar nuestro razonamiento nos valdremos de una representación gráfica como la Figura 9.5 En esta el eje de ordenadas muestra los valores del salario en términos brutos (w_b), mientras en abscisas figuran las cantidades de trabajo (L) prestadas. Como puede observarse en la figura, la línea de oferta no se desplaza paralelamente en respuesta a la exacción impositiva, toda vez que cuanto mayor es el salario bruto, mayor es también el impuesto unitario[2]. Esto significa que los salarios netos y la cantidad de trabajo prestada serán menores en una situación con impuesto que en otra sin impuesto.

---

[2] En términos analíticos, en la nueva línea de oferta de trabajo, O', el salario bruto equivaldría al cociente:

$$w_b = \frac{w_n}{(1-t)}$$

puesto que $w_b - tw_b = w_b(1-t) = w_n$.

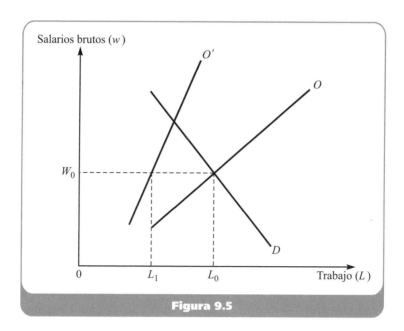

Figura 9.5

Así pues, si bien es difícil saber cuál de los efectos impositivos individuales —renta o sustitución— será el dominante en una comunidad, en general cabe presumir una respuesta negativa del trabajo respecto al impuesto en un mercado global, en la forma de una menor cantidad prestada de este servicio en la sociedad.

Sin embargo, esta es una proposición que suscita, por sí misma, una cuestión adicional que puede matizarla en cierta medida. Si la imposición reduce la oferta global de trabajo, la búsqueda por parte del Gobierno de una mayor recaudación por la vía —por ejemplo— de continuos incrementos de los tipos de gravamen del impuesto sobre la renta del trabajo (la vía relativamente menos costosa de hacerlo) podría generar, con el tiempo, una serie de efectos concatenados que se opondrían, con seguridad, al objetivo inicialmente perseguido, a saber: la mencionada reducción de la oferta de trabajo, la consiguiente erosión de la base del impuesto (las rentas del trabajo) y, a la postre, la merma de la recaudación impositiva. Esta serie de efectos de la imposición ha quedado reflejada gráficamente en lo que la literatura financiera se conoce como *Curva de Laffer*, que aquí se expone en la Figura 9.6.

Contemplando la citada Figura 9.6, se aprecia que la recaudación impositiva (representada en el eje de ordenadas) es nula para un tipo de gravamen cero y también que esta va aumentando conforme lo hace la tarifa impositiva (representada en abscisas). No obstante, tal y como sugieren algunos autores sobre la base de la referida relación entre la imposición y el mercado global de trabajo, una vez que los aumentos de las alícuotas exceden de un nivel tal que t_c, puede desencadenarse la secuencia de efectos perversos ya comentados.

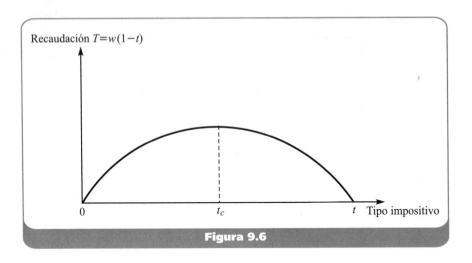

Figura 9.6

En definitiva, la vía de elevar los ingresos impositivos mediante aumentos sucesivos de los tipos de gravamen tiene sus propios límites. A partir de un momento o un punto concreto los efectos negativos de la imposición sobre los incentivos laborales pueden socavar la base imponible y, consiguientemente, la recaudación tributaria.

9.2. Los efectos de la imposición sobre la oferta relativa de trabajo

Los efectos de los ingresos públicos sobre la oferta total de trabajo son probablemente menores que los que se generan, en virtud de la acción presupuestaria, sobre la oferta relativa de trabajo, es decir, sobre las posibles ocupaciones alternativas de los sujetos. Este es un hecho que deriva de, y está cualificado por, la movilidad intersectorial del factor trabajo.

Del mismo modo que los gastos públicos, los impuestos alteran también las posibles elecciones u ocupaciones laborales de los sujetos. Recuérdese aquí lo que dijimos respecto a la importancia de factores no pecuniarios en las decisiones laborales de los individuos. Desde una perspectiva puramente retributiva y en función de cómo la imposición afecta a las retribuciones del trabajo, cabe señalar algunos efectos de interés:

a) Los impuestos pueden conducir al rechazo de las ocupaciones que implican mayor responsabilidad si las mayores retribuciones que les suelen acompañar están sujetas a una imposición progresiva, ya que, en este caso, la ventaja económica neta que deriva de la mayor responsabilidad puede verse muy mermada por altos tipos marginales de los impuestos progresivos.

b) La imposición puede también llevar a abandonar actividades que implican la obtención de rentas irregulares en el tiempo, si no se practica ningún método de corrección para asimilarlas a las percepciones regularmente obtenidas.

c) La imposición puede conducir a un incremento de aquellas actividades que llevan aparejadas retribuciones no monetarias y, por tanto, normalmente no sujetas a imposición.

d) Los impuestos conducen hacia ocupaciones en las que la comprobación y control administrativo de las retribuciones es más difícil y en las que, por consiguiente, existe una mayor posibilidad de evasión.

Glosario de términos y conceptos

Curva de Laffer
Efecto compra
Efecto despecho
Efecto renta
Efecto sustitución

Impuesto de capitación
Impuesto lineal sobre la renta
Impuesto progresivo sobre la renta
Impuesto sobre el consumo
Impuestos patrimoniales

Resumen

- Al igual que los programas de gastos, los programas de ingresos públicos pueden surtir efectos sobre la oferta de los distintos factores productivos: trabajo, ahorro, composición de la cartera (o conjunto de activos financieros en poder de un sujeto) e inversión real.

- Un impuesto proporcional sobre la renta implica una disminución de la renta real del trabajador que inducirá al sujeto a reducir el número de horas dedicadas al ocio o, de forma equivalente, a incrementar su esfuerzo laboral de forma que le permita aumentar su renta bruta en una cuantía tal como para poder mantener el nivel de renta del que disfrutaba antes del cambio fiscal. No obstante, el efecto final del impuesto sobre la oferta de trabajo no puede predecirse con certeza, dado que será el resultado de la agregación de dos efectos contrapuestos de la reducción inducida de la renta: un *efecto renta*, en virtud del cual el trabajador tenderá a disminuir su ocio para dedicar más horas al trabajo y reponer su renta erosionada por el impuesto, y un *efecto sustitución*, por el cual el trabajador tenderá a sustituir trabajo por ocio.

- La progresividad impositiva se caracteriza por que en los impuestos de esta clase el tipo marginal de gravamen es superior al tipo medio. Esta circunstancia implica que, previsiblemente, los impuestos progresivos sobre la renta del trabajo tendrán mayor *efecto sustitución* que los impuestos proporcionales (en los que el tipo marginal y medio son iguales entre sí y constantes) de igual cuantía recaudatoria.

- Un impuesto de suma fija, es decir, el que se exige por igual de todas las personas, con independencia de su renta, no ejerce efecto sustitución entre renta y ocio, al no estar relacionada su cuantía con el esfuerzo laboral del sujeto. Semejante gravamen surtirá un *efecto renta*, que se traducirá en una reducción del valor de las disponibilidades del sujeto, pero carecerá de *efecto sustitución*. De un gravamen sobre la renta del trabajo cabe pensar asimismo que será neutral respecto al valor de sus disponibilidades horarias. En cuanto a la imposición sobre el consumo, tendrá efectos similares a los de la imposición sobre la renta para personas que consumen prácticamente la totalidad de su renta y tendrá previsiblemente menor efecto sustitución en aquellos sujetos que destinan una proporción de su renta al ahorro.

- A la hora de intentar predecir los efectos de un cambio impositivo sobre la actividad laboral de un sujeto, es preciso tener en cuenta, no obstante, algunas circunstancias cualificadoras que implican la existencia de otros aspectos distintos del puramente retributivo. Estos efectos pueden concretarse en las limitaciones existentes en la fijación individual del número de horas laborales, la importancia de motivos no pecuniarios, el *efecto despecho* de los impuestos y el *efecto compra* de la imposición.

- Respecto a los efectos impositivos sobre el mercado global de trabajo, es difícil saber cuál de los efectos impositivos individuales —renta o sustitución— será el dominante en una comunidad. En general, sin embargo cabe presumir una respuesta negativa del trabajo respecto al impuesto en un mercado global, en la forma de una menor cantidad prestada de este servicio en la sociedad.

- Los efectos impositivos sobre la oferta relativa de trabajo se pueden resumir en: el rechazo a las ocupaciones que implican mayor responsabilidad si las mayores retribuciones que las suelen acompañar están sujetas a una imposición progresiva; el abandono de las actividades que implican la obtención de rentas irregulares en el tiempo, si no se practica ningún método de corrección para asimilarlas a las percepciones regularmente obtenidas; el incremento de aquellas actividades que llevan aparejadas retribuciones no monetarias y, por tanto, normalmente no sujetas a imposición, y el aumento también de las ocupaciones en las que la comprobación y control administrativo de las retribuciones es más difícil y en las que, por consiguiente, existe mayor posibilidad de evasión.

Capítulo 10

Efectos de la imposición sobre el ahorro

Hacienda Pública II

10.1. Análisis microeconómico de los efectos de la imposición sobre el ahorro

   10.1.1. Impuesto de capitación

   10.1.2. Impuesto proporcional sobre la renta

   10.1.3. Impuesto proporcional sobre la renta con inclusión de los intereses del ahorro en la base imponible y con deducibilidad de los intereses del desahorro

   10.1.4. Imposición sobre el consumo

10.2. Perspectiva macroeconómica del ahorro e influencia mutua entre imposición y ahorro

▶ **Resumen**

La evolución del ahorro privado en cualquier sociedad constituye un tema de gran importancia, toda vez que el ahorro es la fuente de financiación real de la inversión, variable clave en una economía dinámica. Los estudios disponibles confirman con absoluta nitidez que la constitución del ahorro es un proceso temporalmente previo al de la inversión y, como tal, determinante crucial para la consolidación y progreso de la inversión interna de cualquier economía. Una caída persistente de la tasa de ahorro privado tiende a elevar los tipos de interés reales a largo plazo, con los consiguientes efectos nocivos sobre la inversión y el empleo, y puede generar incrementos indeseables en el nivel de endeudamiento exterior de la economía.

En términos generales, la capacidad o necesidad de financiación de un sector se corresponde con el exceso o insuficiencia de su ahorro para financiar los gastos de capital que realiza. En el caso de las familias, el ahorro equivale a la diferencia entre su renta disponible y su consumo; en el de las empresas, a los beneficios no distribuidos, y en las Administraciones Públicas, a la diferencia entre los ingresos ordinarios y los gastos de consumo más las transferencias.

En este capítulo nos proponemos analizar lo posibles efectos de la imposición sobre el ahorro, tanto a nivel microeconómico como macroeconómico.

10.1. Análisis microeconómico de los efectos de la imposición sobre el ahorro

Desde una perspectiva microeconómica, el análisis de la relación entre imposición y ahorro suele enmarcarse en un contexto temporal biperiódico, cuyos términos de referencia son la renta y el consumo del sujeto el período de su vida activa y el período de jubilación, que, por simplicidad, denominaremos períodos 0 y 1.

En principio, el sujeto se enfrenta con el problema de cómo distribuir su renta en relación con el consumo, en el sentido de o bien consumir más en el período 0 y menos en el 1 o bien, por el contrario, ahorrar parte su renta en el período 0 para incrementar su consumo en el 1. Se supone, en cualquier caso, que la economía dispone de un sistema financiero flexible, de manera que si el sujeto desea anticipar su consumo siempre podrá recurrir al endeudamiento y si desea ahorrar en el presente para incrementar su consumo futuro siempre habrá una institución financiera que recoja su ahorro. Por otra parte, en este esquema de comportamiento del sujeto, este se halla sometido a una importante limitación: o ha de consumir en el presente o ha de hacerlo en el futuro, pero no puede acumular ahorro para legarlo a generaciones futuras. De ahí que el análisis de esta problemática sea conocido con la expresión de *Teoría del ciclo vital*.

10 Efectos de la imposición sobre el ahorro

Bajo tales premisas, se tiene, por tanto, que, en ausencia de imposición, el valor actual de la suma de los ingresos obtenidos por el sujeto en los períodos 0 y 1 equivaldrá al valor actualizado de su consumo en los dos períodos; esto es

$$y_0 + \frac{y_1}{1+i} = C_0 + \frac{C_1}{1+i} \tag{10.1}$$

donde $\frac{y_1}{1+i}$ y $\frac{C_1}{1+i}$ son, respectivamente, los valores actuales de la renta y del consumo del sujeto en el período 1.

A partir de (10.1), puede obtenerse a continuación el valor del consumo en el año 1, C_1, como sigue:

$$\begin{aligned} y_0(1+i) + y_1 &= C_0(1+i) + C_1 \\ C_1 &= [y_0(1+i) + y_1] - C_0(1+i) \end{aligned} \tag{10.2}$$

Esta identidad, cuyo término independiente (entre corchetes) de su lado derecho es un valor numérico, expresa la relación entre el consumo actual (C_0), el consumo futuro (C_1) y el coeficiente $(1+i)$, para un valor dado del tipo de interés de mercado.

Gráficamente, esta relación puede representarse tal como en la Figura 10.1. En ella la recta de balance AB, cuya pendiente o coeficiente angular viene dado por la igualdad $\mathrm{tg}\,\alpha = 1 + i$, refleja todas las posibles combinaciones de C_0 y C_1 que podría elegir el sujeto. En particular, este ajustará sus consumos de tal forma que se situará en los puntos en que dicha recta sea tangente a la curva de indiferencia de índice superior.

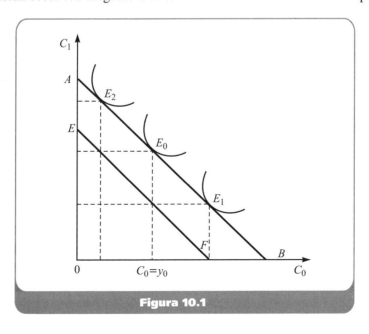

Figura 10.1

En dicha Figura 10.1 pueden distinguirse, en concreto, tres posiciones de consumo distintas:

- La representada por E_0, que expresa que el sujeto no tendría que ahorrar ni desahorrar, por cuanto consumiría en cada ejercicio la renta íntegra generada en él.
- La E_1, situación típica del sujeto desahorrador, que, como tal, implicaría un endeudamiento por su parte, pues este consumiría en el período 0 por encima de lo que le permitiría su renta y, en consecuencia, en el período 1, al tener que devolver el crédito solicitado, consumiría en una cuantía inferior a la renta obtenida en el ejercicio.
- La E_2, en la que, contrariamente al caso anterior, el sujeto consumiría en el período 0 una cantidad inferior a su renta y, por lo mismo, en el año 1 una cantidad superior a la renta obtenida en este segundo ejercicio.

Supongamos ahora, no obstante, que el Estado introduce el elemento impositivo. ¿Cómo se alteraría el análisis precedente con esta nueva incorporación? He aquí la cuestión crucial del presente epígrafe, cuestión cuya respuesta, empero, como tendremos ocasión de comprobar más adelante, será distinta según cuál sea el impuesto considerado.

En una primera aproximación, el establecimiento del impuesto inducirá un desplazamiento en paralelo hacia abajo de la recta de balance, hasta una nueva posición en la Figura 10.1, tal que *EF*, en la medida en que, tras la exacción impositiva, el sujeto tendrá menos disponibilidades para destinar tanto al consumo presente como al futuro. Sin embargo, el gravamen surtirá dos efectos distintos:

1. Un *efecto sustitución*, que dependerá de cuál sea la figura impositiva introducida o modificada y que, en general, implicará una tendencia en el sujeto a evitar la opción de consumo más gravada, sustituyéndola por la menos gravada.

2. Un *efecto renta*, consecuente con el descenso inducido de la rentabilidad del ahorro, que podrá manifestarse en uno de los dos sentidos contrapuestos siguientes:

    a) Una tendencia a un menor consumo presente (o un mayor ahorro presente) para mantener unas determinadas metas de consumo futuro (v.g., la compra de una vivienda).

    b) Una tendencia a un mayor consumo presente para evitar la imposición sobre el ahorro.

De este modo, el efecto definitivo de la imposición sobre el ahorro dependerá, en última instancia, de cuál de esos efectos parciales sea el dominante o más intenso.

La imposibilidad de determinar con certeza ese efecto total nos lleva, en todo caso, a centrar el estudio en los posibles efectos de distintas fórmulas impositivas, bajo el supuesto de que todas ellas tienen idéntica recaudación y, por tanto, idéntico efecto renta.

Y dado que todas ellas se hallan sometidas a la misma restricción de renta, el objeto central del análisis se concretará en tratar de conocer cuáles pueden ser sus respectivos efectos sustitución, o, dicho en otros términos, en qué medida, si hay alguna, esos impuestos alteran la pendiente de la recta de balance $(1 + i)$, sabiendo que el efecto sustitución será tanto mayor cuanto más se incline dicha recta.

10.1.1. Impuesto de capitación

Supóngase que el Estado decide introducir un impuesto de capitación para gravar el ahorro, de forma que a todos los contribuyentes se les detrae una misma suma o tanto alzado. Tras la exacción impositiva, $T = k$, la renta que el sujeto podría distribuir entre consumo presente y futuro tendría, de acuerdo con la expresión general antes de impuesto (10.2), un valor actual tal que:

$$C_1 = [(y_0 - k)(1 + i) + (y_1 - k)] - C_0(1 + i) \qquad (10.3)$$

El impuesto de capitación habría inducido, en consecuencia, un desplazamiento en paralelo hacia abajo de la recta balance, de resultas de la reducción de la ordenada y la abscisa en origen, sin que ello hubiese supuesto una variación de la pendiente de dicha recta. En otras palabras, el gravamen tendría efecto renta, pero no efecto sustitución, de forma que no estimularía el consumo ni el ahorro, dejando así las elecciones de los sujetos al albedrío de sus preferencias.

10.1.2. Impuesto proporcional sobre la renta

Considérese ahora que el gravamen establecido es un impuesto proporcional sobre la renta, tal que: $T = ty$. Tomando en este caso como referencia la expresión (10.1), después de impuesto la renta disponible del sujeto para su distribución entre consumo presente y futuro, sería, pues:

$$y_0(1 - t) + \frac{y_1(1 - t)}{(1 + i)} = C_0 + \frac{C_1}{(1 + i)} \qquad (10.4)$$

de donde, reducción mediando, se obtiene:

$$y_0(1 - t)(1 + i) + y_1(1 - t) = C_0(1 + i) + C_1$$

$$C_1 = [y_0(1 - t)(1 + i) + y_1(1 - t)] - C_0(1 + i) \qquad (10.5)$$

Es decir, el impuesto proporcional sobre la renta tampoco tendría efecto sustitución, ya que el coeficiente angular o pendiente de la recta de balance continuaría siendo el mismo, $(1 + i)$, y, consiguientemente, no alteraría el equilibrio entre consumo actual y consumo futuro.

10.1.3. Impuesto proporcional sobre la renta con inclusión de los intereses del ahorro en la base imponible y con deducibilidad de los intereses del desahorro

En el análisis precedente se ha considerado un impuesto con un tipo de gravamen constante, $T = ty$, girado sobre la renta en los ejercicios 0 y 1. En el concepto de renta ahí utilizado se ha ignorado, empero, el rendimiento que supone el interés generado por el ahorro realizado en cada ejercicio y que permite al sujeto que su menor consumo presente se transforme en un mayor consumo futuro.

Ciertamente, de acuerdo con una definición amplia de renta, el interés del ahorro, como cualquier otro rendimiento, habría de computarse como un sumando más en la determinación de la renta bruta, al tiempo que el impuesto correspondiente a este interés, análogamente a otros gravámenes soportados por ella, habría de restarse para estimar la renta neta.

La posible inclusión del interés del ahorro en la base de un impuesto como el aquí considerado, lleva consigo, no obstante, una consideración adicional en el planteamiento del análisis de sus efectos sobre el ahorro: el tratamiento del sujeto no ahorrador. El endeudamiento que puede haber contraído un sujeto por haber consumido en un ejercicio (por ejemplo, en el período 0) en exceso de la renta por él generada, implicaría, obviamente, el pago de unos intereses que, en principio, menguarían sus posibilidades de consumo futuro. De este modo, si en la base del impuesto van a incluirse los intereses del ahorro, por qué no permitir, en reciprocidad, la deducción de los intereses pagados por los créditos solicitados.

En este contexto más amplio, la cuestión clave ahora es cuál sería la relación entre consumo presente y consumo futuro del sujeto, suponiendo la existencia de un impuesto proporcional sobre la renta que incluyese los intereses del ahorro $[i(y - C_0)]$ y que permitiese, a su vez, la deducción de los intereses generados por los créditos por él solicitados $[-i(y - C_0)]$.

A este respecto, ya se ha visto que en presencia de un impuesto proporcional sobre la renta normal ha de cumplirse la condición expresada por (10.4). Si, por otra parte, en el análisis se introdujera la posibilidad de incluir los intereses en sentido positivo o negativo y además considerásemos que en el período 1 no se han devengado intereses, la anterior relación pasaría a ser:

$$y_0(1 - t) + \frac{y_1(1 - t)}{(1 + i)} \pm \frac{t_i(y_0 - C_0)}{(1 + i)} = C_0 + \frac{C_1}{(1 + i)}$$

o, también,

$$y_0(1-t)(1+i) + y_1(1-t) \pm t_i(y_0 - C_0) = C_0(1+i) + C_1 \qquad (10.6)$$

donde el término $[\pm t_i(y_0 - C_0)]$ expresa el impuesto adicional que grava el interés generado por el ahorro, en sentido positivo o negativo.

A la vista de esta última expresión (10.6), y dado que todos los impuestos considerados tendrían la misma recaudación y generarían el mismo efecto renta, se trataría de averiguar cómo afectaría una situación impositiva como la representada por dicha expresión al coeficiente angular o pendiente de la recta de balance, indicativa de la relación entre consumo presente y futuro.

A tales efectos, supongamos, en principio, que el sujeto ahorra en el período 0 y que el rendimiento del ahorro se halla sometido a imposición. En tal caso, se tendría, sucesivamente:

$$y_0(1-t)(1+i) + y_1(1-t) - ti(y_0 - C_0) = C_0(1+i) + C_1 \qquad (10.7)$$

$$y_0(1-t)(1+i) + y_1(1-t) - ti\,y_0 + ti\,C_0 = C_0(1+i) + C_1$$

$$y_0(1-t)(1+i) + y_1(1-t) - ti\,y_0 = C_0(1+i) - ti\,C_0 + C_1$$

$$y_0(1-t)(1+i) + y_1(1-t) - ti\,y_0 = C_0[(1 + i(1-t)] + C_1 \qquad (10.8)$$

Expresión esta de la que se desprende que, a consecuencia de la inclusión de los intereses del ahorro en la base del impuesto sobre la renta, la recta de balance se desplazaría desde su posición inicial (antes de impuesto) de forma no paralela, cambiándose con ello la pendiente de dicha recta.

Tal y como puede comprobarse en la Figura 10.2, AB es la línea expresiva de las posibilidades de consumo presente y futuro antes de la implantación del impuesto, mientras que $A'B'$ representa las posibilidades tras la exacción del impuesto proporcional sobre la renta de tipo normal o convencional. A consecuencia de un gravamen de esta naturaleza, la renta del primer período desciende de y_0 a $y_0(1-t)$ y la del segundo de y_1 a $y_1(1-t)$, produciéndose así un desplazamiento proporcional desde la situación inicial a la situación después de impuesto. En la situación antes de impuesto, si el sujeto situara su consumo en un punto a la izquierda de y_0 generaría ahorro y obtendría de este unos intereses, en tanto que si se situara a la derecha de y_0 consumiría por encima de lo que le autorizaría su renta y tendría que solicitar un crédito que le obligaría a pagar unos intereses. Análogamente, en presencia de un impuesto proporcional convencional, si el sujeto consumiera en el período 0 una cantidad inferior a $y_0(1-t)$, por ejemplo C_0,

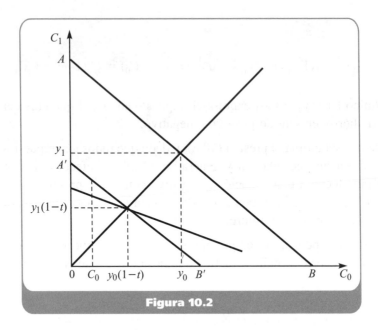

Figura 10.2

generaría un ahorro retribuido con unos intereses que le permitirían situar su consumo en el período siguiente en el punto correspondiente del eje de ordenadas.

Sin embargo, si además de la renta el impuesto proporcional incluyese en su base los intereses del ahorro, la línea expresiva de las posibilidades de consumo presente y futuro del sujeto se situaría por debajo de la línea del impuesto convencional ($A'B'$), de tal forma que el sujeto no podría alcanzar el punto en el eje de ordenadas ya comentado, correspondiente a este gravamen. Con la inclusión de los intereses en la base del impuesto proporcional, el ahorro obtenido por el sujeto al situarse a la izquierda de $y_0(1-t)$ no podría consumirse íntegramente en el período siguiente, pues los intereses estarían gravados. Esta opción impositiva no le permitiría, pues, llegar hasta donde podría hacerlo con la modalidad de gravamen que no incluyese los intereses, por lo que su línea expresiva del consumo presente y futuro iría por debajo, o sería más atenuada, que la de esa figura convencional.

Contrariamente, si el sujeto consumiera más de lo que permitiera $y_0(1-t)$ y se le autorizase desgravar los intereses de los créditos que hubiese solicitado con tal propósito, el impuesto que habría de satisfacer sería menor que bajo un impuesto proporcional sobre la renta en su modalidad convencional y, en consecuencia, su consumo futuro superaría al que le permitiría ese gravamen estrictamente convencional. La pendiente de la línea expresiva de semejante situación impositiva, en otras palabras, sería más inclinada que la correspondiente al impuesto convencional.

Ahora bien, desde el punto de vista del ahorro, ¿tendría alguna utilidad que la Hacienda decidiera excluir los intereses de la base del impuesto sobre la renta?

10 Efectos de la imposición sobre el ahorro

El estímulo o no del ahorro dependería de la posición en que se encontrase el sujeto a ese respecto. Si se tratase de un desahorrador, tal medida no le afectaría y, por ende, tampoco le induciría a incrementar su ahorro. Medidas de esta naturaleza, en definitiva, solo tendrían efectividad en países con mayoría de ahorradores frente a desahorradores.

10.1.4. Imposición sobre el consumo

En el análisis de los efectos de los impuestos sobre el consumo ($T = t^*C$) en las decisiones individuales de consumo y ahorro, ha de considerarse, como punto de partida, el caso extremo en que el sujeto decidiera consumir toda su renta en cada ejercicio. Si el efecto renta de todos los impuestos, y en particular de los impuestos proporcionales sobre la renta ($T = ty$) y sobre el consumo ($T = t^*C$), ha de ser el mismo, ha de verificarse necesariamente:

$$ty_0 + \frac{ty_1}{(1+i)} = t^*C_0 + \frac{t^*C_1}{(1+i)} \tag{10.9}$$

$$ty_0(1+i) + ty_1 = t^*C_0(1+i) + t^*C_1$$

$$t[y_0(1+i) + y_1] = t^*[C_0(1+i) + C_1]$$

$$t^* = \frac{t[y_0(1+i) + y_1]}{C_0(1+i) + C_1} \tag{10.10}$$

Esto es, solo en el caso de que la gente decidiera consumir durante cada ejercicio toda su renta, el tipo del impuesto proporcional y el del impuesto sobre el consumo coincidirían; de otro modo, ambos tipos serían diferentes.

¿Cómo determinar, no obstante, la relación entre consumo presente y consumo futuro en el supuesto de que $t \neq t^*$? Item más, ¿en qué medida se modificaría la respuesta a la cuestión anterior si, en vez del impuesto de aplicación multiperiódica, el Gobierno decidiese exigirlo en un solo período?

Para responder a la primera interrogante, ha de partirse de la ecuación:

$$y_0 + \frac{y_1}{(1+i)} = C_0 + t^*C_0 + \frac{C_1}{(1+i)} + \frac{t^*C_1}{(1+i)} \tag{10.11}$$

que indica que el valor actual de la renta del sujeto debe cubrir la suma de su consumo en los dos ejercicios y los impuestos que los gravan.

Dicha ecuación puede expresarse, asimismo, como:

$$y_0(1+i) + y_1 = C_0[(1+t^*)(1+i)] + C_1(1+t^*)$$

de donde se deriva que

$$\frac{y_0(1+i) + y_1}{(1+t^*)} = C_0(1+i) + C_1$$

$$C_1 = \left[\frac{y_0(1+i) + y_1}{(1+t^*)}\right] - C_0(1+i) \qquad (10.12)$$

Así pues, en este caso, al igual que en los anteriores, el impuesto no generaría efecto sustitución, sería, en principio, neutral y, por ende, la relación entre consumo presente y futuro no se alteraría, dado que el coeficiente angular, $1+i$, seguiría siendo el mismo. Se produciría igualmente un desplazamiento en paralelo de la recta de balance, al variar la ordenada en origen, pero no la pendiente.

Esta no sería, sin embargo, la conclusión del análisis, si el Estado se propusiese exigir el impuesto sobre el consumo en un solo período, sin hacerlo extensivo al resto de los ejercicios. Dos supuestos podrían distinguirse en este caso:

a) *Imposición exclusiva sobre el consumo presente* ($T = t^*C_0$). Un impuesto aplicado exclusivamente sobre el consumo presente (C_0), con igual recaudación que otro multiperiódico, sería, obviamente, desincentivador de dicho consumo presente e incentivador del ahorro, ya que, suponiendo que el sujeto dedicara toda su renta a consumir en el ejercicio siguiente (C_1), su consumo entonces podría ser de igual cuantía que en la situación anterior a la introducción del impuesto, habida cuenta de que este consumo futuro (C_1) no resultaría alterado por el nuevo gravamen. Tal y como expresa la Figura 10.3, a consecuencia del gravamen se habría producido un efecto sustitución que vendría reflejado por una variación al alza de la pendiente de la recta de balance.

b) *Imposición exclusiva sobre el consumo futuro* ($T = t^*C_1$). Contrariamente al supuesto anterior, y tal y como revela la reducción de la pendiente de la recta de balance en la Figura 10.4, si se decidiese no gravar el consumo presente (C_0), sino solo el consumo futuro (C_1), se incentivaría aquel consumo en detrimento de este. En esta situación impositiva, la gente que por efecto del gravamen dedicara toda su renta a consumir en el presente, podría hacerlo en la misma cuantía que antes del impuesto, mientras que si consumiera en el ejercicio siguiente, tal igualdad no se daría, pues el consumo en este período posterior estaría sometido a imposición.

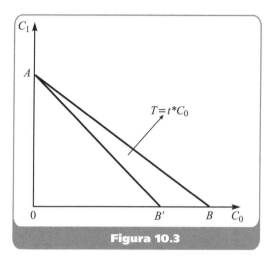

Figura 10.3

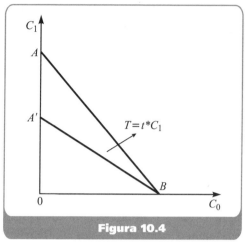

Figura 10.4

10.2. Perspectiva macroeconómica del ahorro e influencia mutua entre imposición y ahorro

Un tema central en el debate económico de los años 90 del siglo XX en España ha sido el referente al comportamiento del ahorro nacional y, en particular, el de los efectos de los cambios en la fiscalidad sobre este. De dicho debate parece haber surgido un amplio consenso profesional en torno a ciertas proposiciones sobre el ahorro y los determinantes de su comportamiento. Tal consenso se ha concentrado en cinco aspectos fundamentales:

1. La importancia del ahorro como magnitud estratégica para una economía nacional. El ahorro es una magnitud crucial para el crecimiento a largo plazo de una economía, en cuanto constituye un medio de financiación interno real del proceso de inversión necesario para el crecimiento sostenido de la productividad y del empleo[1].

2. El comportamiento del ahorro en general, y del ahorro familiar en concreto, es un fenómeno complejo en cuya explicación intervienen una pluralidad de factores, impositivos y de otra naturaleza. La rentabilidad real del ahorro es, no obstante, contemplada por la teoría económica como la variable más decisiva sobre la tasa de ahorro familiar, aunque la existencia de la dualidad contrapuesta entre los efectos renta y sustitución

---

[1] Desde la perspectiva de la convergencia económica real de España con los países centrales de la Unión Europea, parece, pues, evidente, que forzar el ritmo de crecimiento de la formación de capital fijo constituye una estrategia prioritaria para intensificar el aumento de la producción y de la renta por habitante y para incrementar la productividad, de forma que permita asumir las mejoras salariales demandadas por las fuerzas sociales, sin grave detrimento de la competitividad de la producción.

derivados de sus variaciones genera una cierta ambigüedad, al menos conceptual, respecto al resultado final sobre la tasa de ahorro de un cambio en el tipo de rentabilidad real.

3. Necesidad de un incremento equilibrado de todas las formas de ahorro. Todas las fuentes institucionales —Sector Público, empresas y familias— de ahorro son necesarias para incrementar el ahorro nacional. Sin embargo, es preciso vigilar estrechamente la forma de constitución y aumento del ahorro en aquellos sectores en los que, presumiblemente, pueda haber un proceso intenso de sustitución. Así, el aumento del ahorro público es deseable siempre que se obtenga por la vía de la contención del gasto público, es aceptable —aunque puede tener efectos indeseables sobre la inflación— cuando se genera mediante el crecimiento de la imposición indirecta, y es rechazable cuando se obtiene por el camino de aumentar la presión fiscal directa familiar. El aumento del ahorro público sobre la base del crecimiento de la presión fiscal directa y personal tiene un elevado efecto sustitución sobre el ahorro de las familias, de forma que su efecto neto sobre el ahorro nacional es nulo o muy reducido, es decir, genera una suerte de autofagia que implica la reducción del ahorro familiar sin producción de adición neta significativa al ahorro nacional global[2].

La obtención del ahorro público, no como fruto de aumentos impositivos, sino por la vía más recomendable y ortodoxa de reducir o contener el gasto público corriente e incrementar su productividad, comporta, en todo caso, una doble exigencia:

a) La mejora de la eficiencia en el uso de los recursos públicos, de forma que la contención del gasto nominal no repercuta drásticamente en la cantidad y calidad de los servicios públicos.

b) El aumento relativo del gasto productivo, fundamentalmente en la creación de las infraestructuras necesarias para el futuro de la sociedad.

Al mismo tiempo, en lo que se refiere a la elección entre ahorro familiar y empresarial como componentes del ahorro privado que debe ser estimulado, el punto de vista convencional es que, más allá del nivel necesario para que las empresas adopten una adecuada estructura financiera, los proyectos de inversión empresarial deben pasar el test de la competencia apelando al ahorro familiar a través de los mercados de capitales.

---

[2] Los estudios empíricos en general, y los datos disponibles sobre la economía española en particular, parecen sugerir una estrecha relación entre la caída de la tasa de ahorro familiar y el crecimiento de la presión fiscal directa sobre las familias. Sobre la base de sus estimaciones para el período 1973-1989 en España, José L. Raymond (1990) sostiene que la respuesta del ahorro familiar a las variaciones de los impuestos directos familiares es superior a la que cabía esperar de cualquier otra reducción de la renta disponible. Estimó, en concreto, que si una reducción de una peseta en la renta disponible, de origen no impositivo, inducía una disminución del consumo de 0,84 y del ahorro de 0,15, cuando la reducción provenía de un aumento de la imposición familiar directa, la reducción del consumo era aproximadamente 0,23 y la del ahorro 0,77.

4. Necesidad de una política de fomento y protección del ahorro nacional desde el punto de vista fiscal. Una política de estímulo al ahorro familiar ha de concretarse, necesariamente, en una fiscalidad que se base en criterios de *neutralidad* y *eficiencia*, estableciendo un tratamiento fiscal favorable del ahorro por el camino de la generalidad (reduciendo la intensidad de la progresividad, simplificando la imposición sobre la renta y procurando la adecuada corrección de las tarifas para evitar la interacción entre progresividad e inflación), y no por la vía de la excepción, que conduce a una mala asignación de los recursos y, en particular, a la materialización del ahorro en activos financieros y reales de discutible racionalidad.

5. Necesidad de cierta coordinación internacional de las políticas fiscales concernientes al ahorro, con el fin de evitar su deslocalización espacial por la vía de la emigración del capital hacia los países con una fiscalidad relativamente más moderada. Los avances en la construcción de la unión económica y monetaria europea aportan una nueva perspectiva respecto a la localización geográfica del ahorro entre los países miembros, a los efectos que sobre ella pueden tener las normas fiscales diversificadas que afectan al ahorro, y a sus rendimientos[3].

Glosario de términos y conceptos

Ahorro empresarial
Ahorro familiar
Ahorro público
Ciclo vital
Consumo futuro (ahorro)
Consumo presente
Imposición exclusiva del consumo futuro

Imposición exclusiva del consumo presente
Impuesto proporcional sobre la renta con inclusión de los intereses del ahorro y con deducibilidad de los intereses del desahorro
Pendiente o coeficiente angular
Recta de balance
Restricciones intertemporales

Resumen

- En términos globales, con el establecimiento de un impuesto, el sujeto tendrá menos disponibilidades para destinar tanto al consumo presente como al futuro. Sin embargo, el gravamen surtirá dos efectos distintos: un *efecto sustitución*, que dependerá de cuál sea la figura impositiva introducida o modificada y que, en general, implicará una tendencia en el sujeto a evitar la opción de consumo más gravada, sustituyéndola por la menos gravada, y un *efecto renta*, consecuente con el descenso inducido de la ren-

---

[3] En España, la exención de los intereses y plusvalías de los activos financieros de los no residentes en el IRPF se propone —si bien seguramente de forma insuficiente, al mantenerse un riguroso control administrativo de estas operaciones— alinearse con la «competencia fiscal» de los países comunitarios por retener el ahorro exterior.

tabilidad del ahorro, que podrá manifestarse o bien en una tendencia a un menor consumo presente para mantener unas determinadas metas de consumo futuro, o bien en una tendencia a un mayor consumo presente para evitar la imposición sobre el ahorro. El efecto definitivo de la imposición sobre el ahorro dependerá, por tanto, de cuál de esos efectos parciales sea el dominante o más intenso.

- El impuesto de capitación tendrá efecto renta, pero no efecto sustitución, de forma que no estimulará el consumo ni el ahorro, dejando así las elecciones de los sujetos al albedrío de sus preferencias. Análogamente, el impuesto proporcional sobre la renta tampoco tendrá efecto sustitución, al no alterar el equilibrio entre consumo actual y consumo futuro. Sin embargo, un impuesto proporcional sobre la renta que incluya los intereses del ahorro en la base imponible y permita la deducción de los intereses del desahorro, estimulará o no el ahorro dependiendo de la posición en que se encuentre el sujeto al respecto. Si se trata de un desahorrador, tal medida no le afectará y, por ende, tampoco le inducirá a incrementar su ahorro. En cuanto a la imposición sobre el consumo, en principio no generará efecto sustitución, por lo que será neutral y, por ende, no alterará la relación entre consumo presente y futuro.

- En lo referente al comportamiento del ahorro nacional y, en particular, a los efectos de los cambios en su fiscalidad, parece existir un amplio consenso profesional en torno a cinco aspectos fundamentales: la importancia del ahorro como magnitud estratégica para una economía nacional; la complejidad del comportamiento del ahorro en general y del ahorro familiar en particular, en cuya explicación intervienen una pluralidad de factores, impositivos y de otra naturaleza; la necesidad de un incremento equilibrado de todas las formas de ahorro; la necesidad de una política fiscal de estímulo al ahorro familiar basada en criterios de neutralidad y eficiencia, y la necesidad de cierta coordinación internacional de las políticas fiscales concernientes al ahorro.

Capítulo 11

Efectos de la imposición sobre la asunción de riesgos y la inversión real

11.1. Efectos de un impuesto proporcional sobre la renta sobre la elección entre rentabilidad y riesgo
  11.1.1. Impuesto proporcional sin compensación de pérdidas
  11.1.2. Impuesto proporcional con compensación total de pérdidas
  11.1.3. Impuesto proporcional con compensación parcial de pérdidas
  11.1.4. Esquema general con dos bienes

11.2. Efectos de la imposición sobre la inversión real
  11.2.1. Impuesto sobre el beneficio económico en sentido estricto
  11.2.2. Imposición empresarial con financiación interna y externa
  11.2.3. Imposición empresarial con amortización acelerada
  11.2.4. Deducción en la cuota de un porcentaje del capital invertido

11.3. Efectos de la progresividad y del tratamiento diferencial de ciertas rentas sobre la inversión

11.4. Efectos de otros impuestos diferentes sobre la inversión

▶ **Resumen**

Análogamente al estudio de los efectos económicos de los gastos públicos sobre la inversión, el de los efectos derivados de la imposición es susceptible de una separación analítica. De una parte, los ingresos públicos pueden cambiar los deseos de invertir —tanto en términos reales como financieros— por parte de los sujetos privados de la economía; de otra, los cambios inducidos por la imposición en la inversión pueden generar ciertos desajustes sobre la estabilidad económica del sistema, en la medida en la cual las alteraciones en la inversión se correspondan o no con los cambios planteados en el ahorro.

En este capítulo consideraremos únicamente los cambios del primer tipo. Los efectos de la imposición sobre la conducta del inversionista se analizarán, en lo que sigue, distinguiendo entre inversiones financieras, cuya elección se refiere a la adquisición de un determinado conjunto de valores mobiliarios (es decir, la constitución de una cartera de valores) o al mantenimiento de dinero o liquidez ociosa, e inversión real, es decir, la adquisición por las empresas de activos destinados a la producción de bienes y servicios. Aunque los dos tipos de inversión presentan, en su problemática impositiva, considerable similitud, hay aspectos en que difieren.

En el estudio de los efectos impositivos sobre ambas modalidades de inversiones, comenzaremos, como antes hicimos en el de los efectos sobre la oferta de trabajo y el ahorro, con el impuesto proporcional sobre la renta, y posteriormente analizaremos comparativamente otras formas de imposición.

11.1. Efectos de un impuesto proporcional sobre la renta sobre la elección entre rentabilidad y riesgo

En lo fundamental, el problema a tratar en este epígrafe es la posible reacción del ahorrador en su comportamiento inversor, ante el cambio que la imposición puede originar en la rentabilidad del ahorro. Se trata de ver, en otras palabras, en qué medida determinadas conductas fiscales pueden alterar las decisiones de los ahorradores respecto a la elección de la composición de sus carteras de activos financieros. Del mismo modo que la teoría de la traslación del impuesto no es otra cosa que la aplicación de los principios de la teoría de la formación de los precios a una alteración particular de los datos originarios, provocada por la aplicación de un impuesto, la solución del presente problema consiste en aplicar una teoría del comportamiento de la inversión a un cambio similar.

Ciertamente, parece existir un amplio acuerdo profesional acerca de que, con independencia de que afecte o no al volumen total o a la tasa de ahorro, la imposición puede generar cambios en la composición de la cartera de valores en que el ahorro se materializa. Es decir, las formas de activos financieros hacia las que el ahorrador orienta sus ahorros pueden verse alteradas por un tratamiento fiscal asimétrico, entendido este en el

Efectos de la imposición sobre la asunción de riesgos y la inversión real

sentido de que en unas se permita la deducción de pérdidas y en otras no. Se estima que el ahorro puede desviarse desde los activos gravados para los que no se permita la deducción hacia aquellos otros en los que esté permitida.

Aunque esta línea de actuación no goza del beneplácito de la mayoría de los estudiosos de la Hacienda Pública, la concesión de estímulos fiscales a determinadas colocaciones del ahorro es una práctica corriente en la praxis fiscal, que puede responder a razones diversas. La mayor parte de las veces, la discriminación en el trato fiscal que el Estado confiere a determinadas orientaciones del ahorro obedece a motivaciones de política económica y su diversificación depende a menudo de la mayor o menor facilidad administrativa. En ocasiones, no obstante, las rebajas de la carga tributaria de ciertas colocaciones del ahorro tienen como raíz el tratar de facilitar la suscripción de títulos públicos que permitan la financiación del Sector Público.

En el análisis de esta problemática fiscal, el primer escollo con que nos tropezamos es la ausencia de una teoría integral del comportamiento del inversionista que pueda servirnos como punto de apoyo para analizar los efectos de la imposición. De ahí que el análisis deba iniciarse con la exposición de aquellos aspectos de la conducta racional del inversionista, más directamente relacionados con nuestro problema.

El primer paso en ese sentido será considerar una distribución de probabilidad respecto al tipo de rendimiento y grado de riesgo de cada tipo particular de inversión, distribución probabilística que el inversionista diseñará a la vista de sus expectativas sobre las oportunidades de inversión disponibles en un momento determinado. Al construir tal distribución probabilística, el inversionista considerará todas las circunstancias que estime importantes tales como el período de duración, la posible evolución de la inversión financiera durante ese período, las condiciones que acompañarían a una eventual enajenación del activo, etc. De esta forma, no solo se computarían las expectativas en relación con la inversión específica y la situación general del mercado, sino que también se tienen presentes las circunstancias personales.

Si denominamos $q_1, q_2, q_3, q_k, ..., q_n$ a los posibles valores que puede tomar el tipo de rendimiento de una inversión y $p_1, p_2, p_3, p_k, ..., p_n$ a sus respectivas probabilidades, según la distribución formulada por el inversionista, la esperanza matemática de la distribución, que expresa el tipo medio esperado de rendimiento, que denominaremos y, puede expresarse por:

$$y = \sum_{i=1}^{n} q_i p_i \qquad (11.1)$$

siendo además $\sum_{i=1}^{n} p_i = 1$, como requiere el cálculo de probabilidades.

Ahora bien, los valores de q_i podrán ser positivos o negativos, según correspondan a ganancias o pérdidas. Si suponemos que la serie de valores antes expuesta está ordenada de menor a mayor, de forma tal que desde q_1 a q_k son todos los posibles valores negativos (es decir, pérdidas) y desde q_{k+1} a q_n los positivos (ganancias), la igualdad (11.1) podrá expresarse asimismo como:

$$y = \sum_{i=1}^{n} q_i p_i = \sum_{i=1}^{k} q_i p_i + \sum_{i=k+1}^{n} q_i p_i$$

$$y = -r + g = g - r \tag{11.2}$$

donde y es la rentabilidad neta, g expresa la esperanza matemática de los tipos de ingresos esperados (tipo medio de rendimiento bruto esperado, es decir, sin deducir las pérdidas) y r la esperanza matemática de los tipos de pérdidas esperadas. Este último valor constituye un coeficiente expresivo del *riesgo* en que el inversionista incurriría si realizara la inversión.

El analista dispone, pues, de dos instrumentos de análisis, *riesgo* y *rendimiento neto*, considerado éste como una compensación por el riesgo asumido al realizar una inversión.

Aunque hasta ahora nos hemos venido refiriendo a una sola inversión, en realidad el inversionista considerará todas las combinaciones posibles que puede hacer de los diferentes activos, que, en general, incluirán tanto inversiones como efectivo. Para cada combinación, el inversionista valorará los tipos de rendimiento y riesgo, llegando a determinar aquellas combinaciones que, para un mismo grado de riesgo, presenten un tipo más elevado de rendimiento. Se obtendría así la denominada *curva* (o *línea*) *del activo óptimo*, cuya representación sería semejante a la 0A de la Figura 11.1, y cuyo crecimiento expresa que el rendimiento va creciendo a medida que aumenta el riesgo, reflejando el comportamiento normal (para el que existe cierta evidencia empírica) de que las inversiones arriesgadas suelen ser las más rentables. En el origen, todo se mantiene en

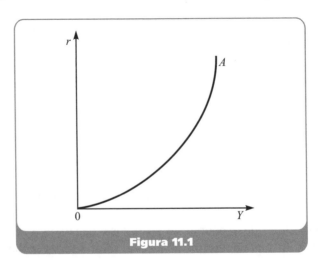

Figura 11.1

efectivo, por lo que tanto el rendimiento como el riesgo son nulos. En el punto A no se posee ninguna cantidad en efectivo, siendo la abscisa de tal punto el rendimiento mayor que puede obtenerse de cualquier combinación de inversiones en la que no entra el efectivo, para el coeficiente de riesgo indicado por la ordenada, conforme al significado general de la curva antes expuesto.

El crecimiento es, además, probablemente cada vez mayor, lo que indica que, a partir de cierto punto al menos, un incremento de riesgo no conduce a un aumento proporcional del tipo de rendimiento, sino menor.

Por otra parte, al margen de estas consideraciones objetivas, el inversionista tendrá unas determinadas preferencias respecto a las posibles combinaciones de *rendimiento* y *riesgo*, que podemos suponer reseñadas a través de su mapa de curvas de indiferencia entre rendimiento y riesgo, tal como se refleja en la Figura 11.2. El trazado de estas curvas indica que una situación será preferida a otra, cuando para un mismo nivel de riesgo proporcione más rendimiento. Las curvas son crecientes y, además, la concavidad se dirige hacia la región negativa del eje de ordenadas, lo que quiere decir que, para que la satisfacción del sujeto no se altere, cada vez serán necesarios mayores incrementos en el tipo de rendimiento para inducirle a aceptar iguales aumentos en el grado de riesgo.

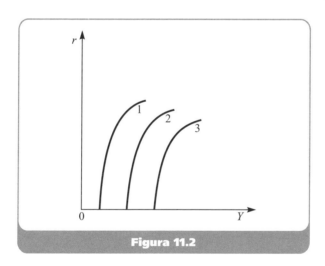

Figura 11.2

El punto de tangencia entre la curva de *activo óptimo* y la de indiferencia de índice superior será la situación de equilibrio, ya que cualquier otro punto de la curva del *activo óptimo* está situado sobre curvas de indiferencia expresivas de menor grado de satisfacción. Tal equilibrio se corresponde con el punto E, representado en la Figura 11.3.

Analicemos ahora los efectos de un impuesto proporcional ($T = ty$) sobre la renta de la inversión considerando tres casos diferentes:

– Que la Hacienda no permita al inversionista compensar las pérdidas, gravando, en todo caso, las ganancias.

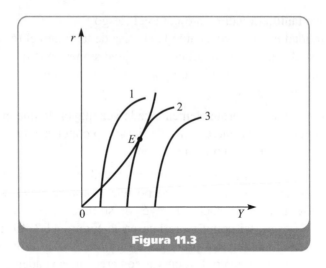

Figura 11.3

- Que la Hacienda permita la compensación total de pérdidas.
- Que esta solo autorice la compensación de una proporción variable de pérdidas, al determinar la base impositiva.

Con posterioridad consideraremos un esquema analítico más general, articulado en torno a dos activos, X e Y, con distintos grados de rentabilidad y riesgo.

11.1.1. Impuesto proporcional sin compensación de pérdidas

Un impuesto de estas características afectará al tipo de rendimiento esperado ($y = g - r$), por el lado exclusivo de las ganancias, es decir, por la única vía de su efecto sobre las ganancias (g). Si se supone un impuesto proporcional de tipo t (de forma que: $T = tg$), el tipo de rendimiento esperado después de impuesto, que llamaremos y_n, será:

$$y_n = (g - r) - t \cdot g = g(1 - t) - r \tag{11.3}$$

La proporción en que disminuye el rendimiento esperado por efecto del impuesto, será:

$$\frac{y - y_n}{y} = \frac{(g - r) - (g - r - t \cdot g)}{y} = \frac{t \cdot g}{y} \tag{11.4}$$

Y puesto que $y = g - r$ y, por lo mismo, que $y < g$, se deriva que

$$\frac{t \cdot g}{y} > t \quad \text{o, lo que es igual,} \quad \frac{y - y_n}{y} > t$$

Es decir, el tipo de rendimiento se reduce en una proporción mayor que la expresada por el tipo del impuesto. En consecuencia, el inversionista se encuentra sometido a dos efectos:

- Tiende a reducir el riesgo de las inversiones que planea, ya que la compensación que obtiene a cambio —el rendimiento— se ve mermada a causa del impuesto.
- Por otra parte, la disminución del rendimiento le impulsará hacia inversiones más arriesgadas y, por tanto, más rentables, para así compensar esa disminución causada por el impuesto.

El resultado final es incierto, ya que dependerá de cuál de los dos efectos contrarios anteriores tenga mayor intensidad.

11.1.2. Impuesto proporcional con compensación total de pérdidas

Si se permite la compensación total de las pérdidas, el rendimiento neto se reduce en la misma proporción que la expresada por el tipo impositivo. El tipo de rendimiento después de impuesto será, por tanto, ahora:

$$y_n = y(1-t) = (g-r)(1-t) = g(1-t) - r(1-t) \quad (11.5)$$

Esta expresión (11.5) pone de manifiesto que el impuesto reduce las ganancias previstas o rendimiento bruto, pero simultáneamente reduce también el riesgo, al convertirse la Hacienda, a través del impuesto, en partícipe de los resultados favorables o adversos del inversionista. Las proporciones en que en esta situación impositiva disminuyen la rentabilidad y el riesgo serán:

$$\frac{y - y_n}{y} = \frac{(g-r) - (g-r)(1-t)}{(g-r)} = t \quad (11.6)$$

Esto es, la rentabilidad, lo mismo que el riesgo, disminuyen en una cuantía igual al valor del tipo impositivo. Si el inversionista incurre en un riesgo r al realizar una inversión, de ese riesgo total solo asume $r(1-t)$, por lo que seguirá eligiendo la misma composición de activos que antes de impuesto.

Por consiguiente, de los dos efectos señalados en el caso anterior, el primero no existe ahora, ya que el riesgo y el rendimiento se reducen en la misma proporción; sin embargo, el segundo persiste, de lo que se deduce que en este caso existirá una tendencia o un estímulo a la realización de inversiones más arriesgadas para obtener un mayor rendimiento, favoreciéndose con ello el crecimiento económico.

En referencia de nuevo a la Figura 11.3, el inversionista, en una situación impositiva con compensación total de pérdidas, se desenvolvería en la *curva del activo óptimo*, dirigiéndose hacia inversiones más arriesgadas y con más rentabilidad, por cuanto tras el pago impositivo retornaría a la situación antes de impuesto y, en consecuencia, las curvas de indiferencia no se habrían alterado.

11.1.3. Impuesto proporcional con compensación parcial de pérdidas

Bajo condiciones de deducción parcial de pérdidas, el rendimiento se reduce en una proporción mayor que el riesgo, ya que las ganancias se gravan íntegramente pero las pérdidas se deducen o compensan en parte. Ambas fuerzas señaladas operarán como en el primer caso y, como allí, el resultado es incierto. Hay, sin embargo, poca duda de que cuanto más alta sea la tasa de pérdida compensada, mayor será el grado de riesgo aceptado después del impuesto.

Estas conclusiones se han obtenido bajo un conjunto de limitaciones que conviene tener siempre presentes a la hora de juzgar su validez. Son las siguientes:

a) El análisis se ha apoyado sobre el enfoque de la probabilidad de la *teoría del riesgo*.

b) Se ha supuesto que el comportamiento del inversionista está relacionado únicamente con cambios en y y r, debido a que posiblemente estas son las variables más importantes. Sin duda, existen otras características de la distribución de probabilidad en las que el inversionista pueda estar interesado. Si el inversionista tuviera presente a la hora de su decisión estas variables adicionales, los resultados podrían diferir de los señalados anteriormente.

c) Se ha examinado la reacción probable de cualquier inversionista ante la aplicación de un impuesto, pero se ha omitido toda consideración sobre el «mercado de inversiones» en su conjunto. Podría suceder que todos los inversionistas se comportaran uniformemente, desplazándose todos ellos hacia inversiones más o menos arriesgadas, con lo que podría aumentar o disminuir el tipo de rendimiento previsible. Es más, el análisis precedente supone que el inversionista individual no tiene en cuenta los efectos de su actuación sobre el mercado de inversión, afirmación claramente irreal con respecto a grupos importantes de decisiones de inversión.

11.1.4. Esquema general con dos bienes

Consideremos ahora un esquema articulado en torno a dos activos financieros, X y Z, entre los cuales el primero es menos arriesgado y rentable que el segundo. ¿Cuál sería, en estas circunstancias, la combinación de la cartera del inversionista más rentable?

La construcción de tal esquema analítico puede ejemplificarse por medio de un gráfico de cuatro cuadrantes como el representado en la Figura 11.4. Tal y como puede observarse en el Cuadrante 1 de dicha figura, lo normal es que a medida que el inversionista confiera un mayor peso al activo menos rentable (X) dentro de su cartera ($X + Z$), la rentabilidad de esta, medida en el eje de ordenadas, devenga más pequeña. Esta alcanzará, de hecho, su mayor cota de rentabilidad en un punto tal como el 0, en el que el inversionista no poseerá absolutamente nada del activo X. La rentabilidad, en fin, trazará una línea decreciente, de forma tal que decrecerá conforme aumente el peso de X en la cartera del inversionista.

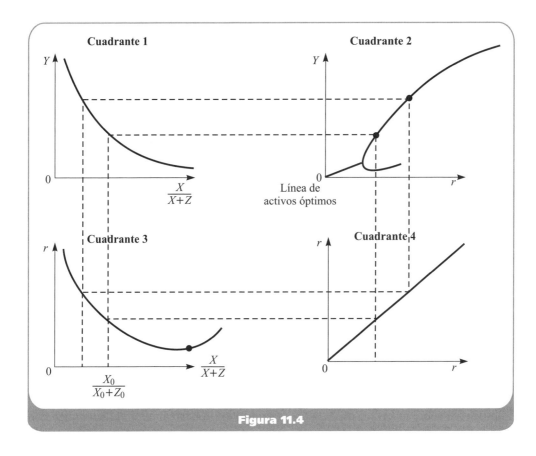

Figura 11.4

Por otra parte, el Cuadrante 2 informa sobre la medida del riesgo en que incurre el inversionista al aumentar el peso de X en su cartera. En él es posible comprobar que, cuanto mayor sea la cantidad de X a disposición del inversionista, menor será el riesgo en que este incurrirá. Los expertos en *Teoría de Carteras* sostienen, sin embargo, que con independencia del riesgo inherente a cualquier activo, la menor diversificación de la cartera del inversionista siempre entraña un cierto riesgo, cuya importancia resulta inversamente proporcional a esa diversificación. Proposición que explica que la línea representada en ese segundo cuadrante muestre que, si bien, en general, a medida que aumenten las disponibilidades del activo menos rentable, el riesgo descenderá, existirá un momento (representado por el punto de inflexión de dicha línea) a partir del cual la escasa diversificación de la cartera inducirá un aumento del riesgo.

El riesgo y la rentabilidad que una composición determinada de la cartera de un inversionista conjugaría, podría representarse gráficamente como se expone en el Cuadrante 3 de la Figura 11.4. En dicho cuadrante, el tramo creciente de la línea de riesgo se manifiesta a partir del punto en que esta cambia de dirección y expresa composiciones de cartera que, por su escasa diversificación, implican más riesgos, a pesar de su menor rentabilidad.

Ahora bien, ¿es esta la forma definitiva que adoptan las líneas de activos óptimos? ¿Habría algún sistema que permitiera al sujeto, antes de alcanzar ese punto de inflexión en el que comienza a aumentar el riesgo y a descender la rentabilidad, disminuir en dicha línea, de manera que pudiera obtener menor rentabilidad pero también menor riesgo?

Tal solución existiría y consistiría en combinar activos con dinero (esto es, introducir el dinero en el análisis), como activo adicional carente de rentabilidad y riesgo. El sujeto vendería la mitad de sus activos y conservaría el producto líquido de la venta, para reducir de esta guisa —también a la mitad— tanto la rentabilidad como el riesgo. Al carecer el dinero de riesgo y rentabilidad, la línea de activos óptimos, tal y como muestra el Cuadrante 4, debería pasar por el origen de coordenadas, formando con ambos ejes un ángulo de 45º.

11.2. Efectos de la imposición sobre la inversión real

Una vez analizados los efectos de la imposición sobre la oferta de trabajo, sobre el ahorro y sobre la composición de la cartera, debemos considerar los efectos impositivos sobre la inversión real, esto es, el empleo de nuevo capital en la producción. Los efectos impositivos sobre la inversión de esta naturaleza están básicamente relacionados con los tipos impositivos y con los *efectos-renta* y *sustitución* que puedan llevar, en conjunto, a un incremento o disminución, según el efecto dominante, de la inversión real. Sin embargo, este planteamiento, que es muy similar al anteriormente expuesto para la inversión financiera, debe completarse con la consideración del tratamiento fiscal permitido a la depreciación de los activos reales. Este punto, que es singular de la inversión real, es de la mayor importancia y puede, de hecho, dar lugar a que estructuras impositivas con tipos nominales de gravamen sobre la renta iguales, conduzcan, en virtud de las normas aceptadas de depreciación, a tipos efectivos diferentes.

Pese a la prioritaria importancia de la inversión real desde el punto de vista empresarial, su interpretación no se atiene a un esquema sencillo. En realidad, el comportamiento de esta modalidad de inversión se ha pretendido explicar mediante dos enfoques teóricos distintos: el del acelerador, basado en el principio de aceleración de P. A. Samuelson, y la teoría neoclásica de la inversión.

La idea fundamental que subyace al modelo teórico del acelerador se sustancia en la proposición de que la relación entre el capital de una sociedad y su nivel de producción tiende a ser constante o estable ($K/Q = k$) y, por extensión, que la inversión o las variaciones de ese capital ($\Delta K = I$) dependen de los cambios en la producción ($dK = kdQ$). La imposición queda así excluida de estos modelos como elemento relevante de la inversión.

La teoría neoclásica de la inversión es, en contraste, más coherente con los principios de la teoría económica convencional. En ella, el capital utilizado por una sociedad en un proceso productivo es función de su coste financiero y de la depreciación resultante del desgaste físico y de la obsolescencia técnica que se produce por su integración en dicho proceso.

En virtud de la teoría neoclásica, la posición de equilibrio en un proceso de inversión o incremento del *stock* de capital en una situación sin impuesto se alcanzaría tal y como se representa gráficamente en la Figura 11.5. Como puede comprobarse en este gráfico, cada unidad adicional de capital aplicada en el proceso productivo generaría a

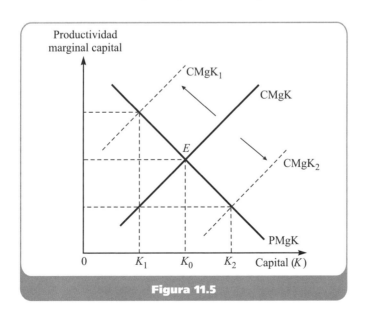

Figura 11.5

la empresa un incremento de la producción decreciente (cada vez menor) a medida que aumentase su *stock* de capital, mientras que, por el contrario, los costes de utilización del capital crecerían a la vez que lo hiciera dicho *stock*. En estas circunstancias, el equilibrio del *stock* de capital se obtendría en el punto de intersección (E) de la línea expresiva de la productividad marginal del capital (PMgK) y la del coste de utilización del capital (CMgK). La empresa no debería quedarse en K_1, porque aplicar una unidad de capital adicional le produciría mucho más de lo que le costaría, pero, a un mismo tiempo, no debería pasar a K_2, pues la productividad (del capital) o incremento de producción que le generaría esta última unidad de capital sería menor que lo que le costaría.

Esa posición de equilibrio del *stock* de capital puede representarse asimismo en términos analíticos, a partir de la notación:

X' = Productividad marginal del capital o incremento de producción originado por una unidad adicional del capital.

$X'P_x$ = Valor del incremento de producción obtenido mediante la inversión adicional de un euro.

K = Inversión real que puede realizarse.

i = Interés de mercado.

Ki = Coste financiero que implica una unidad adicional de capital.

d = Tasa de depreciación efectiva de los bienes de equipo.

Kd = Depreciación a tasa anual de d por 100.

La empresa se enfrenta cada año a unos costes inherentes al capital integrados por la depreciación y los costes financieros; es decir

$$Ki + Kd = K(i + d)$$

De esta forma, la empresa, en la búsqueda del equilibrio, incrementará su inversión hasta el punto en que valor del incremento de producción obtenido mediante la última unidad adicional de capital cubra los costes adicionales de utilización del capital. Esto es, hasta que se produzca la igualdad:

$$X'P_x = K(i + d) \tag{11.7}$$

En este punto, llamado de equilibrio, el valor de la productividad marginal del capital coincidiría con el coste de utilización de este factor, de modo que la última unidad de capital invertida por el empresario no le reportaría ni beneficios ni pérdidas. En la posición de equilibrio se cumpliría, pues, la condición:

$$B° = X'P_x - K(i + d) = 0 \tag{11.8}$$

11

Efectos de la imposición sobre la asunción de riesgos y la inversión real

Supongamos ahora que el Estado decide establecer un impuesto sobre las empresas, basado en el rendimiento obtenido por ellas. ¿Afectará o no este gravamen a las decisiones empresariales sobre la inversión?

En principio, cabe pensar que el impuesto propendería a deprimir la inversión, al elevar los costes marginales de utilización del capital. Sin embargo, este efecto no siempre tiene por qué darse; antes bien, dependerá de la estructura del gravamen, y en particular de cómo se defina su base imponible.

A efectos analíticos, deben resaltarse cuatro situaciones impositivas diferentes:

– Un impuesto sobre el beneficio empresarial en sentido económico estricto.

– Un impuesto sobre la renta de la empresa en un contexto de financiación empresarial del capital mediante fuentes interna y externa.

– Un impuesto sobre la renta de las empresas en un contexto de amortización acelerada del equipo capital de la empresa

– Un impuesto sobre la renta de sociedades en el que se permita la deducción en la cuota tributaria de un porcentaje del capital invertido en la empresa.

El análisis se centrará en averiguar en qué medida, si existe alguna, la imposición sobre las empresas altera los costes de utilización del capital, dando por sentado que en el caso de que el efecto resultante sea una elevación de costes, la inversión se verá negativamente afectada por el gravamen.

11.2.1. Impuesto sobre el beneficio económico en sentido estricto

Como vimos en el Capítulo 7, un impuesto sobre el beneficio económico definido en sentido estricto (beneficio puro), con un tipo de gravamen constante ($T = tB$), debería ser neutral respecto al proceso de inversión empresarial, por cuanto, si se permite la deducción de la base imponible tanto del coste financiero del capital adicional (Ki) como de la depreciación a una tasa anual de d (Kd), en equilibrio dicha base —el beneficio neto— continuaría siendo nula, del mismo modo que en la situación antes de impuesto. El gravamen, en tal caso, se expresaría como:

$$T = tB^o = t[X'P_x - K(i + d)] = 0 \qquad (11.9)$$

Es decir, en presencia del impuesto, al igual que en su ausencia, en equilibrio la última unidad de capital invertida no obtendría ni beneficio ni pérdidas, por lo que tampoco se generaría carga tributaria alguna y, en consecuencia, el impuesto ni incentivaría ni desincentivaría la inversión. Se trataría, en suma, de un impuesto neutral.

11.2.2. Imposición empresarial con financiación interna y externa

Es bastante frecuente, sin embargo, que la base de un impuesto sobre la renta o el beneficio de las sociedades no coincida con su definición económica, bien porque la tasa de amortización del capital no se corresponda con su depreciación efectiva, bien porque, como sucede normalmente, solo se permita la deducción del coste financiero del capital ajeno invertido en la empresa[1].

Para analizar los efectos de esta última limitación impositiva, sea α la proporción en que el capital, K, se financia externamente o con recursos ajenos a la empresa (por ejemplo, créditos o emisión de bonos o pagarés) y β la proporción correspondiente a su financiación interna (con recursos propios), de tal forma que: $\alpha + \beta = 1$ (o $\alpha + \beta = 100$, si se expresa en tanto por ciento).

Bajo esta nueva notación, la expresión (11.7), correspondiente al equilibrio sin impuesto, $X'P_x = K(i + d)$, se transformaría, obviamente, en:

$$X'P_x = K(\alpha i + \beta b + d) \qquad (11.10)$$

donde b sería la tasa interna de beneficio de la empresa en términos de rendimiento o, lo que es lo mismo, el tipo de rendimiento mínimo con que, supuestamente, se retribuiría el capital propio, β; i el interés que forzosamente habría de pagar la empresa a los propietarios del capital ajeno utilizado en la financiación de la inversión, y $\alpha i + \beta b$ los costes financieros totales de la empresa.

Si a continuación se introduce en el análisis un impuesto sobre el beneficio de la empresa, su base responderá ahora a la expresión:

$$T = t[X'P_x - K\alpha i - Kd] \qquad (11.11)$$

De la que se desprende que a la empresa no se le permite deducir de sus ingresos el coste imputable al capital propio ($Kb\beta$), sino solo los costes asociados a la financiación externa ($K\alpha i$) y a la depreciación (Kd).

En consecuencia, en un marco fiscal como el descrito, la condición de equilibrio vendría representada por:

$$X'P_x = K(\alpha i + \beta b + d) + t[X'P_x - K\alpha i - Kd] \qquad (11.12)$$

---

[1] Recuérdese, no obstante, que para que la base del impuesto coincidiera con la definición de beneficio económico, habrían de adoptarse medidas destinadas no solo a ajustar la deducción por amortizaciones a la depreciación efectiva de los activos fijos y a autorizar la deducibilidad fiscal del coste financiero correspondiente a la financiación con recursos propios, sino también a eliminar los incentivos a la inversión, corregir los efectos de la inflación y permitir la plena compensación de pérdidas.

Efectos de la imposición sobre la asunción de riesgos y la inversión real

Expresión que denota que la productividad marginal del capital ha de cubrir en este caso los costes totales generados por el incremento de la inversión, incluido el gravamen.

Si desarrollamos a continuación la expresión (11.12), de tal manera que

$$X'P_x = K\alpha i + K\beta b + Kd + tX'P_x - tK\alpha i - tKd$$

$$X'P_x(1-t) = K\alpha i(1-t) + Kd(1-t) + K\beta b$$

y dividimos esta última identidad por $(1-t)$, se obtiene

$$X'P_x = K\alpha i + Kd + \frac{K\beta b}{1-t} \qquad (11.13)$$

que a su vez puede reformularse en los términos:

$$X'P_x = K\alpha i + Kd + K\beta b\left(1 + \frac{t}{1-t}\right)$$

$$X'P_x = [K\alpha i + Kd + K\beta b] + \frac{K\beta bt}{1-t} \qquad (11.14)$$

La ecuación (11.14) pone de manifiesto que la introducción de un impuesto de estas características altera las condiciones iniciales del coste de utilización del capital antes de impuesto $[K\alpha i + Kd + K\beta b]$, aumentándolo en el valor del segundo término del lado derecho de dicha ecuación, esto es, en el valor de $\dfrac{K\beta bt}{1-t}$.

Por consiguiente, la no deducción de la base del impuesto sobre los ingresos de las empresas del interés imputable al capital propio genera un incremento (encarecimiento) del coste de utilización del capital que desincentivará la inversión empresarial, en una cuantía que será tanto mayor cuanto más elevados sean los valores de los parámetros K, t, β y b. La reducción de la inversión inducida por la no deducción del interés del capital propio se reflejaría, tal y como se representa en la Figura 11.5, en un desplazamiento ascendente de la línea de costes marginales del capital, de CMgK a CMgK$_1$.

11.2.3. Imposición empresarial con amortización acelerada

Una medida adoptada con frecuencia por las autoridades públicas es permitir la amortización de los activos, a efectos fiscales, a una tasa superior a la depreciación real.

La amortización acelerada de los activos puede ser una medida importante, por diversas razones:

a) La disminución del período de amortización origina un aplazamiento del pago del impuesto que reduce su base y carga efectiva y, por ende, el coste de utilización del capital.

b) La disminución del período de depreciación confiere al inversor un inmediato aumento de liquidez, al diferir el pago impositivo, como consecuencia de la autorización para deducir de la base del impuesto el coste de la inversión realizada en los primeros años siguientes a su adquisición. Este *crédito* impositivo puede ser de suma importancia en empresas fuertemente inversoras, cuando no existe un mercado perfecto de crédito.

c) Si el contribuyente espera fluctuaciones en los tipos impositivos, la disminución del período de amortización puede inducirle a realizar esta en épocas de elevados tipos impositivos.

d) En épocas de inflación, la amortización acelerada aumenta el valor real de la depreciación. Lo contrario ocurre si los precios bajan.

e) Los períodos más breves de amortización hacen más valiosa la deducción por depreciación en la medida en que el valor actual de los rendimientos más lejanos en el tiempo, que se esperan obtener de la inversión, se calculan a un tipo de descuento superior al corriente como consecuencia de la incertidumbre.

f) Si no existe compensación de pérdidas, el inversor puede no estar seguro de poder deducir en el futuro la cuota de depreciación si prevé la posibilidad de no obtener suficiente renta. Cuanto antes deduzca la amortización del activo real, antes se disiparán sus dudas sobre este particular.

De estos puntos el más importante desde el punto de vista práctico es, probablemente, el primero. Considerémoslo.

Supongamos, en efecto, que la tasa de amortización que se va a tolerar a la empresa es: $(d + h) > d$, donde h es la tasa adicional de depreciación. En estas circunstancias, la cuota y la base del impuesto pasarán a ser:

$$T = t[X'P - K(i + d + h)] \qquad (11.15)$$

Paralelamente, la condición de equilibrio vendrá representada por:

$$X'P = K(i + d) + t[X'P_x - K(i + d + h)] \qquad (11.16)$$

Expresión que, análogamente al caso anterior, puede desarrollarse en los términos:

$$X'P_x = Ki + Kd + tX'P_x - tKi - tKd - tKh$$
$$X'P_x(1 - t) = Ki(1 - t) + Kd(1 - t) - tKh$$
$$X'P_x = Ki + Kd - \frac{tKh}{(1 - t)}$$

$$X'P_x = K(i + d) - \frac{tKh}{(1 - t)} \qquad (11.17)$$

Se llega así a una nueva expresión que confirma que la amortización acelerada proporciona a la empresa una reducción del coste de utilización del capital antes de impuesto, $k(i + d)$, en una cuantía equivalente a $\frac{tKh}{(1 - t)}$, y que, en consecuencia, surte un efecto incentivador de la inversión real. Este efecto estimulante de la inversión, que ha de considerarse temporal, pues durará hasta que concluya la amortización plena del activo, y que gráficamente se representaría por un desplazamiento descendente de la línea de costes marginales del capital (de CMgK a CMgK$_2$, en la Figura 11.5), tendrá una magnitud tanto mayor cuanto mayores sean los valores de los parámetros t, K, y h.

Amortización instantánea e inversión

Como caso particular y extremo de la amortización acelerada, la Hacienda puede, no obstante, autorizar la deducción de la base del impuesto del coste íntegro del capital (ajeno) invertido en la adquisición del activo por parte de la empresa, en el momento de su compra. Si esto ocurriese, el desembolso neto realizado por la empresa por una unidad adicional de capital no sería de K euros, sino de $K - Kt = K(1 - t)$, y, por añadidura, la condición de equilibrio se vería sustancialmente modificada.

Si a las empresas se les permitiera realizar la depreciación instantánea, pero no deducir intereses ni amortizaciones adicionales, la condición de equilibrio pasaría a ser:

$$X'P_x = K(1 - t)(i + d) + t(X'P_x - 0) = K(1 - t)(i + d) + tX'P_x \qquad (11.18)$$

ya que el término $k(i + d)$ —el coste de utilización del capital— ya ha sido deducido instantáneamente en el momento de la compra del activo.

Reduciendo la expresión (11.18), se obtiene, a su vez:

$$X'P_x(1 - t) = K(1 - t)(i + d)$$

$$X'P_x = K(i + d) \qquad (11.19)$$

Igualdad que expresa que un tratamiento fiscal basado en la depreciación instantánea resultaría neutral respecto a la inversión: ni la incentivaría, ni la desincentivaría, como el impuesto sobre el beneficio económico de la empresa. Este carácter neutral de la deducción instantánea ha llevado, de hecho, a algunos hacendistas a sugerir su adopción en la práctica a efectos fiscales. El pobre uso que, no obstante, se ha venido haciendo de tal opción impositiva en la praxis fiscal se explicaría, no obstante, por la pérdida de ingresos que ocasionaría al Fisco, especialmente en épocas de elevada inversión.

11.2.4. Deducción en la cuota de un porcentaje del capital invertido

En la práctica, una de las medidas de uso más corriente en la experiencia comparada tal vez sea la deducción en la cuota del impuesto sobre la renta de las sociedades de una fracción o porcentaje del capital invertido en la empresa, tal que fK. Así, dada una situación de equilibrio antes de impuesto, expresada por (11.7), la presencia del impuesto implicaría una nueva situación de equilibrio, tal que:

$$X'P_x = k(i + d) + t[X'P_x - K(i + d)] - fK \qquad (11.20)$$

Si reajustamos ahora esta expresión, tal como venimos haciendo hasta aquí, se tiene, sucesivamente:

$$X'P_x = Ki + Kd + tX'P_x - tKi - tKd - fK$$

$$X'P_x(1 - t) = Ki(1 - t) + Kd(1 - t) - fK$$

$$X'P_x = Ki + Kd - \frac{fK}{(1 - t)}$$

$$X'P_x = K(i + d) - \frac{fK}{(1 - t)} \qquad (11.21)$$

Lo que significa que este sistema reduce el coste del capital en una cuantía igual a $\frac{fK}{(1-t)}$, generando asimismo un efecto incentivador de la inversión que dependerá de los valores de los parámetros f, k y t. Efecto estimulante que además podría ser mayor que el que derive de la amortización acelerada, pues para que ambos tuviesen el mismo efecto, tendría que darse la igualdad:

$$\frac{tKh}{1 - t} = \frac{fK}{1 - t}$$

o, lo que es lo mismo,

$$th = f$$

No obstante, puesto que $t < 1$, se cumple que h ha de ser mayor que f.

La experiencia demuestra, en cualquier caso, que los incentivos fiscales a la inversión empresarial solo pueden surtir un efecto incentivador si son lo suficientemente elevados como para compensar con creces los motivos extrafiscales que puedan oponerse a su realización. En realidad, estos incentivos fiscales suelen adoptarse con el objetivo limitado de concentrar la inversión en períodos concretos, como pueden ser los períodos de recesión. Tras la renuencia de la Hacienda a hacer un mayor uso de tales mecanismos se halla, sin duda, el problema de acentuación del déficit público que puede acarrear el coste fiscal asociado a la pérdida de ingresos públicos que entrañan.

11.3. Efectos de la progresividad y del tratamiento diferencial de ciertas rentas sobre la inversión

Los efectos de la *progresividad* sobre la disposición de los inversores para asumir riesgos serán, en general, negativos. Es decir, el cambio de un impuesto proporcional sobre la renta a uno progresivo llevará normalmente consigo un cambio hacia inversiones menos arriesgadas y menos rentables. La razón de este hecho es que la participación del Estado en las pérdidas, aun en el caso de permitir plenamente la compensación de un año a otro, será siempre en menor proporción que en los rendimientos netos, debido al crecimiento de los tipos marginales en el impuesto progresivo.

Desde el punto de vista de la inversión real, la progresividad acentúa los efectos de la depreciación acelerada como forma de eludir, en los primeros años, la sujeción a tipos marginales muy elevados.

Aparte de la progresividad, el tratamiento fiscal dispensado a ciertas clases de rentas ejerce alguna influencia sobre la inversión. Tal es, por ejemplo, el caso de la *imposición sobre la renta de sociedades*, cuando estas tributan como entidad separada. En general, los impuestos sobre las sociedades afectan más directamente al proceso de inversión real que los que recaen sobre la renta personal, por su mayor proximidad a los centros decisorios de la realización de nuevas inversiones. Por otra parte, como ya se ha visto en el Capítulo 7, el tratamiento desigual dispensado a los intereses y los dividendos satisfechos por la sociedad (los primeros son deducibles y los segundos no, de la base del impuesto) puede tener ciertos efectos favorables a la financiación con recursos ajenos. Asimismo, el doble gravamen de los dividendos (bajo el supuesto de que el impuesto de sociedades no se traslada) puede conducir a la realización de inversiones menos arriesgadas y menos rentables.

Finalmente, el tratamiento favorable dispensado en algunas legislaciones a las ganancias de capital y a ciertos tipos de inversiones puede hacer discurrir la inversión por ciertos cauces. Por ejemplo, la realización de inversiones en las que puede preverse la realización de ganancias de capital frente a las que producen una renta regular, la inversión en viviendas para propio uso, la constitución de seguros familiares, etc., que suelen estar fiscalmente tratadas con cierta benignidad.

11.4. Efectos de otros impuestos diferentes sobre la inversión

Los *impuestos sobre el consumo* ejercen sobre la inversión un *efecto renta* en el sentido de que disminuyen la renta real obtenida de cualquier inversión, pero no presentan, en principio, *efecto sustitución* en favor o en contra de inversiones más o menos arriesgadas. Indirectamente, sin embargo, cuando los sujetos destinan una proporción elevada de sus rendimientos de la inversión a consumir, los impuestos sobre el consumo pueden desalentar la realización de inversiones muy arriesgadas, ya que, desde el punto de vista del inversor, el riesgo adicional en que incurre le proporciona un rendimiento adicional cuyo poder adquisitivo se ve mermado por los impuestos de consumo.

En buena medida el menor efecto sustitución para asumir riesgos que presentan los impuestos que se basan en el consumo derivan de que, a diferencia de los impuestos personales sobre la renta, estos no son progresivos.

Otra posible vía de actuación de estos impuestos es la generada a través del *efecto acelerador*. Es decir, si los impuestos desalientan el consumo pueden inducir una reducción en la inversión real de las empresas productoras de bienes y servicios. Al mismo tiempo, ciertos tipos de impuestos sobre las ventas gravan también las compras de bienes de inversión, lo que puede producir una tendencia a no invertir en los bienes gravados.

La *imposición sobre el patrimonio* presenta, en general, un *efecto renta* positivo que impulsará al propietario a realizar inversiones más arriesgadas y más rentables para recuperar el impuesto. Este efecto debe manifestarse en principio en la sustitución por parte del empresario de caja por otras inversiones y la elevación de la productividad del patrimonio de que dispone. Por otra parte, puesto que el impuesto sobre el patrimonio se establece con independencia de la renta que produce, no existe, en principio, *efecto sustitución* en el sentido de que se discrimine en contra de las inversiones más rentables. No obstante el razonamiento anterior, la práctica del impuesto, y especialmente los agudos problemas de valoración de los elementos patrimoniales, pueden cancelar parte de los efectos comentados. Así, por ejemplo, si existe una práctica evasión del patrimonio que se mantiene en forma de caja ociosa, desaparece la tendencia antes indicada de cambiar liquidez por otros activos más rentables. De forma similar, la inexistencia de *efecto sustitución* en un impuesto sobre el patrimonio puede quedar anulada en la medida en que la valoración de los elementos patrimoniales se realice en virtud del rendimiento que producen.

Glosario de términos y conceptos

Cartera de valores
Costes de utilización del capital
Curva o línea de activo óptimo
Depreciación y costes financieros
Impuesto proporcional sobre la renta de la inversión con compensación parcial de pérdidas
Impuesto proporcional sobre la renta de la inversión con compensación total de pérdidas
Impuesto proporcional sobre la renta de la inversión sin compensación de pérdidas
Impuesto sobre la renta de las empresas con amortización acelerada e instantánea del equipo capital
Impuesto sobre la renta de las empresas con financiación empresarial del capital mediante fuentes internas y externas
Impuesto sobre la renta de las sociedades con deducción en la cuota de un porcentaje del capital invertido
Inversión real
Inversiones financieras
Modelo neoclásico de la inversión
Modelo teórico del acelerador
Riesgo y rendimiento neto

Resumen

- La imposición puede generar cambios en la composición de la cartera de valores en que el ahorro se materializa. Es decir, las formas de activos financieros hacia las que el ahorrador orienta sus ahorros pueden verse alteradas por un tratamiento fiscal asimétrico, entendido este en el sentido de que en unas se permita la deducción de pérdidas y en otras no.

- En principio, el inversionista considerará todas las combinaciones posibles que puede hacer de los diferentes activos, que incluirán tanto inversiones como efectivo, y, para cada combinación, valorará los tipos de rendimiento y riesgo, determinando así aquellas combinaciones que, para un mismo grado de riesgo, presenten un tipo más elevado de rendimiento.

- En presencia de un impuesto proporcional sobre la renta de la inversión financiera sin compensación de pérdidas, el tipo de rendimiento se reduce en una proporción mayor que la expresada por el tipo del impuesto, por lo que el inversionista se encuentra sometido a dos efectos: por un lado, tiende a reducir el riesgo de las inversiones que planea, ya que la compensación que obtiene a cambio —el rendimiento— se ve mermada a causa del impuesto; por otro, en cambio, se ve impulsado hacia inversiones más arriesgadas y, por tanto, más rentables, para así compensar la disminución del rendimiento causada por el impuesto.

- En un esquema articulado en torno a dos activos financieros, con independencia del riesgo inherente a cualquier activo, la menor diversificación de la cartera del inversionista siempre entraña un cierto riesgo, cuya importancia resulta inversamente proporcional a esa diversificación.

- En cuanto a los efectos impositivos sobre la inversión real, cabe pensar que el impuesto deprime la inversión al elevar los costes marginales de utilización del capital. Sin embargo, este efecto no siempre tiene por qué darse; antes bien, dependerá de la estructura del gravamen, y en particular de cómo se defina su base imponible. Un impuesto sobre el beneficio económico en sentido estricto ni incentiva ni desincentiva la inversión, se trata, en suma, de un impuesto neutral. Un impuesto sobre la renta de la empresa en un contexto de financiación empresarial del capital mediante fuentes interna y externa desincentivará la inversión empresarial. Un impuesto sobre la renta de las empresas en un contexto de amortización acelerada del equipo capital de la empresa surte un efecto incentivador de la inversión real. Sin embargo, un tratamiento fiscal basado en la depreciación instantánea resultaría neutral respecto a la inversión: ni la incentivaría, ni la desincentivaría. Por último, un impuesto sobre la renta de sociedades en el que se permita la deducción en la cuota tributaria de un porcentaje del capital invertido en la empresa surtirá un efecto incentivador de la inversión.

- Los efectos de la progresividad sobre la disposición de los inversores para asumir riesgo serán, en general, negativos. Es decir, llevarán normalmente consigo un cambio hacia inversiones menos arriesgadas y menos rentables.

- Los impuestos sobre el consumo ejercen sobre la inversión un efecto renta en el sentido de que disminuyen la renta real obtenida de cualquier inversión, pero no presentan, en principio, efecto sustitución en favor o en contra de inversiones más o menos arriesgadas. También pueden inducir una reducción en la inversión real de las empresas productoras de bienes y servicios, lo que se denomina efecto acelerador. La imposición sobre el patrimonio presenta, en general, un efecto renta positivo que impulsará al propietario a realizar inversiones más arriesgadas y más rentables para recuperar el impuesto, pero no, en principio, efecto sustitución.

Parte IV

Efectos macroeconómicos del presupuesto

Capítulo 12

Efectos económicos del presupuesto sobre el nivel de la actividad económica (I)

12.1. Los efectos de la actividad financiera sobre la demanda agregada
  12.1.1. Efectos multiplicadores del gasto público y de los impuestos directos. Teorema de Haavelmo
  12.1.2. Cambios automáticos y cambios discrecionales
  12.1.3. Los multiplicadores en una economía abierta
  12.1.4. Efectos sobre el empleo
  12.1.5. Efectos diferenciales sobre los precios de los impuestos directos e indirectos

12.2. Las variables monetarias y la financiación del déficit

▶ **Resumen**

Los economistas clásicos establecieron unas normas de comportamiento de la actividad financiera del Estado, coherentes con el esquema de funcionamiento de la economía que inspiraba sus razonamientos y con el objetivo perseguido fundamentalmente por sus recomendaciones y sugerencias: lograr el desarrollo económico. Entre estas normas de comportamiento pronto adquirió un papel relevante, como criterio operativo para orientar la actividad financiera del Sector Público, la denominada «regla de oro» del equilibrio presupuestario anual, cuya valoración ya ha sido abordada ampliamente en «Teoría del presupuesto y Gasto Público» y que, por tal motivo, no es nuestro propósito volver a analizar aquí.

La difícil situación de la economía mundial en la década de los años treinta, que culminaría en la gran depresión, tuvo como consecuencia la creación de un estado de opinión entre los economistas que llevaría a romper con los moldes clásicos y que J. M. Keynes acertó a difundir, en una forma coherente y operativa, en su «Teoría general de la ocupación, el interés y el dinero». Parte integrante de esta nueva visión de los hechos económicos y su funcionamiento sería el nacimiento de una nueva normativa para el comportamiento financiero del Sector Público a fin de lograr un objetivo que ahora, por imperiosa necesidad de los hechos, venía a constituirse en prioritario: lograr un nivel de la actividad económica que permitiera el pleno empleo de los recursos disponibles.

La primera línea de actuación práctica en este sentido se encuentra probablemente en las propuestas derivadas de los trabajos de la Comisión del Paro en Suecia (G. Myrdal, 1939; M. Leppo, 1950) y de las que nació la idea de combinar la norma del equilibrio presupuestario con una actuación anticíclica de la actividad financiera. Se trataba de trasladar la idea del equilibrio presupuestario desde su clásico plazo anual a un período más dilatado: el de duración del ciclo económico. Esto permitiría combinar una actuación discrecional anticíclica del Sector Público que anualmente podría realizar su presupuesto con déficit o superávit (según la situación cíclica) y conservar al mismo tiempo la norma financiera contenida en la idea del equilibrio anual, toda vez que la compensación del superávit de unos años con el déficit de otros permitiría asegurar que, a lo largo del ciclo económico, el activo neto del Estado no se redujese (norma de conservación de la sanidad o solvencia financiera del Estado).

Por otra parte, A. P. Lerner (1951), basándose en la naciente ideología keynesiana, diseñó el contenido de una actividad financiera *funcional* del Estado, en la que ingresos y gastos públicos se utilizarían en función del logro del objetivo de la estabilidad económica. Se produciría así una ruptura con el principio del equilibrio presupuestario anual como medida de disciplinar el comportamiento financiero del Sector Público.

Una posición más radical se encuentra en la obra de A. Hansen (1945) bajo el supuesto de que los componentes privados de la demanda efectiva necesitaban una permanente compensación, dada la estabilidad del consumo privado y la tendencia decreciente de la eficacia marginal del capital.

Capítulo 12

Efectos económicos del presupuesto sobre el nivel de la actividad económica (I)

En la vieja dialéctica de control vs. discrecionalidad que preside la evolución de la ideología presupuestaria, la actuación discrecional del Sector Público parecía así haber salido victoriosa en pro de una mayor eficacia en el logro de una producción y renta nacional del equilibrio al nivel máximo permitido por los recursos disponibles del sistema económico. Pero, aun admitiendo la necesidad de una acción discrecional de la actividad financiera para lograr tal objetivo, no podían ignorarse los graves problemas que la puesta en práctica de tales medidas entrañaban en virtud de los retrasos que se originarían en la producción de los efectos por ellas inducidos. Si a estas circunstancias unimos la desconfianza que todo liberal experimenta frente al funcionamiento discrecional de la actividad del Estado, tendremos las cotas precisas para explicar el nacimiento, en 1947, de la ideología presupuestaria denominada «presupuesto de estabilización automática», asociada al Comité de Desarrollo Económico de los Estados Unidos (Smithies y Butters, 1959), y que más tarde, en 1949, recibiría, en lo sustancial, la adhesión de un conjunto de economistas de diversas tendencias en el denominado «Manifiesto de Princeton». Las reglas fundamentales de comportamiento, contenidas en esta fórmula presupuestaria, pueden resumirse en dos: de un lado, la introducción en el presupuesto de mecanismos que varíen *automáticamente* con el ciclo económico sin necesidad de una acción correctora discrecional y específica de la autoridad, y, de otro, la fijación de los tipos impositivos de tal manera que el presupuesto se encuentre equilibrado (con superávit) en situación de alto nivel de ocupación de la economía.

Esta evolución de la ideología presupuestaria que se acaba de relatar sucintamente revela claramente cuál ha sido la importancia que en el transcurso del tiempo han revestido los ingresos y gastos públicos como instrumentos utilizados por la política económica para colaborar al logro del objetivo de la estabilidad económica. Desde esta particular perspectiva de la política fiscal, los dos capítulos que componen esta cuarta parte del texto se ocupan del estudio de los aspectos o puntos centrales de esta problemática, divididos en dos bloques temáticos perfectamente diferenciados. En el primero de ellos, contenido del presente capítulo, se analizan los efectos de la actividad financiera sobre el nivel de la demanda global desde una perspectiva esencialmente teórica. En el segundo, centrado ya en el estudio de los problemas más característicos de la política fiscal estabilizadora y objeto de estudio del siguiente capítulo, se explican, ante todo, las deficiencias del saldo del presupuesto y, por ende, el porqué de la necesidad de separar los efectos de los cambios automáticos y discrecionales de los elementos que lo integran, como base de un estudio analítico serio sobre sus efectos sobre la estabilidad económica. A continuación se discute la conveniencia de llevar a cabo una adecuada ponderación de los efectos parciales de cada partida de ingreso y gasto público, para poder cuantificar el efecto total de un presupuesto o de su alteración. Asimismo, este segundo bloque dedica un breve espacio al análisis de los retardos de los instrumentos fiscales como posible razón contraria a la utilización discrecional de la política fiscal. Un tercer apartado se destina al estudio de los métodos utilizados para valorar la adecuación de la política presupuestaria al logro de la producción y renta de pleno empleo, así como al de los criterios que deben orientar la política fiscal a la luz de este objetivo. En última instancia, el capítulo concluye con el examen de algunos problemas relativos a la coexistencia de una diversidad de objetivos de la política fiscal contemporánea de estabilización.

12.1. Los efectos de la actividad financiera sobre la demanda agregada

Los ingresos y gastos públicos y sus variaciones pueden influir en distintas formas sobre los diferentes componentes de la demanda global de la economía. Conocer con propiedad estos efectos exige disponer de un modelo económico que defina la naturaleza de las relaciones que ligan los determinantes del nivel de equilibrio de la renta nacional. Dada la complejidad del mundo real, nuestra exposición discurrirá por unos cauces simplificados, si bien se procurará explicar las limitaciones del análisis, al tiempo que se extraerán de él solo aquellas conclusiones que puedan tener un valor más permanente.

En una primera aproximación al problema, nuestras reflexiones discurrirán en un marco caracterizado por las siguientes notas:

a) Se realiza un análisis en términos de estática comparativa. Esto es, no se estudiará el proceso en virtud del cual se pasa de una situación inicial de equilibrio a otra, una vez producidos los cambios presupuestarios que se pretenden estudiar.

b) Se sigue un modelo de tipo keynesiano simplificado.

c) Las relaciones económicas que el modelo recoge se supondrá que revisten una forma lineal.

d) La mayor parte del razonamiento corresponderá a una economía cerrada, de modo que solo ocasionalmente se hará referencia a los efectos de la actividad financiera sobre la balanza de pagos.

e) Supondremos también que las variables monetarias se ajustan en la forma conveniente para que el tipo de interés no se altere.

f) Por lo que a las variables fiscales se refiere, consideraremos únicamente dos tipos: el gasto público destinado a la compra de bienes y servicios y los impuestos que supondremos directos sobre la renta. No existen, por tanto, ni subvenciones ni transferencias, si bien estas últimas pueden asimilarse en su tratamiento a impuestos negativos.

Con estos condicionantes, el modelo puede expresarse simbólicamente mediante las siguientes expresiones:

$$C = C_0 + c(Y - T) \tag{12.1}$$

Efectos económicos del presupuesto sobre el nivel de la actividad económica (I)

donde:

C = Consumo privado.

c = Propensión marginal al consumo.

Y = Renta nacional corriente.

T = Impuestos.

C_0 = Consumo privado autónomo, esto es, no dependiente del nivel de renta.

$$I = \bar{I} \tag{12.2}$$

$$G = \bar{G} \tag{12.3}$$

$$T = T_d \tag{12.4}$$

Cuatro expresiones de entre las cuales, por un lado, la (12.1) pone de manifiesto que el consumo (C) es una función de la renta real disponible ($Y - T$) y, por otro, la (12.2), la (12.3) y la (12.4) denotan que la inversión privada, el gasto público real y los impuestos (directos) se determinan exógenamente.

Pese a su extrema simplicidad, el modelo permite obtener algunas conclusiones respecto a los efectos de la actividad financiera sobre el nivel de equilibrio de la renta.

Para obtener dicho nivel de equilibrio, se comienza sustituyendo el valor de C según (12.1) en la ecuación:

$$Y = C + I + G \tag{12.5}$$

De esta manera, se tiene que:

$$Y = C_0 + c(Y - T) + I + G \qquad Y = cY - cT + C_0 + I + G$$

A continuación, despejando Y en esta última ecuación, se obtiene finalmente:

$$Y = \frac{1}{1-c}(-cT + G + A) \tag{12.6}$$

expresión en la que A representa el conjunto de gastos autónomos privados, esto es ($C_0 + I$).

De (12.6) cabe obtener, como se ha apuntado con anterioridad, un conjunto de expresiones y proposiciones de interés desde el punto de vista de la actividad financiera, que pasamos a enunciar y comentar.

12.1.1. Efectos multiplicadores del gasto público y de los impuestos directos. Teorema de Haavelmo

1. El multiplicador del gasto público en bienes y servicios, análogamente al de cualquier otro gasto autónomo privado, puede expresarse como:

$$\frac{dY}{dG} = \frac{1}{1-c}$$

El multiplicador de los impuestos directos es distinto al del gasto público, y su expresión será en nuestro modelo:

$$\frac{dY}{dT} = -\frac{c}{1-c}$$

Por comparación, dado que $\frac{1}{1-c} > \frac{c}{1-c}$, el efecto multiplicador del gasto público se estima mayor que el de la imposición.

2. Una conclusión inmediata de las proposiciones anteriores es que el efecto multiplicador de un gasto público real financiado totalmente con impuestos directos es igual a la unidad. Esta proposición, generalmente conocida como *Teorema de Haavelmo* (T. Haavelmo, 1959), suele formularse en forma aproximada diciendo que el efecto multiplicador de un cambio equilibrado del presupuesto es igual a la unidad.

En efecto, si $dG = dT$, el efecto multiplicador será:

$$\frac{dY}{dG} + \frac{dY}{dT} = \frac{1}{1-c} - \frac{c}{1-c} = \frac{1-c}{1-c} = 1$$

3. De la proposición anterior se deriva que el efecto total de un cambio presupuestario sobre el nivel de la demanda global, depende tanto de su *saldo* como de su *volumen* o *dimensión*. Un presupuesto equilibrado o una variación equilibrada del presupuesto no es neutral respecto al nivel de la demanda y renta de equilibrio, sino que bajo ciertos supuestos tienen efectos expansivos o contractivos que deben ser tenidos en cuenta. De ahí que no esté justificado analizar los efectos presupuestarios únicamente a partir de la existencia de un déficit o superávit presupuestario; además, es indispensable considerar el nivel global del presupuesto en el que tal saldo se produce.

Así, si variamos G y T de forma que $dG \neq dT$ podemos considerar dos casos:

a) $dG > dT$; $dG = dT + D$, donde D expresa la magnitud del déficit.

b) $dG < dT$; $dG + S = dT$, donde S expresa el volumen de superávit.

Efectos económicos del presupuesto sobre el nivel de la actividad económica (I)

Los efectos de este cambio sobre el nivel de equilibrio de la renta nacional serían:

a') $dY = \dfrac{dG}{1-c} - \dfrac{cdT}{1-c} = \dfrac{dT+D}{1-c} - \dfrac{cdT}{1-c} =$

$= \dfrac{dT(1-c)+D}{1-c} = dT + \dfrac{D}{1-c}$

b') $dY = \dfrac{dG}{1-c} - \dfrac{cdT}{1-c} = \dfrac{dG}{1-c} - \dfrac{cdG+cS}{1-c} =$

$= \dfrac{dG(1-c)-cS}{1-c} = dG - \dfrac{cS}{1-c}$

En ambos casos se pone de manifiesto el peso del nivel del presupuesto o de su variación total, junto con el correspondiente al saldo.

4. Un aspecto importante que requiere ser destacado es que bajo el volumen total de gasto (G) o de impuestos (T) se esconde una diversidad de clases de gastos e ingresos en la realidad financiera de los distintos países. El que en muchos razonamientos consideremos estas magnitudes como una masa homogénea por razones de simplicidad, no debe llevarnos a olvidar que más que de efecto multiplicador sería preciso hablar de «efectos multiplicadores», según el tipo concreto de gasto o ingreso que estemos considerando. Dicho en otros términos, el análisis de los efectos económicos del presupuesto reflejará un mayor realismo en la medida en que se tenga en cuenta la composición del presupuesto, agrupando ingresos y gastos en categorías homogéneas aceptables desde el punto de vista del análisis económico.

12.1.2. Cambios automáticos y cambios discrecionales

5. En un leve acercamiento a la realidad, podemos ahora introducir una variación en nuestro modelo inicial, suponiendo que los impuestos directos recaudados no son en su totalidad una variable determinada exógenamente; antes al contrario, una parte de la recaudación impositiva está relacionada con el propio nivel de la renta nacional a través de la repercusión que las variaciones de renta tienen sobre las bases gravadas. En términos analíticos, esto equivale a decir que nuestra anterior relación (12.4) debería reformularse de forma tal que:

$$T = T_0 + tY \qquad (12.4')$$

donde T_0 son los impuestos cuya recaudación es independiente de la renta y t es el tipo macromarginal de imposición, que expresaría la proporción de un aumento unitario de la renta que detrae la Hacienda por la vía impositiva.

Tras esta modificación, la ecuación (12.6) de equilibrio de la renta nacional habrá de reformularse igualmente en los términos:

$$Y = C + I + G = C_0 + c[Y - (T_0 + tY)] + I + G$$
$$Y = cY - cT_0 - ctY + G + A$$

De donde, despejando Y, se obtiene:

$$Y = \frac{1}{1 - c(1 - t)} \cdot (-cT_0 + G + A) \tag{12.6'}$$

Lo que significa que al relacionar la recaudación impositiva con la renta, el multiplicador de cualquier gasto autónomo (público o privado) disminuye.

6. La modificación introducida en el apartado anterior suscita una cuestión de gran interés, consistente en la conveniencia de separar, al estudiar los efectos de cualquier cambio presupuestario sobre el nivel de la actividad económica, los efectos de una variación *discrecional* de los ingresos y gastos públicos por parte de la autoridad, de aquellos cambios que son puramente el reflejo de los cambios económicos sobre las variables financieras, esto es, aquellos cambios de naturaleza *automática*. Desde la perspectiva de la imposición, un gravamen sobre la renta personal progresivo, por ejemplo, varía automáticamente con el ciclo económico sin necesidad de una acción correctora discrecional y específica del Estado, por cuanto al aumentar el nivel de la actividad económica aumentará automáticamente la recaudación detrayendo fondos del sector privado, y, por el contrario, una caída de la actividad económica entrañaría un decrecimiento de los fondos absorbidos por el impuesto del sector privado.

El cálculo del cambio impositivo total puede realizarse diferenciando la ecuación (12.4'). Se obtiene así:

$$dT = dT_0 + tdY + Ydt$$
$$dT = [dT_0 + Ydt] + tdY \tag{12.7}$$

En esta expresión (12.7), el primer término (entre corchetes) de su lado derecho pone de manifiesto que los *cambios discrecionales* son debidos a una variación en T_0 (recaudación impositiva no relacionada con la renta) y/o en t (tipos impositivos), en tanto que el segundo término, tdY, expresa que los cambios impositivos *automáticos* son fruto de la variación en el nivel de renta Y para un mismo tipo impositivo t, es decir, se originan automáticamente, al girarse unos mismos tipos sobre un mayor nivel de renta.

7. La separación entre cambios automáticos y discrecionales antes expuesta es importante, por cuanto el efecto de automatismo reduce, como hemos visto con anterioridad, el multiplicador de cualquier variación en los gastos autónomos del sistema.

Efectos económicos del presupuesto sobre el nivel de la actividad económica (I)

En este sentido, suele ser común medir los efectos automáticos del presupuesto, comparando una situación de equilibrio de la renta sin intervención pública de ninguna clase, con otra en la que únicamente se eliminan las intervenciones de carácter discrecional.

Para ello, el primer paso consistirá en volver al modelo inicial, con el fin de determinar la variación que experimentaría el nivel de renta de equilibrio cuando se produjesen cambios en todas las variables autónomas. Diferenciando, en efecto, nuestra anterior ecuación $Y = cY - cT_0 - ctY + G + A$, se obtendría:

$$dY = dA + dG - \frac{c[Ydt + dT_0]}{1 - c(1 - t)} \quad (12.8)$$

A partir de esta expresión (12.8), se constata, de una parte, que la variación en el nivel de renta de equilibrio que se derivaría de un cambio en un gasto autónomo cualquiera —por ejemplo, privado—, en el supuesto de que no existiese intervención pública de ningún tipo, es decir, que no se produjese ningún cambio presupuestario —ni discrecional ni automático— y, por tanto, que $dG = dt = dT_0 = t = 0$ en (12.7)[1], sería:

$$dY_0 = \frac{dA}{1 - c} \quad (12.9)$$

Por otra parte, si existiese intervención pública, pero no hubiese cambio discrecional en su actuación, de forma que no se variasen ni los tipos impositivos, ni los impuestos no relacionados con la renta (T_0), ni el gasto público [expuesto en términos analíticos, que: $dG = dt = dT_0 = 0$ en (12.8)], la variación en el nivel de renta de equilibrio hubiera sido:

$$dY_1 = \frac{dA}{1 - c(1 - t)} \quad (12.10)$$

En consecuencia, el *efecto del automatismo* se definiría como la diferencia entre dY_1 y dY_0, de tal manera que:

$$\text{Ef. aut.} = dY_1 - dY_0 = \left[\frac{1}{1 - c(1 - t)} - \frac{1}{1 - c}\right] dA \quad (12.11)$$

---

[1] Condición indispensable para que no exista cambio automático es que los impuestos no estén relacionados con el nivel de renta, lo que significa que el tipo macromarginal de imposición ha de ser igual a cero.

Índice de estabilización automática

R. A. Musgrave y Miller (1948) han propuesto un camino alternativo al anterior, que expresaría la variación proporcional de los multiplicadores del gasto autónomo en un sistema con y sin intervención del Estado, que mediría, en otras palabras, la capacidad de estabilización automática de los impuestos.

A tales efectos, el análisis se inicia considerando los dos casos particulares que reflejan las expresiones (12.9) y (12.10):

a) $dY_0 = \dfrac{dA}{1-c}$, esto es, la variación en el nivel de renta de equilibrio debido a un incremento del gasto autónomo en una situación sin impuesto.

b) $dY_1 = \dfrac{dA}{1-c(1-t)}$, o variación en el nivel de renta debida a un incremento del gasto autónomo generado por un sistema impositivo cuya recaudación es $T = T_0 + tY$ (siendo T_0 la recaudación autónoma y $t = \dfrac{dT}{dY}$ el tipo macromarginal de imposición).

Sobre la base de estas expresiones, el índice de estabilización automática es definido por ambos autores mediante la expresión:

$$\delta = \frac{\dfrac{dA}{1-c} - \dfrac{dA}{1-c(1-t)}}{\dfrac{dA}{1-c}} = 1 - \frac{\dfrac{dA}{1-c(1-t)}}{\dfrac{dA}{1-c}} = 1 - \frac{1-c}{1-c(1-t)}$$

O, reducción mediando,

$$\delta = \frac{ct}{1-c(1-t)} \qquad (12.12)$$

La cual refleja la proporción en el nivel de renta que se contrarresta automáticamente por el sistema impositivo. A este respecto, puesto que $0 \leqslant \delta \leqslant 1$, si $\delta = 0$, la capacidad estabilizadora o corrección automática del sistema impositivo sería nula, mientras que si $\delta = 1$, la capacidad de estabilización automática del sistema impositivo será considerable.

Musgrave y Miller relacionan, por otra parte, el índice de estabilización automática con el concepto de flexibilidad impositiva, que ya se vio en un capítulo anterior. Si tal coeficiente de flexibilidad f se define como:

$$f = \frac{Y}{T} \cdot \frac{dT}{dY} = \frac{dT/dY}{T/Y} = \frac{t}{t^*}$$

donde $t^* = \dfrac{T}{Y}$ es el tipo medio de imposición, se tiene que:

$$t = ft^*$$

Por tanto, si sustituimos t por su valor en (12.12), obtendremos un algoritmo final para la capacidad de estabilización automática del sistema impositivo, tal que:

$$\delta = \frac{cft^*}{1 - c(1 - ft^*)} \qquad (12.13)$$

Nueva expresión algebraica que refleja la relación directa existente entre flexibilidad impositiva y capacidad estabilizadora[2].

12.1.3. Los multiplicadores en una economía abierta

8. Pese a que nuestra explicación se basa en un modelo de economía cerrada, señalemos que en la medida en la cual se introducen las relaciones comerciales con el exterior, los valores previamente deducidos para los multiplicadores de gasto público e impuestos cambian sustancialmente. En una forma muy simple, la introducción del comercio exterior, suponiendo que las exportaciones (X) son una variable exógena y que las importaciones de bienes (M) dependen de la renta, el modelo inicial se transformaría en:

$$C = C_0 + c(1 - t)Y - cT_0 \qquad (12.1')$$

$$I = \bar{I} \qquad (12.2)$$

$$G = \bar{G} \qquad (12.3)$$

$$T = T_0 + tY \qquad (12.4')$$

$$X = \bar{X} \qquad (12.14)$$

$$M = M_0 + mY \qquad (12.15)$$

---

[2] Dejemos, no obstante, constancia de que los estudios empíricos realizados arrojan cierta duda sobre la relación directa entre ambos coeficientes; se afirma incluso que en el marco dinámico es posible que un sistema impositivo flexible generase efectos desestabilizadores.

El nivel de equilibrio de la renta nacional será ahora:

$$Y = C + I + G + (X - M)$$

Ecuación que, una vez sustituidas C y M por sus valores según (12.1′) y (12.15), respectivamente, se convierte en:

$$Y = C_0 + c(1 - t)Y - cT_0 + I + G + X - M_0 - mY =$$
$$= c(1 - t)Y - mY - cT_0 + G + C_0 + I - M_0 + X$$

De donde:

$$Y = \frac{1}{1 - c(1 - t) + m} [(G - cT_0) + (C_0 + I) + (X - M_0)] \quad (12.16)$$

Como puede comprobarse, el valor del multiplicador se reduce al tener en cuenta las importaciones, lo que resta entidad al efecto del cualquier cambio autónomo en las variables financieras públicas.

12.1.4. Efectos sobre el empleo

9. En general, en los modelos keynesianos simplificados del tipo que estamos considerando, el nivel de empleo se supone que guarda una relación directa con el de producción y renta. Si llamamos N al empleo total:

$$N = N(Y) \quad (12.17)$$

De esta forma, la variación en el nivel de empleo se relaciona con el análisis precedente en los términos:

$$dN = \frac{dN}{dY} dY \quad (12.18)$$

Y si a continuación estimamos dY diferenciando (12.6′), se obtiene finalmente:

$$dN = \frac{dN}{dY} \cdot \frac{1}{1 - c(1 - t)} \cdot (-cdT_0 + dG + dA) \quad (12.19)$$

Lo cual expresa el *efecto multiplicador sobre el empleo* de cualquier variación en las magnitudes autónomas del sistema.

Efectos económicos del presupuesto sobre el nivel de la actividad económica (I)

Si suponemos, por ejemplo, que se varía el gasto público para influir sobre la ocupación (de forma que $dT_0 = dA = 0$), la variación que se producirá en el nivel de empleo según la expresión anterior, sería:

$$dN = \frac{1}{1 - c(1 - t)} \cdot \left[\frac{dG}{\frac{dY}{dN}}\right]$$

No obstante, puesto que en una economía competitiva los salarios reales deben igualarse a la productividad marginal del trabajo, es decir, debe cumplirse la condición

$$\frac{dY}{dN} = W_r$$

donde W_r es el nivel de salarios reales, se tendrá también que:

$$dN = \frac{1}{1 - c(1 - t)} \cdot \frac{dG}{W_r}$$

Esta expresión pone de manifiesto, en definitiva, que si los salarios y los precios son flexibles, el efecto de una variación del gasto sobre el empleo puede ser insignificante, pero también que, por el contrario, adquiere importancia cuando se supone que los salarios son rígidos, al menos a la baja.

12.1.5. Efectos diferenciales sobre los precios de los impuestos directos e indirectos

10. Hasta ahora hemos considerado que toda la imposición consiste en impuestos directos sobre la renta. Este supuesto restrictivo puede, no obstante, relajarse, admitiendo la existencia de un impuesto general sobre el consumo que se traslada sobre los precios de los bienes y servicios consumidos.

Como procedimiento analítico, si bien el modelo simplificado que venimos utilizando no se adapta especialmente a la introducción de un impuesto de esta naturaleza, podemos plantear el problema, en una primera aproximación, en los siguientes términos:

La imposición total (T) se compone de dos sumandos:

a) Un impuesto directo sobre la renta (T_d) de tipo t_d, en el que

$$T_d = t_d Y$$

b) Un impuesto indirecto sobre el consumo (T_i) de tipo t_i, donde

$$T_i = t_i C$$

En estas condiciones el equilibrio de la renta real al coste de los factores será:

$$Y = C - t_i C + I + G = C(1 - t_i) + I + G$$
$$Y = (1 - t_i)[C_0 + c(1 - t_d)Y] + I + G$$

De donde, tras despejar Y, se obtiene:

$$Y = \frac{1}{1 - c(1 - t_i)(1 - t_d)} \cdot [(1 - t_i)C_0 + I + G] \qquad (12.20)$$

Esta expresión (12.20), pese a su sencillez, nos permite obtener algunas conclusiones de interés:

a) El impuesto indirecto es más contractivo que el directo para un mismo volumen de recaudación.

Una variación de T_d autónoma exige un cierto cambio en el tipo impositivo t_d que se gira sobre la renta. Para hacer un cambio cuantitativamente igual en la imposición indirecta se requiere un cambio mayor en el tipo impositivo t_i, puesto que este se gira sobre una magnitud menor, que es el consumo.

De esta forma, según (12.20), el multiplicador disminuirá más con el impuesto de consumo que con uno sobre la renta. Este efecto global ha recibido también un apoyo adicional sobre la base del argumento de que el impuesto sobre el consumo afecta en mayor medida a las personas con más bajo nivel de renta. Esta regresividad entraña que las personas más afectadas sean las que presumiblemente tienen mayor propensión al consumo.

b) Como consecuencia de lo anterior, un aumento en la relación impuestos directos/impuestos indirectos, manteniendo constante la recaudación total, será expansivo.

c) Pese al mayor carácter contractivo de la imposición sobre el consumo, un aumento de esta clase de imposición eleva los precios más que la imposición sobre la renta. Es decir, la imposición indirecta tiene más efectividad que la directa para contener la demanda total, pero lo consigue a costa de una mayor elevación de los precios.

12.2. Las variables monetarias y la financiación del déficit

El nivel de equilibrio de la renta nacional que se obtiene a partir del modelo simplificado que hemos utilizado en el epígrafe anterior, presupone que el volumen de inversión se mantiene constante. Si se admite, dentro de un modelo keynesiano sencillo, que

Efectos económicos del presupuesto sobre el nivel de la actividad económica (I)

la inversión privada es una función decreciente del tipo de interés $\left[I = I(i); \dfrac{dY}{di}\right]$, suponer la constancia de tal magnitud implica admitir que las variables monetarias que determinan el tipo de interés se ajustan en la forma conveniente para que este no varíe y la inversión se mantenga constante.

En otros términos, para cada valor del tipo de interés (que determina un volumen de inversión) se obtendrá un nivel de renta de equilibrio. Esta relación entre tipo de interés y renta de equilibrio puede reflejarse en una línea, como la de la Figura 12.1, y suele conocerse tras las aportaciones de Hicks y Hansen como curva *IS*, para expresar que las coordenadas de cada punto de la línea son valores del tipo de interés y de la renta, para los que se equilibran el ahorro y la inversión.

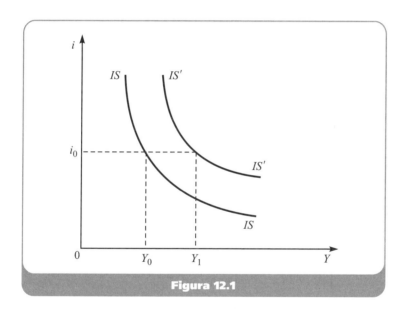

Figura 12.1

Según el análisis contenido en el apartado anterior, fijado un tipo de interés como el i_0 de la Figura 12.1, se obtiene un nivel de equilibrio de la renta nacional tal que el Y_0.

Toda variación en un gasto autónomo, si se mantiene constante el tipo de interés y, por tanto, la inversión, produce un desplazamiento de la línea *IS* (como en la Figura 12.1, en que se ha supuesto un aumento, con lo que se origina un desplazamiento hacia la derecha hasta la posición *IS'*) que lleva a un nuevo equilibrio de la renta, en el ejemplo Y_1. La variación de los niveles de renta de equilibrio refleja el efecto multiplicador que anteriormente estudiamos.

La introducción de las variables monetarias puede alterar sustancialmente el panorama anterior. Si admitimos la hipótesis habitual de que la demanda de dinero tiene esencialmente dos componentes, uno dependiente positivamente del nivel de renta, asociado a un motivo transacciones y de precaución, y otro dependiente, en forma decreciente, del tipo de interés, asociado a un motivo especulativo, los efectos multiplicadores de una variación autónoma del gasto público pueden verse considerablemente reducidos respecto a lo que parecía deducirse de nuestra anterior exposición. La secuencia de acontecimientos podría ser la siguiente:

1. Aumento de G → 2. Aumento de Y → 3. Aumento de la demanda de dinero por motivo transaccional → 4. Dada la oferta monetaria, elevación del tipo de interés → 5. Reducción de la inversión → 6. Reducción de la renta. El efecto final sobre el nivel de renta dependerá, en fin, de la importancia cuantitativa de los efectos 2 y 6 en esa cadena.

En términos analíticos, el equilibrio de las variables monetarias exige que la oferta monetaria se iguale a la demanda de dinero:

$$OM = DM$$

Si admitimos que $DM = DM(Y, i)$ para cada valor de la renta, existirá un tipo de interés para el que se igualan la oferta y demanda de dinero.

Esta multiplicidad de equilibrios es la que recoge la línea LM de la Figura 12.2, tal como se deriva del análisis Hicks-Hansen.

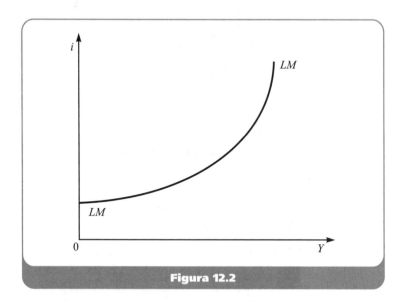

Figura 12.2

Como es sabido, en este tipo de análisis la situación de equilibrio se establece en aquel valor de la renta y del tipo de interés en que se cortan las líneas IS y LM, tal como aparecen en la Figura 12.3.

Dentro de este esquema un aumento del gasto autónomo desplaza hacia la derecha la curva IS hasta la posición IS' de la Figura 12.3. La renta aumenta de Y_0 a Y_1 y se produce

Efectos económicos del presupuesto sobre el nivel de la actividad económica (I)

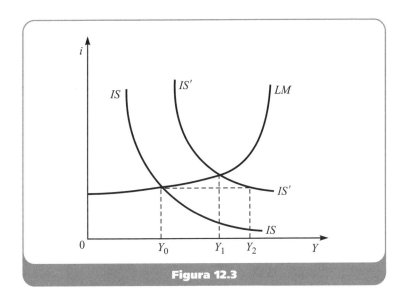

Figura 12.3

un efecto multiplicador más reducido que el que se hubiera obtenido si las variables monetarias se hubieran ajustado plenamente para evitar el crecimiento del tipo de interés y su correspondiente efecto depresivo sobre la inversión, en cuyo caso se hubiere alcanzado el nivel Y_2.

Esta ampliación, aunque sea somera, de nuestro modelo inicial, plantea un tema importante para la actividad presupuestaria que es el relativo a la diversidad de efectos que ocasiona sobre el nivel de la actividad económica según la forma que se arbitre para financiar el déficit (o utilizar el superávit) que pueda aparecer como consecuencia de una actuación discrecional con las variables presupuestarias.

Supongamos que se diseña un aumento del gasto público sin aumentar los impuestos. Esta actuación tiene inicialmente unos efectos expansivos; sin embargo, esos efectos serán distintos según se acuda a la Deuda Pública o a la emisión de dinero para hacer efectivo el gasto.

Si se emite deuda pública, y esta no se monetiza, el aumento del gasto no implicará variaciones en el equilibrio monetario, con lo cual los efectos multiplicadores serán los ya descritos en conexión con la Figura 12.3. El efecto multiplicador mayor o menor dependerá de la elasticidad de la demanda de dinero o, dicho en otros términos, de la zona en que nos estemos moviendo de la curva LM [3].

Si la financiación es mediante la creación de dinero, al desplazamiento de la curva IS causado por el mayor gasto público, habrá que añadir los efectos de un desplazamiento de la línea LM por la nueva creación de dinero para su financiación. Son, en princi-

---

[3] No consideraremos aquí los *efectos sustitución y riqueza* que puede originar la emisión de Deuda.

pio, dos fuerzas expansivas que se complementan, dando lugar a un efecto total mayor que en el caso anterior de financiación con deuda.

La Figura 12.4 muestra esta situación comparativa. Y_0 es la renta inicial de equilibrio. Y_3 la que se obtendría tras un cambio del gasto público, si se hicieran los ajustes necesarios para que el tipo de interés no varíe. Y_1 es el nivel de renta que se lograría con financiación mediante deuda pública y, finalmente, Y_2 es el correspondiente a una financiación con nueva creación de dinero.

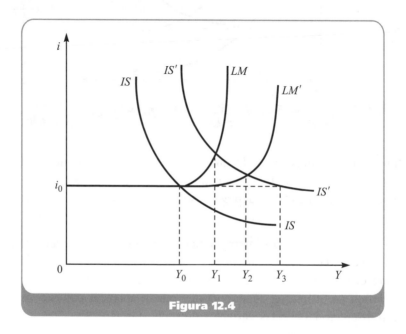

Figura 12.4

Una clara conclusión que se deriva de lo que se acaba de exponer es la necesidad de coordinación entre las intervenciones presupuestarias y monetarias de cara a lograr unos determinados efectos sobre el nivel de la demanda global. Si tal coordinación no existiera, una actuación presupuestaria expansiva podría verse contrarrestada por una línea contractiva por parte de las autoridades monetarias.

Glosario de términos y conceptos

Cambios automáticos
   y discrecionales
Estabilidad económica
Gasto autónomo
Índice de estabilización automática

Modelo keynesiano
Multiplicador del empleo
Multiplicadores de los gastos
   y los impuestos
Teorema de Haavelmo

Efectos económicos del presupuesto sobre el nivel de la actividad económica (I) — Capítulo 12

Resumen

- La evolución de la ideología presupuestaria revela claramente cuál ha sido la importancia que en el transcurso del tiempo han revestido los ingresos y gastos públicos como instrumentos utilizados por la política económica para colaborar al logro del objetivo de la estabilidad económica. Como corolario del hecho de que los ingresos y gastos públicos y sus variaciones pueden influir de distintas formas sobre los diferentes componentes de la demanda global de la economía, es posible obtener dos proposiciones de interés desde el punto de vista de la actividad financiera: que el efecto multiplicador del gasto público se estima mayor que el de la imposición y que el efecto multiplicador de un gasto público real financiado totalmente con impuestos directos es igual a la unidad, proposición generalmente conocida como Teorema de Haavelmo.

- De la proposición anterior se deriva que el efecto total de un cambio presupuestario sobre el nivel de la demanda global, depende tanto de su saldo como de su volumen o dimensión. En paralelo, el análisis de los efectos económicos del presupuesto reflejará un mayor realismo en la medida en que se tenga en cuenta la composición del presupuesto, agrupando ingresos y gastos en categorías homogéneas aceptables desde el punto de vista del análisis económico, lo que significa que, al relacionar la recaudación impositiva con la renta, el multiplicador de cualquier gasto autónomo (público o privado) disminuye.

- Al estudiar los efectos de cualquier cambio presupuestario sobre el nivel de la actividad económica, conviene, pues, separar los efectos de una variación discrecional de los ingresos y gastos públicos por parte de la autoridad, de aquellos cambios que son puramente el reflejo de los efectos económicos sobre las variables financieras, esto es, aquellos cambios de naturaleza automática. En este sentido, suele ser común medir los efectos automáticos del presupuesto, comparando una situación de equilibrio de la renta sin intervención pública de ninguna clase, con otra en la que únicamente se eliminan las intervenciones de carácter discrecional.

- R. A. Musgrave y Miller proponen un camino alternativo a lo anterior, que expresaría la variación proporcional de los multiplicadores del gasto autónomo en un sistema con y sin intervención del Estado, que mediría, en otras palabras, la capacidad de estabilización automática de los impuestos.

- Adicionalmente, si en el modelo de economía cerrada de partida se introducen las relaciones comerciales con el exterior, los valores previamente deducidos para los multiplicadores de gasto público e impuestos cambian sustancialmente. En general, en los modelos keynesianos simplificados del tipo que aquí hemos considerado, el nivel de empleo se supone que guarda una relación directa con el de producción y renta. Esta expresión pone de manifiesto, en definitiva, que si los salarios y los precios son flexibles, el efecto de una variación del gasto sobre el empleo puede ser insignificante, pero también, por el contrario, que adquiere importancia cuando se supone que los salarios son rígidos, al menos a la baja.

- Partiendo de la existencia de un impuesto general sobre el consumo que se traslada a los precios de los bienes y servicios consumidos, puede concluirse también que el impuesto indirecto es más contractivo que el directo para un mismo volumen de recaudación; que un aumento en la relación impuestos directos/impuestos indirectos, manteniendo constante la recaudación total, será expansivo; que, pese al mayor carácter contractivo de la imposición sobre el consumo, un aumento de esta clase de imposición eleva los precios más que la imposición sobre la renta, y, por último, que la imposición indirecta tiene más efectividad que la directa para contener la demanda total, pero lo consigue a costa de una mayor elevación de los precios.

- La coordinación entre las intervenciones presupuestarias y monetarias es necesaria para lograr unos determinados efectos sobre el nivel de la demanda global. Si tal coordinación no existiera, una actuación presupuestaria expansiva podría verse contrarrestada por una línea contractiva por parte de las autoridades monetarias.

Capítulo 13

Efectos económicos del presupuesto sobre el nivel de la actividad económica (II)

Hacienda Pública II

13.1. **La medición de los efectos presupuestarios sobre la demanda global**
  13.1.1. El concepto de superávit presupuestario de pleno empleo
  13.1.2. La propuesta de Hansen
13.2. **Los retardos en la política fiscal**
13.3. **Criterios de adecuación del presupuesto al logro de la producción (o Producto Nacional Bruto) potencial**
  13.3.1. Los conceptos de saldo presupuestario
  13.3.2. Normas de discrecionalidad
13.4. **Objetivos e instrumentos de la política fiscal**
▶ **Resumen**

13.1. La medición de los efectos presupuestarios sobre la demanda global

Como hemos visto con anterioridad, la apreciación del impacto presupuestario sobre la actividad económica global se realizaba tradicionalmente a través del signo y magnitud del saldo presupuestario. Un déficit se consideraba como expresión de la actuación expansiva y un superávit, de una actividad contractiva.

Sin embargo, es igualmente sabido que el presupuesto contiene elementos que, con mayor o menor flexibilidad, reaccionan automáticamente a los cambios en la coyuntura económica. En estas circunstancias, el saldo presupuestario es fruto tanto de los cambios discrecionales incorporados al presupuesto (cambios autónomos en gastos e ingresos públicos o alteraciones de tipos impositivos) como de la respuesta de los mecanismos automáticos presupuestarios a los cambios en la situación económica. Por ello, comparar, por ejemplo, el saldo presupuestario en dos situaciones distintas puede dar indicaciones incorrectas del sentido contractivo o expansivo de la acción presupuestaria. Déficits o superávits de igual cuantía absoluta pueden tener distinto valor como indicadores de una acción expansiva o contractiva cuando se obtienen en períodos con niveles diferentes de la actividad económica.

Uno de los propósitos de la teoría de la política fiscal en las últimas décadas ha sido precisamente la búsqueda de nuevos métodos de medición de los efectos de la actividad financiera pública, como instrumentos analíticos para orientar adecuadamente la acción presupuestaria.

Quizá quepa cifrar como punto de partida de los modernos intentos de apreciación cuantitativa de los efectos de la actividad financiera, el estudio de E. C. Brown (1956): *Fiscal Policy in the Thirties: A Reappraisal*. Brown centra su estudio en un tema histórico: concretamente, determinar en qué medida el *New Deal* contribuyó a contrarrestar la depresión que asoló a los Estados Unidos a comienzos de los años treinta.

Su trabajo presenta un doble punto de partida coincidente con algunos de los aspectos que ya hemos destacado en nuestro análisis anterior:

a) Por una parte, el reconocimiento de que es preciso separar qué parte de la variación en los ingresos por impuestos es el simple resultado de un mayor nivel de actividad económica y qué parte es la resultante de una acción discrecional por parte de la Administración. Así, un punto central de la argumentación de Brown es que, si bien el Sector Público contribuyó a contrarrestar parte de la depresión, ello se debió más bien a la respuesta tributaria automática al reducirse el nivel de actividad económica (efectos automáticos positivos) que al deseo consciente por parte de las autoridades de incrementar la demanda agregada (efectos discrecionales negativos).

b) Por otra, destaca el hecho de que una unidad adicional de gasto no ejerce los mismos efectos expansivos que una unidad adicional de impuestos. Es decir, mientras que un mayor volumen de gasto público real en bienes y servicios es directamente generador de renta y, además, ejerce una serie de efectos inducidos, un mayor volumen de impuestos únicamente participa de estos últimos. Por tanto, el concepto tradicional del saldo del presupuesto adolece de este defecto. Es decir, pondera unitariamente gastos e impuestos y de aquí pretende inferir el sentido de la acción presupuestaria. Como ya vimos, un presupuesto que aumente de volumen, aunque se mantenga en equilibrio, puede ejercer efectos expansivos.

Para evitar ambos problemas Brown sugirió, de una parte, la utilización del déficit (o superávit) de pleno empleo y, de otra, el establecimiento de ponderaciones para las diferentes partidas de ingresos y gastos.

Consideremos ahora algunas de las técnicas desarrolladas para intentar solucionar estos problemas.

13.1.1. El concepto de superávit presupuestario de pleno empleo

Centrándonos en la primera cuestión, es decir, la separación entre los denominados efectos automáticos del presupuesto y los discrecionales, la respuesta más simple y más fácilmente comprensible consiste en medir el saldo del presupuesto al nivel de pleno empleo. Aunque esta idea se hallaba ya, como hemos dicho, en el artículo de Brown, fue preciso esperar hasta 1962 para encontrar un eco oficial y una utilización del concepto a nivel de discusiones políticas en los Estados Unidos.

¿Qué es el superávit de pleno empleo y en qué medida permite separar los cambios automáticos y discrecionales?

El superávit (o déficit) de pleno empleo se define estrictamente como el superávit (o déficit), según el criterio de las Cuentas de la Renta Nacional, que arrojaría una estructura presupuestaria dada en una situación hipotética de pleno empleo de los recursos productivos. Esto se determina proyectando la estructura presupuestaria actual sobre una situación en que se supone que el PNB coincide con el PNB potencial de pleno empleo, entendido como la producción máxima que puede obtenerse utilizando plenamente todos los recursos en condiciones de su asignación óptima.

Este concepto ha sido utilizado como un medio de separar los cambios automáticos y discrecionales del presupuesto, con clara ventaja respecto al saldo efectivo, esto es, el déficit o superávit realmente obtenido en cada año.

La representación gráfica de la Figura 13.1 puede contribuir a aclarar este punto.

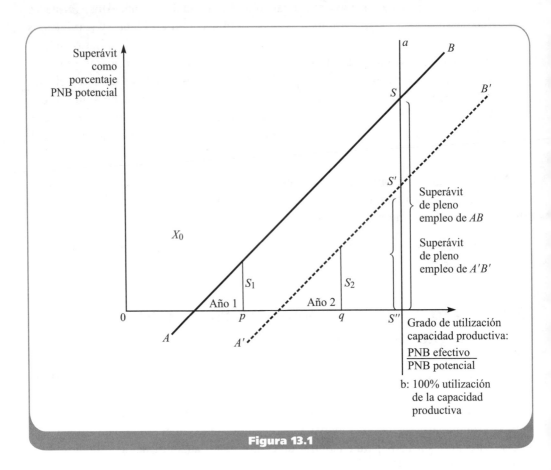

Figura 13.1

Supongamos los presupuestos de los años uno y dos. La recta AB indica la estructura presupuestaria del año 1. Si el grado de utilización de la capacidad productiva es en este año igual a $0P$, el saldo efectivo del presupuesto será de S_1. Análogamente, para el año 2, tenemos la estructura presupuestaria $A'B'$, el grado de utilización de la capacidad productiva $0Q$ y un saldo efectivo del presupuesto igual a S_2. Se observa, pues, que entre el año 1 y 2 se ha producido un aumento en el superávit y, por tanto, cabe entrever una acción fiscal contractiva. No obstante, ¿cuáles son los factores que han contribuido a este resultado?

Si el tema tributario es flexible, un mayor nivel de actividad económica generará automáticamente unas rentas más elevadas para el Sector Público, por lo que la diferencia entre saldos efectivos del presupuesto, $-S_2 + S_1 (=$ Actuación discrecional + Actuación automática), no permite medir la acción discrecional del Sector Público.

La forma de ver el signo de la acción discrecional, de acuerdo con los partidarios del superávit de pleno empleo, consiste en medir este a un nivel estable de utilización de la capacidad productiva. Se toma como punto de referencia un grado de utilización del 100 por 100, que en los Estados Unidos se supone alcanzado cuando el nivel de desempleo es aproximadamente de un 4 por 100. En la anterior Figura 13.1, la línea ab representa dicho grado de utilización potencial de los recursos productivos. Comparando los superávits de pleno empleo de $AB(SS'')$ y $A'B'(S'S'')$, puede observarse cómo el cambio de la estructura presupuestaria del año 1 a la del año 2 ha venido acompañado de un cambio discrecional expansivo, dado que en pleno empleo $A'B'$ obtendría un superávit inferior.

Este sistema de separación de los cambios automáticos y discrecionales adolece, no obstante, de algunos defectos. El primero de ellos es, como todo saldo presupuestario simple, su falta de ponderación, es decir, que da el mismo peso a las variaciones en los gastos y las variaciones de los impuestos. Para evitar este problema se ha sugerido por C. Brown (1956) y E. Gramlich (1967) la utilización del superávit o déficit presupuestario de pleno empleo ponderado. Consiste este en ponderar o dar un peso a cada una de las partidas presupuestarias, de acuerdo con sus efectos primarios sobre la demanda agregada. Estos diferentes pesos o ponderaciones se obtienen a partir de simulaciones efectuadas con modelos econométricos.

En segundo lugar, el sistema presenta el problema de que puede ser un mal indicador del sentido del presupuesto, en la medida en que el cambio discrecional realizado sea de tal clase que produzca una alteración de los tipos impositivos de forma que las proyecciones se crucen, como consecuencia del cambio de pendiente en las líneas expresivas del saldo presupuestario.

Tal situación se representa en la Figura 13.2. La estructura presupuestaria AB arroja un déficit D_1 en la situación de utilización de la capacidad productiva $0P$ y un superávit de pleno empleo SS''. Si en virtud de un cambio presupuestario la estructura se desplaza de AB a $A'B'$, el déficit en P pasaría a ser D_2, lo que parecería indicar que el cambio es expansivo. Por el contrario, en la situación de pleno empleo el superávit de la estructura presupuestaria $A'B'$ sería $S'S''$, mayor que SS'', sugiriendo con ello que la nueva estructura del presupuesto es menos expansiva que la anterior. Tal defecto de señalización del superávit de pleno empleo, que ha sido destacado por B. Hansen (1969) y J. Lotz (1971), es importante, toda vez que los cambios discrecionales que implican variación en la pendiente de la línea presupuestaria no son anormales.

13.1.2. La propuesta de Hansen

Bent Hansen (1969) ha utilizado un método de medición de los efectos económicos del presupuesto sobre la demanda global, bajo los auspicios de la OCDE, que fue ampliado a siete países miembros en el período 1955-1965.

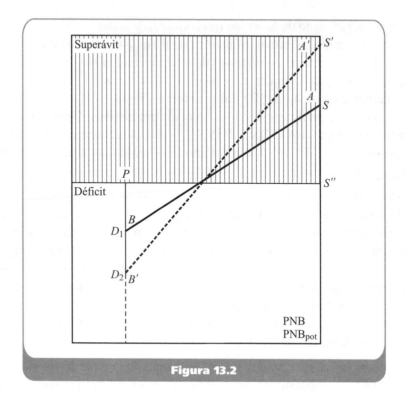

Figura 13.2

La formulación de Hansen es algo más compleja que los planteamientos anteriores. Por una parte, diferencia entre dos categorías impositivas, impuestos directos e indirectos, y supone que estos últimos se trasladan sobre los precios. Llega, por tanto, al resultado ya indicado anteriormente de que por unidad adicional de variación en los impuestos, la acción de los indirectos es más contractiva que la de los directos. Por otra parte, separa las variaciones del gasto público explicadas por la elevación del índice de precios de dicho gasto, de las explicadas por el componente volumen. Mientras las primeras ejercen únicamente efectos inducidos, como los impuestos directos, las segundas, aparte de estos, son directamente generadoras de renta y, por tanto, la diferencia entre multiplicadores para ambas categorías es igual a la unidad.

Una vez obtenidos los efectos totales, discrecionales y automáticos, pueden construirse series hipotéticas de crecimiento del PNB en los supuestos de ausencia de efectos discrecionales y de ausencia de efectos totales. (Podemos denominarlas, respectivamente, $f_{disc.}$ y $f_{tot.}$). Comparando las desviaciones de $f_{tot.}$ con respecto a su línea de tendencia ($f_{tot.}$) y relacionándola con las desviaciones de la tasa efectiva de crecimiento (f) con respecto también a su línea de tendencia, puede determinarse la medida en que el Sector Público ha sido un agente estabilizador o desestabilizador en cuanto a los «efectos totales».

Efectos económicos del presupuesto sobre el nivel de la actividad económica (II)

13.2. Los retardos en la política fiscal

Ya hemos comprobado cómo las variaciones discrecionales de ingresos y gastos públicos pueden tener determinados efectos sobre el nivel de la demanda global del sistema. Sin embargo, ni tales efectos ni los propios cambios presupuestarios son instantáneos; por el contrario, requieren un cierto tiempo y generan unos ciertos desfases.

Es, por tanto, interesante determinar cuáles pueden ser los retardos implícitos en la producción de efectos por parte de la política fiscal.

En este sentido, es usual la clasificación y separación de los retardos fiscales (o monetarios) en tres componentes:

a) Reconocimiento de la necesidad de actuar.

b) Adopción de la medida. (Político-administrativos).

c) Producción de efectos. (Funcionales).

El primer tipo de retardo depende del desfase con el que son elaboradas las estadísticas. En algunos países, con amplia tradición en este sentido, el desfase es relativamente reducido. No obstante, en otros menos afortunados puede ser muy considerable. El segundo tipo de «retardos» es más bien de tipo político y administrativo y es por ello por lo que la investigación económica se ha concentrado en el tercero, esto es, en la producción de efectos inducidos.

Es evidente que el proceso de causación a través del cual operan las variables fiscales es muy complejo. De ahí que la única forma posible de apreciar los retardos en la producción de efectos inducidos consista en examinarlos a través de un modelo econométrico. Por desgracia, el hecho de que las series económicas estén sujetas a fuertes factores tendenciales, limita las posibilidades de captar por medio del análisis econométrico la magnitud real de los verdaderos desfases.

Es preciso. sin embargo, una puntualización adicional. En la medida en que algunos cambios fiscales son ampliamente debatidos antes de ser introducidos, es posible que se produzcan efectos «anuncio» positivos que aceleren la rapidez en la propagación de efectos. Este tipo de reacciones, obviamente, apenas viene recogido por ningún modelo económico de los elaborados hasta la fecha, ya que si bien alguno de ellos introduce explícitamente las expectativas, sería preciso explicar estas en forma endógena para obtener alguna mejora en cuanto al grado de explicación estructural de la realidad económica.

Los resultados obtenidos mediante simulaciones con modelos econométricos, si bien no son plenamente acordes, muestran, en su mayoría, unos «efectos impacto» relativamente importantes con respecto a los multiplicadores dinámicos acumulados para un largo período de tiempo. Para un aumento del gasto público de mil millones de dólares, los multiplicadores obtenidos en una serie de modelos elaborados para Estados Unidos, sugieren que aproximadamente un 70 por 100 de los efectos se producen en el primer año. En definitiva, parecen indicar que si bien los retardos en la producción de efectos inducidos pueden tener cierta importancia, no constituyen por sí solos un motivo para rechazar la utilización discrecional de la política fiscal.

13.3. Criterios de adecuación del presupuesto al logro de la producción (o Producto Nacional Bruto) potencial

13.3.1. Los conceptos de saldo presupuestario

Desde un punto de vista práctico, la dificultad más importante que presenta la utilización del déficit o superávit público para valorar la adecuación del presupuesto a la fase cíclica por la que atraviesa la economía es un viejo problema que ya fue puesto de manifiesto por los primeros críticos de las posiciones clásicas sobre el comportamiento público. A saber: que el saldo del presupuesto influye y a la vez es influido por la situación económica global. Es decir, un saldo efectivo arrojado en un período determinado por las cuentas públicas puede dar indicaciones de la dirección de la política compensatoria pública (expansiva o contractiva), pero cabe poca duda de que, al menos en parte, ese saldo es una consecuencia de la situación coyuntural, ya que la progresividad, del lado de los ingresos, y los subsidios de paro y otras partidas del gasto público generan automáticamente cambios en el saldo, dada su directa conexión con el nivel de renta y el grado de utilización de la capacidad productiva, tal como sugiere el término de «estabilizadores automáticos» que se les aplica. Esta circunstancia conduce naturalmente a una interrogante obvia: ¿qué parte del saldo de las cuentas públicas está ejerciendo un papel contractivo o expansivo sobre la situación económica y qué parte del saldo público es un mero reflejo de la situación económica sobre las partidas de ingresos y gastos públicos más sensibles a la situación por la que atraviesa la economía?

La dirección pretendidamente contractiva o expansiva del saldo presupuestario se otorga inequívocamente al primero de esos elementos componentes y por ello han sido muchos los intentos de ajustar las cifras del saldo presupuestario, tanto en valores absolutos como en proporción del PIB, para recoger solo lo que cabría llamar el contenido intencional del saldo presupuestario, más allá del reflejo que la propia situación económica pueda tener sobre el saldo efectivo del presupuesto o de las cuentas de las Administraciones Públicas, a través de los «estabilizadores automáticos» de carácter presupuestario.

La proliferación de términos dentro del lenguaje del saldo presupuestario impone, ante todo, la tarea de intentar poner cierto orden en este terreno. Siguiendo a V. Valle (1999), cabe distinguir los siguientes conceptos clave respecto al saldo de las operaciones no financieras de una Administración Pública, sea a nivel de previsión (presupuesto) o de realización (cuenta):

1. Saldo efectivo (superávit o déficit). Equivale a la diferencia entre el total de ingresos y gastos no financieros. Contablemente coincide con la capacidad o necesidad de financiación del ente público que se esté considerando. El criterio convencional para la referencia temporal del cómputo de las partidas de ingresos y gastos públicos es el de devengo frente al criterio de caja. El primero computa ingresos y gastos cuando se adquiere el derecho o se contrae la obligación de la operación correspondiente, con independencia del momento en que se produce el cobro o pago efectivo. En los últimos años, ante el temor de que contablemente se estén disfrazando operaciones de capital —especialmente transferencias a organismos públicos— como activos financieros, se está extendiendo progresivamente la utilización de la necesidad o capacidad de endeudamiento público, que se obtiene sumando al déficit o restando al superávit el incremento anual de los activos financieros.

2. Saldo cíclico. Constituye una valoración cuantitativa de la parte del saldo imputable a la situación cíclica de la economía. Los sistemas de identificación de esta parte del saldo presupuestario son varios, calculados con más o menos precisión. En la actualidad se utiliza ampliamente el saldo que deriva de aplicar las elasticidades de ingresos y gastos públicos al gap positivo o negativo entre el PIB efectivo y un PIB tendencial calculado según técnicas de filtrado más o menos complejas de la serie de datos efectivos existente (el más habitual es el filtro de Hodrick-Prescott). Las variaciones del saldo cíclico reflejan los cambios automáticos en ingresos y gastos públicos causados por las partidas presupuestarias que reaccionan, sin mediar actuación pública intencional, a los cambios de ciclo económico.

3. Saldo discrecional. Es la parte del saldo efectivo que refleja ingresos y gastos expresamente decididos por la autoridad presupuestaria competente. Se trata, por tanto, de la diferencia entre los saldos efectivo y cíclico. Algunos autores y, sobre todo, organismos internacionales denominan a este componente del saldo efectivo «estructural», como lo opuesto a cíclico, expresión poco acertada porque no todo lo que contiene el saldo discrecional tiene el carácter básico y permanente que habitualmente se asigna a lo estructural en el lenguaje económico convencional. De ahí que dentro de ese componente denominado discrecional haya que separar una parte estructural con un sentido más estricto, de otra ocasional, con el significado que a continuación se especifica.

4. Saldo estructural. En sentido estricto, equivaldría a la diferencia entre gastos e ingresos públicos derivados de esquemas o fórmulas permanentes en el comportamiento público.

Una forma clara de reconocer tales gastos e ingresos es que su alteración no puede hacerse por simples reformas administrativas, ni siquiera mediante cambios de normas jurídicas de diferentes rangos. Requieren reformas de fondo en los procesos de prestación de servicios y deben suponer alteraciones profundas en el comportamiento de los agentes públicos. Así, por ejemplo, una reforma del IRPF como la practicada en 1998 en España tendría consecuencias recaudatorias estructurales, del mismo modo que las tendría una lucha intensa contra el fraude fiscal; no las tendría, sin embargo, una pura y simple reducción ocasional de tipos impositivos cuyas consecuencias recaudatorias, fuesen las que fuesen, no supusieran ningún tipo de reforma profunda en la conducta pública.

5. Saldo ocasional. Es aquella parte del saldo discrecional que no es estructural, es decir, que no es básico ni permanente. Es evidente que el Gobierno puede proponer —y el Parlamento aprobar— ingresos y gastos que reflejan decisiones que no implican variación en la estructura de ingresos y gastos. Los cambios de estas partidas suelen tener una duración temporal limitada, ya que se adoptan por el imperativo de una situación extrema sin las reformas de fondo que aseguren supervivencia.

Una reducción de los gastos de inversión pública directa, como tantas veces se ha practicado en España, es una contención ocasional del gasto público no sostenible a medio plazo. Una reducción de los gastos de transferencia de capital, si no encierra trampas contables, es una modificación estructural, porque entraña un cambio más exigente en la relación entre las Administraciones Públicas y las empresas beneficiarias.

Esa diferenciación entre lo estructural y lo ocasional no es frecuente de encontrar entre los análisis presupuestarios habituales, dada la dificultad de su medición.

6. Saldo primario. Aunque nacido con el objeto de analizar las condiciones para la reducción de la tasa de endeudamiento, la creciente utilización del concepto de saldo primario por los estudiosos del tema aporta una primera luz sobre la identificación dentro del saldo presupuestario de un núcleo cuya variación no es imputable en sentido estricto al presupuesto del ejercicio. Recordemos a estos efectos que un saldo presupuestario se califica de primario cuando excluye de sus gastos los pagos por intereses efectivos del endeudamiento público.

7. Saldo neutral. Con una óptica distinta, el concepto de saldo neutral trata también de practicar algún tipo de separación entre lo automático y lo discrecional. Este concepto nació al hilo del llamado «saldo de pleno empleo» introducido por el Consejo de Asesores Económicos del presidente de Estados Unidos en la década de los sesenta, y que posteriormente se fue adaptando y generalizando a otros países y organismos internacionales.

Este instrumento analítico del denominado «impulso fiscal», tal como lo utiliza el FMI, parte de definir un comportamiento público como neutral cuando el saldo de las cuentas públicas del año reproduce las condiciones de un ejercicio que se considera «ejemplar» por la elevada proximidad entre el PIB efectivo y un PIB potencial obtenido sobre la base de estimaciones que aproximan el valor que el PIB alcanzaría en una hipotética situación de pleno empleo de los recursos productivos sobre la base de su utilización eficiente. En la práctica la difícil y siempre discutible determinación de un PIB potencial se sustituye por el concepto más cercano y asequible del PIB tendencial de la economía en un período razonable de tiempo.

El saldo neutral en un año dado es la acumulación del saldo que se considera compatible con una situación real que pueda considerarse como muy satisfactoria, y un efecto cíclico que ajuste el saldo neutral de una situación óptima a otra real en que el nivel del PIB efectivo difiera significativamente del PIB tendencial. La idea central que este saldo transmite es que, si las Administraciones Públicas ajustaran su saldo efectivo a ese valor «neutral», el Sector Público no impediría, ni estimularía, con su actividad financiera, que la economía alcanzara, desde la óptica de la demanda global, su senda tendencial (o de pleno empleo según se haya determinado el valor del saldo neutral).

8. Saldo beligerante. Finalmente podemos llamar saldo beligerante o componente beligerante del saldo efectivo a la parte del saldo presupuestario que ejerce una acción expansiva o contractiva sobre la economía nacional, por la vía de la demanda agregada, aunque no mide directamente el efecto expansivo o contractivo en sí mismo.

Llegados a este punto tal vez sea útil establecer unas relaciones contables básicas entre los distintos saldos, tales como las que se exponen en la tabla adjunta (véase página siguiente).

Naturalmente que los equilibrios o desequilibrios de esos diferentes saldos tienen significaciones también distintas para enjuiciar el comportamiento de la economía pública.

La descomposición del saldo efectivo en los componentes cíclico, ocasional y estructural que expresa el primer miembro de la relación (5) es de gran utilidad para mostrar el grado creciente de dificultad que tiene la reducción del déficit público, una vez que se adopta la convicción de que el déficit público es un mal que debe erradicarse como forma sistemática del comportamiento financiero público. Dicho componente

(1) $SE = SD + SC$	SE = Saldo efectivo SD = Saldo discrecional SC = Saldo cíclico
(2) $SE = SN + SB$	SN = Saldo neutral SB = Saldo beligerante
(3) $SD = SES + SO$	SES = Saldo estructural SO = Saldo ocasional
(4) $SD + SC = SN + SB$	Igualando (1) y (2)

(5) SES + SO + SC = SN + SB	Teniendo en cuenta (3)
(6) Por otra parte SN = S* + SC	Donde S* es el saldo que contribuyó en un año óptimo (por la proximidad entre PIB efectivo y potencial) al logro de esa buena situación
(7) SES + SO + SC = S* + SC + SB	Sustituyendo (6) en (5)

Valle, V. (1999)

cíclico se va disolviendo por sí solo cuando la coyuntura económica mejora; la reducción del déficit ocasional e incluso su conversión en superávit es relativamente más fácil con medidas de emergencia que no supongan introducirse en el comportamiento profundo de las Administraciones Públicas como las que sí exige la reducción del déficit estructural que constituye el núcleo más duro y complejo de atacar.

Por su parte, la descomposición del saldo efectivo en los componentes neutral y beligerante, como muestra el segundo miembro de las expresiones (5) y (7), tiene una pretensión más analítica de detectar el impacto sobre la coyuntura del saldo presupuestario, cuya adecuación debe enjuiciarse a la luz del comportamiento de los componentes autónomos de la demanda privada.

13.3.2. Normas de discrecionalidad

Cuando se habla de política fiscal estabilizadora, se tiene en mente la idea de que el Sector Público debe ser un agente compensador de oscilaciones de la demanda agregada por medio de actuaciones discrecionales encaminadas a este fin. No obstante, existe una tradición fuertemente arraigada que se muestra partidaria de «reglar» la actividad presupuestaria. La regla de oro de la Hacienda Clásica, el equilibrio anual del presupuesto, sigue ejerciendo una influencia encubierta en la mente de los políticos. En este sentido, si bien es cierto, por ejemplo, que las circunstancias económicas por las que han atravesado los distintos países a raíz de la Gran Depresión de la década de los treinta del siglo pasado, han producido un progresivo alejamiento de esta norma de conducta tan estricta y, por tanto, que ningún político defendería a ultranza el equilibrio anual presupuestario, los perjuicios en contra de la acción discrecional del Sector Público continúan prevaleciendo.

La justificación de cualquier deseo de someter a reglas la actuación presupuestaria podría plantearse en los términos que siguen. Dado que no conocemos la suficiente economía como para poder llevar a cabo una política discrecional óptima, resulta conveniente diseñar una política automática que evite los inconvenientes derivados de los posibles errores en la adopción de medidas. Ahora bien, si nuestro conocimiento del funcionamiento de la economía es tan imperfecto, difícilmente cabe imaginar que seamos capaces de diseñar una fórmula automática que resulte preferible a la actuación discrecional.

Un argumento de segunda línea esgrimido por los defensores de «reglas» es el que sigue. Mediante su utilización se evita que ciertos objetivos importantes que debe cumplir el presupuesto (como es la consecución del pleno empleo) queden a merced de los caprichos de los políticos. Aun así, subyacen las siguientes objeciones: ¿quién decide si es preciso respetar la regla o sustituirla por otra? ¿Quién establece la regla? Es decir, en una sociedad (democrática o totalitaria) es muy limitado el papel que las normas de actuación pueden desempeñar con respecto a las actuaciones injustificadas de los políticos.

Pese a estos argumentos, con frecuencia se han desarrollado criterios que intentan someter a ciertas normas o reglas la actividad presupuestaria. Recordemos, en este sentido, lo ya expuesto respecto al llamado presupuesto de estabilización automática propuesto por el Comité de Desarrollo Económico en USA a comienzos de la década de los cincuenta del s. XX y otros criterios más o menos relacionados.

Modernamente, como también se ha anticipado, se han defendido en algunos países ciertas normas de neutralidad presupuestaria que, si por una parte entrañan una ideología propensa a limitar la actuación discrecional presupuestaria, por otra, dan criterios para separar las acciones automáticas y discrecionales, permitiendo una mejor orientación de la acción discrecional de cara al logro del PNB potencial.

En lo que sigue nos concentraremos en el análisis de los métodos utilizados para valorar la adecuación de la política presupuestaria al logro de la producción y renta de pleno empleo y el establecimiento o fijación de criterios de comportamiento del presupuesto a la luz de esta finalidad.

Han sido fundamentalmente cuatro los métodos desarrollados hasta el presente con este objetivo: 1. El criterio del superávit (o déficit) presupuestario de pleno empleo, al que ya hemos hecho referencia. 2. El criterio del «margen estructural presupuestario». 3. El concepto del «Presupuesto neutral». 4. El impulso fiscal del FMI. Cada uno de ellos tiene sus propias peculiaridades distintas que más adelante examinaremos, pero existen unas líneas o rasgos comunes que podemos resumir como sigue:

a) Todos parten de la insuficiencia de los estabilizadores automáticos como instrumentos de acción coyuntural, al mismo tiempo que temen que una excesiva flexibilidad impositiva dificulte el crecimiento del PNB real en una forma cercana al PNB potencial.

b) Por otra parte, todos anidan una notable desconfianza hacia la actuación discrecional del Sector Público, especialmente a consecuencia de los retrasos en su ejecución. Problema que puede verse aún más acentuado cuando existe una fuerte interdependencia entre la economía nacional y el resto del mundo, toda vez que en este caso gran parte de las fuentes de inestabilidad interna dependen de las relaciones económicas internacionales, para cuya neutralización los instrumentos fiscales no se consideran especialmente adecuados.

c) A consecuencia de lo anterior se estima que el papel de la política fiscal estabilizadora debe ser limitado en combinación con una política monetaria activa. Lo importante es buscar criterios de neutralidad de la política fiscal respecto a la coyuntura.

d) Tales criterios de neutralidad se concretan en normas operativas de unos «saldos presupuestarios neutrales» que, aunque, como veremos, son diferentes, tienen el defecto común de su falta de ponderación.

Seguidamente analizaremos los rasgos básicos de cada uno de estos métodos.

El superávit de pleno empleo

Como ya dijimos, la utilización de este concepto nació en Estados Unidos, inspirado por el Consejo de Asesores Económicos del presidente Kennedy, y apareció por vez primera en el *Economic Report of the President* de 1962.

Las sugerencias contenidas en la fórmula presupuestaria de estabilización automática a que ya hicimos referencia, tenían evidentemente el atractivo de minimizar la actuación discrecional del Sector Público frente a la estabilización económica.

Sin embargo, resulta obvio que el juego de los estabilizadores no es suficiente para evitar o reducir sustancialmente las fluctuaciones cíclicas de la economía. Si a esto se une la necesidad no solo de estabilizar la demanda efectiva a un nivel de «prosperidad», sino de acceder a la producción potencial del país, se hace evidente la necesidad de una vuelta a la discrecionalidad en el uso de la política fiscal estabilizadora, si bien se pretende que tal discrecionalidad esté bien dirigida.

Este es el propósito del concepto antes definido de superávit presupuestario de pleno empleo. Varios aspectos podemos distinguir en este sentido:

1. El superávit (déficit) de pleno empleo nos permite comparar el carácter más o menos expansivo o restrictivo de estructuras presupuestarias distintas. En opinión de sus defensores, el superávit de pleno empleo es un método útil de separar los cambios automáticos y discrecionales del presupuesto. Al referir la comparación de dos estructuras presupuestarias (una de partida y otra incorporando un cambio discrecional) a un mismo nivel de actividad (el de pleno empleo) no se cae, en principio, en el error burdo que ya indicamos de comparar saldos presupuestarios reales referidos a situaciones económicas distintas.

2. Olvidando por el momento el defecto anterior y admitiendo, en consecuencia, que el superávit de pleno empleo puede utilizarse como indicador del sentido en que actúa el presupuesto, una utilización del concepto es analizar la evolución

seguida por el superávit de pleno empleo en diferentes años para obtener una idea de la línea histórica de actuación presupuestaria desde el punto de vista de la estabilidad.

3. Finalmente, en referencia a las reglas de actuación presupuestaria que esta ideología comporta, dada la relación existente entre la recaudación impositiva y el nivel de renta nacional (tanto mayor cuanto más flexible sea el sistema tributario), es evidente que el crecimiento del PNB potencial de pleno empleo origina automáticamente un crecimiento del superávit presupuestario de pleno empleo para cualquier estructura presupuestaria dada.

Gráficamente esto equivale a decir que la línea *AA* de la Figura 13.3, cuyo superávit de pleno empleo es *AB*, se va desplazando en sentido ascendente conforme aumente el PNB potencial arrojando superávit crecientes. Como quiera que este hecho puede influir negativamente sobre la posibilidad de acercar la evolución del PNB real al potencial, dado el creciente drenaje de los impuestos, aparece como norma de comportamiento presupuestario la de que estos incrementos automáticos de los impuestos que acompañan al crecimiento del PNB potencial, que reciben el nombre de *rémora o absorción fiscal* (*fiscal drag*), se reintegren al sector privado mediante un mayor gasto público o reducciones impositivas denominados *dividendos fiscales* (*fiscal dividends*).

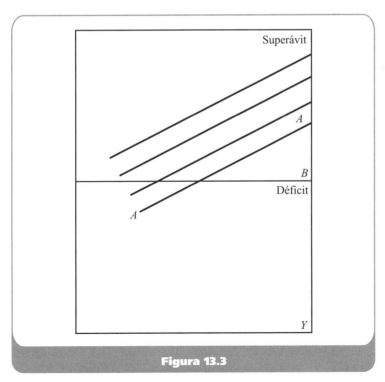

Figura 13.3

Otra norma implícita en el criterio de superávit de pleno empleo, sugerida por los trabajos de A. M. Okun y N. H. Teeters (1970), aunque sin utilización oficial, consiste en fijar un «superávit presupuestario de pleno empleo» *óptimo*, es decir, el volumen de ahorro público necesario para complementar al ahorro privado de pleno empleo. Ese valor óptimo puede servir como punto de referencia para determinar el carácter expansivo o contractivo de cualquier estructura presupuestaria a través del superávit de pleno empleo que origine.

Es evidente que en los términos que quedan expuestos existen multitud de problemas de cálculo del PNB potencial y de proyecciones de los diferentes componentes del presupuesto a los que aquí no haremos referencia. En este orden, sin embargo, queremos hacer mención del importante problema que para estas estimaciones se deriva del hecho de que los valores impositivos se calculen a precios corrientes, y, en consecuencia, de la necesidad añadida de establecer criterios respecto al crecimiento «normal» de precios para hacer las estimaciones en la situación de pleno empleo. Las divergencias entre crecimiento real y estimado de precios origina complicaciones a la hora de estimar el carácter contractivo o expansivo que el superávit de pleno empleo sugiere respecto a una estructura presupuestaria dada.

Margen estructural presupuestario

De acuerdo con este procedimiento, empleado por el Ministerio de Hacienda de Holanda a partir de 1960, se calcula, al igual que en el caso anterior, un saldo presupuestario de pleno empleo. No obstante, su uso es notablemente diferente, dado que el propósito inicial del «margen estructural» es el de establecer criterios limitadores del crecimiento de gasto público a medida que la economía se desarrolla. En síntesis, el esquema se concreta en los siguientes extremos:

1. Para un año base seleccionado por su proximidad a una situación de equilibrio con pleno empleo se estima el déficit del Sector Público. Con ello se trataría de determinar aquella situación presupuestaria que junto al sector privado ha contribuido a producir una situación óptima de la economía.

2. El objetivo de las variables presupuestarias es mantener el valor absoluto de ese déficit logrado en la situación inicial de pleno empleo. La tesis subyacente es que tal comportamiento del Sector Público no obstaculiza el mantenimiento del equilibrio de pleno empleo y, por tanto, su actuación se considera neutral.

3. Al crecer la economía, si el Sector Público no adopta ningún tipo de cambio discrecional, los ingresos impositivos aumentarán y el déficit seleccionado se irá reduciendo. Dicho crecimiento automático recibe el nombre de *margen estructural* y se considera que es el crecimiento admisible del gasto público a medida que crece el PNB, sin distorsionar el equilibrio económico.

Efectos económicos del presupuesto sobre el nivel de la actividad económica (II)

Item más, es preciso resaltar el hecho de que el crecimiento de los impuestos se calcula en términos reales, como producto de la tasa de crecimiento del PNB potencial y la elasticidad tributaria con respecto a esta variable.

En definitiva, la acción estabilizadora contenida en el margen estructural puede resumirse en los siguientes puntos:

- ΔPNB potencial = ΔPNB real
  ΔGasto = Δ real de impuestos. Mantenimiento del déficit inicial.
- ΔPNB potencial > ΔPNB real
  ΔGasto > Δ real de impuestos. Aumento del déficit inicial. Acción expansiva.
- ΔPNB potencial < ΔPNB real
  ΔGasto < Δ real de impuestos. Disminución del déficit inicial. Acción contractiva.

El presupuesto neutral [1]

Este criterio fue sugerido por el Consejo de Asesores Económicos en Alemania en su informe de 1967, desarrollándose posteriormente al punto de haber sido adoptado por el Fondo Monetario Internacional (Valle, V., 1972).

La ideología presupuestaria implícita en este concepto se articula en un doble propósito:

1. Mantener una acción presupuestaria neutral con respecto a la coyuntura, dado que se desconfía de la política fiscal como anticíclica.

2. Buscar criterios que permitan la programación del gasto público sobre una base estable, o al menos más estable que la correspondiente a una renta nacional o PNB real sujetos a oscilaciones notables en cuanto a su evolución.

La neutralidad se define como sigue. Un cambio presupuestario se considera neutral respecto a la coyuntura cuando no altera con sus efectos el grado de utilización de la capacidad productiva del sistema económico, respecto a un año de equilibrio que se toma como base, bajo el supuesto de que el sector privado de la economía se ajuste en la forma adecuada, no alterando el grado en que utiliza el potencial productivo.

Si llamamos Y al PNB real o efectivo, Y_F al potencial productivo, C al consumo privado, I a la inversión privada, G al gasto público y T a los impuestos, podemos ilustrar el razonamiento anterior haciendo uso del modelo simplificado para una economía cerrada que expusimos en el Capítulo 12.

Si denominamos a al año base, en ese período el grado de utilización de la capacidad será:

$$\frac{Y_a}{Y_F}$$

---

[1] Véase Valle, V. (1972) y Lagares, M. J. (1972).

De otra parte, sabiendo que

$$Y_a = C_a + I_a + G_a = C_a^0 + cY_a - ctY_a + I_a + G_a$$

se tiene que

$$Y_a = \frac{1}{1 - c(1 - t)}[(C_a^0 + I_a) + G_a]$$

Por tanto, el grado de utilización de la economía nos vendrá dado por:

$$\frac{Y_a}{Y_F} = \frac{1}{1 - c(1 - t)} \cdot \left[\frac{C_a^0 + I_a}{Y_F} + \frac{G_a}{Y_F}\right] \tag{13.2}$$

Luego, si se admite que el sector privado de la economía mantiene su grado de utilización de la capacidad productiva, es decir, $\frac{C_a^0 + I_a}{Y_F}$ permanece estable, y que la propensión marginal al consumo (c) no varía, el grado de utilización de la capacidad potencial del sistema se mantendrá siempre que, desde el punto de vista del presupuesto, se den dos requisitos:

– Que se mantenga constante t, es decir, el tipo macromarginal de imposición que relaciona la recaudación tributaria con la renta corriente de cada año.

– Que la proporción del gasto público al PNB potencial de cada período se mantenga a un nivel constante. Es decir, que la relación $g = \frac{G_a}{Y_F}$ se mantenga constante.

El mantenimiento de estos valores asegura un comportamiento neutral del presupuesto respecto a la coyuntura en el sentido descrito[2].

El concepto del «presupuesto neutral» presenta, en fin, algunas características destacables. Ante todo, permite enjuiciar el carácter expansivo o contractivo del saldo presu-

---

[2] El poder legislativo, dentro de la habitual separación de competencias en el proceso presupuestario, deberá decidir en un año base de equilibrio la estructura de la financiación que considere adecuada, y particularmente la presión fiscal y el grado que considera adecuado de absorción de recursos por parte del Sector Público respecto a la producción potencial de la economía (g). El comportamiento neutral del presupuesto respecto a la coyuntura, asegurado por el mantenimiento de esos valores, implicaría un saldo presupuestario tal que: $[gY_F - tY]$.

De otra parte, en el cálculo del presupuesto neutral surgen, entre otras, dos cuestiones interesantes. La primera de ellas es que el crecimiento de los precios debe tenerse en cuenta a la hora de determinar el volumen de gasto público neutral, ya que, de otro modo, dado el crecimiento que los precios experimentan en la realidad, la absorción de recursos por el Sector Público iría disminuyendo en términos reales. En Alemania, la forma sugerida para introducir este crecimiento de precios consistía en «inflactar» el PNB potencial a tenor de un crecimiento interanual del índice de precios implícito en el cálculo del PNB del 1 por 100, tasa de inflación que se estimaba aceptable en dicho país. Este proceder daba una nota normativa al cálculo del gasto público sobre la base de un presupuesto neutral, ya que si el Gobierno no conseguía mantener el crecimiento de los precios dentro de ese margen tolerable, vería disminuir en términos reales su participación en el PNB.

El otro aspecto consiste en que la variación a plazo medio de la presión fiscal se incorpora al volumen de gasto que se considera neutral.

Efectos económicos del presupuesto sobre el nivel de la actividad económica (II)

puestario real por comparación con el saldo presupuestario neutral. Partiendo de la notación

G_r = Gasto público realmente programado.

T_r = Ingresos públicos reales.

t = Tipo impositivo ideal aceptado por el poder legislativo sobre el PNB de un año base de equilibrio.

g = Proporción del gasto público con respecto al PNB potencial ideal.

el saldo del presupuesto efectivo equivaldría a $(G_r - T_r)$ y el neutral a $(gY_F - t_Y)$. La diferencia entre ambos saldos se toma como indicador del efecto coyuntural (E_c) del presupuesto y recibe el nombre de *saldo beligerante* o *efecto coyuntural*. En términos analíticos, este saldo beligerante obedece, pues, a la expresión:

$$\text{Efecto coyuntural} = E_c = (=S_b) = (gY_F - tY) - (G_r - T_r) =$$
$$= (gY_F - tY_F + tY_F - tY) - (G_r - T_r) = \quad (13.3)$$
$$= [Y_F(g - t) + t(Y_F - Y)] - (G_r - T_r)$$

Ecuación la (13.3) que, a su vez, puede reformularse en términos de saldo real de la forma:

$$S_e = G_r - T_r = Y_F(g - t) + t(Y_F - Y) - E_c \quad (13.4)$$

La determinación del efecto coyuntural es, a la postre, una forma peculiar de separar los cambios presupuestarios automáticos y discrecionales.

Obsérvese que el saldo del presupuesto neutral contenido en el primer término del segundo miembro de la anterior expresión (13.4) no tiene un signo definido: arrojará un superávit o déficit según cuál sea el grado de distanciamiento entre el PNB real y el potencial y los valores de los parámetros t y g. Este hecho implica que el presupuesto neutral contendrá unos efectos anticíclicos automáticos, puesto que si partimos de un año base de equilibrio del PNB real aproximadamente igual al potencial, toda caída del PNB real implica una disminución impositiva a los tipos existentes que tienen efectos expansivos y viceversa.

En este punto es preciso resaltar que los criterios de neutralidad definidos llevan implícitos juicios de valor que se entremezclan con el análisis positivo. En realidad, como Heller (1967) ha señalado, la «neutralidad» requiere atribuir un multiplicador a cada categoría de gastos e impuestos y entonces lograr que las dos sumas se compensen mutuamente. Por otra parte, quizá sea preciso indicar que, en cualquier caso, la preferencia por reglas frente a la «discrecionalidad» debe forzosamente derivarse de un juicio adverso sobre la calidad de la política discrecional efectivamente seguida, pero no puede estar basada en una justificación teórica adecuada.

El cuadro adjunto, adaptado del ofrecido por Lotz (1971), resume las principales características de los tres sistemas expuestos hasta ahora.

Cuadro comparativo de los tres sistemas			
Sistemas \ Características	Superávit de pleno empleo (USA)	Margen estructural (Holanda)	Presupuesto neutral (Alemania)
Ingresos públicos	Hipotéticos, basados sobre una producción potencial con un 4% de desempleo. Revisiones cuatrimestrales.	Análogo al caso USA. Proyecciones para un período de cuatro años.	Recaudación impositiva real.
Gasto público	Gasto público real del período más el incremento originado por los gastos que varían automáticamente con la situación coyuntural (subsidios de paro).	Gasto real del período.	Hipotético, derivado de la aplicación al PNB potencial del período el coeficiente de proporción del gasto público respecto al PNB en el año base.
Tratamiento de los precios	Para proyectar los ingresos se toman los valores esperados en el crecimiento del índice de precios.	El cálculo se realiza en términos reales. Los efectos de la inflación sobre la recaudación impositiva, se afectan para atender al crecimiento de retribuciones en los funcionarios.	Se considera un crecimiento de precios «aceptable» del 1 por 100 anual.
Norma derivada para el crecimiento del gasto público	No sobrepasar el crecimiento automático de los impuestos a medida que crece el PNB potencial.	Análogo al caso USA.	La relación gasto público/PNB potencial debe mantenerse constante (gasto neutral).
Criterio de neutralidad coyuntural del presupuesto	No se explicita.	Mantener el saldo presupuestario del año base en términos absolutos.	El saldo presupuestario se considera neutral cuando es igual a la diferencia entre el «gasto neutral» y la recaudación impositiva real.
Medición del impacto coyuntural del puesupuesto	Cambios experimentados por el superávit de pleno empleo.	Por comparación con el saldo presupuestario del año base. Se elabora adicionalmente un índice del «impuesto presupuestario».	Por comparación del saldo presupuestario real con el saldo neutral.

Valle, V. (1972).

El impulso fiscal del FMI

El indicador de impulso fiscal propuesto por el FMI[3] analiza cuál ha sido la orientación de la política fiscal. En concreto, trata de valorar si la política ha tenido, a nivel macroeconómico, un efecto estabilizador. Así, un impulso fiscal positivo implica una acción discrecionalmente contractiva de la política fiscal, y viceversa.

---

[3] Véase Heller, P. S.; Haas, R. D. y Mansur, A. H. (1986).

Efectos económicos del presupuesto sobre el nivel de la actividad económica (II)

El FMI define el concepto de efecto cíclico del presupuesto (ECP) como la diferencia entre el saldo cíclico neutral (SCN) y el saldo presupuestario efectivo (SPE). A su vez, el saldo cíclico neutral (SCN) se conceptua como el saldo público que habría resultado si se hubiera mantenido la relación entre gasto público y PIB potencial al mismo nivel que en el año base y si los ingresos públicos hubieran variado al mismo ritmo que el PIB observado (González-Páramo y Roldán Alegre, 1992). De esta forma

$$SCN = \frac{I_o}{PIB_o} PIB_t - \frac{G_o}{PIB_o^P} PIB_t^P \tag{13.5}$$

siendo I los ingresos de las Administraciones Públicas, G los gastos de estas y PIB^P el PIB potencial real multiplicado por el deflactor del PIB a precios de mercado. El subíndice o indica el año base y el subíndice t el año analizado.

Un ECP positivo denotará una expansión de la política fiscal con respecto al año base, y viceversa.

Por último, el indicador de impulso fiscal (IF) elimina la dependencia respecto del año base, ya que se define como la variación interanual del efecto cíclico del presupuesto (o variación interanual del saldo beligerante), de modo que si esta variación es negativa, se considera que la política fiscal ha sido más expansiva que la del año anterior y habrá existido un impulso expansivo. Analíticamente, este impulso fiscal puede expresarse de la forma:

$$IF_t = \frac{ECP_t}{PIB_t} = \left(\frac{ECP_t}{PIB_t}\right) - \frac{ECP_{t-1}}{PIB_{t-1}} \tag{13.6}$$

13.4. Objetivos e instrumentos de la política fiscal

Hasta ahora hemos supuesto que el único objetivo de la política fiscal estabilizadora es conseguir un nivel de producción y renta que permita la plena utilización de los recursos de la sociedad. Sin embargo, basta un acercamiento a la realidad económica, por leve que sea, para comprender que la política de estabilidad no agota su contenido en este primer objetivo. Como es bien conocido, la política de estabilización suele concretarse en cuatro diferentes fines:

a) Estabilizar la producción y renta al nivel de pleno empleo.
b) Permitir un crecimiento estable a largo plazo de la economía.
c) Mantener dentro de límites tolerables el crecimiento de los precios.
d) Lograr un equilibrio en las relaciones económicas con el resto del mundo, esto es, en la balanza de pagos.

El problema más importante que esta pluralidad de objetivos plantea es que la utilización de un instrumento presupuestario para el logro de una determinada finalidad puede dañar el grado en que puede conseguirse otro u otros de los fines planteados. En concreto, una elevación del gasto público puede colaborar a la elevación del nivel de renta y producción, pero en las cercanías del pleno empleo esta actuación puede generar crecimientos indeseables en los precios, que a su vez pueden deteriorar el equilibrio de la balanza de pagos. Por otra parte, si, por ejemplo, se actúa aumentando el tipo de interés para evitar salidas de capitales al exterior que pudieran crear tensiones de balanza de pagos, puede desalentarse el proceso de inversión privada al encarecer sus costes, lo que puede poner en entredicho el crecimiento futuro de la economía. En definitiva, el político se enfrenta, por un lado, con un conjunto de objetivos que pueden ser parcialmente incompatibles entre sí y, por otro, con unos instrumentos limitados.

Al igual que en el planteamiento general de la política económica, las relaciones entre objetivos e instrumentos de la política fiscal ha seguido, tradicionalmente, dentro de un marco teórico, el tratamiento propugnado por la línea Hansen-Tibergen, que supone que los objetivos una vez especificados son inmutables. El problema en este caso estriba en combinar suficientes instrumentos de política para alcanzar los objetivos planeados. Esta posición podría resumirse en los siguientes puntos:

1. Si el número de instrumentos disponibles es menor que el número de objetivos que se pretende alcanzar, no es posible satisfacer todos los valores deseados para los objetivos.

2. Si el número de instrumentos es superior o igual al número de objetivos, la solución es posible y, en el caso de igualdad, única.

3. La validez de las anteriores proposiciones exige que los instrumentos sean linealmente independientes y consistentes. En términos prácticos esto equivale a decir que actúen sobre diferentes variables.

4. Con independencia de la solución formal del problema, a veces existen limitaciones sobre los posibles valores de los instrumentos utilizables. Así, por ejemplo, ciertos valores de los objetivos podrían lograrse aumentando la presión fiscal, pero existen unos límites tolerables por encima de los cuales el político sabe que no puede pasar.

Estas limitaciones sobre el número y los valores de los instrumentos obligan a la política fiscal a tomar una línea distinta a veces, llamada enfoque de Theil, que plantea la posibilidad de modificar el grado de consecución de uno o varios objetivos en caso de conflicto entre ellos. Dentro de esta línea, suponiendo que quienes adoptan las decisiones de política fiscal siguen, de alguna manera, una aproximación a la función de bienestar social, que expresaría las combinaciones de distintos niveles de ambos objetivos que mantienen constante el bienestar de la sociedad, es de gran utilidad el conocimiento de relaciones entre objetivos, tal como estas surgen de la realidad económica.

Efectos económicos del presupuesto sobre el nivel de la actividad económica (II)

Tal es el caso de la denominada curva de Phillips, que, como es bien conocido, expresa las relaciones existentes entre las tasas de crecimiento de los precios y el nivel de desempleo, lo que permite cuantificar la relación de transacción (*trade-off*) entre los dos objetivos de estabilidad de precios y pleno empleo.

Las Figuras 13.4, 13.5 y 13.6 permiten aclarar este tema. La Figura 13.4 expresa las relaciones entre el ritmo de crecimiento del nivel de precios y la tasa de desempleo. La pendiente en cualquier punto expresa la cesión que la sociedad está dispuesta a realizar en la consecución de uno de los objetivos, sobre la base de avanzar en el logro del otro, permaneciendo constante el bienestar social. La Figura 13.5 expresa la relación entre los mismos objetivos, tal como esta surge de la realidad económica, y permite cuantificar el *trade-off* entre ambos objetivos, esto es, el coste de avanzar en la consecución de uno de ellos, en términos de lo que hay que ceder en el otro. La Figura 13.6 pone en relación los dos anteriores y fija una posición de equilibrio alcanzable por la política económica y socialmente tolerable.

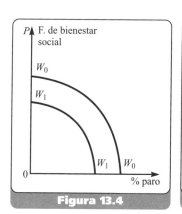
Figura 13.4

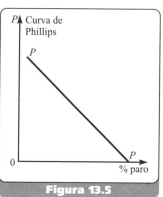
Figura 13.5

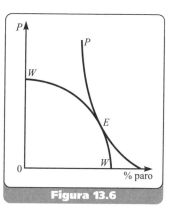
Figura 13.6

Glosario de términos y conceptos

- Absorción fiscal
- Curva de Phillips
- Desfases o retardos de la política fiscal
- Dividendo fiscal
- Impulso fiscal
- Margen estructural presupuestario
- Presupuesto neutral
- Saldo beligerante
- Saldo cíclico
- Saldo discrecional
- Saldo estructural
- Saldo neutral
- Saldo ocasional
- Saldo presupuestario (déficit o superávit) efectivo
- Saldo primario
- Superávit (o déficit) de pleno empleo ponderado
- Superávit (o déficit) presupuestario de pleno empleo

Resumen

- Uno de los propósitos de la teoría de la política fiscal en las últimas décadas ha sido la búsqueda de nuevos métodos de medición de los efectos de la actividad financiera pública, como instrumentos analíticos para orientar adecuadamente la acción presupuestaria. Entre las técnicas más desarrolladas, dos son las más destacadas: el superávit (o déficit) de pleno empleo y el método de Bent Hansen.

- El superávit (o déficit) de pleno empleo se define estrictamente como el superávit (o déficit) que arrojaría una estructura presupuestaria dada en una situación hipotética de pleno empleo de los recursos productivos. Esto se determina proyectando la estructura presupuestaria actual sobre una situación en la que se supone que el PNB coincide con el PNB potencial de pleno empleo, entendido este como la producción máxima que puede obtenerse utilizando plenamente todos los recursos en condiciones de asignación óptima de los mismos. Este sistema de separación de los cambios automáticos y discrecionales adolece, no obstante, de dos importantes defectos. El primero es su falta de ponderación, es decir, que da el mismo peso a las variaciones en los gastos y las variaciones de los impuestos. El segundo, el problema de que puede ser un mal indicador del sentido del presupuesto, en la medida en que el cambio discrecional realizado sea de tal clase que produzca una alteración de los tipos impositivos de forma que las proyecciones se crucen, como consecuencia del cambio de pendiente en las líneas expresivas del saldo presupuestario.

- El método de Bent Hansen mide los efectos económicos del presupuesto sobre la demanda global.

- Los efectos que las variaciones discrecionales de ingresos y gastos públicos pueden tener sobre la demanda global del sistema no se producen de forma instantánea, sino que, por el contrario, requieren cierto tiempo y generan ciertos desfases. En este sentido, es habitual clasificar y separar los retardos fiscales (o monetarios) en tres componentes: reconocimiento de la necesidad de actuar, adopción de la medida (político-administrativas) y producción de efectos (funcionales).

- La proliferación de términos dentro del lenguaje del saldo presupuestario impone la tarea de intentar poner cierto orden en este terreno. A este respecto, es preciso distinguir los siguientes conceptos clave respecto al saldo de las operaciones no financieras de una Administración Pública: saldo efectivo, saldo cíclico, saldo discrecional, saldo estructural, saldo ocasional, saldo neutral y saldo beligerante.

- Los métodos desarrollados hasta el presente para valorar la adecuación de la política presupuestaria al logro de la producción y renta de pleno empleo son, básicamente, cuatro: el ya comentado criterio del superávit (o déficit) presupuestario de pleno empleo, el criterio del «margen estructural presupuestario», el concepto del «presupuesto neutral» y el impulso fiscal del FMI. Todos ellos presentan sus propias peculiaridades y líneas o rasgos comunes.

- La política de estabilización suele concretarse en cuatro objetivos diferentes: estabilizar la producción y renta al nivel de pleno empleo, permitir un crecimiento estable a largo plazo de la economía, mantener dentro de límites tolerables el crecimiento de los precios y lograr un equilibrio en las relaciones económicas con el resto del mundo, esto es, en la balanza de pagos.

Parte V

Otros ingresos públicos

Capítulo 14

Derecho de señoreaje y deuda pública. Empresas públicas y precios públicos

- **14.1. Derecho de señoreaje e imposición implícita**
- **14.2. Aspectos institucionales de la deuda pública: concepto, clases y terminología del ciclo vital**
  - 14.2.1. Concepto de deuda pública
  - 14.2.2. Clases de deuda pública
  - 14.2.3. Glosario de términos fundamentales del ciclo de la deuda pública
- **14.3. Problemas económicos de la deuda pública**
  - 14.3.1. Implicaciones económicas del Teorema de la equivalencia ricardiana
  - 14.3.2. Generalización intergeneracional del Teorema de la equivalencia ricardiana: el Teorema de Barro
  - 14.3.3. Principales posiciones respecto a la deuda pública en la historia del pensamiento económico
  - 14.3.4. Explosividad de la deuda pública
- **14.4. Empresas públicas: concepto, clases y justificación**
- **14.5. Precios públicos**
  - 14.5.1. Monopolio natural
  - 14.5.2. Desviaciones óptimas del coste marginal
  - 14.5.3. Limitaciones de los sistemas de tarifación y regulación de precios máximos
  - 14.5.4. Costes conjuntos y demandas fluctuantes
  - 14.5.5. Consideraciones normativas
- **Resumen**

Para subvenir a la financiación del gasto público o gasto realizado para la satisfacción de las necesidades colectivas, el Estado dispone, fundamentalmente, de dos clases de ingresos: los ingresos *ordinarios*, o recursos provenientes de los impuestos, las tasas, las contribuciones especiales y los precios públicos, y los ingresos *financieros*, es decir, aquellos que obtiene mediante el endeudamiento público y créditos de las entidades financieras, así como por la vía del incremento de la cantidad de dinero en manos del público, y que destina a la cobertura de la parte del gasto que no cubren los ingresos ordinarios. En esta trilogía de fuentes de ingresos públicos que representan la imposición, la deuda pública y la emisión de dinero no existen, no obstante, diferencias tan notables como pudiera parecer.

Al mismo tiempo, un rasgo característico del Sector Público empresarial, que lo diferencia del Sector Público en sentido estricto o restringido, es la diversidad de las actividades por él desarrolladas. Aunque, al igual que en las empresas privadas, las actuaciones de las empresas y los entes que integran el Sector Público empresarial se dirigen a la producción de bienes y servicios destinados a su venta en el mercado, el objetivo último de estos, a diferencia de aquellas, no es la maximización de beneficios. En efecto, el Sector Público dispone de sus empresas, no con el propósito de ejercer una actividad empresarial en sí misma, sino como instrumento al servicio de los objetivos que justifican su existencia: el logro de una asignación eficiente de los recursos tendente a un crecimiento económico estable y sostenido, a la par que una distribución de la renta y la riqueza más equitativa. Los mismos objetivos que, en paralelo, orientan sus decisiones en la fijación de los precios de los bienes y servicios por él provistos, sean estos producidos por empresas públicas o por empresas privadas.

Este capítulo se centra en el estudio del derecho de señoreaje, la deuda pública, las empresas públicas y los precios públicos. El primer apartado se ocupa de los ingresos que puede obtener el Sector Público mediante el *derecho de señoreaje*, nombre que recibe el derecho exclusivo o «monopolio» que detenta este agente público respecto a la creación de dinero, y del que se asegura que tiene efectos similares a los de un impuesto. En los dos apartados que siguen, dedicados al endeudamiento público, se estudian los problemas institucionales —técnicos y administrativos— de la deuda pública, así como sus posibles efectos sobre el comportamiento de los individuos en cuanto a su consumo y su ahorro presente y futuro. En este contexto, primeramente se examinará críticamente la consistencia lógica de las implicaciones económicas del *Teorema de la Neutralidad o Equivalencia* de David Ricardo, glosando las hipótesis que han de verificarse para su aceptación y la metodología para el análisis empírico. A continuación se analizará hasta qué punto es verosímil el *Teorema de Barro* respecto a la no traslación de la carga de la deuda pública sobre las generaciones futuras y, por extensión, a la vista de la falta de evidencia empírica, cuáles han sido las concepciones económicas de la deuda pública en la historia del pensamiento económico. El tercer apartado finaliza con un epígrafe reservado al análisis de las condiciones de explosividad de la deuda pública, tema de gran actualidad e importancia al hallarse en la base de la discusión sobre si el endeudamiento público de los países puede generar un sistema insostenible. El capítulo se cierra con el estudio de la empresa pública, como paso previo para analizar con más detalle las problemáticas de la fijación de precios públicos y la venta de activos públicos o privatización, proceso que ha experimentado un fuerte desarrollo en los países europeos occidentales durante las décadas de los ochenta y los noventa del siglo pasado y que ha proporcionado cuantiosos ingresos públicos.

14.1. Derecho de señoreaje e imposición implícita

Una primera vía extraordinaria de financiación del gasto público, adicional a la deuda pública pero —a diferencia de esta— sin coste alguno para el Estado, es, como anteriormente se ha comentado, el recurso potestativo de este agente público al incremento discrecional de la cantidad de dinero en manos del público. Es esta una forma de ingreso público que, cuando se practica con cierta intensidad, puede llegar a alcanzar gran importancia relativa, y que, por tal motivo, ha propiciado el desarrollo de todo un capítulo de la Hacienda Pública conocido con la expresión de *teoría del señoreaje*. Con este término se quiere referir los ingresos públicos derivados del «monopolio» o derecho exclusivo (y si se quiere un tanto abusivo) del que goza el Estado, y del que carecen por tanto otros entes o agentes económicos, para crear dinero.

En la estimación de la cuantía del *derecho de señoreaje* se halla implícito, en todo caso, el propósito de demostrar que esta figura, al igual que la deuda pública, no difiere sustancialmente del impuesto. Con frecuencia se ha asegurado que el *señoreaje* es un impuesto implícito o «disfrazado» que alguien ha de pagar, aunque quien haya de hacerlo no siempre lo sepa.

En lo que sigue se exponen las formas mediante las cuales se ha tratado de cuantificar el *señoreaje*, así como otras modalidades de imposición implícita con él relacionadas, derivadas de los coeficientes obligatorios para las entidades de crédito.

Señoreaje y flujo de fondos

La forma más directa de estimar la cuantía del *señoraje* es la basada en los flujos de fondos. A este respecto, son diversos los expertos que sostienen que en un mundo con inflación el auténtico *derecho de señoreaje* respondería a una expresión tal que:

$$\frac{\Delta M}{p} \qquad (14.1)$$

donde ΔM es el incremento de la cantidad de dinero y p un índice de precios.

Asimismo, si partimos en un momento t de una cantidad total de dinero en manos del público, M_t, el crecimiento de tal cantidad de dinero podría expresarse como:

$$\Delta M = \mu M_t \qquad (14.2)$$

donde μ es la tasa de crecimiento de la cantidad total de dinero en manos del público.

A continuación, si sustituimos en (14.1) el valor de ΔM según (14.2), se obtiene:

$$\frac{\mu M_t}{p} \qquad (14.3)$$

Es decir, se obtiene la capacidad adquisitiva del *derecho de señoreaje* o, lo que es lo mismo, la cuantía real del ingreso que afluye al Estado por tal concepto, y que sería equivalente a un impuesto sobre las personas que mantienen saldos de dinero en efectivo, girado a un tipo impositivo μ.

Existen, no obstante, distintas versiones respecto a la identidad o equivalencia de la tasa de crecimiento de la cantidad de dinero en la sociedad.

Una primera versión apunta que las variaciones de la cantidad de dinero repercuten en los precios y que, por tanto, el «tipo impositivo» (μ) del impuesto implícito que es el *derecho de señoreaje* puede considerarse equivalente a la tasa de crecimiento de los precios (π). Esto es

$$\mu = \pi \qquad (14.4)$$

El *señoreaje* se identificaría así con el denominado *impuesto inflacionario*, y sería igual a la pérdida de valor experimentada por los saldos de dinero en efectivo en manos del público.

La segunda versión se inicia con la consideración de que el aumento de la cantidad de dinero que se genera en una sociedad es función de la tasa de crecimiento de los precios (π) y de la tasa de crecimiento del PIB (ρ), de tal forma que:

$$\mu = \pi + \rho$$

En consecuencia, el *derecho de señoreaje* equivaldría a un sumatorio tal que:

$$\frac{\mu M_t}{p} = \frac{(\pi + \rho)M_t}{p} = \frac{\pi M_t}{p} + \frac{\rho M_t}{p} \qquad (14.5)$$

Expresión en la que el primer sumando de su lado derecho sería el resultado de girar un impuesto de cuantía igual a la tasa de crecimiento de los precios sobre los saldos reales en manos del público y el segundo, considerado como elemento de transacción, el producto de la tasa de crecimiento económico por los saldos reales. Consiguientemente, bajo esta versión los ingresos por *señoraje* se corresponderían con la suma del *impuesto inflacionario* y la cantidad de dinero que ha de emitirse para financiar el crecimiento de la economía.

Señoreaje y tipo de interés de la deuda pública

Frente a la anterior forma de estimar el *derecho de señoreaje*, otros autores son de la opinión de que este ingreso público debería medirse no sobre la base del flujo de fondos, sino por el tipo de interés que habría tenido que satisfacer —y que, por tanto, se ahorra— el Estado de haber recurrido a la deuda pública para obtener los mismos recursos. Esta definición de *señoreaje*, propuesta en origen por Phelps (1972), se identificaría así con un ahorro, en términos de coste de oportunidad, que obedecería a la expresión

$$\frac{i_d M}{p}$$

Y que cabría interpretar como un impuesto girado sobre el efectivo en manos del público, de alícuota igual al tipo de interés de la deuda pública (i_d). Un ahorro de coste para el Estado que provendría, pues, de la renuncia del público que detenta dinero en efectivo al interés que habría obtenido si hubiese comprado deuda pública.

En España los ingresos por *señoreaje* del Sector Público basados en el tipo de interés de la deuda pública se estimaron, en promedio, en un 1,4% del PIB entre 1982 y 1988.

Coeficientes obligatorios para las entidades de crédito e imposición implícita

El *derecho de señoreaje* se halla relacionado asimismo, en última instancia, con otras exigencias corrientes en el comportamiento del sistema monetario: los coeficientes obligatorios para las entidades de crédito; en particular, dos tipos de coeficientes obligatorios:

a) El *coeficiente de caja*, elemento regulador de la política monetaria cuya función es atender a las peticiones o demandas del público, además de dar seguridad a los depositantes, y que consiste en exigir a las instituciones bancarias que mantengan reservas líquidas en una proporción dada de sus depósitos (*c*).

b) El *coeficiente de inversión obligatoria*, que consiste en un tanto por 1 del total de depósitos que las entidades de crédito deben materializar obligatoriamente, por mandato del Sector Público, en determinadas operaciones financieras[1].

---

[1] También se puede definir como la proporción de los recursos obtenidos por el sistema bancario que debe estar obligatoriamente destinado a la adquisición de pagarés del Tesoro y deuda del Estado. En España, el *coeficiente de inversión obligatoria* ha constituido una práctica harto usual. En 1977, por ejemplo, este coeficiente ascendía para las Cajas de Ahorro a un 60 por 100, de suerte que la cantidad que del total de sus depósitos estas entidades tenían que dirigir a unas funciones específicas excedía de la que podían utilizar discrecionalmente.

Estos dos coeficientes plantean ciertamente problemas de rentabilidad a las entidades de crédito que dan origen a una suerte de imposición implícita. Ocurre, por un lado, que las reservas de dinero que las entidades de crédito han de mantener en efectivo para cubrir el coeficiente de caja acreditan un tipo de interés nulo e implican, por tanto, una pérdida de rentabilidad equivalente a $c(i - 0)$, donde i es el tipo de interés de mercado. Por otra parte, es también un hecho corriente que el tipo de interés de las operaciones financieras (i^*) a las que el Estado obliga a las entidades de crédito en concepto de coeficiente de inversión obligatoria sea inferior el tipo de interés de mercado (i), por lo que suponen una pérdida de rentabilidad adicional para tales instituciones, de valor $I(i - i^*)$.

Los valores de tales pérdidas, $c(i - 0)$ y $I(i - i^*)$, son percibidos por las instituciones bancarias como una imposición implícita, por cuanto, de no existir los coeficientes obligatorios, los bancos obtendrían una mayor rentabilidad.

En el terreno monetario ha existido siempre, en suma, una cierta percepción de la mano interventora del Estado por la vía de la imposición implícita. En España, de hecho, la imposición implícita resultante del coeficiente de caja representaba, a principios de los años 90 del siglo XX, un 0,7 por 100 del PIB. Hoy, sin embargo, ambos impuestos implícitos pueden considerarse prácticamente extinguidos, por la desaparición de los coeficientes de inversión obligatoria, la considerable reducción del coeficiente de caja y la aproximación de la remuneración de estas reservas líquidas a los tipos de mercado.

14.2. Aspectos institucionales de la deuda pública: concepto, clases y terminología del ciclo vital

14.2.1. Concepto de deuda pública

Como fuente de ingresos, el endeudamiento público, y más específicamente la emisión de deuda pública, constituye el recurso del Estado más importante después de la imposición. Desde una perspectiva jurídica, la deuda pública puede definirse como un contrato de préstamo voluntario de los particulares al Estado que se materializa en títulos públicos. Se trata de un ingreso público de carácter voluntario, porque, a diferencia de los impuestos, que constituyen un ingreso coactivo del Estado, los particulares no están obligados a suscribir los títulos de deuda pública. Estos títulos han de concebirse, en rigor, como un activo financiero más de entre los disponibles para los particulares, que les garantiza el derecho a la devolución del principal y al cobro de unos intereses.

En sentido estricto, y pese a la importancia que ha adquirido la evolución de los mercados de valores en el concierto internacional, la deuda pública no incluye, sin embargo, todos los pasivos financieros del Estado. Al hablar de deuda pública se sobreentienden excluidas de ella tanto las deudas del Estado o de cualquier otra entidad pública con el Banco Central, cuanto las contraídas por este agente público con entidades financieras y que se materializan en pólizas de crédito.

La praxis financiera internacional nos ofrece, pese a todo, casos excepcionales de deuda pública forzosa. En ocasiones el Crédito Oficial ha obtenido financiación del Tesoro mediante el establecimiento por este de un coeficiente obligatorio de caja en forma de títulos para la banca privada. Esta deuda pública forzosa no ha de computarse, empero, dentro de la deuda pública aquí referida y objeto del análisis convencional.

En la Hacienda Pública existe, por lo demás, una corriente de pensamiento, cuya paternidad corresponde al egregio economista clásico David Ricardo (1817), que se propone probar que la deuda pública no es un recurso que difiera sustancialmente del impuesto. Conocida como *Equivalencia ricardiana* en honor de su autor, esta teoría sostiene que entre la deuda pública y la imposición existe una suerte de equivalencia que deriva del hecho de que, al margen de su posible diferimiento en el tiempo, el pago de la deuda acumulada exige el establecimiento de los impuestos necesarios para su liquidación. Dicho de otro modo, correlativamente a las variaciones de la deuda pública se producirá un flujo de exacciones impositivas que permitirán liquidar ese endeudamiento. En términos algebraicos, esta correlación se expresaría mediante la equivalencia:

$$D_0 + \frac{\Delta D_1}{(1+i)} + \frac{\Delta D_2}{(1+i)^2} + \cdots + \frac{\Delta D_n}{(1+i)^n} =$$

$$= T_0 + \frac{T_1}{(1+i)} + \frac{T_2}{(1+i)^2} + \cdots + \frac{T_n}{(1+i)^n}$$

Expresión que, siguiendo a D. Ricardo, indicaría que la emisión de deuda pública en el presente equivaldría a exigir pagos impositivos en un futuro en una cuantía igual al valor actual de los impuestos no exigidos hoy por acudir a la deuda en lugar de a la fiscalidad para financiar el gasto público.

14.2.2. Clases de deuda pública

En la sistematización de la deuda pública se toman como términos de referencia ciertos módulos, no excluyentes entre sí, entre los que destacan los tres siguientes:

1. El *plazo* de tiempo o duración de la deuda, conforme al cual cabe distinguir entre deuda *a corto plazo*, que se emite normalmente a un plazo inferior o igual a un año, y en la que se incluyen los bonos, las letras y los pagarés, y deuda *a largo plazo*, que se emite a un plazo superior al año y que está constituida básicamente por las obligaciones. Esta deuda a largo plazo puede clasificarse, a su vez, como veremos más detenidamente en el epígrafe siguiente, en deuda amortizable y deuda perpetua, según que el Estado tenga o no la obligación de reembolsar el capital de la deuda.

Otro rasgo distintivo importante de ambas clases de deuda es que, mientras que la finalidad de la deuda a largo plazo es fundamentalmente financiera, la deuda a corto plazo puede utilizarse asimismo como instrumento de política monetaria, toda vez que a través de ella pueden practicarse modificaciones en los tipos de interés a corto plazo.

2. El *ámbito espacial* de su mercado, criterio o módulo en virtud del cual ha de discernirse entre deuda *interior* (interna) y deuda *exterior* (externa). Por deuda pública interna se entiende la destinada a la captación de fondos procedentes de los mercados monetarios y de capitales del país emisor. Con su concurso el Gobierno toma prestado dinero de sus propios ciudadanos emitiendo bonos que compiten con el capital privado, repartiéndose así el ahorro privado entre ambas formas de inversión. El coste de financiación de esta clase de deuda se cubre mediante endeudamiento adicional y/o mediante la imposición, y, como tal deuda interna, no implica ninguna transferencia de recursos desde la economía emisora al exterior.

En contraste, la deuda externa se formaliza en un contrato de préstamo en moneda extranjera, de modo que el pago de los intereses y la devolución del principal deben efectuarse en esa misma moneda, y los tenedores de sus títulos son no residentes[2]. Su aspecto más destacable es que no compite con el capital privado como instrumento de ahorro de la economía emisora, aunque, al mismo tiempo, el pago de intereses y devolución del principal suponen un flujo de fondos al exterior.

3. El *ámbito institucional*, en cuyo contexto se distingue entre deuda del Estado, de las Comunidades Autónomas, de las Corporaciones Locales, de empresas públicas, de la Seguridad Social, etc.

Ciertamente, al igual que los Gobiernos centrales, las haciendas territoriales pueden recurrir a la deuda pública para cubrir los desfases entre la periodificación de sus ingresos y la de sus gastos, pero existen también razones, básicamente de naturaleza macroeconómica, para convenir que el uso de este instrumento de financiación por tales niveles inferiores de gobierno debe ser limitado. Por sus efectos sobre el tipo de interés, la demanda agregada y otras variables macroeconómicas, el recurso indiscriminado por las haciendas territoriales a la deuda pública como medio de financiación del gasto podría poner en peligro la política de estabilización del gobierno central.

14.2.3. Glosario de términos fundamentales del ciclo de la deuda pública

El ciclo vital de la deuda pública se articula en una serie de fases cuya terminología y significado debe conocer en detalle el estudioso de la Hacienda Pública. De entre estos

---

[2] Otrora, cuando el tenedor que iba a cobrar los intereses de la deuda era extranjero, tenía que acreditar su condición de tal, tras lo cual se le sellaba o inscribía con el término de *aflidavit*.

términos y conceptos, cinco son los más destacados: emisión, suscripción, conversión, amortización y repudio.

Emisión

Por *emisión* de deuda pública se entiende la apelación del Sector Público o de las Administraciones Públicas al ahorro de los particulares. Se dice que el Sector Público emite *deuda pública a la par* cuando ofrece a los tenedores potenciales de deuda las mismas condiciones que las que imperan en el mercado privado de valores: el mismo valor nominal para los títulos y los mismos intereses.

Con todo, ha venido siendo un hecho habitual el que el Estado emita deuda a tipos de interés más reducidos que los de otros títulos-valores, con el fin de obtener un ahorro de intereses. Esta circunstancia ha llevado aparejada la necesidad de calcular el denominado *valor de paridad* de los títulos de deuda pública, puesto que nadie estaría dispuesto a pagar el mismo precio por títulos que devengan distintos intereses; esto es, la necesidad de calcular el valor al que habrían de venderse los títulos en el mercado para que a los suscriptores potenciales les resultase indiferente la inversión en deuda pública o en cualquier otro activo.

El *valor de paridad* se estima, en concreto, capitalizando la renta anual (intereses) que generaría la deuda pública si su valor nominal fuese el mismo que el de los títulos privados, de acuerdo con el tipo de interés corriente de mercado (R/i). Si se supone que el valor nominal de los títulos privados es de 100, el tipo de interés de la deuda asciende al 5 por 100 del valor nominal y el tipo de interés de mercado es el 10 por 100, el *valor de paridad* de esta sería igual a 50. Este precio indicativo del valor de paridad informaría al Estado sobre cuál será el precio de emisión razonable de la deuda pública o, lo que es igual, qué precio podrá pedir a los suscriptores por cada título de deuda en las condiciones reales del mercado.

Suscripción

El significado del término *suscripción* de deuda pública no difiere del que tiene en el mercado de valores privados, salvo en lo referente al número de suscriptores. Consiste en el ofrecimiento al público de los títulos de deuda pública en una plaza nacional o extranjera, según se trate de deuda pública interna o externa. Una peculiaridad importante de la deuda pública es, no obstante, que las solicitudes de suscripción pueden superar ampliamente el número de títulos que la Hacienda Pública esté dispuesta a emitir.

Este problema ha tratado de resolverse mediante dos vías de solución distintas:

a) El sistema de *prorrateo*, que consiste en prorratear el número de títulos objeto de emisión entre el número de solicitantes, de forma tal que todas las solicitudes sean atendidas, si bien en una proporción menor que la inicialmente solicitada.

En este sentido, puesto que un propósito fundamental en toda emisión es que la propiedad de los títulos se halle extendida entre el público, el procedimiento convencional a este respecto suele ser comenzar el prorrateo solo a partir de un cierto número de títulos, de manera que las demandas de los pequeños solicitantes acostumbran a ser plenamente satisfechas. De este modo, si una persona solicita dos títulos se le conceden automática e íntegramente; en cambio, a las que solicitan diez se les conceden solo ocho.

b) El sistema de *subasta*. De uso corriente en el ámbito de las Letras del Tesoro, en virtud de este mecanismo, en lugar de emitirse el título en condiciones preestablecidas, se le pide al público que se manifieste respecto a qué tipo de interés está dispuesto a recibir por un nominal determinado. Obtenidas las distintas respuestas posibles, el Estado optará a continuación por desdeñar a quienes hayan exigido el cobro de mayores intereses y a atender a aquellos que estén dispuestos a percibir un interés inferior. En general, la concreción de los principales destinatarios de la emisión resulta conveniente al objeto de instrumentar la estrategia más adecuada para garantizar un grado elevado de cobertura.

Conversión

La *conversión* de la deuda pública consiste, básicamente, en cambiar las condiciones iniciales de la emisión, sin lesionar los derechos adquiridos por el tenedor en el momento de suscribirla.

La conversión de la deuda no es, sin embargo, una operación que el Estado practique con frecuencia. En realidad suele producirse solo en los casos de emisiones de títulos *a la par*, en respuesta a una posible reducción de los tipos de interés de mercado en algún momento de la vida de esos títulos. En tales circunstancias, es corriente que el Estado plantee a los tenedores de deuda la necesidad de que elijan entre dos posibles opciones: o aceptar el nuevo tipo de interés más reducido, o aceptar la devolución del principal de la deuda, es decir, su amortización. Elección respecto a la cual los tenedores suelen decantarse por la primera opción, en razón de las específicas condiciones del mercado: la incertidumbre respecto a otras posibilidades de inversión más rentables y la sensación de seguridad que ofrece el Estado.

Amortización

La extinción de la deuda tiene lugar en el momento en que esta deja de ofrecer derechos económicos, esto es, en el momento en que se amortiza. Con el término *amortización* de la deuda pública se expresa, como ya se ha adelantado, la actuación pública de reembolso o devolución del principal a sus tenedores. De acuerdo con este concepto, es posible distinguir dos modalidades de deuda ya conocidas:

a) *Deuda pública amortizable*. Como su propio nombre indica, en esta modalidad de deuda el Estado contrae la obligación de reembolsar a los suscriptores en algún momento, ya sea en una fecha fija o a lo largo de un período de tiempo, el principal de la deuda. En el primer caso, el reembolso se realiza de una sola vez en la fecha de vencimiento. En cambio, si el Estado decide amortizar cada año un volumen determinado de deuda pública, puede optar por alguna de las dos siguientes vías:

– La amortización por anualidades temporales, que consiste en amortizar anualmente parte de la deuda contraída con cada tenedor de títulos, reembolsándole parte del principal y los intereses de la parte del principal no amortizado o pendiente de amortización. Este es, no obstante, un sistema que, además de poco atractivo para los tenedores, presenta una gran complejidad y altos costes administrativos.

– La amortización anual por sorteo. Alternativamente, y como forma más habitual de proceder en la práctica, el Estado puede también amortizar anualmente títulos enteros seleccionados mediante sorteo, esto es, pagar, como en el caso anterior, una cuota por intereses y una cuota por amortización, pero en este último caso los títulos a amortizar se designan por sorteo.

En la realización de esta operación, el Estado elabora inicialmente un *cuadro de amortización*, en el que se especifica la cantidad constante que va a destinar cada año a tales efectos, formada por un componente de amortización y otro de intereses. Este doble componente de esa cantidad constante presenta, en todo caso, la particularidad de que las sumas destinadas al pago de los intereses se reducen con el tiempo, mientras las destinadas a amortización aumentan progresivamente.

b) *Deuda perpetua*. La deuda se califica de perpetua cuando el Estado no está obligado a amortizar los títulos, de modo que destina las anualidades al pago de intereses. En esta clase de deuda ha de distinguirse, no obstante, entre *deuda denunciable*, en la que el Estado no tiene la obligación de amortizar pero puede reservarse el derecho de hacerlo, y *deuda no denunciable*, respecto a la cual el Estado no tiene ni el derecho ni la obligación de amortizar.

El precedente histórico de la deuda no denunciable ha de buscarse en la llamada deuda *tontina*, así denominada en honor de su creador, el italiano Luis Tontin. Bajo esta modalidad de deuda, que era suscrita por un conjunto de personas, los suscriptores renunciaban desde un principio a su reembolso, a cambio de la obtención de una renta vitalicia. Los derechos sobre esta renta se transmitían, tras el fallecimiento de un suscriptor, a los restantes, de manera que la obligación de pagarla contraída por el Estado cesaba al fallecer el último de ellos.

Fuera de esto, existen otros dos aspectos importantes de la amortización de la deuda que merecen ser comentados aquí. Ante todo, que la deuda puede extinguirse antes de la fecha de su vencimiento, es decir, puede amortizarse de forma anticipada, por motivos y/o procedimientos diversos, algunos de ellos ya expuestos: la renuncia voluntaria de los propietarios de los títulos antes de la finalización de su ciclo vital, su conversión, su repudio o su amortización por autocartera (rescate o compra de los títulos por el Estado para su destrucción). Asimismo, ha de señalarse que, junto a los sistemas regulares de amortización, existe una forma excepcional de llevar a cabo tal operación, de naturaleza más real que formal: la inflación practicada conscientemente por el Estado, con el fin de aminorar el valor de la deuda. Este es, sin duda, un mecanismo eficaz de amortización de la deuda, en tanto en cuanto propicia la reducción del coste de los intereses y del valor real de la deuda. Para reducir el peso de su carga, los Gobiernos de algunos países han desencadenado, en ocasiones, un proceso sistemático de inflación que les ha permitido disminuir el valor de los títulos.

Repudio

Finalmente, el Estado puede decidir también, de forma unilateral, no pagar, en parte o en su totalidad, los intereses o incluso el capital de la deuda. Esta operación unilateral de rebaja de la deuda se conoce con el nombre de *repudio* de la deuda pública, pues el Estado repudia, en alguna medida, la obligación adquirida en el momento de la emisión, utilizando para ello su capacidad legal. El repudio puede adoptar, no obstante, las formas de *repudio manifiesto*, que se produce cuando el Estado procede de forma autoritaria a la rebaja de la deuda, o de *repudio encubierto*, que tiene lugar cuando lo encubre creando un impuesto especial sobre los intereses de la deuda, o incluso, como a veces ha sucedido, sobre el principal. Esta forma de repudio ha sido un procedimiento típico de los países latinoamericanos, como manifestación de la debilidad de sus gobiernos.

14.3. Problemas económicos de la deuda pública

14.3.1. Implicaciones económicas del Teorema de la equivalencia ricardiana

Implícita en su Teorema de la neutralidad o equivalencia se halla la idea sustentada por David Ricardo (1817) acerca de que los impuestos y la deuda pública son medios de financiación pública con efectos similares y, en consecuencia, la elección de una u otra vía a tales efectos sería una cuestión indiferente, por cuanto la cuantía de los impuestos no pagados en la actualidad (rebaja impositiva) por la emisión de la deuda pública equivaldría al valor presente de los impuestos que habrán de pagarse mañana para hacer frente al pago de los intereses y amortizar el principal de la deuda. El desembolso asociado al pago del impuesto implicaría una reducción del consumo y ahorro de los contribuyentes análoga a la que derivaría de la emisión de deuda pública.

Esta es, sin embargo, una proposición que descansa sobre seis hipótesis:

1. Los individuos que se benefician de la rebaja impositiva son los mismos que pagarán impuestos adicionales en el futuro para pagar el principal y los intereses de la deuda.
2. Se conoce con absoluta certeza la cuantía de los impuestos futuros y el momento en que se exigirán.
3. No existe *ilusión financiera* en los contribuyentes, de forma que estos no consideran la deuda pública como un elemento representativo de riqueza que puede permitirles incrementar su consumo. Si los sujetos percibiesen que la deuda pública no solo representa un documento acreditativo de la deuda contraída por el Estado, sino que también constituye una materialización de su riqueza que les permite incrementar su consumo, esta variable podría aumentar, en conjunto, por efecto de aquella[3].
4. Ausencia también de ilusión financiera, en la creencia de que el incremento de la deuda pública no genera un incremento del gasto público y, en consecuencia, que el volumen del gasto público es independiente de la forma de financiación.
5. Los mercados de capitales son perfectos, de manera que el tipo de interés de la deuda es igual a la tasa de descuento individual.
6. Los impuestos son de suma fija y por tanto no distorsionantes.

La proposición de la *equivalencia ricardiana* solo podría darse, pues, en el mundo real si se cumpliesen todos esos supuestos en que se sustenta. En caso contrario, la elección entre la imposición y la deuda pública como medios de financiación dejaría de ser indiferente.

En principio, es sabido que en el mundo real ninguno de esos supuestos se cumple con rigurosidad. De entrada, muchos de los beneficiarios de la rebaja impositiva del presente no estarán en el futuro por fallecimiento o emigración. Luego, si se admite que el consumo es función de la renta disponible de las familias, del tipo de interés y de la riqueza de los individuos, también ha de admitirse que, en presencia de *ilusión financiera*, el establecimiento de un impuesto podría ocasionar una reducción del consumo y del ahorro de los contribuyentes, en tanto que la deuda pública podría empujarles a consumir más y a ahorrar menos. Por lo demás, parece también claro que en la realidad el gasto está relacionado con la forma en que se financia (a principios de los años 90 del siglo XX entre un 20 por 100 y un 25 por 100 del incremento del

---

[3] Con propósitos analíticos, Yawitz y Meyer (1976) estiman que la función de consumo de la sociedad se expresa en términos más amplios que los expresados por J. M. Keynes. Esto es, en vez de representarse por la función $c = C(Y_D)$, el consumo se representa ahora mediante la expresión:

$$c = C(Y_D, i, W)$$

donde Y_D es la renta disponible de las familias, i el tipo de interés del mercado y W la riqueza de los individuos.

gasto público en España se explicaba por el aumento de la deuda pública), la incertidumbre existe, los mercados de capitales distan de ser perfectos y los impuestos son distorsionantes. Este aparente incumplimiento de los supuestos en que se basa la proposición de *equivalencia ricardiana* confirma, a la postre, que su aceptación o no es un problema de contrastación empírica, que, como tal, requiere que se analice en cada caso si se cumple o no se cumple.

A tales efectos, el punto de partida del análisis consiste en admitir una función de consumo tal que:

$$c = a + bY - cT + d\Delta DP \tag{14.6}$$

donde a es un término independiente, b, c y d son coeficientes positivos, DP y T representan la deuda pública y la imposición, respectivamente, y $bY - cT$ constituye una función de consumo aproximadamente de tipo keynesiano, en la que el consumo depende de la renta disponible.

A partir de (14.6), se tratará de contrastar los efectos de la imposición y la deuda pública sobre el consumo, estimando los valores de b, c y d.

A este respecto, si la estimación realizada arroja un resultado tal como $b = c \neq d$, se considerará que la imposición, al reducir la renta disponible, surtirá un efecto equivalente a las variaciones de la renta, de modo que será indiferente reducir la renta o incrementar la imposición. Como corolario, la sociedad no sentirá ilusión financiera del tipo enunciado en el supuesto 3 y, por lo mismo, el incremento de la deuda pública no inducirá variaciones importantes en el consumo. Se confirmaría así, en otras palabras, la proposición keynesiana sobre el consumo.

En contraste, si $b = c = d$, se considerará que los efectos de las variaciones de la deuda pública sobre el consumo serían análogos a los inducidos por la imposición, verificándose la equivalencia ricardiana.

Las estimaciones realizadas en España parecen ratificar la teoría *keynesiana* sobre el consumo más que la *equivalencia ricardiana*.

14.3.2. Generalización intergeneracional del Teorema de la equivalencia ricardiana: el Teorema de Barro

El análisis precedente es importante desde la perspectiva —entre otras— del sacrificio que la deuda pública puede suponer para las generaciones futuras.

Existe, en efecto, la convicción de que, como medios de financiación del gasto público, la imposición constituye un coste que es soportado íntegramente por las generaciones actuales, mientras que la emisión de la deuda pública puede llevar asociada una carga para las generaciones futuras, al tener que pagar estas los impuestos necesarios para financiar su amortización y el pago de intereses.

Frente a esta arraigada creencia, Robert Barro (1974), en un teorema que lleva su nombre y que constituye una ampliación del de David Ricardo, sostiene que esa traslación de la carga de la deuda hacia las generaciones futuras no se produce en absoluto. Para él, si los individuos son racionales y las generaciones actuales mantienen vínculos económicos con las futuras por la vía de las donaciones o herencias, las generaciones actuales se comportarán como si tuviesen un horizonte de vida infinito, de tal forma que la emisión hoy de deuda pública las llevará a generar un mayor ahorro que transmitirán a las generaciones futuras para que paguen esa deuda. En consecuencia, si bien serán las generaciones futuras las que harán efectivo el pago de la deuda emitida hoy, el sacrificio que entraña recaerá sobre la generación actual, al ser esta la que genera el ahorro con el que se realizará formalmente el pago. Ítem más, si esta proposición es cierta, la deuda no se percibirá como riqueza neta y carecerá de efectos sobre el consumo y la demanda agregada, cumpliéndose así la *equivalencia ricardiana*.

14.3.3. Principales posiciones respecto a la deuda pública en la historia del pensamiento económico

Realmente no existe evidencia empírica de que el incremento de la deuda pública esté induciendo variaciones significativas en el consumo o el ahorro, por lo que tampoco existe contrastación empírica del Teorema de Barro.

Tal es la razón por la que en adelante nos centraremos en la exposición de las posiciones fundamentales que sobre la deuda pública han mantenido las principales escuelas de pensamiento económico, representadas por las concepciones clásica, keynesiana y moderna, y que se han puesto de manifiesto en las respuestas a tres cuestiones fundamentales:

a) ¿La deuda pública es, en sí misma, algo distinta de la deuda privada? ¿Existe entre ambas alguna diferencia esencial?

b) ¿Genera o transfiere la deuda pública su carga a las generaciones futuras? ¿Es la deuda pública un mecanismo para trasladar la carga que implica la realización actual de un gasto público hacia el futuro?

c) ¿Es análoga o es distinta la deuda pública interior de la deuda pública exterior? ¿Es indiferente emitir deuda pública interior que deuda pública exterior?

Posición clásica

Los pensadores clásicos consideraban la deuda pública como un medio de financiación cuya utilización debía ser contemplada con cierta cautela. En esencia, esta deuda era considerada como una forma de retirar fondos de la inversión privada, por lo que solo estaba justificada la emisión de deuda autoliquidable, es decir, la susceptible de generar los rendimientos necesarios para su amortización y el pago de los intereses. En todos los tratamientos clásicos, esta es una exigencia elemental con la que la deuda tiene que cumplir.

Aunque contrarios, en la forma comentada, a su utilización, los clásicos admitían, sin embargo, la existencia de deuda pública. Argumentaban que puesto que, desde una perspectiva temporal, la realización de ciertos gastos (v.g., las obras de infraestructura) se lleva a cabo de una forma continua, financiarlos íntegramente sobre la base de la imposición podría generar fricciones. Misión de la deuda pública sería, pues, evitar esas fricciones, al permitir que la carga de los impuestos se propagase en el tiempo.

Más en concreto, las respuestas que ofrecen los clásicos a las cuestiones expuestas son las que siguen:

a) Con la excepción de D. Ricardo, la deuda pública es, en principio, en el pensamiento clásico, análoga a la deuda privada. La argumentación de estos pensadores es, en esencia, de naturaleza más ética que económica. Análogamente a una entidad privada, familia o economía doméstica, el Estado se endeuda cuando sus recursos son insuficientes para sufragar los gastos que debe realizar. Dicho en otros términos, entre deuda pública y deuda privada no existe separación alguna, al ser la naturaleza del endeudamiento similar para el Sector Público que para el privado.

b) Si se exceptúa la interpretación de D. Ricardo, expuesta en el primer apartado de este epígrafe, la respuesta de los clásicos a la segunda cuestión es afirmativa. La carga financiera de la deuda pública emitida en un momento t se traslada hacia el futuro, de forma tal que puede equipararse a la suma o serie prolongada de impuestos futuros necesarios para atender a su pago (amortización e intereses).

Este proceso de traslación de la deuda era considerado por los clásicos, hasta cierto punto, como razonable. En tanto en cuanto existen obras públicas como las de infraestructura, cuya utilización o disfrute es compartido por la generación actual y las generaciones futuras, es razonable repartir el pago de los impuestos necesarios para la financiación del gasto entre todas esas generaciones. Menos razonable para los clásicos parece, en cambio, el recurso a la deuda como medio de financiación de los gastos corrientes, precisamente porque de su disfrute solo va a beneficiarse la generación actual.

c) A diferencia de la anterior, la respuesta ahora es negativa. Para el pensamiento clásico, las deudas interior y exterior son dos mecanismos completamente distintos. En la primera de estas modalidades, los intereses constituyen una suerte de transferencias monetarias, toda vez que hay alguien que los paga y alguien que los recibe, como son los tenedores de la deuda. Tales transferencias repercuten en la distribución de la renta de la sociedad, pero todos sus efectos quedan interiorizados en su seno.

En la deuda exterior, la visión cambia, sin embargo. Cualquiera que sea la moneda —nacional o extranjera— en que se realice el pago de intereses y la devolución del principal, sus tenedores podrán adquirir con ellos bienes y servicios interiores, lo que lo convertiría al cabo en un pago real, equiparable a una exportación de bienes o servicios, que como tal afectaría a la balanza de pagos. En contraposición a la deuda interna, la externa afectaría, pues, a los aspectos reales de la economía. Esta visión, que ha estado vigente desde la aparición de la obra maestra de A. Smith, *La Riqueza de las Naciones*, hasta 1930, se conoce en Economía con el nombre de *ortodoxia*.

Posición *keynesiana*

Hasta la aparición de la obra de J. M. Buchanan en 1960, la *posición keynesiana* de la deuda pública concibe esta como un instrumento al servicio de la política de plena utilización de los recursos productivos. En términos más amplios, esta posición se resume como sigue:

a) Como implicación de la visión de la economía de J. M. Keynes, la llamada *posición keynesiana* niega que las deuda pública y privada sean análogas. Este esquema se enmarca en una situación económica sin pleno empleo, esto es, una situación de equilibrio de la Renta Nacional con desempleo. En semejante contexto, la función encomendada a la deuda pública es, en concreto, la de financiar el gasto público, evitando la necesidad de recurrir a la imposición. El gasto financiado mediante deuda generaría un incremento de la renta y del empleo mayor que el que podría generar una financiación impositiva, al permitir la utilización de unos recursos ociosos a un coste real nulo.

Obviamente, una visión del endeudamiento público como el descrito diverge sustancialmente de la que se tiene del endeudamiento privado.

b) La respuesta a la segunda cuestión expuesta anteriormente es, asimismo, negativa. La carga de la deuda no se transferiría a las generaciones futuras. Keynes contempla, no obstante, dos situaciones distintas: una sin pleno empleo de los recursos y otra con pleno empleo.

En el primer caso, sostiene que la carga de la deuda equivaldría a un pago interno de transferencias, pues lo único que implicaría sería la puesta en funcionamiento de unos recursos ociosos. En tal situación no existiría, en suma, ninguna carga.

De otra parte, en la situación de pleno empleo de los recursos, la carga que podría generar la financiación de un gasto público con deuda pública sería independiente de la forma de financiación. Así, si el Estado decidiese gastar más en un contexto de pleno empleo recurriendo a la deuda pública, los recursos del sector privado se reducirían, mientras que los del Sector Público aumentarían, resultando con ello, en todo caso, como única posible carga de la deuda, la transferencia de recursos del primero al segundo sector. Dicho de otra manera, si alguna carga ha de asignarse a la deuda pública en una situación de pleno empleo de los recursos, es la de reducir la producción privada y traspasar recursos a la producción pública, pero ello, además de computarse como una carga actual en lugar de futura, sería inherente al gasto y no a la forma de su financiación.

c) Por último, la posición keynesiana suscribe la tesis clásica sobre la diferencia existente entre las deudas interior y exterior y la argumentación en que se sustenta. Comparte la creencia de que si bien la deuda pública interior constituye una transferencia de unos miembros de la sociedad a otros, la deuda pública exterior surte efectos reales sobre la producción interna.

Posición moderna

La que se ha dado en llamar *posición moderna* respecto a la concepción económica de la deuda pública tiene su génesis en la obra de un autor de reconocida tendencia de corte neoliberal en lo económico como es J. M. Buchanan (1960), y se articula en torno a las críticas vertidas por este a la posición keynesiana previamente comentada. He aquí las respuestas de la posición moderna a las tres preguntas planteadas.

a) En opinión de Buchanan, contrariamente a la argumentación keynesiana, que considera errónea, en un contexto económico como el actual las deudas pública y privada presentan ciertas características que permiten sostener la identidad entre ambas.

Al decir de este autor, en el contexto del mercado en que se desenvuelve Keynes, la intervención del Sector Público que se materializa en la emisión de deuda pública implica, en cierta medida, la expulsión del sector privado de dicho mercado. La emisión de deuda pública genera un *efecto expulsión* (*crowding-out*) en la inversión privada, que se plasma en una reducción de esta. Esta inversión privada no realizada o expulsada por la intervención pública hubiera generado, no obstante, unos intereses análogos a los que han de pagarse a los tenedores de deuda pública. Este pago de intereses común a las dos clases de deuda constituye, en fin, para la posición moderna, la razón de la identidad de ambos mecanismos.

b) El enfoque de Buchanan centra toda su atención en el aspecto financiero de la carga (el pago de impuestos) y no en la carga real (cambios en el ahorro y la inversión). Su argumento es independiente de que la emisión de deuda altere o no las decisiones de ahorro e inversión de la generación presente. En su opinión, los adquirentes de deuda lo hacen voluntariamente, como alternativa a su consumo actual, aplazando su consumo al futuro a cambio de un interés, razón por la que la generación actual no considera esa compra como un sacrificio y no soporta la carga.

En consecuencia, frente a la posición keynesiana, para la que la deuda pública supone no una carga, sino una transferencia de recursos inherente a la realización del gasto, Buchanan contempla la carga de la deuda como consustancial al pago de los impuestos necesarios para amortizar la deuda y satisfacer los intereses de esta. Es decir, quienes soportarán la carga de la deuda serán aquellos que hayan de afrontar el pago de los intereses y del capital y, por tanto, al tenedor de los títulos le resultará indiferente que la deuda suponga una transferencia de recursos e incluso que el Sector Público los despilfarre. En este sentido, si quienes han de pagar los impuestos necesarios para financiar la deuda son las generaciones futuras, su carga se trasladará efectivamente hacia ellas. Esta carga equivaldrá a la reducción de bienestar que experimentarán esas generaciones futuras en el momento del pago de tales impuestos.

Hoy se admite con generalidad, en cualquier caso, que el bienestar de las generaciones futuras y, por ende, los efectos del endeudamiento dependen de múltiples factores, entre los que figuran el tipo de política de emisión de la deuda y el tipo de gasto adicional que se pretenda financiar con ella. En el caso de una emisión ocasional de deuda, su carga se trasladará a las generaciones futuras (estas habrán de hacer frente a mayores impuestos) solo si la economía se encontrase inicialmente infracapitalizada. Por el contrario, si la economía se encontrase sobrecapitalizada en razón de un exceso de inversión en el pasado, la emisión de deuda en el presente podría favorecer no solo a la generación actual, incrementando su consumo, sino también a las generaciones futuras, por cuanto estas, aunque habrían de soportar impuestos más elevados, gozarían de un mayor nivel de producción y de bienestar, al reducir la emisión el ahorro y el exceso de capital.

Por otro lado, si las emisiones de deuda fuesen permanentes (emisiones sucesivas de tal manera que la deuda actual se amortiza con emisiones futuras), la carga de la deuda se trasladaría o no según que las políticas de emisiones fuesen insostenibles o sostenibles a largo plazo (sobre este punto volveremos en el siguiente epígrafe). De tratarse de una política sostenible, la traslación o no de la carga a las generaciones futuras dependería nuevamente, como en el caso anterior, del nivel inicial de capitalización de la economía. En cambio, una política de emisión insostenible (por un crecimiento excesivamente rápido de la deuda en circulación) traería consigo una persistente descapitalización del sector privado de la economía, que a largo plazo o la llevaría a la quiebra u obligaría al Sector Público a aumentar la presión fiscal para evitarlo, situaciones ambas que implicarían la traslación de la carga de la deuda a las generaciones futuras.

Finalmente, en la línea de razonamiento mantenida por los economistas clásicos, la concepción moderna sobre la carga intergeneracional de la deuda pública distingue también entre endeudamiento para financiar gastos corrientes y para financiar gastos de capital, bajo supuestos distintos. Si la deuda es ocasional y no afecta al ahorro, las emisiones destinadas a la financiación de gastos corrientes solo beneficiarán a la generación actual y, por lo mismo, la carga se trasladará íntegramente a las generaciones futuras. Si, ceteris paribus, la deuda se emite para financiar gastos de capital, su carga se trasladará a las generaciones futuras solo si la pérdida de bienestar que les ocasionarán los impuestos que habrán de afrontar supera a las ganancias de igual naturaleza que les reportará la inversión pública. Sin embargo, si las inversiones careciesen de la rentabilidad social necesaria, la deuda afectase al ahorro o la política de emisión fuese insostenible a largo plazo, la carga podría trasladarse a las generaciones futuras, reduciendo su bienestar.

c) La respuesta de la posición moderna a esta postrera cuestión es afirmativa. La elección entre deuda exterior y deuda interior debería realizarse exclusivamente en función de su coste, ya que los efectos de una u otra modalidad sobre la renta real son prácticamente idénticos, hipótesis que se negaba tanto por la concepción clásica como por el pensamiento keynesiano, que veían la existencia de diferencias radicales entre ambas.

El argumento en que se sustenta esta proposición es el siguiente. La emisión de deuda interior permite al Estado financiar su gasto, pero implica, a un tiempo, una caída de la inversión privada que arrastra consigo a la renta. En contraste, la emisión de deuda exterior no genera, en principio, esa concatenación de efectos. Ni la inversión interna ni la renta tienen por qué descender en origen, cuando el Sector Público acude a los mercados exteriores para obtener recursos con los que financiar sus actividades. Sin embargo, esta deuda exterior puede ocasionar, de forma indirecta, efectos similares. Tal modalidad de deuda generará unos intereses que permitirán a los suscriptores extranjeros llevarse con ellos parte de bienes y servicios interiores, originando así una caída de la renta.

14.3.4. Explosividad de la deuda pública

La sostenibilidad de la deuda pública y el control del déficit han sido en los últimos tiempos un objetivo prioritario de la política presupuestaria de los países de la OCDE y la Unión Europea, como atestigua el hecho de que una de las condiciones establecidas en el Tratado de Maastrich para formar parte de la Unión Económica y Monetaria fue la de que el endeudamiento público no debía exceder del 60 por 100 del PIB y el déficit del 3%.

En el análisis de la sostenibilidad e insostenibilidad de la deuda ha de partirse de la noción de que en cualquier país el volumen total de deuda pública existente en un año determinado (E_t) es igual a la suma de la que tenía en el año anterior ($E_t - 1$) y del déficit público generado en dicho año (D_t). En términos algebraicos, esta noción básica puede representarse mediante la expresión[4]:

$$E_t = E_{t-1} + D_t \qquad (14.7)$$

---

[4] Si en lugar de déficit se obtuviera superávit, D_t expresaría un déficit negativo, es decir, vendría precedido en la expresión (14.7) de un signo negativo. En ausencia de condiciones restrictivas, lo corriente es, no obstante, que se genere déficit, que el endeudamiento aumente cada año.

Al mismo tiempo, si el déficit total del período t se descompone en sus dos componentes, los intereses a pagar por la deuda viva (iE_{t-1}) y el déficit primario Dp_t (diferencia entre el gasto público real, excluidos los intereses, y los impuestos), la expresión (14.7) se transforma en:

$$E_t = E_{t-1} + [iE_{t-1} + Dp_t] \qquad (14.8)$$

Dividiendo a continuación los dos lados de la expresión (14.8) por el PIB del año t, se obtiene:

$$\frac{E_t}{PIB_t} = \frac{E_{t-1}}{PIB_t} + \frac{iE_{t-1}}{PIB_t} + \frac{Dp_t}{PIB_t} \qquad (14.9)$$

Nueva expresión que a su vez ha de homogeneizarse, sustituyendo en el primer y segundo sumando de su lado derecho PIB_t por su equivalente $PIB_{t-1}(1+\rho)$, donde ρ es la tasa de crecimiento del PIB en el año $t-1$. De este modo se tiene que:

$$\frac{E_t}{PIB_t} = \frac{E_{t-1}}{PIB_{t-1}(1+\rho)} + \frac{iE_{t-1}}{PIB_{t-1}(1+\rho)} + \frac{Dp_t}{PIB_t} \qquad (14.10)$$

A la vista de esta expresión (14.10), es posible formularse ahora tres preguntas cruciales al tema objeto de análisis: ¿qué condiciones han de darse para que la tasa de endeudamiento de un país $\left(\dfrac{E}{PIB}\right)$ no varíe en el tiempo? ¿Cuándo entrará la deuda en una situación de explosividad? ¿En qué circunstancias podrá decirse que la deuda es insostenible?

Las respuestas a las primeras cuestiones, tal y como se va a comprobar seguidamente, dependen, no de que el Estado tenga o no un déficit primario en el año t, sino de los valores de los intereses de la deuda (iE) y de la tasa de crecimiento del PIB (ρ).

Suponiendo, en efecto, que el déficit primario del Estado (cualquiera que sea este) en el año t es nulo o igual a cero, la expresión (14.10) podría reducirse, sucesivamente, hasta llegar a (14.11), en los siguientes términos:

$$\frac{E_t}{PIB_t} = \frac{E_{t-1}}{PIB_{t-1}(1+\rho)} + \frac{iE_{t-1}}{PIB_{t-1}(1+\rho)} = \frac{E_{t-1}(1+i)}{PIB_{t-1}(1+\rho)}$$

$$\frac{E_t}{PIB_t} = \frac{E_{t-1}}{PIB_{t-1}} \cdot \frac{(1+i)}{(1+\rho)} \qquad (14.11)$$

En rigor, contemplando la expresión (14.11) se comprueba que para que la tasa de endeudamiento $\left(\dfrac{E}{PIB}\right)$ no varíe de un año a otro el factor $\dfrac{(1+i)}{(1+\rho)}$ ha de ser igual a la unidad, lo que equivale a decir que ha de cumplirse la igualdad: $1 + i = 1 + \rho$ o $i = \rho$ esto es, que el tipo de interés de la deuda sea igual a la tasa de crecimiento de la economía. Por añadidura, si $i < \rho$ la tasa de endeudamiento estará decreciendo, mientras que si $i > \rho$ dicha tasa estará creciendo, tanto más cuanto mayor sea la diferencia entre ambas variables. Se dice, por tanto, que la deuda o, más ampliamente, el sistema de endeudamiento se adentra en una zona de explosividad cuando el tipo de interés al que se emite la deuda pública es mayor que la tasa de crecimiento de la economía.

Que la deuda se encuentre en situación de explosividad no significa necesariamente, sin embargo, que sea insostenible. La deuda es insostenible cuando su volumen crece de forma ilimitada, lo que puede suceder si el déficit primario supera permanentemente su nivel crítico: concretamente aquel para el que la tasa de endeudamiento no varía en el transcurso del tiempo, esto es, para el que $\dfrac{E_t}{PIB_t} - \dfrac{E_{t-1}}{PIB_{t-1}} = 0$. Este nivel crítico del déficit primario puede estimarse fácilmente si sustituimos en esta última expresión $\dfrac{E_t}{PIB_t}$ por sus equivalentes en (14.10) y (14.11). De este modo se llega a una nueva expresión tal que:

$$\frac{E_{t-1}}{PIB_{t-1}} \cdot \frac{(1+i)}{(1+\rho)} + \frac{Dp_t}{PIB_t} - \frac{E_{t-1}}{PIB_{t-1}} = 0$$

Despejando ahora en esta expresión $\dfrac{Dp_t}{PIB_t}$, se obtiene:

$$\frac{Dp_t}{PIB_t} = \frac{E_{t-1}}{PIB_{t-1}} - \frac{E_{t-1}}{PIB_{t-1}} \cdot \frac{(1+i)}{(1+\rho)}$$

$$\frac{Dp_t}{PIB_t} = \frac{E_{t-1}}{PIB_{t-1}} \cdot \left[1 - \frac{(1+i)}{(1+\rho)}\right]$$

$$\frac{Dp_t}{PIB_t} = \frac{E_{t-1}}{PIB_{t-1}} \cdot \frac{(\rho - i)}{(1+\rho)} \qquad (14.12)$$

Tal sería, en suma, el nivel de déficit primario para el que la tasa de endeudamiento no variaría de un año a otro y que no debería superarse de forma permanente para que la deuda fuese sostenible.

De esa expresión (14.12) se desprende, para finalizar, que si la deuda es explosiva ($i > \rho$), su sostenibilidad exigirá que $Dp_t/PIB_t < 0$, es decir, que exista superávit primario. Si, por el contrario, $Dp_t/PIB_t > 0$, de forma que se registra un déficit primario, la deuda se autoalimentará de forma insostenible, generando incertidumbre, inflación e inestabilidad económica, y afectará probablemente al bienestar de las generaciones futuras. Por último, si la tasa de crecimiento de la economía supera a la tasa de crecimiento de la deuda ($\rho > i$), la sostenibilidad admitirá la existencia de un déficit primario permanente si este es inferior o igual al nivel crítico

14.4. Empresas públicas: concepto, clases y justificación

Establecer una clara diferenciación entre empresa pública y empresa privada no es una tarea fácil. En términos aproximados, la empresa pública puede definirse como una unidad económica de producción en sentido amplio, respecto a la cual el Sector Público o bien detenta, de forma directa o a través de otras empresas o instituciones, la propiedad de más del 50 por 100 de sus participaciones, o bien, en su defecto, puede ejercer un control efectivo. De este concepto se derivan las dos notas fundamentales caracterizadoras de la empresa pública, a saber:

a) Se trata de una unidad de producción y, como tal, de una organización económica, en la que se integran no solo las empresas en sentido estricto, sino además los organismos autónomos o entes públicos dedicados a la producción de bienes y prestación de servicios.

b) El Sector Público ha de tener su control. De acuerdo con el Sistema de Cuentas Nacionales de la ONU, una empresa se haya controlada por el Sector Público si este puede ejercer un control efectivo sobre su dirección y las decisiones adoptadas en su seno. El ejercicio de este control requiere necesariamente, no obstante, el cumplimiento de una triple exigencia: una participación mayoritaria del Sector Público en la empresa, capacidad de este agente público para nombrar la mitad más uno de los miembros del Consejo de Administración, y posibilidad para él de ejercer el derecho de veto.

Dos son, por otra parte, las modalidades de empresas que componen el Sector Público empresarial: las denominadas empresas públicas *concurrenciales* y las empresas públicas que prestan servicios *de interés económico general*. Dentro de la primera de estas modalidades se incluyen las empresas dedicadas a la producción de bienes y servicios con características de bienes privados —consumo rival y posibilidad de exclusión— para su venta en el mercado en competencia directa con otros similares producidos por la iniciativa privada. Los precios a los que estas empresas venden sus bienes y servicios vienen así determinados por el libre juego de las fuerzas de la oferta y la demanda en el mercado.

Junto a esta categoría de empresas públicas, las de interés económico general o de interés público son, por lo general, empresas que actúan en régimen de monopolio y que, como su propio nombre indica, se dedican a la producción de bienes y servicios considerados de interés público: fundamentalmente, los bienes públicos puros, los bienes preferentes y de protección social y los bienes públicos comercializables.

El Sector Público provee y financia coactivamente los bienes públicos puros (bienes no rivales y no excluibles), por cuanto las necesidades que satisfacen no pueden ser atendidas por el mercado, en tanto en cuanto, mientras el coste marginal de la incorporación de un individuo adicional a su consumo es cero, el coste marginal de excluir a un individuo de su servicio es prohibitivo.

Como categoría intermedia entre estos bienes públicos puros y los estrictamente privados, los bienes preferentes y los de protección social se caracterizan por que en ellos no se cumplen estrictamente los dos rasgos definitorios de los primeros y, en consecuencia, son provistos, total o parcialmente, por el Sector Público. La educación, la sanidad, las pensiones, el desempleo y la asistencia social son casos corrientes de bienes que se agrupan en esta segunda categoría, y cuya provisión pública, total o parcial, se justifica habitualmente por los fallos de mercado en la cobertura de estas necesidades y por su contribución a la redistribución de la renta.

En última instancia, en el grupo de servicios públicos comercializables, así denominados porque se han venido comercializando a través del mercado y, por tanto, son susceptibles de provisión privada, se han incluido tradicionalmente el servicio de correos, el transporte (ferroviario, marítimo, aéreo, urbano e interurbano), la energía (electricidad y gas), las telecomunicaciones (teléfono, televisión y radio) y el abastecimiento de agua. El Sector Público ha venido produciendo estos bienes de dos formas distintas: o bien directamente, a través de sociedades anónimas de capital público, sociedades estatales sin forma mercantil, organismos públicos sin personalidad jurídica propia u organismos públicos con personalidad jurídica propia e independiente del Estado, o bien indirectamente, por medio de sociedades privadas con concesiones públicas. Todas estas instituciones o entes se consideran empresas porque estos bienes o servicios por ellas producidos se venden en el mercado a un precio que tiende a cubrir, cuando menos, el coste de producción.

Las razones que se han venido esgrimiendo para justificar la intervención pública en la producción de los servicios comercializables han sido, en general, como es sabido, múltiples. Se han aducido razones basadas en la existencia de fallos del mercado (monopolios naturales, economías de escala, efectos externos positivos y negativos, información imperfecta o asimétrica, continuidad y calidad en el servicio, etc.), razones de equidad (universalidad y accesibilidad social y territorial al servicio, igualdad de trato mediante tarifas uniformes con independencia del lugar de residencia de los usuarios, justicia social mediante tarifas especiales para grupos particulares de personas, etc.), razones de política económica (carácter estratégico del bien o servicio para el desarrollo económico, desarrollo equilibrado del territorio), razones basadas en los costes de transacción (necesidad de regulación detallada de la producción no realizada directamente por empresas públicas) y razones medioambientales (protección del entorno natural).

Las empresas de interés económico general comparten, por lo demás, la característica de que sus actividades no pueden venir presididas por principios estrictos de mercado, ni por la maximización de beneficios, y, en consecuencia, que sus precios no se determinan en el mercado, sino que son fijados o regulados por el Sector Público.

14.5. Precios públicos

De lo visto en el apartado anterior se desprende que son precios públicos no solo los fijados directamente por el Sector Público a los bienes y servicios producidos por empresas públicas u otros organismos o entes públicos para su venta en el mercado (actúen estos en régimen de monopolio o en competencia con empresas privadas), sino también los fijados por empresas privadas reguladas por el Sector Público. Entre los precios públicos de esta última naturaleza, los más corrientes son los precios de los servicios públicos comercializables, los de los productos estratégicos industriales y energéticos (hierro y acero, carbón, petróleo, energía nuclear, etc.), los de los productos agrícolas, los de los servicios financieros y de seguro, y los de la educación y sanidad. La regulación pública de estas actividades se fundamenta, como también se ha visto, en razones de eficiencia económica (características de monopolio natural en bastantes de los servicios comercializables, efectos externos en la sanidad y la educación, ausencia de mercados o asimetría de información en determinados servicios de aseguramiento, etc.), razones de equidad y redistribución (precios máximos para determinados alimentos, control de alquileres, tarifas especiales en el transporte, etc.), e incluso razones políticas. En lo que sigue de este apartado se glosan los aspectos fundamentales de la teoría de los precios públicos, partiendo del análisis de la problemática del monopolio natural.

14.5.1. Monopolio natural

Como ya es sabido, la intervención del Sector Público en la provisión de algunos de los servicios comercializables encuentra justificación concreta en los costes medios decrecientes en que incurren para cualquier nivel de producción (es decir, un coste por unidad de servicio decreciente a medida que su producción aumenta), a consecuencia de sus elevados costes fijos y costes marginales relativamente bajos. En tales circunstancias, la producción de estos servicios a cargo de un monopolio natural (una empresa pública o una empresa privada) permitiría la obtención de los beneficios derivados de las economías de escala y de la oferta del *output* en un ámbito espacial amplio, que no se obtendría si la realizaran numerosas empresas de reducido tamaño. Este conocido fallo de mercado plantea, sin embargo, un importante dilema: si el monopolio no estuviera regulado, su producción sería demasiado escasa y, por tanto, ineficiente; en cambio, si, por tratarse de una empresa pública, la producción alcanzase el nivel eficiente, pero el precio de venta del *output* se fijase al coste marginal, se obtendrían pérdidas de explotación.

El proceso productivo de un monopolio natural puede representarse tal como se hace en la Figura 14.1, cuyos ejes de abscisas y ordenadas reflejan el *output* y el precio del bien X, respectivamente. En ella, por suposición, la curva del coste medio, C^*, desciende continuamente con el crecimiento del nivel de *output* y, por lo mismo, el coste marginal deviene necesariamente inferior al coste medio. En consecuencia, la curva del coste marginal, C', que muestra el incremento del coste de provisión de cada unidad adicional del bien o servicio, discurre por debajo de la curva del coste medio. Asimismo, en dicha Figura 14.1, la curva de demanda del bien y la curva del ingreso marginal correspondiente (que refleja el aumento de los ingresos originado por cada nivel de *output*) vienen representadas por D e I', respectivamente.

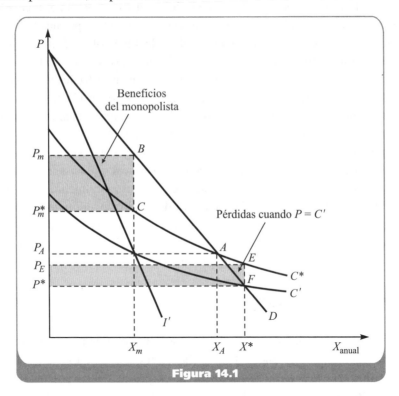

Figura 14.1

Como explicación del porqué de la existencia de costes medios decrecientes reclama la producción pública o la producción privada regulada de X, considérese lo que sucedería si tal producción la llevase a cabo un monopolista no regulado. Un monopolista que tratara de maximizar beneficios llevaría la producción de X hasta el nivel en que el ingreso marginal y el coste marginal se igualasen, concretamente hasta el nivel X_m en la Figura 14.1, y vendería el *output* a un precio P_m, el correspondiente a ese nivel de producción en la curva de demanda. Los beneficios de este monopolista equivaldrían, por tanto, al producto del número de unidades vendidas de X por el beneficio unitario, el rectángulo $P_m B P_m^* C$ en la citada figura.

Ese volumen de producción del monopolista no regulado, X_m, no sería, sin embargo, el nivel eficiente. En dicho nivel el precio excedería al coste marginal y, consiguientemente, no se verificaría la condición de eficiencia de la *Teoría de la economía del bienestar*: la igualdad entre el precio y el coste marginal. Esta ineficiencia, unida al hecho de que la sociedad podría no estar dispuesta a aceptar la existencia de beneficios monopolísticos, podrían constituir una justificación para que el Sector Público acometiera la producción de *X*.

En este punto, la primera cuestión que surge es, obviamente, hasta qué nivel debería llevar el Sector Público la producción de *X*. A la vista del razonamiento anterior, una posible respuesta es que, como trasunto de un mercado perfectamente competitivo, el Gobierno debería alcanzar el nivel de producción X^* y vender al precio P^*, pues para este nivel de producción el precio y el coste marginal a corto plazo (en adelante coste marginal, CM_a) se igualarían[5] y los recursos se asignarían de tal forma que el bienestar social (definido por la suma de los excedentes del consumidor y del productor) se maximizaría. El problema que plantea esta aparente solución es que el precio P^* correspondiente a X^* sería inferior al coste medio y, por tanto, al no poder cubrir sus costes, el Sector Público obtendría continuamente pérdidas. Pérdidas que en su totalidad ascenderían al producto del número de unidades vendidas, X^*, por la pérdida unitaria, medida por la distancia vertical entre la curva de demanda, *D*, y la curva del coste medio, C^*, en el punto X^*, que en la Figura 14.1 equivalen al rectángulo $P_E EP^*F$.

Este problema conduce, a la postre, a la cuestión crucial en este contexto: ¿de qué forma, si hay alguna, podría resolverse este importante dilema?

Un primer sistema regulatorio que permitiría cubrir costes y generaría ganancias de eficiencia respecto al equilibrio del monopolista, consistiría en la fijación de un precio igual al coste medio. Sus inconvenientes son, no obstante, evidentes. Además de que podría no existir ningún precio que cubriese costes (lo que, en términos gráficos, ocurriría si las curvas de demanda y de coste medio no se cortasen), el precio sería excesivamente elevado y la producción demasiado baja, lo que implicaría la renuncia a una ganancia potencial neta de bienestar.

Atribuida originalmente a Hotelling (1938), una segunda solución sería establecer precios iguales al coste marginal y, simultáneamente, subvencionar las pérdidas con los ingresos impositivos generales. El gran inconveniente de esta solución es, obviamente, que, al requerir incrementos impositivos en otros sectores de la economía para obtener ingresos con los que financiar las subvenciones, podría generar distorsiones económicas en esos sectores. El escaso uso que se hace de esta opción también se explica por las restricciones políticas que podrían derivar de la probable oposición de los votantes

---

[5] El coste marginal a corto plazo incluye los costes variables y los costes sociales de la producción (costes ambientales y de congestión generados, por ejemplo, por algunos servicios de transportes), pero no los costes de capacidad, al no variar estos con la producción de una unidad adicional.

a la concesión de subvenciones cuantiosas a empresas privadas por parte del Sector Público.

Alternativamente, ciertos estudios realizados en EE.UU. han sugerido que los precios de los servicios públicos podrían fijarse de acuerdo con el coste marginal a largo plazo, por incluir estos los costes de capacidad (es decir, no solo los costes corrientes sino también los costes de capital) y, por ende, aproximarse a menudo más (aunque no siempre) a los costes medios que el coste marginal. El problema de esta solución es, obviamente, que, puesto que los precios fijados al coste marginal a largo plazo exceden a los costes de producción de una unidad adicional a corto plazo, puede generar una reducción ineficiente del consumo.

Como colofón, y en vista de que la fijación del precio al coste marginal no cubre los costes totales de una empresa y que las subvenciones financiadas con ingresos impositivos resultan indeseables, un amplio cuerpo de la literatura financiera pública ha propuesto la formulación de desviaciones óptimas de dicho coste marginal que permitan a las empresas satisfacer la restricción presupuestaria.

14.5.2. Desviaciones óptimas del coste marginal

Bajo esta amplia rúbrica pueden distinguirse dos sistemas de precios distintos: los denominados *precios de Ramsey*, que consisten en precios diferenciales para los diferentes grupos de usuarios o clientes, y las *tarifas no lineales*, que son también precios diferenciales pero cargados a un solo consumidor según su nivel de consumo. Detengámonos en ambas modalidades de precios.

Precios de Ramsey

Fue Frank Ramsey, en efecto, quien primeramente se preocupó de analizar cómo minimizar las pérdidas de bienestar social originadas por los precios que se desvían del coste marginal, centrando su análisis en las desviaciones producidas por los impuestos. Sin embargo, no fue sino 40 años más tarde cuando sus ideas seminales llegarían a aplicarse ampliamente en la determinación de los precios de los servicios y las empresas públicos (Diamond y Mirlees, 1971; Baumol y Bradford, 1970; Boiteux, 1971). En su proposición fundamental, Ramsey postula que las pérdidas sociales originadas por las desviaciones del coste marginal serán tanto menores cuanto menos significativa o importante sea la respuesta de la demanda del mercado a los cambios en los precios. Esta proposición puede representarse gráficamente tal y como se hace en la Figura 14.2. En presencia de una demanda altamente inelástica (Figura 14.2a), un aumento del precio desde el C' hasta P_1 provocará en los consumidores solo una ligera reducción de su consumo (de Q a Q_1) y, por lo mismo, una pérdida de eficiencia igualmente pequeña. En contraste, si la demanda fuese más bien elástica (Figura 14.2b), un aumento del precio por encima del C' generaría una mayor reducción en el consumo y, en consecuencia, una pérdida de eficiencia relativamente superior.

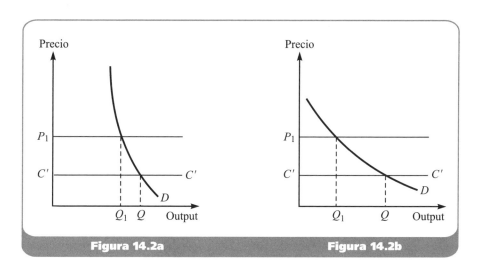

Figura 14.2a Figura 14.2b

El corolario lógico de la proposición de Ramsey es, en fin, que la forma más eficiente de fijar precios públicos consistirá en cargar precios relativamente más elevados a los grupos de consumidores con bajas elasticidades de demanda que a los grupos con altas elasticidades, aunque en la práctica su aplicación deberá diferir según que se considere uno de los dos supuestos que siguen:

a) Ausencia de efectos-precio cruzados (esto es, el precio de un producto no afecta la demanda de otro). De acuerdo con Ramsey, bajo este primer supuesto las desviaciones óptimas del coste marginal habrían de obedecer a la expresión:

$$\frac{P_i - C'_i}{P_i} = \frac{k}{\xi_i} \qquad (14.13)$$

donde P_i es el precio de venta del $i$ésimo bien, C'_i su coste marginal, ξ_i su elasticidad (compensada) de demanda respecto al precio y k una constante representativa del coste neto de bienestar resultante de una elevación de precios.

Una sencilla regla la expuesta en (14.13) cuya interpretación no presenta ninguna complicación. Se trata de que, para cualquier grupo de consumidores, el aumento del precio por encima del coste marginal debería ser proporcional a la inversa de sus elasticidades de demanda, y que k debería determinarse de tal manera que los incrementos de precios generasen los ingresos necesarios para cubrir costes (satisfacer la restricción presupuestaria).

Por añadidura, de conformidad con esta primera regla de Ramsey, el aumento de las tarifas para los consumidores insensibles al precio y, por el contrario, su reducción para los más sensibles, minimizarían la pérdida de eficiencia, por cuanto la reducción del consumo y el consiguiente aumento de la pérdida de eficiencia originados por el aumento de tarifas en el primer grupo de consumidores quedarían más que compensados con el incremento del consumo y el aumento del excedente del consumidor originados por la disminución de las tarifas en el segundo. Como resultado, con los precios diferenciales de Ramsey el excedente total del consumidor se incrementaría, a la vez que la empresa se mantendría en equilibrio.

b) Existencia de efectos-precio cruzados. La presencia de estos efectos complica, en alguna medida, la fijación de precios de Ramsey. Estos efectos-precio han de computarse en (14.1), sustituyéndose la elasticidad-precio propia por una nueva expresión. Si se supone la existencia de dos bienes, la regla de Ramsey se reformulará ahora en los términos:

$$\frac{P_1 - C_1'}{P_1} = \frac{k}{\xi_{22} - \dfrac{\xi_{11}\xi_{22} - \xi_{12}\xi_{21}}{\dfrac{P_2 Q_2}{P_1 Q_1} \xi_{21}}}$$

$$\frac{P_2 - C_2'}{P_2} = \frac{k}{\xi_{11} - \dfrac{\xi_{11}\xi_{22} - \xi_{12}\xi_{21}}{\dfrac{P_1 Q_1}{P_2 Q_2} \xi_{21}}}$$

donde ξ_{11} y ξ_{22} son las elasticidades-precio propias de los bienes y ξ_{12} y ξ_{21} las elasticidades-precio cruzadas de esos bienes, y donde los denominadores de ambas expresiones se conocen con el término de superelasticidades.

A la vista de esas nuevas expresiones, cuando las elasticidades-precio cruzadas (ξ_{12} y ξ_{21}) sean iguales a cero o nulas, esta segunda regla de precios se reduce a la regla de las elasticidades inversas expuesta en (14.13). De otra parte, dado que la elasticidad-precio propia de un bien es siempre negativa y que las elasticidades-precio cruzadas de los bienes sustitutivos y de los bienes complementarios son positivas y negativas, respectivamente, la interpretación de esas dos fórmulas es clara. En particular, de tratarse de bienes fuertemente sustitutivos, el denominador de ambas será grande en términos absolutos, el valor de la superelasticidad se reducirá y, consiguientemente, el precio óptimo de Ramsey se incrementará. A la inversa, si los dos bienes fuesen fuertemente complementarios, el denominador descenderá en términos absolutos, el valor de la superelasticidad aumentará y el precio óptimo de Ramsey se reducirá.

Precios no lineales: la tarifa de dos partes

Las tarifas no lineales constituyen otro sistema de precios que genera ingresos en cuantía suficiente como para satisfacer la restricción presupuestaria. Frente a la aproximación de Ramsey, que propone cargar precios diferenciales a los distintos grupos de consumidores, de acuerdo con sus elasticidades de demanda, las tarifas no lineales consisten en precios diferenciales para un mismo consumidor en función de su nivel de consumo. Una práctica corriente es, de hecho, cargar un precio unitario (por unidad de consumo) inferior una vez que el consumidor supera un nivel concreto de consumo.

La forma más simple de precio no lineal es la tarifa de dos partes, propuesta por Coase en 1946. Esta tarifa se articula concretamente en dos cuotas, una cuota fija por participar en un mercado o acceder al servicio (a veces denominada «cuota de enganche»), independiente de la cantidad consumida del bien y con la que se financiarían los costes fijos, y, adicionalmente, una cuota o precio por unidad consumida igual al coste marginal. En una tarifa eficiente de esta naturaleza, la cuota fija equivaldrá al cociente entre los costes totales fijos (esto es, los costes totales menos los ingresos obtenidos con el precio unitario) y el número de consumidores. En España, un ejemplo típico de esta tarifa ha sido el servicio de energía eléctrica de uso residencial.

La ventaja de este sistema es doble. Por un lado, el cálculo de una tarifa eficiente de estas características es fácil; por otro, bajo los supuestos de un comportamiento racional de los consumidores y de su permanencia en el mercado a pesar de la cuota fija, no genera pérdidas de eficiencia, en comparación con el precio igual al coste marginal óptimo. Sin embargo, también presenta dos destacados inconvenientes:

- Puede resultar regresivo o poco equitativo, al generar mayores facturas totales a los consumidores con bajos niveles de consumo medio que a aquellos otros con niveles superiores. Lógicamente, como la demanda de ciertos productos o servicios, como pueden ser la electricidad o el teléfono, está directamente relacionada con la renta, las facturas de tales servicios serán relativamente más onerosas para los individuos pertenecientes a los niveles más bajos de renta.

- Adicionalmente, las cuotas fijas pueden provocar la salida del mercado de algunos consumidores. La suposición de que todos los consumidores permanecen en el mercado a pesar de la exigencia de la cuota fija mensual puede ser razonable para ciertos servicios, como puede ser, por ejemplo, el de electricidad, en razón de su baja elasticidad de demanda para todos los niveles de consumo, pero para otros dicha cuota puede inducir a no pocos consumidores a abandonar el mercado.

Este doble inconveniente se ha tratado de corregir, no obstante, con ligeras variaciones en la tarifa de dos partes que han dado origen a ciertas variantes. Son las siguientes.

Tarifa óptima de dos partes

Esta primera variante se obtiene a partir de la tarifa previamente comentada, combinando incrementos en el precio unitario de consumo con reducciones en la cuota fija por acceso o conexión al servicio (Brown y Sibley, 1986), a fin de minimizar la pérdida social originada por una posible salida de consumidores del mercado o por el establecimiento de un precio superior al coste marginal. Este procedimiento constituye un caso especial de precios de Ramsey, en tanto en cuanto su determinación depende de las elasticidades relativas de las demandas de acceso y consumo, de tal forma que una elasticidad de demanda de acceso relativamente más elevada conduce a una menor cuota fija óptima y un mayor precio unitario óptimo. El principal problema de esta variante de la tarifa de dos partes radica en que, si bien reduce las ineficiencias que tienen origen en la salida o abandono del mercado, no resuelve el problema de equidad, pues los consumidores con niveles medios de consumo bajos continuarán soportando tarifas relativamente superiores.

Para solventar este inconveniente, se han propuesto dos soluciones basadas en el concepto paretiano de eficiencia, esto es, en cambios en la estructura de la tarifa de suerte que ningún consumidor empeore mientras otros mejoran. Veámoslas.

Tarifa multibloque

Esta otra variante consiste en fijar precios distintos para cada bloque de demanda. Junto a un precio de acceso, se exige, por ejemplo, un precio para las 100 primeras unidades, otro distinto para las unidades 101 a 200, un tercer precio para las unidades 201 a 300, etc., de manera que el precio de venta de las últimas unidades del servicio equivalga al coste marginal y que los ingresos totales cubran los costes. Esta tarifa se utiliza a menudo en el servicio telefónico y en el de suministro de agua.

Tarifas opcionales

Con esta tercera modalidad el regulador establece una tarifa igual al coste medio, pero, paralelamente, ofrece una nueva opción tarifaria, articulada en una cuota de entrada o acceso elevada y un precio único por unidad igual al coste marginal. La cuota fija equivaldría a la suma pagada por el usuario más grande para cubrir costes fijos: la diferencia entre el coste medio y el coste marginal multiplicada por el consumo de ese usuario.

Frecuentes en los mercados privados, los videoclubs constituyen un claro ejemplo de esta variante, pues en ellos, por lo general, se ofertan dos opciones de pago: una cuota de socio o abonado acompañada de un precio de alquiler bajo y, como alternativa, exclusivamente un precio de alquiler más elevado. Otro ejemplo, este más extremo, es el de los proveedores de teléfonos celulares, que suelen ofrecer a sus clientes una gran variedad de tarifas opcionales entre las que poder elegir.

La objeción que puede plantearse a estas dos últimas modalidades de tarifas es que, aunque minoran el problema de la equidad, no lo resuelven plenamente. Pese a que eximen al usuario más pequeño y posiblemente más pobre de la obligación de afrontar el pago del precio al coste medio, concentran las ganancias de eficiencia en los usuarios más grandes y generalmente más ricos, al permitirles aumentar su consumo y por ende su excedente del consumidor (impidiendo con ello la maximización del excedente social).

Tarifa de dos partes con cuotas fijas diferenciales

Una cuarta estrategia con la que se pretendería hacer frente a los problemas de equidad y participación sería conservar la simple estructura tarifaria de dos partes, basada en un precio unitario igual al coste marginal, y, adicionalmente, establecer cuotas fijas diferenciales para los distintos consumidores. En lo sustancial, se trataría de exigir a los consumidores con baja demanda cuotas fijas significativamente inferiores a las exigibles a los consumidores con demanda más elevada. Con un precio unitario igual al coste marginal, tanto los consumidores con demanda elevada como los consumidores con baja demanda participarían en el mercado, pues sus excedentes del consumidor excederían a sus cuotas fijas y, por lo mismo, también preferirían esta tarifa de dos partes a los precios iguales al coste medio.

Un importante problema al que se enfrenta esta cuarta variante de la tarifa de dos partes es que la información disponible sobre la demanda del consumidor es más bien escasa, y ello dificultaría, cuando no imposibilitaría, el diseño de tarifas de esta naturaleza. Otra limitación de esta regla, no menos destacada, es que la cuota fija no debería depender del consumo corriente del individuo, porque este trataría de distorsionar sus decisiones de consumo para hacerse acreedor a una cuota inferior. Y sin olvidar, claro está, que las objeciones políticas y legales que suscitaría la multiplicidad de cuotas fijas bajo esta regla impondría la necesidad de encontrar razones justificativas para su existencia.

14.5.3. Limitaciones de los sistemas de tarifación y regulación de precios máximos

En recapitulación de lo visto en el apartado precedente, dos son las principales limitaciones que aquejan a los sistemas de tarifación comentados. La primera es que requieren una abundante información sobre los verdaderos costes de producción (fijos y variables), diferenciados por productos o servicios, así como sobre el comportamiento de la demanda en respuesta a las variaciones en los precios (elasticidades-precio) y sobre variaciones en la calidad, que es difícil de obtener y verificar por el regulador sin incurrir en grandes costes[6]. La segunda, que las empresas reguladas carecerán de incentivos para

---

[6] Merced a su experiencia productiva y su estrecha relación con los consumidores, la empresa dispone ex ante de una información más exhaustiva y precisa sobre los costes de producción y el comportamiento de la demanda que la que puede obtener el regulador, información asimétrica que no solo hace depender en gran

minimizar costes, en la medida en que se les financien las pérdidas (lo que ocurre en la fórmula del precio igual al coste marginal y financiación pública de pérdidas con subvenciones) o trasladen los costes medios a los precios (como sucede en el grupo de fórmulas regulatorias basadas en los costes medios, denominadas asimismo *cost-plus o costes reconocidos por el regulador*). Estas últimas fórmulas, orientadas a la recuperación del coste del producto o servicio, han tenido, como se sabe, una amplia utilización en el concierto internacional hasta un pasado reciente, en sectores tales como la energía, las telecomunicaciones y el transporte.

Para superar, siquiera parcialmente, estas limitaciones, algunos países, entre los que se encuentran EE.UU., Reino Unido y España, optaron, a finales del siglo XX, por sustituir las fórmulas anteriores por otras, entre las que destacar la regulación de *precios máximos*. Sistema de precios fijos no basados en la recuperación de costes, esta otra fórmula se propone compaginar la reducción de costes con los objetivos de la empresa, al tiempo que un aumento del excedente del consumidor[7].

En su aplicación a empresas proveedoras de múltiples productos o servicios a diferentes grupos de consumidores o usuarios, una primera alternativa de esta suerte de regulación consiste en fijar como índice de precios máximos para el período considerado la media ponderada de los precios existentes en el período anterior, en la que las ponderaciones representan los *outputs* correspondientes a este último período. Bajo esta fórmula, la empresa regulada puede elegir libremente los precios de los servicios o productos con la única condición de que los ingresos obtenidos con estos precios, suponiéndose constante el *output*, no excedan a los generados en el período anterior. Esto es, con tal de que:

$$\sum_{i=1}^{N} P^i_{t-1} Q^i_{t-1} \geqslant \sum_{i=1}^{N} P^i_t Q^i_{t-1} \qquad (14.14)$$

donde P^i_t es el precio del *i*ésimo servicio o producto en el período t y Q^i_t la cantidad vendida en dicho período.

Este sistema de ponderaciones permite, pues, a la empresa combinar aumentos en los precios de algunos servicios con reducciones en los de otros, flexibilidad que seguramente la llevaría a incrementar los precios de los servicios con bajas elasticidades-precio de demanda y a reducir los de aquellos otros con altas elasticidades, adoptando así con el tiempo precios Ramsey.

---

medida a este de las empresas reguladas y dificulta por tanto la fijación de precios óptimos, sino que, por añadidura, incentiva ex post a estas empresas a no elevar la calidad o no reducir costes innecesarios.

[7] El establecimiento de un precio regulado fijo e independiente de los costes históricos incentivará la reducción de costes, en tanto en cuanto el beneficio unitario del productor aumentará al reducirse los costes. Sin embargo, los consumidores solo obtendrán ganancias de excedente de la regulación si el precio fijo es inferior al precio de monopolio. En caso contrario, las empresas se apropiarán íntegramente de tales ganancias.

Derecho de señoreaje y deuda pública. Empresas públicas y precios públicos

La objeción que se ha puesto a esta flexibilidad es, lógicamente, que propiciaría incrementos discriminatorios de precios para determinados grupos de consumidores. En el caso concreto del servicio telefónico, por ejemplo, podría originar precios relativamente más elevados para los usuarios residenciales, provocando con ello el descenso del número de abonados e impidiendo la universalidad del servicio. En respuesta a este efecto adverso, los reguladores suelen agrupar a menudo los servicios en «cestas» y fijar precios máximos en cada una de ellas, con el objeto de proteger a los usuarios residenciales, al evitar que la empresa compense el aumento de las tarifas de estos con rebajas en las de los usuarios comerciales. Esta solución, que se ha aplicado en EE.UU., limita, no obstante, las ganancias potenciales de eficiencia derivadas de la flexibilidad de precios, al no poder la empresa ajustar plenamente las tarifas a los niveles Ramsey.

Introducida en el Reino Unido en 1984 por British Telecom, la fórmula de precios máximos más conocida es, sin embargo, la denominada *Retail Price Index minus X* (RPI-X). Este método, con el que se pretende aumentar la estabilidad de los precios ante cambios inesperados de la demanda y los costes, consiste básicamente en ajustar tales precios a una serie de factores predeterminados, como son la tasa general de inflación (por lo general, el índice de precios al consumo), las ganancias históricas de productividad y, con frecuencia también, los cambios en el esquema regulatorio respecto a los costes de la empresa. De ignorarse este último factor, dicho método se expresaría en los términos:

$$\sum_{i=1}^{N} P_{t-1}^i Q_{t-1}^i \geq \frac{\sum_{i=1}^{N} P_t^i Q_{t-1}^i}{1 + \Delta I - \Delta X} \qquad (14.15)$$

donde P_t^i es el precio del *i*ésimo producto o servicio en el período t, Q_t^i es la cantidad vendida en dicho período, ΔI el cambio en el nivel de precios y ΔX el índice histórico de productividad.

De acuerdo con la expresión anterior, la empresa puede, pues, variar discrecionalmente los precios de los distintos servicios con la única condición de que el índice agregado de estos no supere al índice medio de precios de todos los servicios regulados existentes antes de la introducción de dicha fórmula. Al cabo de un período de tiempo fijo, normalmente en torno a un lustro, la empresa puede alterar los precios de cada producto o servicio con tal de que:

$$P_t^* \leq P_{t-1}^*(1 + \Delta RPI_{t,t-1} - \Delta X_{t,t-1})$$

Esto es, con tal de que el índice agregado para el año t no exceda del establecido para el año $t - 1$, incrementado en un porcentaje expresivo del aumento en el coste de los *inputs*, formulado generalmente en términos de variaciones del IPC, y reducido en una suma X, fijada por el regulador para todo el período, que equivale a la fracción de las ganancias potenciales de productividad (esto es, ahorro de costes) que se traslada a los consumidores.

Tres son las principales ventajas que, cuando menos en teoría, se reconocen a esta fórmula:

- Al no utilizar apenas información sobre costes históricos, sus exigencias informativas son escasas.
- Bajo ciertas condiciones, puede incentivar la reducción de costes.
- Puede originar una distribución equilibrada de las ganancias de bienestar derivadas de los ahorros de costes entre consumidores y empresas. Los precios (ajustados a la inflación) pagados por los consumidores descienden de acuerdo con la tasa histórica de mejora de la productividad, al tiempo que la empresa se beneficia de los ahorros de costes en exceso de este nivel.

En la práctica, sin embargo, este mecanismo puede resultar poco eficaz para remediar los problemas que justifican su utilización, por diversas razones:

- Al aplicarse a un conjunto de productos o servicios, las empresas pueden verse incentivadas a reducir costes e incrementar beneficios reduciendo sencillamente la calidad y suprimiendo servicios relativamente costosos.
- Puede desincentivar inversiones convenientes si los períodos regulatorios son cortos.
- La existencia de tasas excesivamente elevadas de crecimiento de los precios puede favorecer la no traslación de los ahorros de costes a los precios de consumo.
- La falta de información objetiva sobre costes puede facilitar la captación o *captura* del regulador, esto es, que sus decisiones favorezcan a las empresas reguladas.

Un diseño institucional adecuado de este mecanismo, que contemple, entre otras cuestiones, alguna forma de control regulatorio de la calidad y la posible delegación de competencias regulatorias en alguna agencia independiente, podría contribuir, no obstante, a mitigar estos inconvenientes.

Este método se aplica en el Reino Unido a los sectores de agua, gas, electricidad y telecomunicaciones. En España, se introdujo en 1996 (Real Decreto-Ley 7/1996, de 7 de junio) para los sectores de electricidad, farmacia, gas, productos postales, telefonía y telecomunicaciones, transporte público por carretera y ciertas tarifas de RENFE.

14.5.4. Costes conjuntos y demandas fluctuantes

La existencia de costes conjuntos en la producción (es decir, el empleo de un mismo *input* en la producción de dos o más *outputs* distintos), puede también originar dificultades en la determinación del coste marginal. A diferencia del problema de los costes comunes, en que dos o más *outputs* utilizan el mismo *input* de manera rival y para el que el criterio convencional de la eficiencia dicta que a cada uso del *input* se le asigne un precio igual al coste marginal, el rasgo fundamental que define a los costes conjuntos, análogamente a lo que sucede en los bienes públicos, es que distintos outputs utilizan un mismo *input* de forma no rival. Existe conjunción de costes en la producción cuando la demanda fluctúa en ciclos de duración variable, y el *output* en los diferentes períodos de tiempo depende de una misma capacidad fija de producción. Ejemplos típicos de servicios con demandas fluctuantes son, entre otros, la electricidad, que presenta una demanda elevada (un «pico») durante el día y una demanda baja (un «valle») por la noche, así como el transporte público urbano, que registra varios picos diarios en las horas punta del día y un valle nocturno.

El procedimiento de fijación de precios óptimos para los servicios con costes conjuntos y demandas fluctuantes es similar al de los bienes públicos, aunque en este caso la decisión normalmente se articula en dos fases:

- Primeramente ha de concretarse cómo establecer los precios de alta y baja demanda, en presencia de una capacidad total de producción limitada.
- En segundo lugar, ha de determinarse cuándo será conveniente invertir en la ampliación de la capacidad conjunta y cuál será el nivel óptimo de dicha capacidad.

El lector interesado en la ilustración analítica de las respuestas a ambas cuestiones, puede consultar E. Albi, J. M. González-Páramo e I. Zubiri (2009).

14.5.5. Consideraciones normativas

Aunque la eficiencia es un objetivo importante en la fijación de precios públicos, no es, sin embargo, el único valor social ni el que debe prevalecer. La equidad en el proceso y en los resultados, la transparencia en el proceso, el apoyo a los ideales democráticos y la estabilidad son también consideraciones de gran importancia en esta política. Así se explica que, al evaluar las fórmulas regulatorias de precios, el Sector Público no solo suela tener en cuenta sus características de eficiencia, sino que considere además su adecuación a esos objetivos adicionales. Los precios de Ramsey evidencian claramente este conflicto. Esta fórmula determina resultados de equidad adversos en los servicios (por ejemplo, el transporte público) en los que las demandas de los grupos de consumidores con menos recursos son relativamente más inelásticas (en nuestro ejemplo, los usuarios sin vehículos propios respecto a los que disponen de ellos), al abogar por el establecimiento de precios más elevados sobre esta clase de consumidores o usuarios, por lo general los más pobres.

La aplicación de criterios de mercado a la fijación de precios públicos puede ser incluso inadecuada desde la simple perspectiva de la eficiencia. De acuerdo con la teoría del óptimo secundario, fijar un precio igual al coste marginal en un mercado puede generar pérdidas de eficiencia si los precios en otros mercados divergen sustancialmente de dicho coste marginal. Si, por ejemplo, el precio del gas natural fuese sensiblemente superior a su coste marginal, cargar a la electricidad un precio igual al coste marginal podría originar un consumo ineficientemente elevado de este servicio, en detrimento del consumo de gas natural.

Estas limitaciones teóricas y prácticas pueden llevar obviamente a las autoridades públicas a cuestionarse el uso de las reglas de precios orientadas por principios estrictamente económicos. Los métodos teóricamente correctos pero defectuosos en la práctica no son necesariamente preferibles a los teóricamente incorrectos pero practicables. Aun así, el criterio del precio igual al coste marginal es, sin duda, un punto de partida útil en la adopción de decisiones públicas. Que la teoría del óptimo secundario sostenga que los precios al coste marginal pueden ser precios no óptimos, no significa necesariamente que deban preferirse otros precios. Análogamente, aunque, dadas las limitaciones existentes normalmente en lo referente a la información, el regulador difícilmente puede estimar precios óptimos, ello tampoco debe impedir las estimaciones de precios más eficientes. Una mayor aproximación del precio al coste marginal generará ganancias de eficiencia, que, además, serán tanto mayores cuanto más grande sea la divergencia inicial entre ambas variables. La identificación y el tratamiento de los casos en que existan grandes divergencias entre el precio y el coste marginal pueden traer consigo, en suma, ganancias de eficiencia que pueden llegar a ser significativas.

 ## Glosario de términos y conceptos

Amortización de la deuda pública
Competencia por comparación
Conversión de la deuda pública
Costes conjuntos y demandas fluctuantes
Derecho de señoreaje
Deuda autoliquidable
Deuda pública
Deuda pública a corto plazo y a largo plazo
Deuda pública a la par
Deuda pública amortizable
Deuda pública de ámbito institucional (estatal, autonómica, local, etc.)
Deuda pública interior (interna) y deuda exterior (externa)
Deuda pública perpetua
Efecto expulsión (*crowding-out*)
Emisión de deuda pública
Empresa pública
Empresas públicas concurrenciales
Empresas públicas de servicios de interés económico general
Equivalencia ricardiana
Explosividad de la deuda pública

Inversión en ampliación de capacidad y nivel óptimo de provisión
Monopolio natural
Precios de Ramsey
Precios óptimos con capacidad conjunta limitada
Precios públicos
Regulación de precios máximos
Repudio de la deuda pública
Repudio encubierto
Repudio manifiesto
Sistema de prorrateo
Sistema de subasta
Sostenibilidad de la deuda pública
Suscripción de deuda pública
Tarifa de dos partes
Tarifa óptima de dos partes
Tarifas de dos partes con cuotas fijas diferenciales
Tarifas no lineales
Tarifas opcionales
Teorema de Barro
Valor de paridad

Derecho de señoreaje y deuda pública. Empresas públicas y precios públicos **14**

 Resumen

- Cuando el Estado no dispone de ingresos ordinarios suficientes como para cubrir la financiación del gasto público puede recurrir a la emisión de deuda pública y al derecho de señoraje. Con este término se quiere referir los ingresos públicos derivados del «monopolio» o derecho exclusivo del que goza el Estado, y del que carecen por tanto otros entes o agentes económicos, para crear dinero. Otras formas de imposición implícita con él relacionadas son las derivadas de los coeficientes obligatorios para las entidades de crédito.

- Como fuente de ingresos, el endeudamiento público, y más específicamente la emisión de deuda, constituye el recurso más importante del Sector Público después de la imposición. Atendiendo al plazo de duración, ámbito espacial y ámbito institucional de la deuda pública, esta puede clasificarse en deuda a corto plazo y a largo plazo, deuda interior (interna) y deuda exterior (externa), y deuda del Estado, de las Comunidades Autónomas, de las Corporaciones Locales, etc. Otros términos y conceptos propios del ciclo vital de la deuda pública son: emisión, valor de paridad, suscripción, sistema de prorrateo, sistema de subasta, conversión, amortización, deuda pública amortizable, deuda pública perpetua, repudio, repudio manifiesto y repudio encubierto.

- En un teorema que lleva su nombre, conocido como Teorema de la neutralidad o equivalencia, el economista clásico David Ricardo sostuvo en su día, bajo diversas hipótesis de partida, que los impuestos y la deuda pública son medios de financiación pública equivalentes y con efectos similares sobre el consumo y el ahorro, toda vez que la cuantía de los impuestos no pagados en la actualidad (rebaja impositiva) por la emisión de la deuda pública equivaldría al valor presente de los impuestos que habrán de pagarse mañana para hacer frente al pago de los intereses y amortizar el principal de la deuda. Posteriormente, en plena segunda mitad del siglo XX, Robert Barro, en un teorema que también lleva su nombre y que constituye una generalización intergeneracional del de David Ricardo, señaló que si los individuos son racionales, las generaciones actuales se comportarán como si tuviesen un horizonte de vida infinito, de forma que la emisión hoy de deuda pública las llevará a generar un mayor ahorro que transmitirán a las generaciones futuras para que estas paguen el principal y los intereses de la deuda y, en consecuencia, no existirá ninguna traslación de su carga a estas generaciones.

- El escaso realismo de muchos de los supuestos en que se basa el Teorema de la equivalencia ricardiana y la falta de contrastación empírica del Teorema de Barro nos ha llevado a analizar a continuación las posiciones de las principales escuelas de pensamiento económico, representadas por las concepciones clásica, keynesiana y moderna, ante tres cuestiones fundamentales: ¿la deuda pública es, en sí misma, algo distinto de la deuda privada? ¿Genera o transfiere la deuda pública su carga a las generaciones futuras? ¿Es análoga o es distinta la deuda pública interior de la deuda pública exterior?

- En la línea del pensamiento clásico, en el pensamiento moderno las deudas pública y privada presentan características similares, porque la inversión privada no realizada o expulsada por la intervención pública habría generado unos intereses análogos a los que han de pagarse a los tenedores de deuda pública. Frente a estas posiciones, los autores keynesianos aseguran que en una situación sin pleno empleo de los recursos la emisión de deuda supondría la utilización de unos recursos ociosos a un coste real cero y, por consiguiente, el gasto financiado con ella generaría un incremento de la renta y del empleo mayor que el que podría generar una financiación impositiva, circunstancia por la que el endeudamiento público diverge sustancialmente del endeudamiento privado.

- Análogamente a los economistas clásicos, y a diferencia de Keynes, para quien la carga de la deuda no se transferiría a las generaciones futuras, por cuanto en una situación sin pleno empleo de los recursos lo único que implicaría sería la puesta en funcionamiento de unos recursos ociosos y en otra con pleno empleo la única carga que se produciría sería la reducción de la producción privada y el trasvase de recursos a la producción pública, hoy se admite con generalidad que la carga se trasladará a las generaciones futuras (estas habrán de hacer frente a mayores impuestos) en múltiples casos: si la política de endeudamiento es insostenible a largo plazo, si es sostenible pero la economía se encuentra inicialmente infracapitalizada, si la emisión es ocasional y la economía se encontrase inicialmente infracapitalizada, y si la emisión ocasional se destinase a la financiación de gastos corrientes, y, en el supuesto de que se destinase la financiación de gastos de capital, si la pérdida de bienestar por el pago de los impuestos supera a las ganancias de igual naturaleza que les reportará la inversión pública.

- Frente a las tesis clásica y keynesiana, que observaban diferencias radicales entre las deudas interior y exterior, por cuanto si bien la primera constituye una transferencia de unos miembros de la sociedad a otros, la deuda pública exterior surte efectos reales sobre la producción interna, la posición moderna sostiene que ambos tipos de deuda surten efectos similares, al provocar el descenso de la inversión privada y la renta (en el caso de la deuda exterior, indirectamente, al permitir los intereses a los suscriptores extranjeros llevarse con ellos parte de los bienes y servicios interiores).

- Se dice que el sistema de endeudamiento público es explosivo cuando el tipo de interés al que se emite la deuda pública es mayor que la tasa de crecimiento de la economía; es insostenible cuando, además de lo anterior, se obtienen déficits primarios, y es sostenible cuando la tasa de crecimiento de la economía supera a la tasa de crecimiento de la deuda. En este último caso, la sostenibilidad admitirá la existencia de un déficit primario permanente si es inferior o igual al nivel crítico.

- En términos aproximados, la empresa pública puede definirse como una unidad económica de producción en sentido amplio, respecto a la cual el Sector Público o bien detenta, de forma directa o a través de otras empresas o instituciones, la propiedad de más del 50 por ciento de sus participaciones, o bien, en su defecto, puede ejercer un control efectivo. Dos son las modalidades de empresas que componen el Sector Público empresarial: las denominadas empresas públicas *concurrenciales* y las empresas públicas que prestan servicios *de interés económico general*.

- Son precios públicos no solo los fijados directamente por el Sector Público a los bienes y servicios producidos por empresas públicas u otros organismos o entes públicos para su venta en el mercado (actúen en régimen de monopolio o en competencia con empresas privadas), sino también los fijados por empresas privadas reguladas por el Sector Público.

- En una empresa pública en régimen de monopolio natural, si la producción alcanzase el nivel eficiente y el precio de venta del *output* se fijase al coste marginal, no se cubrirían los costes totales de la empresa y se obtendrían pérdidas de explotación. Dado, por otra parte, que las subvenciones financiadas con ingresos impositivos resultan indeseables, la literatura financiera pública ha propuesto la formulación de desviaciones óptimas de dicho coste marginal que permitan a tales empresas satisfacer la restricción presupuestaria. Bajo esta amplia rúbrica pueden distinguirse dos sistemas de precios distintos: los denominados *precios de Ramsey*, que consisten en precios diferenciales para los diferentes grupos de usuarios o clientes, y las *tarifas no lineales* en sus distintas variantes, que son también precios diferenciales pero cargados a un solo consumidor según su nivel de consumo. Las limitaciones que aquejan a estos sistemas de tarifación han llevado a algunos países, entre los que figura España, a sustituirlos por otras fórmulas, entre las que destacan la recuperación de costes con competencia por comparación y la regulación de precios máximos.

- Existe conjunción de costes en la producción cuando la demanda fluctúa en ciclos de duración variable (como, por ejemplo, en los casos del servicio de energía eléctrica, que presenta una demanda elevada —un «pico»— durante el día y una demanda baja —un «valle»— por la noche, y en el del transporte público urbano, que registra varios picos diarios en las horas punta del día y un valle nocturno) y el *output* en los diferentes períodos de tiempo depende de una misma capacidad fija de producción. Similar al de los bienes públicos, el procedimiento de fijación de precios óptimos para estos servicios se articula en dos fases: el establecimiento de los precios de alta y baja demanda y la determinación del momento apropiado para invertir en la ampliación de la capacidad conjunta y del nivel óptimo de dicha capacidad.

- Aunque la eficiencia es un objetivo importante en la fijación de precios públicos, no es, sin embargo, el único valor social ni el que debe prevalecer. La equidad en el proceso y en los resultados, la transparencia en el proceso, el apoyo a los ideales democráticos y la estabilidad son también consideraciones de gran importancia en esta política.

- De acuerdo con la teoría del óptimo secundario, fijar un precio igual al coste marginal en un mercado puede ser un criterio inadecuado desde la perspectiva de la eficiencia (generar pérdidas de eficiencia) si los precios en otros mercados divergen sustancialmente de dicho coste marginal. Aun así, este criterio es un punto de partida útil en la adopción de decisiones públicas.

- En términos similares, aunque, por efecto de las limitaciones existentes normalmente en lo referente a la información, el regulador difícilmente puede estimar precios óptimos, ello no debe impedir las estimaciones de precios más eficientes.

Parte VI

Federalismo fiscal

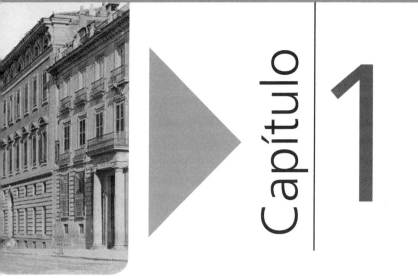

Capítulo 15

Financiación de los gobiernos descentralizados

15.1. Funciones de los gobiernos descentralizados

15.2. Sistemas de financiación de las haciendas subcentrales

    15.2.1. Fuentes de financiación de los niveles subcentrales de gobierno y autonomía financiera local

    15.2.2. Principios de tributación de las haciendas subcentrales

15.3. Valoración de las fuentes tributarias de financiación de los gobiernos descentralizados

    15.3.1. Precios públicos, tasas y contribuciones especiales

    15.3.2. Impuesto sobre la renta individual

    15.3.3. Impuesto sobre los beneficios de las sociedades

    15.3.4. Impuesto sobre las ventas en fase minorista

    15.3.5. Imposición patrimonial (I): impuestos sobre el patrimonio neto, sucesiones y donaciones y transferencias patrimoniales onerosas

    15.3.6. Imposición patrimonial (II): impuesto sobre la propiedad inmobiliaria

15.4. Coordinación de los gobiernos subcentrales: las transferencias intergubernamentales

    15.4.1. Clases, objetivos y efectos de las transferencias intergubernamentales. *Efecto filtración*

    15.4.2. Limitaciones de la teoría tradicional de las transferencias intergubernamentales. El *efecto papel matamoscas*

▶ **Resumen**

Apéndice al Capítulo 15:

    Incidencia del impuesto sobre la propiedad inmobiliaria (IPI)

En su aplicación a la Economía, el análisis de la organización de las competencias de gasto y las fuentes de financiación en un sistema con niveles múltiples de gobierno constituye la preocupación fundamental de la teoría del Federalismo Fiscal. Esta teoría se propone explicar, en concreto, la distribución de funciones gubernamentales y poderes fiscales entre niveles de gobierno en un sistema descentralizado, así como las transferencias intergubernamentales y las exigencias regulatorias.

Un aspecto importante del Federalismo Fiscal es el grado en que esa estructura teórica puede aplicarse a sistemas no federales de gobierno. En rigor, en Economía el Federalismo Fiscal no ha de interpretarse en sentido constitucional estricto, sino que expresa que, aunque con diferencias de grado, todos los sistemas de gobierno son federales, al punto incluso de que en un sistema formalmente unitario los niveles subcentrales de gobierno poseen un considerable grado de discrecionalidad fiscal. Conceptualmente, el término Federalismo Fiscal hace referencia, por tanto, al análisis valorativo de los programas de ingresos y gastos públicos en los países centralizados, los países federales y en los sistemas confederados, como puede ser la Unión Europea.

Este capítulo se articula en cuatro apartados. En el primero se recapitulan las prescripciones de la Hacienda Pública respecto al reparto de funciones entre los distintos niveles políticos de un sistema descentralizado de gobierno. En el segundo se tratará de dar respuesta a la cuestión de cuál es la distribución óptima de fuentes de ingresos entre los múltiples niveles de gobierno de una hacienda descentralizada, glosando para ello las principales fuentes de financiación de los gobiernos subcentrales, el significado del concepto de autonomía financiera de estos niveles gubernamentales y los principios que deben orientar el diseño de sistemas de financiación subcentral que se pretendan óptimos. En el tercero se valoran las distintas fuentes tributarias de ingresos de estos niveles gubernamentales menores a la luz de esos principios de imposición. El capítulo se cierra con un último apartado dedicado al estudio de las transferencias intergubernamentales como mecanismo de coordinación de las haciendas subcentrales.

15.1. Funciones de los gobiernos descentralizados

Una teoría general de la Hacienda Pública descentralizada debería articularse, de esta forma, en torno a una estructura general de las responsabilidades de gasto y fuentes de financiación de los gobiernos de los distintos niveles políticos. En la praxis fiscal, sin embargo, esa estructura se halla subordinada, en gran medida, al cumplimiento de las funciones a las que debe estar orientada toda la actividad financiera del Sector Público en una economía avanzada: la asignación óptima de recursos, la redistribución de la renta y la riqueza y la estabilidad y el crecimiento económicos.

A este respecto, el enfoque tradicional sobre la función de redistribución prescribe que la provisión de programas de bienestar debería ser competencia del nivel central de gobierno, por cuanto la descentralización de esta función originará diferencias interjurisdiccionales en los servicios que inducirán a los receptores de bienestar a emigrar a las comunidades con mayores niveles relativos y, como fruto de estas presiones migratorias, las localidades acabarán ofertando niveles de beneficios inferiores a los que desearían los residentes en ausencia de migración. Esta prescripción establece, más concretamente, que, a causa de los continuos avances en los sistemas de transportes y comunicaciones y, consiguientemente, del alto grado de movilidad interjurisdiccional existente en cualquier país desarrollado, si las haciendas subcentrales pudiesen diseñar y aplicar sus propios programas fiscales redistributivos, las empresas y los individuos pertenecientes a los niveles superiores de renta y riqueza podrían optar por trasladar su residencia a las jurisdicciones en las que las cargas fiscales que hubieran de soportar y los beneficios de los servicios públicos que pudieran disfrutar no presentasen amplias divergencias, mientras que, por el contrario, las personas situadas en los niveles bajos de la escala podrían intentar emigrar a aquellas entidades territoriales en las que, a costa de los ricos, los beneficios públicos para ellas fuesen superiores a los costes fiscales. Así las cosas, si cada hacienda territorial pudiera establecer su propio programa fiscal redistributivo, las haciendas redistributivas recibirían una enorme afluencia de contribuyentes con exigua capacidad económica y, en cambio, las no redistributivas atraerían al segmento de la población con mayor nivel de renta, con lo que, a la postre, la movilidad inducida por tales políticas redistributivas les restaría, cuando no anularía, toda posible efectividad en este sentido.

En respuesta a esta prescripción tradicional, los defensores de la descentralización aducen, sin embargo, que las preferencias redistributivas varían en el espacio geográfico y que la descentralización permitirá a las regiones (estados) o localidades experimentar con programas de empleo y otros instrumentos incentivadores de cambios laborales. La resolución de este debate no es, en cualquier caso, una cuestión fácil, aunque solo sea porque la evidencia empírica no ofrece resultados concluyentes y porque lo que subyace son, a la postre, diferencias ideológicas.

En la práctica, de todos modos, las actividades de los gobiernos subcentrales tienen importantes implicaciones redistributivas. En unos casos la redistribución puede ser un resultado de la oferta local de bienes de mérito gratuitos, tales como la educación y los servicios sanitarios, así como de ciertos compromisos de política fiscal entre haciendas territoriales; en otros puede ser el objetivo premeditado de servicios sociales asumidos y provistos directamente por los gobiernos locales.

En paralelo, existe un consenso generalizado entre los economistas acerca de que las haciendas subcentrales no deben desempeñar un papel activo ni en la estabilización económica, ni en la modificación del ritmo y de las pautas de crecimiento económico. Entre las razones que subyacen a la proposición de que el cumplimiento del objetivo del mantenimiento del pleno empleo con precios estables en un sistema descentralizado de gobierno es una tarea cuya dirección incumbe al gobierno central, dos son las principales: la imposibilidad de que las autoridades de los niveles subcentrales de gobierno puedan disponer de la política monetaria y la total apertura que caracteriza a estas economías. Ciertamente, la facultad de crear y destruir dinero solo la puede ostentar el gobierno central, entre otros motivos porque la eficacia de este instrumento político para controlar la demanda efectiva depende, en gran medida, del control que pueda ejercerse tanto sobre las variables monetarias (la oferta, la velocidad de circulación y el tipo de interés) como sobre las instituciones e intermediarios financieros. Al mismo tiempo, en tanto en cuanto cada jurisdicción subcentral constituye una economía totalmente abierta dentro del mercado nacional, las «fugas» comerciales que induciría cualquier medida estabilizadora adoptada unilateralmente a estos niveles menores de gobierno la privarían de toda efectividad. Si las autoridades de una jurisdicción pudiesen adoptar una medida impositiva restrictiva para contener la inflación, el descenso del nivel de precios que seguiría a la reducción fiscalmente inducida de la demanda local provocaría el aumento de la demanda desde las demás jurisdicciones y, con ello, la anulación de los efectos pretendidos con tal medida; por contra, si la medida fiscal fuese de signo expansionista, la consiguiente elevación de la demanda local daría lugar a un aumento de las «importaciones» que acabaría anulando el efecto multiplicador de dicha medida.

Análogamente, la mayoría de los economistas convienen en que la posible competencia fiscal entre gobiernos locales para atraerse industrias o empresas concretas hacia sus límites jurisdiccionales podría dar como resultado un bajo crecimiento económico neto nacional, a la vez que elevados costes económicos al alterar ineficientemente las decisiones de localización empresariales.

Aun así, ciertos autores (Albi, 1978, entre otros) sostienen que el hecho de que el objetivo del desarrollo deba ser responsabilidad del gobierno central, no quiere decir que la instrumentación de una política de esta naturaleza no pueda tener una orientación regional. Antes al contrario, las transferencias de recursos entre jurisdicciones ricas y pobres en que se instrumente tal política deberán dirigirse y distribuirse por el gobierno central, de acuerdo con criterios que tengan en cuenta tanto a los sectores públicos locales como a los sectores privados locales.

Por lo demás, en el mundo real no son pocos los países en los que los gobiernos de nivel intermedio (estatales o regionales) financian una multiplicidad de programas de desarrollo económico, entre los que son comunes los programas de gastos fiscales específicos, los programas de transferencias de capital y de subvenciones a la capacitación laboral, los programas de asistencia técnica, los programas I + D, etc.

En contraste con lo anterior, y aunque adaptadas a las diferentes condiciones sociales e institucionales imperantes en cada país, todas las teorías conocidas sobre el Federalismo Fiscal coinciden en señalar que, potencialmente, la descentralización en la provisión pública de no pocos bienes y servicios presenta múltiples ventajas. La descentralización puede originar una mayor responsabilidad pública ante las diferencias en las demandas o preferencias ciudadanas, puede incrementar la eficiencia administrativa y puede promover la innovación y experimentación a nivel subcentral de gobierno. Pese a ello, todas ellas convergen también en la idea de que estas ventajas de la descentralización han de confrontarse y equilibrarse con las limitaciones que les imponen otros factores técnicos e institucionales, tales como las economías potenciales de escala de la producción de servicios, los costes potenciales de los efectos externos entre las jurisdicciones regionales (estatales) y locales y otros factores, tales como los efectos de la competencia interjurisdiccional y de las presiones migratorias.

15.2. Sistemas de financiación de las haciendas subcentrales

15.2.1. Fuentes de financiación de los niveles subcentrales de gobierno y autonomía financiera local

Una opinión generalizada entre los hacendistas es que la descentralización en la prestación de bienes y servicios debe tener cierta correlación con una determinada autonomía y suficiencia financieras. Los gobiernos descentralizados necesitan disponer de fuentes de financiación autónomas que les garanticen los recursos suficientes para atender sus competencias en materia de gasto.

En el mundo real, las haciendas subcentrales cuentan, en lo fundamental, con dos clases de ingresos: los ingresos propios o autónomos, entre los que figuran las tasas y los precios públicos, las rentas patrimoniales, las transferencias de particulares, el endeudamiento y el recurso al crédito, y los impuestos propios y compartidos; y los ingresos provenientes de la hacienda central, básicamente las transferencias y las participaciones en los ingresos de los impuestos estatales.

En sentido estricto, son *impuestos propios* aquellos cuyas bases y tipos impositivos se hallan bajo total control de los gobiernos subcentrales y son estos también los que los recaudan. (Con frecuencia, sin embargo, estos niveles de gobierno solo tienen potestad para fijar las alícuotas, al venir las bases imponibles reguladas por el gobierno central.) A su vez, por *impuestos compartidos* se entiende aquellas figuras fiscales cuyas bases imponibles, si bien establecidas por el gobierno central, son compartidas con los gobiernos subcentrales, los cuales se reservan la facultad —plena o limitada— para fijar los tipos de gravamen. En esta categoría impositiva es, pues, el gobierno central el que diseña la estructura del impuesto (bases, deducciones, etc.), pero, al mismo tiempo, se autoriza al gobierno subcentral a establecer un tipo propio (recargo) adicional al aplicado por el gobierno central. De este modo, el gobierno central recauda el impuesto y transfiere al subcentral los ingresos obtenidos mediante el recargo. Se trata, en definitiva, de figuras impositivas diferentes giradas sobre las mismas fuentes, de tal manera que el gravamen de la hacienda territorial constituye un recargo sobre el impuesto del gobierno central que se exige a los ciudadanos de las distintas jurisdicciones.

Por su parte, las *participaciones impositivas* consisten en fuentes de ingresos fiscales cuyas bases y tipos son definidos y regulados por el Gobierno de la nación, mientras los gobiernos subcentrales se limitan a recibir un porcentaje mayor o menor (establecidos por ley) de los ingresos recaudados en sus correspondientes jurisdicciones. No se trata, pues, de un recargo, sino de la cesión de parte de la recaudación de un impuesto (por lo general, el impuesto sobre la renta y los impuestos patrimoniales).

En cuanto a las transferencias intergubernamentales, se definen como aquellas sumas de dinero donadas por un gobierno a otro generalmente de nivel inferior (gobierno beneficiario o receptor) para la financiación por este de parte de sus gastos. Así, los gobiernos centrales realizan transferencias a los regionales y locales, y los gobiernos regionales a los locales. Estas transferencias de recursos entre niveles de gobierno se clasifican en dos categorías concretas: las *no condicionadas* (*o incondicionales*), a veces denominadas también *generales*, en las que el gobierno donante determina la suma a transferir a la hacienda beneficiaria pero no establece ninguna restricción al uso o destino de los fondos transferidos, por lo que esta es libre de resolver cómo emplearlos; y las *condicionadas* (*o condicionales*), conocidas asimismo como transferencias *específicas* o *categóricas*, en las que la cuantía de la subvención la determina directamente el gobierno donante o incluso puede depender de las decisiones de gasto de los gobiernos beneficiarios, pero en ambos casos es el donante el que especifica o decide el destino que debe darse a los fondos transferidos. La distinción entre ambas categorías de transferencias revela, a un mismo tiempo, los diferentes motivos que suelen justificar su concesión: en las no condicionadas, el aumento de la capacidad fiscal de los gobiernos beneficiarios con recursos de libre utilización; en las condicionadas, el aumento en la provisión de determinados bienes y servicios, como pueden ser la asistencia social, la educación y el desarrollo urbano.

Para poder ofrecer una provisión eficiente de los bienes y servicios de su competencia, las autoridades de los niveles subcentrales de gobierno han de disponer, en cualquier caso, de un grado apropiado de autonomía financiera. Por *autonomía financiera local* se entiende la discrecionalidad de las haciendas territoriales sobre sus ingresos tributarios, sus gastos y las transferencias provenientes del nivel superior de gobierno. La existencia de una autonomía financiera plena en estos niveles subcentrales de gobierno impone, no obstante, a la discrecionalidad fiscal ciertas exigencias. En esencia, al tiempo que poder disponer libremente y sin limitaciones de los recursos transferidos por el gobierno central, las haciendas territoriales habrían de contar con recursos fiscales propios y plenas facultades para modificar su composición y nivel. En ausencia de figuras tributarias propias, los gobiernos locales podrían determinar la estructura de sus gastos pero no su nivel, como tampoco podrían valorar con precisión los costes y beneficios de cada programa público, ni conocer a sus verdaderos beneficiarios y financiadores.

La concesión o restitución de la autonomía fiscal a los gobiernos locales comporta así la aplicación a sus finanzas de dos preceptos estrechamente relacionados entre sí y con el de la eficiencia: los principios de corresponsabilidad fiscal (denominado a veces de rendición de cuentas) y del beneficio. En su acepción más general, el primero postula que las autoridades locales deben responder ante sus electores tanto de los gastos en que incurran como de los ingresos que obtengan para su financiación, aunque especialmente de los incrementos de los unos y los otros, lo que significa que los incrementos de gastos locales han de ser financiados en gran medida por los electores de estos niveles de gobierno mediante impuestos y tasas.

Para promover la corresponsabilidad fiscal, un sistema de imposición subcentral ha de ser, en todo caso, congruente con otros criterios conocidos. Por un lado, sus principales figuras fiscales habrían de ser visibles o perceptibles y con un rendimiento cierto y predecible, de tal forma que las autoridades fiscales pudieran evitar insuficiencias imprevistas en sus recursos anuales y elaborar con sensatez sus presupuestos; por otro, la selección de estas debería regirse por el grado de su sujeción al principio del beneficio, esto es, los beneficiarios de los servicios habrían de ser quienes soportasen sus costes.

En la práctica, sin embargo, el significado de autonomía financiera deviene más restringido. A nivel local de gobierno el alcance de este principio viene sometido a una doble restricción: las limitaciones políticas que derivan de la necesaria solidaridad entre jurisdicciones del mismo nivel, así como las limitaciones institucionales que imponen los objetivos que presiden las actuaciones del gobierno de la nación. En general, las figuras integrantes de tales sistemas fiscales subcentrales no deberían oponerse a los objetivos socioeconómicos generales relativos a la asignación de recursos, la redistribución y la estabilización, por lo que habría de exigírseles la ausencia de deficiencias que no pudieran compensarse en otros ítems del cuadro general de impuestos o beneficios. En particular, además, estas estructuras subcentrales no deberían contener gravámenes que implicaran la existencia en el sistema fiscal general de solapamientos o duplicaciones impositivas de difícil justificación, al tiempo que sus competencias administrativas y recaudatorias tampoco deberían suponer ninguna duplicidad intergubernamental en esta suerte de tareas. De igual modo, deberían ser compatibles con las legislaciones fiscales nacional y comunitaria.

A este respecto, ha de señalarse que son ciertamente limitaciones de tipo institucional las que abogan por un uso altamente limitado de la deuda pública como medio de financiación de los bienes y servicios provistos por los niveles subcentrales de gobierno. Un empleo excesivo de esta fuente de financiación por los gobiernos territoriales puede suponer un serio obstáculo para el logro de los objetivos nacionales de estabilización y redistribución. Por su aparente tendencia paralela al ciclo económico (su aumento y disminución en épocas de expansión y contracción de los mercados de capitales, respectivamente), el uso abusivo de la deuda pública como forma de financiación subcentral de los gastos de inversión en bienes de capital ha sido considerado por muchos como uno de los principales focos de inflación en las sociedades modernas. Ello, además, atentaría contra la equidad en la distribución intergeneracional, en la medida en que, salvo en una pequeña proporción, el grueso de la deuda local está en manos de residentes de otras jurisdicciones. Estos y otros argumentos explican, a la postre, las limitaciones impuestas en numerosos países al uso de esta fuente de financiación subcentral, al tiempo que la necesidad de aplicación de mecanismos de coordinación entre las Administraciones central y territoriales que permitan el desarrollo de políticas de estabilización y redistribución coherentes y óptimas.

En lo que a las restantes fuentes de financiación subcentral se refiere, el grado en que contribuyen a la autonomía y la corresponsabilidad fiscales es, por lo demás, sumamente dispar. La mayor puntuación a este respecto la ostentan los *impuestos propios* en sentido estricto, seguidos de los *impuestos compartidos* y las *tasas* y los *precios públicos*, en los que, pese a que su regulación suele ser competencia del gobierno central, su importe lo deciden normalmente las autoridades locales. Estas son, en rigor, las únicas fuentes de ingresos sobre las que los gobiernos locales pueden ejercer un mayor control directo, y las únicas, por tanto, que establecen un vínculo directo entre las políticas de ingresos y gastos a este nivel de gobierno. En las participaciones impositivas, un incremento en el gasto de un gobierno subcentral no tiene repercusión directa en los impuestos satisfechos dentro de sus límites jurisdiccionales. Con esta fuente de ingresos, a los gobiernos subcentrales solo les cabe intentar elevar la proporción de su participación.

No son, sin embargo, las participaciones impositivas sino las transferencias intergubernamentales, y en especial las condicionadas o específicas, las fuentes de financiación subcentral que se prestan a un menor grado de control por parte de las autoridades de este nivel político y las que, por lo mismo, les originan una mayor dependencia del gobierno central. Este bajo o nulo control de los gobiernos subcentrales sobre las transferencias de fondos constituye, de hecho, un convincente argumento en pro de una financiación local basada fundamentalmente en los ingresos obtenidos mediante los impuestos propios y compartidos y las tasas y los precios públicos. Solo así, se ha llegado a afirmar, podría hablarse de gobiernos subcentrales ampliamente autónomos y responsables ante el electorado de sus preferencias y necesidades.

Más allá de esto, se ha asegurado igualmente que el principio de autonomía financiera debería ser el primer criterio a observar en el diseño de sistemas de financiación subcentral que se pretendiesen óptimos (G. Hollis, 1991).

15.2.2. Principios de tributación de las haciendas subcentrales

De acuerdo con la literatura financiera, para ser conceptuados como óptimos, los sistemas tributarios de los gobiernos subcentrales deberían obedecer a otros principios o criterios de tributación de todos conocidos. Son los que siguen:

1. *Economicidad y simplicidad administrativas.* En virtud de este criterio, los costes administrativos de los impuestos subcentrales —sus costes de gestión, liquidación y recaudación y sus costes de cumplimiento— deben cifrarse en una proporción razonablemente pequeña de los ingresos recaudados. La observancia de este precepto reclama, no obstante, que tales figuras impositivas locales cumplan, entre otros, con los siguientes requisitos: la existencia de un reducido número de impuestos locales altamente productivos; facilidad en la realización de los pagos y los cobros impositivos y, por contra, suma dificultad en la evasión fiscal; simplicidad administrativa, de forma que la legislación tributaria sea concisa y clara para todas las partes implicadas y que la gestión de los gravámenes locales sea sencilla, y, en fin, continuidad en la normativa reguladora de la financiación local, al punto de que los cambios tributarios deseados deberían llevarse a efecto al cabo de grandes intervalos de tiempo y en el marco de reformas generales y sistemáticas.

2. *Suficiencia y flexibilidad.* Otras dos consideraciones importantes en el diseño del sistema impositivo de cualquier nivel de gobierno son el grado de adecuación de las fuentes impositivas integrantes para financiar todos los gastos de los que ha de responder el nivel gubernamental de que se trate, así como la elasticidad de tales fuentes. En su aplicación a los sistemas impositivos subcentrales, este criterio plantea, en esencia, una triple necesidad: un sistema compuesto por pocas figuras fiscales con bases amplias o altamente productivas (con una productividad ajustada al coste de los servicios que el sistema ha de financiar y, en su caso, a los costes de su administración); unos impuestos locales dotados de una elevada elasticidad-renta, de forma que los ingresos impositivos crezcan en proporción al nivel de actividad económica de la jurisdicción fiscal, y un sistema de imposición con un rendimiento estable, es decir, poco sensible a las fluctuaciones de la actividad económica[1].

---

[1] Es cierto también que no todos los expertos fiscales comparten la opinión de que una alta elasticidad-renta sea una propiedad deseable en los impuestos locales. R. Bahl y J. F. Linn (1992), por ejemplo, relacionan esta pretendida cualidad de la imposición local con un rendimiento fiscal inestable y errático. Otros, como es el caso de J. Buchanan (1967), consideran que una elevada elasticidad-renta puede generar, a la vez que grandes incrementos en la renta nacional grandes incrementos en los gastos públicos. Dye y McGuire (1991), por último, son de la opinión de que la elasticidad puede ser un arma de doble filo, en el sentido de que si bien los ingresos de las figuras elásticas son sensibles a los cambios en la economía, tienden a ser más vulnerables a las bajas económicas.

3. *Eficiencia.* El sistema de imposición subcentral y, por tanto, sus principales figuras impositivas deberían responder igualmente, en la medida de lo posible, al precepto de la *eficiencia*. En consecuencia, si ha de recurrirse a la imposición para financiar bienes o servicios concretos, los gravámenes preferibles bajo este criterio serán, obviamente, los menos distorsionantes, esto es, los que menos distorsionen o alteren innecesariamente las elecciones o decisiones que los individuos o empresas adoptarían en su ausencia. En este sentido, entre los economistas parece existir un amplio acuerdo de que los impuestos más cualificados desde la perspectiva de la eficiencia serían aquellos que recayesen sobre fuentes inelásticas, que gravasen directamente a los beneficiarios del bien o servicio y, por tanto, no se exportasen a otros sujetos, de tal manera que estos soportasen los costes íntegros del incremento del nivel del servicio, y que dispusiesen de bases imponibles inmóviles o con escasa movilidad y distribuidas sin excesiva desigualdad a lo largo y ancho del territorio[2].

4. *Equidad.* La consideración de la equidad en el diseño de los sistemas fiscales subcentrales implicaría, en teoría, la adopción de un doble paquete de medidas: medidas de equidad horizontal entre individuos y jurisdicciones fiscales, de tal manera que quienes se hallasen en la misma situación económica recibiesen igual trato fiscal individual y pagasen sumas impositivas similares por niveles de servicios análogos, con independencia del área de residencia, y medidas de equidad vertical, instrumentalizadas mediante una estructura fiscal progresiva en su incidencia, a fin de que la carga de los impuestos se distribuyese de acuerdo con la capacidad de pago de los contribuyentes y, por ende, que quienes se encontrasen en situaciones diferentes fuesen objeto de un trato diferenciado.

La articulación de sistemas fiscales plenamente equitativos a nivel subcentral de gobierno encierra, sin embargo, un aparente antagonismo con la autonomía fiscal. La existencia de gobiernos locales con total discrecionalidad sobre la naturaleza y las alícuotas de sus impuestos podría inducir a los contribuyentes ricos de las localidades con elevada imposición progresiva a trasladar su residencia a otras localidades de laxa o nula fiscalidad redistributiva, en perjuicio de quienes permaneciesen en las primeras y en beneficio

---

[2] Nótese, pese a todo, que las ineficiencias que se asocian a las diferencias fiscales interjurisdiccionales solo podrán comparecer en la realidad bajo dos circunstancias específicas: en el caso de una movilidad gratuita de los agentes y en el supuesto de que los niveles impositivos y políticas de gasto de las autoridades locales se erigiesen en un factor decisivo en las decisiones de localización de las familias y las empresas. La posibilidad de una alta movilidad de la población en respuesta a factores fiscales ha de descartarse, no obstante, en los países en los que los gobiernos locales constituyan grandes jurisdicciones geográficas. Análogamente, los efectos de la competencia fiscal sobre la localización de las empresas serán irrelevantes allí donde la imposición local equivalga a una exigua proporción de sus costes comerciales y donde las diferencias fiscales sean pequeñas. Y, por último, es claro que las diferencias fiscales espaciales podrán resultar compensadas, cuando menos parcialmente, por las diferencias en los servicios provistos por los gobiernos locales.

de los residentes de las segundas. Una total uniformidad en las condiciones y tipos de gravamen de los impuestos locales se opondría de forma palmaria, en cambio, al concepto de autonomía fiscal.

Frente a estas argumentaciones, pueden aducirse al menos dos razones en apoyo de la tesis de que se trata de un conflicto más aparente que real. Por una parte, en su condición de objetivo nacional, la redistribución de la renta y la riqueza ha de contemplarse desde la perspectiva de la suma de los impuestos de todos los niveles gubernamentales, de modo que las dificultades que pudieran acarrear unos impuestos locales escasamente redistributivos siempre podrían superarse merced a los efectos compensatorios de un sistema de imposición nacional más progresivo. Por otra, el análisis de la equidad y la redistribución en un sistema de niveles múltiples requiere la consideración no solo de la incidencia de la imposición y de las pérdidas de bienestar ocasionadas por los pagos impositivos, sino también la de los efectos de los gastos públicos. Una valoración comprensiva de la equidad vertical debería considerar la incidencia conjunta de la totalidad de las fuentes impositivas, así como la distribución de los beneficios de los bienes y servicios públicos provistos.

En la práctica, de hecho, la consecución de un objetivo realista de equidad en un sistema político de niveles múltiples demanda el concurso de dos políticas instrumentales:

a) Un sistema de transferencias de igualación fiscal, al objeto de que las diferencias fiscales interjurisdiccionales obedezcan exclusivamente a las diferencias en el nivel de servicios públicos deseado por los residentes de cada jurisdicción.

b) Una política de armonización o coordinación fiscal estructurada en torno a unos sistemas tributarios subcentrales similares, esto es, integrados por los mismos tributos y sin grandes divergencias interjurisdiccionales en los tipos de gravamen, unas bases tributarias en gran medida inmóviles y, en lo posible, de oferta fija, por su elevada puntuación comparativa en términos de neutralidad y equidad impositivas, y unos criterios de valoración idénticos en todas las jurisdicciones fiscales.

5. *Promoción fiscal de la protección del medio ambiente.* Para finalizar, algunos expertos fiscales, como puede ser E. Buglione (1991), han apuntado que, en vista de la creciente responsabilidad de los gobiernos subcentrales en la protección del medio ambiente, los impuestos locales deberían juzgarse asimismo en función de su capacidad para inducir en los ciudadanos y las empresas un comportamiento responsable respecto al uso y conservación de los recursos naturales.

Tal es, en conclusión, la relación de criterios definitorios de una imposición subcentral ideal, bajo cuya luz debe valorarse la idoneidad de las diversas opciones fiscales para integrar, en calidad de figuras propias, los sistemas de financiación de las entidades de estos niveles de gobierno. Amplio elenco de principios impositivos cuyo cumplimiento, no obstante, es relevante para el sistema de financiación local considerado en su conjunto, por lo que el peso a conceder a cada uno de ellos dependerá de cuál sea el nivel de autonomía local al que se aspire en cada caso.

La información que proporciona la experiencia comparada evidencia, sin embargo, no solo una general falta de uniformidad internacional en las estructuras de los sistemas de imposición local, sino además la existencia de una considerable distancia entre fiscalidad real y fiscalidad paradigmática. En la praxis fiscal es corriente que las autoridades locales no tengan ninguna potestad sobre la base imponible y solamente un grado de discrecionalidad limitado (normalmente por el establecimiento de topes legales máximos) sobre los tipos de gravamen.

15.3. Valoración de las fuentes tributarias de financiación de los gobiernos descentralizados

En la actualidad no se conoce ninguna figura tributaria de las consideradas principales que no haya sido o esté siendo utilizada en algún caso como fuente de ingresos de los niveles subcentrales de gobierno. Lo han sido o lo son los precios públicos, las tasas y las contribuciones especiales, el impuesto sobre la renta de las personas físicas, el impuesto sobre el beneficio de las sociedades, el impuesto sobre las ventas en fase minorista y los impuestos patrimoniales en sus diversas categorías. Sin embargo, de acuerdo con los criterios de tributación subcentral, no todos estos mecanismos o figuras tributarias superan el test de idoneidad para integrar los sistemas de financiación de estos niveles menores de gobierno en calidad de fuente propia de ingresos. En el caso de los tributos personales, son fundamentalmente razones de eficiencia, equidad, capacidad de control y costes administrativos las que justifican y recomiendan su asignación a las haciendas centrales. Contrariamente, por sus menores dificultades en estos ámbitos, las haciendas territoriales suelen recurrir con frecuencia a los tributos reales. En la actualidad, en la mayoría de los países la principal fuente de ingresos tributarios de las administraciones locales es el impuesto sobre la propiedad inmobiliaria (el IBI en España). Asimismo, los precios públicos, las tasas y las contribuciones especiales constituyen buenos instrumentos de financiación de la provisión de bienes públicos locales cuyos beneficios son observables e individualizables.

He aquí, a continuación, una valoración detallada de las mencionadas figuras tributarias a la luz de los principios de tributación de estos niveles gubernamentales. Valoración de la que también se ofrece un amplio resumen en el Cuadro 15.1.

15.3.1. Precios públicos, tasas y contribuciones especiales

Al decir de Bird (1993), un sistema de financiación de bienes públicos con beneficios individualizables (beneficios que afluyen directamente a los individuos en vez de al pleno de la comunidad) debería emular, en la medida de lo posible, a los precios. Se debería exigir, en concreto, precios o tasas a los consumidores, usuarios o beneficiarios de bienes o servicios públicos subcentrales con características de bienes privados (entrada a parques públicos, recogida de basuras, suministro de agua, etc.) y contribuciones especiales a los beneficiarios directos de obras o mejoras públicas (pavimentación, alcantarillado o alumbrado de calles, entre otras).

La financiación de bienes o servicios locales mediante precios públicos, tasas o contribuciones especiales en el concierto de naciones es una experiencia que puede calificarse de rica y variada. En mayor o menor medida, prácticamente todos los países desarrollados de Europa y América disponen de estas fuentes de financiación. Esta amplia experiencia internacional tiene tras de sí múltiples razones explicativas, entre las que pueden destacarse las cuatro siguientes:

a) Su estrecha sujeción al principio del beneficio (al ser pagadas directamente por quienes reciben el bien o servicio).

b) Promueven la corresponsabilidad fiscal, tanto por la razón anterior como porque son relativamente visibles o perceptibles.

c) De estar adecuadamente diseñados, contribuyen al aumento de la eficiencia del sistema. El empleo del sistema de precios en la financiación de bienes y servicios privados con provisión pública local facilita a las autoridades públicas la determinación del nivel óptimo de *output*, evitándose de esta forma la sobreoferta y su consumo excesivo.

d) Pueden contribuir a la reducción de los gastos de los gobiernos subcentrales, al incentivar la provisión privada de bienes y servicios públicos, así como a la desaparición de la ilusión fiscal y, por ende, a la reducción del número de bienes y servicios gratuitos u ofrecidos a bajo coste por infundados motivos redistributivos.

Estos argumentos a favor del uso de mecanismos de financiación basados en los precios no impiden reconocer que existen casos en que, aunque posible, el uso de las tasas y precios no sería deseable. Aparte los servicios de carácter netamente redistributivos, este sistema de financiación sería inapropiado para los bienes y servicios cuyos costes de recaudación (entre ellos los costes de excluir a los no pagadores) fuesen excesivamente elevados, así como para aquellos otros que reportasen importantes beneficios indirectos a la comunidad y cuyo uso o consumo pudiera verse restringido por un aumento de estos mecanismos en detrimento de las fuentes impositivas (N. Tatsos, 1991).

15.3.2. Impuesto sobre la renta individual

La experiencia internacional en materia de imposición sobre la renta a nivel subcentral de gobierno puede calificarse de variada en su tipología y altamente productiva. Bélgica, Canadá (excepto Quebec), Dinamarca, España (desde 1997), Finlandia, Japón, Noruega y Suecia son países cuyas haciendas subcentrales comparten o han compartido con el gobierno central, con mayor o menor autonomía fiscal, el impuesto sobre la renta. Sin embargo, impuestos subcentrales sobre la renta realmente *propios* solo se han encontrado en Suiza, un gran número de los estados norteamericanos y la provincia canadiense de Quebec. En todos estos casos, los niveles inferiores de gobierno pueden decidir sobre la base y la tarifa impositivas, aunque en la práctica la base es, por lo general, bastante similar a la del gravamen general.

La mayoría de los expertos fiscales sostienen, en cualquier caso, que este impuesto puede ser utilizado, si acaso, por los niveles intermedios (regionales o estatales) de gobierno, pero de ningún modo por las autoridades de nivel inferior. Esta opinión mayoritaria se sustenta, entre otras, en tres razones fundamentales:

a) Aunque figura impositiva altamente productiva, su elevado rendimiento, amén de sumamente inestable a consecuencia de la elevada sensibilidad de la renta a la coyuntura económica, puede ser causa determinante del desbordamiento del gasto local.

b) Si bien impuesto perceptible para la Administración (su base y su rendimiento son ciertos y predecibles) y para el contribuyente y, por lo mismo, impuesto que favorece la corresponsabilidad fiscal, en realidad su sujeción a este precepto impositivo, en el caso de un impuesto específicamente local (no regional), requiere que su administración o cuando menos su recaudación sean atributos de estos niveles inferiores de gobierno, dos tareas administrativas sin duda sumamente costosas para ellos.

c) A causa de la movilidad geográfica de los factores, en especial dentro de las áreas metropolitanas, unas posibles diferencias interjurisdiccionales en los tipos de gravamen efectivos de un impuesto estrictamente local basado en la capacidad de pago como este, pueden agravar, más que atemperar, los problemas de equidad y redistribución, a la vez que distorsionar la asignación espacial de los recursos y las pautas de elección ocio-trabajo, en menoscabo de la base y del esfuerzo laboral en las localidades con mayor carga fiscal relativa.

Estos múltiples problemas asociados a un impuesto subcentral sobre la renta y en especial a un impuesto local de esta naturaleza no se oponen, sin embargo, a una forma local concreta de esta suerte de gravamen: un recargo sobre el impuesto nacional. Esta fórmula impositiva resulta administrativamente más barata que un impuesto propio, conserva un elevado grado de perceptibilidad y transparencia y es igualmente una figura equitativa y elástica. En su contra, no obstante, operan tanto las posibilidades de evasión y elusión por cambios de domicilio fiscal como la limitación de su potencial recaudatorio por tratarse de un hecho imponible compartido por distintos niveles de gobierno.

15.3.3. Impuesto sobre los beneficios de las sociedades

Alemania, Australia, Canadá, EE.UU. y Suiza son países de la OCDE cuyos gobiernos subcentrales obtienen ingresos mediante alguna forma de imposición sobre los beneficios de las sociedades, si bien en todos ellos se trata de una fuente escasamente productiva. Canadá es un país en el que básicamente se combinan los sistemas de impuestos compartidos e impuestos propios, reservándose las provincias la potestad de elegir entre ellos y cambiar también discrecionalmente. De forma análoga, en Suiza y EE.UU. los gobiernos subcentrales (los cantones en el primer caso y los gobiernos estatales y locales en el segundo) están autorizados para aplicar impuestos propios sobre los beneficios de las sociedades, pudiendo en ambos países las autoridades subcentrales fijar libremente los tipos de gravamen y definir la base imponible sin apenas restricciones constitucionales o legales respecto a los métodos de determinación de la fracción del beneficio sometida a imposición.

La experiencia internacional en esta suerte de imposición subcentral se ha atraído, no obstante, las críticas del mundo académico, incluso en los países en que esta institución goza de gran tradición. R. A. Musgrave (1983) ha afirmado con rotundidad que los impuestos sobre los beneficios (y sobre la renta) son poco deseables para los niveles inferiores de gobierno, cuestionables para los niveles intermedios y preferibles a nivel central.

La oposición a un impuesto subcentral sobre los beneficios de las sociedades (ISS) se articula, en sustancia, en torno a sus posibles aspectos problemáticos en los ámbitos de:

a) La estabilización económica. La acusada sensibilidad de esta forma de ingresos fiscales a los cambios cíclicos (su inestabilidad cíclica) y, por ende, el «desequilibrio fiscal» que podría generar el descompasamiento de la respuesta de los gastos públicos al crecimiento económico, podría tener, sin duda, serias repercusiones sobre la inversión y la estabilidad macroeconómica.

b) La eficiencia asignativa y redistribución de la renta y la riqueza. La movilidad de los factores, y en especial del capital, hacen asimismo de este impuesto un instrumento distorsionante de la asignación espacial de los recursos y escasamente redistributivo, sobre todo si se compara con el impuesto de sociedades girado a nivel central de gobierno. La fuga de las empresas y de los trabajadores con altas rentas (directivos, ejecutivos y demás personal cualificado) hacia las áreas sin o con menor carga impositiva, así como la entrada de trabajadores de baja renta en las áreas con impuestos de esta naturaleza, no solo privaría de neutralidad espacial o geográfica al impuesto subcentral, sino que además anularía sus posibles propósitos redistributivos, cualquiera que fuese la modalidad que se adoptase. Probablemente, el gravamen acabaría siendo soportado por los factores relativamente inmóviles de los gobiernos con mayor carga impositiva y, por la vía de la exportación fiscal, por los residentes de las jurisdicciones no industriales.

c) Administración del impuesto. A las múltiples razones expuestas contrarias a un impuesto sobre el beneficio de las sociedades habrían de añadirse, para finalizar, los problemas administrativos relativos a la definición de la renta imponible y a la distribución interjurisdiccional de los beneficios societarios (base del impuesto) de las empresas que obtuviesen rentas en varias regiones (estados).

En realidad, solo la ventaja administrativa asociada a la conveniencia de la empresa como mecanismo recaudador y la consideración del impuesto como medio de recuperación social de parte de los beneficios societarios que originan los servicios y la organización de los gobiernos subcentrales pueden resultar argumentos consistentes en favor de la implantación de gravámenes sobre las sociedades en dichos niveles gubernamentales. Pero lo cierto es que semejante argumento parece prestar mayor apoyo relativo a la utilización de un sistema de tasas sobre los usuarios, máxime cuando tales tributos estarían desprovistos de los inconvenientes de un ISS.

15.3.4. Impuesto sobre las ventas en fase minorista

Entre las principales modalidades de impuestos generales sobre las ventas, el único cuya idoneidad como gravamen propio de las haciendas locales ha merecido una atención especial por parte de los hacendistas y economistas ha sido el impuesto sobre las ventas en fase minorista. La alternativa de un IVA local ha sido descartada con reiteración, no solo por los problemas de asignación asociados a las distorsiones que las diferencias interjurisdiccionales en los tipos de gravamen podrían generar en las pautas de localización de las empresas, sino también por las múltiples dificultades que aquejarían a su administración.

En el seno de la OCDE, los países que aplican a nivel subcentral de gobierno un impuesto sobre las ventas en fase minorista se limitan a Estados Unidos y Canadá. En ellos el impuesto es una fuente importante de ingresos de los niveles intermedios de gobierno, aunque en Estados Unidos también se exige en las haciendas locales de no pocos estados.

El elevado rendimiento del impuesto allí donde es fuente de ingresos de los niveles subcentrales de gobierno no es óbice para sostener que, si bien una figura fiscal idónea para los gobiernos regionales (estatales), un impuesto local sobre las ventas (ILV) presentaría bastantes aspectos problemáticos. He aquí los más destacados.

Realmente, aun cuando por motivo de la amplia extensión geográfica cubierta por las regiones (estados) y la análoga distribución regional (estatal) de la base del impuesto, las diferencias interjurisdiccionales en los tipos de gravamen efectivos y por ende en los precios de venta apenas afectarían al comercio al detalle, la desigual distribución de las bases entre localidades, y en especial entre municipios de áreas metropolitanas, provocaría la siguiente secuencia de efectos: unas amplias diferencias en los tipos de gravamen y en los precios de venta, unas pronunciadas distorsiones en las elecciones residenciales y/o de localidades de compra de los individuos o familias con altos patrones de gastos, la merma de las bases de las localidades con fiscalidad relativamente más elevada y, como producto de todo ello, la conculcación del principio del beneficio y un serio quebranto en la eficiencia y equidad del sistema fiscal. Esto último tanto más cuanto que un ILV sería un impuesto regresivo entre grupos de renta: absorbería un porcentaje superior de la renta de las familias con escasos recursos que de las que disponen de elevados ingresos.

Fuera de esto, un ILV no solo impondría a los vendedores la tarea de tener que ocuparse de su recaudación, sino que además, aun tratándose de un impuesto con una elevada elasticidad-renta, en calidad de gravamen ad valórem cuya capacidad recaudatoria dependería de la actividad económica y la inflación, su rendimiento, aunque algo más estable que el de un ILR, sería asimismo sumamente sensible a los cambios en la renta y el empleo.

15.3.5. Imposición patrimonial (I): impuestos sobre el patrimonio neto, sucesiones y donaciones y transferencias patrimoniales onerosas

El fuerte arraigo de los impuestos patrimoniales, y en particular de los impuestos sobre el patrimonio neto (IPN) y sobre sucesiones y donaciones (ISD), en la praxis fiscal se ha venido justificando tradicionalmente por su aparente contribución al logro de objetivos de política social y, aun cuando con menor énfasis, por sus beneficiosos efectos sobre el uso y la asignación de los recursos.

Con independencia de estas razones justificativas de la presencia de estos gravámenes en el sistema fiscal general, lo cierto es que su utilización por los niveles subcentrales de gobierno como fuentes de ingresos propias es ciertamente escasa.

En el caso del IPN, solo se aplica o se ha aplicado por los niveles subcentrales de gobierno en Noruega y Suiza, en el primer caso por el gobierno central y los gobiernos municipales, y en el segundo únicamente por los cantonales. A su vez, los únicos casos en que el ISD se exige o ha exigido —conjuntamente o por separado— por los niveles intermedios de gobierno son EE.UU. y Suiza. Y, por último, de los todos los países de la OCDE que aplican un impuesto sobre las transferencias patrimoniales onerosas (ITPO), el gravamen es fuente de financiación propia de los niveles subcentrales de gobierno solamente en Alemania y Suiza. En España, los impuestos patrimoniales en vigor se hallan cedidos a las Comunidades Autónomas.

La oposición a la pertenencia del IPN y del ISD a los niveles subcentrales de gobierno en el papel de impuestos propios obedece a diversos motivos, algunos comunes a los dos gravámenes y otros específicos a cada uno de ellos.

El primero es que, por tratarse de unos impuestos complementarios entre sí y respecto del que grava la renta, por lógica el nivel político al que debe corresponder su aplicación ha de ser el gobierno central. Cuanto más que la equidad y la redistribución de la riqueza son funciones que, al margen de una posible y deseable colaboración entre los distintos niveles gubernamentales para su mejor consecución, competen básicamente al nivel superior de gobierno.

En segundo lugar, es perfectamente sabido que, en tanto que impuestos basados en el principio de capacidad de pago, de girarse a nivel subcentral de gobierno, las posibles diferencias interjurisdiccionales en los tipos de gravamen efectivos podrían ocasionar amplias distorsiones en las pautas de localización residencial, comercial e industrial y, a consecuencia de ello, serios problemas de equidad y asignación espacial de los recursos.

En tercer lugar, es igualmente evidente que, puesto que para preservar el sometimiento del IPN al principio de la capacidad de pago, su base habría de venir configurada por el patrimonio neto global y nacional del residente de la localidad fiscal, su comparecencia en estos niveles inferiores de gobierno exigiría una fuerte y siempre difícil y costosa coordinación horizontal, al objeto de que los pagos fiscales satisfechos en una localidad fuesen detraídos de los adeudados por el mismo concepto en otras localidades, es decir, al objeto de evitar dobles imposiciones.

La falta de idoneidad de un ISD local se sustentaría, asimismo, en el hecho de que su exigua capacidad recaudatoria y la irregularidad o aperiodicidad de su exacción lo convertirían en un tributo de rendimiento impredecible y, por lo mismo, en un «foco» de pérdida de control financiero para las autoridades de tales niveles gubernamentales.

Finalmente, los argumentos que desaconsejan la utilización de un ITPO por los niveles locales de gobierno se fundarían en su carácter irregular o excepcional, su elevada sensibilidad a la coyuntura económica, su exigua flexibilidad automática (pasiva o incorporada) y, lógicamente, en las posibles inequidades e ineficiencias que generarían las diferencias interjurisdiccionales en sus tipos de gravamen. Esto sin perjuicio de los efectos nocivos que un impuesto de esta naturaleza con elevadas alícuotas podría inducir en la asignación privada de los recursos (al suponer, posiblemente, un serio obstáculo a los cambios en la titularidad y uso de los recursos), en la asunción de riesgos (al reducir las expectativas de rendimiento medio de no pocas inversiones) y en el ahorro y la acumulación de capital.

15.3.6. Imposición patrimonial (II): impuesto sobre la propiedad inmobiliaria

La generalizada presencia del impuesto sobre la propiedad inmobiliaria (IPI; IBI en España) en el concierto de naciones a nivel local de gobierno cuenta con el apoyo de diversos argumentos justificativos. Además de su elevada capacidad recaudatoria, de la que dejan constancia Australia, Nueva Zelanda, EE.UU, Holanda e incluso España, países donde es la única o la principal fuente de ingresos fiscales, es un gravamen que, merced a la inmovilidad espacial y fácil identificación de su base, satisface en mayor medida que los anteriores los principios de imposición local. Sus méritos como figura impositiva propia de los niveles subcentrales de gobierno, y en particular de las entidades locales, se resumen en los que siguen:

a) Su mayor eficiencia relativa. Fruto de su capitalización a corto plazo en valores más bajos de las propiedades gravadas, las posibles distorsiones en las pautas de localización de las familias y empresas, inducidas por las diferencias locales en los tipos de gravamen efectivos del impuesto, serán menos pronunciadas que las imputables a las diferencias locales en los gravámenes sobre la renta, las ventas o el patrimonio.

b) Su sujeción al principio del beneficio, tanto porque la inmovilidad y fácil identificación de su base garantizan el pago del impuesto y, con ello, el que en una elevada proporción sea satisfecho por los residentes locales y su rendimiento claramente atribuible a la localidad fiscal, como porque los contribuyentes son beneficiarios de servicios públicos locales que elevan la rentabilidad y el valor de sus propiedades inmuebles.

c) Su elevado sometimiento al principio de corresponsabilidad fiscal. Ello es debido no solo al hecho de que se configura como un gravamen comprensible, visible o perceptible (respecto al propio pago fiscal, su cuantía y la autoridad a la que se satisface) e inspirado en el principio del beneficio, así como con un rendimiento fácilmente predecible y estable (su base imponible es normalmente un valor de registro o catastral sobre el que se hace recaer un tipo de gravamen formal determinado de forma residual), sino, además, a que precisamente su falta de flexibilidad automática reclama decisiones discrecionales de las autoridades locales para acometer las subidas fiscales acordes con los aumentos de los costes de los bienes y servicios locales.

El IPI adolece, ciertamente, de falta de flexibilidad automática respecto a los cambios en los precios y las rentas y, consiguientemente, en ausencia de revalorizaciones regulares y frecuentes, el mantenimiento de su rendimiento en términos reales depende de la discrecionalidad de las autoridades locales sobre los tipos de gravamen; sin embargo, esta rigidez de los ingresos impositivos no será un serio problema, si, además de fijarse tipos de gravamen apropiados, se acometen revalorizaciones periódicas en cortos intervalos de tiempo.

d) Su evasión entraña una extremada dificultad.

e) Su relativa simplicidad administrativa. La inmovilidad y la fácil identificación de su base aseguran la existencia de una copiosa información sobre la renta y los valores de la mayoría de las clases de propiedades y, por tal motivo, la estabilidad en el funcionamiento del sistema y la ausencia de grandes dificultades y altos costes en las tareas de valoración. Estos costes de administración del gravamen pueden resultar además mínimos si, como sucede en muchos países, entre ellos España, los valores estimados a efectos fiscales se utilizan simultáneamente en la determinación de las bases de otros impuestos patrimoniales y no patrimoniales.

f) Puede concebirse como un impuesto basado, en cierto modo, en la capacidad de pago de los individuos y que promueve la progresividad global del sistema impositivo, no solo porque la propiedad inmueble es un elemento integrante de la riqueza individual (indicador de la capacidad de pago complementario de la renta), sino además por la correlación existente entre los valores de las propiedades y la renta bruta familiar.

Ahora bien, que este gravamen sea la figura fiscal patrimonial y no patrimonial que obedezca en mayor grado a los preceptos de imposición local, no impide reconocer, como se verá a continuación, que en él confluyen aspectos problemáticos que en general le restan aceptabilidad pública y que, en algunos casos particulares, han ocasionado incluso manifestaciones de protesta ciudadana que han determinado al cabo la fijación de límites legales al gravamen[3].

La amplia resistencia popular a un IPI uniforme sobre el suelo y las construcciones de los bienes inmuebles cuenta con algunas razones explicativas, entre las que pueden resaltarse las que se exponen a renglón seguido:

a) Curiosamente, su pronunciada perceptibilidad, por tres razones: porque, por lo general, el IPI se ingresa directamente en las arcas municipales mediante pagos periódicos a tanto alzado; porque a falta de incrementos automáticos de la base imponible en el tiempo, los incrementos nominales periódicos en los ingresos del IPI necesarios para su acompasamiento en términos reales al aumento del

---

[3] En California, el 6 de junio de 1978, los votantes aprobaron por iniciativa directa una proposición (Propuesta 13) que fijaba el límite o tope del IPI en un 1% del valor de mercado y retrotraía los valores fiscales de las propiedades inmuebles a los vigentes el 1 de marzo de 1975. En Massachussets, la propuesta 2-1/2, aprobada en 1980 por iniciativa indirecta, establecía igualmente un límite al impuesto del 2-1/2% del valor de las propiedades. En España, como es sabido, la actualización y revisión de los valores catastrales emprendida por el Centro de Gestión Catastral y Cooperación Tributaria en 1990 provocó tal número de protestas y impugnaciones de los nuevos valores que el Gobierno se vio obligado a suspender su aplicación y a proceder anualmente a la aprobación, a través de las Leyes de Presupuestos Generales del Estado, de subidas porcentuales de las valoraciones existentes con anterioridad a esa fecha.

nivel de precios exigen generalmente incrementos en los tipos de gravamen, y, en fin, por el nexo normalmente existente entre los ingresos del impuesto y los servicios locales a cuya financiación contribuyen. A consecuencia de la visibilidad de estos servicios, un descenso en su nivel (de todos o de alguno) hará preguntarse a los contribuyentes por el destino dado a los aumentos de sus facturas fiscales.

b) Las inequidades horizontales resultantes de la valoración de las propiedades, es decir, de las divergencias entre los valores fiscales estimados y los valores de mercado (dentro del mismo grupo de propiedades, entre grupos de propiedades y entre municipalidades), en tanto en cuanto los valores fiscales, por su propia naturaleza, solo son estimaciones aproximadas de los verdaderos valores de mercado. La rapidez con que cambian los valores de las propiedades en las condiciones corrientes del mercado de la vivienda, la escasa evidencia disponible sobre los precios de venta de algunos inmuebles por la falta o infrecuencia de transacciones comerciales y las posibles características exclusivas de ciertas propiedades, son, en rigor, factores que introducen frecuentemente serias dificultades en la tarea de determinación de los valores de mercado.

Por añadidura, en los países en los que la tarea de la valoración es competencia de las autoridades locales, las ratios de los valores estimados respecto a los valores de mercado suelen mostrar mayores diferencias interjurisdiccionales relativas. Estas inequidades pueden incluso resultar reforzadas por las diferencias locales en los tipos de gravamen que, al socaire de la autonomía local, puede generar la desigual distribución espacial de la riqueza inmobiliaria.

c) En el mismo ámbito de la equidad, la extendida creencia popular de que se trata de un impuesto regresivo e injusto, al descender como porcentaje de la renta del contribuyente a medida que se sube en la escala de esta variable. Esta arraigada creencia popular, que sustenta plenamente el *enfoque tradicional* de equilibrio parcial de la incidencia del impuesto[4] y que han apoyado algunas de las investigaciones más emblemáticas de países tales como Francia (C. Nicol, 1982), Reino Unido (Layfield Committee, 1976) y EE.UU. (ACIR), ha resistido incluso, al menos en parte, la lógica de las tesis defendidas por el *enfoque moderno* de equilibrio general[5] y por el *enfoque del beneficio*. En el apéndice al capítulo se ofrece una breve reseña de las principales proposiciones establecidas por cada uno de esos enfoques sobre la incidencia del IPI, así como de sus implicaciones económicas y urbanísticas.

---

[4] La defensa de este enfoque tradicional ha sido protagonizada a lo largo del tiempo por un amplio elenco de economistas y hacendistas, algunos de ellos de reconocido prestigio en el campo de la Hacienda Pública, entre los que merecen ser destacados: A. Marshall (1890), N. G. Pierson (1902), F. Y. Edgeworth (1925), J. P. Jensen (1931), H. A. Simon (1943), R. A. Musgrave, *et al*. (1951) y D. Netzer (1966 y 1967).

[5] Como paladines del enfoque moderno, cabe resaltar a H. G. Brown (1924), P. Thomson (1965), P. M. Mieszkowski (1972) y J. M. Buchanan y M. R. Flowers (1980).

Cuadro 15.1. Valoración de las fuentes de financiación de los gobiernos descentralizados a la luz de los principios de tributación local

Aspectos	Precios públicos, tasas y contribuciones especiales	Impuesto sobre la renta individual	Impuesto sobre los beneficios de las sociedades
Experiencia y valoración global	• En mayor o menor medida, prácticamente todos los países desarrollados de Europa y América disponen de estas fuentes de financiación. • Para algunos (Bird, 1993), deberían exigirse precios o tasas a los consumidores, usuarios o beneficiarios de bienes o servicios públicos subcentrales con características de bienes privados y contribuciones especiales a los beneficiarios directos de obras o mejoras públicas.	• Impuestos subcentrales sobre la renta realmente propios sólo se encuentran o han encontrado en Suiza, un gran número de los estados norteamericanos y la provincia canadiense de Québec. En otros países, entre los que figura España, el gobierno central comparte el impuesto con los niveles intermedios (regionales o estatales) de gobierno. • Para la mayoría de los expertos fiscales, el impuesto puede ser utilizado, si acaso, por los niveles intermedios de gobierno, pero no por las autoridades de nivel inferior.	• Alemania, Australia, Canadá (provincias), EEUU (gobiernos estatales y locales) y Suiza (Cantones) son países de la OCDE cuyos gobiernos subcentrales obtienen o han obtenido ingresos mediante alguna forma de imposición sobre los beneficios de las sociedades. • Los impuestos sobre los beneficios son poco deseables para los niveles inferiores de gobierno, cuestionables para los niveles intermedios y preferibles a nivel central (R.A. Musgrave ,1983).
Ventajas/ inconvenientes	• Al ser pagadas directamente por quienes reciben el bien o servicio, son figuras sometidas estrechamente al principio del beneficio. • Promueven la corresponsabilidad fiscal, tanto por la razón anterior como porque son relativamente visibles o perceptibles. • De estar adecuadamente diseñados, contribuyen al aumento de la eficiencia del sistema, porque facilitan a las autoridades públicas la determinación del nivel óptimo de bienes y servicios, evitando la sobreoferta y el consumo excesivo de los mismos. • Al incentivar la provisión privada de bienes y servicios públicos, pueden contribuir a la reducción de los gastos de los gobiernos subcentrales, a la desaparición de la ilusión fiscal y a la reducción del número de bienes y servicios gratuitos u ofrecidos a bajo coste por infundados motivos redistributivos.	• Aunque promueve la corresponsabilidad fiscal (es perceptible y su base y su rendimiento predecibles), a nivel local de gobierno este precepto exigiría que la administración del impuesto o cuando menos su recaudación fuesen atributos de las haciendas locales, dos tareas administrativas, sin embargo, sumamente costosas para estos niveles de gobierno. • Aunque figura impositiva altamente productiva, su elevado rendimiento, además de sumamente inestable a consecuencia de la elevada sensibilidad de la renta a la coyuntura económica, puede originar el desbordamiento del gasto local. • A causa de la movilidad de los factores, en especial dentro de las áreas metropolitanas, unas posibles diferencias interjurisdiccionales en los tipos de gravamen podrían agravar, más que atemperar, los problemas de equidad y redistribución, al tiempo que distorsionar la	• Su acusada sensibilidad a los cambios cíclicos y, por ende, el «desequilibrio fiscal» que podría generar el descompasamiento de la respuesta de los gastos públicos al crecimiento económico, podría tener serias repercusiones sobre la inversión y la estabilidad macroeconómica. • A causa de la movilidad de los factores, y en especial del capital, las diferencias locales en los tipos de gravamen podrían provocar movimientos migratorios interjurisdiccionales de empresas y trabajadores altamente cualificados que distorsionarían la asignación espacial de los recursos y anularían sus posibles propósitos redistributivos. Probablemente, el gravamen acabaría siendo soportado por los factores relativamente inmóviles de los gobiernos con mayor carga fiscal y, por la vía de la exportación impositiva, por los residentes de las jurisdicciones no industriales.

(continúa)

Financiación de los gobiernos descentralizados

	• Estas figuras serían inapropiadas como medio de financiación de los servicios netamente redistributivos, de los bienes y servicios con costes de recaudación excesivamente elevados, así como de aquellos otros con importantes beneficios indirectos para la comunidad y cuyo uso o consumo pudiera verse restringido por un aumento de estos mecanismos en detrimento de las fuentes impositivas.	asignación espacial de los recursos y las pautas de elección ocio-trabajo, en menoscabo de la base y del esfuerzo laboral en las localidades con mayor carga fiscal relativa. • Como alternativa a un impuesto local propio, un recargo sobre el impuesto nacional es administrativamente más barato, perceptible y transparente, y equitativo y elástico; en contrapartida, posibilita la evasión y elusión por cambios de domicilio fiscal y su potencial recaudatorio es limitado por tratarse de un hecho imponible compartido por distintos niveles de gobierno.	• El impuesto presenta problemas administrativos relativos a la definición de la renta imponible y a la distribución interjurisdiccional de los beneficios (base del impuesto) de las sociedades que obtuviesen rentas en varias regiones (estados).

Aspectos	Impuesto sobre las ventas en fase minorista	Impuestos sobre el patrimonio neto (IPN), sucesiones y donaciones (ISD) y transferencias patrimoniales onerosas (ITPO)	Impuesto sobre la propiedad inmobiliaria (IPI)
Experiencia y valoración global	• En el seno de la OCDE, los únicos países que aplican o han aplicado a nivel subcentral de gobierno un impuesto sobre las ventas en fase minorista son Estados Unidos y Canadá. • Entre las principales modalidades de impuestos generales sobre las ventas, es el único cuya idoneidad como gravamen propio de las haciendas locales ha merecido una atención especial por parte de los hacendistas.	• El IPN sólo se aplica o se ha aplicado por los niveles subcentrales de gobierno en Noruega (gobiernos municipales) y Suiza (Cantones); el ISD en los niveles intermedios de gobierno de EE.UU. y Suiza, y el ITPO en los de Alemania y Suiza. • Como impuestos complementarios entre sí y respecto del que grava la renta, el nivel político al que debe corresponder la aplicación del IPN y del ISD es el gobierno central.	• El IPI (IBI en España) cuenta con una generalizada presencia en el concierto de naciones a nivel local de gobierno. • Merced a la inmovilidad espacial y fácil identificación de su base, este impuesto satisface en mayor medida que los restantes los principios de imposición local.
Ventajas/ inconvenientes	• A pesar de su elevada productividad, como gravamen ad valorem cuya capacidad recaudatoria dependería de la actividad económica y la inflación, su rendimiento, aunque algo más estable que el de un impuesto local sobre la renta, sería asimismo sumamente sensible a los cambios en la renta y el empleo. • A causa de la desigual distribución de las bases entre localidades, en especial entre municipios de áreas metropolitanas, las diferencias interjurisdiccionales en los	• En el caso del ISD, su exigua capacidad recaudatoria y la irregularidad de su exacción lo convertirían en un tributo de rendimiento impredecible y, por lo mismo, en un «foco» de pérdida de control financiero para las autoridades de los niveles inferiores de gobierno. La irregularidad o excepcionalidad del ITPO, así como su elevada sensibilidad a la coyuntura económica, se opondría asimismo a su utilización por los niveles inferiores de gobierno.	• Obedece al principio del beneficio no sólo porque la inmovilidad y fácil identificación de su base garantizan el pago del impuesto, que en una elevada proporción sea satisfecho por los residentes locales y que su rendimiento sea claramente atribuible a la localidad fiscal, sino también porque los contribuyentes son beneficiarios de servicios públicos locales que elevan la rentabilidad y el valor de sus propiedades inmuebles. • Promueve la corresponsabilidad fiscal, tanto por la ra-

(continúa)

tipos de gravamen efectivos y por ende en los precios de venta provocarían distorsiones en las elecciones residenciales y/o de localidades de compra de los individuos o familias, la merma de las bases de las localidades con mayor carga fiscal relativa y, en definitiva, la conculcación de los criterios del beneficio, eficiencia y equidad. Estos efectos apenas se apreciarían en los niveles intermedios de gobierno por su mayor extensión geográfica y análoga distribución de la base imponible.	• En los tres impuestos, las posibles diferencias interjurisdiccionales en los tipos de gravamen podrían ocasionar distorsiones en las pautas de localización residencial, comercial e industrial y, a consecuencia de ello, serios problemas de equidad y asignación espacial de los recursos. Un ITPO con elevados tipos podría además afectar negativamente a la asignación privada de los recursos (al obstaculizar, posiblemente, los cambios en la titularidad y uso de los recursos), a la asunción de riesgos (al reducir las expectativas de rendimiento medio de no pocas inversiones) y al ahorro y acumulación de capital. • En el IPN, su base habría de venir configurada por el patrimonio neto global y nacional del residente de la localidad fiscal para preservar su sometimiento al principio de capacidad de pago, por lo que un impuesto local de esta naturaleza exigiría una fuerte y siempre difícil y costosa coordinación horizontal, al objeto de evitar dobles imposiciones.	zón anterior como porque es un gravamen perceptible, su rendimiento es fácilmente predecible y estable (su base imponible suele ser un valor catastral), su evasión resulta difícil y su falta de flexibilidad automática reclama decisiones discrecionales de las autoridades locales para acometer subidas impositivas acordes con los aumentos de los costes de los bienes y servicios locales. • Aunque basado en cierto modo en la capacidad de pago de los individuos, el impuesto puede generar inequidades horizontales (dentro y entre grupos de propiedades y entre municipios) por las divergencias entre los valores fiscales estimados y los verdaderos valores de mercado, y es además, según la creencia popular, regresivo, al descender como porcentaje de la renta del contribuyente a medida que se sube en la escala de esta variable. Esta arraigada creencia popular ha resistido, al menos en parte, los enfoques moderno y del beneficio sobre su incidencia. • Fruto de su capitalización a corto plazo en valores más bajos de las propiedades gravadas, las posibles distorsiones en las pautas de localización de las familias y empresas, inducidas por las diferencias locales en los tipos de gravamen efectivos del impuesto, serán menos pronunciadas que las imputables a las de los demás gravámenes. • La inmovilidad y la fácil identificación de su base aseguran una copiosa información sobre la renta y los valores de la mayoría de las clases de propiedades y, por lo mismo, la ausencia de grandes dificultades y altos costes en las tareas de valoración. Costes que serán menores si, como sucede en muchos países, los valores estimados se utilizan en la determinación de las bases de otros impuestos patrimoniales y no patrimoniales.

15.4. Coordinación de los gobiernos subcentrales: las transferencias intergubernamentales

Como ya es sabido, desde una perspectiva económica, un sistema descentralizado de gobierno presenta ciertos problemas que pueden requerir la intervención correctora del nivel central de gobierno. Entre estos aspectos problemáticos, los más significativos pueden agruparse en una triple categoría también conocida:

a) **Desequilibrios verticales.** Definidos como aquellos desequilibrios que se producen cuando un Gobierno encuentra imposible o altamente ineficiente obtener los ingresos necesarios para hacer frente a sus responsabilidades de gasto, este es un problema corriente en las haciendas locales no solo porque a menudo estos niveles gubernamentales han de proveer una amplia panoplia de bienes públicos asignativos y atender otras exigencias impuestas por los niveles superiores de gobierno, sino porque, además, su capacidad para obtener ingresos se halla limitada en parte por la movilidad residencial y del capital.

b) **Equidad horizontal.** En el diseño de los sistemas de financiación de las haciendas subcentrales, un importante criterio que ha de contemplarse es, como se sabe, el de la equidad horizontal, de forma que ha de procurarse que todos los residentes en el territorio nacional puedan disfrutar de un nivel similar de servicios públicos. Sin embargo, a consecuencia del desigual nivel de desarrollo de las distintas jurisdicciones, un sistema descentralizado de gobierno puede presentar el problema de que las comunidades más ricas puedan satisfacer sus necesidades de ingresos con tipos de gravamen relativos más bajos y, consiguientemente, que, ceteris paribus, los residentes en ellas soporten cargas impositivas inferiores a las soportadas por quienes residan en comunidades pobres. Este desigual trato fiscal puede tener además repercusiones negativas en la eficiencia, en la medida en que puede ser origen de una fuerte corriente migratoria hacia las comunidades ricas, causante de distorsiones en la asignación de los recursos. La intervención del gobierno central puede hacerse así necesaria, no solo para atenuar o resolver el problema de capacidad fiscal o desequilibrios verticales, sino también para mitigar los de equidad y eficiencia derivados de una desigual distribución de recursos entre jurisdicciones subcentrales.

c) **Efectos externos interjurisdiccionales.** Análogamente a lo que puede acontecer en las actuaciones individuales de consumidores o empresas, las actuaciones de los gobiernos subcentrales —regionales (estatales) o estrictamente locales— pueden surtir efectos positivos o negativos sobre las jurisdicciones vecinas, si obedecen principalmente a las preferencias de sus residentes e ignoran por tanto los beneficios o costes que pueden generar los servicios por ellas prestados a esas otras jurisdicciones. Ejemplos palmarios de externalidades interjurisdiccionales, pueden ser, entre otros, los flujos migratorios y la exportación impositiva originados por las políticas redistributivas locales. El problema radica en que estos efectos externos pueden determinar una asignación regional o nacional de recursos subóptima que con seguridad requerirá la intervención correctora del gobierno central.

Las políticas instrumentales a las que puede recurrir el gobierno central para afrontar ese triple problema de la descentralización son varias. La alternativa más descentralizada consistiría, desde luego, en la adopción por los gobiernos locales de acuerdos «horizontales» sobre la prestación y la financiación compartidas de bienes y servicios. Como solución intermedia, el gobierno central puede, sin embargo, o bien imponer a los gobiernos locales la obligación de realizar determinadas actividades o bien inducirlos a ello mediante un sistema de transferencias intergubernamentales.

A continuación se analizan en términos comparativos, con la ayuda de un esquema analítico y gráfico, las clases, los efectos y los objetivos de las transferencias.

15.4.1. Clases, objetivos y efectos de las transferencias intergubernamentales. *Efecto filtración*

Las transferencias intergubernamentales, como ya se ha indicado, se definen como aquellas sumas de dinero donadas por un gobierno a otro generalmente de nivel inferior (gobierno beneficiario o receptor) para la financiación por este de parte de sus gastos. Estas transferencias de recursos entre niveles de gobierno se clasifican, no obstante, en dos categorías concretas: las *no condicionadas* (*o incondicionales*), a veces denominadas también *generales*, en las que el gobierno donante determina la suma a transferir a la hacienda beneficiaria pero no establece ninguna restricción al uso o destino de los fondos transferidos, por lo que esta es libre de resolver cómo emplearlos, y las *condicionadas* (*o condicionales*), conocidas asimismo como transferencias *específicas* o *categóricas*, en las que la cuantía de la subvención la determina directamente el gobierno donante o incluso puede depender de las decisiones de gasto de los gobiernos beneficiarios, pero en ambos casos es el donante el que especifica o decide el destino que debe darse a los fondos transferidos. La distinción entre ambas categorías de transferencias revela, a un mismo tiempo, los diferentes motivos que suelen justificar su concesión: en las no condicionadas, el aumento de la capacidad fiscal de los gobiernos beneficiarios con recursos de libre utilización; en las condicionadas, el aumento en la provisión de determinados bienes y servicios, como pueden ser la asistencia social, la educación y el desarrollo urbano.

Transferencias generales, no condicionadas o incondicionales

Las transferencias generales, no condicionadas o incondicionales son, tal y como ya se ha indicado, aquellas respecto a las que el gobierno donante no impone a la unidad receptora ni el destino de los recursos donados ni ninguna otra condición especial, por lo que constituyen una fuente de ingresos de libre disponibilidad para las haciendas subcentrales (y, por tal razón, también la clase de transferencias más flexible de entre las existentes). En particular, estas transferencias pueden dar origen a un aumento del gasto local y/o a una reducción impositiva, dependiendo de cuál sea la elasticidad renta de la demanda de bienes públicos. De ellas se ha dicho, además, que, si la fórmula adoptada a tales efectos reflejase medidas de necesidad fiscal, serían apropiadas para mitigar desequilibrios fiscales verticales o para atenuar las disparidades fiscales entre unidades de gobierno.

En la Figura 15.1 se ilustran los efectos que se atribuyen a las transferencias incondicionales. En ella el eje de abscisas representa la cantidad de bienes públicos (BP) ofertada por un gobierno local, mientras que su eje de ordenadas refleja la renta disponible privada (renta después de impuesto, RD) de sus residentes. La restricción presupuestaria de la jurisdicción viene representada, a su vez, por la recta AB, que muestra las posibles combinaciones de ambas variables en dicha comunidad, de acuerdo con el cuadro tributario del que esta se hubiese dotado discrecionalmente. Si la comunidad decidiese no ofertar bienes públicos, sus autoridades tampoco exigirían pagos impositivos. En cambio, la provisión de bienes públicos en ella generaría, de forma inmediata, una reducción de la renta disponible privada, a consecuencia de los impuestos que habrían de satisfacer los residentes para su financiación. Asimismo, se supone que las preferencias de estos residentes entre renta disponible y bienes públicos vienen reflejadas en la Figura 15.1

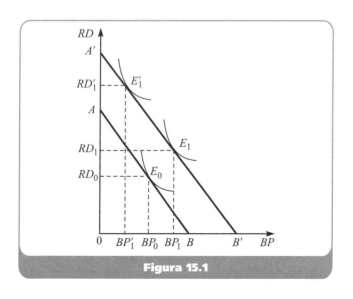

Figura 15.1

por medio de un conjunto de curvas de indiferencia, expresivas del bienestar social comunitario. Los ciudadanos, consiguientemente, elegirían la combinación de renta disponible y bienes públicos que maximizara su utilidad, con sujeción a la restricción presupuestaria AB. Este equilibrio se lograría en la comunidad en el punto E_0 de la citada figura, al que correspondería un consumo del bien público BP_0 y una renta disponible RD_0.

No obstante, supóngase ahora que para incrementar la oferta de bienes públicos en esa comunidad, el gobierno de nivel superior decidiese concederle una transferencia no condicionada. Esta clase de transferencia surtiría, con seguridad, un efecto renta puro, que gráficamente se traduciría en un desplazamiento en paralelo de la recta de restricción presupuestaria inicial de la jurisdicción, desde AB a $A'B'$. Pues bien, si la nueva posición de equilibrio se situase en el punto E_1, el aumento del gasto en el bien público habría sido inferior a la cuantía de la transferencia, por cuanto una parte de dichos recursos se habrían destinado a aumentar la provisión del bien ($BP_1 > BP_0$) y otra a reducir los impuestos, aumentando la renta disponible privada ($RD_1 > RD_0$).

El principal problema que plantean las transferencias generales o no condicionadas es, sin embargo, que sus fondos pueden destinarse íntegramente a incrementar la renta disponible privada de la comunidad —mediante una rebaja o reducción fiscal—, en perjuicio del nivel de bienes públicos ofertados en ella. Este posible destino de los recursos transferidos bajo dicha fórmula aparece reflejado en la Figura 15.1 por el punto E'_1, para el que, como puede observarse, BP'_1 es ligeramente inferior a BP_0. Obviamente, si este fuese el caso, se estaría incumpliendo una de las finalidades básicas de esta suerte de transferencias intergubernamentales: garantizar un nivel mínimo de bienes públicos a todas las comunidades de la nación. De ahí que se afirme que, desde un punto de vista económico y social, el uso más eficiente que podría darse a las transferencias de esta naturaleza sería el de tratar de aumentar, a un tiempo, la oferta de bienes y servicios públicos y la renta disponible privada. Uso más eficiente que, en referencia a la Figura 15.2, significaría que el nuevo punto de equilibrio habría de localizarse entre E_2 y E_3.

En consecuencia, el recurso a las transferencias generales será especialmente idóneo cuando el objetivo perseguido con ellas sea aumentar el bienestar de los gobiernos subcentrales y contribuir al logro de la equidad interregional, al reducir las diferencias interjurisdiccionales de capacidad fiscal. En ausencia de transferencias intergubernamentales, las regiones pobres no podrían garantizar con sus recursos propios una provisión mínima aceptable de servicios públicos, por lo que, desde la óptica de la justicia distributiva, se hace necesaria esta suerte de asistencia financiara del gobierno central a las entidades territoriales. Las transferencias no condicionadas son más adecuadas a tales efectos que las condicionadas, porque, en general, a igual coste, elevan en mayor media el bienestar de las jurisdicciones receptoras.

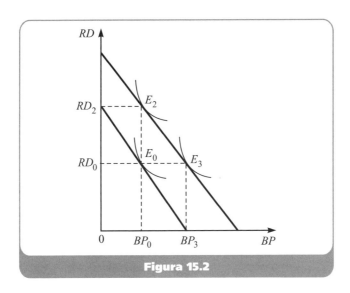

Figura 15.2

Transferencias condicionadas

El problema expuesto en líneas precedentes respecto al posible uso alternativo de las transferencias generales, ha llevado, en cualquier caso, a no pocos hacendistas a sugerir su sustitución por transferencias específicas o condicionadas, es decir, aquellas a cuyos fondos los gobiernos beneficiarios habrían de dar un uso o destino específico. En esta categoría de transferencias ha de distinguirse, no obstante, dos variantes concretas: las condicionadas *no compensatorias* y las condicionadas *compensatorias*.

En las *no compensatorias*, el gobierno donante transfiere una cantidad fija de recursos monetarios a los gobiernos receptores, con la única condición de que estos los gasten en el bien público subvencionado y, en consecuencia, de que no los utilicen para incrementar la renta disponible de los ciudadanos de dicha comunidad. Con ello se trataría de asegurar que el destino de los fondos transferidos solo pudiera ser el incremento del gasto en un determinado bien público.

La Figura 15.3 representa gráficamente una transferencia no compensatoria condicionada a la compra de AC unidades adicionales de un bien público. Esto significa que, para cada nivel de renta disponible, dicha comunidad podría adquirir AC unidades adicionales del bien público, de forma que la nueva restricción presupuestaria se determinaría sumando la distancia horizontal AC a la restricción presupuestaria original AB. Las nuevas posibilidades presupuestarias quedarían así delimitadas por la línea quebrada ACM.

La principal limitación que presenta este mecanismo de financiación subcentral es que, pese a todo, tampoco garantiza que la totalidad de los fondos transferidos se destinen a la provisión del bien público subvencionado, ni por ende que el incremento expe-

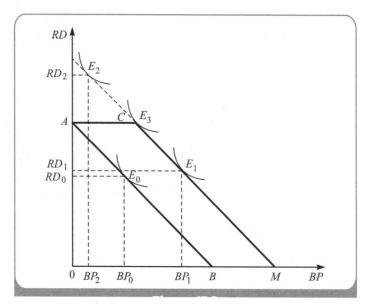

rimentado por el gasto en dicho bien coincida con la cuantía de la subvención; en contrapartida, no obstante, se le reconoce el mérito de que asegura que la transferencia no se materialice en una subida del nivel total de la renta privada disponible. Esta circunstancia impide, por tanto, que en la Figura 15.3 pueda alcanzarse algún punto por encima de E_3, tal como E_2, lo que también quiere decir que con tales transferencias solo cabe prever que el gasto final en el bien o servicio subvencionado excederá a la cuantía de la transferencia.

Por otro lado, nótese también que el hecho de que el aumento del gasto público en el bien subvencionado inducido por las transferencias condicionadas no compensatorias resulte mayor o menor que el atribuible a las no condicionadas, dependerá, a la postre, de cuál sea la elasticidad renta de la demanda comunitaria de ese gasto respecto al consumo privado. Una demanda más bien rígida del bien o servicio público y, por contra, una demanda elástica de los bienes privados significará que las transferencias condicionadas no compensatorias serán más efectivas para aumentar el gasto en el bien o servicio público que las no condicionadas; de otro modo, los efectos sobre el gasto de ambas modalidades serán análogos.

En cuanto a las transferencias condicionadas *compensatorias* se refiere, comparten con las no compensatorias el hecho de que el gobierno central condiciona igualmente la transferencia de fondos a su empleo por el gobierno subcentral en un determinado bien público, pero, a diferencia de las no compensatorias, en estas los fondos transferidos a la Administración territorial se cifran en un determinado porcentaje (*tasa compensatoria*) del gasto realizado por ella en la provisión del bien o servicio. En consecuencia, bajo esta segunda modalidad de transferencias condicionadas, cuanto mayor sea el gasto de la comunidad receptora en el bien público, mayor será la cantidad de recursos que se le transferirán.

Entre las ventajas relativas de las transferencias compensatorias, figura, pues, la de que permite complementar la oferta del bien público realizada por la hacienda subcentral receptora, que podrá así disfrutar de un mayor nivel de servicios públicos, aunque en ella no se hubiese incrementado la renta disponible. Dicho de otra manera, tales transferencias reducen el «precio» efectivo del bien o servicio subvencionado con relación a otros bienes o servicios y estimulan por ello el gasto local previsiblemente en mayor medida que las no compensatorias.

Tal y como se observa en la Figura 15.4, el desplazamiento inducido por una transferencia condicionada compensatoria en la restricción presupuestaria no sería paralelo a la recta original, sino que esta giraría hasta una nueva posición AC, expresando así, una vez más, que cuanto más gastase la jurisdicción receptora en un determinado bien público, mayores serían los fondos recibidos del gobierno central a tales efectos y, consiguientemente, la cantidad total ofertada del bien.

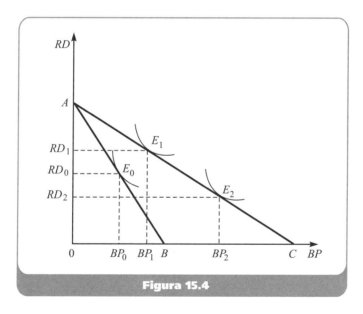

Figura 15.4

En la mencionada Figura 15.4 puede constatarse asimismo que, de resultas de la transferencia compensatoria, el nuevo equilibrio podría haberse situado, en un primer término, en E_1, y en tal caso su efecto habría sido doble: por una parte, el aumento inducido del gasto en el bien o servicio público, de BP_0 a BP_1, y, por lo mismo, el del bienestar de la comunidad; por otra, el crecimiento en paralelo de la renta disponible de la comunidad, de RD_0 a RD_1. Es decir, al igual que en los casos precedentes, parte de la transferencia compensatoria, originalmente pensada para promover la prestación de un determinado bien público, se habría destinado en la jurisdicción receptora a la financiación de una reducción de sus impuestos, lo que habría supuesto, simultáneamente, un aumento de la renta disponible de los ciudadanos y un aumento del gasto local inferior a la cuantía de la transferencia.

Alternativamente, sin embargo, el nuevo equilibrio podría haberse desplazado a E_2 en vez de a E_1. Y si hubiese sido así, la transferencia compensatoria habría generado, como antes, un aumento del gasto en el bien o servicio local, pero ahora dicho aumento habría excedido a la cuantía de los fondos transferidos, porque, contrariamente al caso anterior, la renta disponible de la comunidad habría disminuido.

Todas las clases de transferencias pueden, pues, generar filtraciones (*efecto filtración*), es decir, utilizarse, en mayor o menor medida, por el gobierno receptor para un fin distinto de aquel para el que se concede (la financiación de partidas de gasto diferentes o de reducciones de impuestos, por ejemplo). Entre las distintas modalidades, no obstante, las posibilidades de filtración son, como ya se ha visto, máximas en las generales o no condicionadas y mínimas en las condicionadas compensatorias. Por ello, si las transferencias condicionadas, y en particular las condicionadas compensatorias, tienen alguna ventaja comparativa, esa es, sin duda, su contribución al logro del objetivo de la eficiencia, al fomentar en mayor medida (las compensatorias más que ninguna otra de igual coste) el gasto local en bienes o servicios concretos infraprovistos. El efecto estimulante del gasto en bienes públicos de las transferencias compensatorias hace, por lo demás, que su uso resulte especialmente idóneo cuando el objetivo perseguido con ellas sea la internalización o corrección de las externalidades positivas de un bien o servicio local provisto insuficientemente a este nivel de gobierno por tal motivo.

En contraposición, las transferencias compensatorias presentan el inconveniente relativo de que, al imponer a la jurisdicción local la condición de un mayor consumo del bien público para recibir la transferencia, restringe las posibilidades de elección más que las transferencias no condicionadas, propiciando con ello la consecución de menores niveles relativos de bienestar. En términos generales, por tanto, cuando el objetivo perseguido con las transferencias sea aumentar el bienestar de las jurisdicciones receptoras, las no condicionadas serán preferibles a las condicionadas compensatorias y no compensatorias.

15.4.2. Limitaciones de la teoría tradicional de las transferencias intergubernamentales. El *efecto papel matamoscas*

La literatura financiera nos ofrece una amplia variedad de críticas a la teoría tradicional de las transferencias desde la óptica de la teoría de la elección colectiva. Entre esas críticas, dos pueden señalarse como las principales: el posible uso ineficiente por los burócratas y la basada en el denominado *efecto papel matamoscas*.

De acuerdo con Niskanen (1967), el comportamiento maximizador del presupuesto de los burócratas puede conducir a una sobreproducción de bienes o servicios públicos, razón por la que en general sería preferible conceder un subsidio unitario a sus consumidores o usuarios, que una subvención directa a la organización proveedora.

Al mismo tiempo, el término *efecto papel matamoscas*, formulado por A. Okun y cuya traducción literal es que el dinero se adhiere allí (sector) donde impacta, expresa el hecho de que las transferencias tienden a incorporarse al presupuesto de la Administración territorial receptora, originando una provisión de servicios públicos superior a la que se hubiese producido si estas transferencias hubiesen sido concedidas a los ciudadanos. Esto es, una transferencia generaría un aumento del gasto público superior al que se produciría si las rentas privadas de la jurisdicción receptora hubiesen aumentado en la misma cuantía de la transferencia.

Los estudios empíricos sobre la economía de los gobiernos locales han tratado de explicar este *efecto* recurriendo a diversos modelos, aunque el más corriente ha sido el basado en la suposición de que las elecciones colectivas se adoptan mediante votación mayoritaria, pero los votantes perciben erróneamente el «precio» de los servicios locales. Esta subestimación por parte de los votantes decisivos tendría, entre otras, las siguientes razones explicativas:

a) La percepción por el votante mediano de que el precio de los servicios públicos refleja el coste medio de estos en vez de su coste marginal y, en consecuencia, que las transferencias de cuantía fija reducen ese precio (Courant *et al.*, 1979; Oates, 1979). Esta primera razón explicativa abona, a su vez, la proposición de que las transferencias no condicionadas tienen un mayor efecto estimulante del gasto local que un incremento equivalente de las rentas privadas.

b) La errónea creencia en los votantes de que las transferencias del gobierno central son financiadas por los residentes de otras jurisdicciones distintas a la receptora y, por tanto, que la carga fiscal percibida se traslada a esas otras localidades. Análogamente al argumento anterior, el resultado final en este caso sería la reducción del precio percibido de los servicios gubernamentales y, por añadidura, un incremento en el gasto superior al que predeciría el modelo corriente de elección individual.

c) La ilusión «dual» experimentada por los votantes. Sobre la base de la suposición comentada en a), conforme a la cual los votantes responden al coste medio de los servicios gubernamentales en vez de a su coste marginal, Logan (1986) ha desarrollado un modelo de equilibrio general que le ha llevado a argumentar que las transferencias fijas de los gobiernos centrales originan en el votante mediano la percepción de una *reducción* del «precio» (coste medio) de los servicios locales y de un *incremento* del «precio» de los programas del nivel superior de gobierno, lo que, en buena lógica, les induce a demandar un mayor nivel de gastos locales y, por contra, menores gastos centrales. La persistencia de esta ilusión dual en el tiempo se explicaría, además, por el hecho de que el votante atribuiría la disminución de su renta disponible al incremento percibido en los precios de los servicios del gobierno central.

Ninguna de estas pretendidas razones explicativas del *efecto papel matamoscas* parece, sin embargo, plenamente consistente. Las dos primeras no explican por qué los votantes podrían percibir erróneamente el precio relativo de los servicios públicos: no aclaran por qué los individuos percibirían la base de imposición local y las transferencias intergubernamentales, pero harían estimaciones erróneas del precio fiscal marginal de los servicios locales. Además, puesto que la ilusión fiscal conduciría a niveles subóptimos de gasto, por qué el votante mediano no podría adoptar mejores criterios de decisión cuando las reglas basadas en el precio (coste) medio originasen a lo largo del tiempo niveles de gasto superiores a los deseados.

Es cierto, por otra parte, que, aunque el modelo de Logan se propone explicar por qué el *efecto papel matamoscas* persiste en el tiempo, sus resultados, como él mismo reconoce, no dejan de ser limitados, al tratarse solo de una abstracción extremadamente simple del mecanismo de elección colectiva del gobierno central. Las implicaciones del modelo podrían cambiar ciertamente, de forma que los votantes pudieran percibir los verdaderos «precios» de los servicios locales, si se relajasen algunas de sus suposiciones básicas. Probablemente serían diferentes si se admitiera, por ejemplo, que el votante mediano no tendría por qué ser el mismo individuo a nivel local y a nivel central de gobierno y la existencia de movilidad residencial y competencia fiscal interjurisdiccionales.

Glosario de términos y conceptos

Autonomía financiera local
Competencia fiscal interjurisdiccional
Corresponsabilidad fiscal
Descentralización fiscal
Desequilibrios verticales
Efecto filtración
Efecto papel matamoscas
Federalismo fiscal
Impuestos compartidos
Impuestos propios (o autónomos)
Participaciones impositivas
Principio de economicidad y simplicidad administrativas

Principio del beneficio
Principios de eficiencia y equidad
Principios de suficiencia y flexibilidad
Promoción fiscal de la protección del medio ambiente
Transferencias condicionadas (condicionales, específicas o categóricas)
Transferencias condicionadas no compensatorias y compensatorias
Transferencias intergubernamentales
Transferencias no condicionadas (incondicionales o generales)
Visibilidad o perceptibilidad impositiva

Resumen

- De acuerdo con los principios de tributación de los gobiernos descentralizados, son fundamentalmente razones de eficiencia, equidad, capacidad de control y economicidad administrativa las que justifican y recomiendan la asignación de los tributos personales (básicamente, los impuestos sobre la renta personal, la renta de sociedades y la riqueza) a las haciendas centrales. Entre los hacendistas existe un amplio acuerdo acerca de que estos impuestos son poco deseables para los niveles inferiores de gobierno, cuestionables para los niveles intermedios y preferibles a nivel central. Los múltiples problemas que aquejarían a un impuesto subcentral sobre la renta personal no se oponen, sin embargo, a recargo sobre el impuesto nacional.

- Contrariamente, por sus menores dificultades en esos mismos ámbitos, los impuestos reales, y en particular al impuesto sobre la propiedad inmobiliaria, así como los precios públicos y las tasas constituyen buenos instrumentos de financiación de la provisión de bienes públicos provistos por los niveles locales de gobierno.

- Entre las principales modalidades de impuestos generales sobre las ventas, el único cuya idoneidad como gravamen propio de las haciendas territoriales ha merecido una atención especial por parte de los hacendistas y economistas ha sido el impuesto sobre las ventas en fase minorista. Sin embargo, aunque figura fiscal idónea para los gobiernos regionales, por cuanto por motivo de la amplia extensión geográfica cubierta por las regiones y la análoga distribución regional de la base del impuesto, las diferencias interjurisdiccionales en los tipos de gravamen efectivos y por ende en los precios de venta apenas afectarían al comercio al por menor, por razones opuestas un impuesto local sobre las ventas conculcaría el principio del beneficio y presentaría serios problemas en los ámbitos de la equidad y la eficiencia.

- Las transferencias intergubernamentales se definen como aquellas sumas de dinero donadas por un gobierno a otro generalmente de nivel inferior (gobierno beneficiario o receptor) para la financiación por este de parte de sus gastos. Estas transferencias de recursos entre niveles de gobierno se clasifican en no condicionadas, incondicionales o generales, en las que el gobierno donante determina la suma a transferir a la hacienda beneficiaria pero esta es libre de resolver cómo emplearlos; y condicionadas, condicionales, específicas o categóricas, en las que la cuantía y el uso o destino de la subvención la determina directamente el gobierno donante.

- En las transferencias condicionadas han de distinguirse dos variantes concretas: las condicionadas *no compensatorias*, en las que el gobierno donante transfiere una cantidad fija de recursos monetarios a los gobiernos receptores, con la única condición de que estos los gasten en el bien público subvencionado, y las condicionadas compensatorias, en las que los fondos transferidos a la Administración territorial se cifran en un determinado porcentaje (*tasa compensatoria*) del gasto realizado por ella en la provisión del bien o servicio.

- En términos generales, las transferencias no condicionadas son especialmente idóneas para aumentar el bienestar de los gobiernos subcentrales y contribuir al logro de la equidad interregional (al reducir las diferencias interjurisdiccionales de capacidad fiscal), mientras que las condicionadas, y sobre todo las condicionadas compensatorias, devienen especialmente indicadas para aumentar el gasto en bienes y servicios provistos de forma insuficiente por tales niveles gubernamentales y contribuir así al logro del objetivo de la eficiencia. El uso de las transferencias condicionadas compensatorias con propósitos de estímulo del gasto es, además, especialmente apropiado cuando lo que se pretenda con ellas sea la internalización o corrección de las externalidades positivas de bienes o servicios locales provistos insuficientemente por tal motivo.

Apéndice al Capítulo 15

Incidencia del impuesto sobre la propiedad inmobiliaria (IPI)

Enfoque tradicional

Suscrito aún en gran parte por el público en general y por no pocos economistas y políticos contemporáneos, el tradicional es un enfoque que proclama la regresividad del IPI, sirviéndose de un modelo de equilibrio parcial y suponiendo una completa elasticidad de la oferta de capital reproducible a largo plazo. El razonamiento que sustenta esta tesis discierne, sin embargo, entre la incidencia a corto y a largo plazo de los dos gravámenes que contiene el impuesto: el gravamen sobre el valor del componente suelo de la base imponible (IVCS) y el gravamen sobre el valor del componente construcciones, mejoras inmobiliarias, estructuras o capital reproducible (IVCMI).

La proposición tradicional sobre la incidencia del IVCS sostiene que, al ser la tierra un factor de oferta inelástica a corto y a largo plazo (su coste de producción es nulo y sus precios se determinan en mercados de relativa competencia perfecta), el impuesto se capitaliza en los valores del bien raíz e incide plenamente sobre sus propietarios. La imposibilidad de traslación del gravamen (su introducción o elevación) a los precios del suelo originará, sucesivamente, la pérdida de atractivo de esta suerte de inversión inmobiliaria, la atonía de la demanda del bien y la caída de su precio. Luego, si se considera que las posesiones de este bien raíz aumentan en mayor proporción que la renta a medida que se sube por la escala de esta variable, se infiere que el impuesto es progresivo.

En la definición de la incidencia del IVCMI debe distinguirse, no obstante, entre el corto y el largo plazo. En el corto plazo, al ser la oferta de capital reproducible inelástica (el *stock* de propiedades inmuebles no varía), el impuesto reducirá la rentabilidad y el valor de los bienes inmuebles y será soportado, por tanto, por los propietarios residenciales, comerciales e industriales. A largo plazo, en cambio, la oferta de estructuras deviene completamente elástica, de modo que el impuesto acabará repercutiendo en los precios de alquiler de los inmuebles (alquileres imputados, en el caso de las propiedades ocupadas por sus propietarios) e incidiendo al cabo en sus ocupantes (propietarios e inquilinos) y en los consumidores de los bienes y servicios producidos con estructuras gravadas.

En consecuencia, al igual que el IVCS, el IVCMI es soportado a corto plazo por los propietarios residenciales. Con el transcurso del tiempo, sin embargo, la reducción fiscalmente inducida de la tasa de rendimiento de las inversiones en estructuras puede inducir, en condiciones normales, a los propietarios u oferentes a optar por reducir sus inversiones en nuevas mejoras así como en conservación y rehabilitación de las antiguas, produciéndose con ello una sustancial merma del *stock* de bienes inmuebles y, simultáneamente, el aumento de sus precios de alquiler. Este proceso se detendrá en el instante en que la renta neta de arrendamiento por unidad monetaria invertida en construcciones se iguale a la obtenida por el capital en sus usos alternativos o, también, a la existente en la situación previa al incremento fiscal. En este punto el incremento en el precio de alquiler será equivalente al importe del IVCMI.

Bajo este enfoque, el IVCMI se equipara, pues, a un elemento del coste bruto de las estructuras para los usuarios, que, como tal, es soportado por las familias en proporción a sus compras de bienes y servicios producidos con estructuras gravadas, en tal caso en proporción a sus gastos —reales o imputados— en servicios residenciales. Y, a su vez, dado que la ratio de estos gastos a la renta y, por lo mismo, la ratio de los pagos impositivos a la renta descienden conforme aumenta esta variable, el impuesto no puede ser sino regresivo.

Enfoque moderno

Bajo unos supuestos básicos relativos a la existencia de mercados perfectos y una oferta del capital inelástica, este enfoque moderno postula que la carga impositiva de un impuesto nacional uniforme sobre la propiedad inmobiliaria o del tipo medio de los impuestos locales de un país es soportada enteramente por el capital en la forma de una menor tasa de rendimiento de este factor y que su distribución, en consecuencia, sería progresiva.

A corto plazo las dos partes de la carga del IPI se capitalizarían en valores más bajos de los bienes gravados, debido a la inmovilidad permanente del suelo y la inmovilidad que caracteriza al capital en este espacio de tiempo. En el largo plazo, sin embargo, si bien el IVCS mantendría las pautas de incidencia del corto plazo, la elevada movilidad del capital modificaría en alguna medida las del IVCMI. De resultas de la emigración del capital de las localidades (sectores) con tipos efectivos más elevados a aquellas otras (otros) con tipos más reducidos, los gastos de inversión en mejoras inmobiliarias descenderían en las primeras (primeros) y aumentarían en las segundas (segundos). Luego, puesto que al cabo el *stock* de capital variaría en unas y otras localidades (sectores) en idéntico sentido que los gastos de inversión, la tasa bruta de rendimiento del capital tendería a aumentar (simultáneamente al valor de escasez de los bienes de capital) y a descender (por razones opuestas) en sendas clases de jurisdicciones (sectores). El proceso así definido culminaría en el punto en que las tasas netas de rendimiento del capital se igualasen en todas las jurisdicciones, aunque ello se produciría a una tasa de rendimiento del capital inferior a la existente antes del cambio impositivo

En consecuencia, a largo plazo la incidencia del IVCMI pasaría a depender de la elasticidad de los ahorros a la tasa neta de rendimiento de la inversión. Si la oferta de ahorro no respondiese a la tasa de rendimiento, la oferta de capital sería insensible al impuesto y este recaería enteramente sobre sus propietarios, siendo así progresivo. Por el contrario, si la oferta de ahorros variase con la tasa de rendimiento, el gravamen desalentaría la nueva inversión y reduciría la oferta de nuevas edificaciones y otras formas de capital reproducible, provocando con ello un aumento de los precios de los servicios producidos con estas formas de capital, entre ellos los servicios residenciales. En este caso, pues, el impuesto sería soportado en parte por los propietarios del capital y en parte por los consumidores de tales servicios, generando *efectos imposición indirecta* por el lado de los usos de la renta. En referencia a los servicios residenciales, el encarecimiento relativo de la vivienda surtiría un efecto equivalente a una redistribución de renta real de los consumidores de estos servicios a los de otros bienes y servicios de carácter regresivo, en razón de la decreciente proporción de renta gastada en vivienda según se sube en la escala de rentas[6].

Aun así, los defensores del enfoque moderno perseveran en la creencia de que, de tratarse de un IPI uniforme para el conjunto de la nación o del tipo medio nacional de la multiplicidad de gravámenes locales, los efectos a largo plazo del impuesto se sustanciarían en una reducción de la tasa neta de rendimiento del capital. Ni los trabajadores, ni los consumidores, ni los propietarios del suelo del país fiscal, considerados como grupo o desde una perspectiva nacional, resultarían penalizados por el impuesto, ya que el descenso de los salarios reales y las rentas y valores del suelo en las localidades (sectores) con tipos efectivos más elevados quedaría neutralizado por el aumento de tales variables en las localidades (sectores) con tipos efectivos más reducidos. Por añadidura, en su aplicación a los servicios residenciales, un IPI nacional uniforme sería asimismo, en conjunto, progresivo, por cuanto el aumento de los precios de la vivienda quedaría compensado por la reducción de los precios de los demás bienes y servicios producidos con capital reproducible y, además, previsiblemente, los efectos distributivos por el lado de las fuentes, cuya naturaleza progresiva se explicaría por el crecimiento de la ratio de las rentas del capital a la renta total conforme se asciende en la escala de rentas, superarían con creces a los efectos por el lado de los usos de la renta (R. A. Musgrave, 1974).

Enfoque del beneficio

Este enfoque considera el IPI como una tasa por el uso y disponibilidad de los servicios públicos, de tal forma que los beneficios de estos, al igual que los pagos impositivos (aunque en sentido contrario), se capitalizarían en los valores de las propiedades inmobiliarias. Dicho enfoque establece, más concretamente, que si el IPI constituyese la

---

[6] Entre los valedores del enfoque moderno, algunos han admitido como probable la respuesta de la tasa de ahorros a la tasa de rendimiento del capital (M. J. Boskin, 1978; G. Tullio, y F. Contesso, 1986). Los estudios disponibles sobre el tema no aportan, sin embargo, ningún argumento teórico ni ninguna prueba empírica convincentes respecto a esa respuesta. De hecho, la opinión más extendida al respecto es que la posible interrelación entre ambas variables o bien sería relevante solo a muy largo plazo (sobrepasando los límites de la preocupación de la política económica) o no sería significativa ni siquiera a largo plazo (H. F. Ladd, 1973; I. Friend y J. Hasbrouck, 1983).

única fuente de ingresos fiscales locales o si los ingresos adicionales provenientes de un incremento de esta figura impositiva se destinasen a la financiación de nuevos gastos locales, el gravamen (su introducción o elevación) podría equipararse a un «precio» o tasa por los beneficios de los servicios locales, y, por lo mismo, podría también admitirse una estricta correspondencia entre los aumentos fiscalmente inducidos de los precios de los alquileres y los pagos o costes adicionales de esos servicios públicos locales. En este contexto, pues, la noción de la incidencia del impuesto carecería de importancia, dado que, al depender los valores inmobiliarios positivamente de la cantidad y/o calidad de los servicios locales y negativamente del IPI, la capitalización (negativa) del gravamen se compensaría con la capitalización (positiva) de los servicios en valores más altos, o, lo que es igual, el descenso fiscalmente inducido de los valores de las propiedades quedaría compensado por el aumento de valor que originarían los servicios locales.

Frente a este argumento, puede aducirse que la capitalización de los beneficios del gasto es, con seguridad, inferior a la del impuesto. Además de que algunas importantes partidas de gasto de los presupuestos locales apenas guardan relación con el IPI, la existencia de externalidades en los servicios que presumiblemente benefician a los propietarios de inmuebles debilita el vínculo existente entre gasto e impuesto y, además, los beneficios de los gastos públicos locales tampoco se distribuyen de forma regresiva, única forma en que las viviendas podrían obtener beneficios proporcionales a sus valores. Realmente, el cumplimiento de esta última condición y el de una completa igualdad entre beneficios y costes totales solo podría darse para cada vivienda si el gasto en este capítulo por parte de los residentes locales fuese el mismo y la distribución de los beneficios, uniforme. De no ser así, aunque globalmente pudiera producirse la equivalencia entre beneficios y costes, algunos propietarios obtendrían ganancias de capital, pero otros, en cambio, pérdidas. El principal mérito de este enfoque residiría, por consiguiente, en que pone de manifiesto la necesidad de tomar en consideración los valores de las propiedades y los gastos locales para conocer el nivel de bienestar de los residentes de una localidad.

Enfoque reconciliador: validez de los enfoques de la incidencia del IPI

En la polémica que han entablado quienes sostienen que el IVCMI es soportado por los consumidores de bienes y servicios producidos con estructuras gravadas y quienes argumentan que la carga del impuesto repercute íntegramente en los propietarios del capital, se ha interpuesto un tercer enfoque de la incidencia del IPI que ha quedado articulado en torno a las principales objeciones que se ha granjeado el enfoque moderno, a saber: la necesidad de distinguir entre la incidencia del tipo medio nacional y la de las desviaciones de los tipos efectivos locales respecto de ese tipo medio, el escaso realismo de algunos de los supuestos originales del propio enfoque moderno y la necesaria consideración en el análisis de la elasticidad de la demanda de viviendas en el mundo real.

En efecto, entre esos dos enfoques aparentemente antagónicos —el tradicional y el moderno— sobre la incidencia del IPI ha mediado una teoría conciliadora, para la que las diferencias entre ellos serían en parte reflejo de las distintas perspectivas desde las que ambos analizan el problema de la incidencia. El razonamiento básico en que se asienta es sencillamente que, si bien un impuesto uniforme sobre todas las formas de propiedad para el país en su conjunto reduce, en promedio, la tasa de rendimiento del suelo y del capital reproducible y es soportado por los propietarios en proporción a sus posesiones, en realidad el IPI varía sustancialmente entre localidades e industrias y tales diferencias generan *efectos de imposición indirecta* acordes con el enfoque tradicional. Más en concreto, esta línea de razonamiento establece que, al considerarse la oferta de capital completamente inelástica para el conjunto de la nación, el efecto global del IVC-MI se materializaría en una reducción de la tasa neta de rendimiento del capital, de tal forma que el IPI sería soportado exclusivamente por los capitalistas y los propietarios del suelo. Sin embargo, dado que en una localidad aislada la oferta de capital puede considerarse perfectamente elástica y que el *stock* de este factor solo ascendería a una pequeña proporción del correspondiente al conjunto de la nación, la tasa de rendimiento del capital en la supuesta localidad fiscal no resultaría afectada por un posible incremento impositivo en ella, y el impuesto sería trasladado a los precios de los bienes interiores y a las rentas del suelo y del trabajo. Así pues, fruto tanto de la movilidad del capital como de la elevada elasticidad de su oferta a largo plazo, las diferencias fiscales efectivas entre jurisdicciones (sectores) o, también, un incremento aislado del IPI en una o varias localidades, induciría un doble efecto distributivo. Por el lado de los usos de la renta, el aumento del coste bruto del capital en la localidad fiscal, originado por la emigración fiscalmente inducida de dicho factor productivo, implicaría que el gravamen sería soportado en parte por los consumidores de los servicios residenciales y demás bienes «interiores» (o no sometidos a competencia exterior). Por el lado de las ganancias o fuentes de renta, la reducción fiscalmente inducida del capital originaría el descenso de la productividad y la retribución del trabajo y de las rentas y los valores del suelo en la localidad fiscal, de manera que parte de la carga impositiva recaería sobre los propietarios de los factores —suelo y trabajo— total o parcialmente inmóviles de la comunidad fiscal.

A esta distinción entre la incidencia a largo plazo de las diferencias en los tipos efectivos locales y la de un IPI uniforme o de su tipo medio nacional, han de agregarse, como ya se ha señalado, las implicaciones del escaso realismo de algunos de los supuestos originales del propio enfoque moderno. En este sentido, el primero de los supuestos cuya validez ha sido seriamente cuestionada es el relativo a la inelastidad de la oferta agregada del capital (R. M. Bird, 1976; C. L. Harris, 1976; Ch. E. McLure, 1979; J. F. Linn, 1979). En especial en pequeños países con grandes inversiones extranjeras y normal acceso a los mercados internacionales de capital, la posibilidad de que este factor productivo fuese internacionalmente móvil pondría realmente en entredicho la consistencia del supuesto relativo a la inelastidad de su oferta incluso a corto plazo. Una oferta de capital por tal motivo perfectamente elástica confirmaría al enfoque tradicional como teoría correctamente aplicable incluso a un IPI nacional. El IVCMI se trasladaría a los consumidores, al trabajo y al suelo.

Esta proposición ha de tomarse, de todos modos, con ciertas cautelas. Aceptar sin más la suposición extrema de una perfecta elasticidad de la oferta de capital implicaría, como poco, ignorar que, junto a la tasa de rendimiento del capital, las inversiones directas del exterior dependen de otros factores, tales como el riesgo, la cuota de mercado, los costes de los prestamos extranjeros, los controles gubernamentales a las entradas de capital, los controles de las empresas nacionales sobre los precios interiores, los tratados fiscales internacionales, etc. La existencia y relevancia de estos factores adicionales determina que lo más que pueda asegurarse al respecto es que en muchos países la elasticidad de la oferta de capital es superior a cero y probablemente más elevada a largo plazo que a corto plazo, mientras que en otros el capital puede considerarse perfectamente inmóvil desde una perspectiva internacional.

Una segunda objeción planteada al enfoque moderno gira en torno a la falta de realismo de las premisas que postulan la perfección absoluta de los mercados y las reglas de valoración y la maximización de beneficios por parte de empresarios y propietarios. En el mundo real, el modelo competitivo podría ser válido, si acaso, en el sector de las viviendas ocupadas por sus propietarios, pero, aun así, solo por el lado de las fuentes de renta, ya que es difícil concebir que estos puedan detentar y ejercer un poder de mercado no utilizado en respuesta a un incremento del IV.

Los mercados de las viviendas de alquiler suelen adolecer, sin embargo, por lo general, de múltiples imperfecciones. La más evidente es quizá la que resulta de los controles de alquileres. Si los controles fuesen efectivos y el impuesto no pudiera trasladarse legalmente a los arrendatarios, el precio de las propiedades residenciales de alquiler habría de considerarse fijo y la incidencia del impuesto podría tratarse como si la vivienda fuese un bien cuyo precio se determinase en mercados nacionales o internacionales, contexto en el que el impuesto sería soportado por los propietarios residenciales. Lo normal, no obstante, es que el incremento impositivo se refleje legalmente en las rentas de los alquileres y que estas se sitúen inicialmente en niveles inferiores a los que corresponderían a mercados competitivos. En estas circunstancias, los propietarios arrendadores suelen trasladar el IPI a los arrendatarios en la forma de alquileres más elevados, de tal manera que la carga impositiva acaba recayendo sobre los consumidores de vivienda.

Más aún, si bien con las limitaciones que puedan derivar de los controles de alquileres, las condiciones oligopolísticas que imperan en los mercados residenciales suelen permitir a los propietarios arrendadores tomar los incrementos impositivos como pretexto o señal para elevar directamente los alquileres, trasladando así parte de la carga impositiva a los precios.

Por lo demás, tampoco debe olvidarse que en realidad, como bien absolutamente necesario, la demanda de vivienda es bastante inelástica, por lo que los niveles de bajas rentas gastan un porcentaje mayor de sus ingresos en propiedades residenciales que las rentas altas, lo que determina la regresividad del impuesto.

Una última pauta regresiva es, en fin, la que caracteriza a la distribución de la carga del IPI en su aplicación a los propietarios ocupantes con más bajos ingresos. En las sociedades avanzadas son numerosos los propietarios ocupantes de sus propias viviendas (pensionistas, jubilados, desempleados, etc.), que, en su condición de perceptores de rentas fijas, satisfacen pagos por el IPI desproporcionadamente elevados con relación a otros grupos de edad y renta. Este problema ha llevado, de hecho, a las autoridades de no pocos países, en especial a los de aquellos en los que los ingresos de las haciendas locales provienen fundamentalmente del impuesto sobre la propiedad (Estados Unidos, Canadá y el Reino Unido, entre otros), a autorizar la devolución de los pagos impositivos realizados por tal concepto a los individuos con escasos ingresos ocupantes de viviendas de valor elevado.

Implicaciones económicas y urbanísticas

A las anteriores consideraciones sobre la incidencia del IPI han de añadirse sus posibles implicaciones económicas a largo plazo. A corto plazo, en la medida en que la carga del impuesto se capitalizase plenamente, recayendo sobre los propietarios corrientes de las propiedades gravadas, no cabría esperar efectos fiscales distorsionantes: ni habría ajuste al cambio en las circunstancias fiscales, ni habría cambios, por tanto, en las decisiones individuales.

A largo plazo, los aspectos positivos del gravamen en este contexto se reducen a su posible contribución a la formación de capital humano. En apoyo de esta proposición se han esgrimido argumentos coherentes con los dos enfoques polares de la incidencia del gravamen. Por un lado, el enfoque tradicional sostiene que, puesto que las inversiones en construcciones residenciales son elásticas respecto al IPI, uno de sus posibles efectos será el trasvase de recursos desde la inversión en activos reales a la inversión en desarrollo de activos humanos. Por otro, se ha asegurado asimismo que si, por analogía con la imposición general sobre el capital, el IPI reduce, por término medio, la tasa de rendimiento de este factor productivo, probablemente inducirá el desplazamiento de la inversión desde la producción de activos reales al desarrollo de valores de los activos humanos.

Junto a este efecto-asignación positivo, el IPI acredita otros que se prestan, por el contrario, a una baja valoración. Ante todo, en tanto en cuanto la oferta de capital se ajustará al IVCMI a largo plazo, el impuesto surtirá efectos distorsionantes, cualquiera que sea su ámbito de aplicación, el nacional o solo el local. En este contexto temporal, por efecto del IVCMI el rendimiento después de impuesto de la inversión en propiedades inmuebles descenderá relativamente a otros activos, por lo que los propietarios inmobiliarios optarán o por desviar sus inversiones hacia otros sectores, o por desviar sus inversiones hacia otras localidades, o por reducir la inversión en mantenimiento y renovación de sus propiedades corrientes, y este menor gasto privado en bienes inmuebles se traducirá no solo en una reducción de todas las clases de propiedades inmuebles (residenciales, comerciales, industriales y profesionales) sino también en su menor calidad y tamaño.

Por otra parte, aunque a muy largo plazo el único efecto de la introducción o elevación de un IVCMI nacional uniforme o de su tipo medio para la nación en su conjunto será la disminución de la tasa de rendimiento del capital en todos sus usos y, por tanto, sus efectos sobre otras magnitudes dependerán de la respuesta de la oferta de ahorros de la economía a la tasa de rendimiento, puede reconocerse que, cualquiera que sea esa respuesta, en su calidad de impuesto que no se traslada hacia adelante y que reduce por tanto las rentas monetarias de las unidades económicas y el gasto privado en nuevos activos, la presencia del IVCMI y, en general, del IPI en los sistemas fiscales modernos puede constituir una rémora para el crecimiento de la oferta de capital y gastos de inversión, de la producción total y del nivel de empleo. El impuesto, pese a ello, no distorsionará la asignación de recursos, pues el tipo de interés será idéntico para todos los usos del capital.

Al mismo tiempo, las diferencias en los tipos de gravamen efectivos entre localidades (originadas por la desigual distribución de los recursos imponibles en el espacio), en especial entre las pertenecientes a las grandes urbes o áreas metropolitanas, podrán distorsionar las pautas de localización de las familias y empresas, en perjuicio de las localidades con mayor carga impositiva comparativa. En igualdad de condiciones de los restantes factores explicativos de la localización espacial de las unidades económicas (la cantidad y calidad de los servicios, la proximidad de los mercados, la disponibilidad y coste de la mano de obra, etc.), las diferencias interjurisdiccionales en los tipos de gravamen efectivos podrán inducir a las familias y sobre todo a las empresas de los municipios con mayor carga impositiva (generalmente, los que disponen de menor base imponible y, por tanto, los más pobres) a trasladar su residencia a otros con menor carga impositiva, propiciando así en ellos una secuencia de efectos concatenados: el debilitamiento de la inversión y riqueza inmobiliarias, la merma del rendimiento del impuesto, la subida de los tipos de gravamen formales, la salida de los agentes económicos privados que aún permanezcan y, de resultas de todo ello, la ampliación y perpetuación de las diferencias fiscales y el agravamiento de la segregación urbana. En las grandes urbes y áreas metropolitanas coexistirán distritos o comunidades ricas y poseedoras de un *stock* inmobiliario en perfecto estado de conservación con otros en los que los bienes inmuebles padecerán un acusado envejecimiento o decrepitud que en muchos casos impedirá su propia habitabilidad.

En paralelo, el trato diferencial que el impuesto suele conceder a los terrenos urbanos y a los terrenos agrícolas de los márgenes de los grandes municipios (menores alícuotas relativas aplicadas a estos terrenos, su valoración conforme a las rentas reales en vez de a las rentas en el uso potencial más rentable y la exención de los montes vecinales sometidos a repoblación forestal, entre otras medidas), puede también promover en no pocos propietarios agrícolas de las periferias urbanas el deseo de mantener este uso primario en sus propiedades con fines meramente especulativos, con el consiguiente perjuicio para la asignación de los recursos.

Desde otra perspectiva, es sabido también que en un mundo de mercados imperfectos como el real (en el sector residencial, con controles de alquileres, condiciones oligopolísticas, etc.), el IVCMI generará, previsiblemente, un aumento de los precios de alquileres y, por añadidura, si no una disminución, un incremento de la demanda y la oferta de bienes inmuebles inferior al que se daría en su ausencia.

Por supuesto que las anteriores conclusiones han de matizarse necesariamente si, simultáneamente a los efectos de la incidencia del impuesto, se consideran los efectos de los beneficios del gasto público. Aun así, tal y como se ha señalado anteriormente, es improbable que los beneficios del gasto se encuentren tan íntimamente relacionados con los valores de los bienes inmuebles como las responsabilidades fiscales, y de ahí que pueda presumirse que la capitalización del gasto será inferior a la capitalización fiscal.

Hacienda Pública II

Teoría de los Ingresos Públicos

En la presente sección se detalla la bibliografía que se considera adecuada para el desarrollo del programa de Teoría de los Ingresos Públicos propuesto por los autores. A continuación se relacionan los textos y manuales, a nuestro entender, básicos sobre Hacienda Pública teórica y aplicada.

Manuales básicos de Hacienda Pública

Albi Ibáñez, E., González-Páramo, J. M. y Zubiri, I (2009)
Atkinson, A. B. y Stiglitz, J. E. (1990)
Auerbach, A. J. y Feldstein, M. (1987)
Bailey, S. J. (2001)
Boadway, R. W. y Wildasin, D. E. (1986)
Bustos, A. (2007)
Connoly, S. y Munro, A. (1999)
Costa, M., Durán, J. M., Espasa, M., Esteller, A. y Mora, A. (2005)
Cullis, J. G. y Jones, P. R. (2009)
Fuentes Quintana, E. (1990)
Musgrave, R. A. (1959)
Musgrave, R. A. y Musgrave, P. B. (1992)
Myles, G. D. (1995)
Rosen, H. S. (2003)
Shoup, C. S. (2005)
Stiglitz, J. E. (2003)
Thompson, F. y Green, M. T. (1998)
Valle, V. (1976)

ALBI, E. (1978): «El federalismo fiscal». *Hacienda Pública Española*, 51.

ALBI, E.; GONZÁLEZ-PÁRAMO, J. M. y ZUBIRI, I. (2009): *Economía Pública I y Economía Pública II*. Barcelona: Ariel.

ARGIMÓN I., ARTOLA, C. y GONZÁLEZ-PÁRAMO, J. M. (1999): «Empresa pública y empresa privada: Titularidad y eficiencia». *Moneda y Crédito*, 209.

ATKINSON, A. B. y STIGLITZ, J. E. (1990): *Lecciones sobre Economía Pública*. Madrid: Instituto de Estudios Fiscales.

AUERBACH, A. J. y FELDSTEIN, M. (1987): *Handbook of Public Economics*. Vol. II. Amsterdam: North-Holland.

BAHL, R. W. y LINN, J. F. (1992): «Urban Public Finances in Developing Countries». Oxford University Press.

BAIGES PLANAS, J. (1991): «Déficit, deuda y solvencia de las Administraciones Públicas. El caso de las corporaciones locales y las comunidades autónomas». *Hacienda Pública Española*, 117.

BAILEY, S. J. (2001): *Public Sector Economics: Theory, Policy and Practice*. London: MacMillan.

BARRO, R. (1974): «Are Government Bonds Net Wealth?». *Journal of Political Economy*, noviembre-diciembre.

BAUMOL, W. J. y BRADFORD, D. F. (1970): «Optimal Ddeviations from Marginal Cost Pricing». *American Economic Review*, 60 (3).

BECK, M. (1950): «Ability to Shift the Corporate Income Tax: Seven Industrial Groups». *National Tax Journal*, septiembre.

BIRD, R. M. (1976): «The Incidence of the Property Tax: Old Wine in New Bottles». *Canadian Public Policy*, vol. 4

(1983): «Federal Finance in a Comparative Perspective». *Canadian Tax Foundation*, Toronto.

(1993): «John F. Graham Memorial Lecture Series: Federal-Provincial Taxation In Turbulent Times». *Working papers archive* 93-09. Dalhousie University: Department of Economics.

BLACK, D. (1965): *The incidence of Income Tax, Frank Cass and Co.* (Nueva impresión). London.

BOADWAY, R. W. y WILDASIN, D. E. (1984): *Public Sector Economics, Little, Brown and Company*. Boston, 2.ª edición; versión castellana en Madrid: *Instituto de Estudios Fiscales*, 1986.

BOITEUX, M. (1971): «On the Management of Public Monopolies Subject to Budgetary Constraints». *Journal of Economic Theory*, 3

BOSKIN, M. J. (1978): «Taxation, Saving and the Rate of Interest». *Journal of Political Economy*, vol. 86, 2.

BREÑA, F y GARCÍA MARTÍN, J. A. (1980): *El Impuesto sobre el Patrimonio Neto*. Madrid: Instituto de Estudios Fiscales.

BROWN, H. G. (1924): *The Economics of Taxation*. New York: Holt.

BROWN, S. J. y SIBLEY, D. S. (1986): *The Theory of Public Utility Pricing*. New York: Cambridge University Press.

BROWN, C. (1955): «The Static Theory of Automatic Fiscal Stabilization». *Journal of Political Economy*, octubre.

— (1956): «Fiscal Policy in the Thirties: A reappraisal». *American Economic Review*, 1, págs. 857-879.

BUCHANAN, J. (1954): «Social Choice, Democracy, and Free Markets». *Journal of Political Economy*, 62, abril.

— (1960): *Fiscal Theory and Political Economy*, Chapell Hill.

— (1967): *La Hacienda Pública en un Proceso Democrático*. Madrid: Aguijar, 1973.

BUCHANAN J. M. y FLOWERS, M. R. (1980): *The Public Finances. An Introductory Textbook*. 5.ª ed. Homewood, Illinois: D. Irwin, Inc. Traducción española a cargo de Jesús Ruza Tardio y Fernando Castro, con el título *Introducción a la Ciencia de la Hacienda Pública*. Editorial de Derecho Financiero, Editoriales de Derecho Reunidas, S. A. 1982.

BUGLIONE, E. (1991): «Local Taxation in Italy», en C. Farrington (ed.): *Local Government Taxation*. The Institute of Revenues Rating and Valuation.

BUSTOS, A. (2007): *Curso Básico de Hacienda Pública*, 1.ª edición. Colex. Madrid

COMMITTEE on National Debt and Taxation «Report of the…» (Comité Colwyn). London: H. M. Stationery Office, 1927.

CONNOLLY, S. y MUNRO, A. (1999): *Economics of the public sector*. Prentice Hall Europe.

CORLETT, W. y HAGUE, D. (1953): «Complementary and the Excess Burden of Taxation». *Review of Economic Studies*, 21.

COSTA, M., DURÁN, J. M., ESPASA, M., ESTELLER, A. y MORA, A. (2005): *Teoría básica de los impuestos: un enfoque económico*. 2.ª ed. Thomson, Civitas.

COURANT et. al. (1979): «The Simulative Effects of Intergovernmental Grants» en Mieszkowski y W. H. Oakland, eds. *Fiscal Federalism and Grants-in Aid.* Washington Urban Institute.

CUERVO, C. y TRUJILLO, J. A. (1986): *Estructura Fiscal e Incentivos a la Inversión.* Madrid: FEDEA.

CULLIS, J. y JONES, P. (1992): *Public Finance and Public Choice. Analytical perspectives.* McGraw-Hill.

— (2009): *Public Finance and Public Choice.* 3.ª ed. Oxford University Press.

DALTON, H (1920): «The Measurement of Inequality of Income». *Economic Journal*, 30.

— (1936): *Principies of Public Finance*, 9.ª ed. London: Routledge and Kegan Paul. Version castellana de Ed. Depalma, Buenos Aires.

DIAMOND, P. y MIRRLEES, J. (1971): «Optimal Taxation and Public Production I: Production Efficiency» y «II: Tax Rules». *American Economic Review*, 61.

DOMÍNGUEZ MARTÍNEZ, J. M. (2008): «El sector público español: evolución situación actual y retos planteados». Málaga*: Colegio de Economistas de Málaga.*

DUE, J. F. y FRIEDLAENDER (1973): «Government finance». R. D. Irwin.

DUE, J. F. Y MIKESELL, J. L. (1983): *Sales Taxation*. Baltimore: The Johns Hopkins University Press.

DYE, R. F. y MC. GUIRE, T. J. (1991): «Do Limits Matter? Evidence on the Effects of Tax Limitations on Student Performance». *Journal of Urban Economics*, vol. 43.

EDGEWORTH, F. Y. (1897): «The Pure Theory of Taxation». *Economic Journal*, 7.

— (1925): «Papers Relating to Political Economy», New York: B. Franklin, Traducción española bajo el título «La teoría pura de la imposición», en Musgrave R. A., y Shoup C. S. (eds.), *Ensayos sobre economía impositiva,* México-Buenos Aires: Fondo de Cultura Económica, 1964.

EINAUDI, L. (1932): *Principios de Hacienda Pública.* Madrid: Aguilar, 1947.

— (1963): *Mitos y Paradojas de la Justicia Tributaria.* Barcelona: Ariel.

ESPITIA, A.; HUERTA, M.; LECHA, E. y SALAS, V. (1988). *Estímulos fiscales a la Inversión a través del Impuesto de Sociedades.* Instituto de Estudios Fiscales.

FELDSTEIN, M. (ed.) (1983): *Behavioral Simulation Methods in Tax Polícy Analysis.* Chicago: University of Chicago Press.

FISHER, I. (1937): «Income in Theory and Income Taxation in Practice», *Econometrica*, vol. 5.

FRIEND, I. y HASBROUCK, J. (1983): «Saving and After-Tax rates of Return» *Review of Economics and Statistics*, vol. 65.

FUENTES QUINTANA, E. (1990): *Hacienda Pública*. 2 vols. Madrid: Imprenta Rufino García.

GEORGE, H. (1879): *Progress and poverty*. New Cork: Robert Schaldenbach foundation.

GONZALEZ- PÁRAMO, J. M y ROLDÁN ALEGRE, J. M. (1992): «La orientación de la política presupuestaria en España: evolución reciente y perspectivas de convergencia». *Papeles de Economía Española*, 52-53.

GONZALO Y GONZÁLEZ, L. (2010): *Sistema impositivo español: Estatal, Autonómico y Local*. Dykinson.

GORDON, R. J. (1967): «Incidence of Corporation Income Tax». *American Economic Review*.

GRAMLICH, E. H. (1967): «The Behavior and Adequancy of the United Federal Budget, 1952-1964». *Yale Economic Essays*, vol 6, 1, págs 99-159.

HAIG, R.: (1921): *The Federal Income Tax*. Nueva York: Columbia U. Press.

HALL, R. y RABUSHKA, A. (1983): *Low Tax, Simple Tax, Flat Tax*. McGraw Hill, Nueva York.

HANSEN, A. (1945): *Política fiscal y ciclo económico*. México: Fondo de cultura económica.

HANSEN, B. (1969): «Fiscal Policy in seven countries 1955-1965». OCDE, París, marzo. Existe traducción en castellano en Presupuesto: *Efectos económicos*. Instituto de Estudios Fiscales.

HARBERGER, A. C. (1962): «The Incidence of the Corporation Income Tax». *Journal of Political Economy*, n.º 70. Traducción: «La incidencia del impuesto sobre la renta de sociedades» en *Hacienda Pública Española*, n.º 75 (1982).

(1974): *Taxation and Welfare*, Chicago University Press, Chicago, Illinois.

HARRIS, C. L. (1976): «Property Taxation and Development» en N. T. Wang (ed.): «Taxation and Development», New York.

HELLER, P. S., HAAS, R. D. y MANSUR, A. H. (1986): «A Review of the Fiscal Impulse Measure». *Occasional Paper*, 44, Washington, Fondo Monetario Internacional.

HOTELLING, H (1938): «The General Welfare in Relation to Problems of Taxation and of Railway Utility Rates». *Econometrica*, n° 6. Publicado en Arrow-Scítovsky (1969).

JENSEN, J. P. (1931): «Property Taxation in the United States», *University of Chicago Press*, Chicago.

KALDOR, N. (1955): *An Expenditure Tax*, Unwin University Books. Londres. Traducción al español como *Impuesto al gasto*, México: Fondo de Cultura Económica, 1963.

KILPATRICK, R. (1965): «The Short Run Forward Shifting of the Corporation Income Tax» en *Yale Economic Essays*, vol. 5, n.º 2.

KING, M. y FULLERTON, D. (1984): *The Taxation of Income from Capital*. Chicago Press, Chicago.

KRZYZANIAK, M. (1970): «Corporate Tax Shifting: A Response». *Journal of Political Economy*, 78.

LADD, H. F. (1973): «The Role of the Property Tax: A Reassement», en R. A. Musgrave (ed.): «Broad-Based Taxes: New Options and Sources», *The Johns Hopkings University Press*, Baltimore and London.

LAGARES CALVO, M. J. (1972): «Efectos coyunturales del presupuesto en España: un intento de cuantificación del "saldo presupuestario neutral"». *Hacienda Pública Española* n.º 14.

— (1980): «Política fiscal y crisis económica». *Papeles de Economía Española*, n.º 1.

— (1995): *Manual de Hacienda Pública*. Instituto de Estudios Fiscales.

LAYFIELD COMMITTEE (1976): «Local Government Finance», Report of the Committee of Inquiry into Local Government Finance, Cmnd 6453, HMSO, London. Traducción española a cargo de Fernando García Pérez y revisión e introducción de Eugenio Domingo Solans, con el título «La Reforma de las Haciendas Locales» (Informe Layfield), Instituto de Estudios Fiscales, Madrid, 1981.

LEPPO, M. (1950): «Le systeme du Budget double dans les Pays Escandinaves». Public Finance, Vol. V. Una versión española de este trabajo se publica en la sección de Documentos de *Hacienda Pública Española*, n.º 14, 1972.

LERNER, A. P. (1943): «La Hacienda Funcional y la Deuda Federal». Social Research, febrero. Reproducido con el título de «La Hacienda Funcional y la deuda federal» en Smithies y Butters, *Lecturas sobre política fiscal*. Ed. Revista de Occidente, Madrid, 1959.

— (1951): *Teoría económica del control*. Fondo de cultura económica. México.

LINN, J. F. (1979): «The Incidence of The Property Tax in Columbia», en R. W. Bahl (ed.): «The Taxation of Urban Property in Less Developed Countries», The University of Wisconsin Press, Madison and London.

LOGAN, R. R. (1986): «Fiscal Illusion and the grantor government». *Journal of Political Economy* 94 (6).

LOTZ, J. (1971): «Techniques of Measuring the effects of fiscal policy». *Occasional Studies* OCDE julio. Existe traducción en castellano en *Presupuesto: Efectos económicos*. Instituto de Estudios Fiscales.

MARSHALL, A. (1980): *Principles of Economic*, Macmillan and Co. Traducción española a cargo de E. Figueroa, con el título *Principios de Economía*, Ed. Aguilar, 4.ª edic., Madrid, 1968.

MCLURE, CH. E. (1979): «The Relevance of the New View of the Incidence of the Property Tax in Less Developed Countries» en Roy W. Bahl (ed.): «The Taxation of Urban Property in Less Developed Countries», *The University of Wisconsin Press*, Madison and London.

MEADE, J. (1978): *Estructura y Reforma de la imposición directa*. Madrid: Instituto de Estudios Fiscales, 1980.

MIESZKOWSKI, P. M. (1972): «The Property Tax: An Excise Tax or a Profits Tax?», *Journal of public Economics*, vol. 1, 1. Traducción española con el título «El impuesto sobre la propiedad: ¿Impuesto selectivo al consumo o impuesto sobre los beneficios?», *Hacienda Pública Española*, 75, 1982.

MILL, J. S. (1848): *Principles of Political Economy*, en W. J. Ashley (ed.). Londres: Longman´s, Green & Co.

(1921): *Principles of Political Economy*. Londres: Longsman Green & CO.

MIRRLEES, J. A. (1971): «An Exploration in the Theory of Optimum Income Taxation», *Review of Economic Studies*, 38.

MODIGLIANI, F. y MILLER, M. (1958): «The Cost of Capital, Corporation Finance, and the Theory of Investment», *American Economic Review*, 48.

MUSGRAVE, R. A. (1959): *The Theory of Public Finance*, New York: Mc Graw Hill. V. c.: *Teoría de la Hacienda Pública*, Madrid: Aguilar, 1969.

(1983): «Who Should Tax, Where and What?, en Ch. MacLure, Jr. (ed.), *Tax Assignment in Federal Countries*, Camberra: Centre for Research on Federal Financial Relations, The Australia National University.

MUSGRAVE, R. A. y MILLER, M. H. (1948): «Built in Flexibility», *American Economic Review*, marzo. Traducido en «Lecturas sobre Política Fiscal», Smithies y Butters, *Revista de Occidente,* Madrid, 1959.

MUSGRAVE, R. A. et al. (1951): «Distribution of Tax Payments by Income Groups: A Case of Study for 1948», *National Tax Journal*, vol. 4.

MUSGRAVE, R. y MUSGRAVE, P. B (1973): *Hacienda Pública Teórica y Aplicada*. Madrid: IEF, 1981.

— (1992): *Public Finance in Theory and Practice* (1.ª edición, 1973), Nueva York: McGraw-Hill, 4.ª edición; versión española de la 5.ª edición en inglés, McGraw-Hill/Interamericana de España, S.A., Madrid.

MYLES, G. D. (1995): *Public Economics*. Cambridge: Cambridge University Press.

MYRDAL, G. (1939): «Fiscal Policy and Business Cycles», *The American Economic Review*, marzo, recogido por Smithies y Butters en *Lecturas sobre Política Fiscal*, 1959.

— (1962): *Los efectos económicos de la política fiscal*. Madrid: Aguilar.

NAVARRO, R. (2007): *El presupuesto y la estabilidad económica en la Democracia Española*. Colección Estudios. Consejo Económico y Social.

NETZER, D. (1966): *Economics of the Property Tax*. Washington: The Brookings Institution.

— (1967): *Some Alternatives in Property Tax Reform, Property Tax: Problems and Potencials*. Princenton: Tax Institute of America.

NEUMARK, F. (1970): *Grundsatze gerechter und ókonimisch rationaler steuerpolitik*, J. C. B. Mohr (Paul Siebeck), Tubingen. Traducción española con el título *Principios de Imposición*. Madrid: Instituto de Estudios Fiscales, 1974.

NICOL, C. (1982): «Les paradoxe d'un renforcement de la fiscalité inmobiliere», *Estudes Fonciéres*, 12.

NISKANEN, W. A. (1967): «The Peculiar Economics of Bureaucracy», *American Economic Review*, mayo.

— (1971): *Bureaucracy in Representative Government*. New York: Aldine-Atherton.

OATES, W. (1972): *Fiscal Federalism*. Nueva York: Harcourt Brace Jovanovich. (Versión castellana del Instituto de Estudios de Administración Local, 1977)

— (1977): *El federalismo financiero en la teoría y en la práctica: Posible aplicación a la C. E.* Madrid: Ed. IEF.

— (1979): «Lump Sum Intergovernmental Grants Have Price Effects», en Mieszkowski y W. H. Oakland, eds. *Fiscal Federalism and Grants-in Aid*. Washington Urban Institute.

OCDE (2005): «L'imposition des familles actives. Une analyse de la repartition». *Etudes de politique fiscale de l'OCDE*, 12, París.

— (2006): «Fundamental Reform of Personal Income Tax», *Tax Policy Studies*, 13, París.

OKUN, A. M. y TEETERS NANCY, H. (1970): «The Full Employment Surplus Revisited». *Brooking Papers on Economic Activity*, 1.

PABLOS, L. (de) (1990): «Teoría de la elección pública: últimas líneas de investigación». *Hacienda Pública Española*, 115.

PANIAGUA SOTO, F. (1997): *Impuestos sobre la propiedad inmobiliaria: su papel en el sistema impositivo y análisis de sus efectos económicos y urbanísticos*. Aula Abierta, UNED.

PANTALEONI, M. (1882): *Teoría della traslazione dei tributti. Definizione, Dinámica, ubiquitá*. Roma.

PEACOCK, A., y SHAW, G. K. (1974): *La teoría económica de la política fiscal*. México: *Fondo de Cultura Económica*.

PHELPS, E. (1972): *Inflation Policy and Unemployment Theory*. New York: Norton.

— (1973): «Inflation in the Theory of Public Finance». *Swedish Journal of Economics*.

PIERSON, N. G. (1902): «Principles of Economics», Vol. 1, New York: McMillan.

RAMSEY F. P. (1927): «A Contribution to the Theory of Taxation», *Economic Journal* 37.

RAYMOND BARA, J. L. (1972): «El cálculo de los efectos del presupuesto según el modelo de Bent Hansen: Su aplicación a España». *Hacienda Pública Española*, 14.

— (1974): «Política fiscal y estabilidad económica en España». Madrid: *Instituto de Estudios Fiscales*.

RECKTENWALD, H. C. (1970): *Teoría de la traslación de los impuestos. Distribución teórica y empírica de gravámenes y costes*. Traducción española de la 2.ª ed. Alemana a cargo de Pedro Morales. Madrid: Editorial de Derecho Financiero.

RICARDO, D. (1817): *Principles of Political economy and taxation*.

ROBERTSON, D. (1927): «The Colwyn Comité, The Income Tax and the Price Level», *Economic Journal*. Versión castellana en Musgrave y Shoup (ed.), *Ensayos sobre Economía impositiva*.

ROLPH, E. L. (1954): *The theory of fiscal economics*. University of California Press.

ROSE-AKERMAN, S. (1983): «Beyond Tiebout: Modeling the Political Economy of Local Government», en ZODROW (1983).

ROSEN, H. S. (2003): *Hacienda Pública*. 5.ª edición. Mc Graw-Hill.

RUBINFELD, D. (1987): «The Economics of the Local Public Sector». En AUERBACH-FELDSTEIN.

SCHANZ, G. V. (1896). «Der Einkommensbegriff und die Einkommensteuergesetze». *Finanzarchiv,* 13.

SELIGMAN, E. R. A. (1895): *Essays in Taxation*. Nueva York: MacMillan.

(1921): *The Shifting and Incidence of Taxation*. Nueva York: Columbia University Press. Versión castellana parcial en Musgrave y Shoup (eds.), «Ensayos sobre economía impositiva», op. Cit., 1964.

SHOUP, C. (1948): «Incidence of the Corporation Income Tax. Capital Estructure and Turnover Rates». *National Tax Journal,* vol. I, 1. Versión castellana bajo el Título: «Incidencia del impuesto sobre la renta del capital y tasas de rotación», en Musgrave y Shoup (ed.) *Ensayos sobre Economía impositiva*.

(2005): *Public Finance*. SG Medema.

SIMON, H. A. (1943): «The incidence of a Tax on Urban Real Property», Quartely *Journal of Economics,* vol. 57, 3. Versión española con el título «La incidencia de un impuesto sobre la propiedad raíz urbana», en R. A. Musgrave y C. S. Shoup (ed.): «Ensayos sobre economía impositiva», México-Buenos Aires, 1964.

SIMONS, H. C. (1938): *Personal Income Taxation*. Chicago: The University of Chicago Press. Reimpreso en 1970.

SLEMROD, J (1991): «Optimal Taxation and Optimal Tax Systems». *Journal of Economic Perspectives,* 4.

(1994): «Three Challenges for Public Finance», *International Tax and Public Finance,* 1.

SMITH, A. (1776): *An Inquiri into the Nature and Causes of the Wealth of Nations*. CANNA (ed.), Londres: Methuen, 1904. (Existen diversas ediciones en castellano).

SMITHIES Y BUTTERS, (1959): *Lecturas sobre política fiscal*. Madrid: Revista de Occidente.

STERN, N. (1976): «On the Specification of Models of Optimum Income Taxation». *Journal of Public Economics,* 6.

STIGLITZ, J. E. (2003): *La Economía del Sector Público*, Barcelona: A. Bosch.

STOCKFISH, J. A. (1959): «On the Obsolescence of Incidence», *Public Finance,* vol. XIV.

TATSOS, N. (1991): «The Choice between Different Sources of Finance», en J. Owens y G. Panella (eds.): *Local government: An international perspective,* North-Holland: Elsevier Science Publishers B. V.

THOMSON, P. (1965): «The property tax and the rate of interest», en G. C. S. Benson, S. Benson, H. McClelland y P. Thomson (eds.): *The American Property Tax*. Claremont, CA: The Lincoln School of Public Finance.

THOMPSON, F. y GREEN, M. T. (1998): *Handbook of Public Finance*. New York: Marcel Dekker.

TULLIO, G. y CONTESSO, F. (1986): «Do After-Tax Interest Rates Affect Private Consumption and Saving? Empirical Evidence for Eight Industrial Countries: 1970-1983», *Economic Papers*, Commission of the European Communities, 51.

VALLE, V. (1970): *El Impuesto sobre la Renta de Sociedades: Análisis de su Incidencia*. (Tesis Doctoral). Madrid: Instituto de Desarrollo Económico.

(1970): «La incidencia del Impuesto sobre la Renta de Sociedades: una revisión de las posiciones técnicas y de las investigaciones empíricas», *Hacienda Pública Española*, 1970, 2.

(1972): «La medición de los efectos económicos del Presupuesto», *Hacienda Pública Española*, 1972, 14. *Efectos económicos del presupuesto*. Selección de lecturas e introducción. Madrid: Instituto de Estudios Fiscales, 1972. p. 605

(1973): «Problemas económicos de la Deuda Pública», *Hacienda Pública Española*, 1973, 20.

(1973): «Efectos económicos del presupuesto», selección de lecturas. Madrid: Instituto de Estudios Fiscales.

(1975): «Algunas reflexiones sobre los principios del beneficio y de la capacidad de pago», *Hacienda Pública Española*, 1975, 36.

(1980): «Unidades didácticas II y VI», en: Fuentes Quintana, Enrique (dir.), *Hacienda Pública y Sistemas Fiscales*. Madrid: UNED, 1980

(1987): «Deuda Pública y Déficit Público», *Papeles de Economía Española*, 1987, 33.

(1988): «La incidencia del Impuesto sobre la Renta de Sociedades (Una revisión de las posiciones teóricas y de las investigaciones empíricas)», en: Asimakopolus, A. (et al.); estudio introductorio de Domínguez del Brío, F. y Corona Ramón, J. F. «La incidencia del Impuesto sobre la Renta de Sociedades». Madrid: Ministerio de Economía, 1988. 807

(1992): «La adecuación coyuntural del presupuesto», *Papeles de Economía Española*, 1992, 52/53.

(1997): «La reforma del impuesto sobre la renta», *Cuadernos de Información Económica*, 1997, núm. 123.

(1999a): «¡Bienvenido Mr. Euro!», *Cuadernos de Información Económica*, 142.

(1999b): «Equilibrios Presupuestarios». *Cuadernos de Información Económica*, 152/153.

- (2001): «Una nota sobre los principios impositivos en perspectiva histórica». *Papeles de Economía Española*, 87.

- (2004): «Perspectivas Presupuestarias y Fiscales». *Cuadernos de Información Económica*, 178.

- (2008): «¿Tiene margen de actuación la política presupuestaria?», *Cuadernos de Información Económica*, 205.

- (2008): «¿Es la hora de la política fiscal?», *Cuadernos de Información Económica*, 2008, 207.

- (2009): «La metamorfosis del saldo presupuestario», *Cuadernos de Información Económica*, 208.

- (2009): «¿Hacia dónde va la fiscalidad en el mundo?», *Cuadernos de Información Económica*, 212.

- (2010): «Posibilidades y límites de la política presupuestaria», *Revista del Instituto de Estudios Económicos*, 1.

VALLE, V. y NAVARRO, R. (2006): «Presupuesto: ¿Quo Vadis?», *Economistas*, 108.

VALLE, V., NAVARRO, R. y RUEDA, N. (2007): «Presupuesto y Coyuntura». *Papeles de Economía Española*, 111.

VITI DE MARCO, A. (1934): *Principii di Economía Financiaría*, Turín, 1932. Versión castellana a partir de la edición Alemana por P. Ballesteros, con el título *Principios fundamentales de economía financiera*. Madrid: Ed. de Derecho Privado, 1934.

WEARE, C. y FRIEDMAN, L. S. (1998): «Public Sector Pricing: An Institutional Approach», en THOMPSON, F. y GREEN, M. T., 1998.

YAWITZ, J. B. y MEYER, L. H. (1976): «An empirical investigation of the extent of tax discounting», *Journal of Money, Credit and Banking*, 8.